杭州文史研究會、民國浙江史研究中心　編

民國杭州史料輯刊

第二冊

國家圖書館出版社

第二册目录

杭州市政府社會科 編

杭州市十七年份社會經濟統計概要

杭州：杭州市政府，民国十八年(1929)铅印本

杭州市社會經濟統計概要

中華民國十七年分

杭州市十七年份社會經濟統計

概要目錄

杭州市十七年份社會經濟統計概要

引言

調查和統計是一切行政的基本工作，行政上的種種計劃，完全要以眞確的調查和統計做根據。譬如我們對於失業的人數，沒有確實的調查，那麽救濟失業的計劃，就沒有方法來準備。又如我們沒有眞確的社會經濟的統計，我們就不知道一個地方的農工商業的情況是怎樣，那麽我們要振興工商業，改良農業，都沒有切實的根據，做我們計劃的基礎。還有一層，行政上的一切計劃，若不以眞確的調查和統計做基礎，這是無異杜撰，這種杜撰的計劃，必至落空，不合實際，必不能實現。所以我們不敢勇於計劃的擬訂，而去幹調查統計的笨工作，完全爲此。

我們自信，要去改造社會，建設社會，必須先知道社會，必須先用調查統計的方法，也就是科學的方法，去知道社會，而後去改造建設社會，就不難了。這種膚淺的理論，却可與總理高深的學說「知難行易」相印證。但調查和統計，只是我們辦行政的手段，不是目的；我們的工作，不是止於調查，止於統計。我們以後還要根據調查統計所得，去擬訂各種合於實際的計劃，去改造社會，建設社會。

本篇共有統計表六十六種，分爲十二類。此次所載的統計，多以十七年份爲限；但也有將前幾年的統計聯載，以資比較。

我們因初次試編統計，準則殊乏依據；又因人事財力關係，內容務求簡易，諸種缺陋，在所不免，還祈讀者指敎！

一、農業統計 計七種

杭州市農村概況表 民國十七年

區別	村里	附村	戶口 戶	戶口 男	戶口 女	農別 自耕農	農別 佃農	主要農產	畜養	每畝田價
西湖區	南山村	二七	七三七	二,〇五五	一,六七六	二四八	四八九	米,桑,茶,筍,	雞,猪,	七〇元—一三〇元
	北山村	二〇	七八四	一,三七一	一,一八五	一九五	五八九	米,麥,桑,筍,	雞,鴨,猪,羊,	三〇元—一二〇元
	靈慶村	一一	六三二	一,八六八	一,一二三	二七九	三六三	米,麥,桑,茶,	雞,鴨,猪,	六〇元—一二〇元
湖墅區	墅北里	一六	四〇四	一,一五九	八三七	一二五	二七九	米,桑,筍,玫瑰花,	雞,鴨,猪,羊,	五〇元—八〇元
	城北里	一六	四八六	一,〇一〇	八一一	一二三	三五八	米,桑,筍,	雞,鴨,猪,羊,	三〇元—八〇元
	芳林村	三二	六一三	一,五六四	一,二七八	九〇	五二三	米,桑,荸薺,藕,	雞,鴨,猪,羊,	四〇元—一〇〇元
	芳元村	三〇	五四九	一,四八三	一,二〇一	二八〇	二六九	米,桑,麥,	雞,鴨,猪,羊,	二〇元—一一〇元
皐塘區	東皐里	二二	五,七五六	一二,二三〇	一〇,八二七	一,七四二	四,〇二四	米,麥,桑,藥材,	雞,鴨,猪,羊,	三〇元—八〇元
	臨皐里	六三	三,九一二	六,五二八	五,四〇〇	一,〇六四	二,二七八	桑,麻,米,棉,	雞,猪,羊,	二〇元—六〇元
	北沙村	四	一二一	二九八	一七五		一二一	棉,桑,	雞,鴨,猪,羊,	一〇元—三〇元
	筧塘里	六	二,三七四	三,五六九	三,二七四	三三九	二,〇三五	桑,麻,藥材,	雞,羊,	四〇元—七〇元
會堡區	清泰村	六	三六二	一,〇七五	九〇〇	六九	二九三	米,桑,棉,	雞,羊,猪,	三〇元—七〇元
	望江村	五	二一四	四九五	四〇三	一二	二〇二	米,桑,棉,	雞,羊,猪,	三〇元—七〇元
	定海村	四	七八	二二〇	一九七	一〇	六八	桑,棉,	雞,羊,猪,	二〇元—四〇元
合計	一四	二六二	一七,〇三三	三四,九二五	二九,二九六	五,一五六	一二,八八二			

杭州市農村畜牧產量表 民國十七年

畜名	全年產量	單價	總價
雞	五二，三八〇隻	一•五元	七，八五七元
鴨	一，七七〇隻	一•二	二，一二四
猪	七，三五〇頭	一六•〇	一一七，六〇〇
牛	三〇頭	七〇•〇	二，一〇〇
羊	三，六〇〇頭	四•〇	一四，四〇〇
合計			一四四，〇八一

杭州市農產概況表 民國十七年

品名	全年產量	單價	總價
蔬菜	二三〇，三三三担	三元	六九〇，九九九元
桑葉	二五〇，〇二二	二	五〇〇，〇四四
米	四〇，八九二	一〇	四〇八，九二〇
藥材	一七，六四〇	二〇	三五二，八〇〇
魚	二八，四六二	一〇	二八四，六二〇

杭州市麻類產量概況表 民國十七年

麻	二二，六四四	一〇	二二六，四四〇
棉	一九，一六四	一〇	一九一，六四〇
荸薺	五二，六四〇	二	一〇五，二八〇
蓮藕	五，五五六	七	三八，八九二
茶葉	五四四	六八	三六，八三〇
竹筍	六，一五七	三	一八，四七一
麥	三，一四〇	五	一五，七〇〇
玫瑰花	一，二四二	五	六，二一〇
菱	六八一	三	二，〇四三
合計			二，八七八，八八九

杭州市棉類產量概況表 民國十七年

產地	全年產量	種植地面積
覓橋	一，〇〇〇包	一，〇〇〇畝
彭家埠	二，八〇〇	二，六〇〇
宣家埠	四，〇〇〇	五，五〇〇
合計	七，八〇〇	九，一〇〇

產地	全年產量	種植地面積	備考
筧橋	一五,〇〇〇担	六,〇〇〇畝	(一)產品分析 精麻……50% 槍麻……30% 笨麻……10% 片麻……10%
宣家埠	二〇,〇〇〇	一〇,〇〇〇	(二)價格 每担平均價八元三角
彭家埠	五六,〇〇〇	二八,〇〇〇	
橫塘	四,〇〇〇	二,〇〇〇	
合計	九五,〇〇〇	四六,〇〇〇	

四

杭州市農村耕地區別及數量表 民國十七年

區別	田	地	山	蕩	荒	合計
西湖區	一二,〇二〇畝	八,一六五畝	二〇,六三〇畝	八三四畝	六,五四〇畝	四八,一八九畝
湖墅區	一八,二八七	六,〇七四	無	二,六八四	一,三七六	二八,四二一
皋塘區	六,〇三〇	六五,三二〇	無	二,四七〇	一五〇	七三,九七〇
會堡區	二,三七〇	一三,九八〇	無	二三四	一二〇	一六,七〇四
合計	三八,七〇七	九三,五三九	二〇,六三〇	六,二二二	八,一八六	一六七,二八四

杭州市農村戶口統計表 民國十七年

區別	戶數	口數 男	口數 女	口數 合計
西湖區	一,九九九	五,二六八	三,九八三	九,二五一
湖墅區	二,〇五二	四,九五二	四,〇二七	八,九七九
皋塘區	一二,一一三	二二,六二五	二〇,六八六	四三,三一一

會堡區	六五四	一，七九〇	一，五〇〇	三，二九〇
合計	一六，八一八	三四，六三五	三〇，一九六	六四，八三一

二、工業統計 計六種

杭州市各種工業資本統計表 民國十七年

業別	資本額
絲織	三，八五六，三〇〇元
經緯	六四，五〇〇
棉織	四〇三，二〇〇
針織	三一，〇五〇
煤球	一，〇〇〇
草織	一〇
紋工	九〇〇
毛巾	二，三〇〇
碾米	一〇六，九〇〇
機麵	一四，二〇〇
牛乳	九，〇〇〇
冰廠	三二，五〇〇
鐵工	一三七，九〇〇
修船	一〇，七〇〇
電鍍	五，八〇〇
皮革	一五，一〇〇
營造	六，七〇〇
染練	一七，一〇〇
印刷	九〇，〇三〇
電汽	二，二〇〇，一五〇
灰石	二九，二〇〇
火柴	五〇〇，〇〇〇
肥皂	三七，四〇〇
燭廠	七，〇〇〇
玻璃	一〇，〇〇〇
水泥	三，三〇〇
膠廠	二，〇〇〇
印花	一，〇〇〇
傘廠	五〇〇

油廠	五，〇〇〇
豆乳	一四〇

共計	七，六〇〇，八八〇

杭州市各種工業資本分配表 民國十七年

業別	總資本	股份	獨資	合資
絲織	三，八五六，三〇〇元	三，〇一九，〇〇〇元	三二六，六〇〇元	五一〇，七〇〇元
電汽	二，二〇〇，一五〇	二，二〇〇，〇〇〇	一五〇	
火柴	五〇〇，〇〇〇	五〇〇，〇〇〇		
棉織	四〇三，二〇〇	三三〇，〇〇〇	一七，二〇〇	五六，〇〇〇
鐵工	一三七，九〇〇	九八，六〇〇	六，六〇〇	三二，七〇〇
碾米	一〇六，九〇〇	八三，八〇〇	一五，一〇〇	八，〇〇〇
印刷	九〇，〇三〇		三二，〇三〇	五八，〇〇〇
經緯	六四，五〇〇	六〇，〇〇〇		四，五〇〇
肥皂	三七，四〇〇			三七，四〇〇
冰廠	三二，五〇〇	三〇，〇〇〇	五〇〇	二，〇〇〇
針織	三一，〇五〇		七，〇五〇	二四，〇〇〇
灰石	二九，二〇〇	二〇，〇〇〇	二，二〇〇	七，〇〇〇
染練	一七，一〇〇		三，七〇〇	一三，四〇〇
[illegible]	[illegible]	[illegible]	[illegible]	[illegible]

機麵	一四，二〇〇		九，八〇〇	四，四〇〇
修船	一〇，七〇〇	一〇，七〇〇		
玻璃	一〇，〇〇〇	一〇，〇〇〇		
牛乳	九，〇〇〇		二，〇〇〇	七，〇〇〇
燭廠	七，〇〇〇	七，〇〇〇		
營造	六，七〇〇		五，五〇〇	一，二〇〇
電鍍	五，八〇〇		四，八〇〇	一，〇〇〇
油廠	五，〇〇〇			五，〇〇〇
水泥	三，三〇〇		五〇〇	二，八〇〇
毛巾	二，三〇〇		八〇〇	一，五〇〇
膠廠	二，〇〇〇		二，〇〇〇	
印花	一，〇〇〇			一，〇〇〇
煤球	一，〇〇〇			一，〇〇〇
紋工	九〇〇		九〇〇	
傘廠	五〇〇			五〇〇
豆乳	一四〇			一四〇
草織	一〇		一〇	
合計	七，六〇〇，八八〇	六，三八〇，二〇〇	四四〇，四四〇	七八〇，二四〇

杭州市各種工業資本分級表 民國十七年

資本分級	家數							
一元——五〇〇元	絲織	一家	牛乳	一家	灰石	一家		
	棉織	二家	鉄工	四家	水泥	一家		
	針織	二家	修船	三家	豆乳	一家		
	草織	一家	染練	二家				
	紋工	一家	印刷	一六家				
	機麵	六家	電汽	一家			共計四三家	
五〇一元——一，〇〇〇元	針織	二家	冰廠	一家	水泥	二家		
	紋工	一家	鐵工	九家	印花	二家		
	毛巾	一家	電鍍	八家	傘廠	一家		
	礱米	二家	營造	一一家	油廠	一家		
	製麵	二家	染練	一家				
	牛乳	一家	印刷	二家			共計四七家	
一，〇〇一元——五，〇〇〇元	絲織	二〇家	礱米	二九家	皮革	三家	水泥	二家
	經緯	一家	製麵	七家	營造	一家	膠廠	一家
	棉織	六家	牛乳	三家	染煉	四家		
	針織	六家	冰廠	二家	印刷	七家		

	煤球	一家	鐵工	一二家	灰石	一家	
	毛巾	一家	電鍍	一家	燭廠	二家	共計一一〇家
五，〇〇一元——一〇，〇〇〇元	絲織	一五家	灰石	一家			
	棉織	四家	肥皂	二家			
	礱米	六家	針織	一家			
	牛乳	一家	染煉	一家			
	鐵工	三家					
	皮革	一家					共計三五家
一〇，〇〇一元——五〇，〇〇〇元	絲織	一三家	皮革	一家			
	棉織	四家	印刷	四家			
	針織	一家	灰石	一家			
	冰廠	一家	肥皂	一家			
	鐵工	三家	玻璃	一家			
	修船	一家					共計三一家
五〇，〇〇一元——一〇〇，〇〇〇元	絲織	一家					
	鐵工	一家					
	經緯	一家					共計三家

資本額	業別	家數	共計
一〇〇,〇〇一元——五〇〇,〇〇〇元	絲織	二家	共計四家
	棉織	一家	
	電氣	一家	
五〇〇,〇〇一元——一,〇〇〇,〇〇〇元	火柴	一家	共計一家
一,〇〇〇,〇〇一元—五,〇〇〇,〇〇〇元	絲織	一家	共計二家
	電氣	一家	

業別	男工 最高工資	男工 最低工資	女工 最高工資	女工 最低工資	童工 最高工資	童工 最低工資	備考
絲織	一•二二二元	○•三三五元	○•七三二元	○•一五○元	○•二六五元	○•一○○元	本表工資以日計算
經緯			○•四七○	○•二六○			
棉織	一•一二六	○•三八○	○•五四○	○•二八四	○•三○○	○•一七五	
針織	○•五六五	○•一四八	○•三八二	○•一二○			
煤球	○•三三○	○•一三○					
草織			○•二○○	○•一四○			
紋工	一•六○○	○•六六○					
碾米	○•三七二	○•二四六					
製麵	○•二八四	○•一一六					
牛乳	○•一四三	○•○七一					
冰廠	○•五三○	○•四○○					
鉄工	○•六七二	○•二七七					
修船	一•三二五	○•七○○					
電鍍	○•三九○	○•一四○					
皮革	○•五○五	○•二三○					
營造	○•五○○	○•二○○					

染煉	○•六八○	○•一六○				
印刷	○•三二七	○•一一五				
電氣	○•五八○	○•二○○				
石料	○•七四七	○•三四七				
火柴	一•二○○	○•六○○	○•四○○	○•三○○	○•四○○	○•二○○
肥皂	○•四七三	○•二五三				
燭廠	○•三三○	○•二三○				
玻璃	一•○○○	○•四○○				
膠廠	○•八○○	○•四○○				
傘廠	○•五○○	○•三○○				
榨油	○•二六○	○•二五○				

杭州市各種工業工人數統計表

民國十七年

業別	男工	女工	童工	職工	合計
絲織	三，八一九	三，○六二	一二○	八七六	七，八七七
經緯		五三		二八	八一
棉織	二八一	一，五二三	五二	三三五	二，一九一
針織	三○	三四三		五二	四二五
煤球	一○			五	一五
草織		四		一	五
紋工	二四			一	二五
毛巾	九			一二	二一
碾米	二六四		一三	二○二	四七九
機麵	五三		二二	·四四	九九
牛乳	三八			一二	五○

一二

冰廠	二三			七	三〇
鉄工	五七六		四〇	一一五	七三一
修船	九〇			一二	一〇二
電鍍	九二		一六	二五	一三三
皮革	四六			一四	六〇
營造	一三九			四	一四三
染練	七四			三六	一一〇
電汽	三五七			八三	四四〇
灰石	七四			一六	九〇
火柴	四〇〇	八〇〇	一〇〇	三二	一，三三二
肥皂	一八			一五	三三
燭廠	七			四	一一
玻璃	二四		一六	八	四八
水泥	四二			六	四八
膠廠	六五			一五	八〇
印花	三九			七	四六
傘廠	一〇			二	一二
油廠	三〇			一〇	四〇
豆乳	四			一	五
印刷	三一六		三一	八五	四三二
共計	六，九五四	五、七六五	三九〇	二，〇六五	一五，一九四

杭州市失業工人統計表 民國十七年

業別	失業工人數 男工	失業工人數 女工	共計	失業工人識字與不識字比較 識字人數	失業工人識字與不識字比較 不識字人數
絲織	二，四〇六	二〇	二，四二六	二，一六〇	二六六
經緯	一，四六一	六二六	二，〇八七	一，六八七	四〇〇
棉織	四一〇	五三〇	九四〇	三四〇	六〇〇
錫箔	二八三		二八三	二四〇	四三
飯業	一二四		一二四	一〇九	一五

魚鯗醃臘業	七二		七二	六二	一〇
紙業	六一		六一	五八	三
印刷業	五〇		五〇	五〇	
典業	五〇		五〇	三六	一四
烟草	五〇		五〇	五〇	
鞋革業	四五		四五	四〇	五
銀錢業	四四		四四	四四	
醬業	三五		三五	三〇	五
布業	三四		三四	三四	
雨傘業	三一		三一	二八	三
米業	三〇		三〇	二六	四
南貨燭業	二五		二五	二五	
金銀首飾業	二〇		二〇	二〇	
參藥業	七九		七九	六一	一八
衣業	一四		一四	一四	
共計	五，三二四	一，一七六	六，五〇〇	五，一一四	一，三八六

三，商業統計 計十一種

杭州市新舊金融機關比較表 民國十七年

類別	家數	家數百分比	資本	資本百分比
銀行	九家	12.2%	一，七五〇，〇〇〇元	66.7%
錢莊	六十五家	87.8%	九〇九，一〇〇元	33.3%

杭州市水旱烟業概況表 民國十七年

烟別	號數	營業數	種類及產地
旱烟	十三家	全年七十萬元	白奇……南雄 呈奇……廣豐 元奇……新昌
皮絲及淨絲	五家	全年八萬元	建絲……福建 淨絲……廣東
合計	十八家	全年七十八萬元	

杭州市各牌捲菸每月銷數表 民國十七年

烟牌	製造廠	每月銷數	每箱五萬支 每聽五十支
黃金	英美烟公司	三百七十五箱	
大英	仝	六十箱	
天橋	仝	三百箱	
紅印	仝	七十五箱	
紅獅	大美烟公司	七箱	
金鼠	華成煙公司	三十三箱	
美麗	仝	二十五箱	
也是	仝	四箱半	
新愛國	南洋兄第煙草公司	二箱半	
大聯珠	仝	四箱半	
白金龍	仝	二百聽	
紅金龍	仝	五十聽	
天馬	華達煙公司	十二箱半	
玉獅	仝	十二箱半	
好運道	仝	五箱半	
紅牛	保隆烟公司	十箱	
白牡丹	仝	五箱	
廣告	仝	二箱半	
時髦	和興烟公司	四箱半	
紅妹	仝	四箱半	
五子	福昌烟公司	半箱	
紅雲	仝	一箱	

金磅	昌興烟公司	四箱半
雙龍	義豐愼烟公司	二箱半
四美	星明公司	一箱
三一	中和烟公司	四十五箱
聯喜	信成烟公司	一箱
黑美女		二箱半
其他雜牌		五箱
各種雪茄		四箱半
合	計	一千〇十一箱二百五十聽

杭州市華洋捲菸銷數比較表 民國十七年

烟別	全年銷數	銷數百分比	價值
華烟	二，二二三箱	19%	四八九，〇六〇元
洋煙	九，六四〇箱	81%	二，一二〇，八〇〇元
合計	一一，八六三箱		二，六〇九，八六〇元

杭州市木材輸入統計表 民國十七年

種類	產地	全年輸入數	總值
杉木	本國	一，五八〇，〇〇〇根	一，八九六，〇〇〇元
雜木	本國	五三〇，〇〇〇根	七九五，〇〇〇元
洋松	美國	四二〇，〇〇〇方呎	三七，〇〇〇元
柳安	菲列賓	一八〇，〇〇〇方呎	二六，〇〇〇元
柚木	英國	一一，〇〇〇方呎	四，〇〇〇元
合計			二，七五八，〇〇〇元

杭州市箔業概況表 民國十七年

箔坊總數	六十三家
資本總額	五萬二千五百元 資本最多三千元 資本最少五百元
全年產量	一萬四千〇〇八號（每號三十夾每夾三元）總額 一百二十六萬〇七百二十元
工人總數	一千六百八十八 每家最多六十八人

杭州市宰畜統計表（一）（獸類）民國十七年

類別	月份	宰數	備考
牛	一	九九	總計五，四五一頭
	二	一一六	每頭平均價六〇元
	三	二〇三	總值三二七，〇六〇元
	四	二〇九	
	五	二八六	
	六	二六八	
	七	三一四	
	八	五八四	
	九	八二二	
	十	一，一七八	
	十一	七六八	
	十二	六〇四	
	一	四，二四九	總計二六，八〇一頭
	二	一，四五七	每頭平均價七元
	三	一，七三四	總值一八七，六〇七元
	四	六一五	

羊

月	頭數
五	一〇〇
六	一〇七
七	五二四
八	二，二三八
九	三，三九六
十	三，九八二
十一	四，二五五
十二	四，一四四

猪

月	頭數
一	一三，二一一
二	四，〇四二
三	五，三一二
四	六，六三〇
五	七，〇〇三
六	七，七五〇
七	七，三三八
八	六，九一二
九	六，七九八
十	六，七一〇
十一	六，八五八

總計八五，四九五頭
每頭平均價二四元
總値二，〇五一，八八〇元

雞

月份	宰數	備考
一	一八，五八一	總計四四，一八一只
二	二，五三〇	每只平均價一・二元
三	九八七	總值五三，〇一七元
四	一，一五一	
五	一，二〇〇	
六	一，一三二	
七	二，四二四	
八	一，三三八	
九	一，四四一	
十	三，二六一	
十一	四，七一六	
十二	五，四二〇	
一	三，九八五	總計四〇，四九四只
二	一，四五〇	每只平均價一・二元
三	一，六七四	總值四八，五九三元
四	五，八六三	
五	六，三七〇	

鵝

六	四，一二三
七	三，七三〇
八	三，一四〇
九	二，五六七
十	二，八九五
十一	三，四六〇
十二	一，二三七

鴨

一	三，八〇〇	總計三六，五〇三只
二	二，九八〇	每只平均價〇，九元
三	三，一四〇	總值三二，八五三元
四	二，七三〇	
五	二，四五二	
六	一，九九八	
七	三，六六四	
八	五，一二五	
九	三，二五六	
十	一，四八〇	
十一	二，八二五	
十二	三，〇五三	

杭州市魚市概況表 民國十七年

名稱	銷數	價格每担平均價	產地
鰱焦	四〇三,〇〇〇斤	二三·〇〇元	留下
包頭	二三一,〇〇〇	二二·五〇	仝
鯶魚	一四二,三〇〇	一四·〇〇	仝
鯉魚	六,八〇〇	一三·〇〇	市內各處
烏青	五,一〇〇	一一·五〇	留下
鯿魚	五,二〇〇	一三·〇〇	市內各處
鯽魚	一一,五〇〇	一四·〇〇	仝
黑魚	四,〇〇〇	一二·〇〇	仝
鮎魚	四,二〇〇	一一·〇〇	留下
鱔魚	二一,三〇〇	一二·〇〇	江北
鰻魚	六,四〇〇	二四·〇〇	菱湖
季化	四,六〇〇	一三·〇〇	塘西
狹搽	二,七〇〇	一七·〇〇	市內各處
鱉魚	四,六〇〇	二六·〇〇	江北
鰣魚	三,八〇〇	一二八·〇〇	富陽江
黃魚	二三,三〇〇	二〇·〇〇	外海
帶魚	六,八〇〇	一二·〇〇	仝
白條	四,五〇〇	一一·〇〇	市內各處
蝦	一八四,〇〇〇	二〇·〇〇	仝
蟹	二四七,五〇〇	四〇·〇〇	湖州嘉興
河蚌	一五,〇〇〇	三·〇〇	三里漾
石蜆	七,一〇〇	二·〇〇	市內各處
合計	一,三四四,七〇〇斤		

杭州市日常食品季價表 民國十七年

名稱	春季價格	夏季價格	秋季價格	冬季價格	全年平均價格	備考
猪肉	〇・四〇〇元	〇・三九六元	〇・四二七元	〇・四〇〇元	〇・四〇六元	單位斤
牛肉	〇・二八四	〇・二八八	〇・二八七	〇・二二八	〇・二七二	單位斤
雞	〇・四六〇	〇・五〇〇	〇・五三三	〇・四四七	〇・四八五	單位斤
鴨	一・二七〇	一・二三三	一・一三三	一・一六六	一・二〇〇	單位隻
羊肉	〇・二三〇	〇・二九四	〇・三〇七	〇・二〇〇	〇・二五二	單位斤
鰱魚	〇・二一七	〇・二〇〇	〇・二〇七	〇・二〇七	〇・二〇七	單位斤
鯽魚	〇・四一〇	〇・五〇〇	〇・五〇〇	〇・三七〇	〇・四四五	單位斤
黃魚	大〇・二二〇 小〇・一〇〇	〇・二一〇 〇・一五〇		〇・二一〇	〇・二一二 〇・一五〇	單位斤
甲魚	〇・五六〇	〇・五七〇	〇・五四五		〇・五六〇	單位斤
鱔魚	〇・六〇〇	〇・六二〇	〇・六二〇		〇・六一七	單位斤
蝦	〇・四〇〇	〇・四九三	〇・五二三	〇・四〇〇	〇・四六四	單位斤
蟹			〇・七二〇		〇・七二〇	單位斤
白鯗		〇・二八〇	〇・二八〇		〇・二八〇	單位斤
螺螄		〇・〇一七	〇・〇二〇		〇・〇一五	單位斤
荳油	〇・三二〇	〇・三三三	〇・三一〇	〇・三二〇	〇・三二一	單位斤
菜油	〇・三二〇	〇・三二三	〇・三二三	〇・三二〇	〇・三二三	單位斤
猪油	〇・四三三	〇・五二〇	〇・五七二	〇・四〇〇	〇・四九三	單位斤

醬油	○•二○三	○•一九二	○•一九二	○•一九七	○•一九六	單位斤
白菜	○•○一○	○•○二五	○•○一二	○•○一二	○•○一五	單位斤
油菜	○•○一○			○•○一○	○•○一○	單位斤
黃芽菜	○•○一三	○•○一七	○•○一七	○•○一三	○•○一五	單位斤
菠菜	○•○一七	○•○一六	○•○二六	○•○二○	○•○二○	單位斤
莧菜	○•○一三	○•○一二	○•○一一		○•○一二	單位斤
雪裏紅		○•○三一	○•○三三		○•○三二	單位斤
霉乾菜		○•一二○	○•一二一		○•一二一	單位斤
大頭菜		○•一六○	○•一五五		○•一五七	單位斤
空心菜		○•○二一	○•○二一		○•○二一	單位斤
捲心菜		○•○三四	○•○三一		○•○三二	單位斤
蘿蔔	○•○一○	○•○四五	○•○四○	○•○三○	○•○二九	單位斤
茭白	○•○一○	○•○一○	○•○一二	○•○一○	○•○一一	單位把
冬瓜		○•○一四	○•○一三		○•○一四	單位斤
南瓜		○•○一四	○•○一二		○•○一三	單位斤
絲瓜		○•○一六	○•○一五		○•○一六	單位斤
菉荳芽		○•○一八	○•○一九		○•○一九	單位斤
黃荳芽	○•○三一				○•○三一	單位斤
光豆		○•○二二	○•○二一		○•○二一	單位斤

扁豆		○•○三二	○•○二三		○•○二八	單位斤
黃豆			○•○一七		○•○一七	單位斤
筍	○•一九○				○•一九○	單位斤
鞭筍		○•二二○	○•一七六		○•二二○	單位斤
冬筍				○•二四九	○•二四九	單位斤
茄子		○•○一八	○•○二一		○•○一九	單位斤
辣茄		○•○二八	○•○三○		○•○二九	單位斤
荸薺	○•○五四			○•○五三	○•○五四	單位斤
荳腐	○•○○七	○•○○七	○•○○七	○•○○七	○•○○七	單位塊
千層	○•○○七	○•○○七	○•○○七	○•○○七	○•○○七	單位張
腐干	○•○○四	○•○○四	○•○○四	○•○○四	○•○○四	單位塊
油腐	○•○二四	○•○二四	○•○二五	○•○二四	○•○二四	單位串
醋	○•○八七	○•一四七	○•一四三	○•○六○	○•一一九	單位斤
紹酒	○•一三七	○•一六三	○、一五五	○•一二○	○•一四八	單位斤
燒酒	○•二四○	○•二四○			○•二四○	單位斤
白糖	○•一四四	○•一五七	○•一六一	○•一四四	○•一五四	單位斤
紅糖		○•一二三	○•一三一		○•一二七	單位斤
食鹽	○•○七八	○•○八六	○•○八六	○•○八六	○•○八四	單位斤
乾麵粉		○•一三七	○•一三○		○•一三三	單位斤

杭州市文化與迷信商店統計表 民國十七年

	業別	家數	資本	備考
文化商店	書店	四一	八八，七〇〇元	共計二〇七家資本總額四二二，二九〇元
	儀器文具	八	八，一〇〇	
	印刷	五六	九三，八八〇	
	筆墨	九	一五，一三〇	
	其他	九三	二一六，四八〇	
迷信商店	錫箔	一七三	一六一，六〇〇元	共計二〇四家資本總額一七〇，〇〇〇元
	冥洋	三一	八，四〇〇	

四，工商業登記統計 計二種

杭州市政府工商業登記戶數統計表

民國十七年

資本額	戶數
一〇〇，〇〇〇元以上	一五
一〇〇，〇〇〇元—八〇，〇〇一元	五
八〇，〇〇〇元—五〇，〇〇一元	一二
五〇，〇〇〇元—四〇，〇〇一元	一一
四〇，〇〇〇元—三〇，〇〇一元	七
三〇，〇〇〇元—二〇，〇〇一元	三四
二〇，〇〇〇元—一〇，〇〇一元	六〇
一〇，〇〇〇元—九，〇〇一元	五四
九，〇〇〇元—八，〇〇一元	六
八，〇〇〇元—七，〇〇一元	三七
七，〇〇〇元—六，〇〇一元	一八
六，〇〇〇元—五，〇〇一元	四八
五，〇〇〇元—四，〇〇一元	一〇八
四，〇〇〇元—三，〇〇一元	一〇五
三，〇〇〇元—二，〇〇一元	三一六
二，〇〇〇元—一，〇〇一元	五五三
一，〇〇〇元—五〇〇元	二，八四〇
五〇〇元以下	四，五〇九
共計	八，七三八

杭州市各種工廠商店創立年數統計表 民國十七年

業別	戶數：五十年以上	五十年以下	三十年以下	二十年以下	十年以下	五年以下	一年以下	合計	最早創立之牌號
綢莊	二	二	八	二六	三〇	六七	五五	一九〇	蔣廣昌綢莊前清咸豐年間
綢廠			一	三	五	九	一一	二九	怡章鴻綢廠前清光緒年間
布廠				二	二	二	四	一〇	振華布廠民國二年一月
襪廠				七	六	八	三	二四	振興襪廠民國元年
製冰廠				一	一	一	一	四	和記冰廠民國六年十月
南北貨	八	二	四	三八	二六	五三	二一	一五二	胡恆昌南貨店前清道光年間
米店	二	二	六	三〇	二六	五六	五二	一七四	曹恆盛米店前清咸豐年間
醬酒	八	一五	一五	三八	四四	五四	二六	二〇〇	廣義醬園前清嘉慶元年三月
茶葉	二	五	三	六	一二	一七	八	五三	翁隆盛茶葉店前清同治年間
烟店		一	三	一〇	八	二一	二	四五	恆茂烟店前清光緒十年
木行	一		一	一四	一八	六	六	四六	聚茂木行前清同治三年
旅館	一	一	二	二六	三九	四五	五	一一九	同昇客棧前清同治八年四月
中藥	一〇	一七	三	一〇	二五	五〇	一三	一二八	葉種德堂藥店前清嘉慶年間
輪船			二	二	一	一		六	招商局前清光緒二十八年十月
汽車					一	二	三	六	杭餘汽車公司民國十一年
銀行				三	六			九	浙江興業銀行前清光緒三十三年九月[illegible]

典當	四	六	一	五		四		二〇	春和典當前清同治六年
鐵工			一	三	一四	一六	一	三五	立新鐵工廠民國六年
電氣				一				一	大有利電汽公司前清宣統二年六月
電話					一			一	杭州電話公司民國二年五月十五日
火柴				一				一	光華火柴公司前清宣統元年
銀樓	三	二	一		三			九	九華銀樓前清乾隆年間
木梳			一	一	一	三		六	王老娘康記木梳店前清光緒年間
扇店	二			四	二	五	一	一四	舒蓮記扇莊前清同治四年
香粉	一				一	二	二	六	孔鳳春香粉店前清同治元年三月十六日
剪刀	四		一	五	六	六	三	二五	張小泉近記剪刀店明朝崇禎年間
紙傘	三		四	八	四	七	二	二八	小禪堂紙傘店前清同治八年
其他	一六五	一九四	三九九	一，三九三	一，二九九	二，五二六	一，三五六	七，三三二	徐龍浦過塘行明萬曆年間
合計	二一六	二四七	四五七	一，六四九	一，五九五	二，九八〇	一，五九四	八，七三八	

五，勞資糾紛統計 計二種

杭州市勞資糾紛統計表 民國十七年

月別	件數	說明
一	二	箔業綢業各一件
二	三	棉織業一件綢業二件
三	六	綢業四件米業一件紙業一件
四	無	
五	二	綢業布業各一件

六	三	綢業米業箔業各一件
七	五	綢業二件米業紙業棉織業各一件
八	二	綢業
九	二	棉織業綢業各一件
十	三	綢業
十一	一	醬業
十二	一	烟業
共計	三〇	綢業十七件棉織業米業各三件箔業紙業各二件醬業布業烟業各一件

杭州市勞資糾紛主因及結果表

民國十七年

業別	糾紛之原因	調解之結果
絲綢業	廠方虧本息業	工人給資遣散
	仝	仝
	仝	仝
	工人要求劃一權度	中央未頒佈權度以前仍照舊例
	公司一部停業	一部工人給資遣散
	公司虧本改組	准公司縮小營業範圍
	廠方無故停業	廠方爲採辦原料准暫停二十五天期內借給工人每名銀十元
	工人要求公司增加機子救濟該公司失業工人	資方無力增加機子由勞資雙方與市商協會另謀救濟辦法
	工人誣告經理舞弊廠方宣告停業	開除爲首工人廠方繼續營業
	擅遷綢業貿易場	遷回原址
	揩付工會費	照約付清
經絨業	尅扣工資	工人虧欠廠方者准扣還未虧欠者如數補發
	短付工資揩付工會費	工資照約付至六月此後如無力履行協約得請省黨部核辦會費仍照原約付給
	工人要求廠方在修理期內津貼膳費	廠方津貼工人每名小洋六角
	短付工資	短付之工資照約補給
	經絨工會濫加工資	劃定工價
	無故開除工人	津貼開除工人銀五十元
米業	資方違約	資方履行原約並訂工作規則補充之
	揩付工會費	米業公所先付洋四十元餘俟清理帳目後再付
	仝	會費自米業店員工會啓封後三個月內照約付給
布業	資方違約	改訂協約
紙業	無故開除工人	開除之工人一名照約給薪二個月餘暫爲短工有缺即補
	違約揩付工會費	資方照約津貼工會費
棉織業	無故開除工人	被開除者遇缺試用如成績優良准其復工
	廠方不照協約付給工資	廠方自九月十四日起履行協約

箔業	資方使用鋼箔機並雇用業外工人	鋼箔機准其使用惟工人應雇本業失業工人
	違約捐付工會費	資方先付會費百元餘俟清理賬目後再付
醬業	資方違約	改訂協約
烟業	仝	資方履行協約
整機業	資方短付工資	資方應依據民國十一年工價付給

六，絲綢統計 計八種

杭州市天然絲最近三年貿易概況表

民國十五年至十七年

來源	種類	價值	用途	總數	捐率
本市及杭縣十分之七 海甯及湖州十分之三	肥絲 細絲	肥絲 十五年每担七五〇元 十六年每担六四〇元 十七年每担七二〇元 細絲 十五年每担八三〇元 十六年每担八八〇元 十七年每担八一〇元	十分之二輸出上海 十分之八供本市絲織之用	十五年 二，七五〇担 十六年 二，四六〇担 十七年 二，二一〇担	每担一五・六元

杭州市最近五年綢疋工資比較表

民國十三年至十七年

年別	每疋工資
民國十三年	九・一〇元
民國十四年	九・二五
民國十五年	九・二〇
民國十六年	一〇・二〇
民國十七年	一〇・三五

杭州市最近五年綢疋捐額比較表

民國十三年至十七年

年別	每疋捐額
民國十三年	〇・六四元
民國十四年	〇・六五
民國十五年	〇・六七
民國十六年	〇・八四
民國十七年	一・四七

杭州市最近五年廠綢躉售價值比較表

民國十三年至十七年

年別	純粹天然絲織成之綢每疋躉售價	人造絲天然絲混織之綢每疋躉售價
民國十三年	七一元	四二元
民國十四年	六九	四四
民國十五年	六一	四六
民國十六年	五八	四四
民國十七年	五六	四四

杭州市最近五年各廠工織綢疋數比較表 民國十三至十七年

年別	平均每人每月織綢疋數
民國十三年	三·五〇疋
民國十四年	三·五五
民國十五年	三·四〇
民國十六年	二·九〇
民國十七年	三·五五

杭州市最近五年廠綢銷存比較表 民國十三年至十七年

年別	銷出百分比	積存百分比
民國十三年	90%	10%
民國十四年	93%	7%
民國十五年	72%	28%
民國十六年	78%	22%
民國十七年	72%	28%

杭州市最近十年綢廠需用天然絲人造絲統計表 民國八年至十七年

年份	天然絲	百分比	人造絲	百分比
民國八年	三，九〇〇担			
民國九年	四，〇〇〇			
民國十年	四，二〇〇			
民國十一年	四，〇〇〇			
民國十二年	四，〇〇〇			
民國十三年	三，〇〇〇			
民國十四年	二，五〇〇	89.5%	二九一担	10.5%

民國十五年	二，三〇〇	81.4	五三〇	18.6
民國十六年	七九〇	49.3%	七五九	50.7%
民國十七年	七二〇	43%	九五四	57%

杭州市繭綢產量在全省所佔地位表 民國十七年

項目	繭產量百分數	綢產量百分數
全省	100%	100%
杭州市	4.7%	39.4%
其他各市縣	95.3%	60.6%

杭州市茶業貿易概況表 民國十七年

店行	家數	全年貿易數	總值
茶葉店	五三	一七，四七三担	八七三，六五〇元
茶葉行	七	四五，二〇〇	二，二六〇，〇〇〇
共計	六〇	六二，六七三	三，一三三，六五〇

杭州市最近三年茶葉產量概況表 民國十五年至十七年

年別	產量	價格	備考
民國十五年	六〇〇担	每担五五元	本市所產之茶均係綠茶
民國十六年	五二〇	每担五〇	
民國十七年	五五〇	每担五二	

杭州市各種茶葉價格表 民國十七年

種類	產地	價格：每斤最高價	平均價	最低價
龍井	本市，杭縣	八・〇〇元	二・三九九元	〇・三八四元
毛尖	本市，杭縣，嚴州，金華	一・六〇	〇・八〇二	〇・四四八
花茶	嚴州，富陽，徽州，皖北	一・九二	〇・九九二	〇・七二
普洱碧螺	江蘇，雲南，福建，徽州	三・二〇	二・六二	〇・八八
紅茶	杭縣，福建，江西	三・二〇	一・二四	〇・三八四

杭州市名茶產地表 民國十七年

產地	面積	產量	總值	茶農場 戶
龍井—獅子峯 棋盤山 天馬山 四眼井—翁家山 楊梅嶺 滿覺弄 青石橋—石虎山	共一千二百九十六畝	共五萬四千三百九十五斤	共三萬六千八百三十元	共六戶
				自耕農三百十九戶 佃農六十五戶

八，金融統計 計四種

杭州市小洋厘按月平均數表 民國十七年

月份	一月	二月	三月	四月	五月	六月	七月	八月	九月	十月	十一月	十二月
角子	〇·〇八八元	〇·〇八四一	〇·〇八三八	〇·〇八四二	〇·〇八四	〇·〇八一七	〇·〇八一五	〇·〇八二	〇·〇八二四	〇·〇八二五	〇·〇八三二	〇·〇八四一
雜角	〇·〇八六八元	〇·〇八一四	〇·〇八一	〇·〇八一九	〇·〇八三一	〇·〇八一三	〇·〇八〇七	〇·〇八一三	〇·〇八一八	〇·〇八三三	〇·〇八一六	〇·〇八三七

杭州市銅元按月平均數表 民國十七年

一月	二月	三月	四月	五月	六月	七月	八月	九月	十月	十一月	十二月
二，七一九文	二，七六六	二，九〇二	二，八二三	二，八七一	二，八八九	二，八九八	二，九三六	二，九一五	二，九二〇	二，九〇八	二，八七一

杭州市匯水按月平均數表 民國十七年

月份	一月	二月	三月	四月	五月	六月	七月	八月	九月	十月	十一月	十二月
甬匯	二·〇六二元(去)	〇·六六九(去)	〇·五五四(去)	〇·八三八(去)	一·五三九(去)	二·〇三二(去)	一·八六六(去)	二·〇〇五(去)	二·〇六五(去)	二·九六六(去)	三·四六九(去)	二·五一七(去)
紹匯	〇·二六八元(升)	〇·〇七四(升)	〇·一六七(去)	〇·二三六(去)	〇·一四三(去)	〇·一二五(去)	〇·〇五七(去)	〇·二四一(去)	〇·〇〇三(升)	〇·六九(去)	〇·四三二(去)	〇·七三六(去)
蘇匯	(去)	(去)	(去)	(去)	(去)	(去)	(去)	(去)	(去)	(升)	(升)	(去)

杭州市規元按月平均數表民國十七年

一月	二月	三月	四月	五月	六月	七月	八月	九月	十月	十一月	十二月
一，三八二	一，三八六．九	一，三八一．九	一，三七五．三	一，三七八	一，三八九．二	一，三八六．五	一，三八八．二	一，三八七．二	一，三七七．三	一，三八一．五	一，三八八．一

九，糧食統計計八種

杭州市粳米按月平均價表民國元年至十七年

年 月	一月	二月	三月	四月	五月	六月	七月	八月	九月	十月	十一月	十二月	全年平均價
民國元年	六．二〇元	六．四〇	六．九〇	七．三〇	七．七〇	八．三〇	八．四〇	八．〇〇	七．二〇	六．五〇	五．九〇	六．五〇	七．一〇
民國二年	六．七〇元	七．〇〇	六．九〇	六．五〇	六．四〇	六．四〇	六．四〇	六．四〇	六．四〇	六．四〇	六．五〇	六．六〇	六．五五
民國三年	六．一〇元	六．二〇	五．八〇	五．六〇	五．六〇	五．七〇	六．〇〇	六．四〇	六．四〇	六．一〇	六．一〇	六．二〇	六．〇〇
民國四年	六．四〇元	六．七〇	六．八〇	六．八〇	七．〇〇	七．一〇	七．一〇	七．一〇	六．六〇	六．一〇	六．三〇	六．四〇	六．七〇
民國五年	六．四〇元	六．四〇	六．五〇	六．六〇	六．四〇	六．四〇	六．四〇	六．三〇	五．五〇	五．二〇	五．二〇	五．二〇	六．〇〇
民國六年	五．三〇元	五．五〇	五．三〇	五．六〇	五．七〇	五．八〇	五．七〇	五．四〇	五．二〇	五．〇〇	五．一〇	五．一〇	五．四〇
民國七年	五．二〇元	五．三〇	五．九〇	五．八〇	五．六〇	五．六〇	五．四〇	五．四〇	五．四〇	五．二〇	五．二〇	五．四〇	五．五〇
民國八年	五．五〇元	五．八〇	五．六〇	五．四〇	五．四〇	五．五〇	六．一〇	六．六〇	六．五〇	六．六〇	六．七〇	六．九〇	六．〇五
民國九年	七．二〇元	七．三〇	七．四〇	七．五〇	七．七〇	八．〇〇	八．七〇	八．八〇	八．三〇	七．四〇	七．五〇	七．九〇	七．八二
民國十年	七．九〇元	七．九〇	七．六〇	七．七〇	八．一〇	八．二〇	八．三〇	八．二〇	八．三〇	八．六〇	八．七〇	八．八〇	八．一八
民國十一年	八．八〇元	九．〇〇	九．二〇	九．二〇	九．三〇	九．四〇	九．六〇	九．六〇	九．五〇	九．五〇	九．三〇	九．四〇	九．三一

民國十二年	民國十三年	民國十四年	民國十五年	民國十六年	民國十七年
9.70元	9.10元	8.60元	11.40元	12.70元	9.70元
9.70	9.00	8.90	11.40	13.90	10.10
10.10	8.90	8.90	12.00	13.00	10.60
10.00	8.90	9.10	12.30	13.30	10.40
9.70	8.90	9.80	12.00	13.00	10.10
9.50	8.90	10.10	12.00	13.40	9.80
9.50	9.30	10.60	12.10	13.60	9.90
9.50	9.60	10.30	12.10	13.70	9.30
9.10	9.60	9.90	12.40	13.10	8.90
8.90	9.30	10.00	12.90	10.00	9.90
8.90	8.40	10.10	12.80	9.80	10.60
8.90	8.40	11.10	12.70	9.60	10.90
9.46	9.03	9.80	12.18	13.18	10.03

杭州市粳米季節變化表（民國元年至十七年以每年一月作一〇〇）

年＼月	一月	二月	三月	四月	五月	六月	七月	八月	九月
民國元年	100	103	111	118	129	134	135	129	[illegible]
民國二年	100	104	103	97	96	96	96	96	[illegible]
民國三年	100	102	95	92	92	93	98	105	[illegible]
民國四年	100	105	106	106	109	111	111	111	[illegible]
民國五年	100	100	102	103	100	100	100	98	[illegible]
民國六年	100	104	100	105	108	109	108	102	[illegible]
民國七年	100	102	113	111	108	108	104	104	[illegible]
民國八年	100	105	102	98	98	100	111	120	[illegible]
民國九年	100	101	103	104	107	111	121	123	[illegible]
民國十年	100	100	96	97	103	104	104	104	[illegible]
民國十一年	100	102	105	105	106	107	109	109	[illegible]
民國十二年	100	100	104	103	100	98	98	98	[illegible]
民國十三年	100	99	98	98	98	98	101	105	[illegible]
民國十四年	100	103	103	106	114	117	123	120	[illegible]
民國十五年	100	100	105	108	105	105	107	106	[illegible]
民國十六年	100	102	102	105	102	106	107	100	[illegible]
民國十七年	100	106	109	107	104	102	102	96	[illegible]
季節變差	100	102.2	103.4	103.8	104.6	105.8	107.9	107.4	[illegible]

十月	一〇五	九六	一〇〇	九五	八二	九四	一〇〇	一二〇	一〇三	一〇九	一〇八	九二	一〇一	一一三	一一三	七九	一〇三	一〇〇·七
十一月	九五	九七	一〇〇	九八	八二	九六	一〇〇	一一三	一〇四	一一〇	一〇六	九二	九二	一一九	一一三	七八	一〇九	一〇〇·六
十二月	一〇五	九九	一〇三	一〇〇	八二	九六	一〇四	一一五	一一〇	一一一	一〇七	九二	九二	一二九	一一一	七六	一一三	一〇一·九

杭州市蒸穀糯米晚米香粳按月平均價表 民國十七年

米別＼月份	一月	二月	三月	四月	五月	六月	七月	八月	九月	十月	十一月	十二月	全年平均價
蒸穀	一〇·三〇元	一〇·八七	一一·四三	一一·六〇	一一·四七	一一·三〇	一一·〇九	九·九七	九·六七	一一·〇〇	一一·六〇	一二·〇七	一一·〇二
糯米	一〇·八七元	一一·四七	一一·八二	一一·六〇	一一·五三	一一·八〇	一二·三〇	一一·九七	一二·四七	一二·二八	一二·六〇	一二·八二	一二·二九
晚米	九·八〇元	一〇·四七	一〇·九七	一〇·八〇	一〇·七三	一〇·六三	一〇·八〇	一〇·四〇	一〇·〇七	一〇·八〇	一一·三三	一〇·四九	一〇·六一
香粳	一一·三〇元	一一·四七	一一·九七	一一·八〇	一一·七三	一一·六〇	一一·六〇	一〇·九一	一〇·八〇	一一·三〇	一一·七三	一二·三三	一一·五三

杭州市大盤米價表 民國十七年

米別＼月份	一月	二月	三月	四月	五月	六月	七月	八月	九月	十月	十一月	十二月	全年平均價
私米	八·九〇元	八·五九	一〇·〇九	九·七五	九·二七	九·一〇	八·九四	八·四〇	七·九八	七·八九	九·三〇	九·九〇	八·九九
粳米	九·三〇元	八·九〇	九·八五	一〇·四〇	九·六〇	九·六〇	九·六五	九·六五	八·六〇	八·八五	九·四〇	一〇·七〇	九·五三
糯米	一〇·三〇元	一〇·五〇	一一·七五	一一·五五	一一·一五	一一·一五	一一·六五	一一·六〇	一一·五〇	一二·〇〇	一二·九〇	一二·四五	一一·六三

杭州市食米來源一覽表 民國十七年

地名		全年來米數	備攷
本省	本市及杭縣	十萬石	全年來米數共計一百二十萬石
	嘉興	三十萬石	
	湖州	二十萬石	
	舊金衢嚴屬	十萬石	
外省	江蘇	三十五萬石	
	安徽	十五萬石	

杭州市豆類按月平均價表 民國十七年

豆別＼月份	一月	二月	三月	四月	五月	六月	七月	八月	九月	十月	十一月	十二月	全年平均價
細黃	八·五〇元	八·八〇	九·四〇	九·四〇	九·二〇	九·六〇	九·四〇	九·〇〇	九·〇〇	九·四〇	一〇·〇〇	一〇·三〇	九·三三
粗黃	九·四〇元	九·八〇	一〇·四〇	一〇·四〇	一〇·四〇	一〇·六〇	一〇·七〇	一〇·四〇	一〇·三〇	一〇·四〇	一〇·九〇	一一·三〇	一〇·四三
豇豆	一〇·二〇元	一〇·四〇	一〇·六〇	一〇·六〇	一〇·六〇	一〇·六〇	一〇·六〇	九·八〇	八·八〇	八·八〇	九·四〇	一〇·〇〇	一〇·〇三
蓁豆	一〇·〇〇元	一〇·〇〇	一〇·〇〇	一〇·〇〇	一〇·〇〇	一〇·〇〇	一〇·〇〇	一〇·〇〇	一〇·〇〇	一〇·〇〇	一〇·〇〇	一〇·〇〇	一〇·〇〇
赤豆	一〇·〇〇元	一〇·〇〇	一〇·〇〇	一〇·〇〇	一〇·〇〇	一〇·〇〇	一〇·〇〇	九·八〇	八·八〇	八·八〇	九·四〇	一〇·〇〇	九·七三
菜蓁							九·〇〇元	九·〇〇	九·〇〇	九·〇〇	九·〇〇	九·〇〇	九·〇〇
細青	八·〇〇元	八·二〇	八·四〇	八·四〇	七·八〇	六·四〇	六·三〇	六·〇〇	五·八〇	五·八〇	六·四〇	六·四〇	六·九九
闊青							六·五〇元	六·四〇	六·一〇	六·一〇	六·六〇	六·六〇	六·三八
毛豆	九·八〇元	九·八〇	九·八〇	九·八〇	九·八〇	九·二〇	八·三〇	七·六〇	七·五〇	七·三〇	七·二〇	七·四〇	八·六[illegible]

杭州市豆類銷數統計表 民國十七年

豆別	全年銷數
黃豆	八,三三二石
蠶豆	八,〇一三石
菉豆	一,三三〇石
豇豆	二七九石
赤豆	一•九二五石

杭州市麥粉營業概況表 民國十七年

粉別	本粉	洋粉
家數	五家	三家
銷數	六,六〇〇担	五〇〇,〇〇〇袋
單價	每担六•二〇元	每袋三•二八元
總價	四〇,九二〇元	一,六四〇,〇〇〇元
銷區	市區	市區及外縣

十、社會病態統計 計二種

杭州市盜竊統計表 民國十七年

月份	盜竊案次數		損失贓數		備考
	盜案	竊案	盜案	竊案	
一	一	一二	二〇元	七八八元	共計盜案二十一次損失贓數三萬四千二百六十二元竊案一百三十次損失贓數九千七百六十八元
二	六	一一	三〇,六〇二	六四〇	
三	〇	八	〇	五七〇	
四	〇	一一	〇	三九五	
五	〇	八	〇	二四七	
六	一	九	五〇〇	六三〇	
七	〇	一三	〇	七一六	
八	一	八	二〇	三二〇	
九	四	一〇	六二〇	一,一七〇	
十	三	一八	一,三〇〇	一,一八四	
十一	二	一四	七二	三三三	
十二	三	八	一,〇六〇	七八五	

杭州市離婚統計表 民國十七年

離婚主動者	男	女
件數	七	三十

男主動原因	件數	女主動原因	件數
違背同居	二	虐待及不扶養	二四
意見不合	二	迫令爲娼	三
不守婦道	一	胎生夭閹	一
傷害	一	痴呆不識人事	一
通姦	一	重婚	一

共計三十七件

備考：本表依據杭縣地方法院受理案件爲準

十一，災變統計 計五種

杭州市民國十七年火災次數逐月比較表

月別	次數
一月	六次
二月	二次
三月	三次
四月	七次
五月	八次
六月	三次
七月	六次
八月	二次
九月	六次
十月	一三次
十一月	九次
十二月	四次
共計	六九次

杭州市民國十七年火災發生時間比較表

（一）時間比較

時別	次數
0—1上午	2
1—2	2
2—3	2
3—4	
4—5	4
5—6	
6—7	1
7—8	
8—9	3
9—10	1
10—11	4
11—12	3
12—1下午	1
1—2	10
2—3	6
3—4	4
4—5	2
5—6	2
6—7	4
7—8	3
8—9	6
9—10	2
10—11	5
11—12	2
共計	69

（二）日夜比較

次數 ＼ 月別	一月	二月	三月	四月	五月	六月	七月	八月	九月	十月	十一月	十二月	共計
日間發生次數（午前六時至午後六時）	2		2	5	6	3	3	1	4	7	4	1	38
夜間發生次數（午後六時至午前六時）	4	2	1	2	2		3	1	2	6	5	3	31

杭州市民國十七年火災起因表

起因	次數
烹炊遺火	一七
香烟遺火	二四
油燈遺火	三
蚊香遺火	三
焚香遺火	一
火柴遺火	一
火星落入柴草	三
走電	三
灰堆餘火復燃	五
玩火	七
其他	二

杭州市民國十七年房屋被燬被損數比較表

月別	房屋被燬數	房屋被損數	房屋被燬被損價值	備考
一月	一二六間	六間	一〇〇，六四〇元	
二月	五一間	一間	三〇，六〇〇	
三月	三三間		八，二三〇	

四月	五三間		五九，六〇〇
五月	七九間	四間	五四，五一〇
六月	七間		五六〇
七月	一五四間	九間	一二一，一〇〇
八月	一〇間		八六〇
九月	九間	一間	一，二四五
十月	八四間	二間	五〇，五三〇
十一月	三七間	二間	四三，一九〇
十二月	九間		四六〇
共計	六五二間	二五間	四七一，五二五

杭州市民國十七年水災概況表

災期	民國十七年九月十三十四兩日。
災區	本市會堡皋塘兩區（自大通橋起至五堡五福亭止）沿江一帶，約十八里。
災戶	六百二十九戶，二千八百五十六人。
損失	冲毀土塘三里，田地四千畝，修理費約須十萬元。冲毀房屋八十間，約值一萬六千元。冲毀農作物約值七萬四千元。共計十九萬元。
賑濟	現款三千三百元，棉衣一百件，米票二石。（由浙江賑務會轉撥杭州市政府發放）

十二，雜類統計 計三種

杭州市各區人口密度表

區別	人口數	人口密度
城區	二九三，〇三〇	每市畝十六人
西湖區	一一，一四九	每六市畝一人
湖墅區	五六，一五八	每市畝一人
皋塘區	四七，四九九	每三市畝一人
會區堡	四，八七九	每六市畝一人
江干區	三八，四三二	每市畝三人

根據民國十七年十二月份戶口調查

杭州市商民協會會員統計表 民國十七年

業別	人數
衣業	五〇
絲綢織造業	一，〇二六
布業	九六
生貨機業	八七二
鞋革業	一一一
綢業	一七九
染煉業	五〇

[illegible]紗業	五六
經絨染業	一二八
醬業	一〇三
烟業	五二
燒酒業	五二
菜館業	五五
城區米業	一〇一
荳腐業	一一八
芽菜業	七六
茶食糖果業	七六
飯業	五〇
地貨小菜業	五〇
茶業	二八九
火腿醃臘魚鯗業	七九
茶館業	六九
旅店業	九〇
木板業	一一六
人力車業	七二
過塘行業	九五
內河船業	一五〇
煤業	五四
柴炭業	五一
南貨燭業	一一五
銀錢業	一〇四
典業	七一
會堡區雜業	六〇
新市場區雜業	一二〇
筧橋區雜業	七四
城北區雜業	二〇一
參藥業	一一九
城站區雜業	一三九
綵結業	三一
印刷業	六七
紙業	八二
傘業	五八
共計四二業	共計五,六〇七

杭州市各工會會員統計表 民國十七年

工會名稱	會員人數	備考
參業店員工會	一〇二	查中央頒布之商民協會組織條例：以店員組織店員總會，隸屬於商民協會。本表乃依據浙省黨部所規定，故將店員工會列入工會。
米業店員工會	二五三	
中藥業店員工會	八一二	
烟業店員工會	二五六	
典業店員工會	四三六	
大豐盛布廠工會	二三五	
惠民布廠工會	一一二	
廣生布廠工會	二一一	
九華布廠工會	一五七	
五豐布廠工會	一五三	
振華布廠工會	四七	
永新布廠工會	一五一	
布業職工會	六六六	
光華絲織工會	一〇八	
文新恆絲織工會	七七	
華章絲織工會	七〇	
燮章絲織工會	八三	
瑞新絲織工會	七八	
列豐絲織工會	六〇	
蔣廣昌絲織工會	一〇六	
九成絲織工會	六〇	
震旦絲織工會	九三	
緯成絲織工會	一，五五九	
怡章鴻絲織工會	四五	
高元泰絲織工會	五七	
振新絲織工會	一〇八	
袁震和絲織工會	九五	
泰成絲織工會	七二	
虎林絲織工會	五六〇	
天章絲織工會	一，二一〇	
慶成絲織工會	二三〇	
錦雲公絲織工會	一〇三	
瑞昌祥絲織小組工會	二五	
錦成絲織小組工會	一六	
晉成絲織小組工會	二八	
隆昌協絲織小組工會	二二	
裕成絲織小組工會	三〇	

[illegible]機工會	[illegible]九〇
絲織零機工會	五五七
紙行工友工會	五一
娛園職工會	二〇八
電話工會	一七五
銀行工友工會	九二
煤業夥友工會	二六九
二十橋挑夫工會	三七五
正始社安康工會	九三
箔業研紙工會	一，二〇四
醬作勞工工會	一五四
南貨業夥友工會	八五二
光華火柴工會	一，四七二
金銀手工工會	二一七
醃臘魚鯗腿業夥友工會	四〇四
鞋業工會	一[illegible]
共舞臺職工會	五三
箔業打工工會	四二〇
人力車夫工會	三，一〇五
飯店夥友工會	三六〇
酒業工會	四五一
燭業工會	七四
江干柴炭挑運工會	一三七
江干柴炭業工友工會	一四五
運河木排工會	三四〇
江干木業梲工工會	五六三
米業勞工工會	二八七
之江航業公會	三，六七三
共計	二四，六一八

補遺

杭州市機坊統計表 民國十七年

類別	戶數	資本總額	機數	工人數 男工	女工	童工	共計	產量
生貨	八二八	一六八,〇八〇元	一,八九四	二,五三五	八七一	三五六	三,七六二	六六,一九〇疋
熟貨	一,八六二	五三一,五〇〇	五,二三六	六,五七二	一,八八九	一,〇一三	九,四七四	一八二,九一〇
共計	二,六九〇	六九九,五八〇	七,一三〇	九,一〇七	二,七六〇	一,三六九	一三,二三六	二四九,一〇〇

杭州市歷年綢機數量比較表

自民國元年至十七年

年別	綢機數 手織機	電織機	備考
民國元年	二八		手織機即木機 電織機即力織機
二年	五六		
三年	二九四		
四年	四四二		
五年	五三一		
六年	六二三		
七年	七〇一		
八年	八四九		
九年	一,〇六〇		
十年	一,二六六		
十一年	一,三二八	一〇	
十二年	一,六〇八	一六	
十三年	一,九三一	三八	
十四年	二,〇二二	六一	
十五年	二,一二九	一三六	
十六年	二,〇二五	二〇二	
十七年	一,五三九	二二二	

杭州市最近五年絲價比較表

民國十三年至十七年

年別	天然絲每担價格	人造絲每担價格
民國十三年	一,一四〇元	
民國十四年	一,〇〇〇	[illegible]
民國十五年	一,一三五	

民國十六年	一，〇〇〇	二九〇
民國十七年	一，〇二五	二九〇

杭州市各種糧食銷數及價值統計表

民國十七年

種類 ／ 銷數及價值	銷數	價值
米	一，二〇〇，〇〇〇石	三，一二〇，〇〇〇元
麥粉	本粉 六，六〇〇担 洋粉五〇〇，〇〇〇袋	一，六八〇，九二〇
豆	一八，一四六石	一六四，三四五
苞米	五三六石	三，三七六
共計		四，九六八，六四一

四六

中華民國十八年七月出版

杭州市十七年份社會經濟統計概要

編輯者　杭州市政府社會科
出版者　杭州市政府
印刷者　杭州長興印刷所

杭州市政府社會科 編

杭州市十八年份社會經濟統計概要

杭州：杭州市政府，民国十九年（1930）鉛印本

杭州市社會經濟統計概要

中華民國十八年分

民國十九年七月出版

杭州市十八年份社會經濟統計概要

杭州市政府社會科編

例言

（一）本概要係將十八年份各種社會經濟方面事實，列成表式，以便查考。

（二）本概要共載統計表一百三十四則，計分十一大類：（1）農業（2）工業（3）商業（4）勞資糾紛（5）繭絲綢（6）茶葉（7）人口（8）粮食（9）社會病態（10）災害（11）雜類。

（三）本概要每年出版一次，此次係第二次。第一次在十八年七月出版，所載者爲十七年份之材料。

（四）本概要之材料，有爲本科直接派人調查者，有由各機關團體代爲調查者。

（五）本概要所載材料，雖以十八年份爲限，但有數種重要統計，有將歷年之材料聯載，以資比較。又因出版較遲，亦有將十九年份上半年所得材料，擇要附入，以作參考。

（六）本概要因人事財力關係，調查容有未週，取材不免掛漏，還祈讀者指敎。

民國十九年七月杭州市政府社會科謹識

杭州市十八年份社會經濟統計概要目錄

杭州市十八年份社會經濟統計概要

一、農業統計 計三二種

杭州市西湖區農村統計

調查時期：十八年七月至十二月

內容大概

- 西湖區農村的戶口
- 西湖區的農用土地
- 西湖區的農業組織
- 西湖區的農生產
- 西湖區的農家經濟
- 西湖區的農民教育

西湖區農村戶口概數

	戶	人
南山村	九五九	四、七五七
北山村	六三〇	二、八七九
靈慶村	六一二	三、〇八八
合計	二、二〇一	一〇、七二四

西湖區農村戶口分析

	總數（人）	一戶最多	一戶平均
男（十五歲至六十歲）	四、三二七	八人	一・九七
女（十五歲至六十歲）	二、七三三	五	一・二四
老（六十歲以上）	五六八	二	〇・二六
兒童（十五歲以下）	三、〇九七	六	一・四一

西湖區農村戶籍推原

原籍	戶數	原籍	戶數	原籍	戶數	原籍	戶數	原籍	戶數
平湖	一	縉雲	一	永嘉	四七	湖北	二		
杭州	1,001	崇德	四	鄞縣	二九	瑞安	一	湖南	二五
海甯	一	吳興	四	紹縣	三三	平陽	一	河南	二
餘杭	一	德清	二	蕭山	二〇	松陽	一	直隸	二
新登	一	金華	四	諸暨	三四	麗水	三	廣東	八
富陽	六	永康	六	餘姚	九	江蘇	二九	廣西	三
桐廬	一	義烏	三	上虞	三	江西	二	四川	二
嘉興	七	東陽	六六	新昌	四	安徽	一〇	雲南	一
嘉善	一	衢縣	二	嵊縣	一七	福建	二		
桐鄉	五	江山	三	臨海	五〇	山東	三		

一

西湖區農戶原籍分析(一)

	戶數	百分比
本地人	一、〇〇一戶	四五・五%
非本地人	一、二〇〇	五四・五

西湖區農戶原籍分析(二)

	戶數	百分比
本省人	二、一〇二戶	九五・五%
非本省人	九九	四・五

西湖區農用土地種類

田	四、七七〇畝
圃	一、七三五
林地	三、〇三一
草地	三〇
池塘	九七三
場地	六四一
荒地	一、一九四
合計	一二、三七四

二

西湖區農地荒熟比較

	畝數	百分比
熟（已墾地）	一九、四五八畝	八七%
荒（未墾地）	二、九一六	一三

西湖區地勢與地質

地勢	畝數	地質
高聳地	一三、一六六畝	棋盤山，天馬山，虎跑山一帶爲砂岩。三台山，九曜山，萬松嶺一帶爲石灰岩。寶石山一帶爲火成岩。（岩石上之浮土，砂岩石灰岩所成之山較厚，火成岩較少。）
平坦地	八、二三五	冲積層
低窪地	九七三	冲積層

西湖區農業組織

	戶數	百分比
自耕農	四五八戶	二〇・八%
自耕農兼佃農	二二一	一〇・〇

佃耕農	二八五戶	一三・〇%
兼耕農	一〇二	四・六
農業勞動者	四二六	一九・四
兼農業勞動者	三八〇	一七・三
農場管理者	六〇	二・七
地主	五三	二・四
農村中之商鋪	一九四	八・八
農村中之公共機關	二三（內學校及私塾九所，醫局四所，自治機關一所，警棚六所，治蟲機關二所。）	一・〇

西湖區農地業佃數別

	業（已有）	佃（入有）
田	一、四八九畝	三、二八一畝
圃	九五五	七八〇
林地	三、五九二	四三九
草地	二八	二
池塘	三三四	六三九
場地	六四一	—
荒地	一〇、七六九	四二五
合計	一六、八〇八	五、五六六

西湖區耕地面積分配

	一戶最多	一戶最少	總計	一戶平均
自耕農	三〇畝	二畝	四、二四五畝	八・五畝
自耕農兼佃農	三〇	六	一、九七八	八・九五
佃耕農	二〇	二	三、三三三	九・一

註：表內之耕地，只指田，圃，林地（桑，茶，竹，果木等）三種。

西湖區農地地價

	每畝最高價	每畝最低價	每畝平均價
田	一二〇元	三〇元	七五元
圃	三〇〇	三〇	一六五
林地	三〇〇	三〇	一六五
草地	五〇	二〇	三五
池塘	八〇	三〇	五五
場地	三〇〇	三〇	一六五
土山	六〇	三〇	四五
石山	二〇	八	一四
荒山	三〇	二〇	二五

三

西湖區主要農作生產量

種類	栽培面積	每畝最高產量	每畝最低產量	每畝平均產量	總產量
米	四、七七〇畝	一•四担	〇•二担	〇•九六担	四、五八六担
麥	一一四	一•二	〇•六	一•〇	一一四
豆	六〇二	一•二	〇•四	一•〇	六三二
茶葉	一、四三五	〇•七	〇•一	〇•四	五六九
桑葉	一、〇〇九	一二•〇	一•〇	六•五	六、五一三
油菜	一七三	一五•〇	五•〇	六•〇	一、〇七七
蔬菜	六、一七六	一〇•〇	二•〇	三•三	七、一二五
筍	五三五	二•〇	一•〇	一•三	七〇九
桃	六二	七•〇	一•〇	六•〇	三九〇
梅	六	四•〇	〇•五	三•五	二一
栗子	——	——	——	——	四四三
柴草	九、一〇五	一五•〇	三•〇	六•〇	五六、〇六九
菱	——	二•〇	一•〇	一•五	三二三
荷葉	——	二•〇	一•〇	一•五	——
魚	——	二•〇	〇•五	一•〇	四三二

西湖區主要農產總值

種類	每担最高價	每担最低價	每担平均價	總值
米	一五・〇元	九・〇元	一〇・〇元	四五、八六〇元
麥	八・〇	六・〇	七・〇	七九二
豆	五・〇	二・〇	三・〇	一、八九五
茶葉	四〇〇・〇	三〇・〇	九二・〇	五二、二六〇
桑葉	四・一	〇・一	一・四	八、九五二
油菜	一・五	〇・八	一・〇	一、〇七七
蔬菜	二・〇	一・〇	一・二	八、五五三
筍	六・〇	三・〇	三・九	二、七五二
桃	一二・〇	五・〇	一〇・〇	三、九一三
梅	五・〇	二・〇	二・三	四八
栗子	三・〇	二・〇	二・五	八九一
柴草	〇・八	〇・五	〇・七	四二、三五五
菱	三・〇	一・五	二・六	八三一
荷葉	三・〇	一・〇	一・五	——
魚	一二・〇	八・〇	九・〇	三、八八八

西湖區農家畜養數值

種類	一戶畜養最多數	總數	單價	總值
鷄	一〇只	六、四三六只	〇・八五元	七、五四六元
鵝	二	六三	〇・六八	四三
鴨	一〇	一、〇七〇	〇・五〇	五三五
豬	五	四七	一一二・四〇	五、二七八
牛	二	一〇	三八・七〇	三八七
羊	四	七六	九・〇〇	六八四

西湖區農用肥料數值（一）

種類	購肥總數	單價	購肥總值
人肥	一四一、〇三八担	〇・二元	二八、二〇八元
菜餅	一、七三三	三・三八	五、八五八
柴草灰	一、三八六	〇・二	二七七

西湖區農用肥料數值（二）

購肥總額	三四、三四三元
農家一戶購肥最多額	一五〇
農家一戶購肥最少額	三
平均每戶購肥額	三二・二二

六

西湖區農用種苗數值

	數量	單價	總值
稻種	二三一担	八・〇元	一、八四八・〇元
菱種	一二八	二・六	三三二・八
魚秧	二四、八六〇條	〇・〇四	九八六・四

西湖區農具式樣數值

		數目	單價	總值
新式農具	無	—	—	—
舊式農具	鋤	五、四八〇件	一・〇元	五、四八〇元
	鐵耙	一、一五二	〇・九	一、〇三七
	括子	九〇六	〇・四	三六二
	勾刀	九六五	〇・三	二八九

西湖區農家全年生活費(每戶平均)

		百分比
飲食	二四四・〇元	七八・七%
衣被	一一・五	三・七
住屋	二四・〇	七・七
燈火	七・八	二・五
家具	六・〇	一・九
敎育	一・二	〇・四
社交	七・六	二・五
嗜好	四・八	一・五
醫藥	一・五	〇・五
雜項	二・〇	〇・六
合計	三一〇・四	一〇〇・〇

註：住屋若係已有者住屋費一項可省去。又在子弟不受敎育之農家敎育費一項亦可省去。

西湖區農家全年收支估計(每戶平均)

收入額	二五〇元
支出額	三一〇・四
差額	六〇・四(不敷)

註：住屋係已有者，平均每戶每年支出額爲二八六・四元，則其差額減爲三六・四元。

西湖區農家之住屋(一)

	一戶最多	一戶最少	總計	一戶平均價值	每間總值	總值
瓦屋	五間	半間	五、六九八間	二·九二	一九七·〇元	一、一二三、一五三元
草屋	五	半	七一三		三四·四	二五、二二七

西湖區農家之住屋(二)

	戶數	百分比
住屋已有者	一、一九九戶	五四·五%
租屋而住者	一、〇〇二	四五·五

西湖區農家副業一班

男	女
做坟、划船、賣柴草、轎夫	製冥幣、製紙錠、磨箔、划船、糊火柴盒、縫衣、針織

西湖區農業勞動者之工作時間與工資

	平均工作時間	平均日工工資	平均月工工資	平均年工工資
男工	一〇小時	〇·三三元	五元	四六元
女工	一〇	——	一·五	——

西湖區農戶負債有無比較

	戶數	百分比
負債的	八〇七戶	三六·六%
不負債的	一、三九四	六三·四

西湖區農戶借貸方法及其用途

借貸方法	用途
一、搖會 二、典當借款 三、典押借款 四、信用借款	一、作經營資本 二、造屋 三、醫藥 四、嫁娶 五、喪葬 六、家用

西湖區農戶借貸概況

	利率	期限	方法
搖會	—	每年二周	情商
典當	二分	十八個月	物質典押
典押借款	一分半至二分	長期	不動產契據典押
信用借款	一分半至二分	長期	訂立借票

西湖區農民儲款方法及其用途

儲款方法	用途
一、放債	一、置田產
二、認會	二、備婚喪喜慶用
三、儲於信實之商店	三、日常用
	四、備荒年

西湖區農民教育狀況(一)

	受教育人數
男	四〇一人
女	三九
老	—
兒童	二七〇
合計	七一〇

西湖區農民教育狀況(二)

	人數
受高等教育者	四人
受中等教育者	四
受初等教育者	七〇二

西湖區農民教育狀況(三)

	人數	百分比
受教育者	七一〇人	六・五%
未受教育者	一〇、〇一四	九三・五

二、工業統計 計四四種

杭州市工業分類表

一、機器工業門：1機器業 2翻砂業 3造船業

二、紡織工業門：1棉紡織業 2絲綢織業 3針織業

三、化學工業門：1火柴業 5染煉印花業 2玻璃業 6製藥業 3燭皂業 7電鍍業 4製革業 8油漆業

四、食品工業門：1碾米業 4製冰業 2製麵業 5牛乳業 3榨油業 6豆汁業

五、日用品工業門：1製傘業 2製帽業

六、印刷工業門：1印刷業

七、建築工業門：1營造業 2建築材料業

八、雜項工業門：1煤球業 2石粉業

機器工業

機器業工廠一覽表（總計二三廠）

廠名	廠址	性質	成立年月	資本額	經理姓名	工人數	全年生產總值
武林鉄工廠	刀茅巷六〇號	公司	三年	十萬元	來秋乘	男一二三人	十二萬元
大冶鉄工廠	刀茅巷	公司	四年	三萬元	趙君艾	男四〇 童一三	四萬元
大成鉄工廠	湖墅紅石板四七號	合夥	十八年	一萬元	忻季稜	男一五 童一六	一萬五千元
浙江五金銅箔製造廠	普安街	公司	十五年一月	七千七百五十元	丁德培	男一七 童一二	二萬元

協昌機器廠	太平門直街一四六號	合夥	十五年	五千元	趙永發	男 童	九 二〇	二萬二千元
應振昌鉄廠	清泰路九七號	獨資	三年	三千元	應芝庭	男	二二	四萬元
立新機器廠	清泰路一五〇號	合夥	五年	三千元	吳春綠	男 童	一四 一五	六千元
鼎新鉄工廠	靈芝路四八號	合夥	十年	一千五百元	祝起鳳	男 童	一一 四	五千元
鎭昌鉄工廠	同春坊	獨資	八年	一千五百元	陳元隆	男	一八	——
楊聚興鉄工廠	太平橋直街一三號	獨資	十三年	一千元	楊鴻逵	男	三	八百元
普飛機器廠	慶春門九〇號	獨資	九年	一千元	戚凌飛	男	六	一千元
虎麟鉄工廠	大福清巷三三號	獨資	十二年	一千元	楊福松	男 童	四 四	六千元
隆昌鉄工廠	白馬廟前二八號	獨資	十八年十月	一千元	陳家春	男 童	三 四	二千元
邊聚興鉄工廠	東街五二二號	獨資	十六年	七百元	邊一品	男 童	三 一	一千五百元
鐘大昌鉄工廠	太平門直街一五〇號	獨資	十五年	七百元	鐘慈坤	男 童	三 四	四千元
徐森泰鉄工廠	里仁坊三一號	獨資	十五年	五百元	徐慶榮	男 童	三 五	一千八百元
鐘大昌鉄工廠	官巷口	獨資	十八年	五百元	鐘渭波	男 童	六 五	四千元
振業機器廠	察院前三八號	獨資	元年	五百元	陳聚興	男 童	四 四	二千元
許福記鉄工廠	福聖廟巷	獨資	十三年	五百元	許福生	男 童	一 二	一千元
劉六藝鉄工廠	東街三六〇號	獨資	十五年	五百元	劉世潮	男 童	一 一	四百元
長昌機器廠	接骨橋直街三七號	獨資	十八年二月	四百元	殷興才	男 童	三 一	一千元
心化鉄工廠	東街五一九號	獨資	十四年	四百元	壽玉生	男 童	二 三	一千二百元

翻砂業工廠一覽表（附爐廠）（總計七廠）

廠名	廠址	性質	成立年月	資本額	經理姓名	工人數	全年生產總值
永興翻砂廠	章家橋石板巷	合夥	十三年	五千元	何成榮	男一〇人 童三	八千元
崙洲翻砂廠	候潮門直街一號	合夥	十八年四月	二千元	强智仁	男二 童三	四千元
李福泰爐廠	鳳山門外直街六六號	獨資	十五年	五百元	李海龍	男八	一千元
王福興爐廠	萬壽亭三五號	獨資	清光緒年間	五百元	王賢興	男二	五百元
德泰爐廠	湖墅木梳弄	獨資	清宣統元年	四百元	沈得有	男三	五百元
顏錦泰爐廠	萬壽亭八〇號	獨資	清道光年間	四百元	顏福順	男二	一千五百元
吳大房爐廠	天漳洲橋二〇號	獨資	清道光年間	四百元	吳學仁	男二	三百元

造船業工廠一覽表（總計四廠）

廠名	廠址	性質	成立年月	資本額	經理姓名	工人數	全年生產總值
錢江公司船廠	閘口	公司	十年	一萬元	鄭宜亭	男三〇人	二萬元
杭諸公司船廠	閘口六和塔	公司	十六年	五百元	俞襄周	男二〇	二千元
錢浦公司船廠	閘口六和塔	公司	十七年	二百元	宋和卿	男二〇	二千元
振興公司船廠	閘口六和塔	公司	十五年	二百元	裘錫九	男二〇	五百元

紡織工業

棉紡織業工廠一覽表（總計一二廠）

廠名	廠址	性質	成立年月	資本額	經理姓名	工人數	全年生產量	全年生產總值
三友實業社杭廠	拱宸橋	公司	十八年一月	一百二十萬元	沈九成	男五〇〇 女七〇〇 童一五〇人	棉紗一萬二千件（毛巾布疋正在試辦未詳）	三百二十四萬元
棉織模範工廠	孩兒巷一二一號	公司	十七年七月	四萬元	朱靜之	男七三 女五〇	布疋一萬六千疋	九萬元
大豐盛記染織廠	孩兒巷天后宮西首	合夥	十七年二月	二萬元	何慶祥	男六 女二二〇	布疋一萬九千疋	十二萬元
九華永布廠	孩兒巷三四號	合夥	十七年一月	一萬一千元	馬禹門	男三三 女一二〇 童八	布疋二萬疋	十二萬元
廣生棉織廠	竹竿巷	合夥	十二年八月	一萬元	謝煒三	男五〇 女一六〇 童四〇	布疋一萬五千五百疋	九萬元
永新織布廠	安樂橋	合夥	十七年六月	六千元	余亞青	男二 女九〇	布疋一萬六千疋	十萬元
五豐布廠	登雲橋	合夥	十七年四月	六千元	王少仙	男二〇 女一五〇 童六	布疋一萬二千六百疋	九萬元
惠民布廠	長慶街	合夥	十五年十月	六千元	朱煥章	男一〇 女一二〇 童六	布疋一萬八千疋	九萬五千元
華豐紗布廠	府前街五號	合夥	十八年十一月	五千元	丁伯勳	男三 女三二	——	一萬六千元
正豐染織廠	登雲橋二聖廟前	合夥	十七年十一月	四千元	韓馥生	女七〇	布疋六千疋	二萬六千元
振華布廠	烏龍巷三〇號	合夥	元年	三千元	張壽珊	男五 女九〇	布疋一萬疋	四萬元
華新祥毛巾廠	后市街八三號	合夥	八年	二千元	施元祥	男一八 女三	毛巾一萬四千打	二萬一千元

絲織業工廠一覽表（附經緯廠與紋工廠）總計二七廠

廠名	廠址	性質	成立年月	資本額	經理姓名	工人數	全年生產量	全年生產總值
緯成股份有限公司杭廠	下池塘巷	公司	元年五月	三百萬元（全公司資本數）	朱光燾	男八三人 女九五〇	廠絲七百担	規元七十七萬兩
虎林絲織公司	蒲場巷	公司	三年	四十萬元	蔡諒友	男六〇 女五〇〇	廠絲四百二十担 絲織品三千疋	七十二萬元
天章絲織廠	林司後濮家弄	獨資	三年五月	十二萬元	余廉笙	男三四〇 女七五〇 童一一〇	廠絲二百担 絲織品一萬五千疋	——
震旦絲織股份有限公司	刀茅巷一一號	公司	十七年七月	八萬元	施春山	男一二九 女一一五	絲織品三千八百疋	規元十六萬兩
慶成縐織廠	普安街九號	獨資	前清光統年間	五萬元	徐禮疇	男四七 女五一六	絲織品七千四百五十疋	規元三十餘萬兩
悅昌文記綢廠	東街落渡橋	合夥	六年	三萬元	王思恭	男一一五 女八八 童五	絲織品二千七百疋	十八萬元
新豐綢廠	荷花池頭五號	合夥	十七年九月	一萬四千元	李華甫	男六〇 女三	絲織品八百疋	規元三萬三千兩
悅昌隆綢廠	羊千巷一四號	獨資	十二年	一萬元	王逵記	男一四 女五八	絲織品一千五百疋	六萬元
經成綢廠	倉河下御筆街	合夥	十三年一月	一萬元	戴鴻聲	男五〇	絲織品一千六百疋	五萬五千元
都錦生絲織廠	艮山門車站邊	獨資	十一年五月	一萬元	都錦生	男三三 女六	絲織風景三萬張 絲織品一百六十疋 運動衣（棉織品）五千件	三萬八千元

華盛綢廠	倉橋街二一號	合夥	十五年三月	六千元	張竹銘	男女	六四 五〇	絲織品四千疋	十餘萬元
文新恆綢廠	太平門直街一二三號	合夥	七年	六千元	曹味蘅	男	七六	絲織品一千三百餘疋	三萬餘元
怡章鴻綢廠	太平橋石板巷	合夥	十一年	五千元	姚鴻軒	男	三〇	絲織品二千疋	規元四萬八千零五十兩
天豐綢廠	黃醋園巷四號	獨資	八年	五千元	胡愼康	男	六〇	絲織品一千五百疋	十萬五千元
錦亞綢廠	磨盤井巷一〇號	獨資	十四年	五千元	鍾左孫	男	一九	絲織品六百疋	二萬一千元
泰章綢廠	艮山門新壩上	合夥	十五年	五千元	陸建章	男女	一四 一〇	絲織品二千五百疋	三萬五千元
烈豐綢廠	廣興巷五號	合夥	十四年二月	五千元	汪培坤	男女	四三 一〇	絲織品四百五十疋	規元三萬兩
鴻章綢廠	瑞壇巷二八號	合夥	十四年	四千元	駱耀甫	男女	二〇 四五	絲織品一千疋	四萬五千元
裕成綢廠	東街石板巷內	獨資	十三年	二千元	金溶德	男女	四一 四	絲織品一千四百疋	四萬元
永安綢廠	五福樓一九號	合夥	十九年一月	二千元	陳耀慶	男女童	一六 四 二	該廠新近成立生產量無從計算	
杭州經緯撚絲廠	葵巷七號	合夥	十五年	四千五百元	何春輝	女	二三	天然絲經緯十担人造絲緯一百包	三萬元
武林經絲廠	太平橋橫街四九號	合夥	十九年三月	四百元	陳濟孫	女	六	該廠新近成立生產量無從計算	

廠名	廠址	性質	成立年月	資本額	經理姓名	工人數	全年生產量	全年生產總值
德餘紋工廠	長慶街一七號	獨資	十四年	二千元	俞信孚	男五	紋工廠出品爲織綢用之花板	三千元
綸基紋工廠	堯平巷二九號	獨資	———	七百元	趙錫恩	男三		二千五百元
精勤紋製社	貫巷六二號	獨資	十六年四月	三百元	王章富	男一		二千元
彙興紋製廠	長慶街二九號	獨資	四年	三百元	倪元楨	男三		一千元
慎興紋製廠	鳳凰街一號	獨資	十四年	二百元	馮介祺	男三 童一		五千元

針織業工廠一覽表（總計一七廠）

廠名	廠址	性質	成立年月	資本額	經理姓名	工人數	全年生產量	全年生產總值
六一織造廠	里仁坊四九號	合夥	十六年六月	二萬元	陳浩	男二〇人 女五五 童二〇	汗衫褲一萬八千打 衛生衣一萬二千打	十五萬元
萃隆襪廠	聯橋六克巷口	合夥	清宣統元年	一萬元	夏堯章	男一七 女四五	襪一萬八千打	五萬元
振興襪廠	保佑坊	獨資	元年十一月	三千元	吳根福	女二〇	襪一萬二千打	二萬四千元
德生襪廠	壽安坊七號	合夥	十四年四月	三千元	李幹臣	男一 女二〇	襪五百打	一千元
華通襪廠	三元坊四二號	獨資	十年	二千元	汪耀齋	女一六	襪三百六十打	八百元

協華襪廠	木場巷三八號	獨資	十年	二千元	黃元祥	男一 年二〇	襪二百五十打	五百元
德興祥襪廠	江干海月橋二四號	合夥	十六年八月	二千元	陸子祥	女一二	襪一千五百打	二千一百元
汪恆泰襪廠	壽安坊三七號	獨資	十一年	二千元	汪詠舟	男一 女二四	襪四百二十打	八百元
恆義新襪廠	保佑坊八三號	獨資	十四年	一千元	王印厚	女一〇	襪三千打	六千元
湯恭興襪廠	鼓樓一號	獨資	元年	一千元	湯榮堂	女三〇	襪九千打	一萬八千元
義成襪廠	同春坊	合夥	七年	一千元	徐平	男六 女二〇	襪一萬〇八百打	二萬元
瑞綸襪廠	同春坊七二號	獨資	元年一月	一千元	孫和哉	女四	襪二百打	一千元
義大襪廠	城隍牌樓四三號	獨資	十八年二月	五百元	張士恆	女一〇	襪三千打	四千元
大興襪廠	新民路七〇號	獨資	十七年三月	五百元	孫月山	女一〇 童一	襪一千八百打	三千元
合興襪廠	水師前四七號	合夥	十八年六月	五百元	李旭東	女二〇	襪四千八百打	六千元
天順襪廠	東街四八九號	獨資	十四年	三百元	謝文寶	女三	襪三百打	一千五百元
利康襪廠	水師前九二號	獨資	十七年四月	二百五十元	费佳利	女九	襪三百打	五百元

火柴業工廠一覽表（計一廠）

廠名	廠址	性質	成立年月	資本額	經理姓名	工人數	全年生產量	全年生產總值
光華火柴廠	江干海月橋	公司	清宣統三年	五十萬元	趙選青	男三七〇人 女一、〇六〇 童六〇〇	十八萬箱	八十萬元

玻璃業工廠一覽表（計一廠）

廠名	廠址	性質	成立年月	資本額	經理姓名	工人數	全年生產總值
仁和玻璃廠	六部橋直街	獨資	十八年七月	四千元	王松年	男三四人 童二六	五萬元

燭皂業工廠一覽表（總計七廠）

廠名	廠址	性質	成立年月	資本額	經理姓名	工人數	全年生產量	全年生產總值
勝月洋燭廠	拱埠杭州路九九號	合夥	四年	四千元	鄭世賡	男三人	三千五百餘箱	一萬二千元
鳴豐公洋燭廠	拱埠會安街一號	合夥	十七年八月	三千元	沈齡齋	男四	四千五百箱	一萬三千元
東亞皂廠	鎮東樓過軍橋河下	合夥	十二年	九千元	王梓域	男九	八千箱	三萬元

豐和皂廠	湖墅馬勝廟直街五五號	合夥	清光緒三十年	六千四百元	童玉齋	男六	六千箱	二萬元
大利皂廠	雄鎮樓直街三八號	合夥	七年	五千元	葉汝鑑	男九	一萬三千箱	四萬元
大興皂廠	鳳山門外興隆巷一二號	合夥	十八年二月	五千元	李錦棠	男九	八千箱	二萬四千元
振新皂廠	缸兒巷三五號	獨資	清光緒二十七年	三千元	謝子謙	男六	一萬二千箱	四萬五千元

製革業工廠一覽表（總計六廠）

廠名	廠址	性質	成立年月	資本額	經理姓名	工人數	全年生產量	全年產總值
杭州皮革公司	清泰門外河下一號	公司	十三年	一萬元	湯擁伯	男一〇八	——	三萬元
武林皮革廠	清泰門外三六號	獨資	十年	二千元	施金鏞	男六	羊皮三千張 牛皮二百張	一萬元
萃隆皮廠	望江門直街	合夥	十年	一千一百元	謝子祥	男一二	羊皮二千張 牛皮一千五百張	一萬七千元
華林製革廠	清泰門外四號	合夥	十七年八月	一千元	張渭川	男七	羊皮一千張 牛皮六百張	五千六百元
信昌皮革廠	下皮市巷	獨資	四年	一千元	陳章達	男八	羊皮五千張 牛皮五十張	九千一百元
通益公製革廠	清泰門外桃花街九號	獨資	十八年二月	五百元	周繼成	男六	羊皮三百張 牛皮五百張	五千六百元

廠名	廠址	性質	成立年月	資本額	經理姓名	工人數
公大染煉廠	東街王石巷	合夥	十二年五月	一萬元	張耀庭	男一二八 童四
大華染煉廠	三元坊	合夥	十七年	五千元	孫浩霖	男八 童六
九和染整廠	通江橋河下一號	合夥	清光緒年間	三千元	王炳謙	男八 童三
大章元染煉廠	御隼街	合夥	十七年	三千元	馮延甫	男九
義大染煉廠	弼教坊二五號	合夥	十七年七月	三千元	孫錦安	男三 童九
洪大染廠	潮鳴寺迴龍廟四八號	合夥	九年	二千六百元	陶思錦	男一四
全大染煉廠	官巷口四六號	合夥	十六年	一千二百元	陶梅青	男一九
恆瑞昌染廠	登雲橋二號	獨資	五年	一千元	金錦福	男一三 童二
協昌染廠	水師前硯瓦弄口	合夥	十八年	一千元	高錦榮	—
華成洗染廠	新民路二二八號	獨資	十三年	四百元	金承炳	男二 童二
大華彰染廠	新民路二一〇號	獨資	十二年	三百元	鄔枚臣	男二

慶成印花廠	柴木巷景嘉弄四號	合夥	十七年	五百元	童子良	男九 童二

製藥業工廠一覽表（總計二廠）

廠名	廠址	性質	成立年月	資本額	經理姓名	工人數	全年生產量	全年生產總值
慶餘堂膠廠	南城脚下一五號	合夥	清道光年間	資本合併在胡慶餘堂藥店內	毛佐衡	男七八	八千餘斤	五萬餘元
蔡同德膠廠	湖濱路	獨資	十年	二千元	湯以堯	男五	四千二百斤	三萬元

電鍍業工廠一覽表（總計六廠）

廠名	廠址	性質	資本數	經理姓名	工人數
同順鍍鎳廠	布市巷三一號	合夥	一千元	曹雨齋	男二七八
衡昌文記電鍍廠	弼教坊四六號	獨資	八百元	壽文效	男一五
同和電鍍廠	新宮橋直街四一號	獨資	七百元	顧建高	男九
諸立大電鍍廠	同春坊五五號	獨資	六百元	諸春林	男八
沈茂記電鍍廠	竹竿巷一六號	獨資	五百元	潘志成	男二 童七
寅康拋鍍廠	羊壩頭六一號	獨資	五百元	傅錦棠	男九

油漆業工廠一覽表（計一廠）

廠名	廠址	性質	資本數	經理姓名	工人數
華德油墨廠	高橋巷	合夥	一千八百元	鮑小黎	男一〇八 童一四

食品工業

碾米業工廠一覽表（總計四五廠）

廠名	廠址	性質	成立年月	資本額	經理姓名	工人數

正大碾米廠	湖墅珠兒潭一一號	合夥	清光緒年間	八千元	唐雍甫	男一八人
恆大碾米廠	湖墅珠兒潭六一號	合夥	十六年十月	八千元	韓雨文	男二四
穗濟碾米廠	湖墅珠兒潭八〇號	合夥	十九年三月	八千元	樓浩堂	男七
萃亨碾米廠	新民路三三八號	合夥	十三年	六千元	來裕標	男五
裕泰碾米廠	湖墅珠兒潭三三號	合夥	十七年八月	五千元	謝福山	男一五
萬泰碾米廠	湖墅珠兒潭三二號	合夥	十六年十月	五千元	王蔭軒	男一二
鼎泰碾米廠	湖墅婆婆橋一號	合夥	九年	五千元	楊思林	男一四
同裕碾米廠	湖墅婆婆橋一二五號	合夥	清宣統元年	五千元	洪遇亭	男二七
同孚碾米廠	湖墅婆婆橋一二七號	合夥	元年	五千元	顧延安	男一四
亨泰豐碾米廠	菜市橋直街八號	合夥	清同治年間	三千三百元	湯慶標	男八
同源碾米廠	菜市橋直街一二號	獨資	十四年	三千元	沈楚珩	男一〇
聚豐年碾米廠	菜市橋直街一六七號	合夥	十六年	三千元	葛安甫	男五
元潤碾米廠	湖墅倉基上七〇號	合夥	清宣統二年	三千元	趙鏞齊	男六
永利公碾米廠	湖墅倉基上三七號	合夥	二年	三千元	陳望子	男五
誠濟碾米廠	湖墅左家橋三八號	合夥	元年	三千元	沈祖恩	男九
萬源碾米廠	湖墅左家橋	合夥	清光緒三十二年	三千元	楊賡堂	男五
鄭德裕碾米廠	湖墅雙輝弄	獨資	清宣統元年	三千元	鄭煥如	男一〇
慎泰碾米廠	湖墅婆婆橋一四號	合夥	十七年二月	三千元	倪漢儒	男一〇

隆泰碾米廠	湖墅婆婆橋一一三號	合夥	十六年十月	三千元	韓培貞	男九
永昌碾米廠	湖墅婆婆橋一四九號	合夥	十七年	三千元	沈佐臣	男一〇
公濟碾米廠	章家橋八號	合夥	十四年	三千元	李湯思	男九
董厚裕碾米廠	東街四五三號	合夥	元年	三千元	董殿浩	男五
正和碾米廠	東街石板巷二八九號	合夥	十四年	三千元	李念慈	男三
久泰碾米廠	板兒巷一六八號	合夥	十八年十月	三千元	韓佐庭	男四
大成碾米廠	新民路一二二號	合夥	十七年	三千元	黃勳	男四
宏源碾米廠	武林門外清龍巷八號	合夥	清光緒年間	三千元	倪鑫泉	男五
恆豐協碾米廠	拱埠杭州路一二七號	合夥	十六年	二千元	傅利書	男二
源大裕碾米廠	拱埠橋西街一五七號	獨資	十六年	二千元	胡餘慶	男四
豐禾碾米廠	候潮門外直街一六號	合夥	十七年二月	二千元	許壽分	男一二
裕豐仁碾米廠	大關紫荆街五四號	合夥	十四年	二千元	傅賜福	男二
永源碾米廠	大關紫荆街一〇四號	合夥	十七年	二千元	翁楊春	男一
泰豐碾米廠	大關康家橋三四號	合夥	八年	二千元	楊賡堂	男二
裕豐恆碾米廠	和合橋二九號	合夥	十五年	二千元	周虹生	男五
仁康祥碾米廠	江干警署前六三號	合夥	八年	二千元	傅炳泉	男六
恆泰豐碾米廠	江干警署前一二號	合夥	十六年三月	二千元	馮葆祥	男五
泰順碾米廠	化仙橋四一號	獨資	十七年	二千元	陳耀堂	男三

公誠碾米廠	湖墅珠兒潭四五號	合夥	十五年	一千八百元	林文藩	男六
敦泰碾米廠	新民路二四四號	獨資	十七年	一千六百元	陳嵩	男三 童三
永豐祥碾米廠	湖墅賣魚橋二八號	合夥	十八年四月	一千五百元	夏明章	男二
祥泰碾米廠	新民路四四號	合夥	十七年	一千二百元	瞿恭生	男五 童二
穗生碾米廠	大關康家橋二六號	獨資	清同治年間	一千元	朱維新	男三
通裕元碾米廠	大關明眞宮直街五七號	獨資	元年	一千元	朱葆玉	男四
通濟碾米廠	大關明眞宮直街四八號	獨資	八年	一千元	徐桂林	男三
裕和仁碾米廠	江干海月橋八二號	合夥	十四年	八百元	來永章	男七
公益碾米廠	左家橋一號	獨資	十三年	——	連福祥	男一

機麵業工廠一覽表（總計一五廠）

廠名	廠址	性質	成立年月	資本額	經理姓名	工人數	全年生產量	全年生產總值
頤新祥機麵廠	湖墅信義巷一〇六號	合夥	十六年	二千元	徐槐林	男五人	四萬二千斤	五千元
高裕和機麵廠	龍興路二五號	獨資	二年	一千元	黃美炳	男七	十萬斤	一萬一千元
泰豐機麵廠	上倉橋五四號	合夥	十二年	一千元	楊恆洲	男三	四萬八千斤	三千元
長益昌機麵廠	大關康家橋	合夥	十二年	一千元	唐立剛	男五	八萬斤	七千元
振新機麵廠	江干海月橋六二號	獨資	十五年	一千元	湯月華	男三	九萬六千斤	七千二百元
新益泰機麵廠	湖墅倉基上	合夥	十五年二月	一千元	周長命	男四	六萬五千斤	七千五百元
公和機麵廠	候潮門外直街一一七號	合夥	十七年六月	七百元	郭霞林	男二	四千八百斤	三百八十元

廣濟機麵廠	貫橋直街三七號	獨資	十九年三月	五百元	蔣春泉	男一	一萬二千斤	一千元
順和機麵廠	江干營署前四二號	合夥	十六年二月	四百元	陳友蘭	男二	三千斤	二百四十元
義和機麵廠	慶春門直街二〇九號	獨資	十四年	四百元	陳久甗	男二 童一	一萬五千斤	一千五百元
德和機麵廠	東街五三五號	獨資	十七年	四百元	黃禎祥	男一	二萬八千斤	二千四百元
源興機麵廠	藩署前二九號	獨資	十六年	四百元	任曹燦	男二	二萬斤	二千元
義豐機麵廠	同春坊八五號	獨資	十七年	三百元	楊吉甫	男二	三萬二千斤	二千元
萬康機麵廠	南星橋二二號	獨資	十九年二月	三百元	韓永康	男二	七千斤	六百元
廣昌機麵廠	福聖廟巷二〇號	獨資	十九年	一百元	蔣家水	男一	六千斤	五百元

榨油業工廠一覽表(計一廠)

廠名	廠址	性質	資本額	經理姓名	工人數
德隆打油廠	筧橋橫塘二一號	合夥	五千元	徐伯濤	男三〇人

製冰業工廠一覽表(總計四廠)

廠名	廠址	性質	成立年月	資本額	經理姓名	工人數	全年生產量	全年生產總值
西冷冰廠	武林門外混堂橋六號	公司	十七年七月	三萬元	盧素晴	男一〇人	一千噸	一萬二千元
潤源冰廠	望江門外泗板橋	合夥	十年	一千元	陳祿	男四	一千四百担	一千元
和記冰廠	望江門外大通橋	合夥	十一年	一千元	朱佑福	男五	一千担	八百元
麗生冰廠	閘口	獨資	十一年	五百元	朱阿元	男五	一千二百担	九百元

牛乳業工廠一覽表（總計六廠）

廠名	廠址	性質	成立年月	資本額	經理姓名	乳牛頭數	工人數	全年生產總值
茂森牛乳廠	菉宦巷三五號	合夥	十一年	五千元	朱聽泉	三〇頭	男一八人 童一	八千元
三星牛乳廠	石塔兒頭七號	獨資	十年	一千元	湯生海	七	男四	二千元
杭州消毒牛乳廠	蓮花涼亭一號	合夥	十七年	一千元	蕭家幹	二〇	男一〇	四千六百元
韓永記牛乳廠	白菓樹下二一號	合夥	清光緒二十三年	一千元	韓邦義	一三	男七	二千元
韓源記牛乳廠	天漢洲橋四六號	獨資	八年	七百元	韓信德	三	男二	一千四百元
蕭大興牛乳廠	元寶心桂花弄七號	獨資	十一年	三百元	蕭大興	三	男二	七百元

豆汁業工廠一覽表（總計二廠）

廠名	廠址	性質	成立年月	資本額	經理姓名	工人數	全年生產總值
信誠豆汁廠	長慶街三六號	合夥	十九年	一百五十元	蔣達	男三	八百元
天誠豆汁廠	湖濱路西一弄	獨資	十四年	一百四十元	陳全鑑	男四	八百元

日用品工業

製傘業工廠一覽表（總計二廠）

廠名	廠址	性質	成立年月	資本額	經理姓名	工人數	全年生產量	全年生產總值

新亞陽傘廠	珠寶巷九號	獨資	十五年	二千元	金滌塵	男四八 女四	二萬四千把	三萬元
華強紙傘廠	太廟巷直街四四號	合夥	八年	五百元	趙鑽候	男四 女三	七千把	五千元

製帽業工廠一覽表（總計二廠）

廠名	廠址	性質	成立年月	資本額	經理姓名	工人數	全年生產量	全年生產總值
美華草帽廠	官巷口	合夥	十八年十月	三千元	王怡鶴	男四八 童四	一萬九千二百頂	六千元
福昌草帽廠	察院前四四號	合夥	十八年二月	一千元	朱雲忠	男四 童三	一萬四千四百頂	三千元

印刷業

印刷業工廠一覽表（總計二三廠）

廠名	廠址	性質	資本數	經理姓名	工人數
浙江印刷公司	青年路羊血弄	公司	二萬元	馮季銘	男五九八
弘文印書局	金波橋	獨資	二萬元	許之敬	男八 童二
新新印刷公司	官巷口	公司	一萬五千元	金慕賢	男六〇
華興石印局	官巷口	合夥	一萬一千元	開讓皋	男五四
長興印刷局	開元路	合夥	四千元	董襄唐	男四二

彩華石印局	珠寶巷	合夥	三千五百元	楊越軒	男一〇 童二
光華印刷局	清河坊	合夥	三千二百元	陳五燦	男一〇 童三
競新印刷局	許衙路	獨資	二千八百元	鄭聖賡	男八 童五
之江印刷局	南星橋	獨資	二千元	董嘉福	男三
溥利印刷局	城站橫骨牌弄	獨資	一千八百元	徐翔生	男一五
大東印務局	上珠寶巷	獨資	九百元	曹錦水	男五 童二
杭州印刷局	太平坊	合夥	五百元	楊越軒	男二〇
長長印局	柳翠井巷	獨資	四百五十元	趙長庚	男二
大中印刷局	青年路	獨資	四百元	唐松聲	男五 童一
元元印局	延齡路	獨資	四百元	李叔平	男三 童二
凌昌明印局	迎紫路	獨資	三百元	凌盦甫	男二 童一
新華印局	下板兒巷	獨資	三百元	趙東昇	男四
美昇石印局	焦棋竿	獨資	二百八十元	王鵬九	男二 童一
日新印局	新民路	獨資	二百元	王廷獻	男三 童一
太陽印局	新民路	獨資	二百元	朱壽康	男四
東亞印局	湖墅左家橋	獨資	二百元	江子文	男一 童二
宜興印局	城站靈芝路	獨資	一百元	忻一枝	男一

營造業工廠一覽表（總計一四廠）

廠名	廠址	性質	成立年月	資本額	經理姓名	工人數（常工）	全年生產總值
姚春記營造廠	仁和路二號	獨資	八年	二千元	姚樵山	男一三人	五萬元
協盛營造廠	福壽橋河下	合夥	十七年九月	一千元	吳瑞祥	男二〇	一萬元
鑫記營造廠	泗水芳橋河下二〇號	獨資	十三年	七百元	黃蘭生	男一五	四萬元
楊惠記營造廠	郭通園巷九號	獨資	十六年	五百元	楊夏生	男五	一萬元
李協昌營造廠	泗水路七號	獨資	七年	五百元	李雨順	男三	二萬五千元
樓發記營造廠	聖塘路一九號	獨資	十三年	五百元	樓發桂	男一四	一萬元
吳文記營造廠	聖塘路二〇號	獨資	十八年	五百元	吳文秉	男二〇	一萬元
祥泰營造廠	橫飲馬井巷一七號	獨資	十四年	五百元	王曉階	男五	五千元
章積記營造廠	北浣紗路一〇號	獨資	十六年	五百元	章積堂	——	二萬五千元
周春記營造廠	三橋址河下三號	獨資	十三年	五百元	周春熙	男一六	一萬元
鑫記營造廠	西浣紗路二號	獨資	——	五百元	錢大明	男一〇	一萬元
生泰營造廠	開元路二號	合夥	——	五百元	徐蘭廷	男六	一萬元
邱東登營造廠	花市路一六號	獨資	十二年	五百元	邱貴生	男一五	三萬元
何金記營造廠	舊藩署一三號	獨資	——	五百元	何金法	——	一萬元

建築材料業工廠一覽表（總計六廠）

廠名	廠址	性質	成立年月	資本額	經理姓名	工人數	全年生產量	全年生產總值

信興石子廠	江干裏包山五五號	公司	九年	二萬元	柴友生	男五〇人	石子二萬四千噸	三萬六千元
錢大興第二石灰廠	拱埠安甯橋一號	獨資	十一年三月	二千元	錢殿英	男一〇	石灰八千擔	五千一百元
協昌瓦筒廠	祖廟巷一二號	合夥	——	二千元	周翼成	男八	——	六千元
合豐瓦筒廠	枝頭巷三八號	合夥	——	一千三百元	李佐卿	男一〇	——	五千元
許天順瓦筒廠	東浣紗路鴻福里九號	獨資	十八年三月	五百元	陳志高	男一三 童一	——	一千五百元
鼎新瓦筒廠	東浣紗路二〇號	合夥	元年	五百元	何寶珊	男七	——	五千元

雜項工業

煤球業工廠一覽表（總計二廠）

廠名	廠址	性質	成立年月	資本額	經理姓名	工人數	全年生產量	全年生產總值
新薪煤球廠	下板兒巷	合夥	十七年九月	二千元	施子介	男一四人	七千二百擔	一萬三千元
復興煤球廠	鳳山門外慶豐關	合夥	十九年	一千元	吳卿甫	男一〇	一萬擔	一萬六千元

石粉業工廠一覽表（計一廠）

廠名	廠址	性質	成立年月	資本額	經理姓名	工人數	全年生產總值
孫鳳春石粉廠	管米山一號	獨資	十六年	二百元	孫耀章	男一人 女三	三千元

杭州市各種工業廠數比較表

門	業別	廠數
機器工業門	機器業	二二
	翻砂業	七
	造船業	四
紡織工業門	棉紡織業	一二
	絲纖織業	二七
	針織業	一七
化學工業門	火柴業	一
	玻璃業	一
	燭皂業	七
	製革業	六
	染煉印花業	一二
	製藥業	二
	電鍍業	六
	油漆業	一
食品工業門	碾米業	四五
	製麵業	一五
	榨油業	一
	製冰業	四
	牛乳業	六
	豆汁業	二
日用品工業門	製傘業	二
	製帽業	二
印刷工業門	印刷業	二三
建築工業門	營造業	一四
	建築材料業	六
雜項工業門	煤球業	二
	石粉業	一

杭州市各種工業資本分配比較表

門	業別	獨資	合夥	公司	合計
機器工業門	機器業	一三、二〇〇元	一九、五〇〇元	一三七、七五〇元	一七〇、四五〇元
	翻砂業	三、二〇〇	七、〇〇〇	—	九、二〇〇
	造船業	—	—	一〇、九〇〇	一〇、九〇〇
紡織工	棉紡織業	—	七三、〇〇〇	一、二四〇、〇〇〇	一、三一三、〇〇〇
	絲纖織業	二〇五、五〇〇	九一、九〇〇	三、四八〇、〇〇〇	三、七七七、四〇〇

業門	針織業	一三、五〇〇	三六、五〇〇	—	五〇、〇〇〇
化學工業門	火柴業	—	—	五〇〇、〇〇〇	五〇〇、〇〇〇
	玻璃業	四、〇〇〇	—	—	四、〇〇〇
	燭皂業	—	三、〇〇〇	三二、四〇〇	三五、四〇〇
	製革業	三、五〇〇	二、一〇〇	一〇、〇〇〇	一五、六〇〇
	染煉印花業	一、七〇〇	二九、三〇〇	—	三一、〇〇〇
	製藥業	二、〇〇〇	—	—	二、〇〇〇
	電鍍業	三、一〇〇	一、〇〇〇	—	四、一〇〇
	油漆業	—	一、八〇〇	—	一、八〇〇
食品工業門	碾米業	一四、六〇〇	二一、六〇〇	—	三六、二〇〇
	製麵業	四、四〇〇	六、一〇〇	—	一〇、五〇〇
	榨油業	—	五、〇〇〇	—	五、〇〇〇
	製冰業	五〇〇	二、〇〇〇	三〇、〇〇〇	三二、五〇〇
	牛乳業	—	七、〇〇〇	二、〇〇〇	九、〇〇〇
	豆汁業	—	一五〇	一四〇	二九〇
日用品工業門	製傘業	二、〇〇〇	五〇〇	—	二、五〇〇
	製帽業	—	四、〇〇〇	—	四、〇〇〇
印刷工業門	印刷業	三〇、三三〇	三二、一〇〇	二五、〇〇〇	八七、五三〇
建築工業門	建築營造業	一、五〇〇	六、七〇〇	—	八、二〇〇
	建築材料業	二、五〇〇	三、八〇〇	二〇、〇〇〇	二六、三〇〇
雜項工業門	煤球業	—	三、〇〇〇	—	三、〇〇〇
	石粉業	二〇〇	—	—	二〇〇

杭州市各種工業資本分級表

等級	廠數
〇—五〇〇元	三六
五〇〇—一、〇〇〇	四四
一、〇〇〇—二、〇〇〇	四一
二、〇〇〇—三、〇〇〇	二九
三、〇〇〇—四、〇〇〇	三〇
四、〇〇〇—五、〇〇〇	六
五、〇〇〇—六、〇〇〇	一八
六、〇〇〇—七、〇〇〇	七
七、〇〇〇—八、〇〇〇	一
八、〇〇〇—九、〇〇〇	三
九、〇〇〇—一〇、〇〇〇	一
一〇、〇〇〇—二〇、〇〇〇	一三

二〇,〇〇〇—三〇,〇〇〇	五
三〇,〇〇〇—四〇,〇〇〇	三
四〇,〇〇〇—五〇,〇〇〇	一
五〇,〇〇〇—六〇,〇〇〇	一
六〇,〇〇〇—七〇,〇〇〇	〇
七〇,〇〇〇—八〇,〇〇〇	〇
八〇,〇〇〇—九〇,〇〇〇	一
九〇,〇〇〇—一〇〇,〇〇〇	〇
一〇〇,〇〇〇—一五〇,〇〇〇	二
一五〇,〇〇〇—二〇〇,〇〇〇	〇
二〇〇,〇〇〇—三〇〇,〇〇〇	〇
三〇〇,〇〇〇—四〇〇,〇〇〇	〇
四〇〇,〇〇〇—五〇〇,〇〇〇	一
五〇〇,〇〇〇—一,〇〇〇,〇〇〇	一
一,〇〇〇,〇〇〇以上	（內一家資本一百廿萬，一家資本三百萬。）二

（註）查已調查之工廠共有二四七家，因有一廠資本數不詳，故在此表不能計入。

杭州市各種工業工人數比較表

門	業別	男工	女工	童工	合計
機器工業門	機器業	二九一人	—人	九四人	三八五人
	翻砂業	二九	—	六	三五
	造船業	九〇	—	—	九〇
紡織工業門	棉紡織業	七二〇	一,八〇五	二三〇	二,七五五
	絲綫織業	一,三三九	三,〇二八	一一八	四,四八五
	針織業	四六	三四六	三	三九五
化學工業門	火柴業	三七〇	一,〇六〇	六〇	一,四九〇
	玻璃業	三四	—	二六	六〇
	燭皂業	四六	—	—	四六
	製革業	四九	—	—	四九
	染煉印花業	八九	—	二八	一一七
	製藥業	三	—	—	三
	電鍍業	七〇	—	七	七七
	油漆業	一〇	—	四	一四
食品工	碾米業	三二九	—	五	三三四
	製麵業	四二	—	一	四三
	榨油業	二〇	—	—	二〇

業門	業別				
業門	製冰業	二四	—	—	二四
	牛乳業	三二	—	一	二四
	豆汁業	七	—	—	七
日用品工業門	製傘業	八	七	—	一五
	製帽業	八	—	七	一五
印刷工業門	印刷業	三二	—	三	二四三
建築工業門	營造業	一四二	—	—	一四二
	建築材料業	四三	—	一	四四
雜項工業門	煤球業	二四	—	—	二四
	石粉業	一	三	—	四

杭州市各種工業工資比較表（本表工資以月計算）

門	業別	工人性別	最高工資	最低工資	最普通工資
機器工	機器業	男工	三八元	八元	一四元
		女工	—	—	—
		童工	一〇	—	五
	翻砂業	男工	三〇	八	一三
		女工	—	—	—
		童工	—	—	—
業門	造船業	男工	二二·四	一〇	一四
		女工	—	—	—
		童工	—	—	—
紡織工業門	棉紡織業	男工	三三	一一	一五
		女工	二四	五	一〇·八
		童工	一〇	四	五·四
	絲纖織業	男工	五〇	一五	二〇
		女工	三〇	六	一四
		童工	九	三	五
	針織業	男工	三〇	六	一三·四
		女工	一六	五	九·五
		童工	九	三	六
化	火柴業	男工	三九	一五	二五
		女工	一五	六	一〇·五
		童工	一五	六	一〇·五
	玻璃業	男工	五〇	一八	二五
		女工	—	—	—
		童工	一三	六	九

學工業門

燭皂業	男工	一五	一一	一二
	女工	—	—	—
	童工	—	—	—
製革業	男工	二一	六	一三·四
	女工	—	—	—
	童工	—	—	—
染煉印花業	男工	三〇	八	一二
	女工	—	—	—
	童工	—	—	—
製藥業	男工	二〇	一一	一六
	女工	—	—	—
	童工	—	—	—
電鍍業	男工	一三	五·二	一〇
	女工	—	—	—
	童工	—	—	—
油漆業	男工	一二·五	五	一〇
	女工	—	—	—
	童工	五	二	五

食品工業門

礱米業	男工	一六·五	一一	一四
	女工	—	—	—
	童工	—	—	—
製麵業	男工	一九	八	一三
	女工	—	—	—
	童工	—	—	—
榨油業	男工	一〇	七·五	九·五
	女工	—	—	—
	童工	—	—	—
製冰業	男工	一八	八	一二
	女工	—	—	—
	童工	—	—	—
牛乳業	男工	一九	八	一二
	女工	—	—	—
	童工	—	—	—
豆汁業	男工	一五	九	一〇
	女工	—	—	—
	童工	—	—	—

日用品工業門	製傘業	男工	一六	七	一二
		女工	一三	八	一〇
		童工	—	—	—
	製帽業	男工	二〇	六	一三
		女工	—	—	—
		童工	五	—	五
印刷工業門	印刷業	男工	四〇	二〇	八
		女工	—	—	—
		童工	—	—	—
建築工業門	營造業	男工	二三·四	一五	二三·四
		女工	—	—	—
		童工	—	—	—
	建築材料業	男工	三〇	一一	一三
		女工	—	—	—
		童工	—	—	—
雜項	煤球業	男工	一六	九	一二
		女工	—	—	—
		童工	—	—	—
工業門	石粉業	男工	一四	七	一〇
		女工	三	一·五	三
		童工	—	—	—

杭州市各種工業工作時間比較表

（單位：小時）

門	業別	最長	最普通	最短
機器工業門	機器業	一二	一二	九
	翻砂業	一二	一二	一〇
	造船業	—	八	—
紡織工業門	棉紡織業	一〇	一〇	九
	絲繅織業	一三	一〇	八
	針織業	一〇	一〇	八
化	火柴業	九	九	八

門類	業別			
學工業門	玻璃業	｜	一〇	｜
	燭皂業	九	九	八
	製革業	一〇	八	八
	染煉印花業	一一	一〇	九
	製藥業	｜	一〇	｜
	電鍍業	一〇	一〇	一〇
	油漆業	一〇	九	八
食品工業門	碾米業	一〇	九	八
	製麵業	一〇	一〇	九
	榨油業	一〇	一〇	一〇
	製冰業	一〇	一〇	八
	牛乳業	｜	八	｜

三六

門類	業別			
日用品工業門	豆汁業	｜	一〇	｜
	製傘業	｜	八	｜
	製帽業	｜	一〇	｜
印刷工業門	印刷業	八	八	八
建築工業門	營造業	｜	九	｜
	建築材料業	一〇	九	九
雜項工業門	煤球業	｜	一〇	｜
	石粉業	｜	一〇	｜

杭州市倒閉絲織廠統計表（十八年十二月調查）

項目	現存在	百分比	已倒閉	百分比
廠數	二〇	42%	二八	58%
資本數	三、七六九、〇〇〇元	94.8%	二〇五、五〇〇元	5.2%
工人數	四、四四〇人	68%	二、一一五人	32%

杭州市料戶數統計表

（調查時期十八年十月）

全市料戶	一七六戶

杭州市料戶織機架數統計表

每戶最多架數	九
每戶最少架數	一
總計	二四一
每戶平均架數	四一・四

附註：所有織機均係手織機（郎木機）

杭州市料戶出品數統計表

	平均每月可出
一戶最多	一〇八丈
一戶最少	一二
總計	四、九六七
一戶平均	二八

杭州市料戶雇工人數統計表

織工	二四一八
帮織搖紓工	一四八
絡工	一六八
總計	五五七

杭州市料戶每機每月榨取雇工汗血數統計表

	每機每月可榨取
最多	二二・八五元
最少	三・二五
平均	九・六八

（說明）絲織料戶爲一種汗血制工業，其工作情形如下：先由料戶向綢廠或綢莊承包，其工價如上等綢，每尺爲二角五分，原料由廠莊供給。料戶轉給織工之工資，則減爲每尺一角，但織機器具屋舍燈火，以及帮搖絡工之工資，均須料戶擔任，每尺約只開支一角。料戶在每尺上等綢中，可榨取工人之汗血數計大洋五分。絲織料戶在往年全市有一千二百餘家，今僅存一百七十六家，計減少一

三七

千餘家。減少原因在綢業失敗，綢廠綢莊停閉者甚多，料戶失其雇主，故隨之倒閉，又料戶所備之織機，均係手織木機，不合時代，亦爲失敗之大原因。

杭州市硏箔坊戶數統計表

（調查時期十八年七月）

全市硏箔坊	二〇八戶

杭州市硏箔業工人數統計表

全市硏箔業工人	一、三五六八

杭州市硏箔業工資數統計表

	每人每日
最多	〇・三三六元
最少	〇・一五
平均	〇・三

杭州市硏箔坊包頭榨取工人汗血數統計表

平均每日在每工人中榨取	〇・〇六元

（說明）硏箔業亦爲一種汗血制工業，其工作情形如下：先由箔坊包頭向箔鋪承包，每甲硏工約一角五分六厘，包頭轉給硏工之工資，每甲減爲一角一分二厘，每甲計榨去四分四厘，但包頭須供給工作器具，工場屋舍，以及消耗去之煤灰麻皮等，且箔之整理與運輸，亦歸包頭自理，每甲約占開支二分，包頭實得之淨利，每甲只有二分。硏箔業有季節性，其工作最忙時爲春季及冬季，因其時適值清明冬至兩節，箔之需要較旺。秋夏二季則甚空閒，硏工或歸鄉務農，或改營他業，間亦有失業者。硏紙業純爲手工業，其工作器具，均極幼稚簡陋，對工作上極爲費時吃力，又其工場房屋，多係破窄潮濕，光線空氣均不充足，但包頭均係貧乏之輩，實無力設備較好之工場。

杭州市當業戶數調查表

領帖人姓名	營業牌號	開設地點	開設年月	等則		架本數	當帖年捐數	納架本捐數	領帖日期	帖限滿期	欠解帖稅數	欠解架本捐數	備考
趙秉榮	聚和	塔兒頭	前清光緒十二年六月	偏僻	丙等	二百元	七十五元	六十元	民國三年一月更換新帖	永遠執守更號換帖	按年清繳	按年清繳	並無代步
成仁壽	成裕	后市街	前清同治年間	同	右同	右同	右同	右同	右同	右同	右同	右同	右同 右
方言吉	同興	江干警署街	前清宣統元年三月	同	右同	右同	右同	右同	右同	右同	右同	右同	右同 右
鄭尙周	協濟	大井巷口	前清光緒十年三月	同	右乙	等同	右同	右九十元同	右同	右同	右同	右同	右
周錫祺	保善	堂子巷	前清同治九年	同	右同	右同	右同	右同	右同	右同	右同	右同	右同 右
沈濟	永濟	過軍橋	前清光緒十三年一月	同	右同	右同	右同	右同	右同	右同	右同	右同	右同 右
黃培興	萬豐	上板兒巷	前清宣統三年六月	同	右丁	等同	右同	右三十元同	右同	右同	右同	右同	右
盛鳳翔	聚源	批驗所前	民國三年	同	右同	右同	右同	右同	右同	右同	右同	右同	右同 右
孫留餘 陳聚星	裕興	忠清街	前清光緒十四年	同	右乙	等同	右同	右九十元同	右同	右同	右同	右同	右
朱衍慶	裕隆	焦棋杆	前清光緒二十二年	同	右同	右同	右同	右同	右同	右同	右同	右同	右同 右

三九

孫同吉	同吉	貫橋	前清光緒十一年	同	右丙	等同	右同	右六十元同		右同	右同	右同	右同	右
王豐艾	裕通	聯橋街	前清同治年間	同	右丙	等同	右同	右同右同		右同	右同	右同	右同	右
董世彝	同康	金洞橋	十四年十一月	同	右同	右同	右同	右同同	十四年十一月更換新帖	同	右同	右同	右同	右
濮少霞	泰和	佑聖觀巷	前清同治年間	同	右同	右同	右同	右同右	民國三年一月更換新帖	同	右同	右同	右同	右
李壽昌	同濟	豐樂橋	前清光緒十七年	同	右乙	等同	右同	右九十元同		右同	右同	右同	右同	右
孫怡慶	天濟	東清巷	十五年七月	同	右丁	等同	右同	右三十元	十五年七月更換新帖	同	右同	右同	右同	右
萬允成	咸康	釭兒巷	前清光緒二十七年	同	右丙	等同	右同	右六十元	民國三年一月更換新帖	同	右同	右同	右同	右
何學韓	善慶	湖墅左家橋	前清光緒十年四月	同	右同	右同	右同	右同右同		右同	右同	右同	右同	右
何學韓	善興	拱埠	前清光緒十年四月	同	右同	右同	右同	右同右同		右同	右同	右同	右同	右
王達記	壽昌	珠兒潭	前清宣統三年	同	右丁	等同	右同	右三十元同		右同	右同	右同	右同	右

杭州市魚市概况表

（十八年份）

種類	銷數	單價每担平均價	總值	產地
鰱魚	三、五五〇担	一三元	四六、一五〇元	留下
包頭魚	二、四七〇	一四	三四、五八〇	仝
鯶魚	一、一四六	一六	一八、三三六	仝
鯉魚	五二・五	一二	六三〇	本市

烏青魚	五一・七	一二	六二〇・四	留下
鯽魚	五〇・五	一四	七〇七	本市
鯿魚	一二八	一六	二、〇四八	仝
黑魚	四三	一二	五一六	仝
鱔魚	二一六	一六	三、四五六	江北
鰻	七二	二二	一、五八四	菱湖
季化	四〇	一五	六〇〇	塘西
狹㹭	二六・五	一五	三九七・五	本市
鱉魚	三七	二八	一、〇三六	江北
鰣魚	二七	一三〇	三、五〇一	富陽江
黃魚	一二〇	二〇	四、四〇〇	外海
帶魚	五〇	一二	六〇〇	仝
白條魚	四七	一〇	四七〇	本市
蝦	一、六三〇	二〇	三二、六〇〇	仝
蟹	一、五二〇	四五	六八、四〇〇	嘉興湖州
河蚌	一一八	二・六	三三〇・四	三里漾
石蜆	五〇	一・八	九〇	本市
合計	三、五四五・二		三一、〇五三・三	

杭州市魚行一覽表

行名	地址
蔡恆盛	艮山門外
大成	大兜
正昌	仝
華昌	仝
裕昶	仝
生大	仝
恆升	仝
恆茂	仝
長頤	仝
協昌	仝
衍豐	仝
久大	仝
慎大	仝
立大	仝
協記	寶慶橋
洽昌	菜市橋河下
義大	仝
義成	仝
公大	仝
滋大	仝
洽興	仝

四、勞資糾紛統計 計四種

杭州市十八年份勞資糾紛年報表

業別	糾紛主體	原因	勞方參加人數	關係廠號數	糾紛日數	有無罷工	調處者	結果
絲織	瑞新綢廠工人與廠方	資方停業	五四	絲織廠一	一月十六日至三十日止共十五天	無	市勞資糾紛臨時調解會	發給織工每名洋五十元解散
絲織	光華絲織工會與廠方	資方停業	一一〇	絲織廠一	一月二十一日至二月四日共十五天	無	同上	廠方給資解散
製鞋	鞋業工友工會與鞋業資方	資方違約			一月二十五日至三十日止共六天	無	同上	資方照約履行
纜絲	天章絲織廠纜絲部女工與廠方	要求資方發年賞	五六〇	纜織廠一	一月三十日至二月一日止共三天	無	同上	年賞改爲津貼由資方分別勤惰酌給
絲織	泰成綢廠工人黃毅均與廠方	被資方無故開除	一	絲織廠一	二月一日至二月二十八日共二十八天	無	同上	廠方津貼該工人洋十二元解雇
絲織	怡章鴻綢廠手織部工人與廠方	廠方停辦手織部	三八	絲織廠一	二月十六日至三月八日共二十一天	無	同上	廠方給資解散
絲織	錦雲公綢廠工人與廠方	廠方停業	一〇〇	絲織廠一	二月十六日至三月六日共十九天	無	同上	廠方給資解散
絲織	瑞昌祥綢廠工人與廠方	廠方停業	二五	絲織廠一	二月十九日至二月二十五日共七天	無	同上	廠方給資解散
絲織	華章綢廠工人與廠方	廠方停業	七三	絲織廠一	二月十九日至三月一日共十一天	無	同上	廠方給資解散
絲織	九成辰記綢廠工人與廠方	廠方停業	六六	絲織廠一	三月十四日至四月四日共二	無	市政府	廠方給資解散

製傘	傘業勞方與資方	勞工要求加工資	二三〇	傘作坊四七	三月二十九日至四月十一日共十四天	有（四月四日至六日共罷工三天）	同上	資方增加工資
製箔	箔業公所與箔業硏紙工會	箔業公所提出修改協約	一、二〇四	箔坊八九	三月三十日至四月二十四日共二十六天	無	同上	修改協約
製鞋	鞋業工友工會與雲生鞋莊	雲生鞋莊停閉作坊	一六	鞋莊一	三月三十一日至四月十二日共十三天	無	同上	鞋莊照常發料
肥料	城北肥料挑運工會與資方	資方抗貼會費	一六〇		四月十九日至五月十五日共二十七天	無	同上	資方照約津貼
絲織	祥成綢廠工人與廠方	廠方停業	二五	絲織廠一	四月二十日至五月十七日共二十八天	無	同上	廠方給資解散
絲織	義成綢廠工人與廠方	工人要求廠方於歇新期內開飯	四〇	絲織廠一	五月十五日至五月二十三日共九天	無	同上	廠方供給工人每人洋一元並如六月七日起新絲未到不能開工廠方應爲工人照常開飯
絲織	秦成綢廠工人與廠方	廠方停業	四〇	絲織廠一	五月二十一日至六月十五日共二十七天	無	同上	廠方給資解散
米業	高民協會米業分會與米業店員工會	資方提出修訂協約	三〇六	米店七四	六月二日至七月十三日共四十二天	無	同上	修訂協約
絲織	裕興文綢廠工人與廠方	廠方因週轉不靈暫告停工	八〇	絲織廠一	六月十九日至六月二十一日共三天	無	同上	廠方停工一月在停工期內廠方借給工人生活費如在一月後仍不能開工則應爲工人備飯
絲織	袁震和綢廠手織部工人與廠方	廠方停辦手織部	九〇	絲織廠一	六月二十七日至七月八日共十二天	無	同上	廠方給資解散

米業	商民協會米業分會與米業勞工會	資方提出修訂協約	一九七	米店七四	七月二十五日至八月九日共十六天	無	同上	修訂協約
繅絲	緯成繅織公司與全體工人	資方檢驗工人身體開除有肺病者十一人	八三〇	繅織廠一	九月一日至九月三日共三天	有（九月一日罷工一天）	同上	患肺病者給資修養
醬業	醬業店員工會與醬業資方	資方不履行協約	七九二	醬園二五〇	九月二十三日至十月十六日共二十四天	無	同上	資方除代扣會費一節外其餘照約履行
箔業	箔業打工工會與慎清堂箔業公所	勞方要求資方酌加工資及代扣會費	四二〇	箔坊九〇	十二月一日至十二月十九日共十九天	無	同上	資方照約履行

杭州市十八年份勞資糾紛案件數勞方參加人數關係廠號數各月分配表

月份 \ 項目	勞資糾紛案件數			勞方參加人數		
	本月前未了案件數	本月發生案件數	每月兩共總數	本月前未了案件工人數	本月發生案件工人數	每月兩共總數
一月		四	四		七三四	七三四
二月	一月發生 二	五	七	一月發生 六七〇	二三七	九〇七
三月	二月發生 三	四	七	二月發生 二一一	一、五一六	一、七二七
四月	三月發生 四	二	六	三月發生 一、五一六	一八五	一、七〇一
五月	四月發生 二	二	四	四月發生 一八五	八〇	二六五
六月	五月發生 一	三	四	五月發生 四〇	四七六	五一六
七月	六月發生 二	一	三	六月發生 三九六	一九七	五九三
八月	七月發生 一		一	七月發生 一九七		一九七
九月		二	二		一、六三三	一、六三三
十月	九月發生 一		一	九月發生 七九二		七九二
十一月						
十二月		一	一		四三〇	四三〇
全年總計		二四			五、四五七	

關係廠號數	本月前未了案件廠號數	本月發生案件廠號數	每月兩共總數
		三	三
發生一月	二	五	七
發生二月	三	一三八	一四一
發生三月	一二八	一	一二九
發生四月	一	二	三
發生五月	一	一六	一七
發生六月	一二五	二四	一四九
發生七月	二四		二四
		三五一	三五一
發生九月	三五〇		三五〇
		九〇	九〇
		六四〇	

杭州市十八年份勞資糾紛原因及結果分析表

糾紛原因		案件數	調解結果：勞方要求資方完全接受者	調解結果：勞方要求資方一部分接受者	調解結果：勞方要求資方未經承認者
關於團體協約之糾紛	勞方反對資方不履行協約	四	三	一	
	勞方要求重訂協約	三	（資方要求勞方完全接受者）三		
關於雇用狀況之工資	勞方要求加薪	一	一		
	勞方反對廠方停發年賞	一		一	
解雇	勞方反對廠方開除工友	一		一	
待遇	勞方要求廠方在停工期內開飯	一		一	
	勞方反對廠方檢驗工人體格	一			一

糾紛其他			
廠方停業勞方要求給資解散	一〇	一〇	
廠方暫告停工勞方要求救濟	二	二	

杭州市十八年份勞資糾紛案件業務分類表

類別	件數
絲織	一三
繅絲	二
製箔	二
製傘	一
製鞋	二
肥料	一
米業	二
醬業	一
合計	二四

五、繭絲綢統計 計一三種

杭州市繭行一覽表（十九年六月調查）

行名	地址	經理姓名	開設年月	性質	十九年收繭量（鮮繭）	收繭總值	產地	銷路
緯成	下池塘巷	朱光燾	七年	公司	一、三四六担	五四、九〇八元	本市，杭縣，蕭山，富陽。	自用
正大	嚴家弄	余廉笙	十七年四月	合夥	一、三七〇	七五、〇〇〇	本市，杭縣。	上海
源大	三堡	余廉笙	十一年	獨資	一、六〇六	八八、二七五	仝	自用
天章	三角蕩	余廉笙	十年	獨資	一、二二〇	六七、一〇〇	仝	仝

大綸	筧橋	姚安壽	十九年五月	合夥	一、一三〇	五一、〇〇七	仝	上海
德昌	筧橋	夏潤	十九年五月	合夥	八八七	五〇、〇〇〇	仝	仝
華成	七堡	沈品堂	十九年五月	合夥	九六九	五三、〇〇〇	仝	仝
安利	彭家埠	謝月卿	十九年五月	合夥	一、〇六九	六四、七八〇	仝	本市，上海
同豐	拱埠	湯柏生	七年		一、〇四〇	五七、二〇〇	仝	上海
鑫昌	茶湯橋	俞鏞淥	十九年五月	合夥	一、五〇〇	八四、〇〇〇	仝	仝
海昌	拱埠	姚紹雲		合夥	一、五六〇	七八、〇〇〇	仝	仝
新瑞豐	拱埠	謝一慶	十三年	合夥	七四九	四〇、四四六	仝	仝
吉祥	拱埠	蔡風若	十四年	合夥	一、六五〇	九四、〇五〇	仝	仝
寶泰	茶湯橋	汪保平	三年	合夥	一、二六六	八一、五三九	杭縣	仝
會陽	拱埠	姚延安		合夥	一、三五〇	七四、二五〇	仝	仝
裕通	茶湯橋	陳錦堂		合夥	一、二五〇	六八、七五〇	本市，杭縣。	仝
源和	艮山門外閘街口	謝月卿	十六年五日	合夥	一、二六九	七一、〇〇〇	仝	本市
昌綸	拱埠	章柏英	十五年	合夥	九〇〇	四九、五〇〇	仝	上海
永大	望江門外直街	余濂	十九年	獨資	一、四七〇	五八、三〇〇	本市，杭縣，蕭山，富陽。	自用
虎林	蒲場巷	蔡經賢		公司	一、四九八	七八、七〇〇	本市杭縣桐廬蕭山富陽。	仝
慶成	普安街	徐禮畊	十五年四月	獨資	二、〇〇〇	一〇〇、〇〇〇	本市，杭縣，蕭山。	仝
大豐	明眞宮三七號	唐繹如	二年四月	合夥	二、〇九八	一一七、四八〇	本市，杭縣，湖州，嘉興。	上海

九豐	明眞宮五三號	李漢文	十七年四月	合夥	一、五八〇	九〇、〇〇〇	杭縣，杭餘，德清，蕭山。	仝
怡和（英商）	拱埠	狂度西（英人）			一、五三三	八三、四七三	本市，杭縣。	仝
嘉成	拱埠	張柏蔭	十三年四月		一、〇五〇	六〇、〇〇〇	仝	仝
共益	拱埠	潘茂順	十五年	合夥	一、〇五〇	五五、九五〇	仝	仝
洽安	拱埠	姚退安	十四年	獨資	一、一〇三	五五、一五〇	仝	仝

杭州市十八十九年份繭產量統計表

	十八年	十九年
繭產量	（鮮繭）一九、一四九担	（鮮繭）一七、三三〇担
單價	五〇元	五二・七元
總值	九五七、四七〇元	九一二、五〇六元

杭州市最近三年繭產量比較表

民國十七年至十九年

年別	繭產量（鮮繭）	比較
十七年	二六、四四〇担	一〇〇
十八年	一九、一四九	七二・四
十九年	一七、三三〇	六五・五

註：比較欄以十七年產量作爲一〇〇。

說明：查今年本市蠶戶，育蠶雖較去年爲多，奈入春以來天氣冷暖不常，蠶戶均無調節溫度之設備，致蠶在大眠後大半發生疫病，故繭產量大減。

杭州市十九年份桑市概況表

（十九年六月調查）

桑葉行家數	五九家
桑葉行代客收桑量	一三、五一八担
單價	二・二元
總值	二九、七五六元

說明：本年桑市較去年大有起色，去年收桑量只有五，五三五擔，今年計增加一倍餘。原因在今年蠶戶養蠶較多；且葉價抬高，植桑各戶，除自給外均多售賣，故桑行代客收桑量因之大增。

杭州市十八年份蠶戶統計表

（調查時期十八年六月）

區別	戶數
西湖區	八六二
湖墅區	二、五七八
皋塘區	八、五六七
會堡區	三二四
總計	一二、三三一

杭州市十八年份蠶戶平均每戶之養蟻量與產繭量表

養蟻量	一・九四兩
產繭量	一五五斤
價值	七七・五元

杭州市綢疋工資比較表

（基年：十五年）

年份	每疋所須工資	指數
十三年	九・一〇元	九九
十四年	九・二五	一〇五
十五年	九・二〇	一〇〇
十六年	一〇・二〇	一一一
十七年	一〇・三五	一一三
十八年	九・八五	一〇六

杭州市綢疋捐額比較表

（基年：十五年）

年份	每疋捐額	指數
十三年	〇・六四元	九六
十四年	〇・六五	九七
十五年	〇・六七	一〇〇
十六年	〇・八四	一二五
十七年	一・四七	二一九
十八年	一・六〇	二三九

杭州市廠綢躉售價值比較表

（基年：十五年）

年份	純粹天然絲織成之綢每疋躉售價	指數	天然絲人造絲混織之綢每疋躉售價	指數
十三年	七一元	一一六	四二元	九一
十四年	六九	一一三	四四	九六

年份				
十五年	六一	一〇〇	四六	一〇〇
十六年	五八	九五	四四	九六
十七年	五六	九二	四四	九六
十八年	四八	七九	三五	七六

杭州市各廠工織綢疋數比較表

（基年：十五年）

年份	平均每人每月織綢疋數	指數
十三年	三·五〇疋	一〇三
十四年	三·五五	一〇四
十五年	三·四〇	一〇〇
十六年	二·九〇	八五
十七年	三·五五	一〇四
十八年	三·五五	一〇四

杭州市廠綢銷存比較表

年份	銷出百分數	積存百分數
十三年	九〇%	一〇%
十四年	九三	七
十五年	七二	二八
十六年	七八	二二
十七年	七二	二八
十八年	六八	三二

杭州市綢廠需用天然絲人造絲統計表

年份	天然絲	人造絲	百分比 天然絲	百分比 人造絲
八年	三、九〇〇担	無	一〇〇%	〇
九年	四、〇〇〇	無	一〇〇	〇
十年	四、二〇〇	無	一〇〇	〇
十一年	四、〇〇〇	無	一〇〇	〇
十二年	四、〇〇〇	無	一〇〇	〇
十三年	三、〇〇〇	無	一〇〇	〇
十四年	二、五〇〇	二九一担	八九·五	一〇·五%
十五年	二、三〇〇	五三〇	八一·四	一八·六
十六年	七九〇	七五九	四九·三	五〇·七
十七年	七二〇	九五四	四三	五七
十八年			三二	六八

浙江現行綢疋稅率表

類別	每疋之重量	每疋正附之捐額	每疋平均之價格	稅率
天絲與人絲之交織緞	四斤	共計洋二元四角二分	三十元	百分之八・〇
天絲與人絲交織線地緞	三斤半	共計洋二元一角一分	二十二元	百分之九・五
人絲與絹絲交織綢	四斤半	共計洋一元七角	二十元	百分之八・五
大綫春綢	二斤半	共計洋一元五角一分	二十六元	百分之五・七五
素紡羅綢	二斤半	共計洋一元二角三分	二十五元	百分之五・〇

六、茶葉統計 計二種

杭州市茶葉行一覽表（十九年五月調查）

行名	經理姓名	地址	性質	資本額
永大茶行	王炎村	候潮門外一〇四號	獨資	二千元
同春茶行	吳達甫	候潮門外一〇一號	合夥	八千元
全泰茶行	方冠三	候潮門外六九號	合夥	五千元
隆記興茶行	貝鴻儒	候潮門外一二三號	合夥	四千元
源記茶行	莫五臣	候潮門外四八號	合夥	二千元
公順茶行	楊卓庵	江干一三五號	合夥	五千元
莊源潤茶行	莊筱橋	候潮門外二二號	獨資	五千元
保泰茶行	方甸農	候潮門外八六號	合夥	三千元
裕泰茶行	馮子嚴	候潮門外一三六號	獨資	三千元
沈榮楨茶行	沈桐柏	下滿覺弄三〇號	獨資	
吳欽記茶行	吳耀昌	茅家埠	獨資	一千元
翁啓隆茶行	翁念滋	翁家山五號	獨資	

鼎豐茶行	戚元甫	龍井	獨資
龍章茶行	戚阿喜	龍井一三號	獨資
翁月龍茶行	翁健行	翁家山六二號	獨資
應公興茶行	應寶昌	楊梅嶺一七號	物資

杭州市最近五年茶葉產量比較表 民國十五年至十九年

年別	產量	比較
十五年	六〇〇担	一〇〇
十六年	五二〇	八六·七
十七年	五五〇	九一·七
十八年	五二〇	八六·七
十九年	四一三	六八·八

註：比較欄以十六年產量作爲一〇〇。

說明：本市茶葉產量本有逐漸減少之勢，而今年尤爲特甚。今年產量與十五年相較，計減少百分之三十一。原因在去年年底，冰雪連天，地而多凍，茶樹不慣受大寒，致凍壞者甚多，因之今年茶葉收成大減。

七、糧食統計 計四種

杭州市粳米實價表 民國元年至十八年

年＼月	一月	二月	三月	四月	五月	六月	七月	八月	九月	十月	十一月	十二月	全年平均價
民國元年	六·二〇元	六·四〇	六·九〇	七·三〇	七·七〇	八·三〇	八·四〇	八·〇〇	七·二〇	六·五〇	五·九〇	六·五〇	七·一〇
民國二年	六·七〇元	七·〇〇	六·九〇	六·五〇	六·四〇	六·四〇	六·四〇	六·四〇	六·四〇	六·四〇	六·五〇	六·六〇	六·五五
民國三年	六·一〇元	六·三〇	五·八〇	五·六〇	五·六〇	五·七〇	六·〇〇	六·四〇	六·四〇	六·一〇	六·一〇	六·二〇	六·〇〇
民國四年	六·四〇元	六·七〇	六·八〇	六·八〇	七·〇〇	七·一〇	七·一〇	七·一〇	六·六〇	六·一〇	六·三〇	六·四〇	六·七〇
民國五年	六·四〇元	六·四〇	六·五〇	六·六〇	六·四〇	六·四〇	六·四〇	六·三〇	五·五〇	五·二〇	五·二〇	五·二〇	六·〇〇

民國六年	五•三〇元	五•五〇	五•三〇	五•六〇	五•七〇	五•八〇	五•七〇	五•四〇	五•二〇	五•〇〇	五•一〇	五•一〇	五•四〇
民國七年	五•二〇元	五•三〇	五•九〇	五•八〇	五•六〇	五•六〇	五•四〇	五•四〇	五•四〇	五•二〇	五•二〇	五•四〇	五•五〇
民國八年	五•五〇元	五•八〇	五•六〇	五•四〇	五•四〇	五•五〇	六•一〇	六•六〇	六•五〇	六•六〇	六•七〇	六•九〇	六•〇五
民國九年	七•二〇元	七•三〇	七•四〇	七•五〇	七•七〇	八•〇〇	八•七〇	八•八〇	八•三〇	七•四〇	七•五〇	七•九〇	七•八一
民國十年	七•九〇元	七•九〇	七•六〇	七•七〇	八•一〇	八•二〇	八•二〇	八•二〇	八•三〇	八•六〇	八•七〇	八•八〇	八•一八
民國十一年	八•八〇元	九•〇〇	九•二〇	九•二〇	九•三〇	九•四〇	九•六〇	九•六〇	九•五〇	九•五〇	九•三〇	九•四〇	九•三二
民國十二年	九•七〇元	九•七〇	一〇•一〇	一〇•〇〇	九•七〇	九•五〇	九•五〇	九•五〇	九•一〇	八•九〇	八•九〇	八•九〇	九•四六
民國十三年	九•一〇元	九•〇〇	八•九〇	八•九〇	八•九〇	八•九〇	九•二〇	九•六〇	九•六〇	九•三〇	八•四〇	八•四〇	九•二〇
民國十四年	八•六〇元	八•九〇	八•九〇	九•二〇	九•八〇	一〇•一〇	一〇•六〇	一〇•三〇	九•九〇	一〇•〇〇	一〇•三〇	一一•一〇	九•八〇
民國十五年	一一•四〇元	一一•四〇	一二•〇〇	一二•三〇	一二•〇〇	一二•〇〇	一二•二〇	一二•一〇	一二•四〇	一二•九〇	一二•八〇	一二•七〇	一二•一八
民國十六年	一二•七〇元	一二•九〇	一三•〇〇	一三•三〇	一三•〇〇	一三•四〇	一三•六〇	一二•七〇	一二•一〇	一〇•〇〇	九•八〇	九•六〇	一二•一八
民國十七年	九•七〇元	一〇•三〇	一〇•六〇	一〇•四〇	一〇•一〇	九•八〇	九•九〇	九•三〇	八•九〇	九•九〇	一〇•六〇	一〇•九〇	一〇•〇三
民國十八年	一一•〇〇元	一一•〇七	一一•一三	一〇•八四	一一•一五	一一•七三	一二•〇七	一二•三七	一二•八四	一三•三七	一三•三〇	一三•五五	一一•九三

杭州市粳米比價表 民國元年至十八年

基年：民國十五年

年別	比價
元年	五八
二年	五四
三年	四九
四年	五五
五年	四九
六年	四四
七年	四五
八年	五〇
九年	六四
十年	六七
十一年	七七
十二年	七八
十三年	七四
十四年	八〇
十五年	一〇〇
十六年	一〇〇
十七年	八二
十八年	九八

杭州市十八年份雜米實價表

月別	一月	二月	三月	四月	五月	六月	七月	八月	九月	十月	十一月	十二月	全年平均
糯米	一四·二元	一四·一四	一五·一四	一四·九三	一四·七二	一五·七三	一五·八	一五·八	一六·〇四	一六·六三	一六·五七	一五·六五	一五·四五
蒸穀米	一二·九五元	一二·九九	一三·一三	一三·一五	一三·一六	一三·九三	一三·〇七	一三·二七	一三·七四	一四·一三	一四·一六	一四·四五	一三·〇四
晚米	一二·七元	一二·八四	一三·〇	一二·五五	一二·一六	一二·九三	一三·二七	一三·九三	一三·四四	一四·〇三	一四·一	一三·八	一三·五七
香粳米	一三·二元	一三·二七	一三·五三	一二·九五	一二·六六	一三·一三	一三·六七	一三·一三	一三·六四	一四·一三	一三·二七	一四·〇五	一三·九一

杭州市十八年份豆類實價表

月別	一月	二月	三月	四月	五月	六月	七月	八月	九月	十月	十一月	十二月	全年平均
闊青	六·六元	六·六	六·六	六·一五	五·五五	五·四七	五·六	五·六	五·六九	六·一六	六·二	六·二	六·〇四
細青	六·四元	六·四	六·四	五·九五	五·三五	五·二	五·三三	五·四	五·四九	五·九六	六·〇	六·〇	五·八二
粗黃	一一·四元	一一·二七	一一·六	一一·六	一一·六	一一·六	一一·六	一一·六	一一·六	一一·二九	一一·八五	一一·〇八	一一·三六
細黃	一〇·三元	一〇·二	一〇·二	一〇·二	一〇·二	一〇·二	一〇·二	一〇·二	一〇·二	一〇·二	一〇·〇三	九·八	一〇·一五
缸豆	一〇·六元	一〇·六	一〇·六	一〇·六	一〇·六	一〇·六	一〇·六	一〇·六	一〇·六	一〇·八九	一一·〇九	一一·九五	一〇·七八
赤豆	一〇·六元	一〇·六	一〇·六	一〇·六	一〇·六	一〇·六	一〇·六	一〇·六	一〇·六	一〇·六	一〇·六	一一·三	一〇·六四
莞豆	七·四元	七·四	七·四	七·四	七·四	七·四	七·四	七·四	七·四	七·四	七·四	七·四	七·四
蠶豆	一〇·〇元	一〇·〇	一〇·〇	一〇·〇	一〇·三三	一〇·六	一〇·六	一〇·六	一〇·六	一〇·六	一〇·六	一〇·六	一〇·三八
菜菽	九·〇元	九·〇	九·〇	九·〇	九·三三	九·六	九·六	九·六	九·六	九·六	九·六	九·五七	九·三八

杭州市十八年份男女人口數比較表

月份	人口數		百分比	
	男	女	男	女
十八年一月	二七七、四三七人	一七九、四三七人	六〇・七%	三九・三%
二月	二七七、七三五	一八〇、一二九	六〇・八	三九・二
三月	二七八、四八七	一八二、六九〇	六〇・四	三九・六
四月	二七九、四九二	一八三、一七五	六〇・四	三九・六
五月	二八〇、二五五	一八三、六六七	六〇・四	三九・六
六月	二八一、一〇八	一八四、七三一	六〇・三	三九・七
七月	二八二、二三一	一八五、三四〇	六〇・四	三九・六
八月	二八三、五五二	一八六、〇二四	六〇・四	三九・六
九月	二八五、〇〇七	一八六、六五二	六〇・四	三九・六
十月	二八六、五一八	一八七、五二六	六〇・四	三九・六
十一月	二八九、二九四	一八八、五五五	六〇・五	三九・五
十二月	二八七、五五九	一八六、六六九	六〇・六	三九・四
全年平均			六〇・五	三九・五

杭州市十八年份逐月人口數比較表

月份	較上月之增減數	
	增	減
十八年一月	五、七一七人	
二月	一、〇〇〇	
三月	三、三一三	
四月	一、四九〇	
五月	一、二五五	
六月	一、九〇七	
七月	一、七四二	
八月	二、〇〇五	
九月	二、〇八三	
十月	二、三八五	
十一月	三、八〇五	
十二月		三、六二一人
全年共計	二三、〇八一	

杭州市十八年份普通戶口每戶平均人口數表

每戶平均	五人

杭州市十八年份人口增加率表

增加率
5%

九、社會病態統計 計一一種

杭州市窮民人數統計表

十九年四月調查

全市窮民數	四二、八〇〇人
十九年四月全市人口總數	四八四、三四四
窮民數在人口總數中所佔之百分比	一一·三(强)%

杭州市自殺人數統計表

月別 \ 自殺人數 \ 年別	十七年	十八年
一月	一〇人	七人
二月	七	二
三月	六	九
四月	一	九
五月	五	一三
六月	一〇	五
七月	九	一三
八月	一六	一七
九月	七	九
十月	七	八
十一月	四	一〇
十二月	五	一四
合計	八七	一一五

自殺者性別分析表

性別	在十七年自殺者	在十八年自殺者	二年合計	百分比
男	三九人	五四人	九三人	四六%
女	四八	六一	一〇九	五四

自殺者職業分析表

業別	在十七年自殺者	在十八年自殺者	二年合計	百分比
學界	三人	九人	一二人	六%
商界	二	八	一〇	五
勞働界	七	一八	二五	一二
其他	五	八	一三	六
無業	四九	五三	一〇二	五一
不明	二一	一九	四〇	二〇

自殺方法分析表

方法	在十七年自殺者	在十八年自殺者	二年合計	百分比
服鴉片	一九人	一二人	三一人	一五・五%
服安眠藥	五	一八	二三	一一・五
服毒	四	七	一一	五・五
自縊	二八	二九	五七	二八・五
自戕	六	六	一二	六
投水	一三	二〇	三三	一六・五
吞金	二	五	七	三・五
飲滷	一〇	九	一九	八・五
迎火車	—	四	四	二
其他	—	二	二	一
不明	—	三	三	一・五

自殺原因分析表

原因	在十七年自殺者	在十八年自殺者	二年合計	百分比
經濟壓迫	二〇人	三〇人	五〇人	二五%
失業	五	—	五	二・五
營業失敗	—	一	一	〇・五
墮落	—	四	四	二
被騙	—	二	二	一
疾病	一	—	一	〇・五
冤抑	七	一〇	一七	八
失戀	一〇	二三	三三	一六
家庭問題（夫婦間）	二〇	一八	三八	一九
家庭問題（姑媳間）	五	六	一一	五・五
家庭問題（其他）	一〇	一〇	二〇	一〇
其他	五	五	一〇	五
不明	四	六	一〇	五

自殺結果分析表

結果	在十七年自殺者	在十八年自殺者	二年合計	百分比
死	二一人	二七人	四八人	二四%
被救	五八	七二	一三〇	六四
不明	八	一六	二四	一二

杭州市娼妓人數及妓院數統計表（公娼）

十八年四月調查

	妓院數	妓女人數
拱宸橋	二二三家	四三四人
江干	二二	五九
合計	二四五	四九三

（註）本市公娼悉在拱宸橋江干兩處，他處無之。

杭州市娼妓原籍分析表（公娼）

原籍	蘇州	本市	嘉興	紹興	建德	衢縣	吳興	諸暨	海甯	嵊縣	上海	東陽	崇德	武進	其他	不明
八																
人數	八一	七一	五一	四八	三六	二九	二七	一一	一〇	九	八	七	七	六	七五	一七

杭州市娼妓年齡分析表（公娼）

最少年齡	一六歲
最大年齡	三六
最多	一八歲—二二歲

杭州市江干五十一名妓女來歷分析表

院主親女	一八
院主親戚	一七
從幼買來	一四
寄住拆賬	八
不明	二

十、災害統計 計八種

杭州市火災統計表 十八年份

月別	次數	房屋被燬數	被損失數
一月	八	四八間	二三、〇〇〇元

二月	九	七四間	四七、六〇〇元
三月	一三	七四間	一九、六六〇元
四月	一八	一一五間	一五一、三五〇元
五月	八	四五二間	一、七五一、〇二〇元
六月	七	六七間	一二、五六〇元
七月	八	二三四間	一一三、七〇〇元
八月	九	二五一間	二二一、九四五元
九月	九	一〇三間	一一〇、八七〇元
十月	二一	一九七間	二五〇、四二〇元
十一月	一八	一五二間	四九、〇一〇元
十二月	九	八七間	二三、三六四元
合計	一三七	一、八五四間	二、七七四、四九九元

火災起因表 十八年份

起因	次數
烹炊遺火	三五次
香烟遺火	二四次
油燈遺火	一〇次
焚香遺火	二次
火柴遺火	一次
火星落入柴草	一二次
灰堆餘火復燃	二次
玩火	七次
走電	六次
其他	三八次

火災發生時間比較表(一)

十八年份 (時間比較)

時別	次數
上午 1—0	二
2—1	二
3—2	九
4—3	一
5—4	五
6—5	二
7—6	一
8—7	一
9—8	二
10—9	三
11—10	六
12—11	五
下午 1—12	六
2—1	四
3—2	七
4—3	一〇
5—4	八
6—5	八
7—6	二
8—7	二
9—8	三
10—9	九
11—10	七
12—11	四

火災發生時間比較表(二)

十八年份 (日夜比較)

月別 / 次數	日間發生次數 午前六時至午後六時	夜間發生次數 午後六時至午前六時
一月	七	一
二月	四	五
三月	六	七
四月	九	九
五月	三	五
六月	三	四
七月	四	四
八月	三	六
九月	三	六
十月	五	一六
十一月	九	九
十二月	三	六
共計	五九	七八

(註)十八年本市火災特多，全年共計發生一百三十七次，損失數達二百七十七萬四千四百九十九元。查十七年本市火災次數爲六十九次，損失數爲四十七萬一千五百二十五元，二年相較：十八年火災次數，較十七年增加一倍；十八年火災損失數，較十七年增加六倍。又火災次數及損失數統計表內，五月份火災損失數與房屋被燬被損數，均超出其餘各月，此係官巷口大火卽發生在五月中之故，此次大火災，計焚燬房屋三百八十間，損失數達九十餘萬元。

杭州市汽車肇禍統計表

月別　年次數別	十七年	十八年
一月	無	一次
二月	無	無
三月	無	二次
四月	無	無
五月	無	三次
六月	無	五次
七月	一次	三次
八月	無	四次
九月	一次	三次
十月	一次	五次
十一月	無	四次
十二月	二次	無
共計	五次	三〇次

最近二年汽車肇禍原因統計表

肇禍原因	次數
駛車超過速率	一〇次
駕駛漫不經心	一二次
路口不揑喇叭	二次
車輛載重過限	一次
行人冒險穿越	一次
行人避讓延緩	六次
其他	一次
不明	二次
共計	三五次

最近二年肇禍汽車種類統計表

汽車種類	肇禍次數
自用汽車	七次
營業汽車	一一次
短途公共汽車	九次
長途公共汽車	二次
運貨汽車	四次
救火汽車	一次
機器脚踏車	一次

共計	三五次

最近二年汽車肇禍死傷統計表

死傷	人數
傷	三八人
重傷	一〇人
死	七人
不明	二人
共計	五七人

十一、雜類統計 計九種

杭州市合作社一覽表

名稱	性質	社址	開辦日期	成立年限	每股股本金額	註冊日期
筧橋富饒址有限責任信用合作社	信用合作	筧橋富饒址大通寺內	十七，十一，二。	二十年	二元	十七，十一，二十。
萬松嶺無限責任信用合作社	信用合作	萬松嶺三〇號	十七，十二，十三。	五年	二元	十七，十二，二十八。
鳳凰山脚無限責任信用合作社	信用合作	鳳凰山脚五號	十八，一，一。	五年	二元	十八，一，五。
萬仁鄉無限責任信用合作社	信用合作	三灤營蓬字五號	十八，十二，十八。	五年	二元	十九，一，六。
九堡村無限責任信用合作社	信用合作	會堡南九堡九號	十八，十二，十二。	二十年	四元	十九，一，十三。
墅北里無限責任信用合作社	信用合作	湖墅磚橋頭三號	十九，二，二十五。	二十一年	三元	十九，二，二十六。
北沙村有限責任信用販賣合作社	信用，販賣合作	七堡北沙村委員會內	十九，四，十七。	五年	二元	十九，四，二十五。

杭州市工人團體一覽表

（十八年十二月二十五日調查）

工會名稱	會址	成立日期	工會性質	就業會員數	失業會員數	會員總數
緯成絲織工會	池塘巷	一六，三，二〇。	產業	一、〇〇〇人	七二〇人	一、七二〇人
慶成絲織工會	普安街一號	一六，三，五。	產業	六一七	五〇一	一、一一八
震旦絲織工會	刀茅巷一一號	一六，五，一〇。	產業	一一八	——	一一八
文新恆絲織工會	蒲場巷一二三號	一六，三，一五。	產業	七四	一五	八九
新豐絲織工會	荷花池頭五號	一七，一二，三〇。	產業	七九	四	八三
烈豐絲織工會	廣興巷	一六，三，六。	產業	五九	——	五九
絲織零機工會	機神廟	一六，三，六。	職業	五一六	二三〇	七四六
絲織零機料友工會	衆安橋河下二九號	一六，三，二七。	職業	二一三	八二四	一、〇三七
五豐布廠工會	登雲橋	一六，三，五。	產業	二五二	——	二五二
大豐布廠工會	孩兒巷	一六，二，二五。	產業	二二五	——	二二五
廣生布廠工會	竹竿巷	一六，二，二四。	產業	二一一	——	二一一
惠民布廠工會	長慶街	一八，二，二八。	產業	一九二	——	一九二
九華布廠工會	孩兒巷	一六，三，四。	產業	一五七	——	一五七
永新布廠工會	安樂橋口	一六，四，二八。	產業	一五一	——	一五一
振華布廠工會	烏龍巷	一六，三，六。	產業	四七	——	四七
染煉業經緯工會	貫橋法輪寺	一六，五，三。	職業	二五六	九四	三五〇
染煉業青藍工會		一六，五，三。	職業	一七二	一二	一八四

箔業打工工會	軍督司巷一四號	一六，四，五。	職業	二、一一四	—	二、一一四
箔業符紙工會	下蕉營巷三四號	一六，四，七。	職業	一、二〇四	—	一、二〇四
娛園職工會	東坡路東坡里三號	一七，一〇，一五。	職業	二六〇	一二	二七二
共舞台職工會	東坡路東坡里三號	一六，六，二四。	職業	五三	—	五三
杭州影戲院職工會	城站杭州影戲院內	一七，一二，	職業	四六	—	四六
正始社安康工會	東浣紗路二四號	一六，六，二三。	職業	九〇	—	九〇
革履業工會	后市街一五五號	一六，三，一六。	職業	二七〇	一六八	四三八
鞋業夥友工會	過軍橋	一六，二，八。	職業	一、一〇〇	五〇〇	一、六〇〇
燭業工友工會	盔頭巷二四號	一六，三，一六。	職業	一二一	一九	一四〇
電料業職工會	萬安橋南河下三〇號	一八，一〇，三。	職業	五七	—	五七
金銀工會	豐家兜	一六，二，三。	職業	三一〇	五五	三六五
材業工會	西牌樓三三號	一八，一二，一〇。	職業	三〇五	—	三〇五
江干柴炭工友工會	江干洋泮橋裏街二四號	一六，四，一。	職業	一四四	四〇	一八四
二十橋埠挑夫工會	板兒巷二八號	一七，一一，二七。	職業	三三五	—	三三五
米業勞工會		一六，四，二七。	職業	二八三	—	二八三
酒店夥友工會	板兒巷	一六，三，	職業	五一〇	一六五	六七五
茶店倌倌工會	吳山路	一六，五，一〇。	職業	二七五	一七五	四五〇
中藥業職工會	佑聖觀巷五四號	一八，一一，	產業	八一二	一二六	九三八

參業店員工會	元井巷參業公所	一六，五，九。	職業	一三六	二〇	一五六
南貨業店員工會	豐家兜三號	一六，三，一六。	職業	六八〇	一三三	八一三
烟業店員工會	板兒巷四四號	一六，二，	職業	一三一	一五三	二八四
綢業夥友工會	田家園四號	一六，四，一。	職業	九一二	二八五	一、一七〇
杭州市總工會	吉祥巷五四號	一八，六，三。	（總工會）	一四、四八七	四、二二四	一八、七一一

（註）市總工會會員數，即上三十九個工會會員數的總計。

杭州市商人團體一覽表（二）

（商人總會所屬各區分會）

區別	會名	組數	會員人數	成立日期	會址
江干區	江干區會	一八	三六五	一九，二，一〇。	諸暨同鄉會
	烟紙雜貨業分會	四	六四	六，一二，三一。	
	山貨水果業分會	三	四五	六，一二，二三。	江干諸暨會館
	飯業分會	三	三七	一九，一，二五。	
	過塘業分會	七	八四		江干洋泮橋
	木板業分會	七	七六		江干紅廟前愼泰木行
	小菜業分會	四	五九		
湖墅區	湖墅區會	四七	三七二		拱宸橋商會
	烟紙雜貨業分會	五	七四	一九，一，一八。	
	飯業分會	一七	一三六	一九，二，一。	
	過塘業分會	三	三四	一九，二，九。	湖墅新河壩定觀堂
	湖墅分會	一八	一二八		拱宸橋商會
城站區	城站區會	二九	三二〇		城站電影院
	烟紙雜貨業分會	五	五七	一九，一，七。	
	飯業分會	四	三七	一九，一，二五。	
	城站分會	二〇	一八六		城站電影院
聯橋區	聯橋區會				
	烟紙雜貨業分會	二	二二	一九，一，一六。	
	飯業分會	四	五三	一九，一，二五。	
	聯橋分會				
新市場區	新市場區會				

	烟紙雜貨業分會	四	一五二	一九，一，一八。	
	新市場分會	二〇	一五一		
鼓樓區	鼓樓區會				
	烟紙雜貨業分會	六	七六	一六，一二，二六。	
	鼓樓分會				
筧橋區	筧橋區會	一八	三二七	一九，二，二一。	長佛寺隔壁
	京貨業分會			一九，一，一六。	
	米業分會			一九，一，一六。	

杭州市商人團體一覽表(二)

(商人總會所屬直轄分會)

會名	組數	會員人數	成立日期	會址
自由車業分會	八	六六	一九，一，四。	方谷園十八號
參藥業分會	一五	一二五	一九，一，九。	四條巷中醫專門學校
人力車業分會	一〇	九六	一六，一二，三〇。	方谷園十八號內
米業分會	一〇	六〇	一九，一，六。	木場巷米業會館
印刷業分會	七	七三	一九，一，五。	湖南會館
絲綢織造業分會	一五四	二、六五六	一九，一，一八。	東清巷大經堂
綵結業分會	五	五〇	一九，一，二〇。	華光巷
綢業分會	八	一〇二	尚未正式成立，只成立小組。	頭髮巷觀成堂
銀錢業分會	九	一〇五	同	柳翠井巷錢業會館
南貨燭業分會	八	六八	同	缸兒巷南貨業會館
火腿醃臘魚鮝業分會	一三	一一二	同	荐橋街醃臘公所
生貨機業分會	四三	六三八	同	艮山門外機神廟
傘業分會	七	五九	同	弼教坊羅文順傘店

杭州市商人團體一覽表(三)

(攤販總會暨所屬區會分會)

會名	組數	會員人數	成立日期	會址
攤販總會	五五		一九，一，六。	水陸寺巷水陸寺
聯橋區會	二九	五四二	一八，七，	萬安橋東關帝廟
橫河橋分會	三	五四	一八，一二，一六。	同
燕子弄分會	四	八四	一八，一二，一六。	同
大福清巷分會	五	九八	一八，一二，一七。	廣福廟
柏子巷分會	四	八一	一八，一二，二六。	萬安橋東關帝廟
水果業分會	一〇	二一〇	一八，一二，一〇。	同
鴨販業分會	三	一五	一八，一二，一四。	助聖廟
江干區會	一〇	一四二	一八，一二，三〇。	美政橋三一道院

海月橋分會	三	三一一八，一二，二五。	同
南星橋分會	四	七〇一八，一二，二五。	同
閘口分會	二	四二一八，一二，二五。	同
湖墅區會	一六	三三六一九，一，六。	崇善廟
大關分會	五	一〇五一八，一二，二五。	同
夾城巷分會	五	一〇五一八，一二，二一。	同
賣魚橋分會	六	一二六一八，一二，二一。	同

杭州市中人行一覽表

（十八年三月調查）

名稱	地址	行主姓名	開設年月	資本	平均每月投荐僱工人數	有無舖保	有未登記
胡中人	東浣紗路七號	胡炳炎	十一年七月	五〇元	二九人	無	已登
徐中人	新民路一六五號	徐順慶	五年九月	一〇〇元	二〇人	有	同
陳中人	中板兒巷二四七號	徐福林	十七年七月	——	一二人	有	未登
宋中人	察院前二號	宋蘇氏	五年十月	五〇元	二一人	有	已登
趙中人	迎紫路	趙濬川	——	四〇元	四六人	無	同
周中人	中板兒巷二一四號	周松林	十二年三月	五〇元	一六人	有	同
胡中人	門富二橋一九號	胡金茂	十八年四月	五〇元	一二人	有	未登
陶中人	稽接骨橋直街二號	陶永魁	十年八月	三〇元	二〇人	有	已登
壽中人	通江橋六號	壽竹亭	十六年六月	二〇元	一二人	有	同
雷中人	鳳山門直街五四號	雷李氏	九年十月	三〇元	一五人	有	同
金中人	上板兒巷八八號	金紹甫	九年三月	二〇元	六人	有	未登

唐中人	凝海巷六九號	唐桂林	——	——	二四人	有	同
阮中人	直大方伯六號	阮智庠	十六年九月	二〇元	一四人	有	已登
沈中人	城頭巷五九號	沈忠烈	十一年六月	——	一人	有	未登
趙中人	乘安橋九二號	趙玉高	十三年二月	四〇元	一四人	有	已登
何中人	弼教坊九〇號	何謂記	十五年四月	——	三人	有	未登
許中人	上機神廟五四號	許王氏	光緒二十二年一月	三〇元	七人	有	已登
趙中人	招寶堂八七號	趙雲軒	十六年六月	二〇元	一四人	有	同
丁中人	長慶街八七號	丁芝山	四年十一月	六〇元	一八人	有	同
張中人	新宮橋五號	張金牛	宣統元年七月	二〇元	二二人	有	同
樓中人	城頭巷七八號	樓如信	十五年六月	——	一〇人	無	未登
馬中人	普安街六二號	馬介禁	十八年三月	——	一〇人	有	同
朱中人	下板兒巷	朱雲樵	八年四月	五〇元	二〇人	有	已登
朱中人	靈壽寺巷七號	朱少蘭	十一年十月	——	二二人	有	同
阮中人	乘安橋河下二一號	阮文華	十四年二月	——	二四人	有	未登
何中人	惠興路三號	何友生	元年二月	——	一四人	有	已登
王中人	井亭橋八號	王雅生	十年八月	四〇元	一六人	有	同
吳中人	石牌樓一二八號	吳樹興	十五年五月	二〇元	一六人	有	同
王中人	中皮市巷一〇六號	王文炳	元年元月	五〇元	二二人	有	同

周中人	撫甯巷口六號	周斌	十二年七月	五〇元	一四人	有	同
胡中人	學院前五六號	胡錦茂	九年	——	一二人	有	未登
毛中人	裏龍舌嘴四三號	毛黃氏	二年二月	——	一一人	無	同
李中人	下板兒巷一六號	李寶坤	十五年	——	二人	無	同
周中人	板兒巷二〇三號	周芝賢	十八年二月	——	八人	無	同
馮中人	小井巷直街二一號	馮景陽	二年	——	八人	有	同
徐中人	石牌樓三八號	徐海珊	光緒十七年十月	——	三人	無	同
戴中人	下板兒巷八一號	戴武亭	十八年元月	——	一四人	無	同
陳中人	后市街三號	陳徐氏	十八年三月	——	一四人	有	同
黃中人	鬥富三橋一三號	黃春和	十八年三月	——	一〇人	無	同
張中人	柴木巷八號	張蘭生	——	五〇元	二六人	有	已登
張中人	上板兒巷六八號	張南琛	三年二月	三〇元	八人	有	同
章中人	珠寶巷口二五七號	章鳳鳴	十五年九月	五〇元	二一人	有	同
趙中人	小粉墻五八號	趙蘭舫	十六年三月	三〇元	六人	有	同
宋中人	通江橋	宋杜氏	元年三月	三〇元	二三人	有	同
何中人	迎紫路三七號	何有生	元年三月	一〇〇元	三〇人	無	同
朱中人	炭橋三一四號	朱銘泉	——	六〇元	二八人	有	同
何中人	外龍舌嘴六號	何芝山	二年四月	三〇元	一一人	有	同

杭州市十八年份中人行家數平均資本數及投荐人數統計表

全市中人行家數	平均資本統計			投荐人數統計				
	一家最多數	一家最少數	一家平均數	一家每月最多數	一家每月最少數	一家每月平均數	全市中人行每月平均數	全市中人行全年投荐人數
四〇七家	一〇〇〇元	二〇元	四二元	四六人	一人	一五·三人	七二九人	八、七四八人

杭州市工商業全年需用硝磺數量統計表

業別	全年需用硝磺數量		說明
	硝	磺	
爆竹	一三、一二〇	三、八二六	
首飾	無	一〇〇	
藥材	無	三一五	烘藥用
共計	一三、一二〇	四、二四一	本表數量以斤爲單位

中華民國十九年七月出版

杭州市十八年份社會經濟統計概要

編輯者　杭州市政府社會科
出版者　杭州市政府
印刷者　浙江印刷公司

杭州市政府社會科　編

杭州市十九年份社會經濟統計概要

杭州：杭州市政府，民国二十年（1931）铅印本

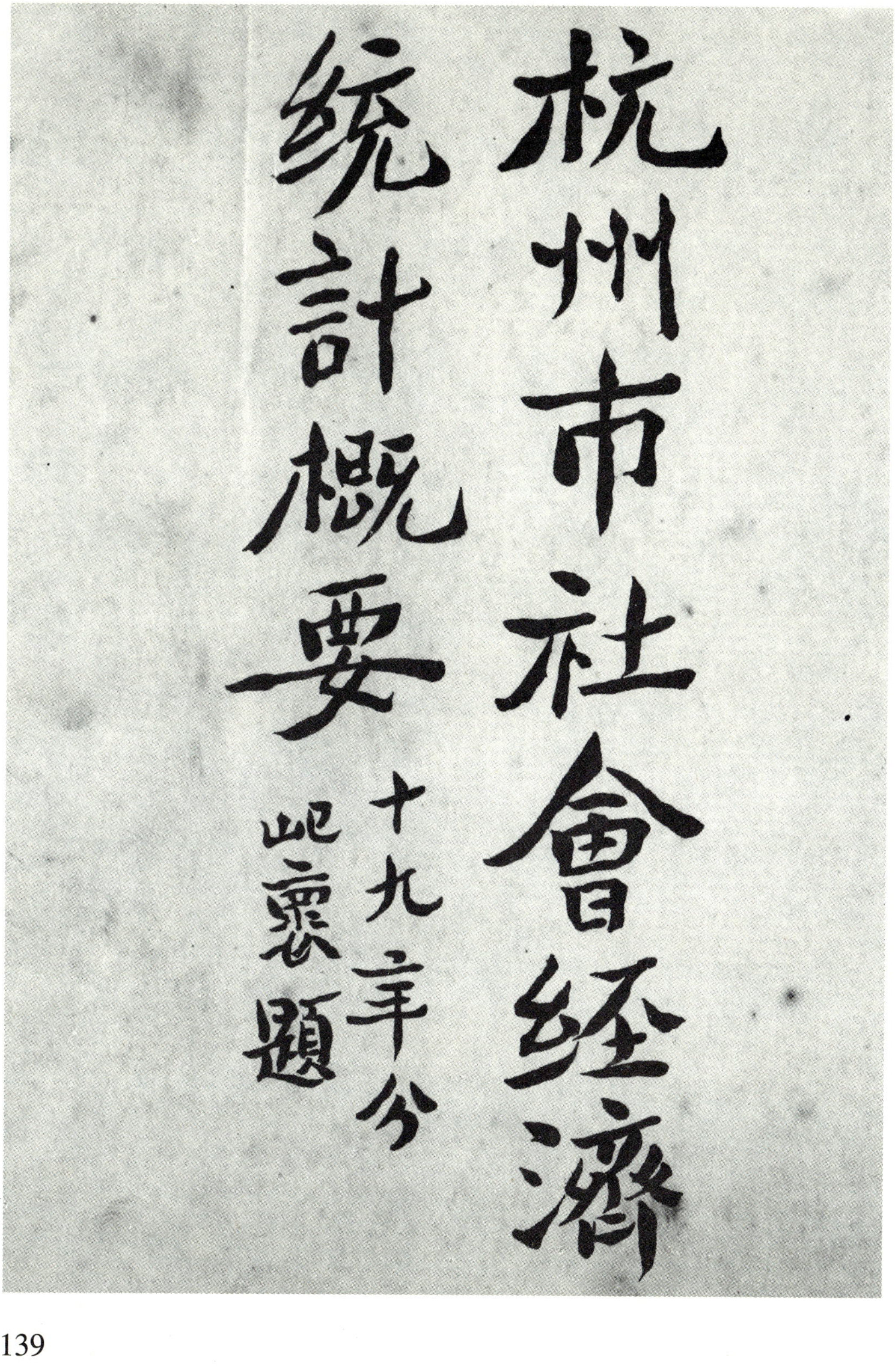
杭州市社會經濟
統計概要
十九年分
屺懷題

民國二十年七月出版

杭州市十九年份社會經濟統計概要

杭州市政府社會科編

例言

（一）本概要係將十九年份各種社會經濟方面事實，列後表式，以便查考。

（二）本概要共載統計表一百二十七則，計分十一大類：（1）農業（2）工業（3）商業（4）勞資糾紛（5）繭絲綢（6）戶口（7）糧食（8）社會病態（9）災害（10）寺廟（11）雜項。

（三）本概要每年出版一次，此次係第三次。第一次在十八年七月出版，所載爲十七年份之材料。第二次在十九年七月出版，所載爲十八年份之材料。

（四）本概要之材料，有爲本科直接派人調查者，有由各機關團體代爲調查者。

（五）本概要所載材料，雖以十九年份爲限，但有數種重要統計，有將歷年之材料聯載，以資比較。又因出版較遲亦有將二十年份上半年所得材料，擇要附入，以作參考。

（六）本概要因人事財力關係，調查容有未週，取材不免掛漏，還祈讀者指敎。

民國二十年七月杭州市政府社會科謹識

杭州市十九年份社會經濟統計概要目錄

農業統計

杭州市會堡區農村統計

調查時期：十九年七月至二十年六月

內容大概

- 會堡區農村的戶口
- 會堡區的農用土地
- 會堡區的農業組織
- 會堡區的農生產
- 會堡區的農家經濟
- 會堡區的農民敎育

會堡區農村戶口概數

	戶	人
望江村	一、七〇八	八、一七〇
清泰村	一、一三二	五、二八三
定海村	一、二四九	六、二六四
合計	四、〇八九	一九、七一七

會堡區農村戶口分析

	總人數	一戶最多人	一戶平均
男（十五歲至六十歲）	七、一六九	七	一·七三
女（十五歲至六十歲）	五、一〇三	四	一·二五
老（六十歲以上）	一、〇六六	二	〇·二六
兒童（十五歲以下）	六、三七九	六	一·五六

會堡區農村戶籍推原

原籍	戶數	原籍	戶數	原籍	戶數
杭屬	一、八一七	溫屬	一〇	河南	三
嘉屬	二	台屬	八四	四川	二
湖屬	一	處屬	六		
金屬	二四	江蘇	三一		
衢屬	五	江西	一一		
嚴屬	一	福建	一		
寧屬	四八	安徽	一二		
紹屬	二、〇九九	山東	八		

會堡區農戶原籍分析(一)

	戶數	百分比
本地人	一、八一七戶	四四%
非本地人	二、二七二	五六

會堡區農戶原籍分析(二)

	戶數	百分比
本省人	四、〇二一戶	九八%
非本省人	六八	二

會堡區農用土地種類

田	六二〇畝
園	一五、二九〇
池塘	四四一
場地	八八八
荒地	一〇九
合計	一七、三四八

二

會堡區農地荒熟比較

	畝數	百分比
熟(已墾地)	一七、二三九畝	九九%
荒(未墾地)	一〇九	一

會堡區地勢與地質

地勢	畝數	地質
平坦地	五、九六六畝	沖積層
低窪地	一一、二五二	沖積層

註：塘裏一帶爲平坦地
塘外一帶沙地爲低窪地

會堡區農業組織

	戶數	百分比
自耕農	五三七戶	一三・一%
半自耕農	四九〇	一二・一
佃耕農	一、〇三一	二五・二
兼耕農	五三	一・三

農業勞動者	二八九	七・一
兼農業勞動者	一、四九八	三六・五
農村中之商舖	一六〇	三・九
農村中之公共機關	三一	〇・八

會堡區農地業佃數別

	己有	租來
田	二五八畝	三六二畝
圃	六、三四四	八、九四六
池塘	二七七	一六四
場地	三七四	五一四
荒地	七五	三四
合計	七、三二八	一〇、〇二〇

會堡區耕地面積分配

	一戶最多	一戶最少	總計	一戶平均
自耕農	六〇畝	三畝	五・七九〇	一〇・八
半自耕農	三六	五	一・五三九	三・一
佃耕農	二五	一	八・五八一	八・三

註：表內之耕地只指田圃二種

會堡區農地地價

	每畝最高價	每畝最低價	每畝平均價
田	一二〇元	三〇元	七五元
圃	一六〇	六	八〇
池塘	六〇	三〇	四五
場地	三〇〇	二〇	一六〇
荒地	三〇	一〇	二〇

會堡區主要農作生產量

種類	栽培面積	每畝最高產量	每畝最低產量	每畝平均產量	總產量
米	六二〇畝	一・五担	〇・六担	一担	六二〇担
麥	二、二二一	二	〇・四	一	二、二二一担
蔬菜	一五、二九〇	三〇	一〇	一八	二八五、八〇八担
桑葉	三、〇九三	一五	六	一〇	三〇、九三〇担

筍	一、〇二七	三	〇・六	一斤	一、〇二七
桃	二	六	四担	五担	一〇
魚	四三一	一・五〇	〇・六	二担	八六二
麻	一、四七九	二	一担	一	一、四七九
棉花	一、五八九	二	〇・五	一	一、六三五
瓜	一、一三一	三〇	三担	二〇	二二、六一二

四

會堡區主要農產總值

種類	每担最高價	每担最低價	每担平均價	總值
米	一二元	九元	一〇元	六、一九七元
麥	八元	四	六	一三、二六八
蔬菜	四	〇・七	二	五七一、六一六元
桑	五	〇・三	二	六一、八六〇
筍	一二	四	六	六、一六三
魚	一三	一一	一二	三、二七九
瓜	二・六	〇・四	一	二二、六一二
麻	一二	六	八	一二、一七〇
棉花	三〇	一一	一五	二三、七三二
桃	一〇	二	四	三八

會堡區農家畜養數值

種類	一戶畜養最多數	總數	單價	總值
鷄	一二隻	二一、八六二隻	一元	二一、八六二元
鵝	四	五六四	一	五六四
鴨	一〇	二、三八三	一	二、三八三
猪	二	一四四	一三	一、八七二
牛	三	四八	四〇	一、九二〇
羊	四	三二八	六	一、九六八

註：牛均係拉載貨物之用不用於耕田

會堡區農用肥料數值(一)

種類	購肥總數	單價	購肥總值
人肥	九五、五六六担	一元	九五・五六六元

會堡區農用肥料數值(二)

購肥總額	九五、五六六元
農家一戶購用最多額	六〇元
農家一戶購用最少額	六角
平均每戶購肥額	四・五元

會堡區農用種苗數值

	數量	單價	總值
稻種	三一担	八元	二四八元
魚秧	三〇、八七〇條	三分	九二六元

會堡區農具式樣數值

		數目	單價	總值
新式農具	無	—	—	—
舊式農具	鋤	一、四〇一件	〇・八元	一、一二一元
	鐵巴	二、二四三	〇・九	二、〇一九
	泥鎗	一、九三二	〇・八	一、五四六
	括子	二、三〇四	〇・四	九二二
	勾刀	二、一六四	〇・三	六四九

會堡區農家全年生活費(每戶平均)

		百分比
飲食	二一七・〇元	七二・九%
被服	二六・〇	八・七
住屋	二四・〇	八・四
燈火	六・〇	二・〇
家具	三・三	一・一
教育	四・〇	一・三
社交	四・七	一・六
嗜好	一二・〇	四・〇
合計	二九七・〇	一〇〇・〇

註：住屋若係已有者住屋費一項可省去，又在子第不受教育之農家教育費一項亦可省去

會堡區農家之住屋(一)

	一戶最多	一戶最少	總計	平均一戶
瓦屋	八間	半間	二、八七四間	二間
草舍	五間	半間	五、四五三	

會堡區農家之住屋(二)

		百分比
住屋已有者	二、七九五戶	六八%
租屋而住者	一、二九四	三二

會堡區農家副業一班

男	女
養蠶	粲紙錠
短工	行販
撐船	檢茶葉
撐木排	針線
行販	做洋襪
捕魚	燙鞾箸
代肥料公司挑糞	

會堡區農業勞動者之工作時間及工資

	平均工作時間	平均日工工資	平均月工工資	平均年工工資
男工	一〇小時	〇、三三元	五元	四六元
女工	一〇	——	一·五	——

會堡區農戶負債有無比較

	戶數	百分比
負債的	一、四〇九戶	三四%
不負債的	二、六八〇	六六

會堡區農戶借貸方法及其用途

借貸方法	信用借款	抵押借款
	搖會	典當
用途	喪葬	水火災
	嫁娶	買屋
	家用	作經營資本
	醫藥	造屋
	買地	買牛

會堡區農戶借貸概況

種類	利率	期限	方法
搖會	——	每年三周或二周	情商
典當	二分	十八個月	物質典押
典押借款	一分六厘至二分	長期	不動產契據典押
信用借款	一分六厘至二分	長期或暫時	訂立借票

會堡區農民儲欵方法及其用途

儲欵方法	一、放債 二、認會 三、儲於信實之商店
用途	一、置田產 二、造屋舍 三、日常用 四、備荒年 五、醫藥

會堡區農民教育狀況(一)

	受教育人數
男	七〇五八
女	三四
老	一八
兒童	四二七
合計	一、一八四

會堡區農民教育狀況(二)

	人數
受高等教育者	三八
受中等教育者	五
受初等教育者	一、一七六

會堡區農民教育狀況(三)

	人數	百分比
受教育者	一、一八四八	六%
未受教育者	一八，五三三	九四

八

杭州市工業分類表

一、機器工業門：1機器業　2翻砂業　3造船業

二、紡織工業門：1棉紡織業　2絲綢織業　3針織業

三、化學工業門：1火柴業　2玻璃業　3燭皂業　5染煉印花業　6製藥業　7電鍍業

4製革業

四、食品工業門：1碾米業　2製麵業　3搾油業　4製冰業　5牛乳業　6豆汁業

五、日用品工業門：1製傘業　2製帽業

六、印刷工業門：1印刷業

七、建築工業門：1營造業　2建築材料業

八、雜項工業門：1煤球業　2石粉業

機器工業

機器工廠一覽表(總計二三廠)

廠名	廠址	性質	成立年月	資本數	經理姓名	工人數	全年生產總值
武林鐵工廠	刀茅巷六〇號	公司	三年	十萬元	來秋乘	男一三〇人	十二萬元
大冶鐵工廠	刀茅巷	公司	四年	三萬元	錢榮波	男一六〇人 童一五人	三萬元
大成鐵工廠	紅石板四七號	合夥	十八年	一萬元	忻季稜	男八人 童十七人	二萬元
浙江五金鋼蔻製造廠	東街路	公司	十五年一月	七千七百五十元	丁德培	男十七人 童三人	二萬元

協昌機器廠	太平門直街	合夥	十五年	五千元	趙永發	男十一人 童十八人	二萬元
立新機器廠	清泰路一百五十號	合夥	五年	三千元	吳春錄	男五人 童六人	六千五百元
鼎新鐵工廠	靈芝路四十八號	合夥	十年	一千五百元	祝起鳳	男十三人 童五人	四千元
鎮昌鐵工廠	同春坊	獨資	八年	一千五百元	陳元隆	男二十一人	五千元
楊聚興鐵工廠	東街八百八十五號	獨資	十三年	一千元	楊鴻達	男三人 童五人	三千元
普飛機器廠	太平門直街九十號	獨資	九年	一千元	戚凌飛	男四人 童二人	三千元
虎麟鐵工廠	太福清巷三十三號	獨資	十二年	一千元	楊福松	男五人 童八人	六千元
隆昌機機廠	白馬廟前二十八號	獨資	十八年	一千元	陳家春	男二人 童四人	一千二百元
邊聚興鐵工廠	東街五二二號	獨資	十六年	七百元	邊一品	男四人 童二人	二千元
鐘大昌鐵工廠	太平門一五〇號	獨資	十五年	七百元	鐘慈坤	男五人 童三人	四千元
徐森泰鐵工廠	里仁坊三十一號	獨資	十五年	五百元	徐慶榮	男四人 童五人	二千四百元
鐘大昌鐵工廠	官巷口	獨資	十八年	五百元	鐘渭波	男七人 童五人	五千元
振業機器廠	察院前三八號	獨資	元年	五百元	陳聚興	男二人 童三人	一千八百元
許福記鐵工廠	福聖廟巷	獨資	十三年	五百元	許福生	男二人 童三人	一千五百元
劉六藝鐵工廠	東街三六〇號	獨資	十五年	五百元	劉世潮	男二人 童一人	一千五百元
心化鐵工廠	東街五一九號	獨資	十四年	四百元	壽玉生	男五人 童二人	一千三百元
大陸鐵工廠	東街三四二號	獨資	十九年	四千元	冷竹梅	男五人 童四人	三萬元
成泰鐵工廠	官巷口四四號	合夥	十一年	四千元	傅公茂	男二十二人 童十五人	二萬元

瑞新鐵工廠	大東門二八號	獨資	十年	五百元	張品瑞	男十五人 童二人	三千六百元

（註）本表除大陸成泰瑞新三鐵工廠係新近開設者外其餘均與十八年調查相同惟尙有長昌機器廠在接骨橋直街業經閉歇應振昌鐵工廠則改爲翻砂廠故均未列入

翻砂工廠一覽表（總計七廠）

廠名	廠址	性質	成立年月	資本數	經理姓名	工人數	全年生產總值
永興翻砂廠	章家橋石板巷	合夥	十三年	五千元	何成榮	男十五人 童八人	九千元
應振昌翻砂廠	清泰路九七號	獨資	三年	三千元	應芝庭	男二九人 童二人	三萬元
李福泰爐廠	鳳山門外直街六六號	獨資	十五年	五百元	李海龍	男六人	八百元
王福興爐廠	萬壽亭三五號	獨資	清光緒年間	五百元	王賢輿	男二人	八百元
德泰爐廠	湖墅木梳弄	獨資	清宣統元年	四百元	沈得有	男二人	七百元
顏錦泰爐廠	萬壽亭八〇號	獨資	清道光年間	四百元	顏福順	男五人	一千二百元
吳大房爐廠	天漢洲橋二〇號	獨資	清道光年間	四百元	吳學仁	男二人	六百元

（註）本表除崙洲翻砂廠業經閉歇應振昌翻砂廠由機器工廠改爲翻砂工廠外其餘均與十八年份相同

造船工廠一覽表（總計四廠與十八年份相同）

廠名	廠址	性質	成立年月	資本數	經理姓名	工人數	全年生產總值
錢江公司船廠	閘口	公司	十年	一萬元	鄭宜亭	男三十五人	二萬五千元
杭諸公司船廠	同	公司	十六年	五百元	俞襄周	男二十二人	二千元

錢浦公司船廠	同	公司	十七年	二百元	宋和卿	男二十五人	二千五百元
振興公司船廠	同	公司	十五年	二百元	裘錫九	男二十五人	一千五百元

紡織工業

棉紡織業工廠一覽表（總計十二廠）

廠名	廠址	性質	成立年月	資本數	經理姓名	工人數	全年生產量	全年生產總值
三友實業社杭廠	拱宸橋	公司	十八年一月	一百二十萬元	沈九成	男六〇〇人 女二〇〇人 童二五〇人	棉紗六千四百件 布疋三萬七千疋 毛巾七萬一千打	一百五十萬兩
大豐盛記布廠	孩兒巷	合夥	十七年二月	二萬元	何慶祥	男七人 女二三五人	布一萬二千疋	八萬元
九華永布廠	孩兒巷三四號	合夥	十七年一月	一萬一千元	馬禹門	男三二人 女一一〇人 童八人	布一萬六千疋	十萬元
廣生布廠	竹竿巷	合夥	十二年八月	一萬元	謝煒三	男四五人 女一五〇人 童四〇人	布一萬二千疋	七萬元
永新布廠	安樂橋	合夥	十七年六月	六千元	余亞青	男二人 女八二人 童八人	布一萬三千疋	九萬元
惠民布廠	長慶街	合夥	十五年十月	六千元	朱煥章	男八人 女一一〇人 童四人	布一萬七千疋	九萬四千元
正豐布廠	二聖廟前	合夥	十七年十一月	四千元	韓馥生	女七〇人	布六千五百疋	二萬八千元
振華布廠	孩兒巷	合夥	元年	三千元	張壽珊	男五人 女七〇人	布一萬疋	四萬元

華豐紗布廠	府前街五號	合夥	十八年十一月	五千元	丁伯勳	男四人 女四八人	紗布六萬磅	二萬四千元
華新祥毛巾廠	后市街八三號	合夥	八年	二千元	施元祥	男二一人 女四人	毛巾一萬五千打	二萬三千元
經和毛巾廠	華光巷河下四號	獨資	十八年九月	二千元	馬竹軒	男一四人 女四人	毛巾一萬六千五百打	二萬元
志成辮帶廠	三角蕩	獨資	十九年八月	五百元	林志成	女四人 童三人	辮帶一千包	三千五百元

（註）按十八年份統計冊尚有棉織模範工廠及五豐布廠均因故閉歇本表所列經和毛巾廠及志成辮帶廠乃均係新開

絲綠織業工廠一覽表（附經緯廠與紋工廠）（總計二八廠）

廠名	廠址	性質	成立年月	資本數	經理姓名	工人數	全年生產量	全年生產總值
緯成公司杭廠	下池塘巷	公司	元年五月	三百萬元	朱光燾	男六四人 女八五五人	廠絲五百担	五十萬兩
天章絲織廠	林司後潢家弄	獨資	三年五月	十二萬元	余廉生	男三四〇人 女六五〇人 童八〇人	綢二萬疋 絲二百担	六十萬元
震旦絲織公司	刀茅巷十一號	公司	十七年七月	八萬元	施春山	男一二五人 女一五人	絲織品五千疋	三十萬元
慶成繅織廠	東街路	獨資	前光緒年間	五萬元	徐禮賻	男五五人 女五一〇人	綢七千八百疋 絲二百担	三十五萬元
悅昌文綢廠	東街落渡橋	合夥	六年	三萬元	王思恭	男八六人 女七六人 童五人	經絨八萬兩 絲織品二千五百疋	十七萬元

悅昌隆綢廠	羊千巷十四號	獨資	十二年	一萬元	王達記	男一二人 女五六人	絲織品一千三百疋	五萬元
經成織綢廠	倉河下御筆弄	合夥	十三年一月	一萬元	戴鴻聲	男五四人	絲織品一千六百疋	五萬六千元
華盛綢廠	倉橋街二一號	合夥	十五年三月	六千元	張竹銘	男六九人 女五八人	絲織品五千疋	十五萬元
文新恆綢廠	太平門直街一二三號	合夥	七年	六千元	曹味蘅	男七五人	絲織品一千五百疋	四萬元
怡章鴻綢廠	太平橋石板巷	合夥	十一年	五千元	姚潤青	男三〇人 女五人	絲織品二千三百疋	元五萬兩
錦亞綢廠	磨盤井巷十號	獨資	十四年	五千元	鎖左孫	男二一人	絲織品五百五十疋	二萬元
天豐綢廠	黄鸝園巷四號	獨資	八年	五千元	胡愼康	男六四人	絲織品一千二百疋	九萬元
泰章綢廠	艮山門新壩上	合夥	十五年	五千元	陸建章	男一五人 女一二人	絲織品二千四百疋	三萬四千元
烈豐綢廠	廣興巷五號	合夥	十四年	五千元	汪培坤	男四四人 女一二人	絲織品四百六十疋	三萬兩
鴻章綢廠	瑞壇巷二八號	合夥	十四年	四千元	駱耀甫	男二三人 女四五人	絲織品一千三百疋	五萬五千元
裕成綢廠	東街石板巷	獨資	十三年	二千元	金溶德	男四三人 女一一人	一千六百疋	五萬元
永安綢廠	五福樓十九號	合夥	十九年一月	二千元	陳耀慶	男五九人 女二四人 童五人	絲織品二千二百疋	十萬元

競業綢廠	下皮市巷二二〇號	合夥	二十年	五千元	毛愛堂	男 女	三六人 八人	綢萬一千八百疋	三萬六千元
大成綢廠	青年路二號	獨資	九年	一萬元	馮茂棠	男	一七人	二千七百疋	五萬六千元
華新綢廠	東平路十四號	合夥	十七年	三千元	何天濟	男 女 童	一六人 一四人 八人	五百疋	一萬二千元
慶春綢廠	小福清巷三號	合夥	十六年	三千元	王文蔚	男 女	三人 五〇人	絲織品五百疋	二萬元
都錦生絲織廠	艮山站旁	獨資	十一年五月	一萬元	都錦生	男 女	四五人 一七人	絲織風景五萬二千張襯衫內衣七百廿打	五萬九千元
杭州經緯撚絲廠	葵巷七號	合夥	十五年	四千五百元	何春輝	男 女	二人 二八人	天然絲經緯十一担人造絲緯一百廿包	三萬二千元
福記經廠	磨盤井巷二號	獨資	十九年	一千元	沈國賓	女	一二人	經七千兩	六千元
德餘紋工廠	長慶街七號	獨資	十四年	二千元	俞信孚	男	六人		三千元
精勤紋工廠	貫橋直街	獨資	十六年四月	三百元	王章富	男	二人		二千元
彙興紋工廠	長慶街二九號	獨資	十四年	三百元	倪元楨	男 童	三人 一人		一千五百元
慎興紋工廠	鳳凰街一號	獨資	十四年	三百元	馮介祺	男 童	二人 一人		一千五百元
海天紋工廠	東街一二七四號	獨資	二年	二千元	盧厚安	男 童	五人 一人		一萬二千元

（註）本表除虎林絲織公司新豐綢廠武林經綠廠綸基紋工廠及愼興紋製廠五家均因故閉歇競業綢廠大成綢廠華新綢廠福記經廠海天紋工廠慶春綢廠六家均係新開者外其餘均與十八年份相同

針織業工廠一覽表（總計十七廠）

廠名	廠址	性質	成立年月	資本數	經理姓名	工人數	全年生產量	全年生產總值
六一織造廠	里仁坊四九號	合夥	十六年六月	二萬元	陳浩	男二三人 女八五人 童二二人	汗衫褲二萬打 衛生衣一萬五千打	十五萬元
萃隆襪廠	六克巷口	合夥	清宣統元年	一萬元	夏堯章	男一六人 女五〇人	襪一萬八千五百打	五萬二千元
振興襪廠	保佑坊	獨資	元年	三千元	吳根福	男二人 女二三人	襪一萬一千打	二萬二千元
德生襪廠	壽安坊	合夥	十四年四月	三千元	李幹臣	男一人 女一二人	襪六千打	一萬三千元
華通襪廠	三元坊四十二號	獨資	十年	二千元	汪耀齋	女三〇人	襪八千打	一萬六千元
協華襪廠	木場巷三八號	獨資	十年	二千元	黃元祥	男一人 女二三人	襪九百打	四千五百元
德興祥襪廠	城隍牌樓二號	合夥	十六年八月	二千元	吳水源	男一人 女二四人	襪五千打	一萬元
汪恆泰襪廠	壽安坊三七號	獨資	十一年	二千元	汪詠舟	男二人 女三四人	襪四千五百打	一萬元
恆義新襪廠	保佑坊八三號	獨資	十四年	一千元	王印厚	男一人 女一二人	襪三千五百打	七千元

湯恭興襪廠	鼓樓一號	獨資	元年	一千元	湯榮堂	男一人 女三二人	襪八千打	一萬五千元
義成襪廠	同春坊	合夥	七年	一千元	徐平	男七 女二三人	襪九千打	一萬八千元
瑞綸襪廠	同春坊	獨資	元年	一千元	孫和哉	男一人 女一四人	襪一千四百打	三千元
義大襪廠	城隍牌樓四三號	獨資	十八年二月	五百元	張士恆	女一二人	襪一千六百打	三千元
大興襪廠	新民路七〇號	獨資	十七年三月	五百元	孫月山	女一一人 童二人	襪一千六百打	二千八百元
合興襪廠	水師前四七號	合夥	十八年六月	五百元	李旭東	女二二人	襪六千打	一萬二千元
天順襪廠	東街四八九號	獨資	十四年	三百元	謝文寶	男一人 女六人	襪一千五百打	三千五百元
利康襪廠	水師前九二號	獨資	十七年四月	二百五十元	費佳利	女八人	襪六百打	一千元

化學工業

火柴業工廠一覽表

廠名	廠址	性質	成立年月	資本數	經理姓名	工人數	全年生產量	全年生產總值
光華火柴廠	江干海月橋	公司	清宣統三年	五十萬元	趙選青	男三七〇人 女一、〇六〇人 童六〇〇人	火柴二十四萬箱	一百三十萬元

玻璃業工廠一覽表

廠名	廠址	性質	成立年月	資本數	經理姓名	工人數	全年生產總值
仁和玻璃廠	六部橋直街	獨資	十八年七月	四千元	王松年	男三六人 童二六人	五萬五千元

燭皂業工廠一覽表（總計七廠）

廠名	廠址	性質	成立年月	資本數	經理姓名	工人數	全年生產量	全年生產總值
勝月洋燭廠	拱埠杭州路	合夥	四年	四千元	鄭世賡	男四人	洋燭三千七百箱	一萬三千元
美亨洋燭廠	拱埠會安街	合夥	十九年	三千元	沈齡齋	男五人	洋燭四千八百箱	一萬五千元
美亨皂廠	過軍橋河下	合夥	十九年	九千元	王梓域	男一一人	肥皂八千五百箱	三萬二千元
豐利皂廠	湖墅馬塍廟直街	合夥	清光緒三十年	六千四百元	童玉齋	男八人	肥皂六千箱	二萬二千元
大利皂廠	雄鎮樓直街	合夥	七年	五千元	葉鴻年	男九人	肥皂一萬一千箱	三萬六千元
大興皂廠	鳳山門外興隆巷一二號	合夥	十八年二月	五千元	李錦棠	男九人	肥皂七千箱	二萬二千元
裕通皂廠	萬安橋河下六十五號	合夥	十八年	二千元	朱龍生	男五人	肥皂三千箱	九千元

（註）本表所列美亨洋燭廠美亨皂廠及裕通皂廠均係新開尚有鳴豐燭廠東亞皂廠及振新皂廠均因故閉歇

製革業工廠一覽表（總計六廠）

廠名	廠址	性質	成立年月	資本數	經理姓名	工人數	全年生產量	全年生產總值
杭州皮革公司	清泰門外河下一號	公司	十三年	一萬元	湯擁伯	男十六人	羊皮七千張 牛皮五百張	二萬二千元
武林皮革廠	清泰門外三六號	獨資	十年	二千元	施金鏞	男二十三人	羊皮一萬張 牛皮二千張	三萬元
萃隆皮革廠	望江門直街	合夥	十年	一千一百元	謝子祥	男十三人	羊皮二千二百張 牛皮一千六百張	一萬八千元
華林皮革廠	清泰門外四號	合夥	十七年八月	一千元	張渭川	男九人	羊皮三千張 牛皮一千張	一萬三千元
信昌皮革廠	下皮市巷	獨資	四年	一千元	陳章達	男九人	羊皮六千張 牛皮五十張	一萬元
通益公皮革廠	清泰門外桃花弄九號	獨資	十八年二月	五百元	周繼成	男八人 童一人	羊皮五百張 牛皮八百張	九千元

染煉印花業工廠一覽表（總計十二廠）

廠名	廠址	性質	成立年月	資本數	經理姓名	工人數	全年生產總值
公大染煉廠	東街王石巷	合夥	十二年五月	一萬元	張耀庭	男一四人 童四人	四萬元
大華染煉廠	三元坊	合夥	十七年	五千元	孫浩霖	男十二人 童六人	一萬二千元

廠名	廠址	性質	成立年月	資本數	經理姓名	工人數	全年生產總值
九和染整廠	通江橋河下一號	合夥	清光緒年間	三千元	王炳謙	男十人 童三人	一萬二千元
大章元染煉廠	御筆弄	合夥	十七年	三千元	馮延甫	男十人	五千元
義大染煉廠	狗敎坊二五號	合夥	十七年七月	三千元	孫錦安	男四人 童十人	一萬一千元
洪大染煉廠	潮鳴寺廻龍廟四八號	合夥	九年	二千六百元	陶思錦	男十八人	一萬五千元
全大染煉廠	官巷口四六號	合夥	十六年	一千二百元	陶梅青	男十四人 童五人	八千元
恆瑞昌染煉廠	登雲橋二號	獨資	五年	一千元	金錦福	男十四人 童二人	七千元
協昌染廠	水師前硯瓦弄口	合夥	十八年	一千元	高錦棨	男二人	三千元
華成洗染廠	新民路	獨資	十三年	四百元	金承炳	男二人 童二人	一千五百元
大華彰洗染廠	新民路	獨資	十二年	三百元	鄔枚臣	男二人	八百元
慶祥印花廠	景嘉弄四號	合夥	十七年	五百元	童子良	男十人 童二人	三千元

製藥業工廠一覽表（總計二廠）

廠名	廠址	性質	成立年月	資本數	經理姓名	工人數	全年生產總值

慶餘堂膠廠	南城脚下一五號	合夥	清道光年間	資本合併在胡慶餘堂藥店	毛佐衡	男八人	六萬餘元
蔡同德膠廠	湖濱路	獨資	十年	二千元	湯以堯	男六人	四萬餘元

電鍍業工廠一覽表（總計六廠）

廠名	廠址	性質	成立年月	資本數	經理姓名	工人數	全年生產總值
周順鍍鎳廠	布市巷三十一號	合夥	十年	一千元	曹雨齋	男十一人 童八人	八千元
衡昌文記鍍鎳廠	弼教坊四六號	獨資	十一年	八百元	壽文效	男十四人	六千元
同和鍍鎳廠	新宮橋直街四一號	獨資	十五年	七百元	顧建高	男十二人 童四人	六千元
久和鍍鎳廠	后市街三十二號	獨資	十五年	七百元	顧應元	男十一人 童六人	六千元
沈茂記電鍍廠	竹竿巷十六號	獨資	十六年	五百元	潘志成	男三人 童八人	
寅康拋鍍廠	新民路四百四十號		十七年	三千元		男五人 童八人	三千六百元

食品工業

碾米業工廠一覽表（總計四八廠）

廠名	廠址	性質	成立年月	資本額	經理姓名	工人數
正大碾米廠	湖墅珠兒潭十一號	合夥	清光緒年間	八千元	唐雍甫	男十八人
恆大碾米廠	湖墅珠兒潭六一號	合夥	十六年十月	八千元	韓雨文	男二十二人
穗濟碾米廠	湖墅珠兒潭八十號	合夥	十九年三月	八千元	樓浩堂	男六人
萃亨碾米廠	新民路三三八號	合夥	十三年	六千元	來裕標	男五人
裕泰碾米廠	湖墅珠兒潭三十三號	合夥	十七年	五千元	謝福山	男十五人
萬泰碾米廠	湖墅珠兒潭三十二號	合夥	十六年十月	五千元	王蔭軒	男十三人
鼎泰碾米廠	湖墅娑婆橋一號	合夥	九年	五千元	楊思林	男十四人
同裕碾米廠	湖墅娑婆橋一二五號	合夥	清宣統元年	五千元	洪遇亭	男二十六人
同孚碾米廠	湖墅娑婆橋一二七號	合夥	元年	五千元	顧延安	男十五人
亨泰豐碾米廠	菜市橋直街八號	合夥	清同治年間	三千三百元	湯慶標	男八人
同源碾米廠	菜市橋直街十二號	獨資	十四年	三千元	沈楚珩	男十一人
聚豐年碾米廠	菜市橋直街一六七號	合夥	十六年	三千元	葛安甫	男五人
元潤碾米廠	湖墅倉基上七十號	合夥	清宣統二年	三千元	趙鎮齋	男六人
永利公碾米廠	湖墅倉基上三十七號	合夥	二年	三千元	陳望子	男六人
誠濟碾米廠	湖墅左家橋三十八號	合夥	元年	三千元	沈祖恩	男八人
萬源碾米廠	湖墅左家橋	合夥	清光緒三十二年	三千元	楊賡堂	男五人
鄭德裕碾米廠	湖墅雙輝弄	獨資	清宣統元年	三千元	鄭煥如	男十一人

愼泰礱米廠	湖墅婆婆橋十四號	合夥	十七年二月	三千元	倪漢儒	男十人
隆泰礱米廠	湖墅婆婆橋一一三號	合夥	十六年十月	三千元	韓培貞	男九人
永昌礱米廠	湖墅婆婆橋一四九號	合夥	十七年	三千元	沈佐臣	男十一人
公濟礱米廠	章家橋八號	合夥	十四年	三千元	李湯思	男十人
董厚裕礱米廠	東街四五三號	合夥	元年	三千元	董殿浩	男六人
正和礱米廠	東街石板巷	合夥	十四年	三千元	李念慈	男三人
久泰礱米廠	板兒巷	合夥	十八年	三千元	韓佐庭	男五人
大成礱米廠	新民路	合夥	十七年	三千元	黃勳	男四人
宏源礱米廠	清龍巷八號	合夥	清光緒年間	三千元	倪鑫泉	男六人
恆豐協礱米廠	拱埠杭州路	合夥	十六年	二千元	傅利書	男三人
源大裕礱米廠	拱埠橋西街	獨資	十六年	二千元	胡慶餘	男四人
豐禾礱米廠	候潮門外十六號	合夥	十七年二月	二千元	許壽分	男十二人
裕豐仁礱米廠	大關紫荊街	合夥	十四年	二千元	傅賜福	男一二人
永源礱米廠	大關紫荊街	合夥	十七年	二千元	翁楊春	男三人
泰豐礱米廠	大關康家橋	合夥	八年	二千元	楊賡堂	男三人
裕豐恆礱米廠	和合橋二九號	合夥	十五年	二千元	周虹生	男五人
仁康祥礱米廠	江干警署前	合夥	八年	二千元	傅炳泉	男六人
恆泰豐礱米廠	江干警署前	合夥	十六年三月	二千元	馮葆祥	男四人

泰順碾米廠	化仙橋四一號	獨資	十七年	二千元	陳耀堂	男三人	
公誠碾米廠	湖墅珠兒潭	合夥	十五年	一千八百元	林文藩	男六人	
敦泰碾米廠	新民路二四四號	獨資	十七年	一千六百元	陳嵩	男六人	
永豐祥碾米廠	湖墅賣魚橋	合夥	十八年四月	一千五百元	夏明章	男三人	
祥泰碾米廠	大關康家橋	獨資	清同治年間	一千二百元	瞿恭生	男七人	
穗生碾米廠	大關康家橋	獨資	清同治年間	一千元	朱維新	男四人	
通裕元碾米廠	大關明眞宮	獨資	元年	一千元	朱葆玉	男四人	
通濟碾米廠	大關明眞宮	獨資	八年	一千元	徐桂林	男三人	
裕和仁碾米廠	江干海月橋	合夥	十四年	八百元	來永章	男七人	
公益碾米廠	左家橋一號	獨資	十三年	一千元	連福祥	男三人	
和豐米廠	武林門外三十七號	獨資	十九年十月	四千元	孫顯亭	男八人	
益興碾米廠	婆婆橋二十四號	合夥	二十年四月	四百八十元	李維生	男一人	
穗泰碾米廠	婆婆橋十八號	合夥	二十年五月	五千元	華雲卿	男八人	

（註）本表除和豐益興穗泰三碾米廠均係新開者外其餘均與十八年份相同

機麵業工廠一覽表（總計十五廠）

廠名	廠址	性質	成立年月	資本數	經理姓名	工人數	全年生產總值
頤新祥機麵廠	湖墅信義巷	合夥	十六年	二千元	徐槐林	男五人	四千元
高裕和機麵廠	龍興路	獨資	一一年	一千元	黃美炳	男六人	一萬二千元

泰豐機麵廠	上倉橋五四號	合夥	十二年	一千元	楊恆洲	男三人	三千元
長益昌機麵廠	大關康家橋	合夥	十二年	一千元	唐立剛	男四人	六千元
振新機麵廠	江干海月橋六十二號	獨資	十五年	一千元	湯月華	男四人	七千二百元
新益泰機麵廠	湖墅倉基上	合夥	十五年二月	一千元	周長命	男四人	七千五百元
公和機麵廠	候潮門外直街一一七號	合夥	十七年六月	七百元	郭霞林	男二人	一千元
廣濟機麵廠	貫橋直街三十七號	獨資	十九年三月	五百元	蔣春泉	男一人	一千元
順和機麵廠	江干警署前四二號	合夥	十六年二月	四百元	陳久蘭	男二人	一千一百元
義和機麵廠	東街五三五號	獨資	十四年	四百元	陳友薌	男二人 童一人	一千五百元
德和機麵廠	東街五三五號	獨資	十七年	四百元	黃楨祥	男一人	二千二百元
源興機麵廠	藩署前二九號	獨資	十六年	四百元	任曹燦	男二人	二千元
義豐機麵廠	同春坊八五號	獨資	十七年	三百元	楊吉甫	男二人	二千元
萬義康機麵廠	南星橋二三號	獨資	十九年二月	三百元	韓永康	男二人	八百元
廣昌機麵廠	福聖廟巷二十號	獨資	十九年	一百元	蔣家水	男一人	四百元

榨油業工廠一覽表

廠名	廠址	性質	成立年月	資本數	經理姓名	工人數	全年生產總值
德隆打油廠	筧橋橫塘二十一號	合夥	三年	五千元	徐伯濤	男三〇人	二萬元

製冰業工廠一覽表（總計四廠）

廠名	廠址	性質	成立年月	資本數	經理姓名	工人數	全年生產總值
西冷冰廠	武林門外混堂橋六號	公司	十七年七月	三萬元	陸左升	男八人	五千六百元
和記冰廠	望江門外大通橋	合夥	十一年	一千元	朱佑福	男四人	一千九百元
潤源冰廠	望江門外泗板橋	合夥	十年	一千元	陳祿	男五人	一千六百元
林記冰廠	閘口	獨資	十一年	五百元	朱阿元	男五人	一千二百元

（註）本表所列尚有麗生冰廠因故閉歇未列入其林記冰廠乃新添者

牛乳業工廠一覽表（總計六廠）

廠名	廠址	性質	成立年月	資本數	經理姓名	乳牛頭數	工人數	全年生產總值
義森牛乳廠	蔡官巷三五號	合夥	十一年	五千元	朱聽泉	三二頭	男九人	七千元
三星牛乳廠	石塔兒頭七號	獨資	十年	一千元	湯生海	七	男六人	二千五百元
杭州消毒牛乳廠	蓮花涼亭一號	合夥	十七年	一千元	蕭家幹	二十	男十一人	五千元
韓永記牛乳廠	白菓樹下二一號	合夥	清光緒二十三年	一千元	韓邦義	一二	男八人	二千元
韓源記牛乳廠	天漢洲橋四六號	獨資	八年	七百元	韓信德	四	男三人	一千五百元

蕭大興牛乳廠	元寶心桂花弄七號	獨資	十一年	三百元	蕭大興	三	男三人	八百元

豆汁業工廠一覽表（總計二廠）

廠名	廠址	性質	成立年月	資本數	經理姓名	工人數	全年生產總值
信誠豆汁廠	長慶街三六號	合夥	十九年	一百五十元	蔣達	男三人	一千元
天誠豆汁廠	湖濱路西一弄	獨資	十四年	一百四十元	陳全鑑	男四人	一千一百元

日用品工業

製傘業工廠一覽表（總計二廠）

廠名	廠址	性質	成立年月	資本數	經理姓名	工人數	全年生產總值
新亞陽傘廠	珠寶巷九號	獨資	十五年	二千元	金滌塵	男五人 女三人	二萬元
華强紙傘廠	太廟巷直街	合夥	八年	五百元	趙鑽候	男五人 女三人	三千元

草帽業工廠一覽表（總計五廠）

廠名	廠址	性質	成立年月	資本數	經理姓名	工人數	全年生產量	全年生產總值

美華草帽廠	官巷口	合夥	十八年十月	三千元	王怡鶴	男十一人 女六人 童二人	草帽一千八百打	六千五百元
福興草帽公司	察院前四十四號	合夥	十八年二月	一千元	朱雲忠	男五人 女三人 童三人	一千打	二千五百元
華豐草帽公司	水師前三十六號	合夥	十八年	七百元	宓菊人	男五人 女二人 童三人	一千二百打	三千元
新華草帽公司	左家橋八十號	獨資	二十年	三百元	錢官生	男三人 童二人	六百打	二千元
乾昌草帽公司	水師前三十五號	獨資	十九年	八百元	丁源慶	男五人 女三人 童一人	八百打	三千元

（註）本表所列華豐新華乾昌三公司乃均係新設者

印刷公業

印刷業工廠一覽表（總計六七家）

廠名	廠址	資本數	經理姓名	工人數
有益山房	清河坊大井巷口	四千五百元	紀純芳	二十人
光華鉛石印刷局	上清河坊	三千二百元	陳五燦	十五
筱筱印刷所	過軍橋	二百元	孫彥儒	二人
文萃齋	大井巷	二百元	沈文浩	二人
民華	江干龍舌嘴	一百元	張樹福	二人
美化興印社	鼓樓灣	四百元	汪志健	三人

悅華印刷所	水師前大街	三百元	單　良	三人
游於藝	望仙橋	六百元	周乾祥	三人
大華印刷局	過軍橋	四百五十元	張松鶴	三人
東壁齋	察院前	一百五十元	沈關泉	二人
謝天順鼎記	太廟巷口	一百六十元	宋鼎榮	二人
大東亞印局	湖墅婆婆橋	二百元	江子文	二人
正則印書館	同春坊	八千元	周錫光	四十一人
青白印刷公司	弼敎坊石貫子巷	八千元	程獨清	四十五人
鋒章印刷所	下馬市街	五十元	苗繼昌	二人
華達印刷店	和合橋	一百五十元	倪家駿	二人
文俊齋	忠清大街	二百元	周易松	二人
達民印務局	清泰馬路	一百元	孟達民	二人
江永豐	湖墅	三千元	江鏡清	十二人
元元印局	延齡路	一千五百元	李叔平	六人
江南印刷局	芳潤橋	二百元	周鑑金	二人
豫泰和	保佑坊	二百元	朱慶慈	二人
浙江印務局	迎紫路	二百元	邵妙榮	二人
大中央鉛石印書館	新民路	一千二百元	李浦生	十二人

文蘭齋	三橋址	一百元	錢寶琛	三人
文紫印局	上扇子巷	一百元	朱蘭亭	二人
樂天印社	吳山路	二千五百元	吳良輔	十人
士奇工術社	紅門局	五百元	朱受奇	六人
新民印書局	后市街	一千五百元	葉仲華	六人
弘文印刷公司	金波橋	一萬二千元	吳荊叔	四十五
浙江印刷公司	青年路羊血弄	二萬元	鄭鉅欽	六十二人
彩華印局	上珠寶巷	三千五百元	楊越軒	十五人
競新印局	新民路	四千八百元	鄭聖賡	十五人
華興五彩石印公司	壽安坊	一萬四千元	聞讓皋	二十五人
溥利印刷局	城站	一千三百元	徐翔生	三人
美昇	焦棋杆	七千元	王鵬九	十五
新新印刷公司	新民路	一萬五千元	韓煥初	四十五
三星印刷所	新福緣路		趙承志	二人
大同印刷社	下板兒巷	五百元	王子卿	二人
慧興	外橫河橋		周子峯	二人
德利印刷所	東街		章德華	二人
東亞印務局	湖墅左家橋	四百元	江子文	四人

陳源昌	迎紫路	八十元	陳聖根	二人
芸蘭閣	三橋址		邱立甫	三人
大中印刷局	青年路	一千五百元	唐松聲	八人
溥利印刷所支店	國貨陳列館	二百元	徐翔生	二人
大東	湖墅婆婆橋	一百元	杜綺棠	二人
中華美術公司	西都司衙	一千八百元	張雪江	六人
恆源昌印刷所	湖墅珠兒潭	一百五十元	李晉聲	二人
昌明印刷所	迎紫路	三百元	凌思齊	二人
美利印局	延齡路	三百元	王炳生	三人
鑫記印局	延齡路	四百元	沈宗寶	二人
毓文齋	清波門塔兒頭		黃佐卿	二人
萬豐祥	石牌樓	二百元	俞秉仁	二人
文粹印局	石牌樓	三百元	王兆基	三人
民利印局	靈芝路	一百五十元	趙松林	二人
有志印局	豐樂橋	一百元	沈錦成	二人
硯香齋	扇子巷	一百元	吳紹謙	二人
義泰昌	薦橋		繆錦蘊	二人
中華印刷公司	大方伯		范兆綵	三十人

杭州印局	上后市街	三千元	張梅橋	十五人
儒業印刷所	大茅衙弄	五百元	呂浩儒	四人
長興仁記鉛石印刷局	開元路	八千元	董襄唐	四十五人
合興印刷所	里仁坊		沈伯成	二人
文化印社	佑聖觀巷		凌安孚	二人
大陸	壽安坊	一萬元	陳殿卿	十五人
三民印刷局	官巷口	二千五百元	郭芹煥	三十人

（註）十八年份之印刷業統計，因限於調查時間，故有多數均未列入，本年始告完全。

建築工業

營造業工廠一覽表（總計十四廠）

廠名	廠址	性質	成立年月	資本數	經理姓名	工人數	全年營造總值
姚春記營造廠	仁和路二號	獨資	八年	一千元	姚樵山	男二十五人	八萬元
協盛營造廠	福壽橋河下	合夥	十七年九月	一千元	吳瑞祥	男十八人	二萬元
鑫記營造廠	泗水芳橋河下二十號	獨資	十三年	七百元	黃蘭生	男二十五人	六萬元
楊惠記營造廠	郭通園巷九號	獨資	十六年	五百元	楊夏生	男十五人	一萬五千元
李協昌營造廠	泗水路七號	獨資	七年	五百元	李雨順	男十二人	二萬元
樓發記營造廠	聖塘路一九號	獨資	十三年	五百元	樓發桂	男十五人	一萬五千元

廠名	廠址	性質	成立年月	資本額	經理姓名	工人人數	全年生產總值
吳[illegible]記營造廠	[illegible]路二〇號	獨資	十八年	五百元	吳[illegible]	男二十一人	[illegible]萬元
祥泰營造廠	橫飲馬井巷一七號	獨資	十四年	五百元	王曉階	男八人	一萬元
章積記營造廠	北浣沙路一〇號	獨資	十六年	五百元	章積堂	男十三人	二萬六千元
周春記營造廠	三橋址河下三號	獨資	十三年	五百元	周春熙	男十八人	二萬元
鑫記營造廠	西浣紗路二號	獨資	十三年	五百元	錢大明	男十二人	一萬五千元
生泰營造廠	開元路二號	合夥	十四年	五百元	徐蘭廷	男八人	一萬三千元
邱東記營造廠	花市路一六號	獨資	十二年	五百元	邱貴生	男十六人	三萬元
何金記營造廠	舊藩署十三號	獨資	十四年	五百元	何金法	男十人	一萬五千元

建築材料業工廠一覽表（總計六廠）

廠名	廠址	性質	成立年月	資本額	經理姓名	工人人數	全年生產總值
信興石子廠	江干裏包水五五號	公司	九年	二萬元	柴友生	男十人	三萬八千元
錢大興第二石灰廠	拱埠安寧橋一號	獨資	十一年三月	二千元	錢殿英	男十二人	六千元
協泰瓦筒廠	祖廟巷十二號	合夥	十五年	二千元	周翼成	男九人	一萬元
合豐瓦筒廠	枝頭巷三八號	合夥	十六年	一千三百元	李佑卿	男十二人	八千元
許天順瓦筒廠	鴻福里九號	獨資	十八年三月	五百元	陳志高	男五人	二千元
鼎新瓦筒廠	東浣紗路二十號	合夥	元年	五百元	何寶珊	男八人	六千元

雜項工業

煤球業工廠一覽表

廠名	廠址	性質	成立年月	資本額	經理姓名	工人數	全年生產量	全年生產總值
新新煤球廠	板兒巷七十四號	合夥	十七年九月	二千元	施子介	男十三人	一萬二千擔	二萬元
復興煤球廠	鳳山門外慶豐關	合夥	十九年	一千元	吳卿甫	男十一人	一萬〇〇八十擔	一萬七千元

石粉業工廠一覽表

廠名	廠址	性質	成立年月	資本額	經理姓名	工人數	全年生產總值
孫鳳春石粉廠	管米山一號	獨資	十六年	二百元	孫耀章	男一八 女三八	三千二百元

杭州市各種工業廠數比較表

門	業別	廠數
機器工業門	機器業	二三
	翻砂業	七
	造船業	四
紡織工業門	棉紡織業	一二
	絲綫織業	二八
	針織業	一七
化學工業門	火柴業	一
	玻璃業	一
	肥皂業	七
	製革業	六
	染煉印花業	一二
	製藥業	二
	電鍍業	四
食品工業門	碾米業	四八
	製麵業	一五
	榨油業	一
	製冰業	四
	牛乳業	六
	[illegible]汁業	二

日用品工業門	製傘業	二
	製帽業	五
印刷工業門	印刷業	六七
建築工業門	營造業	一四
	建築材料業	六
雜項工業門	煤球業	二
	石粉業	一

杭州市各種工業資本分配比較表

門	業別	獨資	合夥	公司	合計
機器工業門	機器業	一四、三〇〇元	二、三二〇元	一三七、七三〇元	一五四、三五〇元
	造船業			一〇、九〇〇	
	翻砂業	四、二〇〇	五、〇〇〇		九、二〇〇
紡織工業門	棉紡織業	二、五〇〇	六七、〇〇〇	一二〇〇、〇〇〇	一八九、五〇〇
	絲織業	二三五、九〇〇	九八、五〇〇	三〇〇〇、〇〇〇	三、三三四、四〇〇
	針織業	一〇、五五〇	三六、五〇〇		四七、〇五〇
化學工業門	火柴業			五〇〇、〇〇〇	五〇〇、〇〇〇
	玻璃業	四、〇〇〇			四、〇〇〇
	燭皂業		二四、四〇〇		二四、四〇〇
	製革業	三、五〇〇	二、一〇〇	一〇、〇〇〇	一五、六〇〇
	染煉印花業	一、七〇〇	二九、三〇〇		三一、〇〇〇
	製藥業	二、〇〇〇			二、〇〇〇
	電鍍業	二、二〇〇	一、〇〇〇		三、二〇〇
食品工業門	碾米業	二〇、八〇〇	一一五、八六〇		一三七、九六〇
	製麵業	四、四〇〇	四、一〇〇		八、五〇〇
	榨油業		五、〇〇〇		五、〇〇〇
	製冰業	五〇〇	二、〇〇〇	三〇、〇〇〇	三二、五〇〇
	牛乳業	二、〇〇〇	七、〇〇〇		九、〇〇〇
	豆汁業	、一四〇	、一五〇		、二九〇
日用品工業門	製傘業	二、〇〇〇	、五〇〇		二、五〇〇
	草帽業	一、一〇〇	四、七〇〇		五、八〇〇
印刷工業門	印刷業				
建築工業門	營造業	六、七〇〇	一、五〇〇		八、二〇〇
	建築材料業	二、五〇〇	三、八〇〇	二〇、〇〇〇	二六、三〇〇
雜項工業門	煤球業		三、〇〇〇		三、〇〇〇
	石粉業	、二〇〇			、二〇〇

杭州市各種工業工人數比較表

業門	業別	男工	女工	童工	合計
機器工業門	機器業	三五三人	—人	一二八人	四八一人
	翻砂業	五八	—	一〇	六八
	造船業	一〇七	—	—	一〇七
紡織工業門	棉紡織業	七一七	一,九七七	三三三	三,〇二七
	絲織業	一,三一六	二,四五八	一〇一	三,八七五
	針織業	二七	四一八	一四	四五九
化學工業門	火柴業	三七〇	一,〇六〇	六〇	一,四九〇
	玻璃業	三一	—	三一	六二
	燭皂業	五一	—	—	五一
	製革業	七八	—	一	七九
	染煉印花業	一三二	—	一四	一四六
	製藥業	一四	—	—	一四
	電鍍業	四八	—	一八	六六
食品	碾米業	三六四	—	—	三六四
	製麵業	四二	—	一	四三
	榨油業	二〇	—	—	二〇
工業門	製冰業	三	—	—	三
	牛乳業	四〇	—	—	四〇
	豆汁業	七	—	—	七
日用品工業門	製傘業	一〇	六	—	一六
	製帽業	二九	一四	二	四五
印刷工業門	印刷業	六四三	—	—	六四三
建築工業門	營造業	二一六	—	—	二一六
	建築材料業	五六	—	一	五七
雜項工業門	煤球業	一四	—	—	一四
	石粉業	一	三	—	四

杭州市各種工業工資比較表（本表工資以月計算）

類別	業別	工人性別	最高工資	最低工資	最普通工資
機器工	機器業	男工	三八元	八元	一五元
		女工	—	—	—
		童工	八	二	四
	翻砂業	男工	三〇	八	一四
		女工	—	—	—
		童工	—	—	—

業	造船業	男工	三〇	一〇	二四
		女工	—	—	—
		童工	—	—	—
紡織工業門	棉紡織業	男工	三二	一一	一五
		女工	二四	四	一二
		童工	一〇	三	五
	絲繅織業	男工	五〇	一五	二〇
		女工	三〇	六	一三
		童工	九	三	五
	針織業	男工	三〇	六	一二
		女工	一六	五	八
		童工	八	三	六
化	火柴業	男工	三九	一五	二五
		女工	一五	六	一〇
		童工	一五	六	一〇
	玻璃業	男工	五〇	一八	二〇
		女工	—	—	—
		童工	一三	六	九
學	燭皂業	男工	一五	一〇	一二
		女工	—	—	—
		童工	—	—	—
工業門	製革業	男工	三三	六	一三
		女工	—	—	—
		童工	—	—	—
	染煉印花業	男工	三〇	八	一二
		女工	—	—	—
		童工	—	—	—
	製藥業	男工	二〇	一二	一六
		女工	—	—	—
		童工	—	—	—
	電鍍業	男工	一五	五	一〇
		女工	—	—	—
		童工	—	—	—
食	碾米業	男工	一六·五	一一	一四
		女工	—	—	—
		童工	—	—	—

門	業	工別			
工業品門	製麵業	男工	一五	六	一三
		女工	—	—	—
		童工	—	—	—
	榨油業	男工	一〇	七·五	九·五
		女工	—	—	—
		童工	—	—	—
	製冰業	男工	一八	八	一二
		女工	—	—	—
		童工	—	—	—
	牛乳業	男工	一八	八	一二
		女工	—	—	—
		童工	—	—	—
	豆汁業	男工	一五	八	一〇
		女工	—	—	—
		童工	—	—	—
日用品	製傘業	男工	一六	七	一二
		女工	一三	八	一〇
		童工	—	—	—

門	業	工別			
工業門	製帽業	男工	二〇	六	一二
		女工	一二	六	八
		童工	五	三	五
印刷工業門	印刷業	男工	四〇	八	二〇
		女工	—	—	—
		童工	—	—	—
建築工業門	營造業	男工	二四	一五	二四
		女工	—	—	—
		童工	—	—	—
	建築材料業	男工	三〇	一一	一三
		女工	—	—	—
		童工	—	—	—
雜項工業門	煤球業	男工	一六	九	一二
		女工	—	—	—
		童工	—	—	—
	石粉業	男工	一四	七	一〇
		女工	三	一·五	三
		童工	—	—	—

杭州市各種工業工作時間比較表（單位：小時）

類別	業別	最長	普通	最短
機器工業門	機器業	一二	一〇	九
	翻砂業	一二	九	八
	造船業	—	八	—
紡織工業門	棉紡織業	一〇	一〇	九
	絲綢織業	一三	一〇	八
	針織業	一〇	一〇	八
化學工業門	火柴業	九	九	八
	玻璃業	一〇	九	九
	燭皂業	九	九	八
	製革業	一〇	九	八
	染煉印花業	一一	一〇	九
	製藥業	一〇	九	八
	電鍍業	一〇	一〇	九
食品工業門	礱米業	一〇	九	八
	製麵業	一〇	九	九
	榨油業	一〇	九	九
	製冰業	一〇	九	八
	牛乳業	九	八	八
	豆汁業	一〇	九	九
日用品工業門	製傘業	一〇	九	八
	製帽業	一〇	一〇	九
印刷工業門	印刷業	八	八	八
建築工業門	營造業	九	九	九
	建築材料業	一〇	九	九
雜項工業門	煤球業	一〇	九	八
	石粉業	一〇	一〇	九

四〇

商業統計

杭州市各業人數家數及資本數統計表

業別／類別	人數	家數	資本數
醫藥業	二、一二六人	二〇一	三五三、七〇〇元
飲食業	二二、九八九	二九四五	二、七〇八、六三五
衣着業	五、九三二	四四六	五一四、四四二
染織業	五、一六六	二三九〇	二、〇〇七、七五〇
綢布業	二、九五一	二八三	八九二、四四〇
妝飾業	四三四	一一五	五九、七三〇
美術業	九九七	一四八	八二、六二〇
儀器業	二、二六七	二三九	四〇二、九〇六
日用業	七、四七四	五二〇	五三三、二六一
建築業	二、六一一	二二六	三四二、九〇〇
交通業	三、〇九五	五九五	一、三二一、二一〇
金融業	二、七五八	一〇九	三〇、四五一、〇五〇
遊藝業	三三一	一四	一〇、四〇〇
神塑業	一四三	一一	六、〇〇六
介紹業	八八	三五	七二〇
農收業	一五六	四六	四八、八八八
金銀業	九九四	五二	二一三、五三二
包裝業	六五三	二八	二一、二二〇
客棧業	二、〇五三	一七〇	四三二、〇一〇
藝術業	一、六四六	一三九	一〇四、三二五
壽冥業	二、九一一	二六〇	一六四、七八五
雜貨業	三、八七四	五三四	三八四、三九〇
燃料業	四、六六三	三七一	三、三八〇、九九八
共計	七六、三一二	九八七七	四四、四三七、九一八

杭州市茶店營業概況表

每年營業數	收入家數	支出家數
五百元以下	二五四	三三二
五百元以上	二六九	二一九
一千元以上	七八	五〇
共計	六〇一	六〇一

（註）本表所列收入數最大約二萬元最少約一百元其支出數最大約一萬八千元最少約七八十元每年收支相抵者約計二

三六家虧本者計四十七家盈利者三一八家其營業發達者每日顧客達二千八

杭州市飲食店營業概況表

每年營業數	收入家數	支出家數
一千元以下	一六〇	三二二
一千元以上	一九六	一五六
二千元以上	一九〇	六八
共計	五四六	五四六

（註）本表所列營業數在二千元以上其最大數達二萬元最少數約二百元每年收支相抵約六十七家虧本者五十六家盈利者四百二十三家每月顧客最多者達二千五百八

杭州市魚市概況表

種類	全年銷數（每擔）	平均價格	總值	產地
鰱魚	二一、五二〇擔	一三元	二七九、七六〇元	留下本市
包頭	一〇、九四〇	一四	一五三、一六〇	同上
鯽魚	一二、〇一二	一六	一九二、一九二	同上
鯉魚	七二	一四	一、〇〇八	同上
烏青	一三〇	一四	一、八二〇	同上
鯿魚	二三〇	一六	三、六八〇	菱湖本市
鯽魚	二〇八	一五	三、一二〇	同上
黑魚	一一七	一三	一、五二一	同上
鮎魚	五七	一二	六八二	同上
鱔魚	一七	一六	二、七二〇	江北菱湖
鰻魚	一二〇	二〇	二、四〇〇	菱魚
季化	一〇二	一六	一、六三二	塘棲
狭猱	一二〇	一六	一、九二〇	本市
鰲魚	一五五	二六	四、〇三〇	江北
鰣魚	四二	三六	一、五一二	富陽江
黃魚	一、三九〇	二二	三〇、五八〇	外海
帶魚	一、〇五〇	六	六、三〇〇	同上
白條	一三〇	一〇	一、三〇〇	本市
蝦	一、三六五	二〇	二七、三〇〇	本市
蟹	一、七九五	二二	三九、四九〇	嘉興湖州
河蚌	一二〇	一一	一、三二〇	三里漾
石蜆	一九〇	六	一、一四〇	本市
合計	五二、〇三五		七五八、五八七	

鰱魚秧	三一、〇〇〇尾（每千尾）	八元	二四、八〇〇元	菱湖
鯶魚秧	一九、〇〇〇	一〇	一九、〇〇〇	同上
包頭秧	二二、〇〇〇	八	一七、六〇〇	同上
雜魚秧	一四、〇〇〇	六	八、四〇〇	同上
合計	八六、〇〇〇		六九、八〇〇	

（註）本表所列除魚秧外全年銷數較十八年份增多四、〇四九擔其總值增多五三七、五三五元

杭州市魚行一覽表（總計二十四家）

行名	地址
蔡恆盛	艮山門外河墶上
正昌	湖墅大兜
華昌	同
裕昶	同
生大	同
恆升	同
恆茂	同
長順	同
協昌	同
衡豐	同
久大	同
慎大	同
立大	同
協記	湖墅寶慶橋
洽昌	菜市橋河下
義大	同
義成	同
公大	萬安橋河下
滋大	同
洽興	同
費長順	松木場二號
公和	松木場九十二號
陸源盛	松木場一百十三號
許協順	松木場二百十四號

四四

杭州市十九年份勞資糾紛年報表

業別	糾紛主體	原因	勞方參加人數	關係廠號數	糾紛日數	有無罷工	調處者	結果
材業	杭州市材業工會與杭州市商民協會材業分會	勞方要求資方訂立勞資協約	二六七	一〇三	一月七日至二十三日共計十七天	無	杭州市政府	訂立協約十七條
絲織	悅昌隆綢廠勞方與資方	勞方控資方短計工資強迫結賬	四〇		一月十二日至十五日共計四天	無	同上	力織每尺三角八分算絡絲每兩四分五釐算
絲織	變章明記綢廠勞資雙方	資方宣告停業勞方要求開工	七三		二月十九日至二十七日共計九天	無	同上	資方雖係虧耗惟尚有恢復之可能應暫准資方停業六個月設法恢復所有廠內工人並應由資方加給工資一個月先行遣散
燭業	杭州市燭業勞方與資方	勞方要求資方修訂協約	一二〇	三〇	三月二十日至二十八日共計九天	無	同上	勞方提出之協約草案修正通過即自通過之日起雙方照約履行
絲織	永成永新兩綢廠與全體工人	廠方因營業失敗擬定期閉歇工人要求開工以維生計	四三		五月十三日至二十六日共計十四天	無	同上	由杭州市政府另招新綢廠於五月三十一日接盤以免工人失業
絲織	啓文絲織廠全體工人	資方因營業不振減短工資及膳食津貼	八		五月三十一日至六月五日共計六天	無	同上	工資原定每排一角二分改為一角〇五厘膳食津貼原定每人每月一元改為一元五角
修船匠人	修船工匠全體工人	要求資方（肥料業）增加工資	三六〇		五月二十八日至六月十四日共計十八天	無	同上	每日工資原為五角並供中膳一餐經雙方妥洽除供中膳一餐外每日工資加為五角七分半

絲織人	新豐綢廠全體工人資方解雇臨時織工	二四	六月七日至九日共計三天	無	同上	臨時雇工照習慣隨時進退決定雙方遵照習慣辦理
金業方	義源金舖勞資雙方勞方要求資方分給十八年份盈餘	二六	八月十四日至二十八日共計十五天	無	同上	一、盈餘連薪水年以十三個月計內一個月即爲紅利 二、學徒自十九年九月起依照妥洽第九條履行

杭州市十九年份勞資糾紛案件數勞方參加人數關係廠號數各月分配表

項目／月份	勞資糾紛案件數			勞方參加人數			關係廠號數
	本月前未了案件數	本月發生案件數	每月兩共總數	本月前未了案件工人數	本月發生案件工人數	每月兩共總數	本月前未了案件廠號數
一月		二	二		三〇七	三〇七	
二月	一月發生	一	一		七三	七三	
三月	二月發生	一	一		一二〇	一二〇	
四月	三月發生						
五月	四月發生	一	一		三六〇	三六〇	
六月	五月發生 二	一	三	五一	二四	七五	
七月	六月發生						
八月	七月發生	一	一		二六	二六	
九月	八月發生						
十月							
十一月							
十二月							
全年總計			九			九六一	

號數			
本月發生案件廠號數	一〇三	三〇	一三三
每月兩共總數			

杭州市十九年份勞資糾紛案件業務分類表

類別	件數
絲織	五
材業	一
燭業	一
修船	一
金業	一

繭絲綢統計

杭州市繭行一覽表

行名	地址	經理姓名	開設年月	性質	二十年收繭量(鮮繭)	收繭總值	產地	銷路
綽成	下池塘巷	朱謀先	七年四月	公司	一六六二担		杭州市區及鄉近各地	自用繅絲
裕綸	謝村	朱謀先	九年四月	公司	一〇四一担		又	自用繅絲
源大	三堡	顧伯蕣	十一年	獨資	未開			
正大	嚴家衖	又	十七年四月	合夥	一二九〇担		又	運往上海
天章	三角蕩	余廉筌	十年	獨資	未開			
永大	望江門外	又	十九年	獨資	一一四〇担		又	自用繅絲
慶成	普安街	徐禮耕	十五年四月	獨資	二二五〇担		又	自用繅絲
虎林	蒲場巷			公司	未開			
源和	艮山門外	謝月卿	十六年五月	合夥	七八〇担		又	運往上海
安利	彭家埠	蔡諒友 傅呂源	十九年五月	合夥	未開			
嘉成	拱埠	沈達嗣	十三年四月	合夥	七〇〇担		又	運往上海
大豐	明眞宮前	唐繹如	二年四月	合夥	九〇〇擔		又	又
九豐	大關	唐繹如	十七年四月	合夥	六〇〇擔		又	又
天豐	倉基上	唐國卿			未詳			
鑫昌	茶湯橋	陸鑫波	十九年五月	合夥	三三九擔		又	又
洽安	拱埠	又	十四年	獨資	未開			

會陽	拱埠	姚退安		合夥	未開		
大綸	筧橋	夏松壽	十九年五月	合夥	未開		
通裕	茶湯橋	張旭人		合夥	未開		
吉祥	拱埠	劉賡卿	十四年	合夥	七七〇擔	又	又
同豐	拱埠	又	七年		八七〇擔	又	又
昌綸	拱埠	張錫申	十五年	合夥	未開		
共益	拱埠	又	十五年	合夥	未開		
德昌	筧橋	夏通夫	十九年五月	合夥	未開		
瑞豐新	拱埠	謝月卿	十三年	合夥	未開		
怡和	拱埠				八〇四擔	又	又
寶泰	拱埠	汪伯屏	三年	合夥	一四五二擔	又	又
泰豐	拱埠	傅瑞和			未詳		
海昌	拱埠			合夥	七八〇擔	又	又
華盛	七堡	沈品堂	十九年五月	合夥	八〇擔	又	又

杭州市最近三年繭產量統計表

	十八年	十九年	二十年
繭產量	（鮮繭）一九、一四九擔	（鮮繭）一七、三三〇擔	（鮮繭）一五、四五八擔
單價	五〇元	五二·七元	五〇元
總值	九五七、四七〇元	九一二、五〇六元	七〇〇、〇〇〇元

杭州市十八九兩年天然絲貿易概況表

來源	本市及杭縣十分之七 海甯及湖州十分之三
種類	肥絲 細絲

價值	肥絲	十八年每擔洋七百七十六元
		十九年每擔洋七百三十六元
	細絲	十八年每擔洋九百三十六元
		十九年每擔洋九百七十六元
用途		十分之二輸往上海
		十分之八供本市絲織之用
總數		十八年三十二萬擔
		十九年二萬二千一百九十一擔
捐率		每擔用絲捐洋十五元六角
		每擔運絲捐洋十七元五角

杭州市十九二十兩年分桑市概況表

（二十年五月調查）

項目＼年份	十九年	二十年
桑葉行家數	五九家	五七家
桑葉行代客收桑量	一三、五一八擔	一三、九六三擔
單價	二・二元	一・四元
總值	二九、七五六元	一九、五四八元

說明：二十年桑市較十九年起色，蠶戶亦較十九年爲多，惟本年內因氣候過冷，蠶至三眠後，大半殭死，飼量雖多，價格因之低售。

杭州市綢疋工資比較表

（基年：十五年）

年份	每疋所頭工資	指數
十三年	九・一〇元	九九
十四年	九・二五	一〇五
十五年	九・二〇	一〇〇
一六年	一〇・二〇	一一一
十七年	一〇・三五	一一三
十八年	九・八五	一〇六
十九年	九・九〇	一〇七
二十年半年度	九・九〇	一〇七

杭州市綢疋捐額比較表

（基年：十五年）

年份	每疋捐額	指數
十三年	〇・六四元	九六
十四年	〇・六五	九七
十五年	〇・六七	一〇〇
十六年	〇・八四	一二五
十七年	一・四七	二一九

年份		
十八年	一・六〇	二三九
十九年	一・四〇	二一八

杭州市廠綢躉售價值比較表

（基年：十五年）

年份	純粹天然絲織成之綢每疋躉售價	指數	天然絲人造絲混織之綢每疋躉售價	指數
十三年	七一元	二一六	四二元	九一
十四年	六九	一一三	四四	九六
十五年	六一	一〇〇	四六	一〇〇
十六年	五八	九五	四四	九六
十七年	五六	九二	四四	九六
十八年	四八	七九	三五	七六
十九年	四五	七三	三〇	六五
二十年	五〇	八二	三四	七三

杭州市各廠工織綢疋數比較表

（基年：十五年）

年份	平均每人每月織綢疋數	指數
十三年	三・五〇疋	一〇三
十四年	三・五五	一〇四
十五年	三・四〇	一〇〇
十六年	二・九〇	八五
十七年	三・五五	一〇四
十八年	三・五五	一〇四
十九年	四・〇〇	一一一
二十年	四・〇〇	一一一

杭州市廠綢銷存比較表

年份	銷出百分數	積存百分數
十三年	九〇%	一〇%
十四年	九三	七
十五年	七二	二八
十六年	七八	二二
十七年	七二	二八
十八年	六八	三二
十九年	七五	二五
二十年	八〇	二〇

杭州市綢廠需用天然絲人造絲統計表

年份	天然絲	人造絲	百分比	
			天然絲	人造絲
八年	三、九〇〇擔	無	一〇〇%	〇
九年	四、〇〇〇	無	一〇〇	〇
十年	四、二〇〇	無	一〇〇	〇
十一年	四、〇〇〇	無	一〇〇	〇
十二年	四、〇〇〇	無	一〇〇	〇
十三年	三、〇〇〇	無	一〇〇	〇
十四年	二、五〇〇	二九一擔	八九・五	一〇・五%
十五年	二、三〇〇	五三〇	八一・四	一八・六
十六年	七九〇	七五九	四九・三	五〇・七
十七年	七二〇	九五四	四三	五七
十八年			三二	六八
十九年	一〇〇〇	三〇〇〇		
二十年	六〇〇	二〇〇〇		

糧食統計

杭州市粳米實價表 民國元年至民國十九年

年＼月	一月	二月	三月	四月	五月	六月	七月	八月	九月	十月	十一月	十二月	全年平均價
民國元年	六・二〇元	六・四〇	六・九〇	七・三〇	七・七〇	八・三〇	八・四〇	八・〇〇	七・二〇	六・五〇	五・九〇	六・五〇	七・一〇
民國二年	六・七〇元	七・〇〇	六・九〇	六・五〇	六・四〇	六・四〇	六・四〇	六・四〇	六・四〇	六・四〇	六・五〇	六・六〇	六・五五
民國三年	六・二〇元	六・一〇	五・八〇	五・六〇	五・六〇	五・七〇	六・〇〇	六・四〇	六・四〇	六・一〇	六・一〇	六・二〇	六・〇〇
民國四年	六・四〇元	六・七〇	六・八〇	六・八〇	七・〇〇	七・一〇	七・一〇	七・一〇	六・六〇	六・一〇	六・三〇	六・四〇	六・七〇
民國五年	六・四〇元	六・四〇	六・五〇	六・六〇	六・四〇	六・四〇	六・四〇	六・三〇	五・五〇	五・二〇	五・二〇	五・二〇	六・〇〇
民國六年	五・三〇元	五・五〇	五・三〇	五・六〇	五・七〇	五・八〇	五・七〇	五・四〇	五・二〇	五・〇〇	五・一〇	五・一〇	五・四〇
民國七年	五・二〇元	五・三〇	五・九〇	五・八〇	五・六〇	五・六〇	五・四〇	五・四〇	五・四〇	五・二〇	五・二〇	五・四〇	五・五〇
民國八年	五・五〇元	五・八〇	五・六〇	五・四〇	五・四〇	五・五〇	六・一〇	六・六〇	六・五〇	六・六〇	六・七〇	六・九〇	六・〇五
民國九年	七・二〇元	七・三〇	七・四〇	七・五〇	七・七〇	八・〇〇	八・七〇	八・八〇	八・三〇	七・四〇	七・五〇	七・九〇	七・八一
民國十年	七・九〇元	七・九〇	七・六〇	七・七〇	八・一〇	八・二〇	八・二〇	八・二〇	八・三〇	八・六〇	八・七〇	八・八〇	八・一六
民國十一年	八・八〇元	九・〇〇	九・三〇	九・三〇	九・三〇	九・四〇	九・六〇	九・六〇	九・五〇	九・五〇	九・三〇	九・四〇	九・三六
民國十二年	九・七〇元	九・七〇	一〇・一〇	一〇・〇〇	九・七〇	九・五〇	九・五〇	九・五〇	九・一〇	八・九〇	八・九〇	八・九〇	九・四六
民國十三年	九・一〇元	九・〇〇	八・九〇	八・九〇	八・九〇	八・九〇	九・二〇	九・六〇	九・六〇	九・三〇	八・四〇	八・四〇	九・二〇
民國十四年	八・六〇元	八・九〇	八・九〇	九・三〇	九・八〇	一〇・一〇	一〇・六〇	一〇・三〇	九・九〇	一〇・〇〇	一〇・二〇	一一・一〇	九・八〇
民國十五年	一一・四〇元	一一・四〇	一二・〇〇	一二・三〇	一二・〇〇	一二・〇〇	一二・二〇	一二・一〇	一二・四〇	一二・九〇	一二・八〇	一二・七〇	一二・一八

杭州市粳米比價表

基年：民國十五年　民國元年至十九年

民國十六年	13.70元	13.90	13.00	13.30	13.00	13.40	13.60	13.70	13.10	10.00	9.80	9.60	13.18
民國十七年	9.70	10.30	10.60	10.40	10.10	9.80	9.90	9.30	8.90	9.90	10.60	10.90	10.03
民國十八年	11.00元	11.07	11.33	10.84	11.15	11.73	13.07	13.37	13.84	13.37	13.30	13.55	11.93
民國十九年	14.05元	14.30	14.50	15.00	15.30	15.50	15.10	13.70	13.40	9.85	10.55	10.60	13.39

年別	比價
元年	五八
二年	五四
三年	四九
四年	五五
五年	四九
六年	四四
七年	四五
八年	五〇
九年	六四
十年	六七
十一年	七七
十二年	七八
十三年	七四
十四年	八〇
十五年	一〇〇
十六年	一〇〇
十七年	八二
十八年	九八
十九年	一〇九

杭州市十九年份食米存銷數調查表

地點	銷數：城區江干一帶	銷數：拱埠艮山門外湖墅一帶
一月	六三，三六二石	一五，六〇五石
二月	二八，八五六	八，九〇三
三月	五三，二〇三	一四，九五五
四月	四九，五一三	一六，一二一
五月	四二，八〇九	一三，八五一
六月	四三，三一一	一六，七二六
七月	四二，二四八	一六，三四九
八月	三九，八五九	一五，一一五
九月	四五，九四七	一二，九五九
十月	五二，一三七	一五，三八五
十一月	五九，二二八	一八，九五六
十二月	五四，三二五	一四，三九一
共計	五七四，七九八石	一七九，三一六石
年終存數合計	一八三，九八七石	

五六

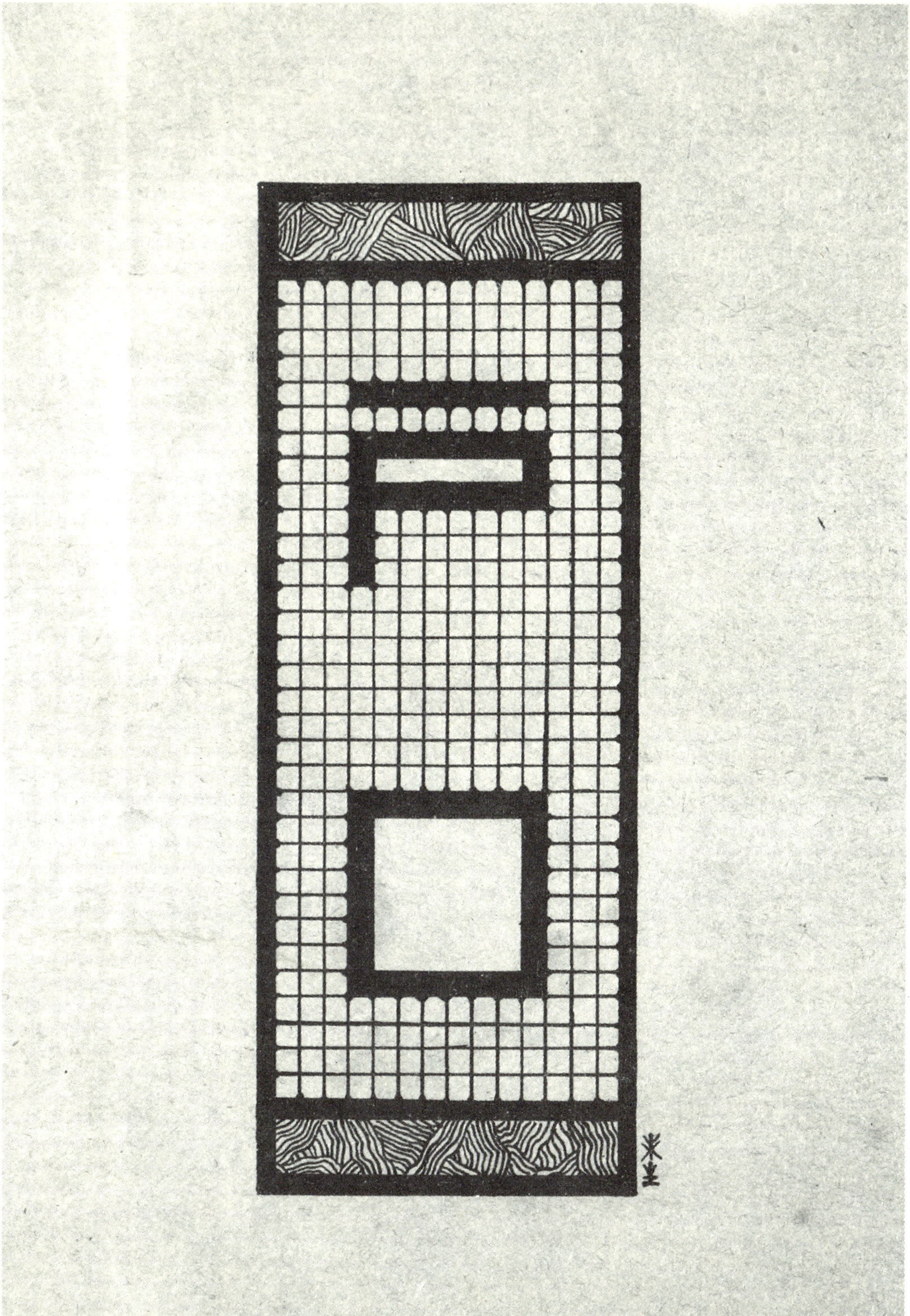

杭州市十九年份男女人口數比較表

月份	人口數 男	人口數 女	百分比 男	百分比 女
一月	二五〇、一三三	一六九、三七九	六〇・五一%	三九・四九%
二月	二五〇、八六一	一八九、九八四	六〇・四八	三九・五二
三月	二九三、五三三	一九〇、八二三	六〇・六〇	三九・四〇
四月	二九四、九二四	一九一、九八一	六〇・五三	三九・四七
五月	二九七、九〇四	一九二、七六二	六〇・七一	三九・二六
六月	三〇〇、一〇四	一九三、三八五	六〇・八一	三九・一九
七月	二九九、四九〇	一九三、七四四	六〇・七一	三九・二九
八月	三〇〇、五九二	一九四、二六〇	六〇・七三	三九・二八
九月	三〇一、六七八	一九四、九三八	五〇・六三	四九・三七
十月	三〇三、五二八	一九五、九八一	六〇・七九	三九・二一
十一月	三〇八、五八七	一九六、三二〇	六一・五五	三八・四五
十二月	三〇九、一三五	一九七、七九五	六一・五〇	三八・五〇
全年平均			五九・五九	四一・〇五

杭州市十九年份逐月人口數比較表

月份	較上月之增減數 增	較上月之增減數 減
十九年一月	五、二七四	
二月	一、三四二	
三月	三、四九九	
四月	二、五六一	
五月	三、七八一	
六月	二、八〇三	
七月		、二五五
八月	一、六一八	
九月	一、七六四	
十月	二、八九二	
十一月	五、三九八	
十二月	二、〇二三	
全年共計	三二、七〇〇	

五八

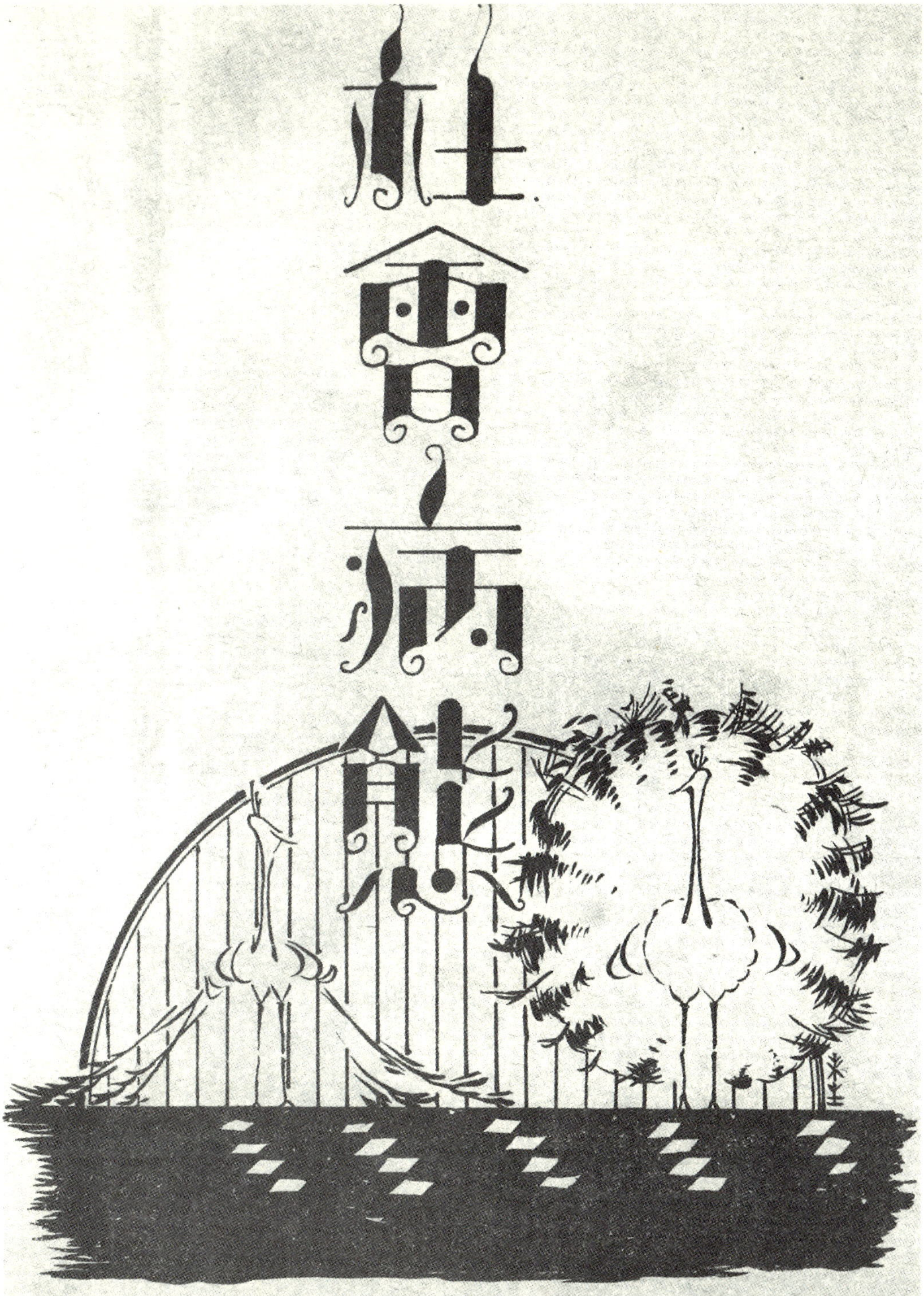
社會病態

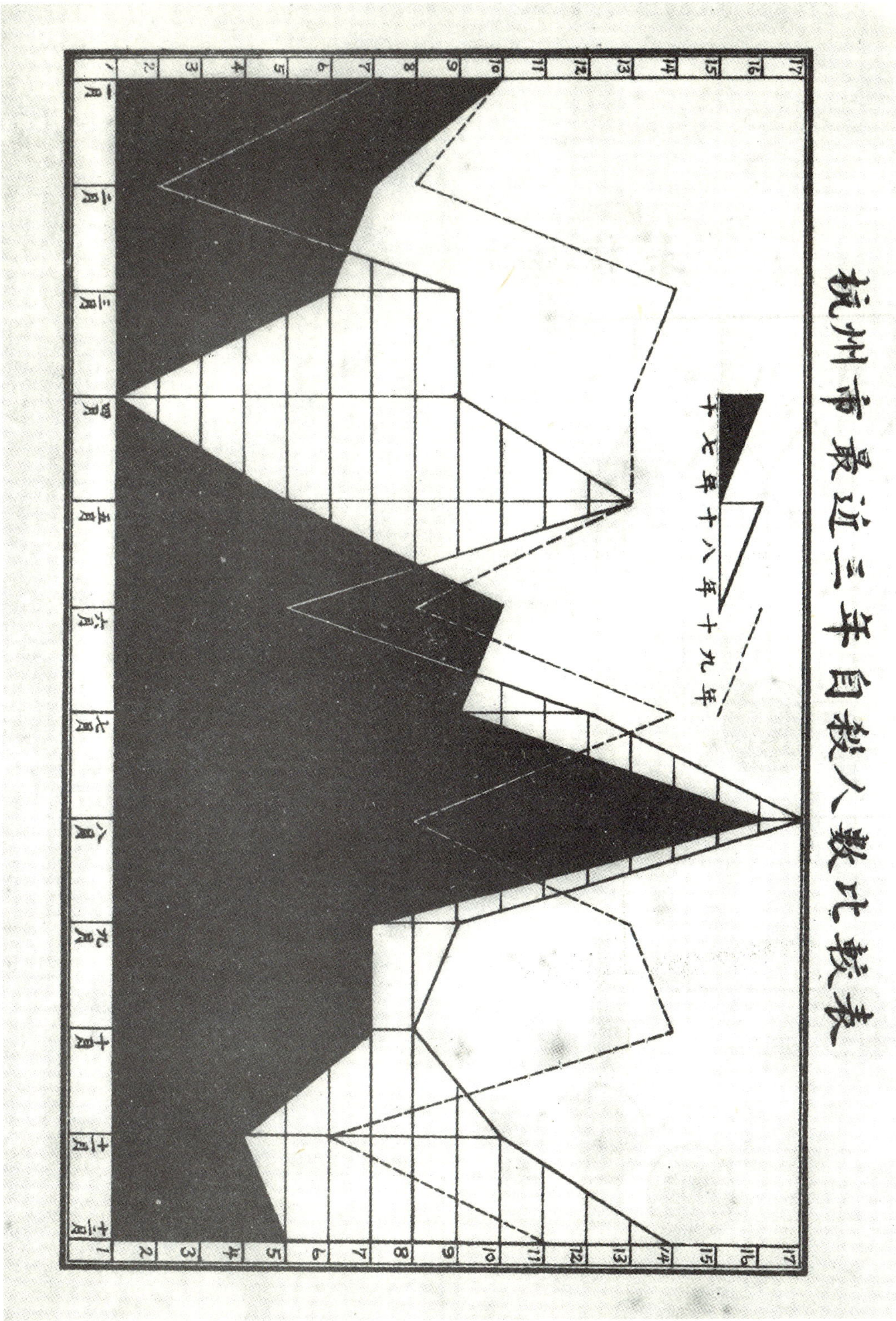
杭州市最近三年自杀人数比较表
十七年
十八年
十九年
一月
二月
三月
四月
五月
六月
七月
八月
九月
十月
十一月
十二月
1 2 3 4 5 6 7 8 9 10 11 12 13 14 15 16 17

杭州市十九年份自殺案統計表

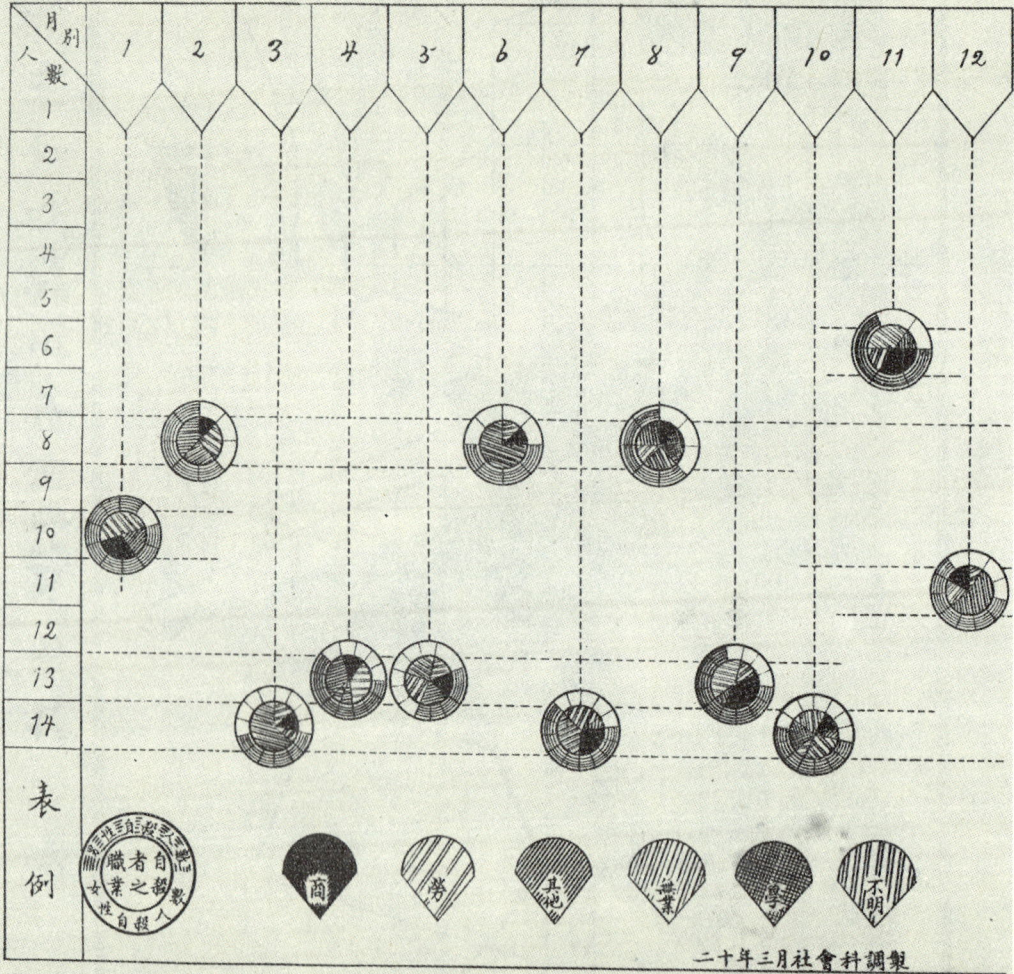

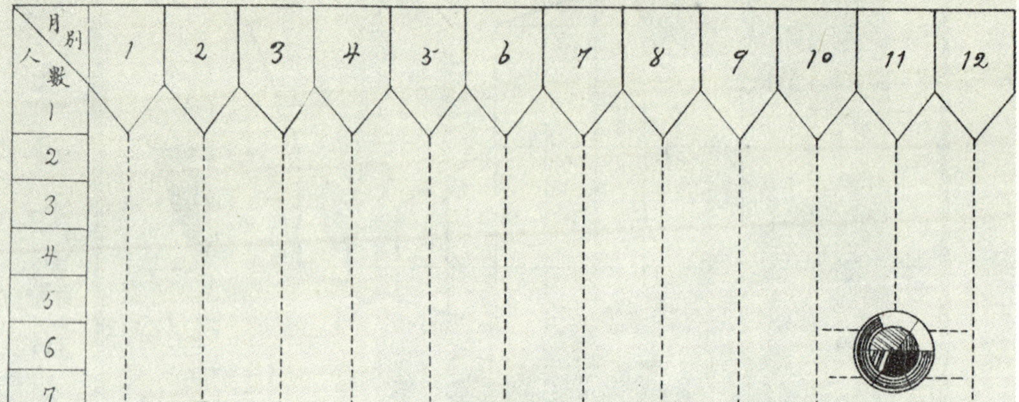

杭州市十九年份自殺案方法及結果分析表

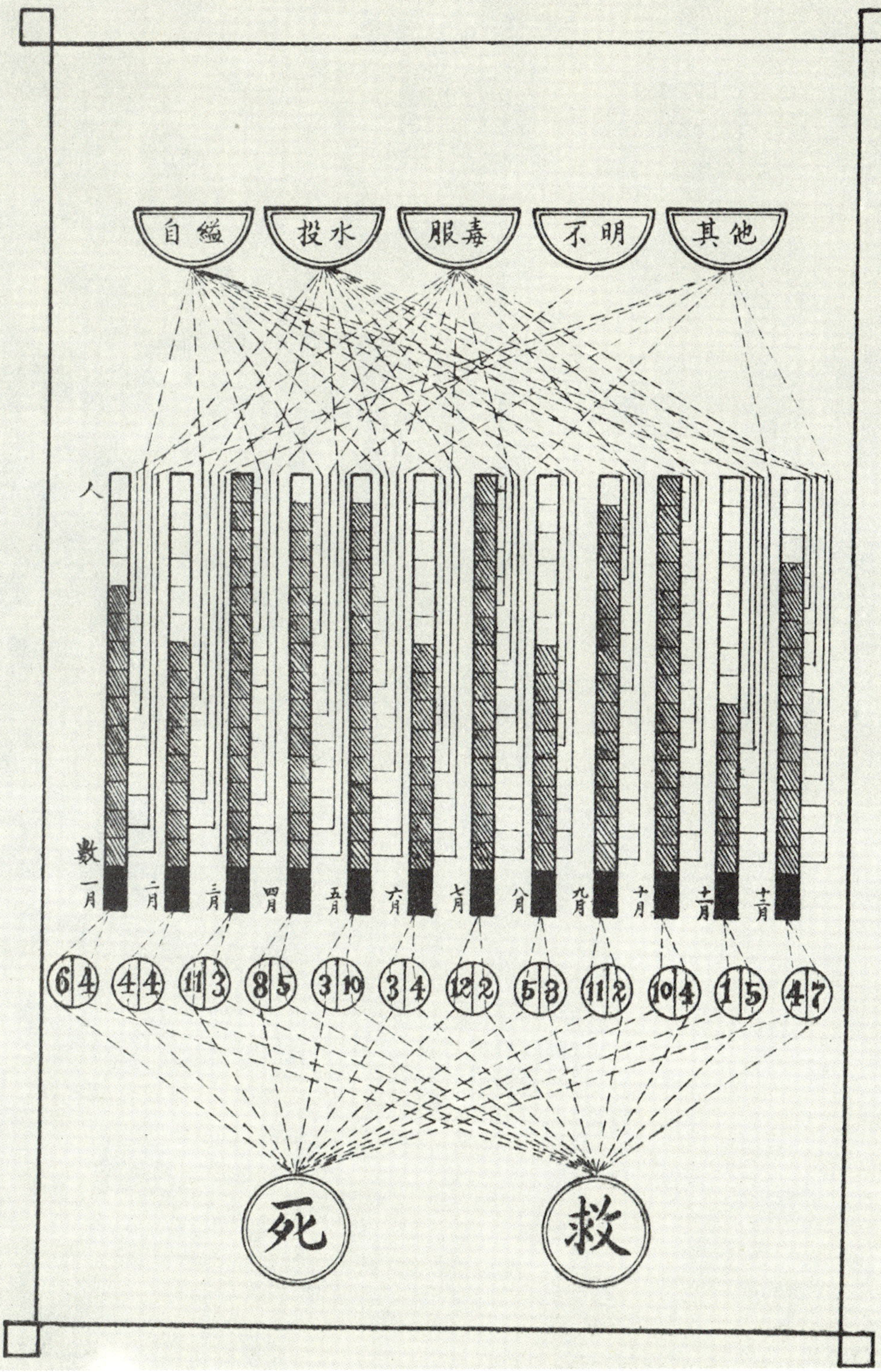

八、社會病態統計

杭州市最近三年自殺人數簡明表

年別＼月別＼自殺人數	一月	二月	三月	四月	五月	六月	七月	八月	九月	十月	十一月	十二月	合計	總計
十七年	10	7	6	1	5	10	9	16	7	7	4	5	87	334
十八年	7	2	9	9	13	5	12	17	9	8	10	14	115	
十九年	10	8	14	13	13	8	14	8	13	14	6	11	132	

杭州市自殺者性別分析表

性別	在十七年自殺者	在十八年自殺者	在十九年自殺者	三年合計	百分比
男	三九人	五四人	七八人	一七一人	51.2%
女	四八人	六一人	五四人	一六三人	48.8%

自殺者職業分析表

業別	在十七年自殺者	在十八年自殺者	在十九年自殺者	三年合計	百分比
學界	三人	九人	五人	一七人	五%
商界	二	八	二七	三七	一〇
勞働界	七	一八	二八	五三	一七
其他	五	八	一六	二九	九
無業	四九	五三	三七	一三九	四一
不明	二一	一九	一九	五九	一八

自殺方法分析表

方法	在十七年自殺者	在十八年自殺者	在十九年自殺者	三年合計	百分比
服鴉片	一九人	一二人	一四人	四五人	一四・三%
服安眠藥	五	一八	二	二五	七・五
服毒	四	七	六	一七	五・一
自縊	二八	二九	四二	九九	二九・三
自戕	六	六	一	一三	三・八
投水	一三	二〇	四六	七九	二三・三
吞金	二	五		七	二・二
飲滷	一〇	九	七	二六	七・七
迎火車		四		四	一・二
其他		二	一三	一五	四・四
不明		三	一	四	一・二

自殺原因分析表

原因	在十七年自殺者	在十八年自殺者	在十九年自殺者	三年合計	百分比
經濟壓迫	二〇人	三〇人	二八人	七八人	二三・三%
失業	五		一四	一九	五・六
業營失敗		一	三	四	一・一
墮落		四	七	一一	三・二
被騙		二	一	三	・九
疾病	一		一	二	・六
寃抑	七	一〇	一四	三一	九・二
失戀	一〇	二三	二三	五六	一七・六
家庭問題(夫婦間)	二〇	一八	二	四〇	一一・八
家庭問題姑媳間	五	六	二	一三	三・八
家庭問題(其他)	一〇	一〇	五	二五	七・四
其他	五	五	二〇	三〇	八・九
不明	四	六	一二	二二	六・六

自殺結果分析表

結果	在十七年自殺者	在十八年自殺者	在十九年自殺者	三年合計	百分比
死	二一人	二七人	七八人	一二六人	三七・七%
救	五八	七二	五四	一八四	五五・
不明	八	一六		二四	七・二

杭州市公娼家數統計表

十九年四月調查

	妓院數	妓女人數
拱宸橋	一四五家	一四五名
江干	二三家、	二三名
合計	一六八家	一六八名

(註)本市公娼悉在拱宸橋江干兩處他處無之

杭州市娼妓原籍分析表

原籍	人數
蘇州	27
本市	21
嘉興	17
紹興	19
建德	20
衢縣	3
吳興	10
諸暨	2

嵊縣	3
上海	3
無錫	3
硤石	4
杭縣	4
常州	3
衢州	2
石門	5
餘杭	2
塘棲	2
丹徒	2
富陽	2
其他	14

杭州市娼妓年齡分析表

最少年齡	十六歲
最大年齡	三十六歲
最多	一八歲—二十歲

杭州市江干二十三名妓女來歷分析表

院主親女	十一人
院主親戚	四人
從幼買來	七人
寄住拆賬	一人

杭州市最近三年離婚案統計表

離婚主動者	原因	十七年	十八年	十九年
男主動原因	通姦	一	二	二
	違背同居	二	三	二
	意見不合	二	四	六
	不守婦道	一		
	傷害	一		
女主動原因	虐待及不扶養	廿四	廿四	廿三
	意見不合		三	七
	傷害		四	一
	重婚	一	一	
	迫令爲娼	三		
	胎生天閹	一		
	痴呆不識人事	一		
備考	本表依據杭縣地方法院受理案件爲準			

災害統計

杭州市十九年份火災調查表

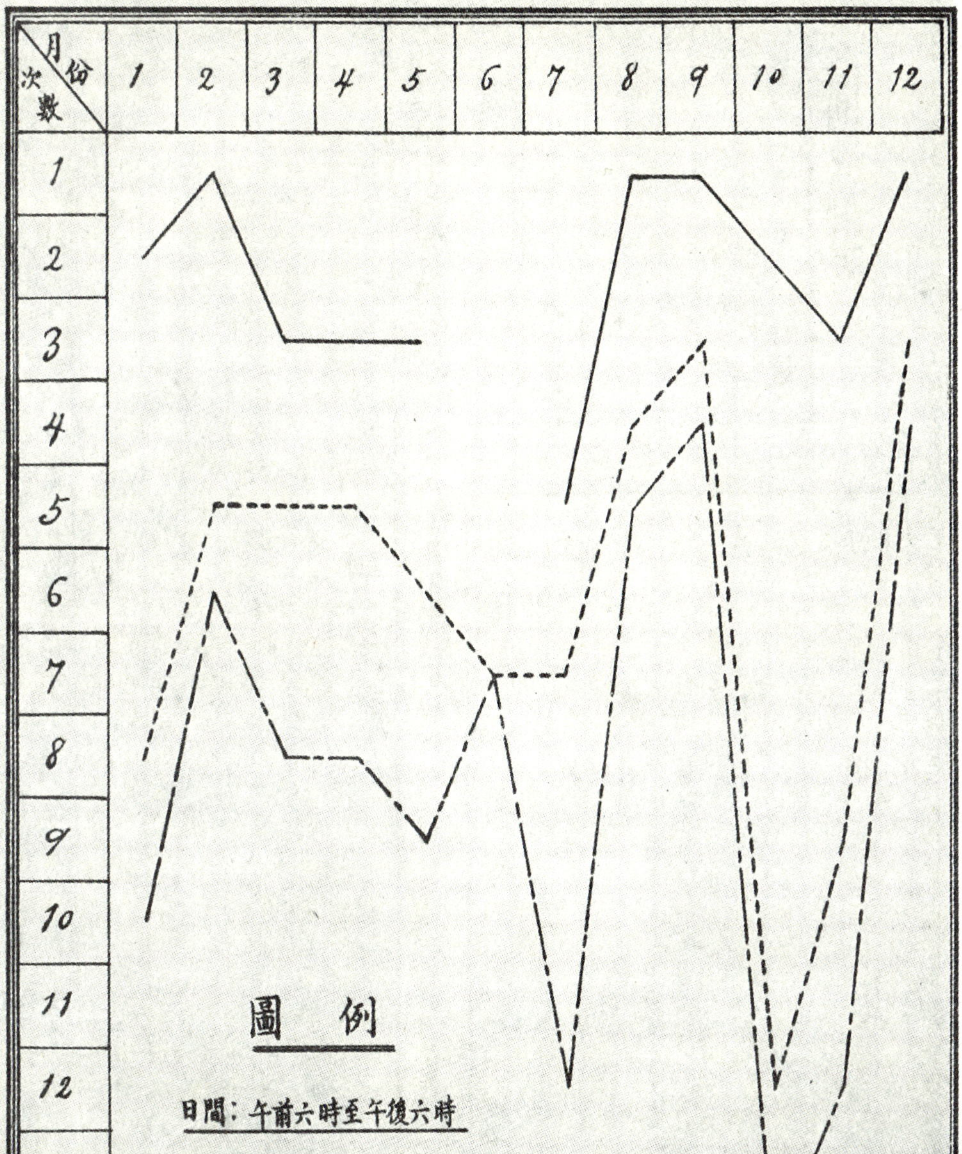

九、災害統計

十九年份逐月火災簡明比較表

月別	次數
一月	十次
二月	六次
三月	八次
四月	八次
五月	九次
六月	七次
七月	十二次
八月	五次
九月	四次
十月	十四次
十一月	十二次
十二月	四次
共計九十九次	

十九年份火災發生時間比較表

（一、時間比較）

時間	次數
上午 0—1	2
1—2	2
2—3	9
3—4	9
4—5	5
5—6	1
6—7	
7—8	
8—9	5
9—10	3
10—11	5
11—12	6
下午 12—1	3
1—2	3
2—3	3
3—4	3
4—5	3
5—6	3
6—7	6
7—8	7
8—9	9
9—10	2
10—11	5
11—12	5

十九年份火災發生時間比較表

（二、日夜比較）

月別 \ 次數	日間發生次數 午前六時至午後六時	夜間發生次數 午後六時至午前六時
一月	2	8
二月	1	5
三月	3	5
四月	3	5
五月	3	6
六月		7
七月	5	7
八月	1	4
九月	1	3
十月	2	12
十一月	3	9
十二月	1	3
共計	25	74
總計	99	

十九年份火災起因簡明表

起火原因	次數
烹炊遺火	三十八次
香烟遺火	七次
油燈遺火	十次
蚊香遺火	二次
烘物遺火	六次
火柴遺火	二次
火星落入柴草	二次
漏電	二次
灰堆餘火復燃	一次
小兒玩火失愼	四次
行人拋棄烟頭	七次
縱火嫌疑	十四次
起因不明	一次
其他	三次

十九年份火災被燬被損簡明比較表

月別	房屋被燬數	房屋被損數	房屋被燬被損價值
一月	二十七間	一間	一五,四四〇元
二月	二十間		一,六五〇元
三月	五十六間	一間	六,八四〇元
四月	四十六間	一間	二八,〇六〇元
五月	一百三十七間		四〇,七四〇元
六月	八十三間		二一四,九五〇元
七月	八十二間		一〇四,一六五元
八月	十九間		三二,五二〇元
九月	五間		一,一二〇元
十月	四十三間		六,三二〇元
十一月	八十一間		八三,三五〇元
十二月	四十間		六,八六〇元

（註）十九年份火災較去年爲少全年共計發生九十九次損失數達五十四萬二千〇十五元計焚去樓屋平房及草舍三間被損房屋三間查十八年份火災次數達一百三十七次計損失二百七十七萬四千四百九十九元與本年相較其損失數在三培以上最大原因由于去年五月間官巷口大火故也

杭州市十九年份火災起因統計表

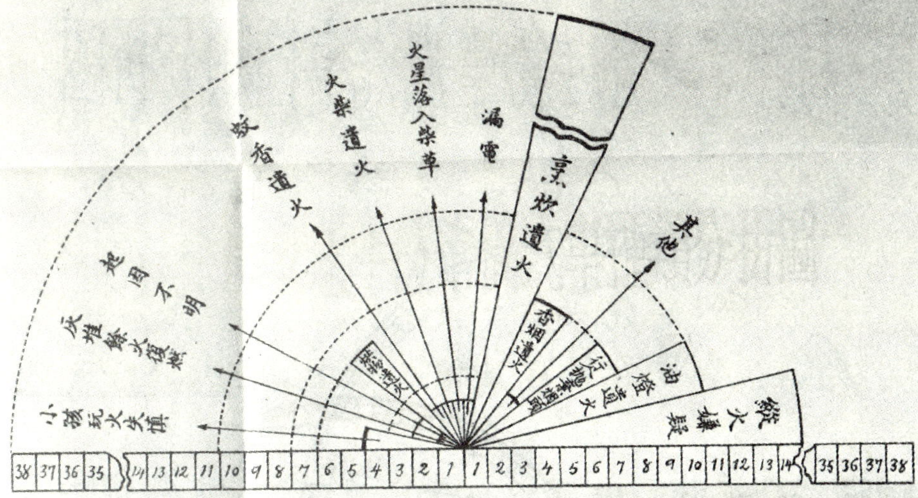

杭州市十九年份火災被燬被損比較圖

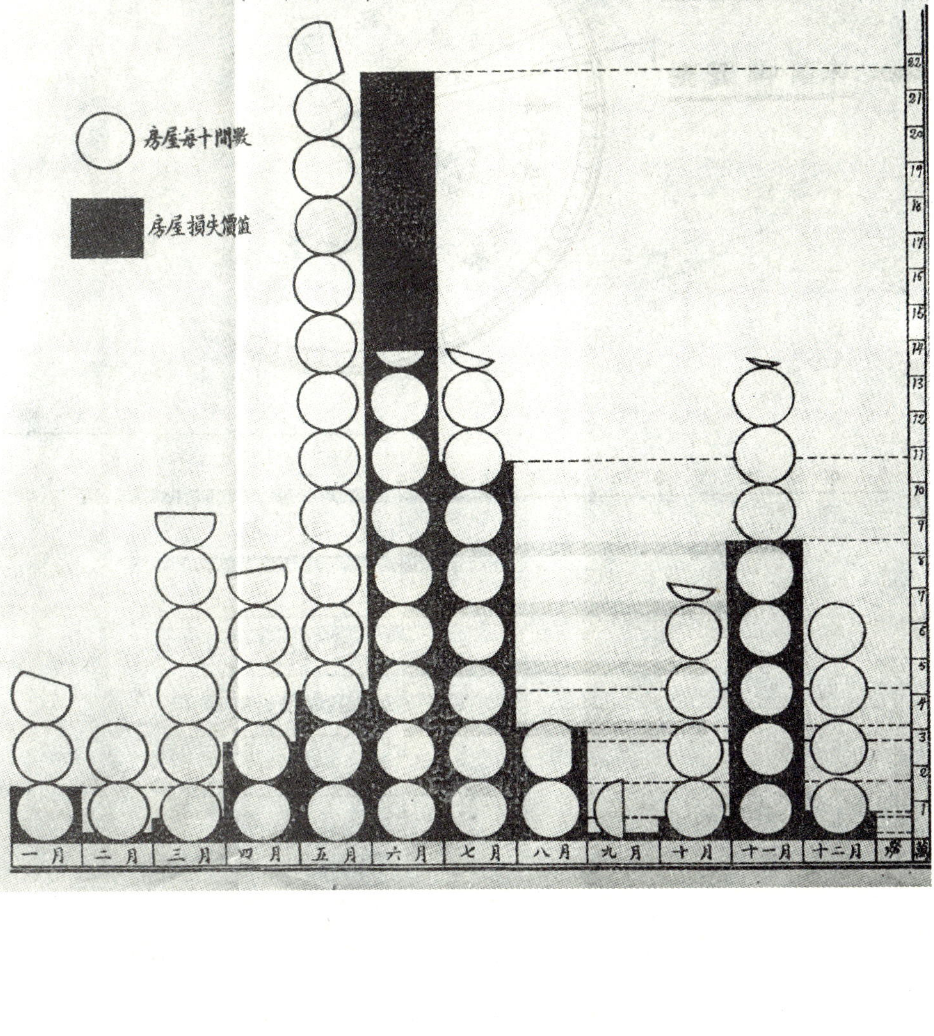

杭州市十九年份肇禍汽車種類分析圖

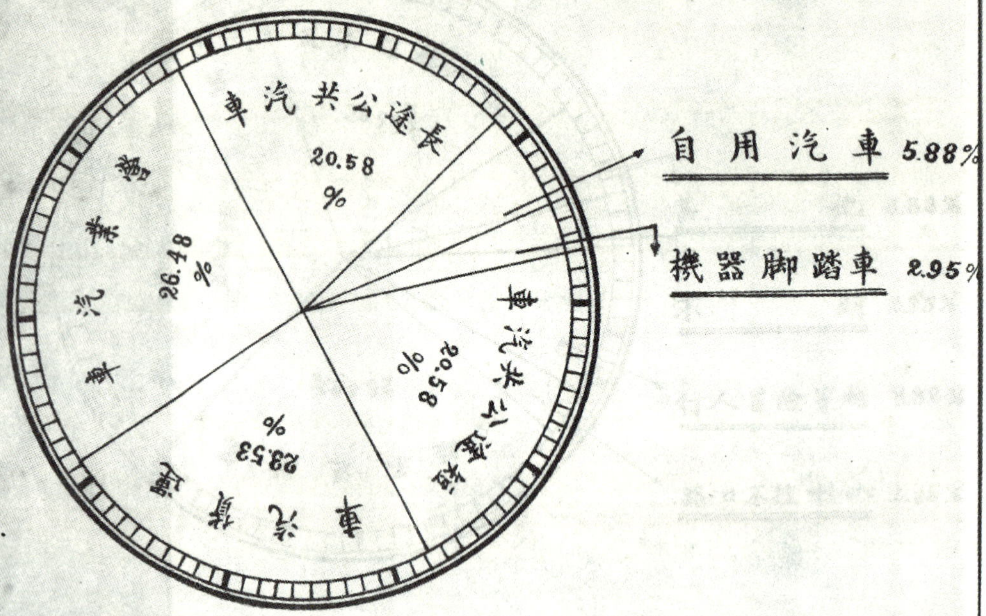

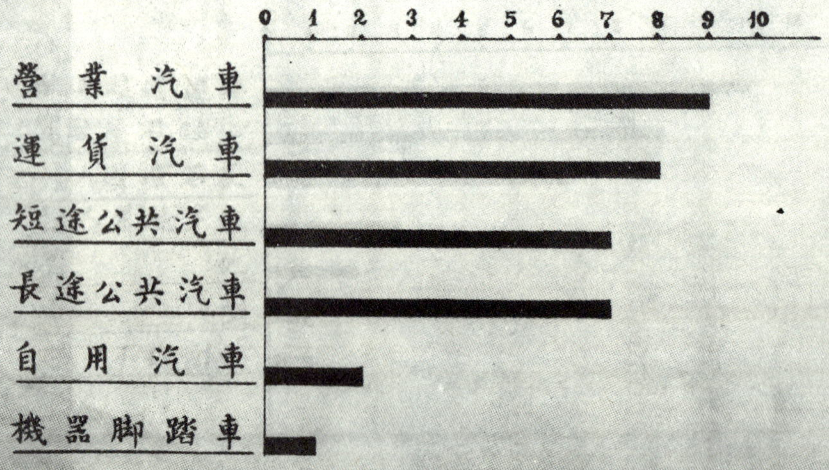

杭州市十九年份汽車肇禍原因分析圖

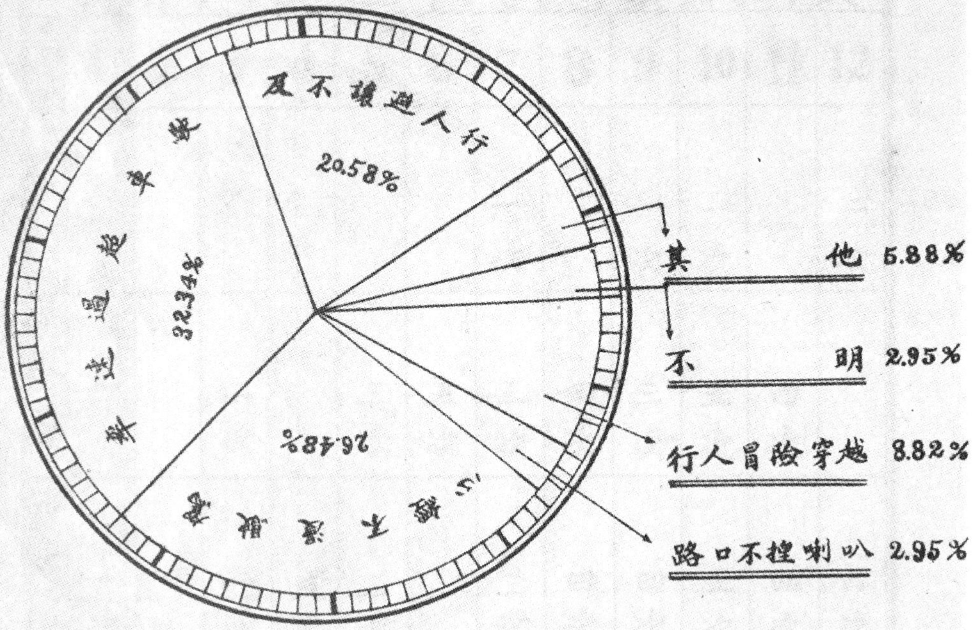

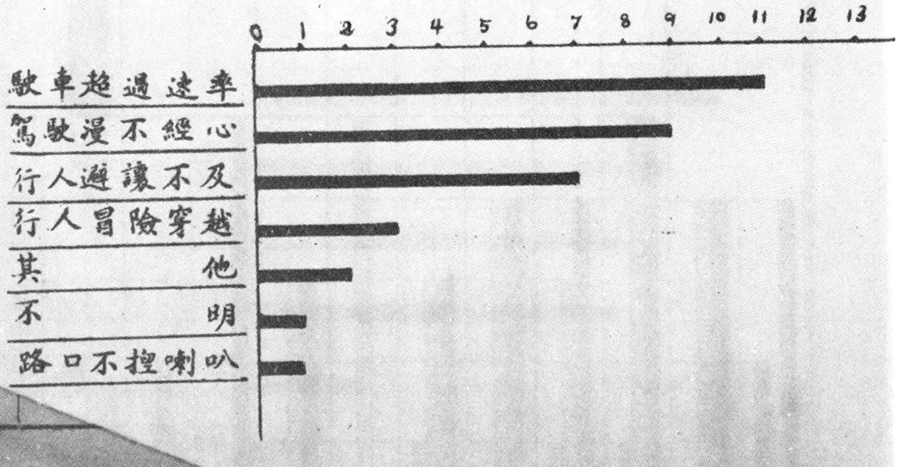

杭州市最近三年汽車肇禍統計表

年份＼月份	1	2	3	4	5	6	7	8	9	10	11	12
十七年							一次		一次	一次		二次
十八年	一次		二次		三次	五次	三次	四次	三次	五次	四次	
十九年	一次		一次	五次	三次		三次	四次	四次	五次	四次	四次

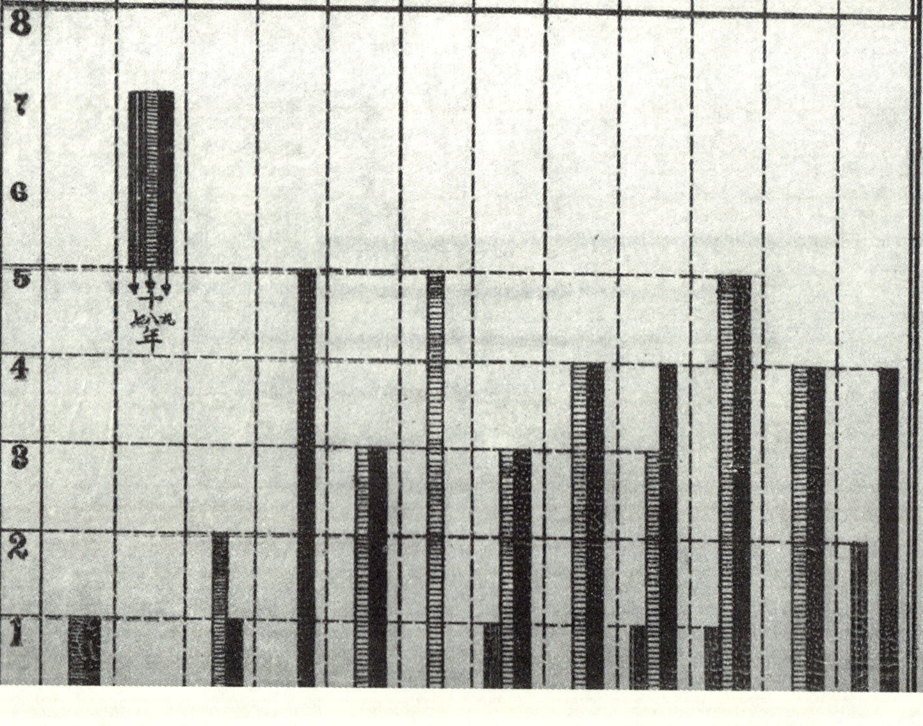

寺廟統計

十、寺廟統計

杭州市寺廟宮殿不動產統計表

名稱／產別	房屋	地	田	蕩	山
寺	三、一三一間	一、四八〇畝・一六五	三、四八四畝・三七二	二五七畝・二〇四	二、三五八畝・七一一
廟	二、八三八間	八〇一畝・五六九	七六畝・五四六	二四畝・五四一	四四畝・〇四二
庵	三、七九四間	一、一四六畝・四〇五	二四二畝・三一八	七六畝・一九六	八八畝・四四五
宮殿及其他	二、八四八間	八五九畝・四一五	五〇二畝・二三八	九畝・一九五	一、二五八畝・〇一七

僧道尼年齡統計表

年齡	僧	道	尼	總計
十歲—以下				
十一—二十	53	10	20	83
二一—三十	273	26	45	344
三一—四十	394	36	83	513
四一—五十	358	34	117	509
五一—六十	267	23	121	411
六一—七十	114	22	77	213
七一—八十	37	6	24	67

八一以上	合計
2	1498
	157
3	490
5	2145

僧道尼出家時年齡統計表

出家年齡	僧	道	尼	總計
十歲以下	419	59	98	576
一一—二〇	548	63	133	744
二一—三〇	285	3	127	415
三一—四〇	143	24	60	227
四一—五〇	76	6	55	137
五一—六〇	20	2	16	38
六一—七〇	6		1	7
七一—八〇	1			1

八一以上	合計
	1498
	157
	490
	2145

杭州市寺廟人口統計表

僧	道	尼	其他	合計
1498	157	490	146	2291

杭州市寺廟藏經統計表

藏經名稱	部數	備註
金剛經	437	
地藏經	225	

三官經	玉皇經	禪門日誦	藥師經	高王經	心經	諸品眞經	楞嚴經	彌陀經	蓮華經	華嚴經	法華經
15	18	20	20	20	41	57	64	75	94	104	178

梁皇經	大悲經	斗經	淨土經	功課經	五經	雷經	九幽經	道德經	燄口經	龍經	皇經
4	5	5	6	6	6	7	8	10	11	11	11

六七

關帝經	3	
觀音經	3	
消災護命經	3	
受生經	3	
北斗經	3	
清淨經	3	
玄門日誦	2	
血湖經	2	
報恩經	2	
陰符經	2	
眞武經	2	
玄義經	2	

律論三藏	7180	
各種藏經	7528	

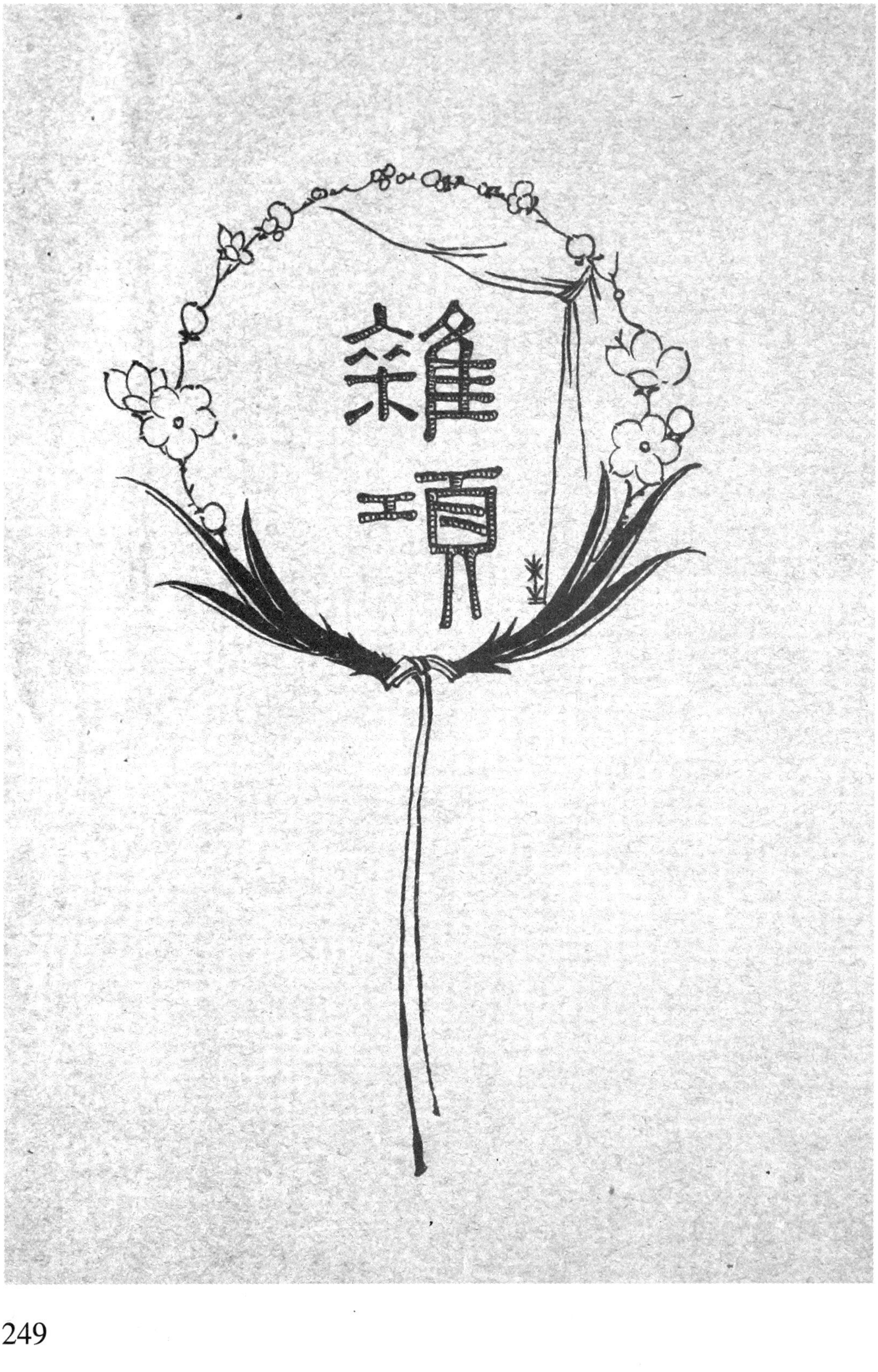
雜項

十一、雜項統計

杭州市茶葉行一覽表

行名	經理姓名	地址	性質
永大茶行	王炎村	候潮門外一百另四號	獨資
全泰昌茶行	方冠三	候潮門外六十九號	合夥
裕泰茶行	馮子嚴	候潮門外一百三十六號	獨資
保泰茶行	方甸農	候潮門外八十六號	合夥
公順茶行	楊卓庵	江干一百三十五號	合夥
莊源順茶行	莊筱橋	候潮門外二十二號	獨資
源記茶行	莫五臣	候潮門外八十四號	合夥
隆記興茶行	貝鴻儒	候潮門直街一百二十三號	合夥
同春茶行	吳達甫	候潮門外一百另一號	合夥
應公興茶行	應寶昌	楊梅嶺十七號	獨資
沈榮楨茶行	沈桐伯	下滿覺弄三十號	獨資
吳欽記茶行	吳耀昌	茅家埠	獨資
鼎豐茶行	戚元甫	龍井	獨資
翁啓隆茶行	翁念滋	翁家山五號	獨資
龍章茶行	戚阿喜	龍井十三號	獨資
翁月龍茶行	翁健行	翁家山六百零二號	獨資

杭州市合作社一覽表

名稱	性質	社址	開辦日期	成立年限	股本每股金額	註冊日期
筧橋富饒址無限責任信用合作社	信用合作	筧橋富饒址大通寺內	十七，十一，二。	二十年	二元	二十，二，十六。
萬松嶺無限責任信用合作社	信用合作	萬松嶺三〇號	十七，十二，十三。	五年	二元	十七，十二，二十八。
鳳凰山脚無限責任信用合作社	信用合作	鳳凰山脚五號	十八，一，一。	五年	二元	十八，一，五。
萬仁鄉無限責任信用合作社	信用合作	三發營蓬字五號	十八，十二，十八。	五年	二元	十九，一，六。
九堡村無限責任信用合作社	信用合作	會保南九堡五號	十八，十二，十二。	三十年	四元	十九，二，十三。

墅北里無限責任信用合作社	信用合作	湖墅磚橋頭三號	十九，二，二十五。	三十一年	三元	十九，二，二十六。
北沙村有限責任信用販賣合作社	信用販賣合作	七堡北沙村委員會內	十九，四，十七。	五年	二元	十九，四，二十五。
靈隱無限責任信用合作社	信用合作	靈隱黃泥弄十四號	十九，六，二十八。	五年	一元	十九，七，十。
西湖茅家埠無限責任信用合作社	信用合作	茅家埠四十七號	十九，七，十二。	五年	一元	十九，七，二十四、
西湖青石橋無限責任信用合作社	信用合作	青石橋後	十九，七，十二。	五年	一元	十九，七，二十六。

杭州市度量衡營業商舖一覽表

商舖字號	開設地點	資本額	營業種類	每月出品數量	平時僱工人數	備考
李三和	上打銅巷	二〇〇元	製造度衡器	度器四〇支 衡器五〇根	六	分號李永和住在下打銅巷五十一號
李同春	江干梁字橋四號	四〇〇元	仝上	度器二五〇支 衡器四〇〇根	九	第一支店裕昌林住在兵專馬司第二支店李同春住在小諸校
李同泰	海月橋五八號	三〇〇元	仝上	度器一五支 衡器九五根	三	
李順興	下打銅巷五一號	二〇〇元	仝上	度器三〇支 衡器三〇根	三	
杭州度器製造場	里仁坊巷二號	四〇〇元	製造度器	度器四〇〇〇支	八	
陸三和	海月橋塘上	二〇〇元	製造衡度器	度器一〇〇支 衡器一〇〇根	四	分店陸生和住筧橋
徐茂興	東街一一六九號	一〇〇元	仝上	度器五〇支 衡器五〇根	二	
陶瑞興	湖墅珠兒潭六六號	二〇〇元	仝上	度器一五支 衡器六〇根	二	
盛仁興	湖墅大夫坊九九號	二〇〇元	製造衡器	衡器二三〇根	二	
趙天申	打銅巷	一五〇元	製造衡度器	度器三〇支 衡器六〇根	二	店主趙培德

趙天申	同春坊六一號	一〇〇元	仝上	度器五〇支 衡器六〇根	二	店主趙德順
錢正和	忠清巷二號	一五〇元	仝上	度器四〇支 衡器五〇根	二	
任裕興	東街	四〇元	仝上	度衡器三〇根	一	
沈合興號	湖墅信義巷三二	三〇〇元	製造量器	量器二〇個	一	
吳庭獻	薦橋街二六號	二〇元	販賣衡器			

杭州市菓市概況表

名稱	全年銷數	平均菓價	總值	產地
桃子	四、二〇〇担	一、五〇〇元	六、三〇〇・〇〇〇元	塘栖
李子	三六五	一、五〇〇	五四七・〇〇〇	半山 塘栖 本市
杏子	一、七六五	二、〇〇〇	三、五三〇・〇〇〇	同
梅子	一、九六九	二、〇〇〇	三、九三八・〇〇〇	同
楊梅	二、八二九	一、〇〇〇	二、八二九・〇〇〇	同
枇杷	四、二三五	一、〇〇〇	四、二三五・〇〇〇	同
櫻桃	二三五	二、〇〇〇	四七〇・〇〇〇	同
橘子	六三三	三、〇〇〇	一、八九九・〇〇〇	同
甘蔗	一一、〇〇〇捆	一、〇〇〇	一一、〇〇〇・〇〇〇	塘栖
香蕉	二六〇担	八〇〇	二〇、八〇〇・〇〇〇	廣東
雅梨	七五〇	九、〇〇〇	六、七五〇・〇〇〇	山東
蘋菓	四八〇	一三、〇〇〇	六、二四〇・〇〇〇	煙台 天津
柿子	七五〇	二、〇〇〇	一、五〇〇・〇〇〇	塘栖
花紅	一、四五六	四、〇〇〇	五、八二四・〇〇〇	同

荸薺	二、二六〇	八〇〇	一、八〇八・〇〇〇	塘栖 本市
葡萄	四五	一一、〇〇〇	四九五・〇〇〇	天津 煙台 塘栖
石榴	二一	三、〇〇〇	六三・〇〇〇	塘栖 本市
西瓜	三、九四〇	一、〇〇〇	三、九四〇・〇〇〇	塘栖 本市
黃金瓜	二、四八五	六〇〇	一、四九一・〇〇〇	塘栖 本市
盒兒瓜	一、三七〇	八〇〇	一、〇九六・〇〇〇	同
菜瓜	九〇〇	六〇〇	五四〇・〇〇〇	同
合計	瓜菓三三・二六八担 甘蔗 二〇〇捆		七四、〇四五・五〇〇元	

杭州市菓行一覽表（總計二十四家）

行名	地址
正昌	湖墅大兜
華昌	同
裕昶	同
生大	同
恆升	同
恆茂	同
長順	同
協昌	同
衡豐	同
久大	同
愼大	同
立大	同
協記	寶慶橋
洽昌	菜市橋河下
義大	同
義成	同
公大	萬安橋河下
滋大	同
洽興	同
大昌	菜市橋河下
恆昌	同

天和	門富一橋河下
正昌	門富二橋河下
章順興	門富三橋河下

杭州市農人團體一覽表

名稱	負責人姓名	地址
湖墅區農民協會	王克楨	石相廟
芳元鄉農民協會	胡誠標	地藏殿
墅北鄉農民協會	王子芳	磚橋頭
芳林鄉農民協會	曹雙泉	石相廟
城北鄉農民協會	周鼎渭	大潮王廟
拱北鄉農民協會	樊迪生	如意菴
江干區農民協會	嚴永泉	美政橋
閘口鄉農民協會	嚴永泉	五藏廟
南星鄉農民協會	應渭華	烏龍廟
臯塘鄉農民協會	潘慶祥	將軍廟
北山鄉農民協會	仰彌高	香積寺
靈鄉慶農民協會	張延齡	外西湖左蔣二公祠

杭州市工人團體一覽表

名稱	負責人姓名	地址
振華布廠工會	吳秀英	烏龍巷
永新布廠工會	虞彩二	安樂橋
大豐布廠工會	張阿鳳	孩兒巷
惠民布廠工會	錢阿毛	長慶街
廣生布廠工會	吳阿三	竹竿巷
九華布廠工會	趙阿五	孩兒巷
五豐布廠工會	謝芝美	登雲橋
震旦絲織工會	章春林	刀茅巷
整機工會	吳庭相	新橋城隍廟
天章絲織工會	姚福慶	林司後
虎林絲織工會	吳照林	蒲場巷
緯成絲織工會	楊剡三	下池塘巷
慶成絲織工會	杜茂生	金洞橋
文新怡絲織工會	李成坤	蒲場巷口
烈豐絲織工會	王錦堂	廣興巷

新豐泰絲織工會	丁月明	荷花池頭
零機料友工會	朱少臣	衆安橋
義成絲織工會	俞阿根	百井坊巷
零機絲織工會	蔡良欽	東園巷機神廟
泰成絲織工會	李鑫昌	青年路
江干船業工會	孫寶堂	候潮門外烏龍廟
江干脚夫工會	陳阿九	美政橋外街
江干拕木工會	陳小金	化仙橋大巷口
江干柴炭挑運工會	沈庚甫	南星橋馮相公廟
江干柴炭工友工會	王安良	洋泮橋小廟
光華火柴工會	陳安均	江干燒香弄
運河木排工會	顧天喜	候潮門外抽粉廠
臯塘絲織工會	唐梅慶	艮山門外機神廟
城北米業勞工會	盛安孚	湖墅賈家弄
城北袋業勞工會	趙才芳	同上
城北脚夫工會	唐國春	湖墅長板巷
城北箔業劈剪工會	陳俊鶴	湖墅信義巷
城北肥料挑運工會	陳惠泉	湖墅賈家弄
城北紙行工友工會	胡菊生	湖墅草營巷
燭業工友工會	金華庭	盔頭巷
米業勞工會	王小炳	法輪寺
娛園職工會	程幹鳳	大世界
二十橋埠挑夫工會	尤辛燦	下板兒巷
正始社安康工會	高攸臣	泗水芳橋
箔業砑紙工會	王惠堂	下蕉營巷
染練業絨綫工會	何章泉	法輪寺
米業袋司工會	戴秀梁	湖墅珠兒潭
金銀手工工會	呂綏金	盔頭巷
共舞台職工會	金和尚	新市場
染練業青藍工會	張炳泉	馬市街
箔業打工工會	金榮仁	軍督司巷
鉛印工會	趙春祥	柳翠井巷
城站影戲院工會	陳小圃	城站

杭州市商人團體一覽表

名稱	負責人姓名	地址

布業同業公會	李錦堂	柳翠井巷
紙業同業公會	韓文德	祖廟巷紙業公所
照相業同業公會	謝月溪	花市路南三弄
絲業同業公會	陳翰臣	東巷定相寺巷
油業同業公會	張沛然	元井巷
衣業同業公會	嚴雲樵	柳翠井巷
輪船業同業公會	鄭宜亭	拱宸橋招商局
雜貨業同業公會	胡正元	郭通園巷
捲菸業同業公會	沈桂蓀	上板兒巷
綵結業同業公會	姚少庭	下華光巷
廣貨業同業公會	於少炎	府橋
米業同業公會	葛安甫	木場巷
木排業同業公會	汪鈺錩	白馬廟
過塘業同業公會	韓子林	江干花牌樓
錢業同業公會	王子球	柳翠井巷
轉運業同業公會	賈樂山	上羊市街
銀行業同業公會	金潤泉	三元坊中國銀行
內河船業同業公會	何萃華	萬安橋河下

南貨業同業公會	方積薌	缸兒巷
典業同業公會	王薌泉	新民路典業銀行
國藥業同業公會	楊春驊	四條巷
人力車業同業公會	鄭錫麐	方谷園
醬業同業公會	陳星五	茅廊巷
印刷業同業公會	周錫光	羊壩頭
絲綢織造業同業公會	王五權	東清巷
飯業同業公會	王金寶	后市街
綢業同業公會	程心錦	頭髮巷
茶店業同業公會	楊祥麟	新市場
旅店業同業公會	陸寶泉	城站福緣巷福清弄
木板業同業公會	黃德銘	候潮門外課商公所
繭業同業公會	朱謀先	拱埠馬家橋
火腿醃臘魚鯗業同業公會	孟祿久	薦橋路
箔業同業公會	沈紀來	湖墅信義巷

七六

杭州市十八十九兩年份食米銷數及來源統計表

來源＼年份	銷數 十八年	銷數 十九年
蘇	一二四、〇〇二石	八四、五〇〇石
皖	三三五、三〇〇	二〇八、五〇〇
滬		二四三、一〇〇
本省	二八五、〇〇〇	二一八、〇一四
共計	七四四、三〇二	七五四、一一四

（註）本市全年食米銷數每年在壹百萬石以上本表所列十八年及十九年銷數乃根據市內各店號銷售之數尚有各鄉間或其他直接交易不經店號者均未列入其來源由滬運來者乃均係洋米再本表因編輯時關係不及排印故附入在雜項類合併聲明

杭州市十九年份全年平均物價指數表（簡單幾何平均）

民國十九年＝100

類別	種類	逐月平均	一月	二月	三月	四月	五月	六月	七月	八月	九月	十月	十一月	十二月	全年平均
糧食類	13	指數	106	109	110	127	115	121	112	115	102	87	88	87	107
食料類	29	指數	92	128	99	134	142	145	129	131	134	131	134	139	128
衣料類	31	指數	96	99	101	101	100	99	99	99	99	97	101	99	99
金屬類	9	指數	97	92	102	94	76	95	98	91	98	101	102	104	96
建築材料類	13	指數	91	94	94	100	97	100	103	103	101	101	104	105	99
燃料類	11	指數	93	96	97	96	102	105	101	100	101	101	102	103	100
雜項類	15	指數	86	93	97	95	96	97	102	101	100	100	100	103	98

中華民國二十年七月出版

杭州市十九年份社會經濟統計概要

編輯者　杭州市政府社會科

出版者　杭州市政府

印刷者　浙江印刷公司

杭州市政府社會科 編

杭州市二十一年份社會經濟統計概要

杭州：杭州市政府，民国二十二年(1933)鉛印本

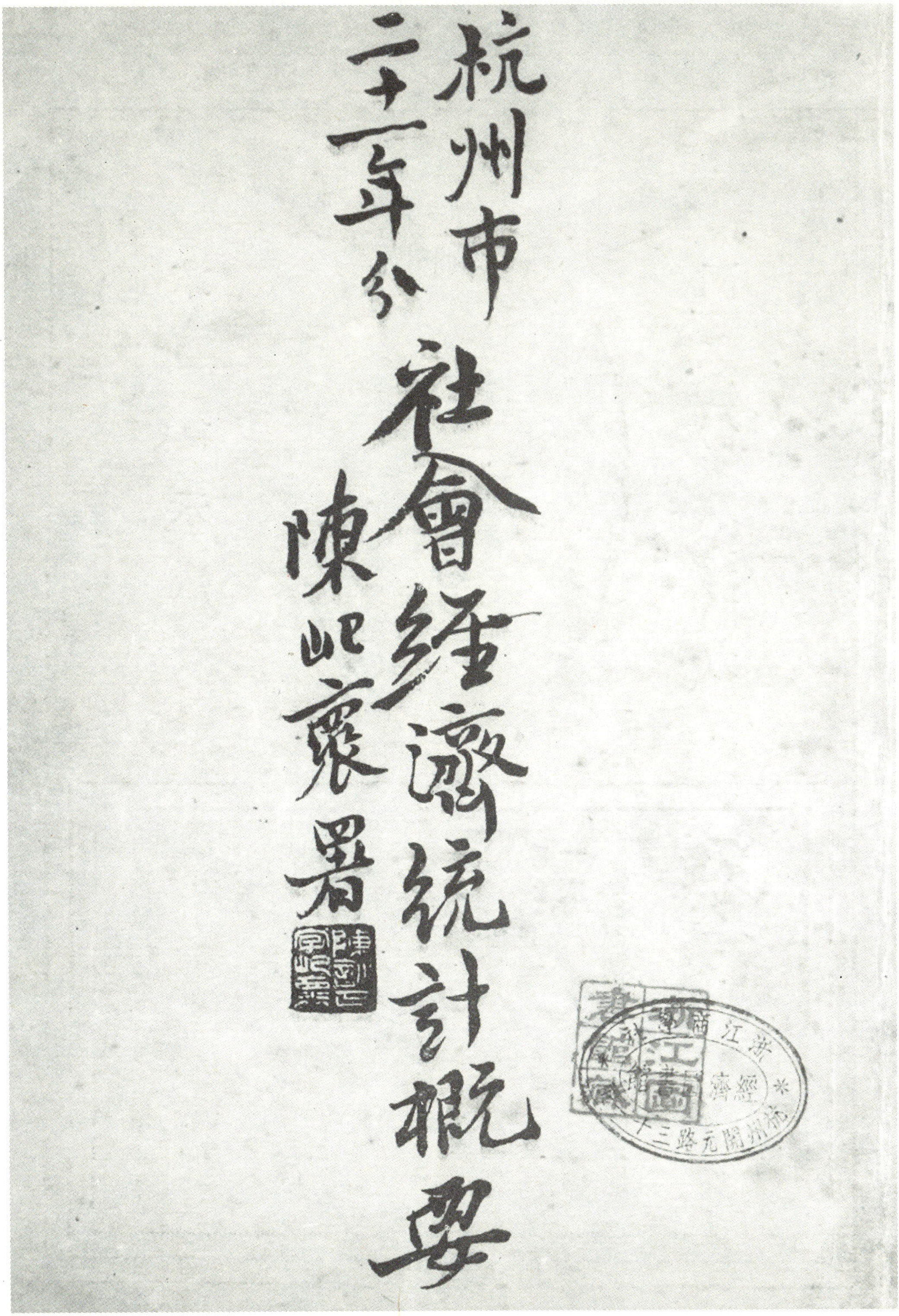

杭州市

二十一年分

社會經濟統計概要

陳屺懷署

總理遺像

革命尚未成功

同志仍須努力

總理遺囑

余致力國民革命凡四十年其目的在求中國之自由平等積四十年之經驗深知欲達到此目的必須喚起民衆及聯合世界上以平等待我之民族共同奮鬥

現在革命尚未成功凡我同志務須依照余所著建國方略建國大綱三民主義及第一次全國代表大會宣言繼續努力以求貫徹最近主張開國民會議及廢除不平等條約尤須於最短期間促其實現是所至囑

民國二十二年七月出版

杭州市二十一年份社會經濟統計概要

杭州市政府社會科編

例言

(一)本概要係將二十一年份各種社會經濟方面事實，列後表式，以便查考。

(二)本概要計分十大類：(1)農業(2)工業(3)商業(4)勞資糾紛(5)繭絲綢(6)戶口(7)糧食(8)社會病態(9)災害(10)雜項。

(三)本概要每年出版一次，第一次於十八年七月出版，此次係第五次。

(四)本概要之材料，有爲本科直接派人調查者，有由各機關團體代爲調查者。

(五)本概要所載材料，雖以二十一年份爲限，但有數種重要統計，有將歷年之材料聯載，以資比較。又因出版較遲亦有將二十二年份上半年所得材料，擇要附入，以作參考。

(六)本概要因人事財力關係，調查容有未週，取材不免掛漏，還祈讀者指敎。

民國二十二年七月杭州市政府社會科謹識

杭州市二十一年份社會經濟統計概要目錄

農業類

工業類

商業類

勞資糾紛類

絲綢類

糧食類

戶口類

社會病態類

災害類

雜項類

杭州市湖墅第十二區農村戶籍統計表

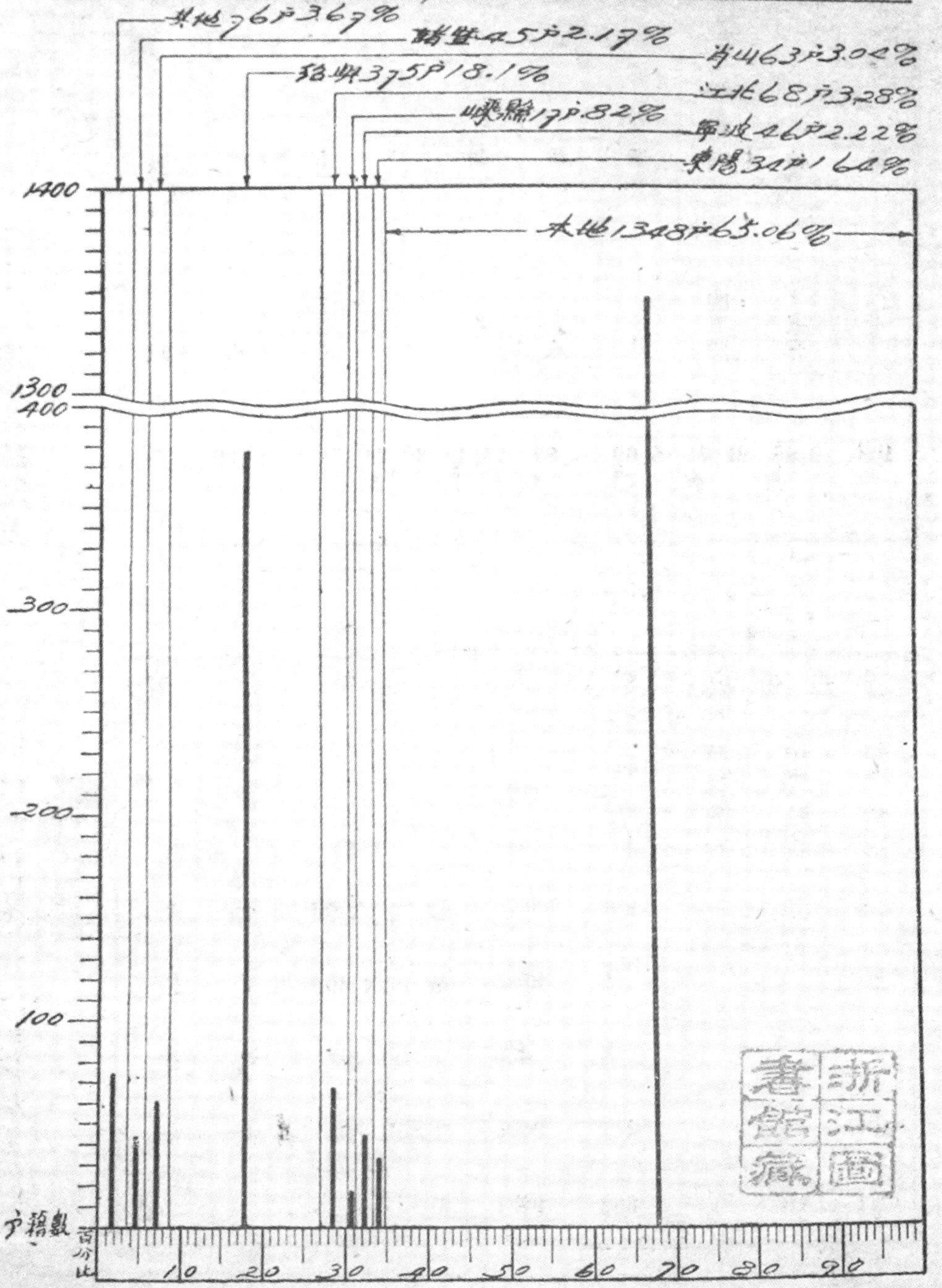

杭州市湖墅第十二區農村組織戶數表

種類	戶數	百分比
管理	八	.39%
自耕	四二〇	20.27%
半自耕	六三七	30.74%
佃耕	三六二	17.48%
兼耕	一八	.87%
農業勞動者	一一八	5.69%
兼農業勞動者	四五四	21.91%
其他	五五	2.65%
共計	二〇七二	100

杭州市湖墅第十二區農村人口及教育狀況表

性別／類別	年齡	人口總數	受教育人數	高等教育	中等教育	初等教育
男	十五至六十歲	3375	223	1	10	212
女	十五歲至六十歲	2883	2			2
老	六十歲以上	458	0			
幼	十五歲以下	3005	127			127
總計		9721	352	1	10	341

（教育程度：高等教育、中等教育、初等教育）

杭州市湖墅第十二區農用土地概況表

土地分類面積		農地業佃數別		農地每畝地價			農地荒熟比較	
種類	畝數	已有	租來	最高	最低	平均	荒熟	百分比
田	一〇、七九四·九六〇	四、九九七·二八〇	五、八一七·六八〇	二〇〇元	二〇元	一六五元	熟	九六
園	一〇六·四四〇	六四·七〇〇	四一·七四〇	一〇〇元	二〇元	一六〇元	熟	
池塘	一、六八四·〇四〇	一、二五八·七二〇	四二五·三二〇	五〇元	三〇元	四〇元	熟	
場地	三、二八三·四九八	三、二五五·一六八	二八·三三〇	二〇〇元	二〇元	一一〇元	熟	
荒地	五九七·七〇〇	四九七·四〇〇	一〇〇·三〇〇	三〇元	一〇元	二〇元	荒	四
合計	一六、四七六·五九八	九、三五三·三三八	七、一二三·二六〇				一六、四七六·五九八	一〇〇

（註）：本表所列農地每畝地價其中塘地因不宜種植故價廉然亦有以時勢之需要及地質之優劣而定價格之高低

杭州市湖墅第十二區主要農作生產統計表

種類	栽培面積	生產量			生產值		
		每畝最高	每畝最低	平均總產量	每畝最高	每畝最低	平均總產值
米	一〇、七九四·九四畝	二·〇担	·八担	一五、一一二·九四四担	一三元	七·〇元	一五一、一二九·四四〇元
麥	三四四·九〇	·七	·三	一七二·四五〇	六	四	八六二·二五〇
荳	五、三七七·七二	·七	·三	二、六八八·八六〇	六	四	一、三四四·四三〇
油菜	一、八〇四·〇四	·七	·五	一、〇八二·四二四	七	五	六、四九四·五四四
蔬菜	一〇六·四四	一〇·〇	二·〇	六三八·六四〇	六	一	一、二七七·二八〇
桑	二、三六四·〇三	一五·〇	三·〇	二一、二七六·二七〇	五	·三	四二、五五二·五四〇
竹	二三一·九一	二·〇	·六	三〇一·四八三	一〇	六	二、四一一·八六四
荸薺	七三三·六五	三〇·〇	一〇·〇	一四、六七三·〇〇〇	三	·六	二六、四一一·四〇〇
茭白	一八一·二九	五·〇	二·〇	六三四·五二五	五	一	一、九〇三·五七五
藕	三六二·八〇	一五·〇	二·〇	三、〇八三·八〇〇	五	·六	九、二五一·四〇〇
魚	三一七·〇〇	二·〇	·八	四四五·二〇〇	一二	九	四、八九七·二〇〇
李子	九〇·四〇	六·〇	三·〇	四〇六·八〇〇	三	一	八一三·六〇〇
梅	二〇三·一五	八·〇	四·〇	一二一·八九〇	一二	一	二四三·七八〇
菱	九四·八〇	四·〇	一·〇	二三七·〇〇〇	二	·五	二八四·四〇〇
楠子	八·五〇	八·〇	四·〇	五一·〇〇〇	一〇	六	四〇八·〇〇〇
蓴菜	四·五〇	六·〇	一·〇	一五·七五〇	三	一	三一·五〇〇

湖墅第十二區地勢與地質

地勢	畝數	地質
平坦地	一四、七八二·五五八畝	粘質壤土
低窪地	一、六九四·○四○	粘質壤土

（註）田圃場地爲平坦地池塘爲低窪地

湖墅第十二區耕地面積分配

類別	一戶最多	一戶最少	一戶平均
自耕農	八一·五畝	·三畝	四○·九畝
佃耕農	三一·○	·五	二五·七畝

湖墅第十二區農家畜養數值

種類	總數	平均價	總值
鷄	六六三三	·六元	三、九七九·八元
鵝	二七	·七	一八·九
鴨	二○八四	·五	一、○四二·○
猪	三五○	一四·五	五、○七五·○
牛	五	五○·○	二五○·○
羊	六六六	六·○	三、九九六·○

杭州市湖墅第十二區農家之住屋及其配置

種類	構造	材料	間數	每間價格 最高	最低	平均	估計總值
瓦屋	簡	瓦，木，土	三、七九九·五間	三○○元	五○元	一七五元	六六四、九一二·五元
草舍	陋	草，木，竹	一、一四二·五	四○元	二○元	三○元	三四、二七五·○元
洋房	平	洋灰，磚木	六	五○○元	三○○元	四○○元	二、四○○·○元

杭州市湖墅第十二區農家經濟概況表

負債有無比較

類別	戶數	百分比
負債的	一、〇〇六戶	四八、五%
不負債的	一、〇六六戶	五一、五%

借貸方法及其用途

借貸方法	搖會，典當，行賬，典押借欵，信用借欵	
用途	喪葬	營業借本
	家用	購買肥料
	醫藥	舊欠
	生意虧本	置產
	嫁娶	造船
	修屋造屋	水荒
	蠶虧	欠糧

借貸方法分析

類別	利率	期限	方法
搖會		每年三周或二周	情商
典當	二分	十二個月至十八個月	貨物典押
行賬		商約	
典押借欵	分半至二分	長期或暫時	契據抵押
信用借欵	分半至二分	長期或暫時	訂立借票

(註)欠債每戶最多七、〇〇〇元最少六元

儲款方法及其用途

儲款方法	放債，認會，存儲於信實店舖	
用途	置產	醫藥
	造屋舍	備荒年
	嫁娶	喪葬

杭州市湖墅第十二區農用器具式樣數値

式樣	種類	數目	平均價	總值
新式農具	打水機	一	三〇〇・〇〇元	三〇〇・〇〇元
	電力戽水機	一	租用	
	水門汀漕	三六	七四・〇〇元	二・六六四元
	涵筒	二二四	・二八元	六二・七二元
舊式農具	鋤	二〇七六	・九〇元	一八六八・四元
	鐵巴	二四六六	・八〇元	一九七二・八元
	括子	二一七一	・四〇元	八六八・四元
	勾刀	二三〇八	・三〇元	六九二・四元
	水車	二六六	二〇・〇〇元	五三二〇・〇元
	秲子樹	四	一二三・七五元	四九五元
	田操	四四四	・四〇元	一七七・六元

杭州市湖墅第十二區其他住戶之職業或農家之副業一班

男

養蠶　船匠　銅匠
撑船　木匠　磨紙
長工　捕魚　醫生
短工　皮匠　打鳥
泥水　篾匠　偵探
行販　廚司　教書
店夥　門房　郵務
拉車　挑夫　機司
擺攤　剃頭　塡工

女

洗衣　鞝鞋
做網籃　養蠶
捕魚　行販
長工　縫裙
措綜索　裁縫
短工　做洋襪
磨紙錠　針織
檢煤屑　檢茶葉
落絲　做紙錢

附註

以上各表均屬湖墅第十三區範圍之內包括城北里及芳元芳林二村（村落地名另表列后）至二十年分所調製農業各表係屬湖墅第十三區範圍之內雖屬同一湖墅區域然自二十年一月始已將杭州市區坊閭鄰改編湖墅區劃分爲第十二十三兩區又因本府調查時間及經濟關係故分二次調製合併聲明

芳元村

陳家埭　水田坂　陳家門　袁家門　何家閣　凌家埭　吳家閣　張家埭　中埭廊　沈家橋　瓦窰頭

妙家濱　隽家埭　蔣家埭　瓜山街　長廊濱　董家閣　范家閣　高家弄　山西閣　曹家橋　葉家埭

姜家埭　王家埭　章家埭　管家樣　錢家埭　下河兜　神龍橋　窰上　莫婆橋　瓦西濱

芳林村

胡家閣　楊家橋　斗門橋　灣斗　棠陽橋　潘家塘　王婆庄　高亭埧　褚家橋　北渡口　王家村　烏家濱　宋家村　六家塢　善賢埧　蕩板村

六堡村　王馬家橋　裏橫塘　袁家塘　隽堰頭　康家埧　姚家埧　六家登　塘河口　七古登　六家村　神龍橋　桑樹灣　西文車　房子蕩　蔡家橋

城北里

宗壇巷　東西糧箔橋　錢家花園　元帥廟　鐘衙弄　草營巷　徐公巷　小洋橋　塘南村　長板巷　三官弄　新河埧

清河塘上　雙蕩弄　東新關　趙家橋　應家道地　接待寺巷　傘場巷　木梳弄　沈塘橋　大小河東村

杭州市乳牛牧場調查表

名稱	杭州自由農場	三星牛乳公司	長山牛乳廠	茂森畜牧場
資本數	三萬元	五千元	二千元	六千元
經理姓名	尤志邁	湯生海	蔣宗三	朱權
乳牛 種類	改良種 烟台變種	川種黃牛及水牛	雜種	改良種
乳牛 頭數	六隻	大小共二十六頭	拾頭	五十隻
乳牛 價格	每只平均約六百元	一百二十至四百元	每只平均九十元	每只平均二百元
搾乳 次數	每日二次	每日二次	二磅	三次
產乳 量數	每日約共六十磅	每頭每日平均二十磅	每日廿五磅	每日三百廿磅
產乳 總數	每年二千五百廿磅	每年約二萬一千六百磅	尚無統計	拾萬餘磅
產乳 價格	每磅二角四分	每次二角	每磅二角二分	每磅一角八分
乳 銷路狀況	尚佳	每日約銷廿五磅以秋冬二季最旺	尚佳	春夏銷煉乳 秋冬銷鮮乳
裝乳 用器	最新式裝瓶機	瓶，鉛桶，奶桶	貯奶用器用搪磁	玻璃磅瓶分送
裝乳 設備	蒸氣消毒機等		簡式蒸氣消毒	蒸氣消毒
牧夫人數	二人	五人	五人	十八人
疾疫及治療		如遇疾疫請牛醫隨時診治	臨時請獸醫診治之	聘有獸醫專治
備註			該廠創設未久成績尚佳惟設備及管理方面尚在計劃改良中	該場乳牛用荷蘭公牛與本國種交配漸次改良平均每只每日可產二十五磅

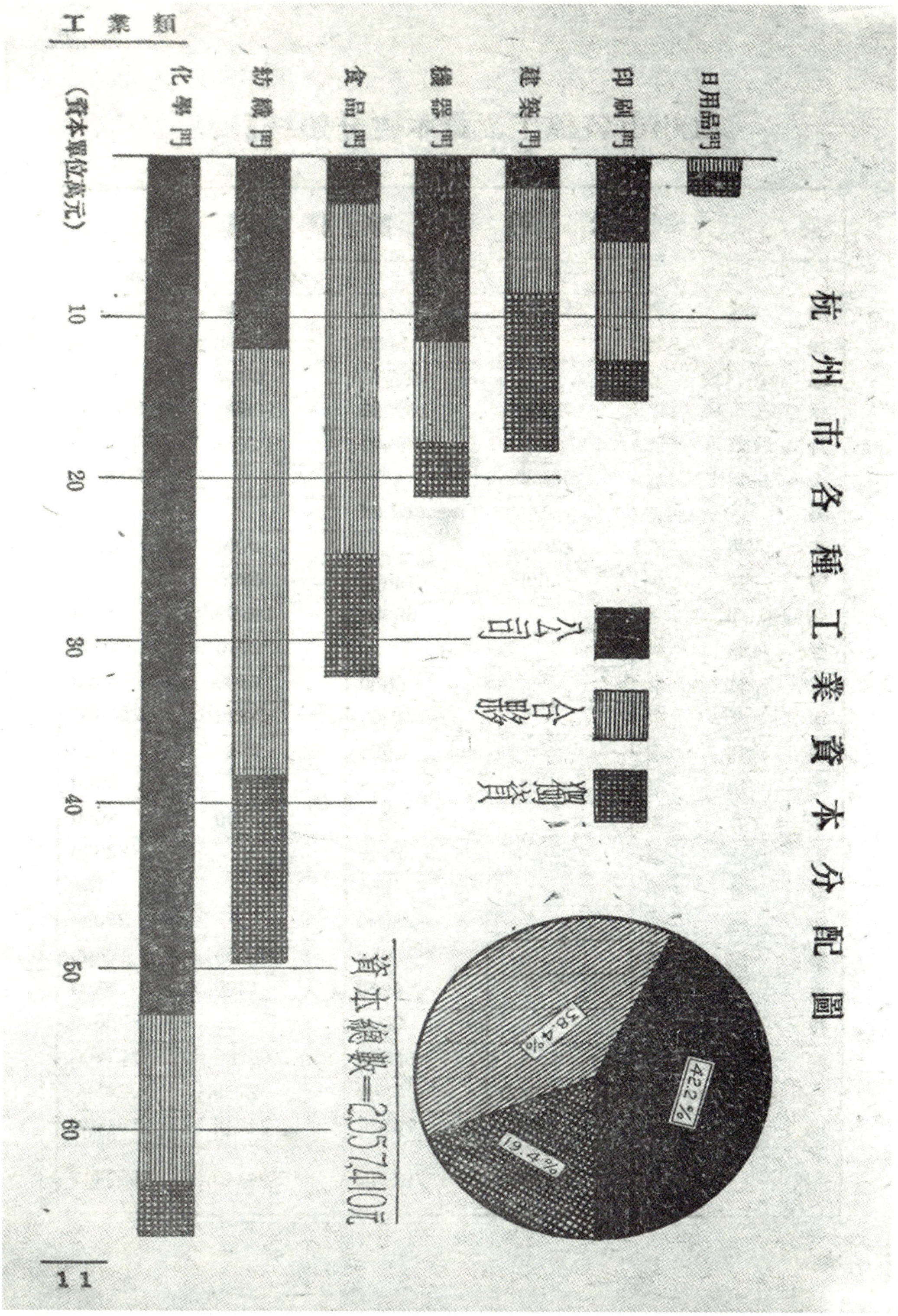
杭州市各種工業資本分配圖
工業類
日用品門
印刷門
建築門
機器門
食品門
紡織門
化學門
(資本單位萬元)
10
20
30
40
50
60
公司
合股
獨資
42.2%
38.4%
19.4%
資本總數=2,057,410元
11

杭州市各種工業資本數分類統計表

業別	公司	合夥	獨資	共計
	$	$	$	$
機器業	115000	55500	21950	192450
翻砂業		9480	9200	18680
棉紡織業		66500	4900	71400
絲纖織業	120000	162500	93600	376100
針織業		35900	14700	50600
火柴業	500000			500000
燭皂業		33000		33000
玻璃業	20000		4000	24000
製革業	10000	14800	5800	30600
染煉印花業		50390	19870	70260
製藥業			2000	2000
電鍍業		4000	2300	6300
碾米業		171000	65320	236320
製麵業		5600	6010	11610
榨油業		5000		5000
牛乳業		7000	2000	9000
製冰業	30000	2000		32000
豆汁業		150		150
製糖業		28000		28000
製傘業		650	12150	12800
草帽業		6900	1400	8300
煤球業		3000		3000
營造業		51500	106200	157700
建築材料業	20000	3800	2700	26500
印刷業	53000	74600	24040	151640
總計	868000	791270	398140	2057410

杭州市各種工業工人數比數圖

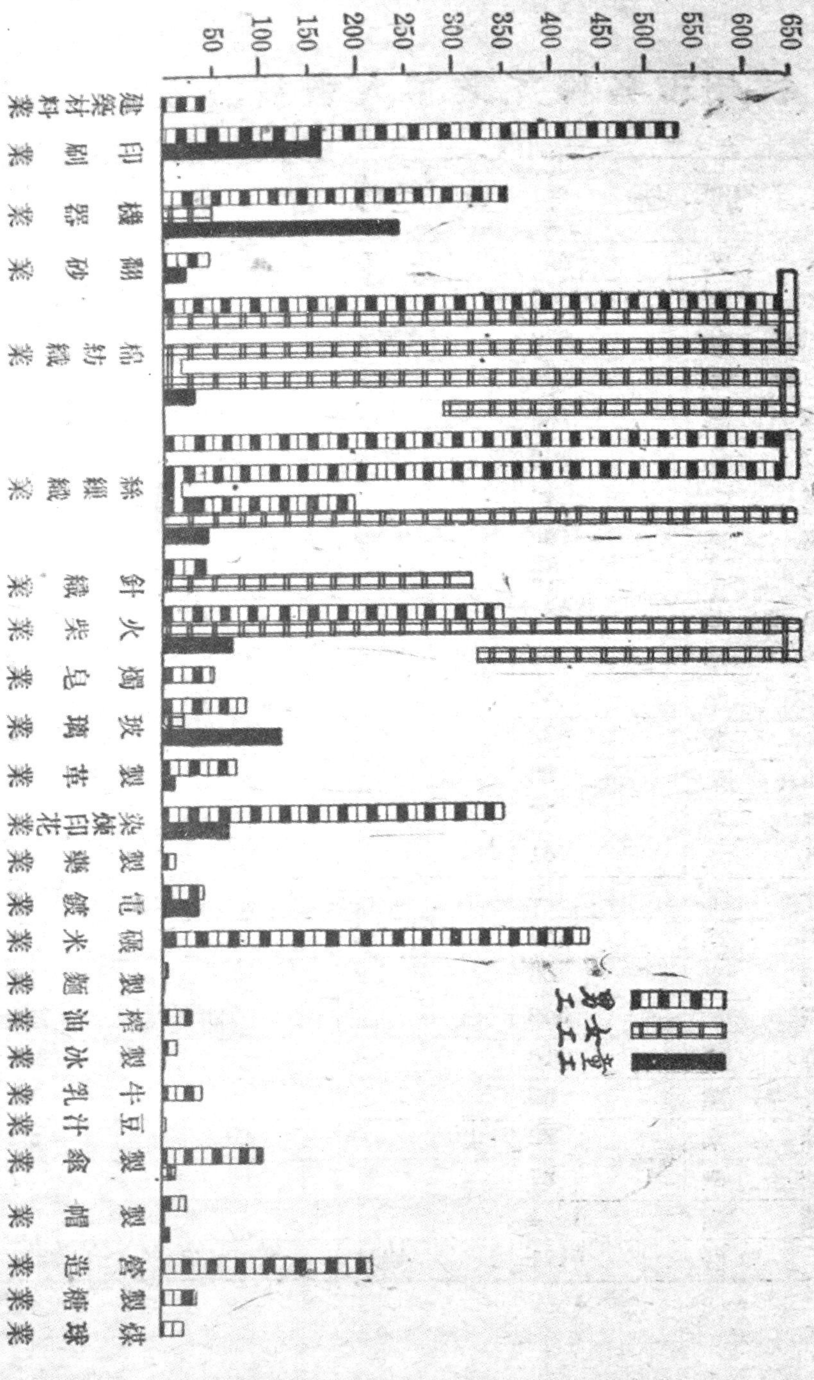
650
600
550
500
450
400
350
300
250
200
150
100
50
男工
女工
童工
建築材料業
印刷業
機器業
翻砂業
棉紡織業
絲綢織業
針織業
火柴業
燭皂業
玻璃業
製革業
染煉印花業
製藥業
電鍍業
碾米業
製麵業
榨油業
製冰業
牛乳業
豆汁業
製傘業
製帽業
營造業
製糖業
煤球業

杭州市各種工業工人數統計表

業別	男工	女工	童工	共計
機器業	357	5	247	609
翻砂業	47		22	69
棉紡織業	679	2373	33	3084
絲綢織業	1538	648	46	2232
針織業	44	318		362
火柴業	350	1000	71	1421
燭皂業	52			232
玻璃業	86	20	126	52
製革業	73		13	86
染煉印花業	350		68	418
製藥業	14			14
電鍍業	41		36	77
碾米業	439			439
榨油業	30			30
製冰業	17		1	18
牛乳業	41			41
豆汁業	3			3
製傘業	104	16		120
製帽業	26	2	9	37
印刷業	546		166	712
營造業	216			216
建築材料業	55			55
煤球業	22			22
製糖業	37			37
製麵業	4		1	5
總計	5171	4381	839	10391

杭州市各種工業工資比較圖

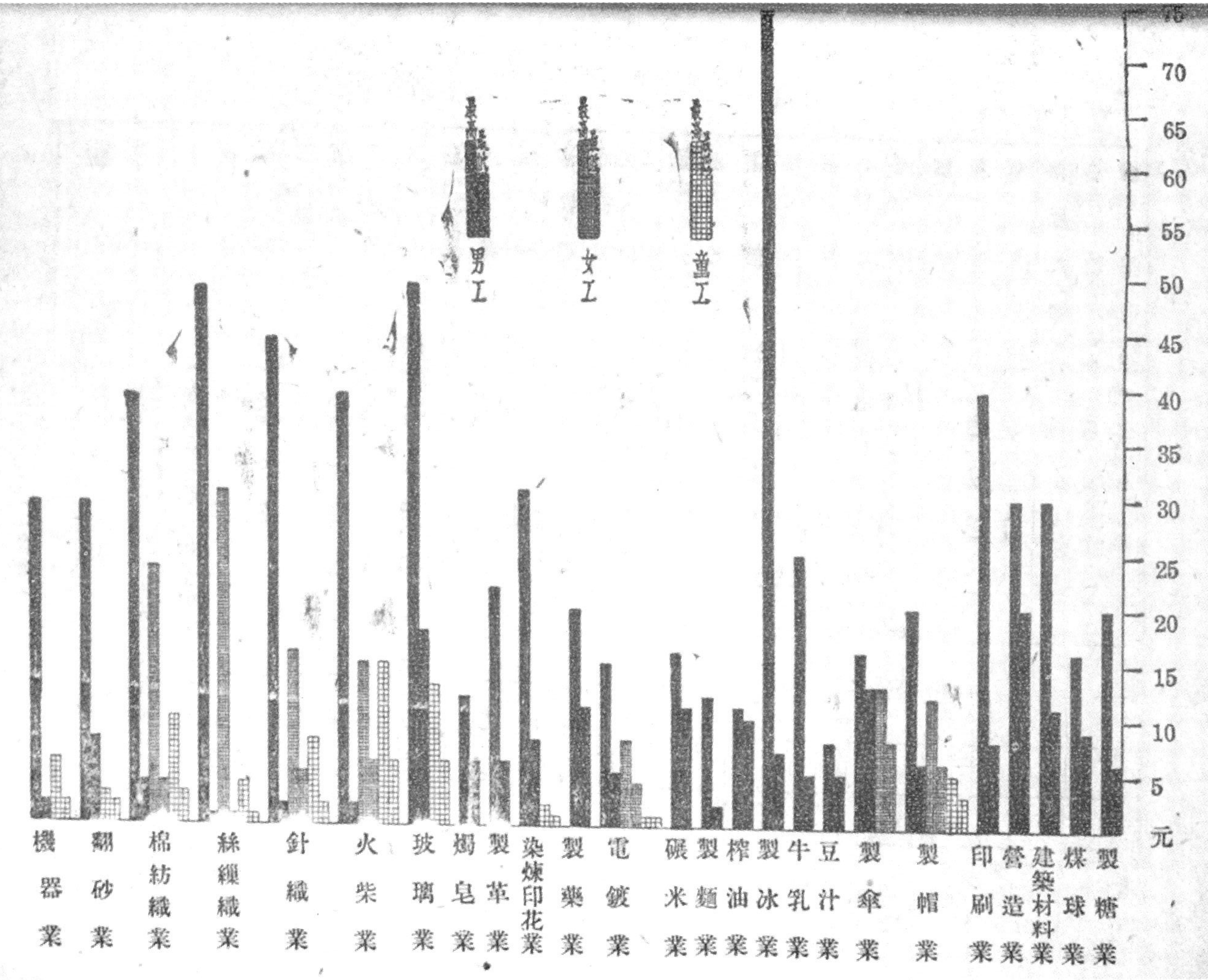
男工
女工
童工
機器業
翻砂業
棉紡織業
絲纖織業
針織業
火柴業
玻璃業
燭皂業
製革業
染煉印花業
製藥業
電鍍業
碾米業
製麵業
榨油業
製冰業
牛乳業
豆汁業
製傘業
製帽業
印刷業
營造業
建築材料業
煤球業
製糖業
元
5
10
15
20
25
30
35
40
45
50
55
60
65
70
75

杭州市各種工業工資高低比較表

（本表工資數以月計算）

業別	男工			女工			童工		
	最高	最低	普通	最高	最低	普通	最高	最低	普通
	$	$	$	$	$	$	$	$	$
機器業	30	2	12				6	2	2
翻砂業	30	8	14				3	2	2
棉紡織業	40	4	15	24	4	12	10	3	4
絲繅織業	50	1	20	30	1	13	4	1	2
針織業	45	2	15	16	5	6	8	2	3
火柴業	40	2	25	15	6	10	15	6	10
燭皂業	12	6	10						
玻璃業	50	18	20				13	6	9
製革業	22	6	12						
染煉印花業	30	8	12				2	1	6
製藥業	20	11	16						
電鍍業	15	5	10	8	4	5	1	1	1
碾米業	16	11	14						
製麵業	12	2	5						
榨油業	11	10	10						
製冰業	75	7	30						
牛乳業	24	5	15						
豆汁業	8	5	6						
製傘業	16	7	12	13	8	10			
製帽業	20	6	12	12	6	8	5	3	5
印刷業	40	8	20						
營造業	30	20	25						
建築材料業	30	11	13						
煤球業	16	9	12						
製糖業	20	6	16						

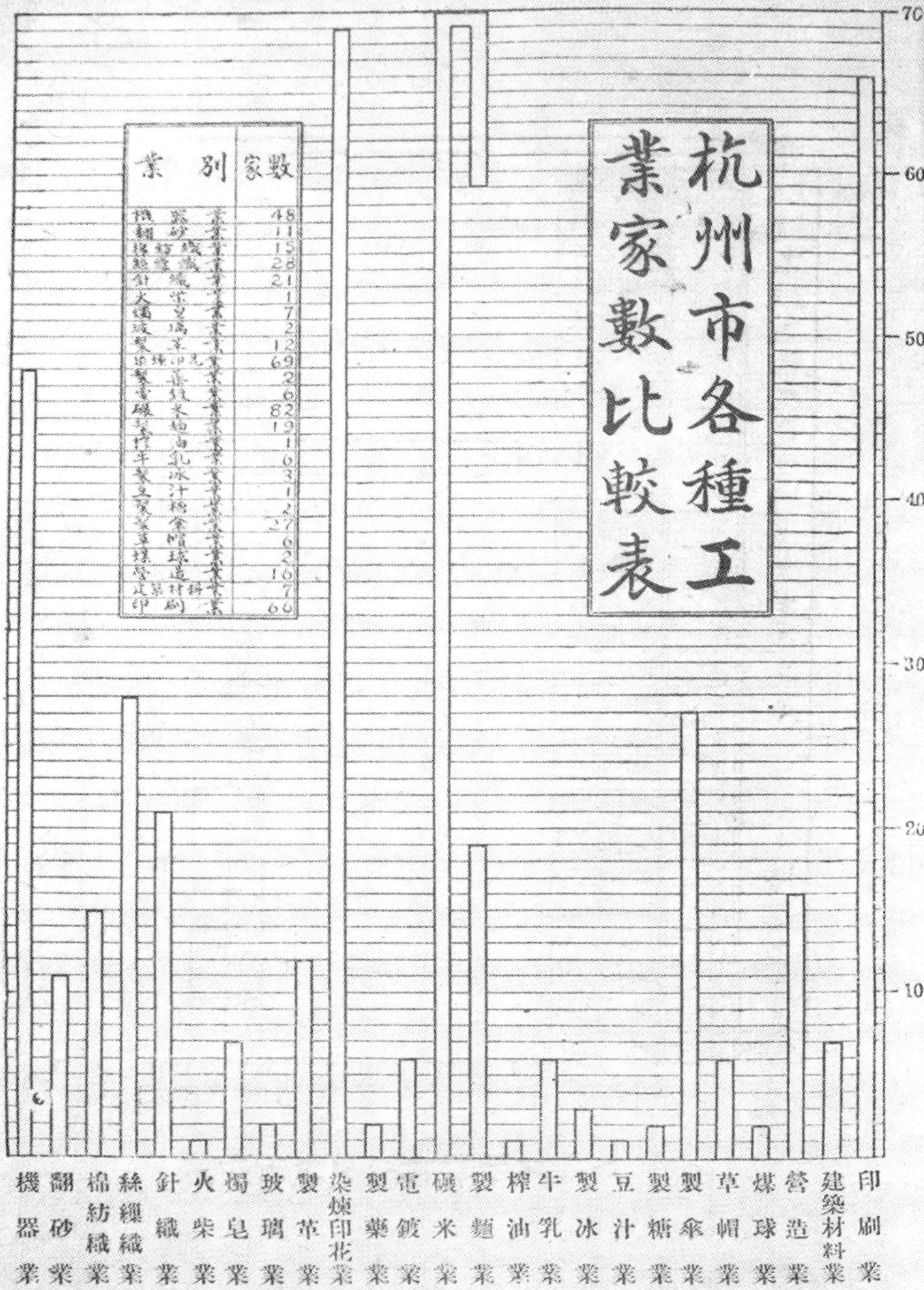

業別	家數
機器業	48
翻砂業	11
棉紡織業	15
絲纖織業	28
針織業	21
火柴業	1
燭皂業	7
玻璃業	2
製革業	12
染煉印花業	69
製藥業	2
電鍍業	6
礱米業	82
製麵業	19
榨油業	1
牛乳業	6
製冰業	3
豆汁業	1
製糖業	2
製傘業	27
草帽業	6
煤球業	2
營造業	16
建築材料業	7
印刷業	66

杭州市各業工作時間比較表

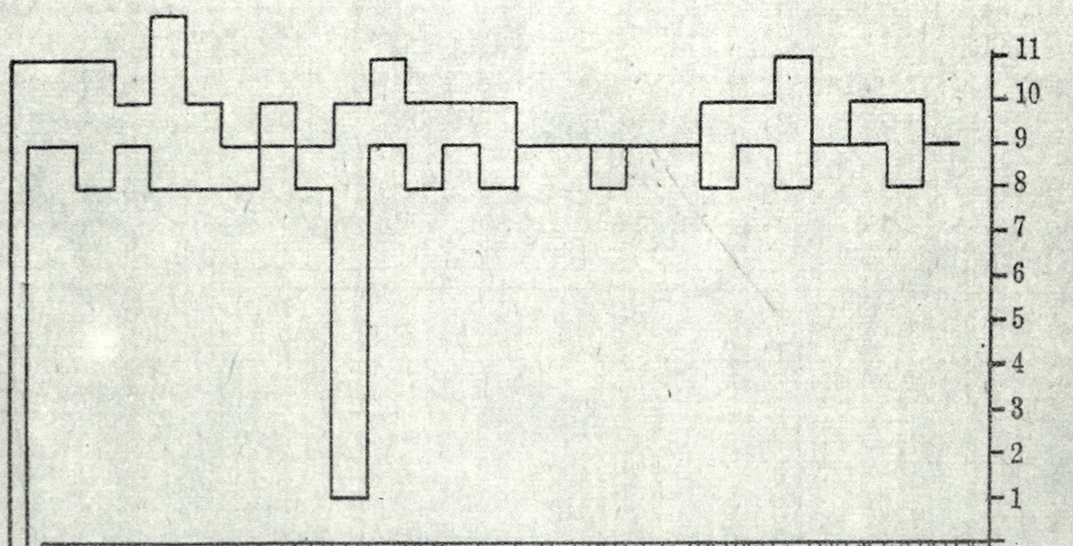

單位小時

業別	最短	最長
製糖業	九	九
煤球業	八	十
建築材料業	九	十
營造業	九	九
印刷業	八	十一
製帽業	九	十
製傘業	八	十
豆汁業	九	九
牛乳業	九	九
製冰業	八	九
榨油業	九	九
製麵業	九	九
碾米業	八	十
電鍍業	九	十
製藥業	八	十
染煉印花業	九	十一
製革業	一	十
燭皂業	八	九
玻璃業	九	十
火柴業	八	九
針織業	八	十
絲綢織業	八	十二
棉紡織業	九	十
翻砂業	八	十一
機器業	九	十一

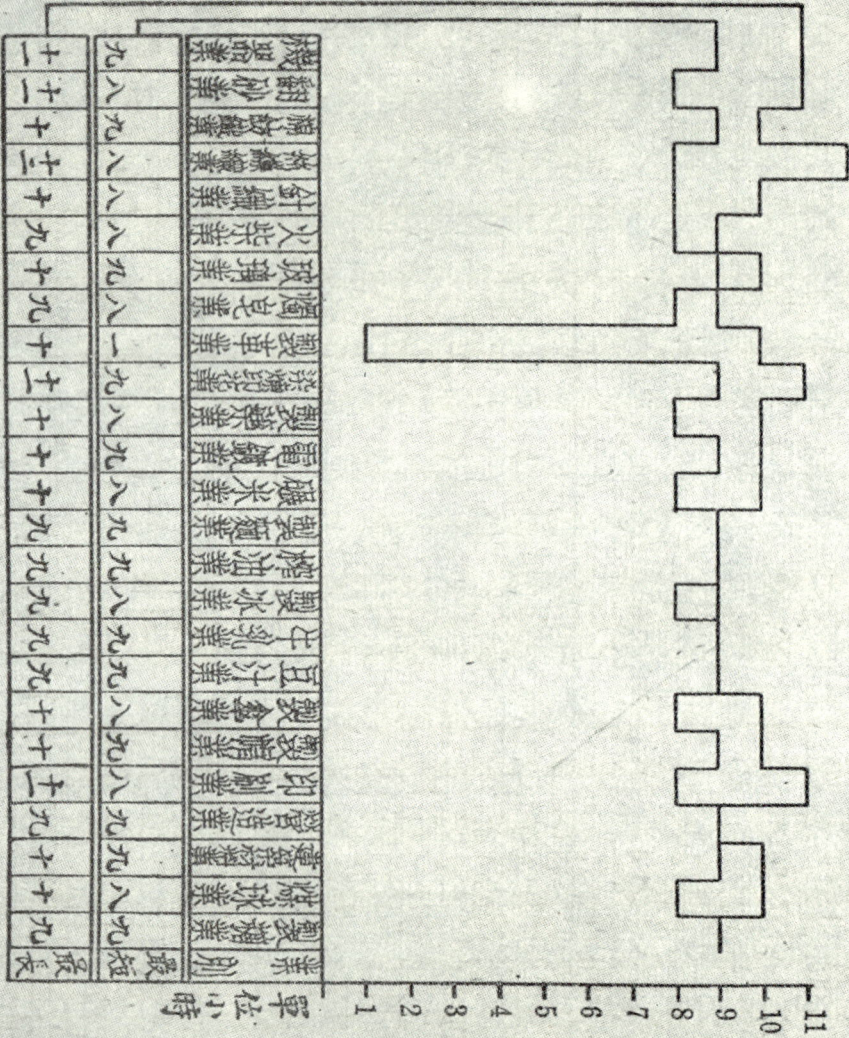

杭州市工業分類表

一、機器工業門：甲機器業
　　　　　　　　乙翻砂業

二、紡織工業門：甲棉紡織業
　　　　　　　　乙絲綢織業
　　　　　　　　丙針織業

三、化學工業門：甲火柴業
　　　　　　　　乙玻璃業
　　　　　　　　丙燭皂業
　　　　　　　　丁染煉印花業
　　　　　　　　戊製藥業
　　　　　　　　己電鍍業
　　　　　　　　庚製革業

四、食品工業門：甲碾米業
　　　　　　　　乙製麵業
　　　　　　　　丙榨油業
　　　　　　　　丁製冰業
　　　　　　　　戊牛乳業
　　　　　　　　己豆汁業
　　　　　　　　庚製糖業

五、日用品工業門：甲製傘業
　　　　　　　　　乙製帽業
　　　　　　　　　丙煤球業

六、印刷工業門：甲印刷業

七、建築工業門：甲營造業
　　　　　　　　乙建築材料業

機器工業門

機器工廠一覽表（總計四十八廠）

廠名	廠址	性質	成立年月	資本數	經理姓名	工人數	全年生產總額
武林鐵工廠	太平門	公司	民國三年	十萬元	袁仲符	男一三〇人	十二萬元
大冶鐵工廠	太平門	公司	民國十二年	一萬五千元	錢榮波	男十六人 童八人	一萬元
大成鐵工廠	紅石板四十七號	合夥	民國十八年	五千元	忻季稜	男七人 童十八人	一萬元
華昌記藝鐵工廠	東街七四四號	獨資	民國二十年	六百元	劉世潮	男六人 童七人	二千五百元
生昌鐵工廠	東街七二九號	獨資	民國二十年	三百元	朱昌海	男二人 童三人	一千四百元
何復昶機器鐵工廠	東街六二二號	獨資	民國十六年	一千元	何復堂	童五人	三千八百元
楊聚興鐵工廠	東街八〇五號	獨資	民國十三年	一千元	楊鴻達	男三人 童五人	三千元
邊聚興工鐵廠	東街五二二號	獨資	民國十六年	七百元	邊一品	男四人 童二人	二千元
大陸鐵工廠	東街八三五號	獨資	民國十九年	三千元	冷陳氏	男二人 童七人	四千元
心化鐵工廠	東街一〇四一號	獨資	民國十四年	四百元	壽玉生	男二人 童二人	三千元
劉六藝鐵工廠	東街三六〇號	獨資	民國十五年	五百元	劉世潮	男二人 童一人	一千五百元
協隆鐵工廠	清泰路五四號	合夥	民國二十年	五百元	周筱庭	男一人 童七人	三千元
立新機器廠	清泰路一四一號	合夥	民國五年	二千六百元	吳春錄	男四人 童四人	五千六百元
鼎新鐵工廠	靈芝路四一，四三號	合夥	民國十年	一千五百元	祝起鳳	男三人 童七人	九百元

鑽昌合記鐵工廠	同春坊三九號	合夥	民國二十年	三千元	鍾寶坤	男一四人 童一四人	三萬元
瑞新鐵工廠	大東門三六號	獨資	民國十年	五百元	張品瑞	男八人 童七人	六千元
瑞昌鐵工廠	大東門直街一四號	獨資	民國二十年	三百元	丁順昌	男一人 童二人	四百元
協興斌記鐵工廠	忠清巷一〇〇號	獨資	民國二十年	五百元	周炳榮	童二人	六百元
戴興昌鐵工廠	大東門四九號	獨資	民國十九年	三百元	戴正和	男二人 童五人	五百元
信昌鐵工廠	大東門直街三四號	獨資	民國十二年	五百元	陳茂森	男二人	七百元
許福記鐵工廠	大東門二十六號	獨資	民國十三年	五百元	許福生	童二人	七百元
虎麟鐵工廠	大福清巷三三號	獨資	民國二十年	一千元	楊福松	男二人 童五人	六千元
協昌機器廠	慶春路一七九號	合夥	民國十五年	五千元	趙永發	男一一人 童一八人	二萬元
普飛機器廠	慶春路	獨資	民國九年	一千元	戚凌飛	男三人	五百元
建鴻鐵工廠	太平門一五〇號	獨資	民國二十年	七百元		男二人 童三人	四千元
慎新鐵工廠	里仁坊八五號	獨資	民國二十二年	二百元	陳阿根	男一人 童四人	七百元
徐森泰鐵工廠	里仁坊三一號	獨資	民國十五年	五百元	徐慶榮	男二人 童五人	二千元
振業機器廠	察院前三八號	獨資	民國元年	五百元	陳聚興	男二人 童三人	一千五百元
永泰鐵工廠	江干校月巷	獨資	民國二十年	三百元	張順發	男二人 童三人	五百元
隆昌鐵工廠	水師前九號	獨資	民國十一年	一千元	陳家香	童六人	一千元
大來鐵工廠	新橋長道弄	合夥	民國二十年	二萬元	張雪樵	男六一人 童二四人	七萬二千元
戴聚興鐵工廠	弼教坊六九號	獨資	民國二十年	一千元	戴桂全	男三人	八百元

義昌機器廠	裏橫河橋直街三〇號	合夥	民國二十年	九百元	王阿五	男二人 童一人	九百元
和昌金記鐵工廠	閘口徐村三夫人廟邊	合夥	民國二十年	三千元	張金培	男八人 童五人	
鍾大昌福記鐵工廠	學士路三四號	獨資	民國二十年	五百元	鍾高福	男五人 童二人	一千元
蔣源昌鐵工廠	東街路五五號	獨資	民國十九年	七百五十元	蔣隆興	男一人 童三人	九百元
公興鐵工廠	鳳山門口	獨資	民國二十一年	四百元	杜福祥	男一人 童二人	一千元
隆昌春記鐵工廠	接骨橋直街三三號	獨資	民國二十年	五百元	陳家春	男二人 童八人	三千七百元
協義鐵工廠	白蓮花寺直街二八號	獨資	民國二十一年	五百元	林岳正	男五人 童三人	二百元
中華豐記鐵工廠	裏橫河橋直街二九號	獨資	二十一年	一千元	袁豐順	男一人 童六人	一千八百元
張永興鐵工廠	三元坊四號	獨資	民國十六年	二百元	張永興	男二人 童三人	六千元
旭新鐵工廠	東街路四二一號	獨資	民國二十一年	二百元	湯連成	男二人 童一人	六百元
鑫華仁記鐵工廠	東街路三二一號	合夥	民國二十一年	二千元	金棨昌	男二人 女五人 童三人	五百元
正華潤記鐵工廠	東街路太平橋堍	獨資	民國二十一年	二百元	韓潤之	男一人 童四人	一百元
東昇鐵工廠	東街路太平橋堍	獨資	民國二十一年	一百元	韓文冲	男一人 童一人	二百元
和昌機器廠	閘口塘上	合夥	民國十二年	一萬元	周金寶	男七人 童九人	三萬元
信源鋼鏟廠	東街路一〇三七號	合夥	民國二十一年	二千元	王迪斐	男七人	二千四百元
楊增興鋼鏟廠	東街路興隆巷三號	獨資	民國十八年	一千元	楊奎棠	男三人 童五人	五千餘元

（註）本表所列各鐵工廠除公興，協義，中華豐記，旭新，鑫華仁記，正華潤記，東昇，信源，等八廠均係新近開設者外其餘大致與二十年份調查相同其範圍較大工廠設備機械數目總計有刨床十三部車床八十八部鑽床六十三部鉒床四部研磨機三部冲床一部鋸床五部砂輪床一部鋼鏟機二部

翻砂工廠一覽表（總計十一廠）

廠名	廠址	性質	成立年月	資本數	經理姓名	工人數	全年生產總值
永興翻砂廠	章家橋石板巷四六號	合夥	民國十三年	五千元	何成榮	男三人 童八人	四千五百元
應振昌翻砂廠	清泰路九七號	獨資	民國三年	五千元	應芝庭	男一八人 童一九人	二萬四千餘元
李福泰爐廠	鳳山外直街七三號	獨資	民國二十一年	五百元	李世珍	男四人	一千二百元
王福興爐廠	萬壽亭三五號	獨資	清光緒年間	五百元	王賢興	男二人	八百元
顏錦泰爐廠	萬壽亭八〇號	獨資	清光緒年間	四百元	顏福順	男二人	一千元
德泰爐廠	湖墅木梳弄	獨資	清宣統元年	四百元	沈得有	童二人	五百元
吳大房爐廠	天漢洲橋二〇號	獨資	清光緒年間	四百元	吳學仁	男二人	六百元
大有源翻砂廠	東街石板巷七九號	獨資	民國十三年	一千元	姚鶴齡	男七人 童十人	一萬元
大成翻砂廠	裏橫河橋直街二六號	合夥	民國二十二年	四百八十元	杜根堯	男六人 童四人	未定
榮昌祥記翻砂廠	東街路三三號	合夥	民國二十一年	一千元	李炳泉	男三人 童七人	一千五百元
三友翻砂廠	東街路四五九號	合夥	民國十九年	三千元	薛潮源	男五人 童十二人	一萬元

（註）本表所列除大成，榮昌祥記，二廠係新近開設新昌廠因故閉歇外其餘大致與二十年份調查相同惟全年生產總值及工人數因營業遜色均略有減少云

紡織工業門

棉紡織業工廠一覽表（總計十四廠）

廠名	廠址	性質	成立年月	資本數	經理姓名	工人數	全年生產量	全年生產總值
三友實業社杭廠	拱宸橋	公司	民國十八年	由總公司隨時劃撥	岑子厚	男五五〇人 女一五〇〇人	棉紗二千五百件 布疋三萬二千疋 毛巾三萬打	二十萬元
振華布廠	孩兒巷九四號	合夥	民國元年	三千元	張壽珊	男二八人 女七〇人	布一萬疋	四萬元
大豐盛記布廠	孩兒巷口	合夥	民國十七年	二萬元	何慶祥	男七人 女二二七人	布一萬二千疋	八萬元
九華永布廠	孩兒巷三一號	合夥	民國十七年	一萬元	馬禹門	男十六人 女一一〇人	布一萬六千疋	十萬元
廣生布廠	竹竿巷七四號	合夥	民國十二年	一萬元	謝焯三	男二一人 女二〇人 童三〇人	布三萬疋	二十四萬元
惠民布廠	長慶街八五號	合夥	民國十五年	一萬八千元	朱煥章	女一一八人	布一萬七千疋	九萬四千元
華豐紗布廠	府前街五號	合夥	民國十八年	五千元	丁伯勳	男四人 女四八人	紗布六萬磅	二萬四千元
正豐布廠	登雲橋四〇號	合夥	民國十七年	四千元	韓培元	女七〇人	布六千五百疋	二萬八千元
永新布廠	安樂橋一〇號	合夥	民國十七年	六千元	余弨青	男二人 女一〇〇人	布九千疋	七萬五千元
華新祥毛巾廠	后市街八十三號	獨資	民國八年	二千元	施元祥	男二一人 女四人	毛巾一萬五千打	二萬三千元
經和毛巾廠	華光巷河下四號	獨資	民國十八年	二千元	馬竹軒	男一四人 女四人	毛巾一萬三千打	一萬七千元
新民毛巾廠	鳳山門外街一五九號	獨資	民國十九年	四百元	吳逸民	男二人	毛巾一千五百打	一千五百元
立成毛巾廠	葵巷七號	合資	民國二十一年	五百元	駱稷臣	男四〇人	毛巾一千八百打	一千八百元
志成辮帶廠	三角蕩四號	獨資	民國十九年	五百元	林志成	女三八人 童三人	辮帶二百四十包	八百四十元

絲繅織業工廠一覽表（附經緯廠與紋工廠）（總計二十八廠）

廠名	廠址	性質	成立年月	資本數	經理姓名	工人數	全年生產量	全年生產總值
震旦絲織公司	刀茅巷十一號	公司	民國十七年	八萬元	施春山	男一二五人 女二五人	絲織品六千疋	三十五萬元
烈豐綢廠	廣興巷七號	合夥	民國十四年	五千元	汪培坤	男四〇人 女一二人	絲織品四百六十疋	三萬兩
永安綢廠	五福樓二六號	合夥	民國十九年	一萬元	陳耀慶	男一一〇人 女一一〇人 童一五人	絲織品一萬三千疋	四十萬元
慶春綢廠	小福清巷六號	公司	民國二十年	四萬元	王文蔚	男一八人 女七〇人	絲織品三千二百疋	八萬元
鳳凰綢廠	長慶街五〇號	合夥	民國二十年	五萬元	王鳴九	男五〇人 女四〇人 童一五人	絲織品五千疋	二十萬元
慶成繅絲廠	東街路四〇五號	獨資	光緒年間	五萬元	徐禮畊	男五五人 女七〇人	綢七千八百疋 絲二百担	三十五萬元
裕成綢廠	東街石板巷一七五號	合夥	民國二十年	五千元	金溶德	男二二人 女三人 童一人	絲織品九百疋	三萬元
悅昌文綢廠	東街落渡橋一二〇八號	合夥	民國六年	三萬元	王思恭	男八六人 女七六人 童五人	經絨八萬兩 絲織品二千五百疋	十七萬元
悅昌隆綢廠	羊千巷一四號	獨資	民國十二年	一萬元	王達記	男一二人 女五六人	絲織品一千三百疋	五萬元
經成織綢廠	御箋街	合夥	民國十三年	一萬元	戴鴻聲	男五四人	絲織品一千六百疋	五萬六千元
文新恆綢廠	大學路口	合夥	民國七年	六千元	曹味蘅	男七五人	絲織品一千五百疋	四萬元
怡章鴻綢廠	東街路石板巷一九六號	合夥	民國十一年	五千元	姚潤卿	男三〇人 女五人 童一人	絲織品一千五百疋	三萬七千元
天豐綢廠	黃醋園巷四號	獨資	民國八年	五千元	胡慎康	男六四人 女一一人	絲織品一千二百疋	九萬元
錦亞綢廠	磨盤井巷一〇號	獨資	民國十四年	五千元	鍾左孫	男二一人	絲織品五百五十疋	二萬元
泰章綢廠	艮山門新塢上	合夥	民國十五年	五千元	陸建章	男一五人 女一二人	絲織品二千四百疋	三萬四千元
鴻章綢廠	瑞墇巷二八號	合夥	民國十四年	四千元	駱耀甫	男二三人 女四五人	絲織品一千三百疋	五萬五千元

勤業綢廠	下皮市巷二二四號	合夥	民國二十年	五千元	毛愛堂	男二八人 女一八人 童七人	綢葛一千五百疋	五萬元
大成撚絲廠緯達電織廠	青年路二號	獨資	民國二十年	一萬元	馮茂棠	男一七人	二千七百疋	五萬六千元
雲裳綢廠	百歲坊巷六號	合夥	民國二十年	六千元	謝啓元	男一八人 女六人	絲識品一千〇五十疋	四萬元
東方綢廠	山子巷一七號	合夥	民國二十年	一萬五千元	張雪農	男五四人 女二〇人	絲織品三千疋	九萬元
大經經緯廠	百歲坊巷小井頭二七號	合夥	民國二十年	一千五百元	謝禾民	男七人 女一一人		
都錦生絲織廠	艮山站旁	獨資	民國十一年	一萬元	都錦生	男四五人 女一七人	絲織風景五萬二千張 襯衫內衣七百廿打	五萬九千元
福記經廠	磨盤井巷二號	獨資	民國十九年	一千元	沈國賓	女一四人	經七千兩	四千元
精勤紋工廠	貫橋直街	獨資	民國十六年	三百元	王章富	男二人		二千元
慎興紋工廠	鳳凰街一號	獨資	民國十四年	三百元	馮介祺	男二人 童一一人		一千五百元
海天紋工廠	東街落渡橋下	獨資	民國二年	二千元	盧厚安	男四人 童一一人		一萬二千元
天工織綢廠	小福清巷	合夥	民國二十年	五千元	金竹安	男二〇人 女七人	絲織品六百疋	一萬六千元
合成經緯工廠	銀洞巷五號	合夥	民國十九年		許幼石	女二〇人		一萬元

（註）本表所列除廠址門牌工人數全年生產總量，總值略有出入外其餘均依照二十年份調查所得惟緯成公司杭廠天章絲織廠等範圍較大工廠係受全世界絲織衰落之影響致經濟周轉不靈以致閉歇良可嘆也

針織業工廠一覽表（總計二十一廠）

廠名	廠址	性質	成立年月	資本數	經理姓名	工人數	全年生產量	全年生產總值
六一織造廠	里仁坊四七號	合夥	民國十六年	二萬元	陳浩	男二三人 女八五人	汗衫二萬打衞生衣一萬五千打	十五萬元
廣東襪廠	新民路四一七號	合夥	民國二十二年	二千元	黃劍武	男一〇人	未定	未定

萃隆記襪廠	六克巷口	合夥	清宣統元年	一萬元	朱嗣伯	男 女	一〇〇人 三〇〇人	襪一萬八千五百打	五萬二千元
振興襪廠	保佑坊八六號	獨資	民國元年	三千元	吳根福	男 女	二八人 一八人	襪一萬一千打	二萬二千元
華通襪廠	聯橋二八號	獨資	民國十年	二千元	汪耀齋	女	二五人	襪八千打	一萬六千元
協華襪廠	木場巷三六號	獨資	民國十年	二千元	黃元祥	女	三人	襪三百打	六百元
德興祥襪廠	城隍牌樓二號	合夥	民國二十二年	一千元	饒蘭蓀	女	十二人	襪三千打	三千元
汪恆泰襪廠	壽安坊二九號	獨資	民國十一年	二千元	汪詠舟	男 女	二八人 三〇人	襪四千五百打	一萬元
恆義新襪廠	水師前六九號	獨資	民國十四年	一千元	王印厚	女	一二人	襪三千五百打	七千元
湯恭興襪廠	鼓樓一號	獨資	民國元年	一千元	湯榮堂	女	二人	襪五百打	一千元
義成襪廠	同春坊六五號	合夥	民國七年	一千元	徐平	男 女	七人 三〇人	襪八千打	一萬五千元
大興襪廠	新民路七六號	獨資	民國十七年	五百元	孫月山	女	一二人	襪二千八百打	四千元
合興襪廠	察院前八號	合夥	民國十八年	五百元	李旭東	女	二三人	襪六千打	一萬二千元
家庭襪廠	東街路三四號	獨資	民國二十年	五十元	沈子清	女	三人	襪三百打	三百元
天順襪廠	東街一〇〇七號	獨資	民國十四年	三百元	謝文寶	女	二人	襪五百打	一千元
陳雙和襪廠	察院前三六號	獨資	清光緒年間	三百元	陳文達	女	四人	襪一千四百打	一千四百元
利康襪廠	水師前九五號	獨資	民國十七年	二百五十元	費佳利	女	八人	襪六百打	一千元
東亞襪廠	東街路九六八號	合夥	民國二十一年	四百元	吳子誠	女	二人	襪八十打	二百元
庭記襪廠	東街路八三號	獨資	民國二十二年	三百元	卜庭芳	女	十四人	未定	未定
利華襪廠	鳳山門直街三七號	獨資	民國十一年	三百元	李德生	女	三人	襪一千五百打	一千五百元

鳳新襪廠	察院前六二號	獨資	民國二十二年	二百元	柳少安	女	一人	未定	未定

（註）本表二十年份所調查列有德生，瑞綸，義大三廠，均因故停業本年新開者計有廣東，庭記，鳳新等三廠

化學工業門

火柴業工廠一覽表

廠名	廠址	性質	成立年月	資本數	經理姓名	工人數	全年生產量	全年生產總值
光華火柴廠	江干資福廟前	公司	清宣統三年	五十萬元	趙選青	男三五〇人女一〇〇〇人童七一人	火柴二十四萬箩	一百六十萬元

燭皂業廠工一覽表（總計七廠）

廠名	廠址	性質	成立年月	資本數	經理姓名	工人數		全年生產量	全年生產總值
勝月洋燭廠	拱埠杭州路一〇一號	合夥	民國四年	四千元	鄭世賡	男	四人	洋燭三千七百箱	一萬三千元
美亭洋燭廠	拱埠會安街	合夥	民國十九年	三千元	沈齡齋	男	五人	洋燭四千八百箱	一萬五千元
美亭皂廠	過軍橋河下三號	合夥	民國十九年	九千元	王梓域	男	一六人	肥皂八千五百箱	三萬二千元
大利皂廠	雄鎮樓直街四〇號	合夥	民國七年	五千元	葉鴻年	男	九人	肥皂一萬箱	三萬五千元
大興皂廠	鳳山門外興隆巷二三號	合夥	民國十八年	五千元	李錦裳	男	九人	肥皂七千箱	二萬二千元
裕通達記皂廠	萬安橋北河下七十號	合夥	民國十八年	二千元	陳雙喜	男	五人	肥皂三千箱	九千元
豐和皂廠	湖墅清和閘	合夥	光緒三十年	五千元	茹幼欽	男	四人	肥皂四千箱	二萬元

玻璃業工廠一覽表（總計二廠）

廠名	廠址	性質	成立年月	資本數	經理姓名	工人數	全年生產總值
仁和玻璃廠	六部橋直街四五號	獨資	民國十八年	四千元	王松年	男三六人 童二六人	五萬五千元
民生製造廠	武林門外混堂橋	公司	民國十九年	二萬元	周師洛	男五〇人 女二〇人 童一〇〇人	六萬元

製革業工廠一覽表（總計十二廠）

廠名	廠址	性質	成立年月	資本數	經理姓名	工人數	全年生產量	全年生產總值
震華鞋廠	鳳山門直街四三四五號	合夥	民國十九年	二千元	方瑞林	男二人	鞋三萬雙	二萬七千六百六十元
杭州皮革公司	清泰門外河下一號	公司	民國十三年	一萬元	湯擁伯	男一六人 童二人	羊皮七千張 牛皮五百張	二萬二千元
沈德順皮革廠	皮市巷一五二號	獨資	清光緒年間	二千元	沈泗卿	男二人	羊皮三百張 牛皮四十張	七百元
武林皮革廠	清泰門外二三號	合夥	民國十年	二千元	施金鏞	男一六人	羊皮一萬張 牛皮二千張	三萬元
萃隆皮革廠	望江門外一一五號	合夥	民國十年	四千四百元	顧永燦	男十人 童四人	羊皮三千張 牛皮二千張	三萬六千元
華林皮革廠	清泰門外五號	合夥	民國十七年	一千元	張渭川	男四人 童五人	羊皮三千張 牛皮一千張	一萬三千元
協茂皮革廠	上皮市巷七六號	合夥	民國十六年	三千元	劉春福	男三人	羊皮牛皮四〇〇張	八千元
信昌皮革廠	下皮市巷一七五號	合夥	民國四年	一千元	陳章達	男九人	羊皮六千張 牛皮五十張	一萬元
裕號興記皮革廠	上皮市巷五九號	獨資	清光緒年間	三千五百元	陳采臣	男一〇人	羊皮一萬張 牛皮二百張	一萬六千元
清泰皮革廠	清泰門外義河塘七號	合夥	民國十八年	九百元	閏後良	男一人 童二人	羊皮牛皮三百張	二千五百元
三泰皮革廠	清泰門外義和塘六號	合夥	民國十八年	九百元	孫阿祥	男一人 童二人	牛皮三百張	二千元
常益皮帶廠	察院前太廟巷口三四號	獨資	民國十二年	三百元	余秀鴻	男六人 童二人	皮件品	九千元

染煉印花業工廠一覽表（總計六九廠）

廠名	址	性質	成立年月	資本數	經理姓名	工人數	全年生產總值
公大染煉廠	東街石板巷二號	合夥	民國十二年	一萬元	張耀庭	男一四人 童四人	四萬元
大華染煉廠	三元坊六二號	合夥	民國十七年	三千元	屠永生	男三〇人	五千元
大華染煉廠支店	湖墅大夫坊六二號	獨資	民國十八年	一百元	錢福棠	男一人	五百元
九和染整廠	通江橋河下一號	合夥	清光緒年間	三千元	王炳謙	男一三人 童六人	一萬二千元
大章元染煉廠	御箪弄	合夥	民國十七年	三千元	馮延甫	男一〇人	五千元
義大染煉廠	弼教坊二五號	合夥	民國二十一年	一千元	陶寶欽	男六人 童二人	二千八百元
洪大染煉廠	湖鳴寺迴龍廟六六號	合夥	民國九年	二千六百元	孫正浩	男一三人 童九人	一萬五千元
恆瑞昌染煉廠	登雲橋二號	獨資	民國五年	一千元	金錦福	男一四人 童二人	七千元
協昌染廠	水師前二四號	獨資	民國十八年	五千元	勞春陽	男三人	一千元
華成洗染廠	新民路一三六號	獨資	民國十三年	四百元	金承炳	童一人	九百元
華成洗染廠分店	吳山路七號	獨資	民國二十年	六百元	金承炳	男五人 童三人	三千六百元
大華彰洗染廠	新民路三二〇號	獨資	民國十五年	三百五十元	郭復初	男一人 童一人	九百元
慶祥印花廠	景嘉弄九號	合夥	民國十七年	五百元	董維善	男一四人 童三人	三千元
元大染煉廠	湖墅娑婆橋直街七〇號	合夥	清光緒年間	三千三百元	馬禹門	男一三人	八千元
元昌染煉廠	湖墅明眞宮直街六四號	合夥	清光緒年間	一千元	王珠寶	男五人 童一人	三千七百元
乾昌榮染煉廠	湖墅大關紫荊街九六號	獨資	民國五年	八百元	丁啓榮	男一五人	五千元

正和仁洗染廠	拱埠杭州路八三號	獨資	民國十七年	一百廿元	范錦春	男一人 童一人	五百元
潤新洗染廠	拱埠武林路八號	獨資	民國十四年	八十元	王順嘉	男一人	五百元
復盛染煉廠	美政橋外街九五號	合夥	清光緒年間	六百元	倪炳泉	男四人 童一人	三千元
天申洗染廠	下羊市街	獨資	民國七年	一百三十元	章天申	男一人	一百元
源泰洗染廠	湖墅珠兒潭一五號	獨資	民國二十二年	八十元	金紀生	男三人	未定
雲章洗染廠	洋泮橋六三號	獨資	民國二十一年	一百元	董成培	男一人	二百七十元
美麗洗染廠	洋泮橋外街	合夥	民國二十一年	二百九十元	宋有全	男三人 童一人	二百元
振新電機洗染廠	致仁路五七號	獨資	民國十一年	一百元	王錦堂	男一人	九百五十元
盧永泰洗染廠	察院前二五號	獨資	民國二十年	一百五十元	盧子權	男一人	三百元
公大新洗染廠	會館河下廿九三十號	合夥	民國元年	二千元	沈應鶴	男一〇人	七千元
華麗洗染廠	望仙橋直街二九號	獨資	民國廿一年	一百六十元	吳寶堂	男一人	一百元
泰昌洗染廠	望仙橋河下	合夥	民國十八年	五百元	趙慶賓	男四人 童一人	二千元
高純昌洗染廠	望仙橋河下二〇號	獨資	民國五年	二千元	趙慶賓	男一〇人 童二人	一萬四千元
劉乾泰洗染廠	通江橋河下七號	獨資	清光緒年間	一千元	景元祥	男七人 童一人	四千元
華成新洗染廠	羊埧頭巷二六號	獨資	民國二十年	一百元	陳茂德	男一人 童一人	六百元
元茂染煉廠	木場巷三九號	合夥	民國十九年	二千元	謝錦林	男一二人	七千元
大新電機洗染廠	板兒巷九九號	獨資	民國十六年	一百五十元	孫賢康	男一人 童二人	五百元
新新洗染廠	靈芝路六三號	合夥	民國十八年	二百元	王俊卿	男一人	四百五十元

復新成洗染廠	靈芝路六二號	獨資	民國十八年	一百五十元	陳奎元	男	一人	四百元
俞泰豐洗染廠	清泰路一八五號	獨資	民國十六年	三百元	俞潤瑞	男 童	一人 一人	一千元
公益綢綾染廠	東街路一〇至一二號	合夥	民國十一年	二千八百元	吳光儀	男	七人	一萬一千元
灘新洗染廠	平海路五四號	獨資	民國十六年	三百元	孟福奎	男 童	三人 二人	一千元
杭州益記精煉廠	官巷口鐵線巷口	合夥	民國廿年	二千元	孫玉堂	男	一八人	三千元
信大染煉廠	官巷口	合夥	民國二十二年	二千元	高幼幼	男	五人	五百元
寶華洗染廠	新民路四五〇號	獨資	宣統元年	五百元	薛鑫寶	男 童	一人 一人	三百元
福記洗染廠	青年路五號	合夥	民國廿年	一百五十元	許有順	男 童	三人 二人	八百元
源昇電機洗染廠	新水漾橋四八號	合夥	民國十三年	五百元	斯榮昌	男 童	一人 二人	一千六百元
大中華染煉廠	貫橋	合夥	民國廿一年	四千元	徐午喬	男	一八人	六千元
大經洗染廠	同春坊九二號	獨資	民國十八年	二百元	鄭華康	男 童	三人 二人	一千元
聚華洗染廠	和合橋二三號	獨資	民國廿一年	一百元	許文祿	男	一人	三百六十元
景花綠洗染廠	焦棋杆一一號	合夥	民國廿二年	六百元	錢豪	男 童	四人 一人	未定
日新洗染廠	平海路九三號	獨資	民國十五年	三百元		男 童	三人 一人	二百元
保大洗染廠	平海路八九號	獨資	民國二年	二百元	范文興	男 童	二人 二人	八百元
大中華洗染廠	延齡路二二〇號	獨資	民國二十一年	一百五十元	潘文鑑	男 童	一人 一人	一百元
杭州洗染廠	延齡路	獨資	民國二十一年	五百元	范菊生	男 童	二人 三人	六百元
達豐洗染廠	東河坊路一〇〇號	獨資	民國廿年	一百元	史應祥	男	一人	四百元

天源洗染廠	鼓樓前一四號	獨資	宣統三年	四百五十元	陳炳生	男 童	二人 一人	三千六百元
九源洗染廠	新水漾橋三號	獨資	民國廿一年	四百五十元	陳廷芳	男 童	六人 一人	二千五百元
叢花洗染廠	荐橋六八號	獨資	民國十九年	八百元	沈傳霖	男 童	四人 一人	三千元
華新洗染廠	鹽橋直街	獨資	民國元年	三百元	陳渭松	男	五人	一千四百元
愛華洗染廠	東街二四二號	獨資	民國廿年	一百元	高賢壽	男	一人	四百八十元
家裕洗染廠	湖墅珠兒潭二六號	獨資	民國廿年	三百元	丁世坤	男	一人	四百元
美華洗染廠	北浣沙路二五號	獨資	民國廿年	一百五十元	沈昌記	男	三人	六百七十元
福泰洗染廠	湖墅大夫坊九四號	獨資	民國十年	二百元	金連貴	男	五人	九百元
壽隆昌記德染煉廠	慶春路二四五號	合夥	民國十九年	三千元	倪清泉	男 童	一〇人 三人	一萬七千元
美華洗染廠	海月橋大街一三一號	獨資	民國廿二年	二百元	宋成薪	男 童	二人 一人	二百四十元
黃元興染廠	美政橋外街一三三號	獨資	同治年間	一千元	黃榮福	男	七人	八千元
江南洗染廠	南星橋警署街六一號	合夥	民國廿一年	一百五十元	喬榮甫	男	二人	五百元
化成洗染廠	南星橋警署街四號	獨資	民國十八年	三百五十元	董成培	男	二人	二千元
六桔染工廠	東街路一〇二二號	獨資	民國九年	一百元	邵阿慶	男	一人	三百元
月宮洗染釜	察院前七三號	獨資	民國廿一年	一百元	蔡良欽	男 童	一人 一人	三百元
泰昌洗染廠	鳳山門直街四號	獨資	民國廿一年	五十元	劉茂銅	男	六人	二百元
恆昶洗染廠	敦仁路一五八號	獨資	民國十七年	一百元	鮑景松	男 童	一人 一人	五百元

製藥業工廠一覽表（總計二廠）

廠名	廠址	性質	成立年月	資本數	經理姓名	工人數	全年生產總值
慶餘堂膠廠	南城脚下一五號	合夥	清道光年間	資本合併在胡慶餘堂藥店	毛佐衡	男八人	六萬餘元
蔡同德膠廠	湖濱路	獨資	民國十年	二千元	湯以堯	男六人	四萬餘元

電鍍業工廠一覽表（總計六廠）

廠名	廠址	性質	成立年月	資本數	經理姓名	工人數	全年生產總值
同順鍍鎳廠	布市巷二九號	合夥	民國十年	一千元	曹雨齋	男八人 童七人	三千元
衡昌文記鍍鎳廠	弼教坊四六號	獨資	民國十一年	八百元	壽文效	男一二人	六千元
同和鍍鎳廠	新宮橋一四三號	獨資	民國十五年	七百元	顧建高	男四人 童八人	四千元
久和鍍鎳廠	上后市街三二號	獨資	民國十八年	三百元	溫順隆	男九人 童七人	一千五百元
沈茂記鍍鎳廠	竹竿巷一一一三號	獨資	民國十六年	五百元	潘志成	男三人 童六人	五千元
寶康拋鍍廠	新民路四四〇號	合夥	民國十七年	三千元		男五人 童八人	三千六百元

食品工業門

碾米業工廠一覽表（總計八十二廠）

廠名	廠址	性質	成立年月	資本數	經理姓名	工人數		全年生產總值
正大碾米廠	湖墅珠兒潭一四號	合夥	清光緒年間	八千元	唐雍甫	男	一八人	
恆大碾米廠	湖墅珠兒潭六六號	合夥	民國十六年	八千元	韓雨文	男	二十二人	
益興碾米廠	湖墅娑婆橋一一二一一三號	合夥	民國二十年	六千五百元	李維生	男	一人	
同裕碾米廠	湖墅娑婆橋五八號	合夥	清宣統元年	五千元	顧怡煦	男	二十六人	
同孚碾米廠	湖墅娑婆橋六四號	合夥	民國元年	二萬四千元	顧延安	男	一五人	
元潤碾米廠	湖墅倉基上九三號	合夥	清宣統二年	三千元	趙鎮齊	男	九人	
永利公碾米廠	湖墅倉基上五二號	合夥	民國二年	三千元	陳望子	男	六人	八萬元
誠濟碾米廠	湖墅左家橋	合夥	民國元年	三千元	沈祖恩	男	八人	八萬二千元
萬源碾米廠	湖墅左家橋	合夥	清光緒年間	三千元	楊賡堂	男	五人	五萬元
鄭德裕碾米廠	湖墅雙輝弄	獨資	清宣統元年	三千元	鄭雅言	男	一一人	七萬七千元
裕豐仁碾米廠	湖墅大關紫荊街六四號	合夥	民國十四年	二千元	傅賜福	男	二人	二萬元
永源碾米廠	湖墅大關紫荊街一一七號	合夥	民國十七年	二千元	翁揚春	男	一人	一萬八千元
泰豐碾米廠	湖墅大關康家橋三五號	合夥	民國八年	二千元	楊賡堂	男	二人	三萬元
穗生碾米廠	湖墅大關康家橋三一號	獨資	清同治年間	一千元	朱維新	男	三人	二萬五千元

祥泰碾米廠	湖墅大關康家橋	獨資	清同治年間	一千二百元	瞿恭生	男	七人	
通裕元碾米廠	湖墅大關明眞宮直街六三號	獨資	民國元年	一千四百元	朱葆玉	男	二人	二萬元
通濟碾米廠	湖墅大關明眞宮直街五〇號	獨資	民國八年	一千元	徐桂林	男	三人	四萬元
恆豐協碾米廠	拱埠杭州路一五三號	合夥	民國十六年	一千六百元	傅利書	男	二人	一萬四千元
源大裕碾米西廠	拱埠橋西大街一二五號一二七號	獨資	民國十六年	二千元	胡餘慶	男	二人	二萬元
源大裕碾米東廠	拱埠橋東河下		民國五年	二千元	胡餘慶	男	三人	二萬元
和豐米廠	武林門直街四六號	獨資	民國十九年	四千元	孫顯亭	男	八人	七萬五千元
公濟洽記碾米廠	章家橋八號	合夥	民國二十一年	二千元	鍾德明	男	七人	六萬元
久泰祥碾米廠	板兒巷一七〇號	合夥	民國二十二年	一千元	韓灌夫	男	二人	未定
萃亨碾米廠	芳潤橋堍	合夥	民國十三年	六千元	來裕標	男	五人	八萬九千四百十元
豐禾碾米廠	候潮門外一四號一六號一八號	合夥	民國十七年	二千元	許壽分	男	二人	三萬元
泰順碾米廠	化仙橋直街四三號	獨資	民國十七年	二千元	陳耀堂	男	二人	二萬四千元
仁康祥碾米廠	江干警署前三七號	合夥	民國八年	二千元	傅炳泉	男	六人	八萬元
恆泰豐碾米廠	江干警署前	合夥	民國十六年	二千元	馮葆祥	男	四人	五萬元
裕和仁碾米廠	江干海月橋七八號	合夥	民國十四年	八百元	來永章	男	五人	三萬六千元
同源碾米廠	菜市橋直街	獨資	民國十四年	三千元	沈楚珩	男	一一人	四萬元
聚豐年碾米廠	菜市橋十字路口	合夥	民國十六年	三千元	葛安市	男	五人	八萬元

裕豐恆碾米廠	和合橋一二三號	合夥	民國十五年	二千元	周虹生	男	四人	四萬五千五百元
宏源碾米廠	湖墅清龍巷八號	合夥	清光緒年間	三千元	沈厚本	男	六人	十一萬元
董厚裕碾米廠	東街路九七三號九七五號	合夥	民國元年	三千元	董梓豫	男	五人	四萬九千元
正和碾米廠	東街石板巷	合夥	民國十九年	四千元	李念慈	男	三人	三萬四千元
復興碾米廠	拱宸橋西直街一三三號一三五號	獨資	民國六年	二千一百元	趙介眉	男	二人	一萬二千元
同豐泰協記碾米廠	望江門直街六九號七一號	合夥	民國十九年	六千元	余長林	男	三人	四萬元
隆盛源記碾米廠	望江門直街八七號	合夥	民國七年	三千元	朱家芳	男	三人	六萬四千元
泰和碾米廠	湖墅信義巷三六號	獨資	民國廿年	五百元	沈啓林	男	二人	七千元
同慶和記碾米廠	望仙橋直街六五號	獨資	民國十九年	二千七百元	顧藕堂	男	一二人	五萬五千八百元
宏泰碾米廠	昭慶路五號	合夥	民國七年	一千二百元	楊根堂	男	三人	四萬元
源豐碾米廠	昭慶路六〇號	合夥	民國二十一年	六百元	杜福金	男	二人	九千元
寶和祥碾米廠	太廟巷直街三二號	獨資	民國二年	三千元	來渭南	男	五人	六萬元
嘉昌利恆記碾米廠	清泰路一六三號	合夥	民國六年	三千元	盧榮正	男	七人	六萬元
大來米廠	敎仁路一五七號	合夥	民國二年	三千元	孔保源	男	五人	五萬元
祥和碾米廠	學院前	獨資	民國廿二年	一千元	李祖言	男	一人	五千一百元
復泰仁記碾米廠	敎仁路一一號	合夥	民國十年	二千元	韓守祖	男	三人	四萬八千元
一大源記碾米廠	城隍牌樓直街一號	合夥	民國二十一年	二千元	韓杏墅	男	四人	四萬元

寶和祥分碾米廠	鳳山門直街一九號	獨資	民國十七年	二百廿元	來渭南	男	一人	一千四百元
震泰碾米廠	通江弄九號	合夥	民國十六年	二千元	徐榮祥	男	九人	三萬四千元
長源碾米廠	上倉橋二九號	獨資	民國二十年	六千元	來裕標	男	六人	十一萬三千三百元
永源碾米廠	上倉橋直街五六號五八號	獨資	民國二十二年	四百元	錢連祥			
寶源碾米廠	新宮橋四〇四二號	合夥	民國十二年	二千元	朱嘉煦	男	三人	三萬二千五百元
裕豐恆碾米廠	望仙橋直街八號	合夥	民國七年	五千元	蔡慶楣	男	四人	二萬四千元
同濟碾米廠	太平坊六六號	獨資	清光緒五年	六千元	吳兆楨	男	五人	十萬元
泰來恆碾米廠	東街路八二六號	獨資	民國十七年	一千二百元	曹雅生	男	三人	三萬元
正和新碾米廠	東街路所巷口	合夥	民國十九年	四千元	李僉慈	男	四人	三萬元
仁昌泰碾米廠	下板兒巷一〇四號	合夥	民國二十一年	一千元	倪志成	男	七人	二萬六千四百元
同華正記碾米廠	弼教坊	獨資	民國二十一年	四千元	葉榮海	男	一三人	一萬二千元
德豐碾米廠	官巷口一七一九號	獨資	民國二十一年	一千元	周繼榮	男	三人	二萬元
生生碾米廠	仁和倉橋七八號	合夥	民國十八年	二千元	楊士海	男	四人	四萬二千元
怡和祥碾米廠	貫橋大街	合夥	民國十九年	二千元	貝坤生	男	三人	四萬元
增盛碾米廠	小學前八十八號	合夥	民國二十一年	三千元	魯樂山	男	三人	二萬一千元
穗源碾米廠	小學前五十六號五十八號	獨資	民國二十一年	一千元	毛雲翹	男	四人	一萬二千元
義濟恆碾米廠	小學前二六號	合夥	民國十六年	三千元	陳鴻甫	男	六人	五萬〇四百元

公興穗昌記碾米廠	同春坊一二〇號	合夥	民國二十二年	四千元	張如生	男	六人	三千五百元
四豐源碾米廠	同春坊四六號	合夥	民國二年	三千元	繆寶田	男	九人	七萬元
祥泰碾米廠	新民路四九號	合夥	民國十七年	一千二百元	鐘德明	男	三人	四萬元
荊瑞興碾米廠	東街路四〇三號	獨資	光緒年間	六千元	顧補林	男	六人	十二萬元
同茂碾米廠	慶春路二二七號	合夥	民國二十一年	一千元	樓穀升	男	四人	一萬四千四百元
大有年碾米廠	菜市橋直街	獨資	民國二年	三千元	俞鴻喜	男	七人	三萬元
恆豐碾米廠	菜市橋直街	獨資	民國七年	二千元	董宇坤	男	四人	二萬五千元
泰盛碾米廠	薦橋路二九號	合夥	民國二十年	二千元	陳子善	男	六人	二萬七千元
永天祥碾米廠	珠兒潭三七三九號	獨資	民國二十年	二千元	裘雨亭	男	六人	六萬元
大生恆碾米廠	湖墅大兜十七號	合夥	民國十九年	五百元	周炳炎	男	二人	一萬元
鼎昌興碾米廠	鹽橋直街	獨資	民國二十一年	二千元	沈永卿	男	四人	一萬元
仁大碾米廠	南星梁家橋	合夥	民國十三年	二千元	許壽庚	男	三人	三萬元
和泰碾米廠	大東門四〇號	合夥	民國二十二年	一千二百元	陳鴻皐	男	四人	一萬四千元
大豐碾米廠	東街路一〇七〇號	合夥	民國四年	二千元	馮寶祥	男	四人	六萬元
穗康碾米廠	東街路一〇九七號 一〇九九號	合夥	民國二十一年	一千二百元	高茂林	男	三人	四千五百元
裕通源碾米廠	東街落渡橋	合夥	民國二十一年	一千二百元	俞柏琴	男	二人	一萬六千元
金德興碾米廠	閘口塘上四七號	合夥	民國二年	二千元	金啓松	男	六人	七萬元

機麵業工廠一覽表（總計十九廠）

廠名	廠址	性質	成立年月	資本數	經理姓名	工人數		全年生產總值
頤新祥機麵廠	湖墅信義巷	合夥	民國十六年	二千元	徐槐林	男	五人	四千元
高裕和機麵廠	龍興路	獨資	民國十一年	一千元	黃美炳	男	六人	一萬二千元
泰豐機麵廠	上倉橋五〇號	合夥	民國十二年	一千元	楊恆洲	男	三人	一千元
長益昌機麵廠	大關康家橋三六號	合夥	民國十二年	八百元	唐立剛	男	二人	五千元
振新機麵廠	江干海月橋一六四號	獨資	民國十五年	一千元	湯月華	男	四人	七千元
新益泰機麵廠	江干小諸橋後街二五號	合夥	民國二十年	一千元	張泰	男	四人	六千元
公和機麵廠	候潮門外直街一二九號一三〇號	合夥	民國二十二年	八百元	郭露林	男	四人	一千二百元
廣濟機麵廠	貫橋直街三七號	獨資	民國十九年	五百元	蔣春泉	男	一人	一千元
順和機麵廠	江干警署五三號	獨資	民國十五年	五百元	陳攸蘭	男	一人	二千元
義和機麵廠	菜市橋	獨資	民國十四年	四百元	陳友廉	男 童	二人 一人	一千五百元
德和機麵廠	東街一〇五二號	獨資	民國十七年	四百元	黃楨祥	男	一人	一千七百元
源興機麵廠	教仁路一五五號	獨資	民國十六年	四百元	任曹灿	男	二人	三千元
義豐機麵廠	同春坊八六號	獨資	民國十七年	三百元	楊吉甫	男	三人	一千元
萬泰康機麵廠	南星橋二二號	獨資	民國十九年	三百元	韓永康	男	二人	八百元
老泰和機麵廠	通江橋一八號	獨資	民國十年	一百元	倪恆裳	男	一人	七百元

廠名	廠址	性質	成立年月	資本數	經理姓名	工人數		全年生產總值
協興機麵廠	東街路三號	獨資	民國十六年	三百元	陶順慶	男	二人	九百元
萬和機麵廠	大夫坊直街五八號	獨資	民國十五年	六百元	李新梅	男	三人	一萬九千一百元
順大源記機麵廠	鳳山門	獨資	民國二十二年	六十元	單元順	男	一人	二百五十元
振和機麵廠	美政橋二五號	獨資	民國二十年	五十元	蔣小江	男	一人	一千元

榨油業工廠一覽表

廠名	廠址	性質	成立年月	資本數	經理姓名	工人數		全年生產總值
德隆打油廠	筧橋横塘二一號	合夥	民國三年	五千元	徐伯濤	男	三〇人	二萬元

牛乳業工廠一覽表(總計六廠)

廠名	廠址	性質	成立年月	資本數	經理姓名	工人數		全年生產總值
義森牛乳廠	蔡官巷三五號	合夥	民國十一年	五千元	朱聰泉	男	九人	七千元
杭州消毒牛乳 西湖煉乳廠	蓮花涼亭一號	合夥	民國十七年	一千元	蕭家幹	男	十一人	五千元
韓永記牛乳廠	白菓樹下二一號	合夥	清光緒廿三年	一千元	錢邦義	男	八人	二千元
三星牛乳廠	石塔兒頭四號五號	獨資	民國十年	一千元	湯生海	男	七人	二千五百元
韓源記牛乳廠	天漢洲橋四六號	獨資	民國八年	七百元	韓信德	男	三人	一千五百元
蕭大興牛乳廠	元寶心桂花弄七號	獨資	民國十一年	三百元	蕭大興	男	三人	八百元

製冰業工廠一覽表（總計三廠）

廠名	廠址	性質	成立年月	資本數	經理姓名	工人數		全年生產總值
西冷冰廠	武林門外混堂橋二〇號	公司	民國十七年	三萬元	孫錦文	男 童	八人 一八人	五千六百元
和記冰廠	望江門外大通橋	合夥	民國十一年	一千元	朱佑福	男	四人	一千九百元
潤源冰廠	望江門外泗板橋	合夥	民國十年	一千元	陳祿	男	五人	一千六百元

豆汁業工廠一覽表

廠名	廠址	性質	成立年月	資本數	經理姓名	工人數		全年生產總值
信誠豆汁廠	長慶街三六號	合夥	民國十九年	一百五十元	蔣達	男	三人	

製糖業工廠一覽表

廠名	廠址	性質	成立年月	資本數	經理姓名	工人數		全年生產總值
武林冰糖廠	柴校弄一號	合夥	民國二十年	二萬元	徐梅巖	男	十七人	四萬六千五百元
和豐冰糖廠	閘口小橋三五號	合夥	民國十七年	八千元	吳九如	男	二〇人	五萬元

日用品工業門

製傘業工廠一覽表（總計二十七廠）

廠名	廠址	性質	成立年月	資本數	經理姓名	工人	人數	全年生產總值
新亞揚傘廠	珠寶巷九號	獨資	民國十五年	二千元	金滌塵	男 女	五人 三人	二萬元
華強紙傘廠	太廟巷口四三號	合夥	民國八年	五百元	趙鑽侯	男	五人	三千元
徐永記傘廠	湖墅康家橋五號	獨資	民國十四年	三百元	徐永林	男 女	三人 二人	一千元
金久和傘廠	大關紫荊街九一號	獨資	光緒年間	五百元	金家治	男	十人	一千五百元
永順興傘廠	清潮寺牌樓八二號	獨資	民國元年	五百元	倪雲川	男 女	四人 三人	一千五百元
陳祥順傘廠	左家橋直街六四號	獨資	民國十六年	五百元	陳祥順	男 女	六人 一人	八百元
陳祥順分廠	茶亭廟直街四號	獨資	民國十八年	三百元	陳厚法	男	五人	一千五百元
胡振興傘廠	大夫坊直街四二號	獨資	民國十六年	三百元	胡振良	男 女	二人 二人	一千五百元
金恆和傘廠	大夫坊直街八一號	獨資	民國十年	一千元	金秀山	男	二人	一千五百元
徐順興傘廠	大夫坊直街一〇八號	獨資	民國十二年	五百元	徐順興	男	一人	一千五百元
同慶堂傘廠	賣魚橋直街四一號	獨資	光緒年間	一千元	金秀山	男	三人	一千元
永隆傘廠	鳳山門口	獨資	民國十九年	四百元	陸少山	男	五人	一千二百元
黃信和傘廠	洋泮橋一〇六號	獨資	光緒年間	二百元	黃順泉	男	三人	八百元
黃信和分廠	南星梁家橋	獨資	光緒年間	八百元	黃順泉	女	七人	二千五百元

永隆分傘廠	鳳山門三號	獨資	民國十八年	四百元	陸少山	男	四人	三千元
合興傘廠	鳳山門外街一六二號	合夥	民國二十一年	一百五十元	朱金奎	男	五人	六百元
方瑞鑫傘廠	大學士牌樓五六號	獨資	民國二十一年	一百元	方瑞鑫	男	二人	四百元
永隆分廠 永興傘廠	蔡院前三八號	獨資	民國二十二年	一百五十元	陸少山	男	四人	
方順興傘廠	太廟巷八號	獨資	民國十二年	二百元	方財高	男	一人	二百五十元
萃華傘廠	桒市橋大街	獨資	民國二十一年	一百元	傅祖元	男	一人	五十元
中國紙傘廠	開元路一二號	獨資	民國十九年	四百元	王鳳樵	男 女	三人 二人	一千二百元
孫源興傘廠	開元路三號	獨資	民國元年	五百元	孫桂林	男	二人	六千元
王永昌傘廠	貫橋直街一六一號	獨資	清光緒年間	五百元	王永昌	男	五人	一千元
楊順泰傘廠	同春坊五二—五三	獨資	民國二十年	五百元	楊順泰	男 女	三人 三人	一千二百元
楊景山傘廠	東街路八八一號	獨資	民國十九年	三百元	楊銀生	男	五人	一千元
金恆和傘廠	南星梁家橋大街五〇號	獨資	民國十三年	五百元	金秀山	男 女	五人 一人	一千五百元
萃峯傘廠	司馬渡巷	獨資	民國七年	二百元	傅金峯	男	三人	四百元

煤球業工廠一覽表

廠名	廠址	性質	成立年月	資本數	經理姓名	工人數		全年生產總值
新新煤球廠	板兒巷七四號	合夥	民國十七年	二千元	施子介	男	十一人	一萬八千元
復興煤球廠	江干梭月巷口	合夥	民國十九年	一千元	吳卿甫	男	十一人	一萬五千元

草帽業工廠一覽表（總計六廠）

廠名	廠址	性質	成立年月	資本數	經理姓名	工人數	全年生產總値
美華草帽廠	官巷口	合夥	民國十八年	四千二百元	王怡鶴	男十一人 童二人	一萬元
華豐草帽廠	水師前三十五號	合夥	民國十八年	七百元	宓菊人	男四人 女二人 童二人	三千元
新華草帽廠	左家橋八三號	獨資	民國二十年	三百元	錢官生	男三人 童二人	二千元
乾昌草帽廠	水師前三十號	獨資	民國十九年	八百元	丁源慶	男五人	三千元
福昌草帽廠	察院前直街九一號	合夥	民國二十一年	二千元	周玉山	男三人 童三人	二千元
德記草帽廠	大夫坊直街一二號	獨資	民國二十一年	三百元	尤德泉	童二人	一千元

印刷業工廠一覽表（總計六十六廠）

廠名	廠址	性質	成立年月	資本數	經理姓名	工人數	全年生產總値
有益山房	清河坊大井巷口九號	獨資	光緒三十四年	四千五百元	紀純芳	男三四人 童二七人	一萬三千四百元
光華鉛石印刷局	上清河坊一七號	合夥	民國七年	三千二百元	陳光瑩	男四人 童三人	一千八百元
筱筱印刷局	過軍橋直街四號	獨資	民國七年	二百元	孫彥儒	男二人	二百元
文萃齋	敎仁路五四號	獨資	光緒年間	二百元	沈文浩	男一人 童一人	五百元
美化印社	鼓樓灣	獨資		四百元	汪志健	男三人	三百元
悅華印刷所	水師前四號	獨資	民國十五年	三百元	單良	男一人	三百元

游於藝	望仙橋河下	合夥	民國十五年	六百元	周乾祥	男	一人	二千元
大華印刷局	過軍橋三二號	合夥	民國十五年	四百五十元	張松鶴	童	三人	六百元
東壁齋印局	察院前	合資	民國十二年	一百五十元	沈爾泉	男	二人	三百元
謝天順鼎記印局	太廟巷口	獨資	民國十七年	一百六十元	宋鼎榮	男	一人	二百元
正則印書館	同春坊六一號	獨資	民國七年	八千元	周世慶	男 童	四二人 六人	三萬元
青白印刷局	獅敎坊	合夥	民國九年	八千元	程獨清	男	四五人	一萬一千元
鋒章印刷所	下馬市街一〇五號	獨資	民國十五年	五十元	苗繼昌	男	一人	一百元
華達印刷店	和合橋二九號	獨資	民國十七年	一百五十元	倪家駿	男 童	二人 三人	五百元
文俊齋	忠清大街	獨資	民國十五年	二百元	周易松	男	一人	七百元
達民印務局	清泰馬路七五號	獨資	民國二十年	一百元	孟達民	男 童	一人 二人	四百元
江永豐	湖墅木梳弄	合夥	民國元年	三千元	江鏡清	男	十二人	七千元
元元印局	延齡路四七號	合夥	民國十三年	一千五百元	李叔平	童	六人	二千元
江南印務局	芳潤橋三四號	獨資	民國十九年	二百元	周金鑑	男 童	一人 二人	一千二百元
豫泰和	保佑坊	獨資	民國元年	二百元	朱慶慈	男	二人	三千元
大中央鉛石印書局	新民路一五九號	合夥	民國十九年	一千二百元	李浦生	男 童	十三人 十四人	五千元
文蘭齋	三橋址	獨資	民國十五年	一百元	錢寶生	男	三人	四百元
文紫印局	上扇子巷二八號	獨資	民國二十年	一百元	朱蘭亭	男	一人	三百元

士奇工術社	紅門局	獨資	民國十九年	五百元	朱受奇	男	六人	五百元
新民印書局	后市街一五九號	合夥	民國十五年	一千五百元	葉仲莘	童	三人	一千元
弘文印刷公司	金波橋	公司	民國十五年	一萬二千元	吳荆叔	男	四五人	二萬元
浙江印刷公司	青年路	公司	民國元年	二萬元	鄭鉦欽	男	六二人	六萬元
彩華五彩石印局	上珠寶巷四三四五號	獨資	民國七年	三千五百元	楊越軒	男 童	十二人 四人	一千九百元
競新印局	吳山路	合夥	民國九年	四千八百元	鄭壆賡	男 童	十七人 十二人	二萬元
華興五彩石印公司	三元坊一二號	合夥	民國二年	一萬四千元	閈讓皋	男 童	十五人 三人	二萬元
溥利印刷局	城站	合夥	前清	一千三百元	徐翔生	童	三人	九百元
溥利支店	國貨陳列館	獨資	民國五年	二百元	徐翔生	男 童	二人 一人	一千元
美昇印局	焦棋杆	合夥	民國五年	七千元	王鵬九	男	十五人	一千元
新新印刷公司	新民路	公司	民國十九年	一萬五千元	韓煥初	男 童	四五人 一五人	二萬五千元
大同印刷社	下板兒巷六七號	獨資	民國三年	五百元	王子卿	童	二人	二千元
慧興印刷所	外橫河橋	獨資		四百元	周子峯	男	二人	
德利印刷所	東街路七九三號	獨資	民國十九年	二百元	章德華	童	一人	三百元
德利印刷所支店	南星大街一一四號	合夥	民國十九年	一百五十元	汪金銓	童	一人	
東亞印務局	左家橋四七號	獨資	民國九年	四百元	江子文	男	一人	一千元
陳源昌	迎紫路八號	獨資	民國十五年	八十元	陳壆根	男 童	二人 二人	一千元

芸蘭閣	延齡路二六號	獨資	民國二十一年	二百元	邱立甫	男	一人	一千二百元
大中印刷局	青年路五四號	合夥	民國十九年	一千五百元	唐松聲	男	七人	三千四百元
恆源昌印刷所	珠兒潭三四號	獨資	前清	一百五十元	李晉聲	男 童	三人 一人	一千元
凌昌明印刷局	迎紫路七七號	合夥	民國十九年	三百元	凌思齊	男 童	三人 二人	六百元
美利印局	延齡路	獨資	民國十五年	二百五十元	王丙生	男 童	一人 一人	七百元
鑫記印局	延齡路三十號	獨資	民國十五年	四百元	沈宗賚	男	一人	九百元
毓文齋	清波門搭兒頭	獨資	民國十七年	二百元	黃佐卿	男	二人	三百元
萬豐祥印局	石牌樓東街路一三五號	獨資	民國二年	二百元	陳錦堂	男	六人	二千元
文粹印局	東街路三三號	獨資	民國十四年	三百元	王兆基	男	一人	三百元
民利印局	靈芝路五〇號	獨資	民國十七年	二百元	趙松林	男 童	一人 三人	三百元
義泰昌	新水漾橋三五號	獨資	民國十四年	一百元	繆錦堃	男	一人	五百元
中華印刷公司	新民路八九號	公司	民國十七年	六千元	馮永堃	男 童	三二人 四人	一千元
杭州印刷局	上后市街	合夥	民國十五年	三千元	張梅橋	男	十五人	二萬元
儒業印刷所	大茅衕弄	合夥	民國十九年	五百元	呂浩儒	男	四人	六百元
長興仁記鉛石印刷局	開元路二五號	合夥	民國九年	九千五百元	趙桂卿	男 童	四十一人 一五人	一萬二千元
合興印刷所	里仁坊	合夥	民國二十年	四百元	沈伯成	男	二人	五百四十元
文化印社	佑聖觀巷	合夥		三百元	凌安孚	男	二人	

廠名	廠址	性質	成立年月	資本數	經理姓名	工人數		全年營業總值
大陸印刷所	壽安坊	合夥	民國十九年	一萬元	陳殿卿	男 童	十二人 十二人	一萬一千元
天章印局	新民路一九一號	獨資	民國十九年	六百元	楊守仁	男 童	一人 三人	一千四百元
悅華印刷分局	鼓樓前一九號	獨資	民國二十年	一百元	單良	男 童	一人 一人	五百元
公平印社	新民路九八號	獨資	民國二十年	二百元	王成正	男	一人	二百元
建成印局	東街路五九號	獨資	民國十九年	一百五十元	忻寶林	男 童	四人 二人	六百元
仁志印社	東街路一二三號	獨資	民國二十二年	一百元	俞本仁	男 童	一人 一人	五百元
泰昌印局	里仁坊二七三一號	合夥	民國二十一年	二千元	李玉書	男 童	七人 六人	一千七百元
聯益鉛石局	迎紫路六八號	合夥	民國二十一年	四百元	紀雲卿	男 童	二人 一人	五百元
民興華	江干龍舌嘴二八號	獨資	前清	一百元	張梅福	男 童	一人 一人	三百元

建築工業門

營造業工廠一覽表（總計十六廠）

廠名	廠址	性質	成立年月	資本數	經理姓名	工人數	全年營造總值
姚春記營造廠	仁和路二號	獨資	民國八年	一千元	姚礁山		
協盛營造廠	福壽橋河下	合夥	民國十七年	一千元	吳瑞祥		
鑫記營造廠	泗水芳橋河下二〇號	獨資	民國十三年	七百元	黃闌生		
楊惠記營造廠	郭通園巷九號	獨資	民國十六年	五百元	楊夏生		

李協昌營造廠	泗水路七號	獨資	民國七年	五百元	李雨順		
樓發記營造廠	聖塘路一九號	獨資	民國十三年	五百元	樓發桂		
吳文記營造廠	聖塘路二〇號	獨資	民國十八年	五百元	吳文秉		
祥泰營造廠	横飲馬井巷一七號	獨資	民國十四年	五百元	王曉階		
章積記營造廠	北院沙路一〇號	獨資	民國十六年	五萬元	章積堂		
周春記營造廠	三橋址河下三號	獨資	民國十三年	五百元	周春熙		
鑫記營造廠	西院沙路二號	獨資	民國十三年	五百元	錢大明		
生泰營造廠	開元路二號	合夥	民國十四年	五百元	徐蘭庭		
邱東記營造廠	花市路一六號	獨資	民國十二年	五百元	邱貴生		
何金記營造廠	舊藩署一三號	獨資	民國十四年	五百元	何金法		
海豐營造廠	下羊市街一一五號	合夥	民國二十年	五萬元	陳乾生		
陳宏記營造廠	學士路三〇號	獨資	民國二十年	五萬元	陳宏釗		

建築材料業工廠一覽表(總計七廠)

廠名	廠址	性質	成立年月	資本數	經理姓名	工人數		全年生產總值
信興石子廠	江干裏包山五五號	公司	民國九年	二萬元	柴友生	男	十八人	三萬八千元
錢大興第二石灰廠	拱埠安寧橋一號	獨資	民國十一年	二千元	錢殿英	男	十二人	六千元

協泰瓦筒廠	祖廟巷十二號	合夥	民國十五年	二千元	周翼成	男	七人	一萬元
合豐瓦筒廠	枝頭三八號	合夥	民國十六年	一千三百元	李佑卿	男	九人	八千元
許天順瓦筒廠	鴻福里九號	獨資	民國十八年	五百元	陳志高	男	五人	二千元
鼎新瓦筒廠	東涜沙路二〇號	合夥	民國元年	五百元	何寶珊	男	八人	六千元
孫鳳春石粉廠	訾米一號	獨資	民國十六年	二百元	孫耀章	男 女	一人 三人	三千二百元

杭州市最近二年各種商業家數人數比較表

業別 類別 年份	家數 二十年	家數 二十一年	人數 二十年	人數 二十一年
醫藥	二〇六	一八四	一九四二	一六六一
飲食	三六五九	三〇五二	二三二四〇	二一一四二
衣着	七四三	六二五	六〇四九	四三七一
染織	三〇五	二六二	四〇四八	二八九一
綢布	二三三	二〇四	三一七二	三〇六九
妝飾	一五四	七八	一〇七〇	七一九
美術	一六三	一一一	一〇二六	七九〇
日用品	一〇四八	七五八	七一一四	五四二八
建築	三四〇	一七一	二三〇八	一三四二
交通	四〇〇	二七七	三三六二	二二五四
金融	九八	七二	一八九四	一五三六
游藝	九	四	三八四	三二二
介紹	六七	九	一二〇	五二
農牧	二三	二一	一四六	二四〇
包裝	一〇七	五七	六八一	四一八
旅店	一三八	三〇三	一八二四	三五一一
藝術	三三〇	二五六	一九六一	一三二四
壽冥	三三四	一七二	三一八六	一六〇〇
文具	二六二	二三四	二四六六	二一七九
五金	一〇二	一一一	一一五四	一二七〇
雜貨	八二一	六六六	四一八〇	三五六七
燃料	四七二	四〇七	四五一七	二六〇八
神塑		九		六四
共計	一〇、〇一四	八〇四三	七五、八四四	六二、三五八

杭州市最近二年各種商業資本增減比較及二十一年分營業數統計表

類別 業別	資本數 二十年	資本數 二十一年	營業數 二十一年
醫藥	五八二、九三〇	四三二、一三〇	三、二二八、九一四
飲食	二、六四三、四七九	二、五五〇、九四二	三、八五六、三五六
衣着	一、〇八三、八六九	四〇五、六五七	二、七七七、三三九
染織	一、七四七、六九五	七〇三、四〇〇	三、三三六、二六〇
綢布	九四七、一八〇	一、三三六、一三〇	一四、一八六、五五四
妝飾	三三二、三五〇	一九九、八一六	三四五、二九〇
美術	七二、三三〇	五〇、一八五	一六九、六四五
日用品	六三四、〇九〇	四二七、九六九	三、三二四、八一九
建築	三〇三、一三〇	一四八、〇四七	三、一一六、一一七
交通	一、五七五、一九〇	五七六、六三〇	一、〇九四、八三〇
金融	三九、七四三、〇〇〇	六、二九三、一〇〇	一三、〇四八、〇三七
游藝	一九、八三〇	三五、〇〇〇	一四九、〇〇〇
介紹	二、八〇〇	四一〇	二、〇一〇
農收	四二、五三〇	八〇、七一〇	一、二九四、四九二
包裝	三二、九四〇	一七、〇三〇	八五、九五〇
旅店	四〇四、三七〇	六五七、六五〇	八七二、八〇〇
藝術	二二六、三〇八	八〇、九二六	一八七、五五九
壽冥	二〇五、五七〇	一〇九、一六五	四三三、五三三
文具	五四八、五五六	八九二、三三八	六、一〇六、〇三三
五金	四八九、〇一〇	一九五、九八〇	一、七八五、九七〇
雜貨	四七六、二五六	三四四、六六〇	三、五七九、四二二
燃料	三、四二六、八五一	一、三三七、一〇〇	六、六九〇、〇三五
神塑		一、七三〇	五、二一〇
共計	五五、二九七、二八四	一六、八六五、八三五	九八、四四六、一四四

(附註)二十二年與二十一年各業資本比較其數目相差甚遠究其原因約可分述如下：
一年來市況衰敝各業家數除旅店文具外皆一般的減少又以金融業之資本以爲銀行爲絕大部分查本市銀行除地方惠迪以外多係分行其資本當歸總行無由分割故此次調查各行資本多未註明而上次調查則往往以總行之資本而作爲分行之資本故也他如三友實業社等亦以總社分社之關係緣爲兩年來相差之最大原因

杭州市最近二年魚市概況表

種類	產地	全年總銷數 二十年	全年總銷數 二十一年	每担平均價 二十年	每担平均價 二十一年	總值 二十年	總值 二十一年
鰱魚	上江 本地	五、六九五担	一六、〇一〇担	一〇元	一〇元	五六、九五〇元	六〇、一〇〇元
包頭魚	上江 本地	二、六六六	七、五八〇	一二	一一	三一、九八〇	八三、三八〇
鰊魚	上江 本地	二、一六三	一、七四五	一四	一五	三〇、二八二	二六、一七五
鯉魚	洛舍 上江 本地	七五〇	三四五	一二	一〇	九、〇〇〇	三、四五〇
烏青	洛舍 上江 本地	二六五	一〇八	一二	一九	三、一八〇	二、〇五二
鯿魚	洛舍 上江 本地	四八六	三一八	一五	一五	七、二九〇	四、七七〇
鯽魚	洛舍 上江 本地	一、〇二一	一、〇二九	一三	一五	一三、二九三	一二、四三五
黑魚	洛舍 上江 本地	八	二八	九	九	七二	二五二
鮎魚	洛舍 上江 本地	一六五.五	二六	一〇	一四	一六五	三六四
鱸魚	紹興 湖州	四三一	七七	一二	一八	五、一七二	一、三八六
鰻魚	菱湖	五九	四四	二〇	二〇	一、一八〇	八八〇
季花魚	洛舍	四〇	三七	二〇	二〇	八〇〇	七四〇
鯖魚	上江一帶	一六	一七	二〇	六〇	三二〇	一、〇二〇
黃魚	上海 寧波	三、七八〇	三、九〇〇	一〇	二〇	三七、八〇〇	七八、〇〇〇
帶魚	烟台	三、四一一	三、四四六	一五	一五	五一、一六五	五一、七〇〇
白條	本市 洛舍	二一	三三三	一〇	七	二一〇	二、三三一
蝦	市市 蔣村	六三五	八八五	一五	一八	九、五二五	一〇、五九二
蟹	嘉興 天津	一、三六七	一、三六五	三〇	三五	四一、〇一〇	四七、七七五
河蚌	本市 江北	三一〇	三六三	三	二	九三〇	七二六
石硯	杭縣	二〇〇	一一四	二	三	四〇〇	三四二
箬魚	上江 寧波	七	一〇	一六	一二	一一二	一二〇
銀魚	上江 寧波	二	六	八	一四	一六	八四
鱭魚	上江	五	六六	八	一五	四〇	九九〇
烏鯛	上海	三二〇	二七〇	七	四	二、二四〇	三、七八〇
鰳魚		三〇	七八〇	一六	一五	四八〇	一、一七〇
甲魚	湖州		一〇		二七		二七〇
本江鮚	錢江		四〇		九		三六〇
共計						三〇三、一九二	三九五、二四四

杭州市魚行一覽表

行名	行址	開設年月	資本數	行主姓名	經理姓名	男工數	女工數	最高工資	最低工資
義成行	萬安橋北河下六十二	十餘年	二千元	姚雲峯	姚雲峯	二十人		廿元	三元
公和行	松木場	光緒年間	代客買賣	陳見坤		一人		七元	
蔡恆盛	艮山門壩上	十七年	二萬五千元	蔡順榮	蔡順榮	十六人		十二元	五元
費長順	松木場	光緒年間	五十元	費阿蘭		二人			
許協順	松木場	咸豐年間	代客買賣	許延生		一人		七元	
協昌行	湖墅大兜	十餘年	五百元	謝永欽		七人		三十元	六元
裕昶	湖墅大兜	民國八年	五百元	蔡高生		四人		八元	四元
長順	湖墅大兜	民國九年	五百元	翁長根		五人		八元	四元
華昌行	湖墅大兜		三百元	姜敷義		三人			
衡豐行	湖墅大兜		五百元	朱南山		八人		十元	五元
正昌坤	湖墅大兜	光緒年間	三百元	顧榮生		五人		十六元	六元
恆茂	湖墅大兜	十餘年	五百元	高玉章		七人		廿元	八元
立大	湖墅大兜	民國二年	五百元	孫連達	樂文通	七人		廿元	八元
久大	湖墅大兜	光緒年間	五百元	陳福圭		七人		廿元	六元
生大	湖墅大兜	十餘年	五百元	陳祖元		六人		廿元	八元
協茂興	湖墅大兜	二十一年	五百元	劉一坤		五人		八元	三元
恆升	湖墅大兜	十八年	五百元	陳長富	王松年	五人	二人	廿元	四元
朱永興	閘口塘上一二一號	民國六年	四百元	朱慶元		三人		十元	八元
陸源盛	松木場	光緒年間	代客買賣	陸和貴		一人		七元	
滋大	菜市橋河下	光緒年間	三千元	姚聚昌		卅人		三十元	四元
義大	萬安橋北河下	民國四年	三千元	李大椿		十八人		二十元	二元
公大	萬安橋河下九	二十一年	二千元	周繼春		廿六人			
洽興	萬安橋北河下五十	光緒年間	二千元	葉聯寶	葉聯寶	十五人		二十元	二元

杭州市菓市概況表

種類	產地	全年總銷數	每擔平均價格	總值
桃子	蕭山 塘栖	四、二八二担	三元	一二、八四六元
李子	諸暨 杭縣	〇、八二八担	三元	二、四八四元
杏子	同上	五八三担	五元	二、九一五元
梅子	前村 蕭山 王家村	二、二七一担	四元	九、〇八四元
楊梅	蕭山 半山	三、七〇八担	四元四角	一六、三一五・二元
枇杷	塘栖	六、三九三担	三元	一九、一七九元
櫻桃	杭縣 駱家莊	一、一七九担	五元	五、八九五元
橘子	塘栖 福州	二、一二一担	六元	一二、七二六元
甘蔗	廣東 塘栖	九五、四〇〇担	一角八分	一七、一七二元
香焦	汕頭 廣東	一、一七五担	九元六角	一一、二八〇元
雅梨	天津 遼甯	二、一三〇担	十六元八角	三五、七八四元
蘋菓	烟台	七二八担	十四元	一〇、一九二元
柿子	塘栖	〇八〇担	二元	、一六〇元
花紅	王家莊 諸暨	〇、七〇三担	六元二角	四、三五八元六角
荸薺	瓜山 前村	二、六八〇担	一元二角	三、二一六元
葡萄	本地 膠洲	九八担	十五元	一、四七〇元
石榴	義烏 衢州	二一九担	六元	一、三一四元
西瓜	海甯 餘姚	一二、三八〇担	一元六角	一九、八〇八元
黃金瓜	本市 蕭山	一、四一〇担	一元二角五分	一、七六二・五元
盒兒瓜	蕭山	四〇〇担	一元六角五分	、六六〇元
黃莊梨	諸暨	、六七五担	四元八角	三、二四〇元
海棠菓	海甯	一、四五五担	六元四角	九、三一二元
秋子	上海	一、六五五担	六元八角	一一、二五四元
百合	百合	七五二担	三元	二、二五六元
藕	湖州	八七二担	二元五角	二、一八〇元
蕃茄	德清	九、一〇〇担	八角	七、二八〇元
菱	塘栖 菱湖	三，三〇六担	一元二角	三、九六七元二角、

杭州市菓行一覽表

行名	行址	開設年月	資本數	行主或經理姓名 行主	經理	工人數 男	女	工資數 最高	最低
培源	小詸弄二八號	二十一年	三百元	袁培金		二		十元	六元
恆興	南星橋二六號	十七年	三百元	鍾根榮		三		十元	五元
同裕	南星橋二四號	元年	五百元	何延慶		一		六元	
恆潤行	南星橋大街三號	二十一年	五百元	韓利生		十		十四元	六元
恆豐行	梁家橋大街七十號	十七年	八百元	李森久		十二		二十元	一元
公和	梁家橋大街六十八號	二十二年	三百元	楊新茂		七		十二元	四元
洽興	萬安橋河下五十一號	十九年	一千五百元	葉聯寶		十九人		二十元	四元
公大行	萬安橋北河下九十號		二千元	周繼春		二十二		三十元	二元
協豐順	拱宸橋大同街	前清	三千三百元	俞其福		九		三十元	七元
洽順泰	拱宸橋七十七號	前清	二千元	袁承志		六	三	十二元	二元
永泰	拱宸橋四十九號	十四年二月	二千元	沈鑑棠		六		二十元	五元
椿茂	拱宸橋五十七號	二十年	三千六百元	馮潮源		十		二十元	三元
捷茂	拱宸橋六十七號	十八年	四千二百元	顧春帆		十一	四	十元	八元
馬三和	安樂橋十二號	元年	一百元	馬和尙		三		六元	
天和	闘富一橋三十三號	七年元月	五百元	盧學詩		十		二十元	五元
正昌	闘富二橋八十九號	十七年	三百元	祝揚興		七		十元	五元
章順興	闘富三橋二十六號	十五年	四百元	章雲卿		六		十七元	十二元
義大行	菜市橋	十八年	二千元	李大椿		七		十八元	一元
滋大行	菜市橋河下	光緒年間	三千元	姚聚昌		二十		二十元	四元
大昌	菜市橋東河下廿一號	四年	五百元	吳文奎	吳文奎	十二		二十元	十元
公興昌	慶春路二五五號	十九年	三百元	魏昌懷	魏昌懷	六		二十元	八元
久大行	湖墅大兜七十四號	光緒年間	五百元	陳復珪		七		二十元	六元
恆升	大兜八十六號	十八年	五百元	陳長富	王松年	五	二	二十元	四元
恆茂	大兜八十號	十一年	五百元	高玉章	孫雲慶	七		二十元	八元
順興	寶慶橋四十號	五年	五十元	陳連發		一		四元	
衡豐	大兜五十一號	光緒廿五年	五百元	朱南山		八		十元	五元
裕昶	大兜六十九號	八年	五百元	蔡高生		四		八元	四元
生大	大兜五六，六七號	十一年	五百元	陳祖元		六		二十元	八元
華昌	大兜五十七號	光緒三十年	三百元	姜敦義	姜敦義	三		七元	四元

立大	大兜七十七號	二年	五百元	孫連達	樂文通	十七		二十元	八元
協昌	大兜五十九號	十一年	五百元	謝永欽		七		三十元	六元
協記	湖墅寶慶橋	光緒年	一百元	陳霖		一		四元	
長順	大兜九十三號	九年元月	五百元	翁長根		十六		八元	四元
正昌坤記	大兜九四，九五號	光緒廿五年	三百元	顧榮生		五		十六元	六元
愼大	大兜四十七號	三年四月	三百元	徐鴻飛		二		五元	四元
協茂興	大兜七十號	二十一年	五百元	劉益坤		五		八元	三元
天保清記	拱宸橋十八號	十五年三月	二百元	葉清聖			童二		
永潤	菜市橋	二十年	三千元	包振發		二十八		廿二元	三元
韓順泰	南星橋大街	二十一年	五百元	韓運生		六八		八元	一元
義成	萬安橋北河下	二十年	二千元	姚雲峯		二十八		二十元	四元
順泰昌	南星梁家七二號	二十一年	五百元	潘鑫順		六		十二元	二元
泰昇	寶慶橋	二十一年	一百元	孟有根		一		六元	

杭州市最近二年魚秧銷售數統計表

種類	產地	全年總銷數		每担平均價		總值	
		二十年	二十一年	二十年	二十一年	二十年	二十一年
鏈魚秧	菱湖		七六〇担		一〇元		七、六〇〇元
包頭秧	菱湖						
鮃魚秧	菱湖						
其他雜秧							
共計							

杭州市二十一年分勞資爭議事件統計表

爭議主體	原因	關係廠號家數	參加工人數	爭議日數	有無罷工	罷工日數	調處者	結果	備註
國華棉織廠與工人吳成發等三人	廠方解雇該工人而該工人要求復工	無	無	一月二十一至二十八日共八天	無	無	杭州市政府	廠方分別酌給川資由各該工人出具收據離廠	
華盛綢廠勞資雙方	資方擬解散工人停業勞方要求開工	無	六十人	四月一日至二十日共二十天	無	無	杭州市政府	給資遣散織工每名十元搖工每名五元	該廠虧耗約達二萬元
天章絲織廠工人與資方	資方停業工人要求解散費	無	四百三十七人	八月十六日至二十七日共十二天	無	無	杭州市政府	依照工廠法及習慣解決計職工每名四十元擂機搖紓雜工等每名十八元女工每名五元五角並各給工作證明書一紙	
三友實業社杭廠工人宋良馮瑞生等二人	為私組工會被廠方開除要求復工	無	無	十月十七日至十八日二天	無	無	杭州市政府	該工人宋良等在民衆團體新法規未規定前私組工會顯達中央民衆運動指導委員會議決之各種民衆團體組織暫行辦法末便復工	

杭州市最近五年勞資糾紛案業務分類統計表

業別＼年份	十七年	十八年	十九年	二十年	二十一年
箔業	二	二			
綢業	一七				一
棉織業	三				二
米業	三	二			
紙業	二				
醬業	一	一			
布業	一				
烟業	一				
絲織業		一三	五	一	一
繅絲業		二			
製傘業		一			
製鞋業		二			
肥料業		一			
材業			一		
燭業			一		
修船業			一		
金銀手工業			一	一	
糖菓業				一	
共計	三〇	二四	九	三	四

杭州市最近五年勞資糾紛主因及結果統計表

業別	十七年		十八年		十九年		二十年		二十一年	
	糾紛之原因	調解之結果	糾紛之原因	調解之結果	糾紛之原因	調解之結果	糾紛之原因	調解之結果	糾紛之原因	調解之結果
棉織業	無故開除工友	被開除者遇缺使用如成績優良准其復工								
棉織業	廠方不照協約付給工資	廠方自九月十四日起履行協約								
棉織業	資方短付工資	資方應依據民國十一年工價付給								
棉織業									廠方解雇工友而工友要求復工	廠方分別酌給川資由各該工人出具收據該工人離廠
棉織業									爲私組工會被廠方開除要求復工	該工人宋良等在民衆閑體新法規未規定前私組工會顯違中央民衆運動指導委員會議決之各稱民衆團體組織暫行辦法未便復工
米業	資方違約	資方履行原約更訂工作規則補充之	資方提出修訂協約	修訂						

最近五年勞資糾紛主因及結果統計表（續）

業別	原因	結果
米業	揩付工會費	米業公所先付洋四十元餘俟清理賬目後再付
米業	同	會費自米業店員工會啓封後三個月內照約補給
米業	又	又
製傘	勞方要求增加工資	資方增加工資
製傘	資方違約	資方照約履行
製鞋	雲生鞋莊停閉作坊	鞋莊照常發料
肥料	資方抗貼會費	資方照約津貼
材業	資方要求訂立勞資協約	訂立協約十七條
燭業	勞方要求資方修訂協約	勞方提出之協約草案修正通過之日期照約履行
修船業	勞方要求資方增加工資	每日工資原爲五角並供中膳一餐經雙方妥洽除供中膳一餐外每日工資加爲五角七分半

最近五年勞資糾紛主因及結果統計表(續)

金銀手工業	糖菓	絲織業		
		資方停業	資方無故開除工人	廠方停辦手織部
		廠方給資解散	廠方津貼該工人洋十二元解雇	廠方給資解散
勞方要求資方分給十八年盈餘		資方宣告停業		
一、盈餘連薪水年以十三個月計內一個月卽爲紅利 二、學徒自十九年九月起依照妥洽第九條履行		資方雖係虧耗然尚有恢復可能應暫准資方停業六個月設法恢復所有廠內工人並應由資方加給工資一個月先行遣散		
開除工友工會要求復工	店方因營業虧耗解雇錢天資等四人而該夥友要求復工	廠方控工人怠工		
查該工人係私造金鐲未便復工惟該銀樓管理員督察不嚴咎無可辭應開除以資懲戒	店方發給每人川資十洋元遣回	工人工作不能及格係因左手酸痛身體虧弱未便用力所致與怠工性質不同應准由廠方暫予停工		

最近五年勞資糾紛主因及結果統計表(續)

絲織業			
廠方停業	給資解散	廠方營業失敗定期閉歇	由杭州市政府另招新綢廠於五月三十一日接盤以免工人失業
廠方停業	給資解散	資方因營業不振減短工資及膳食津貼	工資原定每排一角二分改為一角〇五釐膳食津貼原定每人每月一元改為一元五角
廠方停業	給資解散		
廠方停業	給資解散		
廠方停業	給資解散		
		資方解雇臨時織工	臨時雇工照習慣自可隨時進退決定雙方應遵習慣辦理
工人要求廠方於歇新期內開飯	廠方供給工人每人一元並如六月七日起新絲未到不能開工廠方應為工人照常開飯		
廠方停業	廠方給資解散		

最近五年勞資糾紛主因及結果統計表（續）

絲織業			絲繅業	
廠方因周轉不靈暫告停工	廠方停辦手織部		要求資方發年賞	資方檢驗工人身體開除有肺病者十一人
廠方停工一月在停工期內廠方暫給工人生活費如在一月後仍不能開工則應為工人備飯	廠方給資解散		年賞改為津貼由資方分別勤惰酌給	患肺病者給資修養
		資方停業工人要求解散費		
		依照工廠法及習慣解決計職工每名四十元幫機搖紆紗工等每名十八元女工每名五元五角並各給工作證明書一紙		

最近五年勞資糾紛主因及結果統計表（續）

業別	主因	結果
絲綢業	工人要求劃一權度	中央未頒布權度以前仍照舊例
	公司一部停業	一部工人給資遣散
	公司虧本改組	准公司縮小營業範圍
	廠方無故停業	廠方爲採辦原料准暫停二十五天期內借給工人每名銀十元
	工人要求公司增加機子救濟該公司失業工人	資方無力增加機子由勞資雙方與市商會另謀救濟辦法
	工人評告經理舞弊廠方宣告停業	開除爲首工人廠方繼續營業
	擅遷綢業貿易場	遷回原址
	揹付工會費	照約付清
	尅扣工資	工人虧欠廠方者准扣還未虧欠者如數補發

最近五年勞資糾紛主因及結果統計表(續)

絲綢業	短付工資掯付工會費	工資照約付至六月此後如無力履行協約得請省黨部核辦會費仍照原約付給
絲綢業	工人要求廠方在修理期內津貼膳費	廠方津貼工人每名小洋六角
絲綢業	短付工資	短付之工資照約補給
絲綢業	縐絨工會濫加工資	劃定工價
絲綢業	無故開除工人	津貼開除工人銀五十元
絲綢業	資方擬解散工人停業勞方要求開工	給資遣散織工每名十元幫工每名五元
紙業	無故開除工人	開除之工人一名照約給薪二個月餘暫爲短工有缺即補
紙業	違約掯付工會費	資方照約津貼工會費
醬業	資方違約	改訂協約
布業	資方違約	改訂協約
烟業	資方違約	資方履行協約

最近五年勞資糾紛主因及結果統計表(續)

絲業			資方停業	發給職工每名洋五十元解散	資方短計工資強迫結賬	力織每尺三角八分算給絲每兩四分五厘算
箔業	資方使用錫箔機並雇用業外工人	鋼錫機准其使用惟工人應雇本業失業工人	箔業公所提出修改協約	修改		
	違約揹付工會費	資方先付會費百元餘俟清理賬目後再付	勞方要求資方酌加工資及代扣會費	資方照約履行		
	資方虧本息業	工友給資遣散				
	同	同				
	同	同				

杭州市繭行一覽表 二十二年

行名	地址	經理姓名	開設年月	性質	二十一年收繭量(鮮繭)	最高價	最低價	平均價	收繭總價	產地	銷路
吉祥	日租界茶湯橋	蔡風若	十年四月	合夥	一五〇〇擔	三二元	二四元	二八元約	四五〇〇〇元	本地	上海
裕通	茶湯橋東	陳鏞	十六年四月	公司	六〇〇擔	三二元	二〇元	二五元約	一六〇〇〇元	本地	上海
海昌	拱宸橋	孫順初	十五年四月	獨資	七五〇擔	三三元	二五元	二九元約	二四〇〇〇元	本地	上海
怡和	拱宸橋	怡和洋行		獨資	六〇〇擔	三〇元	二四元	二七元約	一六五〇〇元	本地	上海
大豐	大關明眞宮	唐繹如	二年四月	合夥	一二〇〇擔	三〇元	二〇元	二六元約	三二四〇〇元	杭屬	上海
九豐	大關	王仲容	十七年五月	獨資	六〇〇擔	三五元	二五元	三〇元約	二五六五〇元	杭屬	上海
泰豐	拱埠新昌路	鄭祥市	二十年	合夥	六五〇擔	三二元	二〇元	二五元約	一六〇〇〇元	本地	上海
源和	艮山門外閘弄口	謝月卿	十六年五月	合夥	八〇〇擔	二七元	二四元	二五元約	二〇〇〇〇元	本地	上海
慶成	東街路	徐禮賟	十六年五月	獨資	一五五〇擔	三二元	二二元	二七元約	四〇〇〇〇元	本地	自用
裕昌	新小河和睦橋	俞煒	二十二年五月	獨資	六〇〇擔	三五元	二五元	三〇元約	二四〇〇〇元	杭縣	無錫
天豐	湖墅倉基上	傅鍾淇	十八年四月	獨資	六〇〇擔	三五元	二五元	三〇元約	一八〇〇〇元	本地	上海
杭州絲廠附設繭行	密渡橋	周維誠	十八年九月	獨資	一二八〇擔	三七元	三〇元	三三元約	三九〇〇〇元	杭屬	自用
潤昌	覓橋	夏松壽	二十二五月	獨資	四五〇擔	三〇元	二四元	二七元約	一二一五〇元	杭屬	上海

（註）一、以上共計繭行十三家較二十年份增一家收繭總量一萬一千一百八十担合算總值約三十二萬四千二百二十元較去年增一百八十二担值一萬二千五百八十二元之譜

（註）二、表內所列收繭量係用市秤合算最高價最低價二類有二種價目者其數大者爲改良種價目其餘及較少者皆係土種價目

杭州市最近五年繭產量統計表（二十二年六月調查）

年份	繭產量	單價	總值
十八年	（鮮繭）一九、一四九担	平均約五〇元	九五七、四七〇元
十九年	（鮮繭）一七、三三〇担	平均約五二、七元	九一二、五〇六元
二十年	（鮮繭）一五、四五八担	平均約五〇元	七〇〇、〇〇〇元
二十一年	（鮮繭）一一、九九八担	平均約二六元	三一二、三一八元
二十二年	（鮮繭）一一、一八〇担	平均約二九元	三二四、二二〇元

杭州市最近四年天然絲貿易概況表

來源	本市及杭縣十分之七，海甯湖州十分之三
種類	肥絲與細絲兩種
價值	肥絲 十八年每担洋七百七十六元 十九年每担洋七百三十六元 二十年每担洋六百元 二十一年每担洋五百五十元 細絲 十八年每担洋九百三十六元 十九年每担洋九百七十六元 二十年每担洋九百元 二十一年每担洋六百八十元
用途	十八年十九年十分之二輸往上海 十分之八供本市絲織之用 二十年二十一年完全供給本市絲織之用
總數	十八年三十二萬担 十九年二萬二千一百九十一担 二十年二千四百担 二十一年一千担
捐率	十八十九兩年 用絲捐洋十五元六角 運絲捐洋十七元五角 二十年二十一年因無輸往外埠故無捐率

杭州市最近四年桑市概况表

项目＼年份	十九年	二十年	二十一年	二十二年
桑叶行家数	五九家	五七家	三六家	二四家
桑叶行代客收桑量	一三、五一八	一三、九六三担	一二、九九三担	九、三一三担
单价	二·二元	一·四元	一·五元	·八元
总值	二九、七三六元	一九、五四八元	一九、四九〇元	七、四五〇元

（註）：二十二年份代客收桑量较往年特少其故由於去年茧价低落饲户皆减少育蚕数量且气候不正蚕多病亡故桑叶销路大为减色而价格亦特殊低落云。

杭州市历年来厂绸绠售价值比较表（基年：十五年）

年份	纯粹天然丝织成之绸每疋绠售价	指数	天然丝人造丝混织之绸每疋绠售价	指数
十三年	七一元	一一六	四二元	九一
十四年	六九元	一一三	四四元	九六
十五年	六一元	一〇〇	四六元	一〇〇
十六年	五八元	九五	四四元	九六
十七年	五六元	九二	四四元	九六
十八年	四八元	七九	三五元	七六
十九年	四五元	七三	三〇元	六五
二十年	五〇元	八二	三四元	七三
二十一年	三〇元	四九	二〇元	四五

杭州市绸疋捐额比较表（基年：十五年）

年份	每疋捐额	指数
十三年	·六四元	九六
十四年	·六五元	九七
十五年	·六七元	一〇〇
十六年	·八四元	一二五
十七年	一·四七元	二一九
十八年	一·六〇元	二三九
十九年	一·四〇元	二一八
二十年	纳营业税千分之二	
二十一年	纳营业税千分之二	

杭州市绸疋工资比较表（基年：十五年）

年份	每疋所须工资	指数
十三年	九·一〇元	九九
十四年	九·二五元	一〇五
十五年	九·二〇元	一〇〇
十六年	一〇·二〇元	一一一
十七年	一〇·三五元	一一三
十八年	九·八五元	一〇六
十九年	九·九〇元	一〇七
二十年	九·九〇元	一〇七
二十一年	九·九〇元	一〇七

杭州市絲綢織造業最近四年營業概況表

年別	機戶機數	工人數	出產數	工人失業數	備考
十八年	一千餘戶九千餘架	九千餘人	二十餘萬疋	一萬五千餘人	凡營業暢旺時每戶或設五六架或十餘架不等營業衰落時每戶不過一二架而已出產遇暢銷時或日夜加工每月每架可出四五疋滯銷時工作懈怠每架出產在二三疋或三四疋不等凡工人如營業暢旺則加添人工如營業衰落惟以節省工資為標準
十九年	一千三百餘戶八千餘架	一萬餘人	二十九萬餘疋	一萬三千餘人	
二十年	二千五百餘戶一萬餘架	一萬餘人	三十七萬餘疋	一萬三千餘人	
二十一年	二千餘戶一萬餘架	一萬一千餘人	三十八萬餘疋	一萬二千餘人	

杭州市各廠工織綢疋數比較表

（基年：十五年）

年份	平均每人每月織綢疋數	指數
十三年	三·五〇疋	一〇三
十四年	三·五五	一〇四
十五年	三·四〇	一〇〇
十六年	二·九〇	八五
十七年	三·五五	一〇四
十八年	三·五五	一〇四
十九年	四·〇〇	一二一
二十年	四·〇〇	一二一
二十一年	四·〇〇	一二一

杭州市廠綢銷存率比較表

年份	銷出百分數	積存百分數
十三年	九〇%	一〇%
十四年	九三	七
十五年	七二	二八
十六年	七八	二二
十七年	七二	二八
十八年	六八	三二
十九年	七五	二五
二十年	八〇	二〇
二十一年	七〇	三〇

杭州市廠綢需用天然絲人造絲統計表

年份	天然絲	人造絲	百分比 天然絲	百分比 人造絲
八年	三、九〇〇担	無	一〇〇%	〇%
九年	四、〇〇〇	無	一〇〇	〇
十年	四、二〇〇	無	一〇〇	〇
十一年	四、〇〇〇	無	一〇〇	〇
十二年	四、〇〇〇	無	一〇〇	〇
十三年	三、〇〇〇	無	一〇〇	〇
十四年	二、五〇〇	二九一担	八九・五%	一〇・五%
十五年	二、三〇〇	五三〇	八一・四	一八・六
十六年	七九〇	七五九	四九・三	五〇・七
十七年	七二〇	九五四	四三	五七
十八年				
十九年	一、〇〇〇	三、〇〇〇	二五	七五
二十年	六〇〇	二、〇〇〇	二三・一	七六・九
二十一年	1廠絲 六〇〇 2土絲 六〇〇	二〇〇		

杭州市粳米實價表（民國元年至民國二十一年）

年＼月	一月	二月	三月	四月	五月	六月	七月	八月	九月	十月	十一月	十二月	全年平均數
民國元年	六・二〇元	六・四〇	六・九〇	七・三〇	七・七〇	八・三〇	八・四〇	八・〇〇	七・二〇	六・五〇	五・九〇	六・五〇	七・一〇
民國二年	六・七〇元	七・〇〇	六・九〇	六・五〇	六・四〇	六・四〇	六・四〇	六・四〇	六・四〇	六・四〇	六・五〇	六・六〇	六・五五
民國三年	六・二〇元	六・一〇	五・八〇	五・六〇	五・六〇	五・七〇	六・〇〇	六・四〇	六・四〇	六・一〇	六・一〇	六・二〇	六・〇〇
民國四年	六・四〇元	六・七〇	六・八〇	六・八〇	七・〇〇	七・一〇	七・一〇	七・一〇	六・六〇	六・一〇	六・三〇	六・四〇	六・七〇
民國五年	六・四〇元	六・四〇	六・五〇	六・六〇	六・四〇	六・四〇	六・四〇	六・三〇	五・五〇	五・二〇	五・二〇	五・二〇	六・〇〇
民國六年	五・三〇元	五・五〇	五・三〇	五・六〇	五・七〇	五・八〇	五・七〇	五・四〇	五・二〇	五・〇〇	五・一〇	五・一〇	五・四〇
民國七年	五・二〇元	五・三〇	五・九〇	五・八〇	五・六〇	五・六〇	五・四〇	五・四〇	五・四〇	五・三〇	五・二〇	五・四〇	五・五〇
民國八年	五・五〇元	五・八〇	五・六〇	五・四〇	五・四〇	五・五〇	六・一〇	六・六〇	六・五〇	六・六〇	六・七〇	六・九〇	六・〇五
民國九年	七・二〇元	七・三〇	七・四〇	七・五〇	七・七〇	八・〇〇	八・七〇	八・八〇	八・三〇	七・四〇	七・五〇	七・九〇	七・八一
民國十年	七・九〇元	七・九〇	七・六〇	七・七〇	八・一〇	八・三〇	八・三〇	八・三〇	八・三〇	八・六〇	八・七〇	八・八〇	八・一八
民國十一年	八・八〇元	九・〇〇	九・二〇	九・三〇	九・三〇	九・四〇	九・六〇	九・六〇	九・五〇	九・五〇	九・三〇	九・四〇	九・三六
民國十二年	九・七〇元	九・七〇	一〇・二〇	一〇・〇〇	九・七〇	九・五〇	九・五〇	九・五〇	九・一〇	八・九〇	八・九〇	八・九〇	九・四六
民國十三年	九・一〇元	九・〇〇	八・九〇	八・九〇	八・九〇	八・九〇	九・二〇	九・六〇	九・六〇	九・三〇	八・四〇	八・四〇	九・二〇
民國十四年	八・六〇元	八・九〇	八・九〇	九・三〇	九・八〇	一〇・一〇	一〇・六〇	一〇・三〇	九・九〇	一〇・〇〇	一〇・二〇	一〇・二〇	九・八〇
民國十五年	一二・四〇元	一二・四〇	一二・〇〇	一二・三〇	一二・〇〇	一二・〇〇	一二・二〇	一二・一〇	一二・四〇	一二・九〇	一二・八〇	一二・八〇	一三・一八
民國十六年	一三・七〇元	一三・九〇	一三・〇〇	一三・三〇	一三・〇〇	一三・四〇	一三・六〇	一三・七〇	一三・一〇	一〇・〇〇	九・八〇	九・六〇	一三・一八
民國十七年	九・七〇元	一〇・三〇	一〇・六〇	一〇・四〇	一〇・一〇	九・八〇	九・九〇	九・三〇	八・九〇	九・九〇	一〇・六〇	一〇・九〇	一〇・〇三
民國十八年	一一・〇〇元	一一・〇七	一一・三三	一〇・八四	一一・一五	一一・七三	一三・〇七	一三・三七	一二・八〇	一三・三七	一三・二〇	一三・五五	一一・九三
民國十九年	一四・〇五元	一四・三〇	一四・五〇	一五・〇〇	一五・三〇	一五・五〇	一五・一〇	一三・七〇	一二・四〇	九・八五	一〇・五五	一〇・六〇	一三・三九
民國二十年	一〇・九〇元	一一・〇〇	一〇・九〇	一〇・一七	一〇・八〇	一一・〇〇	一一・八〇	一三・〇〇	一三・二〇	一三・二〇	一三・〇〇	一三・四〇	一一・四八
民國二十一年	一三・三三元	一三・〇〇	一三・四〇	一三・二〇	一三・四〇	一三・四〇	一一・五〇	一一・二〇	一〇・〇〇	八・六六	七・六〇	七・二五	一〇・八二

杭州市三十一年份食米存銷數調查表

月別 \ 地點及存銷數	城區江干一帶 存數	城區江干一帶 銷數	拱埠艮山門外湖墅一帶 存數	拱埠艮山門外湖墅一帶 銷數
一月	十萬〇三千八百〇三石	六萬一千九百卅五石	四萬〇一百四十四石	一萬六千五百五十三石
二月	八萬九千一百廿六石	二萬一千九百五十石	三萬三千七百九十二石	八千六百五十三石
三月	七萬〇七百〇三石	四萬三千八百卅七石	三萬二千九百五十八石	一萬四千一百七十四石
四月	六萬九千三百廿三石	三萬九千三百六十五石	二萬七千七百〇四石	一萬三千五百五十二石
五月	六萬八千一百九十五石	四萬三千二百五十二石	二萬八千二百四十一石	一萬三千二百九十一石
六月	四萬八千五百四十八石	四萬〇五百廿五石	二萬三千一百〇二石	一萬五千八百八十三石
七月	三萬三千七百五十石	三萬八千六百卅三石	一萬七千七百十五石	一萬五千四百卅二石
八月	二萬五千六百〇九石	四萬二千四百廿六石	一萬四千九百七十一石	一萬五千〇廿三石
九月	三萬七千四百四十四石	四萬五千二百四十七石	一萬三千一百九十四石	一萬六千五百六十一石
十月	五萬七千二百十二石	四萬九千六百四十四石	二萬三千二百六十九石	一萬四千五百七十八石
十一月	九萬四千八百〇四石	四萬八千八百六十二石	三萬四千九百卅八石	一萬四千四百六十二石
十二月	十二萬二千八百卅五石	五萬四千五百八十九石	三萬九千四百八十二石	一萬四千六百九十石

杭州市粳米比價表（元年至二十一年）（基年＝民國十五年）

年份	比價
元年	五八
二年	五四
三年	四九
四年	五五
五年	四九
六年	四四
七年	四五
八年	五〇
九年	六四
十年	六七
十一年	七七
十二年	七八
十三年	七四
十四年	八〇
十五年	一〇〇
十六年	一〇〇
十七年	八二
十八年	九八
十九年	一〇九
二十年	九四
二十一年	九〇

杭州市最近四年食米銷數及來源統計表

來源＼年份	十八年	十九年	二十年	二十一年
	銷數			
蘇	一二四、〇〇二石	八四、五〇〇石	二五〇、〇〇〇石	一七〇、〇〇〇石
皖	三三五、三〇〇石	二〇八、五〇〇石	一五〇、〇〇〇石	一二〇、〇〇〇石
滬		二四三、一〇〇石	八〇、〇〇〇石	五〇、〇〇〇石
本省	六五、〇〇〇石	二一八、〇一四石	三二〇、六三〇石	三六〇、〇〇〇石
共計	七四四、三〇二石	七五四、一一四石	八〇〇、六三〇石	七〇〇、〇〇〇石

（註）查杭州市全年銷米約一百萬石分列於左

一、本市銷米約七十萬石

一、各鄉鎮銷米約八萬石

一、紹河在湖墅採辦約二十萬石

其來源自蘇滬來者約十分之三自皖來者約十分之三餘皆杭嘉湖所來

杭州市最近六年戶口統計表（十六年至二十一年）

項目	戶口數	十六年十月	十七年十二月	十八年十二月	十九年十二月	二十年十二月	二十一年一月	二月
普通戶口	戶數	73,746	86,038	91,001	96,250	96,842	97,131	97,555
	口數 男	205,444	245,823	257,308	271,491	283,682	284,571	285,461
	口數 女	140,397	172,131	179,848	191,095	199,614	200,434	201,633
	口數 計	345,841	417,954	437,156	462,586	483,296	485,005	487,094
公共處所戶口	戶數	775	824	884	905	855	859	862
	口數 男	23,698	24,213	27,357	34,718	28,923	28,920	29,015
	口數 女	6,334	4,278	5,196	5,056	6,449	6,444	6,449
	口數 計	30,032	28,419	32,553	39,774	35,372	35,364	35,464
船戶戶口	戶數	161	138	125	117	78	75	75
	口數 男	384	399	387	369	217	206	206
	口數 女	328	342	318	306	171	161	161
	口數 計	712	741	705	675	388	367	367
寺廟僧道戶口	戶數	869	962	970	999	985	985	985
	口數 男	2,191	2,519	2,468	2,505	2,964	2,962	2,963
	口數 女	1,207	1,359	1,266	1,284	1,451	1,451	1,451
	口數 計	3,398	3,878	3,734	3,789	4,415	4,413	4,414
寄居本市之外人	戶數	14	21	31	33	26	25	25
	口數 男	29	47	39	52	40	38	34
	口數 女	19	36	41	54	58	58	58
	口數 計	48	83	80	106	98	96	92
合計	戶數	75,565	87,983	93,011	98,304	98,786	99,075	99,502
	口數 男	231,746	273,001	287,559	309,135	315,826	316,697	317,679
	口數 女	148,285	178,146	186,669	197,795	207,743	208,548	209,752
	口數 計	380,031	451,147	474,228	506,930	523,569	525,245	527,431

十二月	十一月	十月	九月	八月	七月	六月	五月	四月	三月
99,094	98,648	98,379	98,087	97,635	97,078	98,163	98,589	98,280	98,001
286,144	284,715	283,762	283,317	282,367	281,131	286,616	287,293	286,686	286,224
201,875	201,087	200,597	200,060	199,520	199,175	202,854	202,865	202,570	202,206
488,019	485,802	484,359	483,377	481,887	480,306	489,470	490,158	489,256	488,430
898	895	892	892	882	883	879	874	873	866
25,559	24,935	24,778	25,642	25,327	25,382	29,362	29,472	29,458	29,206
4,474	4,416	4,332	4,520	4,355	4,341	6,171	6,449	6,455	6,455
30,033	29,351	29,110	30,162	29,682	29,723	35,533	35,921	35,913	35,661
31	31	31	31	31	31	75	75	75	75
82	82	82	82	82	82	206	206	206	206
57	57	57	57	57	57	161	161	161	161
139	139	139	139	139	139	367	367	367	367
1,000	999	939	999	1,000	998	986	985	985	985
2,773	2,765	2,768	2,736	2,741	2,756	2,942	2,959	2,961	2,961
1,465	1,465	1,466	1,467	1,459	1,449	1,457	1,451	1,451	1,450
4,238	4,230	4,234	4,203	4,200	4,205	4,399	4,410	4,412	4,411
23	24	24	25	26	26	24	24	24	24
42	37	37	37	34	36	35	35	36	34
58	56	56	60	61	59	58	58	58	58
100	93	93	97	95	95	93	93	94	92
101,046	100,597	100,325	100,034	99,574	99,016	100,127	100,547	100,237	9,951
314,600	312,534	311,427	311,814	310,551	309,387	319,161	319,965	319,347	318,531
207,929	207,081	206,508	206,164	205,452	205,081	210,701	210,984	210,695	210,330
522,529	519,615	517,935	517,978	516,003	514,468	529,862	530,949	530,042	528,961

杭州市二十一年各份警署區範圍全年戶籍平均數

警署區別 戶數 月別	一月	二月	三月	四月	五月	六月	七月	八月	九月	十月	十一月	十二月	全年平均數
一區警署	三四七四三戶	三四八七七戶	三五二一四戶	三五二〇五戶	三五三六九戶	三五五三三戶	三四四五四戶	三四六六四戶	三四八八三戶	三四九九三戶	三四九七三戶	三五一六三戶	三四九八八戶
二區警署	二七三八五戶	二七四六八戶	二七五一五戶	二七六〇六戶	二七六三六戶	二六八八五戶	二六七七五戶	二六九四三戶	二七〇六二戶	二七三八五戶	二七四〇七戶	二七四四四戶	二七三八四戶
三區警署	二三六二七戶	二三九四一戶	二三〇四八戶	二三〇六八戶	二三一三八戶	二三二四三戶	二三三一一戶	二三四一九戶	二三五五八戶	二三四三三戶	二三五四〇戶	二三六九三戶	二三三六八戶
四區警署	一〇四三一戶	一〇五三二戶	一〇五九一戶	一〇六六九戶	一〇七一一戶	一〇七七七戶	一〇七四九戶	一〇八二一戶	一〇七八三戶	一〇八五八戶	一〇八八七戶	一〇九六九戶	一〇七三二戶
寬橋分所	三六八九戶	三六八四戶	三六八三戶	三六八九戶	三六九三戶	三七〇一戶	三七〇七戶	三七二七戶	三七四八戶	三七五七戶	三七七〇戶	三七七七戶	三七一八戶

杭州市二十一年份各警署區範圍全年人口平均數

警署區別 / 人口數 / 月別	一月	二月	三月	四月	五月	六月	七月	八月	九月	十月	十一月	十二月	全年平均數
一區警署	一八八七八二人	一八九三八四人	一九〇〇一五人	一九〇一八五人	一九〇六四八人	一九一三三三人	一八四三二七人	一八四八五一人	一八五五六七人	一八六〇三二人	一八六一四四人	一八七〇五五人	一八七八四九人
二區警署	一五五九八二人	一五六三三一人	一五六四三〇人	一五六六七三人	一五六八〇一人	一五四三七四人	一四七四九三人	一四七五五三人	一四七九二六人	一四八七九六人	一四九五八二人	一四九七七七人	一五三三三六人
三區警署	一〇九一九三人	一〇九八七〇人	一一〇四〇三人	一一〇七一〇人	一一〇九〇三人	一一一三九六人	一一〇五七二人	一一〇九二五人	一一一三一三人	一一〇三九九人	一一〇七八二人	一一一三九九人	一一〇六三九人
四區警署	五三三三六人	五二八五五人	五三二二七人	五三四七九人	五三五九四人	五三八四七人	五三一七八人	五三四〇四人	五三九九二人	五三六一七人	五三八〇三人	五四九四三人	五三六〇六人
覓橋分所	一九〇五二人	一九三四〇人	一九二〇三人	一八九九五人	一九〇〇三人	一九〇三三人	一九〇〇八人	一九〇七〇人	一九一八〇人	一九二〇三人	一九三〇四人	一九三五五人	一九〇九八人

杭州市二十一年份男女人口數逐月比較表

月份	人口數 男	人口數 女	百分比 男	百分比 女
一月	三一六六九七人	二〇八五四八人	60.297%	39.703%
二月	三一七六七九人	二〇九七五二人	60.231%	39.769%
三月	三一八六三一人	二一〇三三〇人	60.237%	39.763%
四月	三一九三四七人	二一〇六九五人	60.249%	39.751%
五月	三一九九六五人	二一〇九八四人	60.262%	39.738%
六月	三一九一六一人	二一〇九〇一人	60.212%	39.788%
七月	三〇九三八七人	二〇五〇八一人	60.137%	39.863%
八月	三一〇五五一人	二〇五四五二人	60.183%	39.817%
九月	三一一八一四人	二〇六一六四人	60.196%	39.804%
十月	三一一四二七人	二〇六五〇八人	60.128%	39.872%
十一月	三一二五三四人	二〇七〇八一人	60.147%	39.853%
十二月	三一四六〇〇人	二〇七九二九人	60.277%	39.723%
全年平均數	三一五一四九人	二〇八二六五人	60.213%	39.787%

杭州市二十一年份逐月人口增減比較表

月份＼增減	較上月之增減數：增	較上月之增減數：減
一月	一六七六人	
二月	二一八六人	
三月	一五三〇人	
四月	一〇八一人	
五月	九〇七人	
六月		一〇八七人
七月		一五三九四人
八月	一五三五人	
九月	一九七五人	
十月		四三人
十一月	一六八〇人	
十二月	二九一四人	
全年增減數		一〇四〇人

杭州市最近五年自殺人數逐月比較表

年份	性別	一月	二月	三月	四月	五月	六月	七月	八月	九月	十月	十一月	十二月	合計	總計
十七年	男	8	5	3	1	2	3	3	4	4	4		2	39	87
	女	2	2	3		3	7	6	12	3	3	4	3	48	
十八年	男	3	2	6	5	8	3	9	13	2	1	1	1	54	115
	女	4		3	4	5	2	3	4	7	7	9	13	61	
十九年	男	7	3	9	8	9	5	9	4	7	6	3	8	78	132
	女	3	5	5	5	4	3	5	4	6	8	3	3	54	
二十年	男	3	3	7	6	5	7	8	7	3	6	2	6	63	104
	女	3	2	4	3	4	4	2	4	6	2	3	4	41	
二十一年	男	8	1	3	2	7	2	8	3	3	2	5	1	45	69
	女			2		6	3	4	2	3	3	1		24	
合計		41	23	45	34	53	39	57	57	44	42	31	41	507	507

最近五年自殺者方法分析表

年份＼方法	服鴉片	服安眠藥	服毒	自縊	自戕	投水	呑金	飲滷	迎火車	其他	不明	共計
十七年	一九人	五人	四人	二八人	六人	一三人	二人	一〇人				八七人
十八年	一二人	一八人	七人	二九人	六人	二〇人	五人	九人	四人	二人	三人	一一五人
十九年	一四人	二人	六人	四二人	一人	四六人		七人		一三人	一人	一三二人
二十年			二六人	二八人	九人	三四人				七人		一〇四人
二十一年	一八人	三人	八人	一二人	三人	二〇人		一人	一人	二人	一人	六九人
五年合計	六三人	二八人	五一人	一三九人	二五人	一三三人	七人	二七人	五人	二四人	五人	五〇七人
百分比	12.4%	5.5%	10.5%	27.4%	4.9%	26.2%	1.3%	5.3%	.9%	4.7%	.9%	100

最近五年自殺原因分析表

原因	在十七年自殺者	在十八年自殺者	在十九年自殺者	在二十年自殺者	在二十一年自殺者	五年合計	百分比
經濟壓迫	二〇人	三〇人	二八人	一九人	五人	一〇二人	二〇・一%
失業	五人		一四人	七人	一二人	三八人	七・六%
營業失敗		一人	四人		一人	六人	一・一%
墮落		四人	六人	四人	八人	二二人	四・三%
氣憤				四人	五人	九人	一・八%
被騙		二人	一人		一人	四人	・八%
受辱				七人	二人	九人	一・八%
貧病	一人		一人		二人	四人	・八%
冤抑	七人	一〇人	一四人	五人	三人	三九人	七・七%
失戀	一〇人	二三人	二三人	六人	四人	六六人	一三・一%
家庭問題（夫妻間）	二〇人	一八人	二人	一六人	三人	五九人	一一・六%
家庭問題（姑媳間）	五人	六人	二人	四人	一人	一八人	三。六%
家庭問題（其他）	一〇人	一〇人	五人		二人	二七人	五・三%
其他	五人	五人	二〇人	二三人	七人	六〇人	一一・八%
不明	四人	六人	一二人	九人	一三人	四四人	八・六%

最近五年自殺者之年齡及職業統計表

年份	二十歲以下	二十歲以上	三十歲以上	四十歲以上	五十歲以上	不明	農	工	商	學	其他	無業	不明
十七年	二人	二五人	二一人	八人	六人	二五人	七人	二人	三人	三人	五人	四九人	二一人
十八年	五人	二九人	二三人	九人	一八人	三一人		一八人	八人	九人	八人	五三人	一九人
十九年	八人	四二人	三九人	一八人	一四人	一一人		二八人	二七人	五人	一六人	三七人	一九人
二十年	六人	二七人	二一人	五人	一〇人	三五人	八人	一四人	一四人	七人	一四人	二〇人	二七人
二十一年	四人	二五人	一三人	六人	四人	一七人		一七人	一〇人	一〇人	七人	一三人	一二人
合計	二五人	一四八人	一一七人	四六人	五二人	一二九人	八人	八四人	六一人	三四人	五〇人	一七二人	九八人

最近五年自殺案結果分析表

結果	十七年	十八年	十九年	二十年	二十一年	五年合計	百分比
死	二二人	二七人	七八人	六一人	二五人	二一二人	41.81%
救	五八人	七二人	五四人	四一人	三九人	二六四人	52.07%
不明	八人	一六人		二人	五人	三一人	6.12%

杭州市公娼家數及人數統計表

	妓院數	妓女人數
拱宸橋	一九五家	二八五名
江干	二〇家	三三名
合計	二一五家	三一八名

（註）本市公娼悉在拱宸橋江干兩處他處無之

杭州市娼妓年齡分析表

最少年齡	一五歲
最大年齡	四十歲
最多	二十歲—二十一歲

杭州市江干三十三名妓女來歷分析表

自做	二人
院主親女	十七人
院主親妹	二人
院主姪女	三人
院主親戚	六人
從幼領來	三人

杭市市娼妓原籍分析表

杭縣	一三
嘉興	一六
杭州	四四
蘇州	九六
紹興	二〇
嵊縣	四
諸暨	四
建德	五六
崇德	五
塘棲	四
吳興	四
無錫	六
常州	四
其他	四二

杭州市最近五年離婚案統計表

離婚主動者	原因別＼年	十七年	十八年	十九年	二十年	二十一年
男主動原因	通姦	1	2	2	2	3
	意見不合	2	4	6	5	1
	違背同居	2	3	2	3	2
	不守婦道	1				
	傷害	1				
女主動原因	虐待及扶養	24	34	32	19	10
	意見不合		3	7		
	傷害及侮辱		4	1	10	7
	重婚	1	1		2	2
	迫令為娼	3			3	2
	胎生天閹	1				
	痴呆不識人事	1				
共	計	37	51	50	44	27

備考：本表係依據杭縣地方法院受理案件為準查二十一年分離婚案件除表列二七件外尚有在外協議離婚聲請法院備案者計一四件合併聲明

杭州市最近五年逐月火災統計表

年份及次數／月別	一月	二月	三月	四月	五月	六月	七月	八月	九月	十月	十一月	十二月	共計	百分比
次 十七年	6	2	3	7	8	3	6	2	6	13	9	4	69	13.7%
次 十八年	8	9	13	18	8	7	8	9	9	21	18	9	137	27.8%
次 十九年	10	6	8	8	9	7	12	5	4	14	12	4	99	20.1%
次 二十年	11	2	8	11	5	8	3	7	5	7	7	7	81	16.5%
次 二十一年	12	5	9	16	5	1	8	8	6	17	8	12	107	21.8%
數 合計	47	24	41	60	35	26	37	31	30	72	54	36	493	100
百分比	9.5%	4.9%	8.3%	12.2%	7.1%	5.3%	7.5%	6.3%	6.1%	14.6%	10.9%	7.3%	100	100

杭州市二十一年分火災發生時間逐月比較表

共計	十二月	十一月	十月	九月	八月	七月	六月	五月	四月	三月	二月	一月	月別及次數／發生時間
8	2	2		1					1	1		1	上午0—1時
2		1									1		1—2
6	1					2		1				2	2—3
3					1					1	1		3—4
4			1	1	1	1							4—5
													5—6
7			1		1				3	1		1	6—7
5	1		1						2			1	7—8
3			2						1				8—9
2	1				1								9—10
6	2	2	1						1				10—11
6	1	1				2					1	1	11—12
5	1					1				1	1	1	下午12—1
8	1	1	1	1					3	1			1—2
4			2	1					1				2—3
2	1							1					3—4
3			1		1						1		4—5
4					1			1		2			5—6
4			1						2			1	6—7
6		1				1			1			3	7—8
2					1		1						8—9
7			1	1		1		1	1	2			9—10
4			4										10—11
6	1		1	1	1			1				1	11—12
107	12	8	17	6	8	8	1	5	16	9	5	12	共計

二十一年份火災起因統計表

月別／原因	烹調飲食	傾覆燈油	漏電	敬神	吸烟	烤火	其他	共計
一月	七次						五次	一二次
二月	三					一	一	五
三月	三	一	一	一	二		一	九
四月	七	一			二		六	一六
五月	二				一		二	五
六月							一	一
七月	二		二		一		三	八
八月	一		一		五		一	八
九月	三						三	六
十月	三	一	一		五		七	一七
十一月	四	二	一				一	八
十二月	八	一			二		一	一二
共計	四三	六	六	一	一八	一	三二	一〇七

二十一年份火災損失統計表

月別	受災戶數	房屋被燬數	房屋被損數	房屋被燬被損價值	物品被燬價值	總計損失
一月	三〇戶	四三間	一間	六、八八五元	五、二三〇元	一二、一一五元
二月	一一戶	五間	一三間	六五八元	九五五元	一、六一三元
三月	一四戶	四三間	二間	七、八九〇元	九、一三三元	一七、〇二三元
四月	六七戶	一二四間		七、七八〇元	六、七一〇元	一四、四九〇元
五月	三六戶	七五間	一間	二一、七二五元	七、七五〇元	二九、四七五元
六月	三戶	六間		一二〇元	三〇〇元	四二〇元
七月	二六戶	八一間		二一、一六五元	四〇、三八〇元	六一、五四五元
八月	一五戶	三七間		一九、八八〇元	二四、二七〇元	四四、一五〇元
九月	一五戶	二二間		二、五二〇元	三、八四〇元	六、三六〇元
十月	一一戶	一八一間	三間	六九、〇六〇元	一〇二、〇〇〇元	一七一、〇六〇元
十一月	一一九戶	一三八間	八間	二九、五〇〇元	九二、二二〇元	一二一、七二〇元
十二月	六〇戶	一〇一間	六間	三一、四七〇元	七一、四八五元	一〇二、九五五元
共計	五〇七戶	八五六間	三四間	二一八、六五三元	三六四、二七三元	五八二、九二六元

杭州市五年火災損失逐月數比較表

月別 \ 年份	十七年 次數	十七年 損失數	十八年 次數	十八年 損失數	十九年 次數	十九年 損失數	二十年 次數	二十年 損失數	二十一年 次數	二十一年 損失數
一月	六次	一〇、六四〇元	八次	三三、〇〇〇元	一次	一五、四四〇元	二次	九、三三〇元	二次	一三、一一五元
二月	二	三〇、六〇〇	九	四七、六〇〇	六	一、六五〇	二	五、三〇〇	五	一、六一三
三月	三	八、二三〇	一三	一九、六〇〇	八	六、八四〇	八	二九、三三〇	九	一七、〇一三
四月	七	五九、六〇〇	一八	一五一、三三〇	八	二六、〇六〇	二	二三、六四〇	一六	一四、四九〇
五月	八	五四、五一〇	八	一、七五一、〇三〇	九	四〇、七四〇	五	三一、四五〇	五	二九、四七五
六月	三	五六〇	七	一三、五六〇	七	一一四、九五〇	八	三八、五九〇	一	四三〇
七月	六	三三、一〇〇	八	一三、七〇〇	三	一〇四、一六五	三	一四、一四〇	八	六一、五四五
八月	二	八六〇	九	三三、九四五	五	三三、五三〇	七	一〇六、四七六	八	四四、一三〇
九月	六	一、二四五	九	一一〇、八七〇	四	一、一三〇	五	二四、八七〇	六	六、三三〇
十月	三	五〇、五三〇	三	一五〇、四三〇	一四	六、三三〇	七	一一、八三〇	一七	一七一、〇六〇
十一月	九	四三、一七〇	一八	四九、〇一〇	三	八三、三五〇	七	六、九五五	八	一三、七三〇
十二月	四	四六〇	九	二三、三六四	四	六、八六〇	七	一八、七三〇	三	一〇三、九五五
共計	六九	四七一、五二五	一二七	二、七七四、四九九	九九	五四三、〇二五	八一	三〇〇、三七三	一〇七	五八三、九二六

杭州市湖墅第十二區農村全年所需生活費概況表（農業類補遺）

種類	每一人份所需之金額	平均每戶所需之金額	百分比	附註
飲食	三十六元至六十元	二二〇元	六四·六三%	
被服	一元至六元	一五元七角五分	四·六二七%	
住宅	六元至一百二十元	二四元	七·〇五一%	住屋多簡陋故就普通平均之
燈火	四元至九元	六元五角	一·九〇九%	
家具	〇元至八元	四元	一·一七六%	
教育	六元至七六元	七元	·三三七%	就小學兒童爲標準
社交	六元至二四元	一五元	四·四〇六%	
嗜好	四元至一百二十元	五四元	一五·八六四%	
共計		三四六元二角五分	100	

杭州市茶葉行調查表

行名	地址	性質	資本數	經理姓名	收入總量	收量總值	銷路最旺區域
隆記興	候潮門外直街	合資	四千元	貝浩然	一〇〇〇担	二十二萬五千元	江蘇浙江
公順	候潮門外直街一五〇號	合資	五千元	楊卓庵	二〇〇〇〇担	六十七萬五千元	華北及東三省
同春興記	候潮門外直街一〇三號	合資	八千元	吳達甫	一五〇〇〇担	五十萬元	華北及東三省
全泰昌	候潮門外直街	獨資	五千元	方冠三	七〇〇〇担	三十五萬元	北平天津山東
源記	候潮門外直街八五號	獨資	二千元	莫五臣	九〇〇〇担	二十萬元	北平天津山東
莊源潤	候潮門外直街二二號	獨資	五千元	莊筱橋	一〇〇〇〇担	三十五萬元	河南河北山東遼吉
保泰	候潮門外直街八六號	合資	三千元	方甸農	四五〇〇担	三十五萬一千元	上海蘇州嘉興吳興
吳欽記	茅家埠	獨資	一千元	吳耀昌	七〇担	一千五百六十元	本市
翁月龍	翁家山	獨資	三百元	翁健行	六〇担	四千元	城內
龍章	龍井一三號	獨資	代客買賣	戚阿喜	三〇担	四千五百卅元	本市
鼎豐	龍井	獨資	代客買賣	戚元甫	四二担	六千三百元	本市北平河北
翁啓龍	翁家山	獨資	五百元	翁念慈	一〇〇担	七千五百元	本市
沈榮楨	下滿覺隴三十號	獨資	代客買賣	沈相柏	六二担	九千三百九十元	本城
翁源昌	翁家山三二號	合資	三百元		十五担	一千六百元	本市
應公興	楊梅嶺一七號	獨資	代客買賣	應寶昌	三四担	五千一百九十元	本市

（註）以上各茶葉行收入總量內除四一三担係屬市區範圍產生者外其餘均採自縣區

杭州市最近七年茶葉產量比較表（基年：民國十五年）

年別	產量	比較
十五年	六〇〇担	一〇〇
十六年	五二〇担	八六・七
十七年	五五〇担	九一・七
十八年	五二〇担	八六・七
十九年	四一三担	六八・八
二十年	三〇〇担	五〇・〇
二十一年	八五〇担	一四〇・〇
二十二年	四一三担	六八・八

杭州市二十一年份全年平均物價指數表（簡單幾何平均）民國二十一年等於一〇〇

類別	糧食類	食料類	衣料類	建築材料類	燃料類	雜項類
種類	13	23	21	11	10	17
逐月平均	指數	,,	,,	,,	,,	,,
一月	107	100	103	100	101	101
二月	109	100	103	100	101	101
三月	110	100	103	100	101	100
四月	108	100	101	100	101	100
五月	109	101	102	100	101	100
六月	108	98	100	100	100	100
七月	102	100	98	100	100	99
八月	102	100	98	100	100	99
九月	93	100	98	100	100	99
十月	87	100	98	100	100	99
十一月	82	98	96	100	100	99
十二月	87	93	93	100	100	99
全年平均	100	99	99	100	100	99

杭州市二十一年份全年批發物價平均統計對照表

號數	品名	單位	價格
1	機羅尖	石	一〇・八九元
2	機塲白	石	八・六五
3	機富尖	石	一〇・五五
4	高蒸穀	石	一〇・七七
5	機羊尖	石	一〇・三六
6	客糯	石	一一・八五
7	細黃	石	九・八〇
8	菉豆	石	一二・九五
9	闊青	石	六・五三
10	天津子	石	一四・〇六
11	高生仁	石	一一・三三
12	紅兵船麵粉	袋	二・七
13	綠兵船麵粉	包	二・八
14	紅絲	百斤	一五・六
15	勒絲	百斤	一五・八
16	海蜇	擔	七・〇〇
17	牛肉	百斤	二五・〇〇
18	羊肉	百斤	二〇・〇〇
19	火腿	擔	七六・〇〇
20	鹽肉	擔	三二・〇〇
21	鴨	百斤	五〇・〇〇
22	鷄蛋	千個	一七・〇〇
23	蔴油	擔	二六・〇〇
24	荳油	擔	三二・〇〇
25	紅糖	擔	一五・〇〇
26	白糖	擔	一九・〇〇元
27	茶葉龍井	擔	一二八・〇〇
28	茶葉芽茶	擔	一二八・〇〇
29	茶葉紅梅	擔	三五・二
30	茶葉龍雀	擔	八九・六
31	紹酒	擔	九・〇〇
32	紹酒	擔	八・〇〇
33	醬油	擔	一四・〇〇
34	醬油下號	擔	六・八
35	荸薺	擔	・六〇
36	頂號忄素緞	尺	一・〇〇
37	忄花緞	尺	一・三〇
38	卜杭紡	兩	・七二
39	卜大綢	兩	・七二
40	忄羅紡	兩	・七二
41	忄人絲花緞	尺	・五
42	忄人絲素緞	尺	・五
43	本色山样粗	疋	一二・〇六
44	本色小洋布	疋	一七・三七
45	漂白氺荷蘭	疋	一二・七八
46	漂白氺荷蘭	疋	一二・八四
47	金日白配	疋	一八・七三
48	五丈灰平條	疋	四・二
49	一五丈彩格	疋	四・〇五
50	忄毯布	疋	五・一〇

杭州市二十一年份全年批發物價平均統計對照表（續）

號數	品名	單位	値格（元）
51	五丈自由布	疋	四·七
52	仁愛國布	疋	六·八
53	十枝麒麟棉紗	包	五·〇二
54	十六支棉紗	包	五·五六
55	棉花	擔	四二·〇〇
56	天然絲	百兩	三三·〇〇
57	杉木	根	·一八
58	洋松	千呎	八五·〇〇
59	新方磚	萬塊	八〇·〇〇
60	海線磚	萬塊	五四·〇〇
61	頭字瓦	萬塊	七二·〇〇
62	石灰	擔	一·一
63	原生漆	斤	一·六
64	徽生漆	斤	二·〇四
65	嚴生漆	斤	一·八八
66	馬牌洋灰	桶	七·五
67	象牌洋灰	桶	七·五
68	白煤塊	噸	四〇·〇〇
69	二號開平焦炭	噸	三八·〇〇
70	一號煤屑	噸	一六·〇〇
71	機製煤球	擔	一·五
72	松柴	擔	·七
73	乾蔴櫟	擔	·九

號數	品名	單位	價格（元）
74	雜柴	擔	·六
75	白炭	擔	·九五
76	煤油	聽	四·七六
77	洋燭	箱	三·六
78	火柴	箱	七·三八
79	文明愛國傘	百把	三四·〇〇
80	五件鍍鎳剪	一套	一·八四
81	棕竹摺扇	把	一·二〇
82	中等七寸三品碗	筒	一·三六
83	呈奇	斤	·五八
84	仙女捲烟	五萬支	一七三·〇〇
85	南陽肥皂	箱	五·四
86	苧蔴	擔	四二·〇〇
87	桐油	擔	二三·四〇
88	毛邊紙	件	一八·〇〇
89	上等草紙	塊	七·五〇
90	中等報紙	領	六·五八
91	金鼠捲烟	二萬五千支	一三二·五
92	十支美麗	二萬五千支	二三二·五
93	五十美麗	二萬五千支	二三二·五
94	漢楊子頭號生號	噸	七四·五〇
95	水牛皮	磅	·五四

杭州市二十一年份每月雨量比較表

月別	量數
1	6.4
2	70.5
3	55.3
4	97.7
5	274.7
6	231.2
7	32.3
8	235.7
9	159.4
10	49.7
11	42.6
12	37.9
附註	本表單位以公厘爲準

杭州市二十一年份每月温度比較表

月別	平均度數	最高度數	最低度數
1	5.67	21.2	—5.3
2	3.66	12.7	—3.2
3	9.41	26.4	—2.2
4	15.90	28.7	4.1
5	20.61	32.8	11.0
6	23.88	33.7	14.6
7	29.89	39.3	19.6
8	28.35	39.0	20.6
9	22.62	31.5	15.0
10	16.18	29.2	8.8
11	11.56	25.8	—0.4
12	6.57	19.7	—3.8
附註	本表以攝氏寒暑表爲準		

杭州市農會一覽表

名稱	所在地	會員數	幹事姓名	出席之農會代表	備考
杭州市農會改組指導員辦事處	杭州市黨部內				改組指導員童蒙聖
西湖區區農會	孤山第七區區公所	三五六	陸品三杜仲華陳瑞和仰彌高張春發	杜仲華仰彌高	
湖墅西區區農會	湖墅大兜磚橋頭三號	二一七	戚國生朱木根唐阿釗徐松柏王子芳	王子芳王克楨	
湖墅東區區農會	同上	一〇七	李元福顧玉棠周友法胡成標陳嘉泉	胡成標顧玉棠	會址因一時弄相當地點故暫設大兜
皋塘區區農會	皋塘將軍殿	二六五	胡庭寶李榮三李德和沈明泉潘慶祥	李榮三潘慶祥	
江干區區農會	江干三一庵間壁六十三號	一四一	嚴永泉聽會長金阿毛賀阿毛王五雲	王五雲嚴永泉	

杭州市工會一覽表

名稱	所在地	會員數	理事姓名	監事姓名
杭州市火柴業產業工會	江干海月橋裏街羊義弄一號	一四一五	葉萬和徐素雲張祖友胡根祥陳阿招朱裕順王顯林	祝霞村葉志英蔡樹良
杭州市材業職業工會	西牌樓材業會館	二三二	華曹龍支維贊俞炳樵陳錦濤俞西文李浩揚陳錦順	傅福順婁舟生王阿林
杭州市燭業職業工會	清波門花牌樓二三號	一三〇	張雲先諸鳳高王積祥郭長福王兆銀	魯佩卿吳水泉王錦堂
杭州市醬作業職業工會	貫橋法輪寺	一七五	陳金曉蔣永生金阿定邵炳林陳春蘭	楊兆正戚阿招沈銀卓
杭州市絲織料機業職業工會	橫堂子巷十六號	二一三	朱少臣吳維喬楊剡山徐釗錦徐錦水	胡榮華陳寶龍金玉麟
杭州市米業職業工會	貫橋法輪寺	二八五	王小炳壽永才張金蘭金銀鈞蔣雲田	鍾玉標吳其東朱阿奎
杭州市袋業職業工會	湖墅娑婆橋一三〇號	七七	周廷月陳雅珊趙炳木鄔芝江王錫祥馬元苗周浩銓	孫阿章張關清徐關林
杭州市國藥業職業工會	佑聖觀巷五四號	一九三	葉滋芬王永儉陸錦文張文海賀世忠沈蓮生葉如康翁鶴夫孫炳耀	楊國光葉寶源林金法余有根余仲和
杭州市電氣業產業工會	板兒巷電氣公司內	二二四	項錫年鍾寶坤楊朗垣林景贊莊聚寶周挺蓉余永濱	石國荃郭錫寶陳思九夏莪卿朱明曾

杭州市商會一覽表

名稱	所在地	會員數	主席委員姓名	常務委員姓名
杭州市商會	保佑坊	八二	王竹齋	王竹齋 王子球 王薌泉 金潤泉 徐行恭

杭州市各業同業公會一覽表

名稱	所在地	會員數	主席委員姓名
雜貨業同業公會	郭通園巷	三一八	胡正元
輿業同業公會	崔家巷	一九	王薌泉
人力車業同業公會	方谷園十八號	一七七	鄭錫麐
飯業同業公會	后市街七五號	一五〇	王金寶
參業同業公會	元井巷	一五	宋厚齋
國藥業同業公會	柴木巷安樂坊	一二二	楊春䫞
衣業同業公會	柳翠井巷	四九	嚴芸樵
木板業同業公會	江干花仙橋	五〇	黃品薌
內河船業同業公會	萬安橋南河下三二號	一一七	何孝華
酒業同業公會	下板兒巷	七九	馬伯雄
米業同業公會	聯橋木場巷二號	一七八	韓震鐘

醬業同業公會	茅廊巷	二一六	陳星五
布業同業公會	柳翠井巷六一號	三五	李錦堂
銀行業同業公會	東太平巷居仁里九號	一五	金潤泉
旅店業同業公會	城站福慶弄四號	一〇一	陸寶泉
捲菸業同業公會	板兒巷二三六號	三八	沈桂蓀
輪船業同業公會	拱埠馬家橋八號	一二	鄭宜亭
紅銅業同業公會	白馬廟巷	三六	周有生
箔業同業公會	湖墅信義巷	一七	沈紀來
過塘業同業公會	江干洋泮橋	一〇七	楊耀文
磚瓦業同業公會	祖廟巷	一六	朱永秋
南貨業同業公會	缸兒巷	五三	方積廊
印刷業同業公會	開元路開元里七號	六六	鄭聖賡
綢業同業公會	銀洞橋觀成堂內	一五三	程心錦
蠶業同業公會	拱埠馬家橋	二五	唐繹如
茶漆業同業公會	候潮門外一三〇號	四四	方冠三
水菓業同業公會	新市場花市路南三弄	二五	王楨祥
煤業同業公會	郭東園巷一〇五號	二七	張遠鴻
油業同業公會	元井巷一九號	一〇	張沛然

綵結業同業公會	萬安橋北河下七一號	三一	姚少庭
木排業同業公會	候潮門外抽分廠	三三	姚連生
豆腐業同業公會	寶極觀巷後面小井頭豆腐公所	七六	王壽昌
顏料業同業公會	柳翠井巷	二一	王棻芳
鞋革業同業公會	保佑橋廣合順皮號	七八	楊克昌
新藥業同業公會	羊壩頭中法藥房內	二七	周師洛
廣貨業同業公會	撫橋弄	二七	于少炎
電機絲織業同業公會	銀洞橋觀成堂內	一八	余廉笙
玻璃五金業同業公會	保佑坊	二六	汪迺甫
錢業同業公會	柳翠井巷	四九	王子球
絲業同業公會	艮山門內定香寺巷十號	五七	王炳甫
機料人造絲業同業公會	皮市巷二二四號	二六	朱嵩巢
茶食糖果業同業公會	馬弄一號	三四	葛桂蓀
派報業同業公會	金釵袋巷二十四號	六二	唐開元
服裝業同業公會	青年路東平巷	二四	薛信賓
茶店業同業公會	新市場雅園茶店內	三七五	楊祥麟
轉運業同業公會	羊市路六十七號	八三	賈樂山
小菜行業同業公會	金剛寺巷十四號	一四	周倬雲

杭州市中人行調查表 二十二年份

行名	行主姓名	住址	門牌號數
丁中人行	丁 溶	乘安橋河下	六
楊中人行	楊阿五	性存路	五
章中人行	章鳳鳴	新民路	二六六
邵中人行	邵阿龍	新民路	二八〇
葛中人行	葛東明	民生路	三五
朱中人行	朱 笏	下板兒巷	一一九
朱中人行	朱銘泉	新民路	三二三
盧中人行	盧子卿	龍翔橋北	二三〇
沈中人行	沈嘉浩	板兒巷	一九〇
吳中人行	吳炳順	鳳山門外直街	八一之甲
丁中人行	丁芝山	長慶街	九五
趙中人行	趙玉高	吳山路	三五
顧中人行	顧王氏	湖墅草營巷	二五
阮中人行	阮智庠	東街路	一九三

行名	行主姓名	住址	門牌號數
張中人行	張南璟	板兒巷	六八
張中人行	張蘭生	柴木巷	八
趙中人行	趙蘭舫	東街路	五六四
趙中人行	趙雲軒	學士路	四四
吳中人行	吳樹輿	東街路	一二四
樓中人行	樓財春	城頭巷	八〇
何中人行	何友生	迎紫路	四六
何中人行	何友生	惠興路	三
陳中人行	陳福林	中板兒巷	二五〇
馬中人行	馬介禁	東街路	四七三
胡中人行	胡克家	新民路	一八六
張中人行	張金平	新宮橋河下	七
周中人行	周志賢	板兒巷	一七四
來中人行	來李氏	大學士牌樓	一一

杭州市中人行調查表 二十二年份（續）

行名	行主姓名	住址	門牌號數
馮中人行	馮景陽	敦仁路	七四
陶中人行	陶周氏	太廟巷	五四
宋中人行	宋蘇氏	察院前	二
唐中人行	唐氏	凝海巷	九二
陳中人行	陳馬氏	仙林橋直街	六九
趙中人行	趙濟川	迎紫路	三九
徐中人行	徐王氏	湖墅麒麟街	三二
董中人行	董王氏	上機神廟前	五四
何中人行	何志珊	外龍舌嘴	七
范中人行	范錦泰	城頭巷	五〇
王中人行	王竹亭	直大方伯	五一
阮中人行	阮單氏	衆安橋河下	二一
徐中人行	徐順慶	新民路	一七四
徐中人行	徐柏卿	新民路	一二九
周中人行	周松林	板兒巷	二一四
錢中人行	錢永青	豐富二橋西弄	七
樓中人行	樓時夏	迎紫路	三八
胡中人行	胡阿寶	木場巷	五〇
徐中人行	徐海珊	東街路	一一八
余中人行	余子州	望江門直街	五
壽中人行	壽竹亭	通江橋弄	四
葛中人行	葛永福	板兒巷	二四六
戴中人行	戴吳氏	板兒巷	八一
王中人行	王文炳	皮市巷	一〇八
胡中人行	胡金茂	學院前	五六
陳中人行	陳徐氏	上祠堂巷	六
宋中人行	宋蘇元	通江橋	七〇
毛中人行	毛江氏	裏龍舌嘴	四三

杭州市中人行調查表 二十三年份（續）

行名	行主姓名	住址	門牌號數
李中人行	李寶坤	板兒巷	一六
黃中人行	黃春和	鳳山門外直街	一三五
董中人行	董氏	凝海巷	七七
傅中人行	傅順福	湧金門直街	九
趙中人行	趙王氏	拱宸橋弄	五八
傅中人行	傅純卿	靈壽寺巷	
王中人行	王雅生	西浣紗路	八
鄭中人行	鄭向連	府前街	二〇
胡中人行	胡炳炎	學士路	五八
駱中人行	駱王鳳仙	學士路	五二

行名	行主姓名	住址	門牌號數
沈中人行	沈忠烈	城頭巷	六一
毛中人行	毛幹臣	東河坊路	一七三
朱中人行	朱阿潮	鳳山門外	一二九
蔣中人行	蔣盛之	里仁坊	一八
楊中人行	楊金發	湧金門直街	九
沈中人行	沈美墊	城頭巷	四九
王中人行	王乾大	延齡路	二六三
吳中人行	吳茂桂	大福清巷	九二
范中人行	范順有	觀橋直街	二二

杭州市度量衡營業商店一覽表

商號	開設地點	營業種類
李三和	上打銅巷十八號	度衡製造
李同春	江干梁家橋四號	同前
李同泰	海月橋五八號	同前
李順興	下打洞巷五一號	同前
陸三和	海月橋塘上七十號	同前
徐茂興	東街一一六九號	同前
陶瑞興	湖墅珠兒潭六十六號	同前
盛仁興	湖墅大夫坊九十九號	同前
趙天申	打銅五五號	同前
趙天申	官巷口四十八號	同前
錢正和	忠清巷二號	同前
任裕興	東街一一八五號	同前

商號	開設地點	營業種類
沈合興	湖墅信義巷三十二號	量器製造
聯益衡器製造廠	里仁坊十一二號	度衡製造
馮永年	江干太祖灣一五七號	度器製造
裕昌林	南星橋兵馬司	度衡販賣
樓守範	楚坊巷口一二四號	度量衡販賣
仁興昌	湖墅大夫坊九九號	度衡製造
趙振興	湖墅珠兒潭	量器製造
俞家駒	筧橋鎮	度量衡販賣
林益	里仁坊三號	度衡製造
林仁興	湖墅大夫坊一一七號	同前
三民台秤廠	薦橋路七九號	衡器製造
黃天和	小學前五七號	度衡製造

杭州市各區土地面積統計表

區別		各區面積數（市畝計）	各區面積數（方里計）	各區面積總數（市畝計）	各區面積總數（市方里計）	全市總面積（市畝計）	全市總面積（市方里計）
市繁盛區域	區域	一九、六二七	五二、三三	一九、六二七	五二、三三	三四一、八〇八	八八四、七九
四郊區域	西湖區	六八、三五七	一五五、六一	三二二、一八一	八三二、四六		
	湖墅區	三六、一一〇	九六、二九				
	臯塘區	一七六、二〇三	四六九、八七				
	會堡區	二四、六四九	六五、七三				
	江干區	一六、八六二	四四、九六				

註 本市東西相距二十六公里南北相距三十公里東北西南相距三十六公里西北東南相距二十三公里

一方里等於三七五市畝

杭州市合作社一覽表

項目		河西村第一蠶業生產合作社	河東村蠶業生產合作社	打鐵關蠶業生產合作社	第十區第五坊養蠶兼營合作社
名稱		河西村第一蠶業生產合作社	河東村蠶業生產合作社	打鐵關蠶業生產合作社	第十區第五坊養蠶兼營合作社
責任		無限	同	同	同
預定成立日期		五年	同	同	同
社址		河西村一二號	大河東村四號	打鐵關七一一號	葉家塘五二號
區域		河西村七宮橋河以北為限	大河東村小河東村為限	北魚潭芝芬橋新涼亭為限	以十區五坊為限
社務委員	理事	潘錫臣 鐘愛堂 施城泉	張炳鈴 汪德海 周友法	邵大慶 謝友泉 趙季鑫	羅自興 俞寶坤 王金生 余菊坪 沈長春 陳長林 鐘明山
	監事	潘文彪 何三伯 林國榮	楊庭輝 朱阿興	蔣可綿 謝友芳	黃學炳 黃寶鳳 施聚生
社員	人數	一七	二〇	二三	五七
	職業	農一七	農二〇	農二三	農五七
社股	每股金額	三元	三元	三元	二元
	社股數	一九股	二三股	二三股	五七股
	社股總額	五七元	六六元	六九元	一一四元
	第一繳款次	三分之一	三分之一	三分之一	二分之一
設立經過	許可日期	二一年三月一二日	二一年三月一〇日	二一年三月一一日	二二年六月八日
	成立日期	二一年三月一八日	二一年三月一一日	二一年三月一四日	二二年六月一二日
	登記日期	二一年三月二五日	二一年三月二二日	二一年三月二二日	二二年八月七日
	登記號數	市字六號	市字二號	市字四號	市字一九號
盈餘分配	股息	六厘	同	同	同
	公積金	百分之二十	同	同	同
	公益金	百分之五	同	同	同
損失分擔		全社員負分擔責任	同	同	同
公積金之存儲		社員大會認可之妥當金融機關	同	同	同
通訊處		湖墅夾城巷口和合樓茶店轉	武林門外金谷園茶店轉		合作實驗處轉

杭州市合作社一覽(續)

東興關蠶業生產合作社	堯典橋蠶業生產合作社	河西村蠶業生產合作社	城區家庭消費合作社	第十二區第四坊農產品運銷合作社
同	無限	同	保證	有限
同	一〇年	五年	一〇年	五年
清河塘一號	堯典橋吳家斗一六號	河西村一號	新民路九〇號	瓜山街一七一號
以東興關為限	以堯典橋為限	以河西村七宮橋河南為限	以城區為限	以第四坊為限
項桂林 黃學明 馬明烈	魏德培 俞作昌 楊林宏	沈寶法 汪長貴 馮阿三	盧公恆 盧楚心 汪祖受 曹瑞年 朱昭鍈	陳連生 章聚財 魏聖連 朱貫甫 鄒學珍
虞文孝 高眞奎	王連喜 濮國卿 陳文根	沈玉泉 徐文德 周森桂	熊亮貞 盧伯章 尊挺英 朱森如 陶筱銘 程德源 陳瑞芝	管錦章 沈聚銀 陳玉連
一八	一三	二三	三〇	一一
農一八	農一三	農二三		農一一
三元	三元	三元	一〇元	二元
二五股	一三股	二三股	一〇〇股	二三股
七五元	三九元	六九元	一〇〇〇元	四六元
三分之一	三分之一	同	十分之四	一次繳足
二一年三月一一日	二一年三月一五日	二一年三月二三日	二一年四月二七日	二二年一二月一九日
二一年三月一四日	二一年三月一七日	二一年三月一六日	二一年五月一日	二二年一二月二一日
二一年三月一二日	二一年三月二四日	二一年三月二九日	二一年五月二日	二二年一二月二六日
市字一號	市字五號	市字七號	市字八號	市字二二號
同	同	同	五厘	六厘
同	同	同	同	同
同	同	同	同	同
同	同	同	股本及公積金不足清償條以保證金額為限	以社股為限
同	同	同	同	同
				拱埠漆順肉店轉

杭州市合作社一覽(續)

楊家灣藥材運銷兼營合作社	北九堡藥材運銷合作社	富饒址信用合作社	九堡村信用兼營合作社	萬仁鄉信用合作社
無限	同	無限	同	同
同	六年	二〇年	三〇年	五年
楊家灣二三號	北九堡永康廟內	富饒址楊府廟內	南九堡九號	三灑營逢字五號
半路庵項家道地楊家灣梁埠頭來和湯爲限	西北九堡東火燒址黃天堂爲限	楊橋楊府廟大通寺炮台山等處爲限	九堡東至二回塘南至炮沙西至七甲坂北至永康庄橫河	萬仁鄉爲限
		陳子才 張鳳華 朱鵬達	張定福 汪長生 湯佐耀 湯培揚 王德標	陳思忠 楊炳堃 湯炳生
		張鳳治 鄭培康 張鳳錫	陸渭金 桑紅生 許子祥	陳思連 楊松發 湯炳傳
九	一一	五三	三四	一一
農九	農一一	農五三	農三四	農一一
二元	二元	二元	四元	二元
		五四股	三四股	一一股
		一〇八元	一三六元	二二元
二分之一	同	五分之一	二分之一	四分之一
		一七年八月	一九年一月二四日	一九年一月六日
		一七年一一月二日	一八年一二月一二日	一八年一二月一八日
		二〇年八月一三日	二一年六月八日	二一年六月八日
		市字一一號	市字一六號	市字一四號
		六釐	同	同
		四分之一	百分之二〇	四分之一
		一〇分之一	百分之五	百分之五
		全社員負分擔責任	同	同
		社員大會認可之妥隱金融機關	同	同
			國立浙大農學院合作事業指導員袁子白轉	大營後水星閣草舍一號

杭州市合作社一覽（續）

茅家埠信用合作社	靈隱信用合作社	墅北里信用合作社	杭州民衆消費合作社	湖墅消費合作社
同	同	同	有限	有限
五年	五年	二一年	三〇年	一〇年
茅家埠上四五號	白樂橋一六一號	湖墅磚橋頭三號	湖濱路民教館	湖墅大夫坊一三號
茅家埠鷄籠山通利橋洪春橋爲限	靈隱一帶爲限	墅北里爲限	杭州市爲限	湖墅區爲限
孫居桐 王長根 鄭學鴻	仰元市 李順慶 盛頌恩	王克楨 周阿元 徐松梅	張仲明胡斗文 楊　建陳成仁 俞美四俞襄臣 俞　超	周屏如鄭天江 于奎伯項亮丞 蔣子虬華長壽 彭譽芳俞新民
汪　楚 葛奎洪 陶春林	張振壽 張梓培 朱永連	王子芳 湯炳延 朱木根	方慧珍 唐巽澤 張　謹	呂兆祥嚴鐵良 馬梅生湯留芬 楊翼鵬
一一	一二	一六	六六	六一
農一〇工一	商二兼農五	半農一農一四女工一		
一元	一元	三元	二元	二元
一四股	二四股	三一股	九二股	一五六股
一四元	二四元	九三元	一八四元	三一二元
一次繳足.	同	三分之一	四分之一	二分之一
一九年七月四日	一九年七月一一日	一九年二月二六日	二一年一二月二四日	二〇年八月八日
一九年七月一二日	一九年六月二八日	一九年二月二日	二二年五月一四日	二〇年一二月一〇日
二〇年一二月一日	二〇年一二月一日	二一年六月八日	二二年八月九日	二〇年八月一七日
市字一三號	市字一二號	市字一五號	市字二〇號	市字九號
同	同	五釐	六釐	四釐
百分之二十	同	百分之二五	百分之三十	百分之二〇
同	同	百分之五	百分之一〇	百分之五
同	同	同	以社股爲限	同
同	同	同	同	同

杭州市合作社一覽表(續)

第三區日用消費合作社	金祝村蠶業生產合作社	湖王村蠶業生產合作社	下甯橋蠶業生產合作社
有限	無限	同	同
五年	同	同	同
高官弄二號	混堂橋二二號	湖墅長板巷四一號	下甯橋九號
第三區爲限	混堂橋北天竺杜木橋上甯橋金祝牌樓大伍學堂	以潮王村爲限	以下甯橋一帶爲限
高佐勳 高景昌 宋祝三 高順德 葉克明	王長慶 楊阿其 周祥福	孫延春 蔡元泉 夏子承	陳瑞和 裘福興 顧連寶
楊茂如 褚福林 褚琢如	許正發 潘寶森 廖信發	徐文藺 楊福榮 洪成掌	鄭朝發 周燧槐 孫高勝
一三	三〇	一六	二四
	農三〇	農一六	農一三兼二
一〇元	二元	三元	三元
二〇〇股	三〇股	一六股	二五股
二〇〇〇元	六〇元	四八元	七五元
一次繳足	同	入社後一年內二期繳清	三分之一
二二年一一月一六日	二二年三月一七日	二二年九月一七日	二二年三月三一日
二二年一二月三〇日	二二年三月一一日	二二年九月二四日	二二年三月一〇日
二三年一月三〇日	二二年五月一三日	二二年一一月五日	二二年四月一二日
市字二三三號	市字一八一號	市字二一一號	市字一七一號
六厘	同	同	同
同	同	同	同
同	同	同	同
同	全社員負分擔責任	同	同
同	同	同	同

杭州市二十一年份四月起至八月止牛隻過境統計表

月份	區署別	牛之種類	隻數	起運地點	經過地點	到達地點
四月份	三區二	黃牛水牛	八四 九七	諸暨	杭州會安村小河口	嘉興
四月份	三區二	黃牛水牛	二四 一二七	諸暨		蘇州
四月份	三區二	黃牛水牛	一一 無	諸暨		楓涇
四月份	三區二	黃牛水牛	一六 五	台州		平湖
四月份	三區二	黃牛水牛	四七三 四九	台州		松江
四月份	三區二	黃牛水牛	一〇 四五	台州		嘉興 吳江
四月份	三區二	黃牛水牛	二七 二	金華		嘉興
四月份	三區三	黃牛水牛	五 一一	臨安 江干	新碼頭	
四月份	四區一	黃牛水牛	二八七 三二	杭州閘口	長安 硤石 杭城湖墅	嘉興 大關
四月份	四區二	黃牛水牛	一一七 二〇	紹興 富陽 天台 諸暨 東陽	江干 閘口	杭屬大諸橋 嘉興 平湖 嘉善 湖墅 大關

五月份	三區二	黃牛	一五七	台州		松江
		水牛	一一八			
五月份	三區二	黃牛	三八	台州		蘇州
		水牛	一一五			
五月份	三區二	黃牛	二四	台州		無錫
		水牛	一○九			
五月份	三區二	黃牛	二○	諸暨		吳江
		水牛	五五			
五月份	三區二	黃牛	一九四	諸暨	杭州會安小河口	蘇州
		水牛	一七二			
五月份	三區二	黃牛	二三	諸暨		無錫
		水牛	七八			
五月份	三區二	黃牛	一一一	義烏		無錫
		水牛	二一六			
五月份	三區二	黃牛	一二○	義烏		蘇州
		水牛	一六二			
五月份	三區二	黃牛	四六	永康		無錫
		水牛	二○五			
五月份	三區二	黃牛	一一八	永康		江陰
		水牛	二一○			
五月份	三區二	黃牛	一六○	蘭溪		常熟
		水牛	二○三			

五月份	三區二	黃牛	五五	七九	蘭溪		蘇州
五月份	四區一	黃牛	一二八	一〇二	紹興 蕭山 台州 義烏 諸暨	長安 硤石 杭城 湖墅	嘉興 平湖 蘇州 湖墅
五月份	四區二	黃牛	四五七九	一二八八	杭屬大諸橋 諸暨 天台 東陽 金華等	江干 閘口	平湖 湖墅 大關 嘉興 嘉善 廣城 海寧
六月份	三區二	黃牛	六九	九	金華		新庄
六月份	三區五	黃牛	一三	五	義烏	艮山門外	嘉興
六月份	四區一	黃牛	二九	無	蘭溪 義烏 餘姚 蕭山	杭州	嘉興 湖墅
六月份	四區二	黃牛	一一四	四三	蘭溪 永康 金華 蕭山 諸暨 義烏	江干 閘口	平湖 湖墅 大關 艮山門外
七月份	四區一	黃牛	五	無	義烏	杭州	大關
八月份	四區一	黃牛	五	無	蕭山	杭州	大關
共計		黃牛	七〇六二	三四九七			

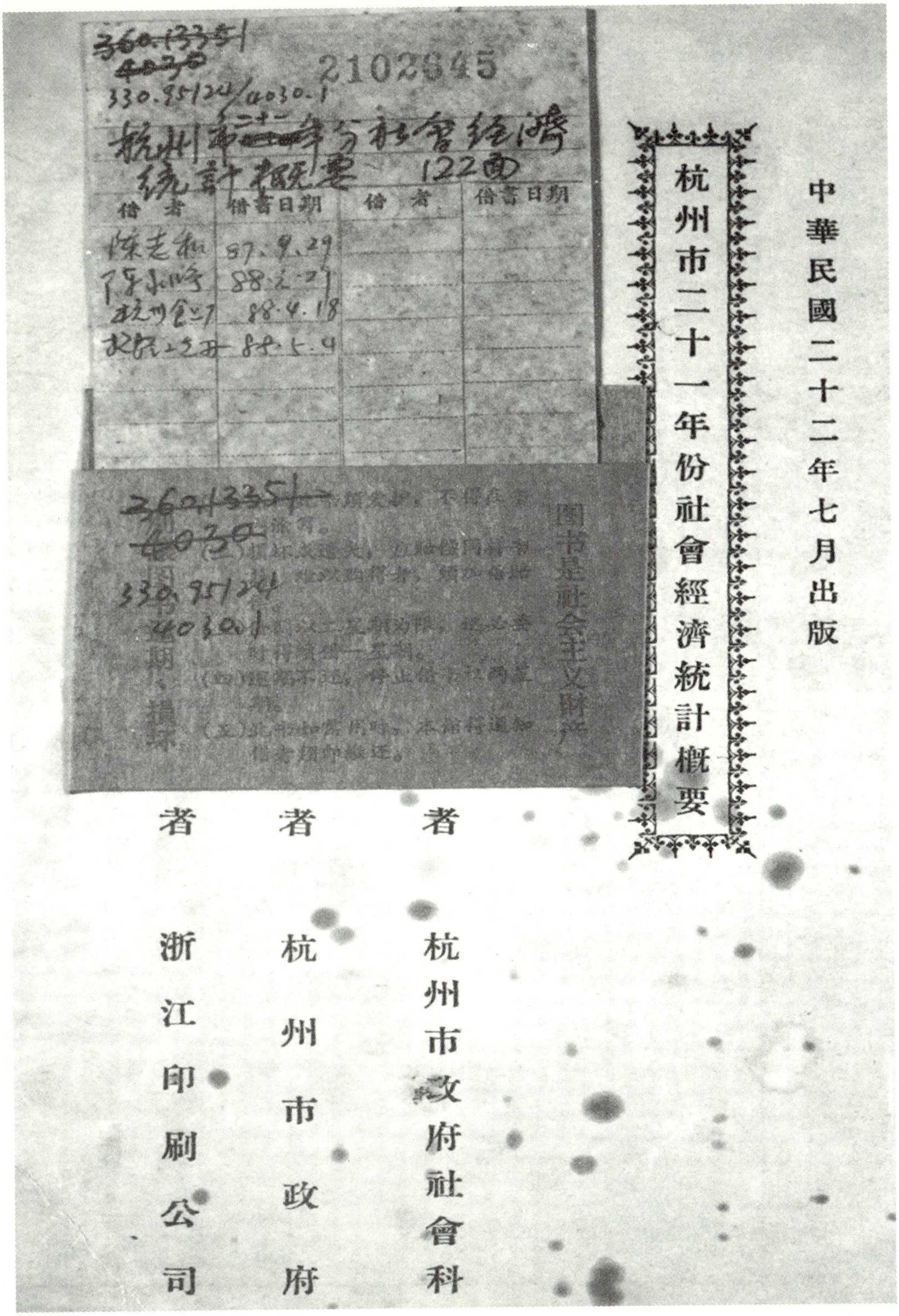
中華民國二十二年七月出版

杭州市二十一年份社會經濟統計概要

者　杭州市政府社會科

者　杭州市政府

者　浙江印刷公司

杭州文藝界滬案後援會 編

腥風血雨

杭州：杭州文藝界滬案後援會，民国十四年(1925)铅印本

杭州民國日報副刊

杭州民國日報社　编

杭州：杭州民國日報社，1927－1928 鉛印本

杭州民國日報副刊
民國十六年
十二月份
第一期

黨員工作問題

樓荃

一清早我們就要喊「努力工作」四個字，無非使得我們不要忘却了黨國的工作，不要不努力去完成現有的工作；但是這四個字(努力工作)所蘊蓄的意義，不僅如此而已，且還有擴大工作的範圍和發見未來的工作，二種意思。像「一知半解」與「不識事務」的我們，要想不忘却黨國原有的工作，完成黨國現成的工作，已經覺得有「勉爲其難」和「螳臂當車」的危險，難道還有擴大工作的範圍與發見未來的工作之能力和奢望嗎？那末！我們自己既然不能發見或創造黨國未來的工作，則唯有崇拜黨國先知先覺所創造的主義，與踐行根據主義所規定的政策(工作)之一條光明大道，究竟誰是黨國的先知先覺？那種是先知先覺的主義？不容說當然是我們中國國民黨的總理，和他所創造的三民主義，首先誕生了「學生淵博」和「思想卓絕」的總理，才能創造國民黨和三民主義，有了本黨與主義，才能產出救國救民的政策和方略。有了整個的政策和一定的方略，然後我們做黨員的同志，才能循這個軌道向社會的各方面，去幹實際的工作。所以「工作」與「主義」是有連鎖性，絕對不能離開！不然的話，所有黨的工作，就失了意義和價值，也不配稱爲「黨國的工作」，只能算作個人的工作！照上面所說的話看來，工作固然是要緊，而主義尤其是重要，所謂「知難行易」，就是這個道理！不過我們已經有了三民主義，光是懂得這個主義的意思，就可實行，這是不行的，一定要出毛病！因爲徹底了解主義之後，還須根據主義計劃各種政策，以作實際工作的準繩，要徹底了解三民主義，已經是一樁平常人不容易做到的事，何況要從徹底了解三民主義的當中，計劃出各種實際工作的政策呢？這不是一件更困難的事體嗎？故我今天要提出這十分切要的「工作問題」，來和忠實同志們作介商確！

我先把「努力工作」四個字，分開幾個段落來說一說；

1，不要放棄黨員應盡的天職，黨員應做的工作。(實際的，有政策的)

2，做了應做的工作，不要敷衍了事，必須積極去做工作(實際的，有政策的)

3，如有偉大的能力，犧牲的精神，更須進一步創造新的政策，(但須根據三民主義)，以謀實際工作的擴大，和完密。並又促進三民主義的實現。。

★目錄★

以上所列三點，都須用「努力」二字，以圖工作的完成，這三點是我們最容易犯了『能言不能行』的毛病，而最值得我們加以十二分的注意！要是不然，不但原有應做的工作，不能早一日完成，就是已經做成功的工作，亦要受了工作不能繼續的影響，反而損失了已經做成功的工作的效力！這不是一件有害無益的事情呢？故我們不做工作則已，不然，就非繼續不斷的努力工作，以求整個的主義實現不可，換句話說，主義一天不能實現，工作一天就不能停止。這才算『努力工作』。可是我們爲增加工作效率起見，則非把工作人員，按照他們工作能力的高下，划分爲兩大種不可！

（未完）

死神之微笑

FY

他在路上踽踽歸來，帽子本來已壓到眉心，頭又沉得低低地，所以他的臉幾乎全部看不出了。叩開了家門，出來應門的小使女僅能從他的服裝上認出主人來。他却一直望裏走了進去，也不向別處走，只一逕走進自己的房間。小使女見了他，心裏雖不免有點詫異，但沒有她詢問的份兒，她只呆呆望他一眼，納罕一會兒也就淡忘了。

他把房間裏的電燈扭亮了，滿間零亂的書報，使他看了又添上一層不快，但他又沒心情去整理；他靠着書桌坐了下去，痴對着滿間冷寂。

他那已經悶住了的心，了無所思，似乎這世界上已沒有他這個人。他的兩眼雖張得大大的，但也不在看什麼，也沒有看見什麼，他覺得有一點想掉淚的意思，只是也沒有淚珠掉出來。「枯索之味的時間呀，竟像駐定了似的，」他心裏微微地起了這一點波動。

每天晚上必須喝的藥水，今晚還是與熱水壺並排放在書架上；他看不回頭去一看。

他的意識漸漸在活動起來，他的兩眼動了一動，在向空中索她的影子。他看見她的怒容，她帶着怒容向他說一句決絕的話，便捨了他恨恨地走了；他連聲辯的時間也沒有，只眼巴巴望她翩然逝去的影子，但又不敢追她上去。他滿懷的委屈，只索向自己的良心伸訴。

——我的心，能不能夠爲世人所了解，還不是我所計較的：世人都不了解我，我可以由他去；但你是第一個我要使之了解的，而你却是第一個不能了解我的人。唉！你却是第一個不能了解我的人！……

他想到這裏，好像跪在刑場上的死囚，臉色頓時灰白了起來。但他所怕的不是死，他是怕生。這一忽兒的生命已經這麼難過了，以後又怎麼熬受過去呢？

他抬起頭呆呆地沉思了一陣，只找得一副落不出眼淚的悲哀。如其有一點眼淚，他的悲哀還可以借這點眼淚來洩漏出一些，但是他連一點眼淚也落不出來。他暗暗地咒咀生命，因爲他這時感到生命就是痛苦，他有了這生命，才惹得上這麼難熬的痛苦。他偶然間瞥見了書架上的一瓶藥水，便悄悄地站起身來，拿了這藥水瓶向痰盂裏一倒就倒空了。他舉起一個空瓶，眼睛望着瓶在苦笑；他似乎向生命報復了一點仇恨，他似乎在這個舉動中得到一點安慰。他頹然向椅子裏倒下，對着這處處着光的房間，又感到自己生命的意識。

『我要在這黑暗中忘了這生命。我要把電燈滅烏了去。』他想着了，便立地跳起身來把電燈滅烏了。

夜寒颼颼，他坐在椅中，兩條腿凍的像已殭了；他頭叩在椅子圈上，一動不動地微啓着眼睛望着黑暗。

他望着黑暗，黑暗中有一把鐮刀在一閃一閃放光。一抬頭，便看見一個白衣的女神在向他微微地笑。

歌德傳略(續)

張芳逸

歌德自交海爾岱，拉伐蒂，克羅司多克，雅可比輩後，酷喜斯平諾沙 Spinoza 哲學。其時歌德嘗滑冰之戲，日必以飛行冰面爲樂。

歌德殊不安於寂寞，直非艷遇不足爲生，於是歌德與銀行商女爲有情人矣。女名伊麗沙貝德，歌德直呼之曰「麗麗」Lili 。因此新的韻事，乃有不少耐人尋味之詩歌函札產生。世人艷羨之餘，咸謂有情人終成眷屬，豈知女父爲之梗，一場好夢，乃盡成流水落花！歌德作瑞士遊矣。

後數月，歌德自瑞士遄返故鄉，又應大公査利之邀，赴威碼 Weimar，從此長離桑梓，福萊克府不復有詩人之影。

歌德在威碼備蒙大公禮遇， 權位屢升，貴且榮， 無以復加矣。

大公之寵歌德，無微不至，既賜以鄉間府邸，復令其以彼此相呼 (Tutcie)，無分尊下。迨一七八二年，又就威碼賜一宅第，即今之 Goethe | Museum 也。

威碼又有第二夏綠蒂現於歌德之前，太保史丹因之夫人也。其時歌德年方二十七，而夫人則三十有三矣。時夫人已有子女七人，已殤其五。雪斐曾云：

『之子實可人，是歌德之所以戀戀而不忍或捨。雖無絕世姿，然於容態之間，莊嚴而溫藹，坦直近人。』

夫人之爲人，可於雪斐語中見之。歌德以少年詩人狂之態，自得歌德爲伴，亦如江海凝清光，故態大改矣；嘗呼之曰「介人鎮靜之伊人」Celle Qui Apuise 。史丹因夫人實歌德精神上之保姆也。

歌德思遊意大利久矣。然將何以捨威碼？戀人蘩友，轉輾繫人，束縛叢叢，歌德已不能自爲主。一七八六年九月，歌德得大公之許，飄逸而去。離威碼凡二年，周遊威宜市，萬羅恩，維桑市，巴陀諸地，最後乃至羅馬。歌德如鄉兒入市，得意既至忘形，嘗云：「少年時一切夢覓，今朝都到眼前！」

歌德度冬於羅馬，日與藝術巨子爲伍，而從事於碑碣雕繪之研究。翌年(一七八七)，入那不爾，復攜荷馬集，渡西西耳，再返羅馬，續作羅馬寓公者幾又一載。

然利克斯(Sixe，乃大公封邑，)朝中，無歌德在，幾至萬事失主，索然寡趣。大公盼歌德之切，有如大旱雲霓。而歌德則攜其 Iphigenie en Taurid, Egmont, Torquato Tasso 諸作緩緩歸來矣。

(未完)

微波

我

一、微弱將斷的心弦，

起了細膩的音波。
弦爲什麼微？
波爲什麼膩？

二、微小的宇宙，
微薄的人生，
微末的境遇，
心弦怎能不微！

三、波湧的思潮，
波動的生活，
波濤的情懷，
却不知道爲什麼要膩！

四、把哲學帶上飛機去；
把科學埋下潛艇去；
把藝術留在人間罷，
因爲她是大自然的表現：
不但能使弦兒微，
並且能使波兒膩！

五、幾個屠殺一個豬，
一隻瘋狗咬許多人；
千個萬個壓迫一個兩個，
一個兩個操縱千個萬個。

這是眞理！(？)
因爲現代社會的國家是這樣的！

六、癡子買爆竹聰明人放，
聰明人吃飯癡子來燒；
討飯吃的是乞丐，
搶飯吃的是大人。
這是眞理！(？)
因爲現代社會的法律是這樣的！

七、你把鐵鍊自己束縛起來，
立在我所畫的圈兒裏；
自然做我們的奴隸，
黑暗不妨當作光明。
這是眞理！(？)
因爲現代社會的道德是這樣的！

八、帶上千奇百怪的假面具，
模倣娼妓式的生活；
崇拜你不敢不崇拜的人，
做歷史上所規定的事。
這是眞理！(？)
因爲現代社會的社會是這樣的！

（未完）

杭州民國日報副刊
民國十六年十二月份
第二期

黨員工作問題(續)

樓荃

一，能力弱一點的人員——這班同志們唯有依照已經規定的政策和方略，去做實實在在的工作。可是那種是實實在在的工作？當然是「下層工作」，故做「下層工作」的同志，切不可以爲「下層工作」太苦，就不願意努力去幹，這不是和總理所說「大無畏」的精神背道而馳嗎？更不可以爲「上層工作」太快活，妄冀非份，這又不是和舊社會裏人物所說的「升官發財」，一致無二呢！何謂「黨員只有黨的自由，沒有個人的自由？」這點我們必須予以深切的瞭解，倘使我們，既然分任了「下層工作」，就須徹頭徹尾的努力的去幹，再不容有個人的自由！

二，能力強一點的人員——當然要推本黨的先輩，如能夠大家一齊出來擔任「上層工作」，何患本黨的主義和政策不能早期實現和完成呢？可是全國各地的對象複雜異常，從前所規定的政策，難免發生阻礙！或者付諸缺如，這麼一來，不但我們的政策，不能通行於全國而無阻，且連我們的主義也不能早一天成功了，故在上層工作的同志，對於政策的說明，修改補充等事，都須負起責任來努力一下子，俾下層工作的同志，得有所根據，隨機應變，不能像「做大官」的人「只管發號施令、其他一概置之不問不聞，這是做「上層工作」的人，要十二分明白了解的！設使自己沒有這種強大的能力，擔當這種重要的工作，(計劃政策)，則唯有自行告退，轉向下層去工作，不應當存有這種「上層工作」是光榮的，下層工作是低鄙的，荒謬絕倫的觀念！因爲同是黨的工作，在地位上原不分高低的，不過在工作上有「知難行易」的差別，這才把工作分爲上下兩層，以收「分工合作」的效果！先有了「上層工作的同志」的知，而後才有「下層工作的同志」的行；反過來講，設沒有「下層的行」，光是有了「上層的知」，也是不中用，所以二者不能缺一，也不能側重於那方面，必須相輔而行，如車之兩輪，不可須臾或離！最後我還可以舉個例，用來證明我的話，就是我們無時不紀念的總理，他的革命精神，是何等偉大？？（余致力國民革命凡四十年)與他的革命思想，又是何等富有？(他自己說三民主義之構成，有因襲中國歷史遺傳的學說，有采自歐美政制的精義，有出於一人的創見：)這恐怕就是他所以爲本黨的總理(唯一的上層工作者，)東方民族的救主，世界革命的領袖，一個最大理由吧！

十六，十一，二五，農人部

★目錄★

革心

鄒秩華

以孫總理偉大精神而組織的中國國民黨，幾乎無時無日不在困難掙扎之中。這是什麼緣故呢？三民主義是多麼明確，而一般黨員不能切實了解。這種黨員不流於腐化，便流於惡化，這是本黨內部的崩潰。而黨外呢，奸人——帝國主義者，軍閥，買辦階級等，及凡與本黨取敵對行動的舊勢力——從中播弄，造謠中傷，分散本黨勢力。而最狠最毒之共產黨，直攻本黨之中心，如汚蔑本黨領袖，離間本黨之黨員，皆足使本黨致命傷，這便是黨外的敵人向本黨進攻。

我們且舉幾個事實來看，總理在日，民二那年，總理領導下之黨員，一部份，如宋教仁之輩，參加袁世凱舊勢力之下，總理憤而組織中華革命黨。這便是黨員本身，不了解黨義，黨綱，及黨章，而起之腐化和惡化的作用。民十四年總理逝世，共產黨橫行，奪本黨中樞機關，造右派左派等名稱，使用對於本黨之黨團作用，其破壞本黨不遺餘力，這是黨外向本黨進攻之一。我記得今春本黨革命軍進攻江西時，共黨已顯其向本黨進攻的手段，而一般毫無廉恥，毫不長進的黨員，和聲曰『北伐是共黨份子的努力，中國只有共黨救得』這便是黨外乘虛向本黨竭力進攻的事實。

唉，唉，中國國民黨日日在患難中，而一般黨毫不自覺。現在還是在患難之中，而黨員仍多不自覺。

黨之存亡，全繫於黨員。本黨的責任是分擔在各個黨員肩上的。黨員於黨好比一磚一柱之於一屋。設若一磚坏了，或柱被蟲侵蝕了，那這屋自然危險，，不日有倒塌的希望。黨員與黨的關係正是這樣，設若黨員腐化了，惡化了，這黨自然隨其腐化或惡化。國民黨雖然歷史長久，所經困難也就不少。這全是黨員沒有明瞭怎樣做黨員。

黨員心目中何曾有黨，只看見高樓大廈，想舒服舒服。終日終夜所計劃的，不是想如何為黨工作，只想以何種手段來升遷。今日是縣黨部幹事，明日是縣黨部的委員，不久升至省黨部幹事，省黨部委員，這樣一步一步的上去，這便是一般黨員苦心計劃的工作成績。自以為三民主義的信徒，何曾想到黨的工作，是為解除民衆痛苦的哦！何曾想到田夫失時的痛苦，工人流汗的痛苦商人失業的痛苦，學生失學的痛苦。這是誰給於他們的？誰應負責任解除的？忠實國民黨黨員，眞正三民主義的信徒，可曾經心想過？可曾起個想解除他們的痛苦的念頭？

我以為本黨日日在患難之中，都是本黨黨員的毫無廉恥，毫不長進，自惹來的。外面來的惡魔，向本黨進攻的惡魔，我們儘可不怕。帝國主義者，儘管有他的長久歷史，儘管有向本黨破壞的武器，然我們不怕，我們有明了黨義團結一致的黨員。軍閥儘管有靠背山，特殊的地位，我們可不怕，我們的黨員有團結一致的精神。共產黨儘管陰險叵測，具虎狼之心，然我們不怕，我們有主義，有組織的黨員去應付她。總之，凡黨外一切惡環境向本黨進攻，我們儘可毫無畏懼；因為我們有一致的信仰，有嚴密的組織，有為黨犧牲的精神。然而，本黨內部潰腐了，那是很難有藥治的。

黨員心懷叵測，黨員一切行動自然失却民衆的信仰。國民因之而恨而厭惡，而予黨敵可乘而攻擊的機會，莫說一個黨員不要緊，按心理學刺激反應的原則，羣衆心理的原理，很能影響於大多數的黨員，以致破壞了黨的基礎。所以，我勸一般黨員，先從自己工作起，再推及於社會國家。黨員的第一義是不要存心做官，第二義是明瞭黨義，第三義方是爲黨竭力工作。忠實的黨員，且自反省 遍，心目見到的是：洋房，升遷，抑是黨的工作？

黨員的心要緊呀！本黨的主義是完善的，本黨的組織是嚴密的，然本黨的黨員的心是莫測高深的。本黨日日在患難中，不在黨外的惡魔的進攻，不在本黨的主義和組織怎樣不好，却在本黨黨員之『心』的不正。

我們最後且讀總理的遺訓，『要做革命事業，是從甚麼地方做起呢？就是要從自己方寸之地做起；要把從前不好的思想，習慣和性質，都一概革除。所以諸君要在政治上革命，便先要從心中革起。』——十三年六月六日對陸軍軍官學校開學訓詞。—我們聽到『革命先要從心中革起』這句話，我們當如何警惕。

——一九二七，十，八。

歌德傳略(續)

張芳逸

返威瑪不久，歌德即遇女郎季姜 Christiane Vupius，旋又傾心相悅，季姜更排衆謗，隨寓其家，迨產一兒，（名奧古斯脫，所以紀念大公也，）人言更習甚。十七年後，（一八〇六年）歌德始與女婚。

革命之後，歌德隨大公參預華爾米 Valmy 之戰，同時德意志文學史上，亦發生一極可紀念之事節：則「維特」及「暴徒」兩作者（指歌德與雪婁）之和好是也。初歌德之與雪婁，其所以有所齟齬者，實雪婁之個性怪癖所致，而其最大緣因，則二人於藝術見地上不能相合也。

（未完）

微波(續)

我

九、現代的理性說：

聰明人祗問「是什麼？」，

愚人才問「怎樣做？」，

笨牛笨狗才問「爲什麼？」，

人類的叛徒才問「是的麼？」

⁂ ⁂ ⁂

十、朋友啊；

這是人類的天經地義。

你要有飯吃，

你要有人愛，

就不要做人類的叛徒。

⁂ ⁂ ⁂

十一、所以哲學不得不上飛機去；

科學不敢不下潛艇去；

只有藝術同精靈一樣；

看見的人就來安慰，

不看見的人就說罪惡。

但是藝術總不失掉大自然的愛！

⁂ ⁂ ⁂

十二、平坦如鏡的水兒也皺了，

光明如鏡的心兒也皺了。

水兒皺了，

因爲有風；
心兒皺了，
是因爲什麽？

⊠ ⊠ ⊠

十三、雖擁在枯寂生冷的寒衾裏，
夢裏我覺得是芬芳美艷的春天；
爲什麽醒過來，
卻不能再受Persaphuhur的撫慰？
難道先是夢現在不是夢麽？

✤ ✤ ✤

十四、你爲什麽有淚呢？
你爲什麽要笑呢？
秋雨能使你垂淚麽？
春風能使你微笑麽？
「當然」不是的！

⊠ ⊠ ⊠

十五、寒窗終是寒窗！
冷雨還是冷雨！
沙漠原是沙漠！
人生本是人生！

✤ ✤ ✤

十六、天使啊！
你在山上永遠不要下來。
看着罷！
她一定不下來！(？)

⦶ ⦶ ⦶

十七、夢兒迢迢，
夜兒悄悄，
人兒遙遙，
心兒搖搖。

✤ ✤ ✤

十八、不要超超而超，
也不要超超而不超，
更不要超而不超，
卻要不超而超。

⦶ ⦶ ⦶

十九、不，不，不，
弦兒靜了，
波兒平了，
夢中的夢兒就醒了。
依舊，依舊，
依舊是誰？
依舊是我？

✤ ✤ ✤

二十、但是微弱將斷的心弦，
起了細膩的音波。
弦兒到底爲什麽微？
波兒到底爲什麽膩呢？

(完)

杭州民國日報副刊

民國十六年十二月份

第三期

革命雜耍

雲波

自從李鴻章到過美國以後，美國大小城市裏的唐人街館子店裏就有所謂李鴻章雜耍的名目，大受美國人的歡迎，那些館子店也就一時利市三倍。誰都把李大人用香火供奉起來。這因爲中國菜的味兒本來有些特別，洋大人也好奇心切，未免要去嘗試嘗試；李大人又是當時他們所崇拜的中國偉人，經過他一提倡之後，正如曾經孔老爺下箸過的冷猪肉，誰不願意染指呢？當今革命之聲滿天下，什麼事情都要加上革命二字才有光彩，什麼人都可以引爲同志，什麼同志都算忠實，於是乎總理就變了李鴻章，革命事業就等於家常小菜了，我想不出題目，就名之曰革命雜耍罷。

聽說區分部已組織了，區黨部也成立了，所有工作人員都是同志，其實早已同志相稱。自從進了黨部工作之後，如今祇是自己名字之下加上了所謂「上頭」的幾個字，便是可以證明某某是同志，而且可以擔保其爲忠實同志，如有變故，將惟「上頭」是問。然而「上頭」是代表什麼的呢？如說是代表黨的，那末既已允許他入了黨，何必用黨來擔保；如其說是代表個人，那還不是一樣不能擔保，萬一擔保者變了，被担保者向誰去算帳呢？大約總算有奶便是娘，你給我奶吃，我不妨叫聲你媽媽，你沒有奶，你就沒有我的兒子，我也不認你是娘，我原是無爾也．無目也，馬馬乎乎投生到你這裏來的呀！

據說有了訓練處，革命空氣就會緊張起來，不料如今空氣仍然不起革命，依然是輕鬆淡的化合，而且一天一天地冷靜下來，光是一套呢的中山裝還不夠，還須加上一件大衣才過得去。無已，只得加緊工作，開會，不論人數多少，事情大小，終須開會，會完了，趕緊抄會議錄，愈多愈好，第一到會人的名字不要漏了，漏了，不但要害人家非忠實同志，而且連你自己也有不忠實的嫌疑。這樣，大家都有得做，有得看，不致於空坐，彷彿就是努力工作。然而空氣依舊寒冷，仍非穿大衣不可。

在革命軍勢力下的民衆，並不曾得着什麼自由，然而穿了中山裝，掛着徽章，就彷彿古代希臘的自由民一樣，儼然自別於奴隸民衆，到處可以行使自由權，若遇干涉，就說我是黨員，你不能奈何我，甚至於犯了罪，還自稱行使黨權，不能受法律的支配，終至於離開了民衆，把黨建築在空中水上，而自己也在空中水

★目錄★

上飄浮着，其危險可立而待也！

我們天天喊着解除民衆的痛苦，而民衆痛苦反而有增無已，以前可以推諉於軍閥，現在大家都掛着青天白日旗，民衆將從何處申訴呢？聽說各處的緝私隊，異乎尋常的豈有此理，串通私販到民家去賣鹽，等到私販走後，該隊就進來搜查，有查到三斤者罰洋三十六元，六斤者七十二元，甚至有搜出四兩而罰到一百二十餘元者，試問民衆能受得起這樣的冤屈嗎？而同志又將何法以解除之？

烟片是爲難開禁的，而我們的賢明政府却主張公賣，使一班煙片鬼可以自由自在地躺在青天白日旗幟之下過其優游歲月。這樣，還叫誰來革命，叫誰來實現三民主義，十年百年之後，也許找不出一個像樣的「民」來！雖然經過省黨部反對之後，就有各級黨部反對的代電如雪片飛來，然而以前呢？以前似乎不應該反對這不是明白表示下級黨部是上級黨部的應聲蟲，沒有自由意志，沒有判斷能力，是亦何貴乎有多數的黨員，多數的下級黨部，黨的基礎不是根本不穩固嗎？

照這樣下去，若非經過一次二次乃至無數次的清黨，將來個個都是同志，大同世界，不難實現，大家都穿着簇新的衣服，（大約是中山裝）跑到革命的城裏遂其所欲以去，最後革命城裏祗留得一張總理遺像，替代了城隍菩薩，民衆們不時地跑進城來燒香頂禮，念一聲革命成功，間有不忘老調，念出阿彌陀佛者，亦不過付之一笑而已！

戀愛和革命

戀愛麼？世界上還不曾打平，看百花是那樣的鮮紅，看秋月是那樣的朦朧。

世界上已開始種族的鬥爭！革命的兄弟們已開始了血淚的犧牲；愛者啊！暫勞相忘吧。

我所需要的現在不是『愛情』！寶劍在鉄鞘裏長鳴，熱血在心坎上沸騰！愛者啊，請轉過你殷紅的嘴唇吧，我所要吻的是敵人頸上血腥。

戚仙煒作於八旗會館

火炬

芳逸

白衣的女神；黑衣的女神；魔鬼。

山上白石嶙峋，白衣的女神睡眠在中間一塊平坦的岩石上。四境是死沉沉地：沒有一點聲息，也沒有一點動靜。舞台上映着幽淡的綠光。

隱隱聽得一片呼聲，像一窩蜜蜂在遠處飛過，一陣陣時隱時起。

白衣的女神微微地伸欠，在覺醒轉來。她星眼微啓，四顧一週，忽地驚呼了起來。

白衣的女神：

呵，我的火炬在何時息了？（起身四顧。）

呵，我的火炬到何處去了？

無意中才始睡了一覺，

我唯一的火炬却已丟掉！

＊　＊　＊

呵，我得到處去尋找，（作尋找態。）

必得把我這火炬尋到。（時隱隱的呼聲起。）

呵，何來這潮語般的聲音，
一陣陣打動我驚跳的心旌？(站定向下凝視。)

又　又　又

世界是這般黑暗；
沒有一星光明徵閃。
必定是人類在黑暗中苦惱，
在苦惱中呼號！

火　火　火

呵，我得去到處尋找，(又作尋找態。)
必得把我這火炬尋到。
我在堯舜時代才沉沉睡去，
一覺醒來却已黑暗如許！

⦶　⦶　⦶

可憐的人類怎熬受得這般黑暗！(又向下凝望)
在黑暗中怎熬受得這般長久！
睜開眼來見不到一點光明徵閃，
我住在天上也不能熬受！

又　又　又

這般的黑暗我已熬受不了，
何堪更聽那陣陣的呼號！(又作尋找態)
呵，我得去到處尋找，
必得把我這火炬尋到。

火　火　火

黑衣的女神(裝束如觀自在菩薩。左手食指已缺，演時飾者可將此指染成與衣服一樣的顏色。她歡欣舞忭而上。時白衣女神正低頭到處尋找。)
我舞忭，我歡欣，
千百年來熬受着隱痛苦悶，
一朝得到這樣歡喜的新聞！
我要去告與天上的女神！

又　又　又

我要去告與天上的女神，
今朝得到這樣歡喜的新聞！
黑暗，酷冷，涕泣，呻吟，
破除這一切的已有這片光明！(趨至白衣女神前，時白衣的女神眉峯微蹙，眸子閃閃着愁光默站着聽她。舞台上漸漸成白光。)

火　火　火

天上的女神，爲什麼這般悽愁？
爲什麼離了寶座眉峯微鎖？
天上的神仙也沒有快樂的光陰，
難道快樂的種子在這宇宙中已經沒有？

(待續)

歌德傳略(續)

張芳逸

戰事既告終結，(一七九四年)，二人之間，始發生最眞誠之友誼。直至雪婁死(一八〇五年)，未嘗稍有間言。此一時期間，二人所有著作，未有不由二人共同商酌籌劃者。

總之二人因同仇敵愾，攻擊劣等文學，又於德國戲劇界爲劣等口味所侵蝕，其致不滿，乃愈相投合，其時歌德方主持威碼之新劇場，二人所有著作，輙分演於此。二人又欲使觀衆領會古典風味之清趣，特移譯法國名著如番德爾（拉希納著，由雪斐譯述），麻孚默德，當克萊特（二劇俱服德著，歌德譯述，）以一擴當地人之眼界。

雪斐之死，實歌德一生中莫大打擊，二人共同之工作遂告終結，然其激昂之氣，未嘗稍綏。

一八○八年，浮士德的第一部行世，此後續有所撰。

自一八一五至一八二八之間，實爲歌德最苦痛之時代。始則痛賦悼亡，繼則史丹因夫人去世（一八二七年），次年其知己恩人威瑪大公又沒。

其時歌德獨處威瑪私邸，一八二九年，名雕刻家安其爾 David D. Anger 爲之造半身像，歌德神仙般的生活，於以告終。然歌德以八十高年，某日猶作續絃之想。有女胡麗克 Ulrike De Levezow 者，歌德一見忘形，少年綺想，油然復活於此暮然老人心中，未成爲一大笑柄者，已煞費諸友苦心矣。

歌德於風燭殘年，續成浮士德之二部。迨一八三二年之三月十六日，歌德始覺無力掙持，十七日，猶作書致其友，然已成絕筆；二十二日午，此偉大無上之詩人，凝目窗櫺，喃喃囈語曰：「無復光明矣。」Mehr Licht！

（完）

寶蓋山的黑洞

愛眞

（一）

我對座有位漂亮的女郎，
羞答答地怕和她同坐的少年相依傍；
她說：「車子的速度怎的超過了往常？」
她說：「怪討厭的，那些針刺似的衆目的銳甚。」

（二）

這刹那——
女郎的嬌羞偷在黯漆漆的洞裏躲藏；
這刹那——
神秘的黑暗開展了豐美的寶礦；
這刹那——
瞬息的流光不能用歷史來估量；
這刹那——
人間的虛偽盡送入了荒墟的墓房。

（三）

遠山的紅霞忽的透進了紗窗，
濺滿了女郎的粉頰倦眼杏唇和頸項

十一，二十四，於沪甯車中。

夜深

嚴夢

夜深，
我在湖心默數着星辰；
靜的水，
靜的心，
一樣的清淨！

～～～～～～～～～～

夜深，
朔風怒號；
是慰問人生的前路，
——莫恐怖，
但柔善的淒清的夜深啊——
檸檬之前。

杭州民國日報副刊
民國十六年十二月份
第四期

關於改革杭州市政之意見

衆謀

一 保險局

吾杭火險事業，現均操於洋商之手，利權外溢，實與吾黨打倒帝國主義之口號，大相違背。余曰：此項事業，論利害當與市民共改革之；言建設，當由市政府積極行之，此不獨挽回利權而已，且可藉此而謀各種之建設焉。先言辦法：（甲）設機關，即就市政府內設立火險局，除設置主辦人員外，分設會辦及駐辦員，而以公安局長分署長者員兼任之，以資輔助，而省開支。此關於組織之方法也。（乙）輕保費：取普保輕利的政策，凡保千元的火險，一等收三元，二等收六元，三等收九元，以數十家洋商利餘歸之於一，利雖輕而為數鉅矣。在人民方面向保火險者，可省費三分之二以上；即向不保火險者，亦復輕而易舉，正所謂公私兩便也。（丙）立信用：即以保費為基金，蓋局既市立，險既普保，應可將保費同時收足；約計其數，以城廂十萬戶而論合房屋貨物生財而言，每戶以千元作二等險扯算，年可收六十萬元，如其辦理得宜，實在收數，殆不止百萬元以上。每年皆有如此收入，積作基金，信用足矣。（丁）定辦法：一曰調查，可根據公安局徵借房租與調查門牌的簿冊估計房屋，兼及生財貨物價值，由參事會審定之；一曰收費，可以審定各戶應保費數，由局派員會同公安分局人員，定於年頭某月，以收據先收而後換正式保單。如有異議，再行公估而更定之，一曰用人，如調查，估計，繪圖，收費等職務，可將原有洋商經理人考試任用，以資熟乎；一曰取締：如私保外險，則應行處罰；如放火圖賠，則嚴行辦罪；如抗不繳費，則延燒須罰代賠；如是則自無不保之戶，亦無火險所出矣。（戊）保基金：此項基金，應於保管之中，作運用之計。假定保費，除一成作開支外，以三分之一分存在於金融界，以濟市面，而備賠款；再以三分之一，貸與各實業界，以惠工商，並備賠款；再以三分之一，貸與各小農工商人，如從前因利局制度，以厚民生，均取極輕之利，而以參事會監出納焉，事事公開、日日揭示，款不別用，弊不發生，年復一年，根基大而利益不可限量矣。（己）辦公益：指定息金抵用，預計第一年有款六十萬元，作除賠費開支半數外，當存三十萬元，以輕利六厘計，至少可得二萬元，即以此辦公益事業；年復一年，如建國大綱中所謂教育等建設

★目錄★

，可以逐漸推行，而免無款辦事之憂矣。以上規畫，舉其大綱；願有各種章則，須俟機關成立，調查實況，參合民意，詳盡厘定之，以利推行，至於效用，如上所述，可以打倒帝國主義，實施建國方略，關係至爲重大，辦理並不爲難。願我同志，共鼓吹之！

看了『黨人魂』以後

嚴夢

巨片黨人魂能夠在杭州映演，實在是夢想不到的一會事：既不遠萬里而來，怎能叫喜歡看「外國偵探」「中國古裝」的朋友注意呢？

這片的命名，從字義上譯起來，(The Vo'ga Boatman) 應該是「復爾加的船夫」；所以一開始便給我們認識復爾加船夫的生活。那些船夫的牛馬生涯，不要說「人道主義」了，就是提倡「畜道主義」的人們看了，包管也會表同情的。可是！我們先回首看看我們中國船夫的生涯，正是有過之無不及啊！

大家都知道這是革命愛情劇，絕不是枯燥乏味的歷史戲。牠的立腳是「革命」，賠襯是「愛情」；經編者和導演及演員的分工合作製成以後，便萬萬分的動人！不惟動人，而且叫你覺得自己的渺小！飛達是這麼英勇，維娜是這麼秀麗。

當狄密德鞭撻飛達的時候，誰不替可敬的勞工不平？但在一條是金玉其外的皮帶，一條是血肉其中的皮帶，韓信也曾受過跨下之辱，這是勉勵他的成功，也就是完滿和維娜的愛之夢的因。

此劇之妙，便是「葛滕」(即展開)之後，跟著便是「危險」；結構非常緊湊。如浪女麥立許的發嚳維娜手上的是酒，不是血，早就定伊的個性是貪小利。

全片最可貴的，却要算飛達槍擊維娜前之五分鐘。Boatman—Song 是這麼雄壯，把維娜也蠱惑了，而飛達又烏能無感呢？最聰明的維娜，是拿出獎章來調笑這位足以殺一無權無勇的女子的英雄！而這位勇敢的英雄並不怯弱下去，只是難過美人關罷。

罵換湯不換藥的革命，作者不用一個字，祗一個 Sceue 給旅館的婦人換旗足矣，還可以使觀衆一笑。

攝影之美，更令人佩服。公主眉梢鎖住懺悔，恐怖，悲哀和絕望預備就刑底刹那，淡淡的遠射，情味有點闇然。

三角形的愛是最苦痛不幸的！白黨勝利準備槍斃飛的當口。我們瞧見三角形的人物——飛達，維娜和狄密得——一則以喜而憂，一則以憂而喜：難爲了維維娜妹妹左右做人難。但是良心是勝利！權威叫維娜走開，仁愛留住了伊；可以死，行却不得；紅黨又奏凱了。我國的女權運動，高唱入雲；然而婦女有政而不能，連識斷力也差不多缺之：設使我們貴國的女子，陷於維娜同一境地，那能如愿了。

審判之後，氣短的英雄，(狄密得)宛如情長的兒女，不禁淚濕美人袖，而幸運的驕兒(飛達)却摟住絕代佳人(維娜)一步一步踏向光明的希望的愉快的前途去了。愛神洒下的是甘露還是血淚？

胡說八道——簡直氣個半死

心吾

爲了一隻披着毛，堅着尾巴，圓着兩個烏溜溜小眼兒的猫或狗，不知巳惹惱了多少人，問我爲什麼？我可答不出。總之在偶然高聲講一句話，或咳嗽一聲時，一對小蹄兒會飛般地跑來，抓着袍子扎着腿，亂跳亂跑地；一付天眞活潑的情形下，我似乎有所牽制着不能不愛了。對別人會咬，但在我，卻服貼，順良；這當然叫我感到異樣的興奮些。當眞的，我十分相信牠不會對我發野心了，可是，怪！前兒在牠吃飯時，不留心輕輕地踢了一下，竟爲被抓破了襪子，咬傷了腿，簡直氣個半死！我可做夢沒想到會吃這遭兒，但在完了飯以後，却又一般纏着脚跟不放，偏在吃飯時會這般威風?!我可猜不出，悶葫蘆裏賣什麼藥？爲什麼正吃飯時和未吃飯時的情形會兩樣呢？但到底灰心了。人說狗比貓有義氣得多，便養了狗，但試驗的答復，還是一個印版下。以後又養了鴿雛，一次次經驗的結果，始終還是老套兒！但終久懂不了這巧門兒，爸說了才知道。哦！默什麼！世界本來是如此。飯前的「天眞」「活潑」，原來便爲了一頓飯才諂媚獻勤；目的已達，怎不要得意忘形呢?!但牠們到底還沒想到一頓飯會有完了的時候的呵！咳！畜牛畢竟是畜生！

十，十三。

我如——

嚴夢

（一）

我如在寂靜的寺裏，
暮鼓咚咚，
晨鐘噹噹，
衝破我的心房，

（二）

我如在秀麗的花園中，
啼鳥啁啁，
鳴蟲唧唧，
撞開我的悲哀。

（三）

我如在清輝的月光下，
波濤粼粼，
流水潺潺，
掀誘我的熱情。

（四）

我如在陰森的死宮旁，
鬼嘯呼呼，
喜鵲喳喳，
恐怖我的魂靈。

（五）

我如在深山的岩穴，
虎吼七吻，
朔風颼七，
顫抖我的全身。

種痘須知

余鐵敏述

種痘之起原　我國上古，本無痘瘡，至漢建武年間，始由夷狄侵入，蔓延全國，其後歷年流行，不知傷害幾何生命，由來雖有治痘之法，而無確效，迄宋眞宗時，有四川峨眉山神女，名天姥者，爲丞相王旦之子種痘，得免痘瘡，是爲吾國種痘之嚆矢，其法取痘痂，研爲細粉，用清潔之棉花和清水，作成棗形，男左女右，插入鼻內，數時取出，後二日發熱，復二日見苗，依法施行，得免痘瘡，其後雖經改良，有旱苗濕苗水苗及苗衣等法，要不出天姥之原理，直至清嘉慶初年，南傳邱浩川，傳英人善那氏之牛痘法於兩廣，其法取牛乳頭或乳傍之痘漿，種於小兒之上膊，以後用小兒之痘漿，傳種於他之小兒，遂至無窮，然施用人苗，往往將苗童之疾病，如梅毒結核等症，傳播於健兒，甚爲危險，故近來新醫，皆已廢止人苗，而用動物性牛痘苗，蓋此苗乃取完全無毒之原苗，種於健康小牛之腹部，待其灌漿，即用完全無菌的方法，採取其漿，更經嚴密的檢查，認爲完全無害者，乃裝入玻璃管內，故用以種痘，絕無危險。

新舊種痘法之比較　自邱浩川氏傳入牛痘法之後，沿海一帶，雖已逐漸改用新法種痘，然內地以及頑固之家庭，仍多墨守舊法，不願改良，實爲遺憾，茲特將新舊兩法之優劣作比較如左。

一，舊法，種痘苗于鼻內，致鼻內生瘡，閉塞鼻孔，小兒多感苦痛。

二，舊法所用之痘苗，毒力不足，其輕者往往不發，重者屢與天然痘瘡相同，小兒因之而死，並有傳染於他人之弊。

三，施用人苗，有傳播梅毒肺結核等症之危險。

四，新法種痘所用之苗，完全無害，其毒力曾經檢定，決無過不及之處，對於小兒之施種部，及所用之器械，均行完全之消毒法，亦無傳播他種疾病之危險。

種痘之有效期間　吾國人士，多以種痘一次，終生得免痘瘡，此說實誤，蓋種痘之效力，(即種痘後所得之免疫也，)非絕對無期限者，隨歲月之經過，而減少其効力，徵諸各國之統計，種痘後五年之內，確有效力，五年之後，則減少其半，十年之後則十失其九，又患痘瘡之後，經過十年，亦有再患痘瘡者，客冬痘瘡流行時，余嘗見麻子患痘瘡之人。

種痘之年齡　小兒在後滿三個月，須行第一次種痘，於必要時，未滿三個月者，亦可施種，其後每五年，須種一次，若在痘瘡流行時，爲安全計，不問曾經種痘與否，宜速施種。

種痘之感否　種痘之善感者，接種後第三日，發紅微腫，其中央生小節，由小節變爲小泡，至第七日成珍珠樣之痘泡，第八日之後，其泡內之水，漸漸變爲膿樣，其周圍之紅。亦見增大，迄十二日之後，其泡漸次乾燥，形成褐色之痂，至第三星期，痘痂脫落，而留痘瘢，其灌漿之時，往往發熱，甚至身體違和，食慾不振，在第二次種痘者，其經過多比第一次種痘者輕快。

凡種痘後七日，須要原種醫生，檢其善感與否，如不善感，須再種一次，若再不見感，須於次年再種。

種痘之季節　種痘本無定時，一年四季，皆可施行，惟春秋二季，氣候溫和，更爲適當，吾國習慣，多在春季施行，而痘瘡之流行，以冬春二季爲烈，爲防患未然計，宜在晚秋初冬施種。

種痘之禁忌　宜避種痘者如左

一患熱性病者，二有蔓延性皮膚病者，三住於丹毒流行之處者，四因種痘而有重其疾病者，五小兒生後未滿二個月者，但於痘瘡流行時，由醫師之監督，亦可勉強種痘。

種痘之注意　一種痘部所包之布，不可解開，二勿使小兒搔抓，三種痘後八日，方能發生防禦痘瘡之力，故於八日之內，不可接近患痘瘡者，四種痘後宜避寒冷，以免傷風發熱等，五飲食以普通習慣者爲主，無須忌口。

痘瘡患者，須送傳染病院醫治，病家宜聽醫師之指示，依法消毒。

杭州民國日報副刊

民國十六年十二月份

第五期

『想做霸王』(有序)

張天武

從前發表過幾篇文章，有批評現社會一般女孩子的地方，因此在下大爲女孩子界所不滿！密司A在背後說我在說她，密司B特地趕來質問我怎麼駡她起來，看看密司C又堵着嘴不理我了。我本來想再絡續寫幾篇到了這時我抖着的右手再也握不住那桿筆了，祇好擱住筆不寫。昨天與密司脫D談起這幾篇文章，我說我寫時的原意是要把解放後的女孩子引到永遠解放的路上去；並沒有故意指定任何一人來挖苦挖苦。但女孩子們差不多個個疑心我說在她自己身上。那又有什麼法呢？我搖搖頭連連嘆道「那又有什麼法呢？」D說道：你不要儘批評女孩子，男孩子也有缺點，爲什麼不把男孩子也教訓幾聲呢？難道你自己是男孩子，男孩子的缺點就可以偏袒過去了嗎？怪不得女孩子要生氣了！——說到男孩子的缺點，實在也不亞于女孩子，D是個男孩子，在下也是一個男孩子，男孩子勸男孩子把男孩子說幾句，可見男孩子氣量比較大一點，我便也大胆地寫了。最後，望男孩子界氣量大到底，不要學女孩子疑神疑鬼一忽兒又來罵在我。

——天武附識

渺小的我，在人羣裏來來去去，常常覺得自己像螞蟻般有被人踐死的危險。我也曾利用我平凡的歲月，費一番心血去細細地觀察，細細地研究，但觀察研究出來的結果，我覺得這不關我自己的渺小，還是人家太高大了的緣故。

我是渺小的，但我的渺小，也是平凡的事：我是渺小得像一個「人」，我充其量也不過渺小到「人」那樣的地步。但人家的高大可高大過了常度；渺小的我常常料不到人家有那麼樣地高大！

高大的人，他們自己可還沒有高大得夠，他們的意思誰都是要比人高大一點；於是他們大部份的精神，就耗費在要把自己弄高弄大來之中。他們因爲要高大，別的便什麼也不値得計算了。

他們昂昂然來來往往，你也看不見我，我也看不見你，如其世界上有至高無上的人，他們個個都自以爲是至高無上的人了。有的人說這是動物的常情，就是一只猫，一條狗，甚至細微的虫豸，沒有不自以爲是宇宙的中心，世界的主體者；這話說得很有理，因爲人雖聰明，總逃不出是動物；但是高大的人，可僅僅是動物了！因爲他們已高大過了常度，要說他們是「人」，却已高大

★目錄★

得有點不像。

以渺小的我看來，他們也未免高大得太可憐了！他們好像生活着祗是在求高大似的。他們憤怒、愁悶，憂戚，悲哀，處處是爲着求高大；他們自晨至暮，自細故至大事，無時無刻不在求高大，可憐，求高大的人呀！

請你聽聽：——我問他，『這副手套買來多少錢？』他心裏的回答如其是一塊錢，他口頭會帶着一點得意的微笑回答說，『兩塊錢。』他伸出手動動兩個指頭。他的用意是要借這副手套把自己弄高一點，弄大一點。你看高大的人可憐不可憐！

講到求高大，說也慚愧，我們男孩子尤其熱中得厲害。他們瞪出兩顆眼珠銜着一枝香煙在通盤籌劃，從早籌劃到晚。從晚籌劃到天亮，籌劃的就是『如何才能高大』這個問題。你不要看男孩子們住在一起談談說說，嘻嘻笑笑，以爲他們是再和氣不過的，不知他們在無形中却在拚命地戰，誰都不肯讓誰。

高大之至極，除非做霸王；王雖夠高大了，但世界上有的是王，要做了霸王才是王中之王，那才是至高無上了。男孩子的心裏就是在想做霸王。

所可惜的是世界上可稱霸王的至多也只有一個，男孩子却都想做這一個霸王，於是這世界上發生了無可統計的奇形怪狀來；男孩子中你要高大過他，他要高大過你，結果大家都高大過了常度。睜開眼望望這世界上跳跳躍躍的一羣男孩子，高矮恰恰像個人的，好像就只有這渺渺小的我。——我却寂寞得很，寂寞得很！

世界上糾紛真是多，這邊在鬧，那邊也在鬧，局部的是在鬧，整片的也在鬧，細想想到底這世界上爲什麼鬧這許多糾紛，還不是因爲男孩子想做霸王！

關於改革杭州市政之意見（續）

衆謀

二，橋梁

舊式的橋梁，有妨交通，吾杭業已次第改建。惟大橋之存在者如萬安橋，太平橋，新橋，寶善橋等，依然存在之敝處者，俱爲東西城交通之要道，理宜亟求改建。但工程浩大，籌款不免爲難，似可仿照蘇州辦法：（甲）用凹式的木軌鋪於兩旁；（乙）廢除階石一半，改爲斜坡。使車輛此往彼來，各有定向，交通上不無便利。如此改革，每處工程，不過百元可矣。

三，飲水

杭州市河污穢，有礙衛生，人皆謂無法可治。余曰，去陳換新，引清洗濁，固有湖閘之水可以借用也；若言治城西之市河，則宜將洩水之下壩（即武林門外之猪圈壩，湖墅之聖堂閘）在旁添設活閘兩座，不時啓洩濁水；而以風波橋（即監獄前）八十橋（即工程局前）兩閘水放入補充之。如是，則南北兩市河即所謂上中河者，其水可以長清矣。然欲使新市塲，行宮前，運司河下，慶餘橋河下一帶之水去陳換新，則須以時恢復湧金閘，使城外城內活閘，同時啟放，再啓湧金閘水以補充之。此治西城水利之大概辦法也。至於東城市河（湖閘水無可借用，然斷河頭東至城外大河，距離不遠，可埋沒極大水管，引清洗濁，是一法也；又查大有利電汽公司，向用吸水磅浦以吸取城外之水，大可借仿此法，藉爲引灌，此又一法也。以上辦法，余曾於異處以大同小異手續，試行有效，並於杭城水利，屢經實地考察，認爲有利無害，能說能行之舉；而且約計經費，西設活閘，每座不過數百元；東設水管，亦不過數千元。夫以數百年不治之市河，數十萬居民之衛生，關繫何等重要！而可以極省之金錢，收極大之功效，是而不爲，將建設之謂何！

過兵

Y H

二哥：

陰沉沉的愁雲，籠罩着大地，現出一股死灰的景象，疏疏的雨點，不住的下掉，梅溪的街道已是濕滑難行；店家因爲八月裏發了一次大水，八月半的生意受了打擊，只盼望在年關頭上做點生意，老天這樣不做美，使鄉下人不好上街，他們正在牢愁萬端呢！不時還有第四方面軍路過的傳說，什麼周鳳歧長興的老家已被抄了，北兵專一要與長興人爲難哪，居民聽到了這種話頭，誰不担心呢？總以爲這地是山鄉僻壤，非行軍必由之路，巴望牠不成事實！

可是初六上午，長途電話果真來了，明天有一營要從虹星橋開過來，於是大家都着了慌。在前幾日，警備隊因恐被繳械，曾携械奔避拔茅寺，情形很是狼狽，所以受了一次虛驚。

我們的學校也指定爲駐紮所了，我們不得不遷讓到別處暫住。在濛濛細雨中，手忙脚亂的抬着箱籠，向新的家舍去。居民見了，更驚心吊膽。

一霎兒，一陣紇七縩七，很急促雜亂的釘鞋聲起來了，震得人心別別的跳個不停。拔腳得快的，成了漏網之魚；跑不脫身的就做了甕中之鱉。只一刻兒工夫，變得鴉鵲無聲，另成了一個世界。

警備和警察還在各要口探頭探腦的梭巡着，得意洋洋的踱來踱去。女子到這時可算惟我獨尊了，她們往來購物，代替男子的職務，他們祇好望搭幾句訕頭。誰會侵犯她們呢？這也是男女不平等的好處罷？

我們正在晚餐，忽的樓上嘭嘭一聲，嚇的個個面面相覷，最後拿了童子軍棍壯了壯膽去一窮究竟，照著燈欲前又却的上了樓原來掛在窗門上當窗子用的小黑板，被一根伸進來的杉木撞倒了，隔壁的木匠阿海正往上爬；我們告訴他說：「今年不比往回盧齊戰爭的情形了，這裏也要屯兵，你來自投羅網嗎？還是在家裏靜看風色的好！」他慌張的答應：『是……是！』語音有點擅抖。

其實以北兵的聲勢，誰不談虎色變呢？』第二天早上，丘八太爺與我們眼簾接觸了，他們戴着尖角前衛的呢氈帽，大多數手裏執着一桿紅纓板槍，很有一種勇武的氣概。起先待人接物，交易買賣，也頗和氣公平，見不到有獸性的行爲。下半天愈來愈多了，滿街都都是兵，還絡繹不絕的來着，通夜沒有斷，只聽見「老板」「老[illegible]」的聲音。

小吃店可算門庭若市了，直到售罄，還不斷有人光顧；操堂也萬商雲集，險些擠倒；藥行，茶館，酒樓學校等公共房屋。處處都擁滿着兵，當舖得尺來高，懶了都望裏一鑽，真像狗窠一樣；後來實在容納不下了，入人家家裏也只得做了長官的行轅，還幸虧是隨到隨拔的呢！這天足足有一旅之衆。三月營閣的地灶盤日盤夜的蒸着飯，伕子們一擔一擔的往安會路上送，因爲前站無處可以造飯啊！

最倒霉的是商會裏的辦事人，通宵達旦沒得息一刻；不是你要茶水，就是他要稻草；一個不稱心，便媽的口×你娘，有時還得奉送幾支雪茄煙，這棒差使眞幹不了啊！

初八早晨，人家告訴我們：「沙灘上草棚子裏有許多女人做了他們的「放水」機了，昨夜他們到處敲門撬戶，尋花姑娘，覓人煙吸找賭具玩，女人們都嚇得屁滾尿流，空氣緊張達於萬分，家家重門緊閉，就是自己人，也得盤問個淸楚，纔得一開，就是開，也須避了他們的視線呢！」我們纔知狐狸露尾巴了。

一個同事家裏，也做了營長的行轅，這位營長是馮紹閔的女婿，他老人家自己還沒有到，有兩個衛兵先在那裏看守了。我們渴着要知道他們的內容，就一同去看看，他們招呼我們烤火，我們就圍爐共話，這時，一個因爲有事走了出去，剩下的一個對我們說：「這回周鳳歧勾結了赤黨，向孫大帥倒戈，咱們就去討伐他，咱們一總有三四十萬人馬，還有張大帥的一百幾十萬人馬，後隨就來接應」我們說：「你們救國救民的義師，一定馬到成功；周鳳歧反覆小人，不難一鼓蕩平。」他很開心的又說：「我們在常州府時，不知有幾多人，把個常州府城裏城外都紮滿了，街上摩肩擦背的，全是咱們的弟兄，你看多不多!?」我們正要開口拍馬屁，他又接着說下去了：「赤黨眞正壞極了，他們都裝了老百姓，咱們不知道同他談着，一個不提防，他們就拿出盒子炮卜卜卜的向咱們放，咱們的弟兄，這樣不知喪了幾多命！咱們這回一到江西定要將江西人殺個淨絕！」我們說：「浙江人如何？」他說：「浙江人好，待我們不差，咱們打到了廣東，那裏珠寶金銀很多，咱們凱旋的時候，帶些來送給你們。——」我們連說：「不敢當！不敢當！」他問我們：這裏的青菜蘿蔔爲什麼沒得賣，我們告訴他：鄉下人怕拉夫，所以不敢上街：他說：「咱們第七師的東西都是自己挑運，用不到伕子：在後白寶山的部隊可就壞了，姦淫擄掠，什麼都來．你們須得提防才好」這種文明軍隊的滋味已是夠了，那裏再經得起如狼如虎的辮子還尊呢！我們不由得倒抽了幾口冷氣。他又說：「咱們在長興發了二個月餉個個人身邊都有錢，等到花完了，嘿！那就老實不客氣了！咱們幹這苦差使，不是爲「升官」「發財」嗎？」我們爲着吃飯就同他告別，心中甚是惴惴。

（未完）

憨笑

雪眞

詩澀夢遙，
意蕭蕭。
葡萄酒淡，
道是膏粱好。
萬種色相湊熱鬧，
還只是荒墟枯墓，
空寥寥。
待怎的？
爲貪憨笑。
憨笑，
憨笑，
又隨春波去了。

十二，三，晨。

杭州民國日報副刊

民國十六年十二月份
第六期

關於改革杭州市政之意見（續）

衆謀

四，路政

杭州路政，改革以來，成績冠於各省，惟限於經費，尚苦不能完全的改造。然有急須興修者，一爲衆安橋河下，此處爲下城與新市塲通衢要道，傾斜狹窄，向易撞禍，現在放寬河埠，稍爲補救，但仍非一勞永逸之計，又延定巷與運司河下，爲上城通新市塲要道之一，害與上同，皆宜展築馬路，以利交通，此兩線路皆不長，又臨河洩水，可省直綫水管，其工程固甚輕而易舉也。

五，消防

杭州火災，往往延燒數十百間，其原因一爲道路窄狹，二爲墻壁太少，三爲取水不易。故雖有公家之消防隊，私立之水龍會，踴躍施救，其結果皆以墻壁或空地阻隔火路而止。救火功效，直等於零。尤有空塲上之草蓬失火，本無可以蔓延，而亦勞動全城水龍到塲，勞民傷財，甚屬無謂。今宜定一「少出龍，多取水」方法，將上，下，中城，城南城北，分爲五域，除接近區域，得由兩區互助外，其餘各歸各區，限時速到，自相施救。如此，則每年各區龍會，省錢不少；即以此款多辦水擔，實較有益。惟取水必須講求水源：查蘇州揚州等處，須有太平缸極多；又北京每店肆前，多有太平水桶兩只，以備不虞。其法皆可仿行。至於多掘水井，取締建築，嚴查保險，購備機器小車，治本治末，各得其宜，則有不勝枚舉者焉！

法寶

依卡

昨晚和朋友Y君談起近時的風氣問題。我說『現在的風氣開通了，一切機關裏都有女同事了。』他說『這那裏是風氣開通，這不過於法寶作用吧了。』我起初不知他指的法寶爲何物，等到他詳詳細細的說出這所謂法寶後，——雖則他並未說出這法寶究竟爲何物，我也不曾想到這法寶究竟爲何物；但我總覺得這話頗有理由。——我說，這話不是一概的，只爲相當的事實可以證明他，——但也因爲有相當的時實可以證明，所以他的話——法寶的話——遂也有所發表—以下是朋友的話：

『現在的男同事，每天早晨急急忙忙的趕到辦公處去辦公的時候，一定用一個皮包來，表示他們的忙碌，雖則他們的皮包裏藏着的是不是因公有用的東西，甚至于有沒有東西，都是一個問題

★目錄★

。同時在像現在這樣秋風瑟瑟的時候的女同事，大多（注意，這僅是大多！）也都夾着一包東西（到辦公室裏來從事公（工）作，這夾着的包內是什麼呢？這是做暖火的衣服的毛線。諸位如有不信的，可到各個有女同事的辦公室裏查一查，有幾個女同事不在手不停織的打毛線東西？

有人說：女同事的所以要打毛線東西，有兩個不得已的理由。（一）她們的工作太空了。是抱着個「力惡其不出於身也，不必爲公」的主張，所以趁空來做手工。（二）是……（依卡按，這一段不是删去，是Y君不曾說）照此看來，我們這兩個原因，都可爲一個批評，就是：（一）指揮工作者失職或徇情，罪在指揮者，（二）其罪都在男子。——因爲各機關的指揮者和統治者大率都是男子。

還有一種女同事，她所做的工作，只有請假和談天，凡在和同一辦公的時候，她們唯一的工作就是就是談天，或者和同一個辦公室的人談，或者跑到別一個辦公裏談去。等到在談了幾天天之後，就是請假的時候了，一請不是三天，就是一星期，其理由或者說是生病，或者說是回家，這也是很通行的現象。

講到這些現象的原因，就有三個可說：

第一是和指揮者太熟了，

第二是和指揮者太熟了，

第三也是因爲和指揮者太熟了。

熟則皮（狎忽也），皮則無可無不可。於是乎此現象成矣，考其所以熟之原因：

第一因爲說不出，

第二因爲不好說，

第三因爲不用說。

因爲這三個原因，我們肉眼凡胎的普通人都不懂得，所以只可推之曰「不可知」。而我們普通以「不可知」爲玄虛的東西，而玄虛又往往是法寶弄出來的，所以我們可以說這種玄虛的現象曰「法寶」！

Y君的剎尾的「洋鬼子邏輯」，我實在有點看不清爽，希望讀者們細細參詳，有便告訴在下！

在後還要聲明一句話，請有多女同事看了不罵，或許這種「胡說」是不値一罵的。（阿彌陀佛，但願如此，）但總希望各位去想一想，究竟現在這個風氣大通的時候，有沒有這種法寶的毫光看洲！

十二，一，晚十一時半。

過兵（續）

XH

下午，消息愈壞了，白寶山的部下已在虹星橋動身，離此不過二九路了。這時馮部正向安吉開，我同令伯母，桂弟，芝妹等一行十人，就乘機避往小市。在擺渡的時候，沙灘上約模有二百八太爺正準備出發，我們戰戰兢兢，深恐難脫虎口，一路上脚多不停留的走，只怕他們追蹤而至，其實有這兩條小溪間隔着，二只渡船五分鐘只渡得一二十人，這交通上的困難，足以同他們絕緣了。枯黃凋萎的田野，好似愁眉雙鎖的憐惜我們，又好叫哭喪着臉恐遭蹂躪；還有祇剩光幹的樹，一枝一枝的垂頭喪氣的植立在那裏，多清凄啊！但願梅溪不要成了這種景象！

到了小市，謠言很盛，說：什麼商會會長失蹤了啊，負責人都溜了啊，要開拔幾萬幾萬啊，什麼他們因爲供應不周，要在後山頂上架砲轟了梅溪啊，無非使我們寢食不安罷了；但終也沒有聽到槍聲，於是心頭的小鹿，就寬鬆了許多！

這樣沉悶的過了五天，在平是五年也沒有這麼長呢！十二這天，梅溪有人來說：兵已拔淨了，白寶山已帶了一部分由湖州到杭州去，不打這裏過了。我就在午飯之後，望梅溪去探聽情形，許多避難的人，飽嘗了客中況味，都拖男帶女的回家了。在埠抖上一望，固然，寂靜無囂，恐懼心隨北老以去，而念念不忘善後的憂慮心。却又應運而生。走到了校裏，校役正在打掃尿屎，各教室的墻壁也打通了，桌凳差不多當了柴，只剩一堆灰燼；只一星期工夫，光景已變得不像樣，銅駝荊棘，怎能不叫人傷懷呢？

校役告訴我；「早晨的街道，還是滿地尿屎呢！現在總算打掃乾淨的。學校對門的棺材店也駐了兵，兵去後，他們發現一隻棺材滿裝了金黃色的肥料。有一家闔門逃避到別處去了，房子也是紮了兵，回來的時候，一缸年糕也變了坑窖。商會裏犒賞他們二十隻猪，二十罈紹酒；猪不准割頭，酒只用瓢嘗了一嘗，說是酸苦，就做了尿坑，一泡一泡的望罈裏射。先生！你看發笑麼；最可憐的是伕子，吃飯沒得碗筷，須得用爺娘賦予的五爪金龍，「老鄉」們肚子一飽，就一起滾了，踐上幾脚，或是溺泡尿，遺堆屎。你看作踐不作踐？聽說二個伕子抬了幾箱子彈，兩人飢寒交迫，脚步一個不穩，把來掉了，子彈箱也碰開了，裏面的石子，一顆一顆望外跳，押着的兵，就拍拍兩槍，送他們上西天大道了。可憐不可憐？他們家裏還有老婆兒女靠着養活呢！」我說：「這種惡賊，現在是去送死，不出[illegible]個月，定要棄甲曳兵向後轉了！那時恐怕眞要了不得呢！等黨軍一到，我們纔有太平日子過呢！」他現出一種熱望的樣子倒垃圾了。可憐彈丸的梅溪鎮，這回要花七八千元，而無形中的損失，更不止此數，杭州雖是禍首聯軍的大本營，我想方圓二十里的大城，總不致於闖坍罷！！

祝你安好！

弟憲上陰歷十二月十五日

別母之夜

李逸廬

夜之黑暗，獰猙着昏暈無力的燈光；昏暈無力的燈光又慘抱着我和母親兩個。這時候，可有三更光景，人籟早已沉寂下去；只聽見遠遠的狗吠聲，和樓上的鼠嚙聲。颯颯的寒風，從紙窗底破漏處鑽了進來，怯弱的燈光，就被嚇得顫慄着。——這是今年初春底一夜。

她——我的母親——傴着背，低着頭，把眼睛湊近了燈光，左手搦着我底征衣，右手拈着針線，臨行不停指地在那裏密密縫着；我也就燈光下檢點行裝。我們各做各底事，不露一點聲息，這樣地沈悶着足有二十多分鐘。

她忽然抬了頭向我一瞧，我也向她一瞧，我們底視綫就接觸在一處。她問我道：『行裝都檢點好沒有？』她底聲音很微弱，但我聽得很清晰。我說『都檢點好了。』她仍舊低下頭去，繼續她底工作，一面又像在沈思着一切的問題。我痴立着望她底兩手不停地在那裏一上一下地鑽縫，縫了一塊，又反過來縫另一塊。這時我底心中，起了無數的波浪，說不出的幽悶，凄苦……。我細細地看她那龍鐘老態，——她雖只有四十四歲，但看她底貌，足有五六十歲光景；——額上底皺紋，兩頰底瘦渦，都穿透了我底眼簾，深深地印在我底腦筋上。她底兩眼，早已衰弱無神，經常有一層白膜遮蓋着；她虧了力就要這樣的。這時她一定虧力了，她彷彿有一層薄霧在她底眼球外面迷漫着，還隱隱看得出濕了的光潤——這是慈愛之淚——她底頭更低了，和油燈相距，不到二寸那樣遠；昏黃無力的燈光，更把她抱得緊緊地。我回眸四顧室內底一切，都含着悲涼，凄慘的神情，向我默默地凝視。我微弱的心房，不由得不顫動起來，一切寒冷，煩悶，沈痛，恐怖……的惡魔，一齊都向着我襲攻，我底小小心房，不久就要陷落了！微微吁聲，從口縫裏衝了出來，涔涔的淚珠，從眼眶裏滴了下來，一切只是說不出！………………

她底工作完了，不覺長嘆一聲；把她底薄霧蓋着，露珠湧着的眼睛，稍為用手一揩，——其實是無濟於事的，再揩幾下，也不會去掉薄霧和露珠，——再來看我；我看了她一眼，立刻回轉了身，向隅而立。

………………………………

『國兒！你明天定要到金華去麼？新年過了纔只八日，何不多住幾天呢？……』她於絕望之中，猶這樣地挽留着我。

『不能再耽誤了！我明早就要去。』我決絕地說。

「那麼，你這次到金華去，究想找一點怎樣的事幹呢？——你對我說，教員是再不要當了。」她這話，事先已問起過好幾次。

「那沒有定，看機會就是了。」我和前幾次一樣地模糊回答着。——其實我心中早已定下了方針。

「你老是這樣地瞞着我。不肯直透透地說出來！你事先沒說定，我是放心不下的呀！國兒！你快說，別隱瞞着我！……」她似乎怒我不忠實。

「我想，還是仍舊當教員去好！旁的事不容易幹。而且現在時局還沒平靜；我昨天聽見三叔公說。蔣介石和孫傳芳底兵。還在嚴州桐廬這些地方打仗，你到金華去，免不了要受驚嚇哩！……去年十月裏，你在金華的時候，本村底人，都說你已入了革命黨，被蔣介石調去打仗了，而且打斷了一隻手，在醫院裏醫。那時我是怎樣地焦愁呀！後來孫傳芳底兵(這是閩軍)到武義來，城裏底人，都逃到鄉下去，我天天在盼望你回來，你連信都沒有一封，那時我更焦急了！我真沒有法子！看看年底到了，你仍是沒有一點兒消息。我急得要趕到金華來找你；但我是女人，我怎麼能夠呢？我只好在心中夢中不斷地焦愁着。有時候託延佳叔討訊，有時候託兆周叔公討訊，他們都說孫傳芳底兵，怎樣地殺人放火，怎樣地姦淫擄掠，怎樣地拉夫，怎麼地搜殺革命黨，……總不知道你底下落，急得我更加害怕起來，連飯都吃不下去！…………後來，還虧你聰明，暗中溜回家來。我看看你並沒受傷，我底心頭塊纔掉下去哩！（安心的意思。）那時我每夜頭你底弟弟都睡了，便焚香為你祝禱，你知道麼？…………』她見我默不回語，就再說下去，話越說越多，便滔滔不絕地說了這麼一大篇。

（未完）

杭州民國日報副刊

民國十六年十二月份

第七期

一封遺書

華　覔

大約在上午的十句鐘光景，我適正埋首在桌上給朋友寫信，門兒忽然呀的一聲開了開來，走進一位雄糾糾的武士，他向我行了一個敬禮，便很急喘地說：

——陳連長陣亡了。

我很驚疑的瞧了他一瞧，原來是第五連的連長陳貫一的護兵，於是我從我的座位裏直跳起來：

——嚇！當眞的嗎？

——確是眞是。…………

他一壁答應，一壁從他的袋裏，摸出一件東西交給我，我挺睛展閱，原來是一疊遺書，外面是不用信封的，一半已被鮮血滲透，幾乎連字跡也看不清楚——

弁英同志：

那天在車站上分別以後，我的心坎裏不知怎的老是怦怦的跳個不住，四肢覺顫抖的不能行動；說也奇怪，我的上火線也已經過了四次，但是每次的心裏，都無一絲一毫的恐懼，從沒有像這次那個樣子，這大概是預兆，恐怕這次的出發於我多少總有些不利了。

在我倆握別的當兒，蒙你允許我許多事，你說我萬一不幸給敵軍打死了的時候，你必替我做兩樁事情：一通知我的家裏，二親自把我的尸身搬回。啊！弁英呀！你能夠這樣待我，已是千謝萬謝的感激不盡了。

但是，請你恕我是一個不識事務者，因爲我還更奢的要求，這事我現在方纔憶起，說出來之後，你也必須要應許我給我去做的。——你可知道嗎？我的來軍隊，一則果然是爲了窮得無法可想，二則也爲了同我的妻子吵嘴的緣故而毅然出來的。我在現在想起來，又非常地悔恨，覺得從前不應該爲了饑餓的吵鬧，便立刻逃了出來，使伊孤苦零仃的我似乎也太過份了。

那是前年正月的事，我倆實在窮得沒了辦法，不要說錢沒有，連柴米也絕了種，不舉火大約已經一天。想往親親戚朋友們的而前，去告貸一點，覺得幾次這樣，受人家的白眼，冷面孔，譏誚和教訓，而且要低首鞠躬去懇求，實在又難堪了，倒不如餓死的痛快一點。心裏雖是這麼想，但終究挨不過餓，祇能硬着頭皮再往各親友處走走。結果，空着手兒去，還是空着手兒回來，我

★目錄★

正在蠶莨展的當兒，不料伊向我哭咆起來，我也恨極於心，所以覺和伊爭鬧了一晚。這種現像發生已不祇一二次了，可是這一次鬧得道於厲害，因之激起我的勇敢心和希望心，就在於第二天的清早，私下地跑出了門，打聽得C縣城找兵，我就去報名，後來將我們帶至K省城，後來又送我進教導團，及至去年的八月方才派入隊部工作，從K省打到這裏來了。現在我雖可以得些餘錢，想寄回家裏給我的妻子，但是據我的親友們的來信上說，伊當我出走的第二天，也跑了出去，以後沒有看見回家過，並且連消息也沒有，生死自然無從知道了。所以我現在要託你，不，懇求你，倘若我被敵軍打死了，即請你給我訪問訪問，如無着落也可不必說起，如其尚在，便望你為我代伊介紹點職業，以度伊的一生，若使伊現在已有了職業，那是更好沒有了。

啊，弁英！還有一件事是要告訴你，就是我從前對你說的我家鄉的住址，是虛造的，並且什麼什麼多不是真的，你竟給我朦騙一時，請你看我是個垂死的人，就恕我罷！我實在並非故意要那麼樣撒謊，實在是為了社會上一般的人太輕視我們苦人了，有錢人藐視我們猶可說得，而連一般如我樣的沒錢人，也都要細細地打探我們的家況，弁英！你如其把你窮苦的家情，逢五逢十的告訴出來，他們便立刻掉轉面嘴裏噓的一聲，以後就連影兒也見不到他們了，我為了世態如此，所以不得不以虛偽的言語對待他們，但是，弁英呀！你是我看錯了，望你特別原宥我吧！

我現在告訴你，我家裏除老弱的姑母及孤苦的妻子外，其餘的連一個親人也沒有了。現在妻子離散在外，不知下落，姑母在蓮花庵裏，每天靜心誦經，今年已經七十八歲了。我如其在此役真的死了，你把我的尸身運了回來，祇要往C縣東門外去探聽蓮花庵好了。還有一樁緊要事體，司令部規定有六百元的恤金，就請你交給我的姑母，除了她自己應用費外，如其還有餘的話，可以布施布施近地的苦民，但是弁英。你必須竭力安慰我的姑母，千萬不可讓她過於為我而悲痛，這樣我死去是很快樂的了。

寒風瑟瑟地吹來，隱約夾雜些炮聲，大約前鋒已經接火了。明天我們想亦要上火線了，只不知我的生命究竟如何!?

你的同志陳貫一上　二八夜深。

當我讀完之後，我的眼睛瞠視着信紙的全面，每個字都化作了兩個痕跡，但是一瞬就漸漸地模糊了消滅了。我覺得我的神志向空中飄去，不知不覺的在桌上猛擊了一拳，於是斜眼裏瞧見這位護兵，還正立在我的身傍，他用驚異的目光注視我，因之我的神志也立刻恢復過來，便問他道：

——你可看見你的連長是怎樣死的？

他指手畫足的說：

——我同連長在火綫上一日一夜，剛在拂曉的時候，接得衝鋒命令，連長就帶上一排弟兄向前衝去，不料敵軍的機槍真厲害，向我這面掃射，於是陳連長的臀部着了三五子彈，就即刻坐倒地上，本來他可以不致於死，不知怎的他竟坐而不臥下去，並且右手在袋裏摸索許久，掏出這封書來，這時我臥在他的身旁，不時喚他臥下，但他慢慢地將信上的血跡，揩了又揩，命我拿往你這塊來，這話剛說出，一粒子彈便從他的腦袋中穿過，於是他立刻倒在地上，一聲不作的死了。

——啊！那時這封信害的喲！……然而他陣亡在什麼地方

呢？

——在C山的脚下。

——那末現在他的尸身呢？

——這我不知道，因爲我們即刻就衝過C山去的，現在聽說已經埋葬了。

——惡！那你可以回去了。

護兵告去之後，我再把這封遺書閱讀一遍，獨自在這小房間裏渡來踱去，想想這事應當如何做起，結果决定明晨乘早上先去祭他一祭，而後再設法通知他的姑母，而後再領了恤金將他的尸身運回家鄉，其餘的事慢慢着手進行好了。

翌日的早晨，太陽還未從東山升起的時候，我已在赴S埠的火車裏，大約一句鐘光景，車已到了L小車站，我即下了車，左手握住一雙臘燭和一綑線香，右手提着紙錠，向C山的脚下走去，找了許久許久，方才見一大大堆的新土，上面平平的佈着雪白的鈣粉，四週樹立許多竹片，就近去一看，上面都用字標出陣亡者的姓名年齡籍貫及官級，總共有四十餘條，都是官長，我在其中覓得標着陳貫一的一根竹千，就在這面前亮起臘燭，化過紙錠和禮拜，站着凝視了半晌，眼前忽然現出許多新近爲民犧牲的志士，爲國陣亡的英雄。

十六，十二，二日夜於杭州。

別母之夜（續）

李逸廬

我本不想對她說明，可是勢力不能不說。

「娘！我不到金華，我到——」

「到那裏？快說呀！……」她驚疑着，逼我立刻招出。

「到杭州」我使盡了氣力，纔說出這三個字。

「到杭州？……怎麼去呢？…… 他們還在打仗，你怎麼去呢？……！你到金華，我都安心不下，你到杭州，我更不安心了！唉！好孩兒，別不知高低！……」慈母底愛，籠罩着我底週身，她却急得氣都透不過來。

「好去的，娘！我跟着軍隊走！我到軍隊裏去。」我底胆子太了，索性明白地對她說。

「啊喲！去不得！去不得！ 你去當兵麼？好好的一個讀書人怎犯得去當兵呢？你去當兵，我誓死不允許你！……」她更急了！

事已至此，橫豎隱瞞不了，我就說下去：

「娘！你別急！等我說來，我决沒有危險，請你安心？……」我坐下來，繼續我底話：

「我到軍隊去幹另一種工作，不要到戰場上去打仗，我只在後方宣傳；我要幹的是政治工作，幹政治工作的人是不要到戰場上去的。娘！砲彈决不會飛到我底身上來。」——我心中却在想：幹政治工作的，何嘗不要到戰場上去呢？而且我確是願意別戰場上去犧牲的，犧牲算得怎麼一回事！我自信爲黨國犧牲，正是我底幸福，正是我底光榮哩！但這層似乎尚不能對她直說。

「別騙我！到軍隊裏那有不危險的道理，炮彈是沒有眼睛的呀！萬一你被炮彈傷了，或者——我靠誰過活呢？你底弟弟們靠誰過活呢？你底父親那麼沒八字，輕輕年紀就丢了我和你們兄弟五個，他自己到泉下去了！……他又沒有一點兒家產留給我們，債務欠得像山積一般，弄得不可開交時，他就瞑着目，不管二七二十一，他自己倒擺脫得乾乾淨淨，累得我們受苦！……現在眼巴巴只望你賺些錢來養活家，假若你去……當……當兵，假若你……你……我老娘將怎……怎……你底；弟弟們將……將……唉！你別……別去呀！你別……」她抽咽起來了！斷斷續續地說了這些話；慈愛和悲傷的眼淚，離別了在她那眼皮外面包圍着的薄霧，樸樸索索地滾了下來。

這時，我底週身每個細胞裏，都刺着尖利的小針，疼痛慘酷……。我回想起我底父親，我看看在哭着的她，又看看在床上甜睡着的弟弟們，我又想想……不由得不咽哽起來，我底壯氣完全變成灰冷的死心。春之寒，夜之慘，把我投乖煩寃，恐懼……之淵，我再也說不出一句話來，……

我越思越怯餒，越懼怕！我彷彿看見我底父親在皺着眉，哭着眼，白着白紙似地可怕的死臉，向我連連搖頭，似乎不允許我行；又彷彿看見我底小弟弟在笑着紅嫩的圓頰，伸着肥白的小手，牽住我底短裾，向我要糖吃，要求我替他買一個洋娃娃給他頑。……我完全失了知覺，好像中了毒，我看不見一切，不自知是怎樣地一個東西，立刻要瘋狂起來，跳到火裏去死了！……

最後，我決定了。古人說：「忠孝不能兩全」；我只得安慰着她說：「娘！請勿悲傷！我不去當兵，我仍舊當教員去；我去睡了，時候已經不早，你也好睡了！明天我不出門，請你安心吧！……」我低着頭，慢慢地走回自己底臥室去。她聽我已經睡了，她也和着抽咽而睡。

……………………

這時，東方未白，我偷偷地出了橫門，出了村境；陰慘的晨風，既腥且勁，我薄薄的征衣，幾乎被牠一層一層剝下去。我回頭洒一把辛酸淚。透一口苦氣，彷彿還聽見她在夢中底抽咽聲。

十二，一，于秀水。

船中

輝

雲淡淡，
水茫茫，
頻着船窗斜立着的他，
只是沉思來處的風光。

社會思想史

蒲迦達(Bogardus)著
蕭明新 譯

第四章 希伯萊的社會思想（續）

在舊約裏擁護勞工利益的精神，始終是一貫不懈。「申命記」以爲逃奴不必一定要歸還原主。在事實上，收留逃奴的人家，也不願意把他送回去。所以把奴隸當做財產和生息的觀念，也就沒有了。這種態度，卻卻和赫美拉比法典的精神相反。可是在古代希伯萊的社會裏，奴隸制度仍是完備的存在。

赫美拉比的法典確定了工資的額數，舊約裏更把工作的時間也限制了。不但家主在一星期內只許做六天的工作，就是他的男女奴僕也不准超出這個限度。就是到了近代的工業，甚至於到了二十世紀美國的工廠事業，對於希伯萊的古代法律的精神，還是要受着強制的支配。主人不准榨取貧人和雇工的利益。他們之所以要禁止壓迫工人的理由，就是因爲工人是窮弱者；欺侮窮弱，就是犯了不義的罪惡。不但本國的工人要受保障，外國的工人也不能任意犧牲。

（未完）

杭州民國日報副刊

民國十六年 十二月份

第八期

『減租問題』

曹聚德

舍弟聚仁從上海來信，叫我對於減租問題講幾句話；我一方面覺得共產黨背了農工的招牌在肩上，到處搗亂，眞是極大危險！一方面又覺得民生問題在國民革命的歷程上是何等地重要，我們不能不澈底研究一下。所以雖是愚昧，也不能不多說幾句。

減租問題，並不是一個單純的租金輕重問題；這句話，先請研究這個問題的同 們留意一下。

中國北方有一條大河，叫做黃河；牠愛作怪，牠愛擾亂安甯，幾千年來就成爲不可救藥的附骨疽，到如今，還是一個沒有辦法。中國的民生問題，和黃河差不多，從漢朝起到如今，只有暫時的相安，從不曾有相當的辦法過。晁錯對漢文帝說：

『今農夫五口之家，其服役者不下二人；其能耕者不過百畝；百畝之收，不過百石；春耕，夏耘，秋獲，冬藏；伐薪樵，治官府，給繇役；春不得避風塵，夏不得避暑熱，秋不得避陰雨，冬不能避寒凍，四時之間，亡日休息；尚復被水旱之災，急政暴虐，賦斂不時，朝令而暮改，當其有者，半賈而賣；亡者取倍稱之息，於是有賣田宅，鬻子孫以償責者矣。而商賈：大者積貯倍息，小者坐列販賣；亡農夫之苦，有阡陌之得。此商人所以兼并農人，農人所以流亡者也。』

董仲舒對漢武帝說：

『富者田連阡陌，貧者亡立錐之地。或耕豪民之田，見稅十五。故貧民常衣牛馬之衣，而食犬彘之食。』

我們閉眼想一想，這個情形不是明顯地擺在我們的眼前嗎？這個畸形社會，不是延綿到千多年，故態依然嗎？

在從前，火燒在自己的灶孔裏，柴一燒完，便出清了。小亂二三十年，平安得百把年；大亂了五六十年，平安得四五百年；一治一亂，走不盡老圈子，變不盡老把戲，總是無法之法，得一小小解決。現在情形可不同了：灶外的柴堆得很多很多，再也燒不了；所以民生問題變成中華民族的生死存亡的問題。——所以，一提到減租問題，便牽連到整個的民生問題。

共產黨自命爲科學的社會主義，那眞是笑話！假使眞的講科

☆目錄☆

學，決不會抹殺社會的事實。中國的社會，可說是複雜極了。可稱爲大都市的還不到十個。美國三萬萬人口，有一萬萬五千萬在大都市住着；在中國有四萬萬人口，還不到四千萬人住在大都市。講到大資本，講到大工業，怕不要笑脫別人下巴。至于鄉村情形，那更不同。有的地方，田價高到百五六十元；有的地方，還只有三四十元；有的地方，有成千成萬的田地，居然有大地主的氣概；有的地方，有了十畝田，居然算是首富。（據我所知道：除了幾個傍近大都市的村落以外，田價很少在二百元以上的。除了幾個府屬以外，很少有大地主的。以我們浦江而論，黃宅市黃家也只有三百畝，比之南潯張家，還不到一個零數。）大體說起來，中國的農民社會至少可以分成十個等級；每個等級，該有一個特別的解決方法。我記得荷蘭人主張中國治黃河，該百里分一段，一段一段求個辦法；我看，民生問題也要如此才行，減租問題也要如此才行。共產黨徒口口聲聲說什麼農工農工，老實說，他們連中國的農民是什麼樣子還不曾夢見過。

就減租問題本身講，有許多地方農民的憔悴是由於地主的剝削；杭嘉湖一帶的確是如此，那就非從速斟酌情形減輕下來不可。錢塘江上流各屬，就大不相同，大地主固然很少；普通人家、十之八九他自己有四五畝田地，要向別人去租來的很少；就減了租，也和他們沒有十分關係。並且，交通阻梗，政令移行很慢，有時竟給土豪劣紳拿去做趁錢的方法。（前幾年，撥了款子救水災，窮人不曾拿到錢，紳士倒頗有飽了腰的，便是明證。）

因此，我主張在實行減租以前，先精密調查一下；某處的大地主有多少田地，某處的租金多少，某處的生活費多少，再精密統計一下，各地定出各地的減租辦法來，叫他們去實行。——這是治標的辦法。

實現　先總理的實業計劃，把交通利便起來。灌輸科學知識，使農民能夠運用科學方法去改良作業，在現在的中國。民生問題還可以逐漸解決的。——這是根本的辦法。

到了　先總理的民生政策實現了。政治也上軌道了，什麼妖魔還敢出頭來？我們努力罷！

（總理誕日草成）

軍閥的人生觀

陳光培

凡是一個人，終免不了不具一個人生觀，譬如電影演員，努力藝術或明星，就是他們的人生觀；和尚與尼姑，好吃懶做或厭世，就是他們的人生觀；即使愚夫笨婦，也有他們的愚笨人生觀。現在就題立論，試問軍閥的人生觀是怎樣觀法？

要解答這個問題，只須把袁逆項城死後，和督軍團解散以後一段歷史考證一下，就不難迎刃而解。所以我對於「軍閥人生觀」的觀點是：（一）從歸納方面觀，那軍閥的人生觀，就是富貴兩字；（二）從演繹方面說，那軍閥的人生觀，就是勢，利，名，樂四字，不過此處所言利，並非是墨翟所說的廣義的利，乃是單指黃白物和壹圓伍圓拾圓的鈔票的利。

我爲什麼要把這勢字列在軍閥人生觀的先鋒隊呢？因爲軍閥的人生觀和政客的人生觀，根本上有一點不同：軍閥以勢字爲先決條件，那利，名，樂三字即相並而生，狗肉將軍張宗昌，是一個行伍出身的蠻漢，他一做起山東督軍，利，名，（好壞又當別論）樂就不成問題了；而政客以利爲先決條件，然後勢，名，樂相接踵而至，如民十四段祺瑞把持北京僞政府時期，選舉•所謂國民會議代表，以金錢運動的賄選把戲，眞是層見疊出，就是民十二曹錕賄選爲僞總統，也無非是吳大頭代爲發行五千元一張支票的結果啊！

現在且將軍閥的人生觀中所包含的四大因子，析述如左：

•(一)勢　勢有暫時的永久的和潛存的區別，牠的特質是具有魔力的，可用以侵略他人，壓迫弱者，有時亦可支配一切。至于構成牠的原質，亦甚複雜，不過軍閥之勢，無非實力兩字，夫軍閥之所以成閥，不外賴乎握有數千數萬的丘八，養成濃厚的實力，將此龐大的實力，不知爲全民謀利益，常願作爲私人爭奪地盤，攫取名利的工具罷了。所以綠林出身的張〇子，前幾年也有飲水長江的機會。

(二)利　軍閥之第一生命是勢，第二生命終要算到利了，譬如單有勢而無利，他的勢終於不能維持，門下食客數十萬，若無大宗款項收入，當然不免要倒戈或解散，惟其有這種隱憂，於是不得不殫精極慮，想出種種搜刮方法，以便免卻這種隱憂之實現：第一個方法，就是文明式的刼掠法，例如把他們自己所管轄範圍以內，所有一切的鹽稅，煙酒稅，釐金，以及各種交通機關的收入，不問牠們的性質是直接稅或間接稅，一股腦兒截住享用，如果中央政府催他們解款，哼！老實不客氣，咱們現在餉銀不敷，姑且充作軍餉或購備軍械吧！第二個方法，就是敲竹槓，例如孫傳芳張宗昌所徵收的紳富捐人頭稅之類是也。

前在吳淞政大時，聽馬寅初先生說：山東有一麵粉商人，要想把大批麵粉運到滬上發售，但是苦於缺乏車輛以致束手無策，後來私下交與張宗昌五萬元款項，方始得到車輛運輸，這便是軍閥摧殘商業，以敲竹槓爲營利手段的一個鐵證，他還要積蓄私款五百萬，存在英人創設的匯豐銀行裏，試問這種利的來源，到底從何處來？

(未完)

變態了的他

李逸廬

他現在完全變態了：從前那種煞像名家閨女，不苟言笑，舊禮教思想束縛得緊緊地態度，現在居然一變而爲天眞活潑，舉止靈倩，宛然是一個受過新時代潮流洗禮過的新式女子了•——從前我固然愛他；現在我更加愛他了。

他現在很歡喜看描寫愛情的小說，誦讀謳歌愛情的詩歌，——這都是從前的他，所斥爲有背於聖人之教的淫詞邪說，他現在卻在課餘時，甚至於上課時，都不忍釋手地讀它念它了。他還不時做做愛情小說和愛情詩歌，做的非常纏綿悱惻，綺妮風流，令人讀了他底著作，如見其人，如臨其地！

他更歡喜和人家談談戀愛，談的很是娓娓動聽，引人漸入佳境，如頑石般點起頭來。「戀愛」確是他目前最需要的一件東西，幾乎非戀愛不下飯，非戀愛不入夢了。「戀愛」可以說是他底充饑物，也可以說是他底催眠劑。他視戀愛，簡直是「家常便飯」，不算得甚麼一回事！

他底同事•有一位號稱「愛博士」的，對於戀愛有高深的研究，並有豐厚的經驗，一談起戀愛來，便滔滔不絕，可以延長到二三個鐘頭。聽的人固然都能夠滿足了他們底欲望，但聽得發出神的，卻是這位變態了的他•他對於那位「愛博士」所談的，一個一個的字，都細細地加以咀嚼，要咀嚼出它底美味來，不忍囫圇吞褰地咽了下去。

我從他底頭髮尖看起，一直看到脚底止，沒一處不充滿了愛，他的一舉一動，一言一笑，都是愛的表現，他是多麼地快樂呀！

但他也有很痛苦的時候，就是目的尚未達到。往往時過夜半，兀自不能睡覺；鐘擺兒底聲音，和他底展轉反側，長吁短歎底聲音，調和得十分合拍。圓渾的電燈光，含笑盈盈地照着無眠的他，似乎有意來挑撥他底閒愁，使他感覺得分外寂寞。他越想越急，不覺連呼着恨！恨！恨！……這種怨聲，在這深夜裏更覺得有無窮的涵義。胆怯的鼠兒，就忍着飢，伏在洞裏，不敢出來覘視主人底行動。

然而樂觀的他，總是甜蜜的時候多。當他回憶着榮幸的艷史時，却又低着頭，抿着嘴，眯着眼，一幕一幕的戀之喜劇，都在他底腦子裏重演起來；額上，眼角，頸旁，口邊底皺紋，比常時更加明顯；每一絲皺紋裏都含着無量的愛，無上的美，無數的情人小影，和香史艷跡。在這種甜蜜的回憶時，我總站在他底旁邊，細細地看他；當他回憶得最出神時，我便有意無意地喚他一二聲，總是他『心不在焉，聽而不聞。』我實在愛他，我立刻想擁抱起他來，在他底曲線美的皺紋上，狠狠地吻了幾下。

我常常和他出去遊玩，他帶着一顆充滿了美和愛的心房，又戴上一副放射着美和愛的眼睛，他底所見和我底所見絕然不同、他常常對我說：『大自然底一切，莫不是美和愛的表現；我所見的一花，一木，一草，一石，……都充滿了美的要素，和愛底生命。』他又常常說：『人生眞是有意義呀！因爲人生是美和愛底結晶體。我所見的一切人，男的，女的，老的，少的，肥的，瘦的，白的，黑的，長的，矮的，……都各有各底美和愛。……』

他又很歡喜批評這些講戀愛的小說和詩歌，他分析得非常精密，議論得非常高超，能言人所不能言；他底思想的奇邁，在這個宇宙間怕再找不出第二個人來。他確是一個精刻的藝術底欣賞和批評家，直令我五體投地，拜倒石榴裙下，——然而他不是女人呀！

我對於他底描寫完了，可惜我不是一個藝術家，我底手筆太笨拙了，不能盡情地描寫出來；不是『掛一漏萬，』便是『隔靴搔癢！』稿成，我誠意地送給他看，他報我一個甜蜜的微笑，他底兩頰，立刻湧出兩朵紅雲，像被春風陶醉了的絳桃。我說：「這不是他底怕羞，正是他底美和愛的表現。」

十二，四，早上一時半，於秀水。

社會思想史

蒲迦達(Bogardus)著

蕭明新譯

第四章　希伯萊的社會思想　（續）

保障外僑的立法，以申命記爲最早。雇主必須要尊重外僑工人的利益。外僑不得隨便蹂躪。本國人和外國人的交接之中，正義必須絕對要嚴格遵守。希伯萊的立法者這樣的發下命令道：「要愛你們的異國人，因爲你們的人民也有在埃及僑居的啊！」

舊約對於婚姻制度，異常注重。在創始記的第二章裏，婚姻是得着神的贊許。因爲生物學上和社會上的需要，婚姻是有神聖的意味。希伯萊人雖然對於孝親一層，不輕易看過，可是兒子放棄了父母去戀着愛妻，也是所寬恕的。一個人對於妻子的責任比對於父母的責任，來得更重。

（未完）

杭州民國日報副刊
民國十六年十二月份
第九期

論兩種新稅

——煤油稅與錫箔稅

朱企夫

空前未有的煤油特稅，居然到處要實行了。這種稅是好是壞，姑且慢慢再講，先來看牠所以能行的原因是什麼。

我們知道常人的眼光，往往是近視的；政府向人民收直接稅，便要怨聲載道，如其向他們收間接稅，則納了稅還不曉得；因爲直接的稅是分文不差的從袋裏拿出來的；那個間接稅呢，是第一步：政府向商人收，商人要把所得必償所失，所以第二步：是商人抬貴了物價，再向買主收的。良心平的商賈，不過將付稅的數目加在物價上面；黑心的生意人還要趁此付五加十，結果買貨物的一般人大吃其虧。那末煤油稅怎樣呢？我說牠之所以必征而能征者，不外下列幾種原因：

煤油稅所以要征的緣故，自然是沒奈何而行的：顯而易見是財窮源絕，無法可想而出之的；這就算是牠必征的理由。然則何以竟能實行呢？大約有三層緣故：

第一，煤油的消費量大。煤油除了製造用外，大都皆爲家庭燃料之用。上海租界裏的房價很貴，一切用度很大，住得起的人家就裝得起電燈，又加以通商口岸的浮華倍於內地，這一點場面總不免要掙掙，煤油的生意當然極小。內地各處則不然。如同我們杭州，用電燈的人家究竟還在少數。中戶尚儉之家，猶有沿用洋燈者，其他小戶人家，更不必說了。用油的人多，就是納稅的人多，稅額便大有可觀了。

第二，煤油稅是積少成多的。煤油的稅率不高，不過五毫一木箱，從前在廣東征四倍之價，——兩元一箱，——肯少征些，已是十二分體諒了。每家每月點一鐵箱計算，月課也不過二角餘。小戶人家省些，算牠是一角餘，全社會大半的人總共繳起稅來雖屬有限，可也能積少成多了。

第三，民心麻木，即知其苦，也無團結反對的可能。城市間的人民日常見聞之處，都能告訴最淺近的時事，自然容易懂得煤油價貴的因果。住在那窮鄉僻壤的平民，勤勞不息地忙着工作，進城的機會，也很難得，對於財政上有所變動，尤其少有人知道，這是一派不識時務的可憐蟲。還有那些略知世況的城裏人呢，雖則明瞭加征間接的苦楚，但是礙於四方渙散，無從聯合，孤

☆目錄★

驚雞鳴，也祇好姑且忍耐下去了。這些都是說明煤油稅所以會實行的背景。

現在要問煤油稅的利弊如何，煤油稅的好處祇是一點。——什麼呢？鞏固國民政府的財源，促進北伐的成功。但是牠的弊病，却多于其利。

第一，從煤油稅本身看來，我覺得有些靠不住。點煤油的既然大都皆是中下人家，中等人家自然曉得煤油貴了倒不如改用電燈，來得上算：又亮，又美觀，又方便。至於那些窮家小戶呢，做夢也不想用電燈。可是他們會改用代替品，如在城市之外的，好用菜油燈草，否則便用旁的發光物。在城市裏的，點慣了亮的洋燈，省些好了，結果則煤油的銷數減，賣煤油的公司，生意上雖然小有損失，而煤油的稅額，也難保不減。

第二，從民生主義的原則上看來，煤油稅實在是稅着貧民，並不稅着衣常暖食常飽的較富者。國家的恩澤，無論貧富，都是同享的，何以竟厚於富而薄於貧呢？這點就是以財政的原則來講，恐怕也背道而馳吧！

第三，從實利方面看來，煤油稅是病民的禍根，煤油是窮家小戶的日常必需品，價格加貴，就等於加添了一筆開銷。然而要用的，總得用。平民權利弊的心思，不及有知識的人清楚，便想從別處節省；或者火食吃得壞些，或者叫小孩子也出去做工，或者停止了子女的學業，諸如此類，是否強種啟蒙的政策？一個人切需的必得滿足的慾望，大概可以分為衣食住行四項，這是中山先生所視為基本主要的。我以為當今科學文明日益長進的時機，智識一樣，的確也很需要。我們雖不想步帝國主義者的後塵，去併吞侵略，但也不得不求禦侮自衛。強我民族，興我民權，利我民生，是三民主義的目的，我們該處處顧到，時時記住；像這般底不平雜稅，委實是禍國害民的元素，我認為是不經濟的。

可是加添新稅，實係目下當務之急，那末那樣稅纔好征呢？據我們先賢的財政原則來說，間接稅決不是盡屬劣稅，寓禁於征的間接稅，却是調和經濟的稱錘。所以對於無錫要行經懺捐，作者絕端贊成。

歐洲中世紀時代的教士，儼然成為一個特殊階級；甚至有干政的特權。現在我國的僧尼道士，在政治上雖不是居於特殊地位，但在經濟社會中已佔了優越的位置：差不多各大寺院的財產，至少可以稱富。試問和尚，尼姑，道士，對於社會羣衆，究竟供獻幾多？即使他們的諷經禮懺，確能超度衆生，也是為陰世造福，斷乎不替活着的窮黎謀安樂。這般非義的財產集中，一定要起來打倒。而且寺院往往和土豪劣紳互通聲氣，將來足以阻礙民衆革命的進程。要搖動牠的砥柱，須先使其經濟力薄弱纔行。讀者諸君，試想富家每年惠顧僧道的生意不知要幾千幾百，若把這筆鉅款用來辦冬賑平糶，其利益必及於煢獨；凍餒而死的窮鬼皆救活了，不必等死了再去焚鏹贖罪，我想好事如此做，上蒼也應該獎勵吧！

總而言之，消費稅行在日用必需品上，簡直豈有此理！用在如同經懺一類的消費上，纔不背公平利衆的原則。愚見如此。還望閱者指教。

軍閥的人生觀（續）

陳光堉

（三）名[illegible]　普通一班軍閥，多喜歡進行求名的事業，什麼整頓史治呀，考試縣知事呀，辦理平民教育呀，撥款拯災呀，都是一套求名的方法，可惜這求名的觀念，並非發自純潔的內心，乃是起於釣名沽譽的動機，雖則對於個人私德不免有虧，可是從社會福利方面着想，對於公德兩字，却是值得注意的，然而在事實上看來，這種軍閥，究屬少數，大多數軍閥的求名心，終要由師長升督軍，升巡閱使或宣撫使，或某方邊防督辦，再升到副座正座，說不定還要升到太上皇。曹錕吳佩孚，就是根據這個定律進行的，現在的張作霖，在北京掛起大元帥臭牌子，做起皇帝夢，也是　邱之貉啊！

（四）樂　普通一般人，只要有錢，就可享受快樂生活，現在軍閥不僅是獲得大利，並且勢與名也已攫取到手，樂的先決條件既已具備，那能使他有樂而不樂呢？但他們所謂樂，和藝術家文學家所感覺到精神上的樂，又是不同，因爲軍閥的樂，是口體的樂，總而言之，是物質的樂，與住在上海靜安寺路霞飛路一帶資本家的樂，可稱伯仲。他們以爲吃終要山珍海錯，甚至於還須吃幾槍芙蓉膏；起碼三層樓的高大洋房不可不住的，如盧永祥在津滬兩埠，各購一所，靳雲鵬在河南雞公山，也造一所高大洋房；姨太太不可不娶的，你想許多軍閥之中，沒有一對以上姨太太的究有幾位。前年張宗昌在徐州，聽得兩鎮夾溝被孫傳芳軍隊打敗的消息，立刻攜帶八位可憐的姨太太，由一連衛隊保護上車，掛起雙機頭，退到臨城，那遺留在徐州的大宗軍需品，他却不加顧問，這樣看來，軍閥愛惜姨太太的心，比愛勢，利，名的心，要誠懇得多咧！

寫到此地，我的心中起了聯想作用，禁不住要擡開眼睛，檢視青天白日旗之下的武裝同志了，你們是同負着打倒軍閥打倒帝國主義兩大使命的，你們的一舉一動，與國民革命前途的成敗，是休戚相關的。現在我以滿腔的熱誠，盼望背皮帶的同志們，對於軍閥的人生觀，務要抱作『有則改之，無則加勉』的決心。

十六，十二，四，草於杭垣旅次。

讀章雪琴『討論方昇自殺問題之尾聲』後。

鄺松臣

忙得比章雪琴同志更要忙的我，對於這位真正風流而且多情的方昇同志，到也不得不從萬忙中抽點工夫出來，和章同志討論一下，我想章同志必是歡迎我的。

我，也自信是很痛快的人，什麼事都要說出。把這章同志的一篇大作，雖措詞直爽，思想捷敏，然而有的論調，也未免大言欺人了，但是我的作這篇，——也非絕對以爲方昇的死有價值。不過對於章同志有矛盾式的不妥詞，來討論一下罷了！

章同志所謂『……幸而遇到高尚的洪女士拒絕他求婚，使這沒有真拆白的程度的方昇，怎教他不走自殺的路上去？如果方昇有真正拆白的手腕，再遇個娼妓式的女子，允他訂婚，那自殺的決不會在方昇自己，自殺的定係那不幸的嚴女士了。……』

這幾句話，我要問號稱不高唱虛僞論調的章同志，有沒太看輕人家辱罵死者至無可置身，而獻媚於活者到萬花台上呢？洪女士拒絕他求婚，就算是人格高尚；但在未求婚以前，我要問這位人格高尚的洪女士，爲什麼和這拆白式的方同志發生戀愛？自戀愛後，彼當然提出婚姻，等到求婚時的她，又爲什麼用出兒戲式的拒絕手段來？這巳算得狡猾吧？或算是始愛而終棄之——厭故喜新——吧？然而有忍心棄之的人。稱到高尚，未免有汚這『高尚』二字了！而且可說是無情的罪犯，簡直是戕殺方昇的兇手，方昇如果得到洪女士的圓滿答覆，决不致於到自殺的地位，這是人人能夠想得到的。

『……使還沒有眞拆白的程度的方昇，怎教他不走自殺的路上去？……』

意爲戀愛，不可加拆白二字。假使有拆白性，不足以云戀愛。所謂戀愛者出於情，情者至誠物。「天下無論何物，惟至誠可以感之。」今方昇旣走自殺之路，是殉情而死，能殉情者，當然所發至誠，方昇能夠至誠以殉，還加得上拆白二字嗎？

你旣說『方同志的遺書我此刻無從查點。……』但旣無他的血淚——遺書——查點，你怎能可以斷定他『决』不是爲了環境的阻撓，而定係他爲了日久生厭見異思遷的緣故呢？他的莫大苦楚，顚倒錯亂，欲歌不能，欲哭不得。海枯石爛，鑴人心腑的痛苦，粉身碎骨的結果，你非但不稍表同情，微加憐惜，反而加之齷齪名詞——拆白——你知道他在九泉下，能夠安然瞑目嗎？

『……他雖是個革命的青年，其實他的腦海裏還佈滿着封建的餘毒，非但不了解戀愛的眞義，簡直是用暗刀來戕殺女青年。……』

這幾句話尤使人不能解釋，他雖是個革命青年，而含有封建的餘毒，但旣說到革命，何談乎封建。然則我知方昇的腦海裏决不染有封建的思想，因爲他已能犧牲唯一的性命，還有什麼封建不封建？封建者，還肯犧牲唯一的性命嗎？

（未完）

「任憑她」

一帆

憎也任憑她，
愛也任憑她，
埋怨也任憑她，
諒解也任憑她；
但是——不能傷害我安慰自心之花！

十六，十一，一。

社會思想史

蒲迦達（Bogardus）著
靄明新譯

第四章　希伯來的社會思想（續）

何西亞以爲任勞任怨的丈夫，是値得讚美的。這個紀元前八世紀的先知，以爲婚姻的關係是神聖不可侵犯的，就是妻子生了不是自己的兒子，也不能輕易離異。即使丈夫發現了妻子對於婚誓的不忠實，何西亞仍是不准他即刻提出離婚。依着何亞西的教訓，離婚是對於自己的伴侶用盡了萬種方法而仍不能恢復愛情時的萬不得已的處置。

這樣家庭糾紛的描寫，無論是否有意諷示，男女關係的雙重道德標準，是爲何西亞所竭力反對。近代的社會，把婦女的貞操看得極嚴，可是男子犯了罪惡似乎是不在乎的。這種男女的偏面道德，何西亞是根本反對的。

何西亞以爲那些犯了性道德的人，自然會得着極嚴厲的惡果。

「姦淫和酒並新酒，奪去了人的心。」

「他們的榮耀，必如鳥飛去，必不生產，不懷胎，不成孕。」

「他們的根本必枯，必不能結果。」（註七）

（註七）見舊約何西亞書第四章第十一節第九章第十一節及第十六節

第十期

杭州民國日報副刊

民國十六年十二月份

何妨談談幾個糾紛的問題

高越天

自從中央執委員全體會議預備開會以後，黨務方面，突現一種新趨勢，果然黨國大計，自有先知先覺的同志來會商解決，用不着我們小黨員來瞎談猜度，不過觀察最近各方的形勢，同時深深地感觸到意志薄弱的人們多數不能明瞭事實眞相而附和狂吠，那就不能不站在黨員的地位。來談一談現在糾紛各問題集中的焦點。

現在第一個重大問題，當然莫過於特別委員會的存廢問題了！據昨天本報所載預備會議決案，議決二項，(甲)中央特別委員會，俟至第四次中央執行委員全體會議正式開幕時，即行取消。(乙)當第四次中央全體預備會開會時，關於重要軍事政治問題之解決，應先與預備會議商議。看了這兩項議決案，我們忠實的同志，當可瞭然，對於特別委員會，正不必高唱「打倒」與「擁護」，徒供幾個別具野心的人物利用作猫脚爪。

第二個重大的問題，就是廣東張黃的叛變，他們假名護黨，(不知護的是什麼黨？)弁髦黨紀，甚至慘殺黃埔同學至百餘人之多。圍攻李濟琛同志的住宅，謀危害黃紹雄同志的生命，這種有目共賞的作亂，國府下令討伐，至爲允當，但是粵方一部分中央執行委員，却偏贊同他的行動，替他辯護，各地的民衆，對於百餘的慘死黃埔同志，也絕少表示，這眞使人百思莫解，痛心疾首！忠實的同志們！我們對於張黃的叛變，應該如何認識他是一個有陰謀計劃的動作，共同努力來把他消滅。

第三個重大的問題，就是南京一一二二的慘案，此事究竟有無背景？是否因反動份子搗亂而肇禍？姑留不論，不過事前防範疏忽，致釀成兵士實彈射擊民衆的慘劇，當局者實屬咎無可辭，現據譚組安蔡孑民二同志報告，主張組織特別法庭辦理，並撫傷恤死，此案總算已有解決的辦法，但是據所謂慘案民衆代表所指控的，却是所謂西山會議派(？)的謝持鄒魯王寵惠等十人，(奇怪！潘宜之和葛建時二同志，向未列名西山會議，此次慘案，更屬毫無關係，但竟也拉入主使殺人(？)的罪名，加上西山會議派的頭銜，甚且揑造證據，意圖誣陷。)眞不由人不懷疑別有陰謀了！關於這一點，我們就應該附帶研究下一個問題。

第四個重大的問題，就是打倒西山會議派(？)的問題。現在

☆目錄★

各方的容氣，似乎都集矢於西山會議派（？），什麼貪污，腐化，篡竊，盤踞……種種籠絡惡劣的名詞，差不多統可以加上去，假使有個黨員，出來講幾句良心話，就可以拿「西山會議派的走狗」八字頭銜，給你戴上，同志間互信的基礎，淪毀一至於此，豈不可歎！西山會議諸人究竟有沒有製造派？我們不必替他們來辯護，我們相信，假使他們果眞有分系造派希圖做成黨團或把持政權的行動，那是應該反對，應該打倒！但是我們很明顯的看得出，所謂西山會議的領袖，如謝持鄒魯張繼戴季陶等十餘人，却都是倫理觀念極重，既沒有錢，又沒有兵的長衫同志，他們在西山開會的目的是反共，所以共產黨一直和他們做死對頭，李寶章槍殺上海工人，共產黨就造謠說是張繼指使，想毀滅西山會議諸同志的人格，現在南京慘案，又說是西山會議派指使，難道西山會議派眞是殺人魔王轉世嗎？別有陰謀的人不必說，眞正的國民黨同志，眞不知持何見解，也受了催眠式的暗示，跟着狂喊，甚且武斷地硬派西山會議派（？）是不革命的，是腐化貪污昏庸老朽的，眞是可笑！老實說：這種論調，假使有切實的佐證，來指名攻擊個人，凡屬黨員，誰不贊同，若還拿西山會議作爲一個罪名，再加上一個「派」字，來行使一網打盡的毒計，做東風壓倒西風的自私自利勾當，這簡直是勢利！是反革命！不配談什麼黨不黨，派不派，「黨外無黨，黨內無派，」忠實的同志們，我們應該服膺這兩句話，來努力消滅一切系派社會小團體的組織，和陰謀的煽動，切不要發生無謂的惶惑啊！

總上四個問題，統是現在一般忠實青年同志，所視爲惶惑的，想談而又不敢談不便談的，因此就我個人的見解，提出來約略的說說，我不知道利害，我不曉得陰謀。我未嘗入過任何系，任何派。我並且不會奉承任何領袖，我祇曉得站在黨員應該忠於黨於立場上講話。同時很希望中央執監全體大會確定整個的計劃，有次序的步驟，和正確的趨向，使我們有所遵循，不致蹈於理論事實上的錯誤。並且免了投機份子乘機活躍，混入黨中來做開倒車的動作。

多嘴的毛病

武

有一次，我聽見一個聰明的女孩子說：男孩子眞是沒用，看看他們雄糾糾這副氣慨，睥睨萬方這副神情，要是走到一個權勢比自己高一點的人前面，却會一下子變成又和順又儒怯的灶下狗。

自從聽了這位聰明的女孩子說的話之後，我便注意觀察起來。我自己也是　個男孩子，每天看見的男孩子當然比較的多些，聽見男孩子講的話當然也比較的多些，我觀察男孩子的機會便跟着也多了。我以男孩子來觀察男孩子，女孩子縱然怎麼聰明，總不及我觀察的那樣透澈。我不觀察則已，一經觀察，一回兒就發現了男孩子許多不値錢處。

聰明的女孩子，雖則聰明，總還見不到男孩子除大搖闊步和卑躬折腰之外，還有些叫人看不過的地方。天底下人與人間的事眞是複雜，有許多不容局外人過問的，局外人偏歡喜來過問，而這所謂局外人者，又大多是男孩子。男孩子就多管閒事。

常常聽見有些男孩子在發表他們揚揚的弘論，他們口講手劃，叫人聽了，眞的要佩服到五體投地，他我思想的透澈，議論的得當，與他們雄糾糾的氣概很相稱得來，男孩子似乎到底是男孩子！但一回頭人家談論到某人某事，明明與他的思想與議論的衡度是適合的，而他可斷不會就此說一句讚許的話；若使他一時心血來潮，還會滔滔不絕地罵他們痛快；他罵的又理由十足，叫人聽了要佩服到五體投地的；與他方纔的議論一致不一致，那他可從來沒有計較過，而他旁邊的聽衆也從來沒有計較過，這似乎是不值得計較的事情。

自從我聽了那位聰明的女孩子講的話之後，這不值得計較的事情，却被我觀察了出來要計較計較了，有幾位男孩子可不要縐眉頭！

讀章雪琴『討論方昇自殺問題之尾聲』後。（續）

鄺松臣

『……非但不了解戀愛的眞義，簡直是暗刀來戕殺女青年，但是眞正的戀愛絕對沒有條件的，什麼都可犧牲。……』

我以爲戀愛的眞義，是情，失去情，簡直不可說是戀愛，換句話說，即失去戀愛眞義，然則方昇所遇的境地，已成爲棄物，他處這個境地，只有自殺。——死不自誤——也就是什麼都犧牲。

『……環境愈逼迫，愛情愈濃厚，嚴密的安慰，滋味愈甘蜜，冀望愈浩切；方君如眞的愛嚴女士，他不但不應該自殺，在根本上又不應該移愛洪女士。……』

這原是很不錯的話，而且已參透戀愛的眞諦，誰都得承認的——不過要曉得方君的自殺，不知道他有多少的困難在，而在根本上我可以斷定他決不是移愛於洪女士，爲什麼呢？方昇於嚴氏是同鄉，寄寓他家已久，因此就發生純潔的美性，有愛於嚴女士了。而嚴父早爲女字與朱門。一旦爲父所覺，大發咆哮，怒氣冲天，痛罵刻骨，勿使方昇再上瓊樓一步……。等於這個時候的方昇，憤羞交集，可想而知以後與嚴女士，正所謂『相去路在咫尺，如隔蓬島千里。』然而這等境況，寧復人生所能堪的嗎？那末，芳心未艾，不妨別戀洪女士，而人格高尙的洪女士正在情切意綿的當中，居然使人夢想不到的作兒戲式的拒絕求婚。這時，我想方昇痴情一縷，正不難從玆物化，蓋與其失戀而生，不如殉情而死；殉情而死，或者其樂彌涯，雖我其亦無懼！

『……在此我又要用十二分的誠懇勸告嚴女士，千萬不要悲痛，應當要替自身慶幸……。』

這簡直可說是無心肝的話兒了。我料嚴女士倘若有眞正的愛於方昇，應當埋頭痛哭三天，而抱恨終身。否則，一同走上自殺之路好了。

『……既種下戀愛的根，即使流化乞丐也是甘願的。……』

這幾句可說是諒解語。但方昇之愛洪女士，完全爲嚴父之迫，那裏可說到移。然則棄方昇的——是洪女士，而尤是嚴女士。我知道你看到這裏定要說我是患神經，怎能歸咎於嚴呢？

我又要問専情的嚴女士既不能革自己家庭的命，尙與方昇戀愛何？我說嚴女士是儒弱的不新不舊的一個無能的女子。那末，我現在要萬分的誠懇勸告嚴女士，逝者既已矣，但再不要用儒弱的天賦本性，去戕殺有爲的男青年。應當努力地用點精神去奮鬥家庭，（或遵父母媒妁之言，以盡孝道。）嚴女士看到這個，能承認我的微意嗎？

啊！這位很痛快的章雪琴同志，居然口氣越說越大了。

『……方君雖誤解了戀愛的眞義，還肯自己負最大的犧牲，我覺得罪還可以赦。……』

我在上面已明白地說過，戀愛之要素是情，以情而殉是誠。今方昇負最大犧牲，即是殉情，還說什麽誤解不誤解，赦不赦的話?!

『……萬不可隨隨便便地把對方當作點綴品……』

方昇其能情以殉，絕對是不隨隨便便地把對方當作點綴品，因爲點綴品即玩物，然而玩物犧牲性命，眞罕見。

『……在可能範圍中，應當盡量犧牲自己……』

方昇死矣，還算不盡量犧牲自己於可能的範圍中嗎?

末了，我講了許多話，對於方昇同志的苦衷，也算從他的血海怨仇中道了幾句，然而你在泉下，不要自笑我替你說公道話：應當抱着痛恨，悲傷，……而且不要如這等戕殺青年的什麽高尚女子·什麽專情女子緊抱戀愛，要知道不澈底的戀愛，是痛苦的深淵，是禍根。泉下的方昇，你能有知嗎?

十一，二八，海鹽。

死了的方昇，不用管他吧；他總算自己找到了一個歸宿。我們如其是革命者，方昇便不是我們的同志，管他幹嗎呢?這篇是討論方昇自殺問題的最後一篇文章了。

——編者

單戀

一

水流花落，
蝶亂蜂狂。
驀聽得，
斜陽影裏。
聲聲斷腸：
「春窮日暮，
底事彷徨?
夢中尋夢，
夢在何方?」
尋聲至綠楊深處，
却原來是痴情杜宇，
單戀春光!

社會思想史

蒲迦達(Bogardus)著
廬明新譯

第四章　希伯萊的社會思想　(續)

在申命記裏，父母之對于子女，以及子女之對於父母的相互責任，都有謹細的規定。父母對於家庭，要負起道德和宗教教育的使命。子女對於父母，必須要有服從的責任。他教訓道：「你當孝敬父母，使你的日子在你上帝所賜你的地上，得以長久。」(註八)他又說：「咒罵父母的，他的燈必滅，變爲漆黑的黑暗。」

(註八)見舊約出埃及記第二十章第十二節

(註九)見舊約箴言第二十章第二十節

夫妻和父子的關係，先哲以爲必須要長久維持。所以吵鬧不休的婦女是可羞的，以美貌爲唯一可恃的婦女是靠不住的。「才德的婦人，是丈夫的冠冕，貽羞的婦人，如同朽爛在他丈夫的骨中。」(註十)

(註十)見舊約箴言第十二章第四節。

(未完)

杭州民國日報副刊

民國十六年十二月份

第十一期

『黨話』與『黨架子』

張雲子

不久我經過某縣，聽了許多次講演，又與幾個同志混在一起住了幾天，我纔得到了一個新發現，從這個新發現而創造了兩個新名詞：「黨話」與「黨架子」。這兩個新名詞創造了出來，一時我很自喜，以爲這幾天的飯總算不是白吃了的，這幾天做人總算做得還有個交代！我對人類，對世界有了這一點貢獻，也可以自慰了；——我一時自喜，竟忘了這兩個新名詞的來歷。但是一忽兒這兩個名詞的起因又湧上心來，於是我的自喜便告了終結，我憂心忡忡，兩個名詞就像刺在我心上的兩只針；我得吐一吐出來，或者藉此心頭可以略鬆一鬆。

言語不統一的中國，「話」之種類便多不勝言，然而這所謂「話」，是指「方言」而言，如蘇州話，杭州話等是；還有一種話却不是指某地方一處通行的言語，而指每等人習用的言語說的，這種話便是「官話」。官話者，就是做「官」的這等人所習用的話。這種話非但於聲音上特具一格，即語意上也差不多定有程式，簡直可以編一部「官話典」或「官話程式」。因爲有了這一種特別的言語：官話，便產生了一句成語，——如其人家聽見別人用一種漂亮而無誠意的話來敷衍他，他便會說：「這人在講官話」！而官話二字所代表的意義便又不同了。所以「官話」有兩種意義：（甲），是做官的人所習用的言語；（乙），是指一種說得漂亮而毫無誠意的話，却不一定要用如甲種意義所指的「官話」來講的。

講甲種官話的，即使不是做官的人，至少也帶有些官的氣味，却可斷言不是平民，因爲民衆間要是通行了官話，這官話便不成其爲官話了。我就根據了這個原則，創造了一個名詞曰「黨話」。黨話者。是黨員習用的話，却不是民衆通行的話。黨話非但於聲音上特具一格，即語意上也差不多定有程式，簡直也可以編一部「黨話典」或「黨話程式」，總之這種黨話，與官話可說是本家。我又根據由甲種官話而產生乙種官話的原則，又給「黨話」一定出另一個意義來！這種「黨話」便是指、一班假革命者說得很動人聽聞的那種言論。

聽！他在說黨話：——「我們在黨的立場上……努力……奮鬥……犧牲……」

民衆張開嘴像南人看京戲般祗在『看』，耳朵裏雖也有點影響

☆目錄★

，但祇聽得幾個聲音，却影響不到他們的心坎裏聽！他在講：——「革命者不怕死，怕死的便不是革命者……我們既是國民黨員，便是革命者，便應該不怕死！」旁邊有一個人知道他是最怕死不過的，便在心裏想：「他在說黨話！」

（未完）

蜚士的日記

風人

天不仁兮降我於亂世，
地不仁兮使我逢此時。
四時萬物兮有盛衰，
唯我愁惱兮不暫移。

哦！我本來已很明白人生的旅途是永不會風平浪靜的；而捲在這革命的氛圍中，所有的恐怖和危險便更加多了；當前歧路紛出，更不知道怎樣來解決這複雜的人生纔好。雖則我早已用堅決的理智，豐富的感情，和真實的心靈來看破這人生，我雖即看淡了人生，看淡了一切的虛榮，更取理性與道德來指導我人生一切的一切，但是有時依然有許多困難的問題和事實始終與我的意志大相反背。這不是一種莫可預料的外力和內因支配着人生的自由嗎？唉！可懷疑的人生啊？

複雜的人生啊！懷疑的人生啊！我終久迷濛着，迷濛於這重霧的中間。

我迷途於這悠悠長道上，這四顧茫茫浩浩蕩蕩，杳無人跡之間；我纔從邱墓中出來，出來了，却叫我往何處去啊？

希望的花，已隨流光而枯萎——什麼利祿，榮譽，情與愛呀！都祇不過是曇花一現，終歸於盡，為什麼那些偽君子偽道德的人們，還在那兒作妖作怪的，爭天奪地的鬧個不休呢？

無非掩耳盜鈴以滿足自己的私慾吧！什麼犧牲，解決社會的問題，負起重大的責任，都是拿幾個學術的名詞來欺騙人的罷！

啊呀！我不能失去我這顆純潔的心靈，祇得逃往那天之涯，地之角，把一切都深埋在海底吧！

一九二七，十二，七日夜。

蜚士這幾天不知怎的，在他的日記中流露這些無聊的詩文，雖然我們不能不責備他是未免太不革命，或是個思想落伍者，然而揣想我中國的青年如蜚士樣的人生觀歧途彷徨着，不知有多少耳。……………勉之勉之，將軍上馬，努力前程吧！

旅館中的早晨

墨糊

是在春天一個美麗的早晨，大約是七點鐘了，金紅的旭日，剛向屋脊裏晒上來，——這天是星期日。

蕪湖濱那家大旅館的一間漂亮的房間裏，有一男一女兩個客人剛剛起來。女客穿着淡灰愛國布的上衣，露着長約半寸的袖口，分明地襯着一件漂亮的綠綢上衣。下面穿一條赭褐色的綢褲，鑲着很闊的元色緘褲脚，繡花拖鞋上露着一雙原色絲襪包着停勻的肉脚。男的穿着白底紅條子的睡衣，睡眼朦朧，像剛出床來的樣子。幕啟，男的在被褥零亂，一邊帳幔低垂着的床前伸懶腰，女的指上夾着支香煙在閒渡遐想。

男：（且說且伸懶腰）今天天氣又暖和了不少了。

女：所以你晚上儘是叫熱！（看着男的一笑）

男：你還不洗面嗎？時候這麼遲了。（倒在沙發上）

女　遲了便怎麼樣？——

(女的還要說下去，一個女茶房已托着一盆面水進來，就走到洗面台邊預備洗面，女茶房拿着茶壺出去了。)

女：你們男人只知道說人家的，你自己為什麼才出牀來呢？

男：這問得怪不怪；我和你說：我昨天以前都起來得很早的，(女的開始洗面)

女：又是人家害了你！我本來不願意提着「男人」和「女人」的兩個名詞說話的。但我看你們男人的心性實在太惡劣了，連這點點小事情，也要推到別人身上來。

男：(起來立在女的後面，頭部和女的肩胛很相近)算了吧！你又要發「你們男人」的大議論了。我如果說了「你們女人」，看你又要跳起來呢！(兩手搭在女的肩上，女的身子一搖，男的退了開來。)

女：(倏的旋轉身來)自然囉，(攤開絞乾的手巾揩面)我們女人總比你們男子成器點。

男：嘿，纏不清的問題又來啦。女子除了皮膚比男子柔嫩，嗓子比男子婉轉之外，還有什麼東西比男子好呢？

女：什麼，你又來放屁了！世界上什麼罪要不是男子造出來的！為什麼秦始皇不是女的？為什麼大彼得不是女的？為什麼黃巢不是女的？為什麼李自成不是女的？為什麼袁世凱不是女的？為什麼……………

男：你是不是在證明女人在歷史上沒有罪惡呢？

女：這才說的對了！

男：嘿，我最不願意看所謂「聖經」，但我却佩服牠「蛇來比女人」的創意，蛇不是有極狠毒的心腸嗎？不是有極陰險的心執嗎？歷史幸而不載女人的部分，如果一載女人的部分，歷史上的罪惡的腥臭恐怕還要厲害上幾千倍幾萬倍哩！

女：我不和你強辯。不用說古的遠的，在目前，你就是一個罪人！(說着笑了)

男：怎麼是罪人?!(覺得)這就是罪惡嗎？——這就算是罪惡，祇我一個人造成的嗎？

女：還不是你造成的？你想推諉這個責任？

男：肝火又旺起來啦，平心靜氣的講，我也祇能負半個責任，(急轉談 方向)今天到那裏耍子呢？

女：昨晚你說到九溪十八澗？

男：你能跑路不能？

女：我為什麼不能跑路？

男：我問你疲倦不疲倦。

女：我為什麼要疲倦呢？

男：阿呀！你這人這樣難說話，那末我們就到九溪十八澗去。請你裝束——(恐怕又引起女的責問，連忙改口)噢，請你預備起來，我去出一個宮回來，(說着拖着鞋出房去了。)

(未完)

狂奔的病人

芳逸

淡月，疎星，
薄霧，微雲，
夜色呀，淒清。
一個慘白的病人，

在額手狂奔！

眉兒，微蹙，
眼兒，低沉，
澀澀的，征程。
這個慘白的病人，
在額手狂奔！

世界是這般，
再不用一看，
再々要一看，
一看還是這般！
且蹙着眉兒，斂着眼兒，額着手兒狂奔！
狂奔，狂奔，要趕盡這澀澀的路程。

路旁是水秀山明，
路旁是怪石嶙峋，
路旁是險惡陰森，
路旁是淺草平平，
莫管他吧，是一樣的路程；
且蹙着眉兒，斂着眼兒，額着手兒狂奔！

耳邊是野犬的呻吟，
耳邊是惡獸的長鳴，
耳邊是呼呼的風聲，
耳邊是漫奏的蛩音，
莫管他吧，是一樣的無情；
且蹙着眉兒，斂着眼兒，額着手兒狂奔！

慘白的病人，
殭了的魂靈，
淒清的夜呀，沉沉；
且蹙着眉兒，斂着眼兒，額着手兒狂奔！
狂奔！狂奔！狂奔！
要趕盡這生命的路程。

十二，七，夜

社會思想史

蒲迦達(Bogardus)著
蕭明新譯

第四章　希伯萊的社會思想（續）

家庭教育，在先哲看來，是占着很重大的地位。父母在必要的時候，必須用強力來執行。對於子女行為的矯正，父母是必須要遵守的。從下面這兩句話裏，就可以看出他的意思了：

「杖打和責備，能增加智慧，放縱的兒子使母親羞愧。」（註十一）

（註十一）見箴言第二十九章第十五節。

換句話說，父母對於子女的教育，必須要有積極正確的態度。教育子女的方法，就是要教他們切實地去走他們應該走的路，要愛護子女，必須要責備子女。受了教育的子女，待你年老了，才覺得心裏安慰。

民國十六年十二月份

杭州民國日報副刊

第十二期

『黨話』與『黨架子』(續)

張雲子

國民黨是民衆的黨，是與民衆站在一條線上的黨，是與民衆同命的黨，國民黨與民衆的關係是多麼痛切！國民黨又是革命的黨，是指揮國民革命的黨，是領導世界革命的黨，國民黨的責任是多麼重大！我們可以斷定國民黨員不能與民衆故意生紛起來，國民黨員又應該負起黨員的責任來。講黨話民衆便聽不懂，黨便不爲民衆所認識，試問一個陌生人能得到你的同情者有幾多？講黨話便是隨口敷衍，不負責任，試問黨員不負責任，黨的力量從何產生？

我既由官話而創造出「黨話」這個名詞；我又想到講官話的人，大都是官氣十足，而擺足官架子的。不幸有 部份黨員講着黨話，也免不了擺起一種「架子」來。這種架子，我無以名之，名之曰「黨架子」。

講了黨話，又擺了黨架子，這便和講着官話又擺着官架子的官僚一樣，這樣的黨員便腐化惡化到無可救藥了！黨內有了這樣的黨員，這個黨便脫却了本來面目，不能成其爲民衆的黨，也不能成其爲革命的黨了。這是黨的危機，凡是我們忠實的愛黨份子，都應該注意者個！我們非但自己要注意不講黨話不擺黨架子，並且要時時刻刻注意同志間的言論與行動，看他們有沒有「黨話」與「黨架子」的嫌疑。從積極方面講，我們要竭力站在黨的立場上向民衆講民衆所聽得懂的話；我們做黨員的還應該在思想，言論，行爲三者上求統一，——統一在黨的主義與黨的精神之下；我們在民衆面要使民衆不覺得我是一個黨員，要使他們覺得我是他們自己人，我也是民衆之一，這便是使他們覺得我們的黨是他們自己的黨，是民衆的黨。

黨話與黨架子有些也許是共產黨傳染給我們的；但在共產黨雖可說說他們的黨話，擺擺他們的黨架子，在我們國民黨可絕對沒有講黨話擺黨架子的容可，因爲國民黨是民衆的黨，是革命的黨，却不是與共產黨一樣把民衆當工具，與民衆爲暗敵的黨呀！

「黨話」！「黨架子」！多可怕的名詞呀！我創造了這兩個名詞，却在這兩個名詞前面戰慄。我創造了出來，又想要毀滅牠。但毀滅了這兩個名詞有什麼用呢？有人在講黨話，擺黨架子，這兩個名詞雖毀滅而實際仍然存在，而且講黨、與擺黨架子的人還要

☆目錄★

自己騙過自己，騙過衆人，不以爲意地長此講着黨話，擺着黨架子。不如有了這兩個名詞，讓他們講話擺架子的時候良心上套個「緊箍」，便如孫行者在唐僧面前般不敢放肆了。（完）

女權運動與婚姻問題

方[illegible]海

改造現代社會的諸種運動以及建設將來新文化的諸種運動須要男女協力互助，總能夠得到良好的結果。婦女運動既也是此中的一種運動，便也決不是片面的問題。她在近世思想潮流中已佔了大部分的地位。她的方針從發生以來，經學者和思想家的研究和女志士的努力，已得了光明的道路。而影響到政治問題及婚姻問題，尤其得產生了一種新現象。所以女權運動與婚姻問題，是我們現代的人類所應該注意的問題！

自一七八九年法蘭西起了大革命，同時梅里古爾 Theroigne de Meric'urt 拉康布 J.Lacombe 等組織婦女團向國民議會提出建議：政治上應該男女平權。接着辜傑在『獨爾布雜誌』上發表『論婦女公民權的承認』，但是當時只顧政治的革命，絕不想到男女應該平權；所以這種主張，祇能獲得哲學者康陀塞的聲援，仍遭革命者所反對。結果辜傑做了女權運動的犧牲者。

但是這種失敗，並不是絕對的失望。他的影響反傳播到英倫三島。他們第一個先覺者是伏爾斯頓克拉夫女史，她著『女權擁護論』：反對男性方面所主張的男尊女卑的學說。在婚姻方面不用說是主張男女對等的。這種議論，在今日雖然沒有什麼新奇、然在教會的信條和法律的規定，強迫婦女絕對服從而婦女自己也都甘心做這樣因襲的奴隸那種時候，女史獨能大膽反抗因襲和傳統披瀝這樣的信念，她的功績在婦女運動史上，確實是難能可貴了。

再說婦女運動史上可記的是烏文和湯姆遜，他們是有名的英國社會學者，是英國社會學的鼻祖。他們贊成男女平權。一八二五年發表一文題爲：Appeal Of One Half Of Human Race; Women Them in Ciuil And domestc Slavery 就理論方面說男女之應該平等。當時社會上曾受他不少的影響。

到了十九世紀，歐洲各國於政治上法律上，宗教上，俱已受新潮流的激蕩，發生劇烈的變化。同時女權運動也跟着潮流，得到很好的成績。但是我們討論到這個問題，不得不把他的背景敘述一下。英國有名的功利派哲學者穆勒 他是主張國民文化始於男女共同參與政治的人，所以他在議會裏面想把一八三二年以來的選舉法中所用的男(Man) 改爲人 (Person)因爲人字裏面包括男子和女子 (Woman)的緣故，結果仍舊失敗。後來他發憤著書。到一八六九年，發表『婦女的服從』一書，大受社會一般的覺悟促進女權運動的進步。所以愛理斯批評他這部書的功效，實在可以補足在議會的失敗而有餘。

我們研究這個問題，還要注意產業革命與婦女的影響。卡爾森在『結婚的革命』中說：

『產業革命，嚴密的講，在十八世紀的後半期發明了紡織機器，把家庭的職業歸併工場的時候已經開始。此後又繼續發明種種機器，生產許多的新產業，凡是近代社會一切產業，都用機械力代替人力；結果，現代社會的生產力與人口的支配，起了變化，建立了現代產生的大都市。家庭的組織變更了——把從前婦女在家庭中的事務減至最少限度，結果婦女不能不求家庭以外的工

這是職業的變更影響到婦女本身解放的問題。（未完）

旅館中的早晨（續）

墨 糊

女：（點點頭，這時已漱口畢，面上的粉，並不搽得很多。從洗面台上拿出梳和篦來整理頭髮。頭髮並不很整齊光亮到，照了一照鏡之後，就走床沿裏坐下了，向床下拿出一雙漆皮漏孔的高跟鞋來，用洗面台抽屜裏的鞋刷刷了一通，一只一只的穿在脚上，並試了幾步。走到門口揿電鈴召茶房，女茶房推門進來。）

茶：太太，什麼事？

女：打臉水來。

茶：噢，（拿臉盆下）女的好像沒有事做，隨手拿起桌上放着的皮包來，無意識地在鎖門上挪了一挪，皮包並沒有落鎖，她就拿了皮包走到沙發上坐下，在最大的一隔裏拿出一本講義和現代評論，語絲之類的薄册子來。隨便翻了一翻，並不發生何等興味，仍然都給牠放進去了，又在一隔小隔子裏拿出一疊信來。信面的形色很多，有中國信封有洋鬼子信封，有緋紅的，有淡藍的，有淡黃的。她一封一封的把發信者看過去，看到一封大小中通的紅簽條信封，她就抽出信箋來讀，一經攤開，即現驚詫狀，看下去神氣漸漸沮喪起來，等到看完，到反而笑了起來，但這是一個尷尬的笑容，所以面上帶着苦的意味。

茶：（拿面水進來，放好後當即退出。）

女：（忘形的自語把信藏在衣袋裏。）哦！他倒連小孩都有了，（繼續又翻了幾封信，極無意思，將皮包擱在原處，男的剛剛進來。）

男：你在看我的皮包？

女：怎樣？你怕我看你的皮包嗎？

男：（要想分辯）——

女：你忘了嗎？昨晚說的話：「我的一切就是你的，你的一切就是我的」。

男：不是，那不是指皮包說的。

女：好啦！我懂得你的意思啦，你的話應該是這樣說的：你的一切就是我的，我的一切還是我的是不是？

男：我並不曾硬要禁止你看，橫竪我的皮包裏面除了講義外，並沒有什麼東西。

女：那末好啦，你這樣心虛做什麼？——算了，時候不早啦，快點洗面吧。（男的自去洗面）（未完）

月圓之夜

墨 糊

今晚是月圓之夜，
獨自個在月下低徊。
頭上諦視着的太空寥廓，
脚步兒滯泥地，
湧起了空無所有的伊人。

※ ※ ※

伊人是絢爛的晨星，
閃爍地領略着孤零和悽情，
這閃爍是伊底光明？
這閃爍是伊底命運？
這閃爍是伊悲哀底呼聲？
Apolle的金針刺遍全身，
聽哪！那毀滅的葬曲聲音！

ㄨ ㄨ ㄨ

伊人是綿羊般美的歟雲，
浮沉在碧青的太空，
無定的風向宰制了伊底一切，
自由之神也無從追伊蹤跡，
伊雖有時歡笑，。
伊也有時飲泣。
美的綿羊呵！
塵沙起了，
屠場的水已沸了！

今晚是月圓之夜，
伊人遠處在天涯。
青澈的氣海呵！
皎皚的浩月呵！
你雖照澈了我，
你可回呢到伊？
伊在歡笑嗎？
伊在幽默嗎？
伊在怨恨嗎？
伊在痛哭嗎？

ㄨ ㄨ ㄨ

月圓之夜，
我在咀咒你了！

一六，十二，八，晚上。

社會思想史

蒲迦達（Bogardus）著
蕭明新譯

第四章 希伯萊的社會思想（續）

換一方面講，子女也要負相當的責任。聰明的子女必定是願意接受父母的教訓。伶俐的兒子必定是愛聽父母的忠告。他很喜歡服從他父親的話，他很尊重他母親的意思。

在舊約裏的許多著者，非常的重視婦女行爲的標準。亞摩司嚴斥那些淫蕩不羈的貴族婦女。亞摩司和依賽亞一樣，以爲婦女的良縱，直接影響於民族的盛衰。那些驕傲，奢侈，佚逸，走小步，叮噹響的婦女，上帝必加暴怒於她們的身上。

反社會性的罪惡，在創始記裏明白的指摘出來。該隱首先質直地問道：「我豈是看守我兄弟的嗎？」罪惡的生活把靈魂縮小了，把自私擴大了，把社會的正確態度消滅了。罪惡是剷除社會責任的凶器。亞摩司更進一層說；自私的生活就是對於他國家不忠實的表示。墮落個人的能力，也就是減少國家的作用。

（未完）

杭州民國日報副刊
民國十六年十二月份
第十二期

女權運動與婚姻問題(續)

方祥海

另有一個背景，則是個人主義的勃興。我們讓後再說，現在且先把女權運動者的華爾西所作『女權主義者』介紹一下。『弗彌涅士姆』(Feminisme) 的著者華爾西，他將 權主義與社會主義相比較，他說：

社會主義是貧者要和富者對等的要求，弗彌涅士姆是女子要和男子對等的要求，二者要求絕端的對等 點是相同的，所異者一是要求財產的完全對等，一是要求性的完全對等。因爲在現代這兩者都是破壞自然的原則：一則反對社會上之自然的組織，一則反對人類身體上之自然的組織。二者都以解放束縛——爲勞動階級的束縛，一爲女子的束縛，——爲目的。後者就在破壞妨害女性的一切歧視和阻障，而社會主義要刺戟階級意識，湧現階級鬥爭，弗彌涅士姆要刺戟性的意識，惹起性的鬥爭。」

這話說明女權運動由來似乎很中肯要，但社會主義者對於國家的組織，總抱一種懷疑，想根本推翻國家爲前提；婦女運動不過要求男女平權而已。一個將理想的計劃在實際上做起來，未必有益處。一個根據人類自然趨勢，確與人們有利益關係。這是很明瞭的。

我們轉到婚姻方面講，近代歐美婚制的趨勢，情形很複雜，我想把他另做一篇。現在把他重要的關鍵來說：那麼馬丁路德是改革婚制的重要人物，他把舊宗教的神聖(專)永續等信條劇烈的攻擊，破壞；一方面創造民法上一種契約的關係，至今日還留下婚制上一大紀念。後來尼采易卜生一輩人出來，個人主義更形發達；同時影響到家庭問題，婦女問題，打破從前一切的舊道德，宗教，法律。所以胡適先生說到易卜生的文學。易卜生的人生觀只是一種實際主義，他引易卜生給朋友的信裏說：「我做書的目的要使讀者人人心目中都覺得他所讀的全是事實。」

他批評當時道德，宗教，法律的意見是——

第一，道德：社會上所謂道德，不過是許許多多的陳腐的習慣，合於社會習慣的便是道德，不合於社會習慣者便是不道德。

第二，宗教：宗教久已失了兩種感化人的能力，久已變成毫無生氣的儀節信條，只配口頭念得爛熟，却不配使人奮發鼓舞了。

☆目錄★

第三，法律：法律的效能，在於除暴去惡，禁民爲非，但是法律有好處也有壞處：好處在於法律是無偏私的，犯了什麼法，就該受什麼罪；壞處也在於此，法律是死板板的條文，不通人情世故。

上面這三段話，是胡適先生從他的戲劇裏面抽摘出來的。根據此點，我們便可以推測其他的著作了。後來這種思想灌輸到蕭伯納。愛倫凱輩，就對於婚姻問題，提倡新的性道德了。

很奇怪的，蕭伯納愛倫凱女士及英國加木特德國的民主黨首領倍倍爾等，都提倡新性的道德來革命，去反抗基督教以道德爲根據的貞操觀和嚴格的一夫一妻制。把弗彌湼士姆看得無關重要。不過我們要曉得婦女參政運動，自華德西的弗彌湼士姆一書風行各國，同時響應者便非常的多。社會上已漸漸地覺悟到這一點。又英國的班霍斯德夫人，（當時號稱「戰鬥的參政派」）美國穆德及斯坦頓女士，以及「美利堅參政協會」等團體費一番努力的要求，後來各國對於女子參政乃成爲自然的趨勢了。

到歐戰發生，歐洲婦女對於國家方面的工作更爲努力，間接造成婦女運動一個絕好機會；後來戰事告終，女子參政的權利正是她們應得的酬報。就是從前竭力反對婦女參政的，也沒有反對的把柄了。所以戰後新興國如芬蘭，波蘭，匈加利，捷克斯洛伐克，與奧大利法國及勞農俄國與愛爾蘭自由邦等國所定的憲法，對於國家一切政治權利都不因性的差異而加限制。足見女權運動勝利的趨勢了。其他各國也同樣的採擇施行。茲立表如下：

國名	獲得參政權年代
英吉利	一九一八
英國屬地	
新西蘭	一八九三
南澳大利亞	一八九三
西澳大利亞	一八九九
新南澳大利亞	一九〇二
澳大利亞聯邦	一九〇二
昆斯蘭	一九〇五
維多利亞	一九〇九
哥倫比亞	一九一七
坎拿大	一九一八
紐芬蘭	一九一八
芬蘭	一九〇七
瑙威	一九一三
丹麥	一九一五
荷蘭	一九一七
俄國	一九一七
瑞典	一九一八
德意志	一九一八
匈牙利	一九一八
波蘭	一九一八
法蘭西	一九一九
西班牙	一九一九
北美合衆國	一九二〇

（未完）

粉之勢力

天武

說句孩子話：這幾天那無情的大地，尙且每早上要擦上 層濃濃的白粉，我們多情的男孩子又何能隨隨便便！至少也得擦一點粉。擦粉這件事，在男孩子看來，似乎也成爲與飲食一樣的是人生所需要的了。於是粉之勢力便澎漲了起來，竟征服了一班男孩子。

看了却不像樣：好好兒一張男孩子的臉，倒要擦上了粉，裝扮得沒有一點兒英烈之氣，直叫人看了要 氣個半死；要是提起了性子，便恨不得將刀兒拔出鞘來，把這班妖妖嬈嬈的粉頭斐個干淨！

本來粉是女孩子家所專有的東西，這『專』的程度，直至以「紅粉」二字來代表女孩子的；可知女孩子之屈服在粉之勢力之下，由來已久了。爲什麼呢，粉之勢力竟這麼大？這似乎是很神秘的，但根據心理學與動物學來講，一點也不神秘！我們很可以原原本本講出其中的原因來。只是不用講，我也不願講，所以不必講；要是一講出來的話，——唉！——一班女孩子又要生氣了。

粉既以征服女孩子的勢力來征服男孩子，男孩子居然也有與女孩子同樣的屈服的趨勢；然者男孩子所以要屈服在粉之勢力之下，那個原因也不用講，我也不願講，總之也不必講了；——你當然已知道牠總逃不出心理家銳利的目光與動物學家縝密的研究的。

動物學家攷究出了動物界中種種不同的性之中心，有什麼雄性中心，雌性中心，更有什麼男性中心，女性中心。他們從那裏攷察出來的呢？據說從某性的形象上看將出來。我也不用細講，也不願細講，所以不必細講；要是一細講的話，一班人不消說是要生氣，而另一班人也許要老羞成怒。不過最後我得知照男孩子們一聲．如其粉之勢力在男孩子界裏長此澎漲起來，女性中心的時代就要在遠的將來回復了。

旅館中的早晨(續)

墨糊

女：(拉長調子)「父親大人膝下，敬稟者，父親離家忽將半載，」

男：(覺有異)你發瘋了？這是那個的信？

女：(不理他)「音信全無，家中自祖母以下，均甚盼念。」

男：你念是那一個的信？墨卿。

女：你不要管，這是一個兒子寫給父親的信(續念)「此次二舅娶親，外祖父之意務望父親回來幫忙。母親說，父親回來時請爲兒買一頂呢帽來……」

男：給你看到了。(自知失口，連忙改過來)墨卿，這封信你從那裏看來的？(此時面已粗粗洗好。)

女：要你問得偌着急做什麼？我是從有一個人的一個地方看來的你如要看，我就給你看看(從袋裏拿信給他，)

男：(起初很狠狠的不敢接受，忽然奪一般接去了)墨卿，這封信已經給你看到了，我也不亟隱瞞啦。好在我向來沒有對你澈過謊，說我還是個獨身者。但我總要請你原諒，我的心雖則沒有欺騙你，我的行爲已經有了不誠實的破綻啦。——

女：(冷笑着呆看他)

男：我曉得你的卑視男子的倔強性的，但希望你不要冷笑我。因為我是社會上的一個人，是我父母的兒子，因此不得不做我女人的丈夫，也因此不得不做我兒子的父親。但一方我也要過我人的生活，人應該有的愛的生活。這或許就是我的罪惡了！

女：眼淚有沒有？

男：墨卿，你不要儘是這樣的挖苦我，我是個為感情屈服的弱者，我是個不中用的奴隸，但我對你的愛的追求，自知毫無虧損，我對於你才建起了人的功業。

（未完）

自傷歌

Tristesse

法國繆塞作
張芳逸譯

衆叛親離生趣盡，
漫無力氣復無歡；
當年豪氣今何在？
盡作聰明自負看。

一朝既備識眞理，
私心自幸得知己；
一朝解得其中意，
尋思究竟了無味。

眞理長存無析期，
縱有從之不之棄，
在此人間誰得知？

我將攪彼蒼者天，
舉世快事無復二，
唯有流淚淚漣漣。

十二，十一，燈下譯

社會思想史

蒲迦達(Bogardus)著
蕭 明 新 譯

第四章 希伯萊的社會思想（續）

放縱的生活是不容許的。依賽亞是世界上第一個提倡調節中和的人，從下面兩句話裏，就可以看出他熱情和莊嚴的態度了：「那些清早起來，追求濃酒，留連到夜深，甚至因酒發燒的人，要受禍了」。(註十二)

(註十二)見依賽亞書第五章第十一節

依賽亞以為放縱的Q生活，在教士和先知尤當禁絕。酒會殺人，會使人誤入歧途，會顛亂理智，會失去判斷力。

飲酒之害，在利未記和民數記裏說得很明白，耶和華的特殊使者必須要和酒及濃酒分離。箴言說：「酒是欺騙者，濃酒能使人暴怒，凡因酒錯誤的，就無智慧。」(註十三)在詩篇裏勸戒君王和法官不要喝酒，免得忘記法律，把一切困苦人的是非都顛倒了。但是從別一方面講，把濃酒給困苦貧窮的人去喝是可以的，因為這樣可以使他們忘記他們的貧困和苦楚。(註十四)然而從普通的立場上說來，狂飲是使社會消失能力，使人類敗壞人格。

(註十三)見箴言第二十章第一節

(註十四)見箴言第三十一章第七節

杭州民國日報副刊
民國十六年十二月份
第十四期

女權運動與婚姻問題(續)

方祥海

這樣看來，婦女參政運動現在已經由升堂而將入室了。我們且再把聯帶的各個問題，加以討論。

『婚姻問題」本是一個重要的問題，但是關於法律上紀載，及憲法上明文規定的却是很少。茲舉例如左：

何覺余女士說：

『現代的憲法是人民的權利書，是「工具的國家論」時代的產物，不能不把婚姻一事規定進去也有必然的結果，尤其是我們女子在婚姻制度底下被壓迫的程度，可算深極了。所以在女子得到了參政權的國家，憲法上而爲婚姻之規定至少也可以替我們增一點光，這個規定最好的要算德意志新憲法第一百十九條　婚姻爲家庭生活及國民保存增加之基礎，應受憲法上之特別保護。婚姻基礎，男女兩方之平等……………。』試看

還有關於結婚方面者，英國憲法上有下列一條：

第六條　嗣子得隨意結婚，惟訂婚約以前當通知其最近之親戚家族。

以外如葡萄牙共和國，其憲法上雖然有『凡人生死婚姻註册等事悉由地方官管理」之規定。但男女雙方是否平等，在憲法上可找不出來，只能到民法上去研究，瑞士國憲法雖然對于婚姻規定非常詳細，可是女子並不見得平等。現在且舉例於下：

第五十四條　結婚之權利，受聯邦之保護。結婚之事不得宗教上理由，結婚人之貧乏，結婚人之行品或秩序，須加以限制。

婦女因婚姻而獲得夫之居住權及公民權。

再回顧到東亞方面，日本，中國，——尤其是思想物質落後的中國，婦女運動進行得很慢很慢，但是革命的潮流輸進以後，愛國女子協力援助推翻滿清政府的人很多；更有因而流血如著名的鑑湖女使秋瑾，——便是以身殉革命的第一人。

辛亥革命以後，女子方面有女子北伐隊的組織。雖然時間不久就被解放，可是女子愛國的熱忱，勇敢的毅力，不肯自後於男子，已一掃閨閣中的脂粉習氣了。這確是近代中國的新紀元！後

★目錄☆

來南京政府成立，唐羣英女吏等二十餘人到參政院請願，從此婦女運動顯露了頭角。但不久袁世凱得勢，第二次革命完全失敗，接着稱帝復辟，婦女運動更消聲匿跡，毫無影響了。直到五四以後，新文化運動如怒潮勃發，最著名的如青新年雜誌。當時錢元同胡適諸先生共同努力介紹歐西各國婦女的新思潮，同時他們的主張，是「破壞孔教，破壞禮法，破壞國粹，破壞貞節，破壞舊倫理(忠孝節)，破壞舊藝術(中國戲)，破壞舊宗教，破壞舊政治(特權人治)，」一他方面想建設的民主政治，科學思想，個人主義的倫理，實驗主義的哲學。這種事業雖直到現在還沒有完成，但種子却已經在那時撒下了。婦女運動藉此得到個大奧援到今日才有這麼一點成績；我們便不得不感謝他們的盛意。（未完）

玫瑰的夢

宵霞

清澄瑩澈的一池碧水邊，臨風搖曳着幾莖微顫的雛菊，滿綴上淡紫色的小花，襯着一地的綠茵，已是異常的嫵媚了。然而更有一朵白色的玫瑰，披着潔白的舞衣，散着甜靜的芬芳，倚着雛菊們同樣地在這寂寥的水濱生活着。呵！她的生活是太平凡了。確是和修道院中的幽閉者一樣，絕對不了解世界上還有更偉大，更有意義的生活；她簡直是一位處女的心，僅在孤寂中，煩悶中度着歲月。

緋紅的晨曦中，一隻粉白的小蝴蝶蹁躚地飛到她身上，略領受了些甜香，便自去了。然而她從此便發現了一件生活上的奇蹟，覺得今天的生活是多豐富多美麗呵！『他是多可愛呢！他是我孤寂的煩悶的深處所要呼喚的一個。』

淡白的月光，從疏疏的桐葉中穿了過來，雛菊們早已入夢了。夜是深了。她却憶起日間的遭遇…………陶然地醉了——理想的他又來了，很溫柔地把他的雙翅覆着她雪色的肩上，微微地擁抱着她，輕輕地說：「愛神是使命了你我，我們是永遠這樣的生活着了。親愛的好伴侶呵！我們眞是永遠地快樂，永遠地幸福了！」她的脆弱的心顫動了，當仰起面龐時，一個最親暱的最甜蜜的吻，落在她的唇上，深深地深深地吸盡了彼此的靈魂，生命是相互維繫着，愉快是永久追隨着他倆了——

碎錦似的朝霞，鋪滿了藍白相間的天空。晨風吹得雛菊們清醒了，這是極甘美的一個春晨呵。她也似喝醉了酒一樣，惺松地睜開了倦眼。呵！「愛人呢，怎麼的甜蜜的吻呵！我是被愛神欺騙了，——還是一個醉人的幻夢呵。」

旅館中的早晨(續)

墨糊

女：說完了沒有？(男的向她看着，不再說下去了，)沒有了，我來說：你以爲你這封信給我看到了，你就應該用這許多甜蜜的話來敷衍我，來激起我的感情嗎？嘿，當我讀了這封信的時候，我到的確很可憐你的遭遇，很同情你的爲難。但我聽了你這些話，却使我對你的沒有欺騙的心增加了許多疑惑對你的毫無虧損的愛的追求也起了不可靠的陰影。以前我是深信你的，我之所以背那封信，完全是出於我的玩皮的趨使，並沒有別的作用在裏面，不意你到這樣的實行起防禦政策來！我本來認以爲愛是超越一切的，毫無所謂條件，只要我們能以坦白的心互相見面，即使你在家裏盡兒子的義務也好，盡丈夫的義務也好，盡父親的義務也好，你只要不向別的女人傾注你的愛就對了，只要把你這杯愛的美酒滿滿的獻給我，作為我獻給你的滿杯的愛的美酒的報酬就好了，但是你的可憐的思想，眞要使人悲痛欲絕。你的這種做作，你只可以去對付做作慣了的人。現在我同你說從今天早晨起，我將你的朋友以上的感情都消失了，把我們所有以前的故事，都和這香煙頭一樣的丟進痰盂裏去吧！（說時把手裏的香煙頭丟進痰盂裏）

男：墨卿！妹妹！請你不要這樣的決絕！（祈求的語氣）都是我不好，都是我的虛偽的心不好。並且我也太忽略了，把妹妹超過普通女人千萬倍的思想，沒曾觀察出來，以致對妹妹也和應付普通女人般的應付起來。妹妹是最能原諒人的，當然知道我這種錯悞的背面就是虛偽的社會的罪惡，如果社會不供給我這二十八年的虛偽陶冶，我的心當然也不會有這樣的不眞誠（這樣的喜歡掩飾的（妹妹請你像釋迦，耶穌饒許一般人間的罪惡似的饒許了我的罪惡吧！妹妹，我剛才已經說過，我也要過我自己的生活——我自己的人的生活，愛的生活，我如失掉了妹妹，我的生活，就又要入於無期徒刑的生活了。妹妹！請你答應我這個請求！（男的立在女的和沙發的中央，如像要向女的跪求的樣子。女的忽然把他一推，他遂倒在沙發上。）

女：不要儘是這樣！我不喜歡吃這樣媚藥！我也決不會受你這一種催眠。——噢（笑了一笑）！我要講一個故事給你聽。（男的要想說話，女的制止他）不要獨，等我講完了這個故事你再說。這故事是從一本小說裏看來的，他說有一個闊少去逛窰子，窰子裏的姑娘對他灌了許多米湯，不久這位初出茅廬的闊少察覺這些窰子對他的恩情都是假的，他說你們對我有什麼恩愛，不過都是鈔票和洋錮吧了。現在你對我的態度，也很像那個窰 對那個初出茅廬的闊少。（男的要想分辯）不要噪，我的話完沒有完呢。我所說是目前的情形，我們以前的關係，自然又當別論的。——我說你目前好像是那個取媚闊少的窰子。（男的又想開口，）不要急，我說你像窰子，我當然沒有鈔票和洋錮來給你揮霍；但是我曉得，你只戀着我的肉體，覬覦着我的肉體，愛的成份在某一時候或許也有一點，但這種愛是從肉慾來的，不是從精誠來的。好像窰子的取媚闊少，是從金錢來的一樣。

（未完）

旅途

海倫女士

歧路百出的人生之長途上
有一個怯生生的旅客在徬徨。
無聊地，無聊地，呻吟，太息，
又思路茫茫，——
『這須臾的人生呀，
如朝露之當着太陽！』
希望之花朵已隨流光而枯萎，
永永給我的靈府中留着一個殘影，淒凉！

× × ×

那樣地荒凉呀，這杳杳的長宵！
那樣地鬖迷，又那樣地蕭條！

四境沉沉，
死一般地寂寥。——
只剩着這游離者
在白雲中長號：
呀，寂寥，淒迷，荒涼，蕭條！
吾縹渺的心靈
只索寄與威寒的狂飈裏——
顫抖……飄颻……

※ ※ ※

我剛離別了太平洋的浪花，
才非過了崎嶇險峻的山崖，
又避脫了惡獅的口吻，猛虎的巉牙。
到而今——
我仍沉默在荒坵下，
成了個孤另另的遊魂——無牽又無掛！

※ ※ ※

驀地記到了心頭——
那飛逝去的幻夢
去的無影又無蹤，
那沒着處的幻景
端的無蹤又無影！
開了那騷愁的門兒，
便禁不住悄悄地拭淚！
哪！何邈遠的長途呀，
看去無邊又無際！
這怯生生的旅客，躊躇着，躊躇着，
想前進，
沒勇氣！

社會思想史

蒲迦達（Bogardus）著　蕭明新譯

第四章　希伯萊的社會思想（續）

避難所的創設，又是一種新的社會理想的表示。無意去誤殺了人，可以逃到避難城裏去受保護。祭壇和聖寺都是誤殺犯的逃難場所。（註十五）

（註十五）見出埃及記第二十一章第十三節又列王記上第一章第五十節及第二章第二十八節

德謨克拉西的社會觀念在舊約的文學裏，據了一個很有趣味的地位。在亞伯拉罕的時候，家族的觀念非常流行。一族有許多家，家有家長主持一切。在一個家族裏，彼此互相尊信，但對排外性也極強烈。例如，去欺騙外國人，甚至去殺害他們的代表，也不以為違反正義的。

德謨克拉西的意義是從耶和華的觀念裏演譯進化出來的。希伯萊人最初把耶和華奉做家族的上帝，再次，則變為民族的上帝，最後則變為宇宙的上帝。這種意義，就是要說明上帝並不是單為「選民」謀福利的，是要為全民謀福利的。

希伯萊的國家觀念也帶有一些德謨克拉西的意味。國家的基本意旨，並不是為不負責任的帝王造私利的，是要為全國人民謀幸福的。可是這種理想，和迦南人實際上所受到的專制政治郤郤相反。

（未完）

杭州民國日報副刊
（第十五期）
民國十六年
十月二份

女權運動與婚姻問題（續）

方祥海

再女權運動關係到婚姻問題，他們自然主張破壞從前一切的父母之命媒妁之言的惡習慣。同時提倡戀愛自由——結婚離婚完全自由。當時引起新學界的懷疑，舊學界的反對，也曾混戰一時。茲摘錄胡適先生答藍志先先討論貞操問題的一段如下：

『我所講的愛，並不是先生所說盲目的極易變化的感情的愛。——『人格的愛』，——雖然不是人人所能懂得，但平常人所謂愛情，也未必全是肉慾的愛。這裏面大概總含有一些「超於情慾的分子」。若沒有異性眞摯專一的異性戀愛，那麼共同生活便成了不可終日的痛苦。名分觀念便成了虛僞的招牌。兒女牽係，便也和猪和狗的母子關係沒有大分別了。——『自由戀愛』——其實高尚的自由戀愛，並不是現在那班輕薄少年所謂戀愛，只是根據「尊重人格」這一個觀念。那種有意識的戀愛，據我所見尊重性慾的制裁的，無制裁的性慾，不配稱戀愛，更不配自由戀愛。』

我們把上面的話一看，便可以明白自由戀愛的眞諦了。最後中國婦女運動惹人注意的，要算北京於一九二二年成立的兩個女權運動團體。一個是女子參政協進會，一個是女權運動同盟會。雖然這兩個團體的發生爲期不久，但是立法上的要求，和宗旨的光明，很切合現在新中國黨政府協助婦女的主張！且關於婚姻方面的提案亦適合於新中國的現狀。

現在把參政協進會的宣言摘錄如下：

『我們並不把參政權爲能的迷信，但是却不能不把參政看作保障女子權利最有功效的方法。我們也承認知識平等是權利平等的原因，但還須承認權利平等，是達到知識平等地位的唯一方法。——本會的宗旨目的（一）推翻專爲男子而設的憲法，以求女權的保障（二）打破專爲男嗣爲限的襲產權，以求經濟的獨立；（三）打破專治家政的教訓制度，以求知識的平等，本會認定達到上列三種目的的方法，就是要求女子參政權。

還有婦女同盟會的要求，簡單的敘述如下：

1，全國教育機關一概爲女子開放？

2，女子與男子平等的享有憲法上人民應享的權利；

目錄

3，私法上夫妻關係，親子關係，承繼權，財產權，行為權等，一律依男女平等原則，大加修正；
4，制定男女平等的婚姻法；
5，禁止公娼，禁止買賣婢奴，禁止婦女纏足；
6，依同工同酬及保護母性的原則，制定保護女工法。

從這種宣言看來，可見我國婦女思想已經由塞耳拉極士姆而轉移到弗雅涅士姆了。現在新中國的婦女界，正如雨後春筍般的聯合民衆，成立婦女協會，努力工作；我想照歐美的先例，及我國過去的歷史，循光明的大路進行，這點要求已不成問題。我很盼望婦女們早日達到完成參政的目的，可以得到新中國四萬萬男女同胞同謀福利．共享快樂呢！（完）

「全國同胞籌思一下」

樓尙輝

本月十一日廣東的共黨乘虛發難，農軍及受運動之四軍教導團由東郊入，市區工黨糾察隊響應，分路往繳公安局及各警區槍械，佔據各行政機關及電話電報電燈自來水銀行各機關，沿途放火劫掠，市內商店一齊停頓，市外只見臂纏紅布之武裝工人農民，與手持鋤鍬斧等物之農民，除此而外，途無行人。從這大騷亂發生之中，傳來二種絕對相背的消息：

（一）此次共產革命所以能如此容易成功者，因廣州之軍隊，已全部開往西江方面，所留守軍隊，又加入共產系，自成為赤衛隊。張發奎黃琪翔均乘軍艦潛逃，市內貼滿打倒工人農民之敵李濟琛，蔣介石，張發奎，汪精衛等字樣之宣傳傳單。

（二）此次共黨所舉之大騷亂，一切計劃，均由汪妻陳璧君於

事前親機回粤，故廣東蘇維埃政府，已預定汪精衛為主席，任命張發奎黃琪翔為赤軍正副指揮，

據後一種消息，汪精衛是共產黨已無疑義；據前一種消息，汪精衛張發奎的確還是站在國民革命陣線上，既為共產黨所不容，當然與共產黨毫無勾結。但是事實告訴我們，黃琪翔之容共，已為汪精衛所承認，曾經函告陳公博爭勸其暫時退休，以弭各方反對。則此次共黨發難，黃琪翔正是英雄賣力之際，豈肯忽而轉其容共親共之念，陪伴張發奎作　以軍艦為護符的逃犯？陳公博甘乃光等是汪精衛通同一氣的患難同志，在稍明時事者，莫不知之。此次共黨如果予汪精衛以打倒之資格，那麼與汪精衛挽手同進的老同志陳公博等也一定同受不利，但是消息中却無提及，豈不怪哉？這是我的一點兒感想，請全國同胞籌思一下！

幸運的鼻子

——他也苦痛極了——

A，B，

有一天傷了風，鼻子漲得非常的難過。

早晨起床來的時候，鼻涕積成的糟糕，如螺螄殼一樣的封在鼻孔裏，好像胸腔裏的空氣和外面的空氣在鬧仗了似的。外面的空氣固然包圍得很厲害，裏面的空氣也衝突得很緊迫，在這種裏外夾攻的嚴重局勢之下，被派作戰場的鼻管，實在有些受不住熬煎了。他大喊道：

「我不要做鼻子了！傷風不是我傷的，為什麼要在我的領域裏來作戰！我不來套這個灰袋。」但是一些回音都沒有，他氣極了，重行喊道：

「你們這些禍首！爲什麽冷了不曉得穿衣服？你們要把自己懶惰的罪孽叫我來挨受嗎？你們把這些罪孽擱到我一個身上，你們自己就可以逍遙自在了？」

「鼻老兄」神經中樞回答他道：「這是你的職務上所免不了的痛苦，你既做了鼻子，就應該盡鼻、應盡的義務。固然這是我的失察，但我也是無心的，我那裏曉得這樣就會傷風呢？請你安靜點，忍耐點吧！」末了他還說：「處 這種不能自主的職務裏，安靜和忍耐是唯 的條件。如果每 件事都要大驚小怪地叫喊起來，未免也太不成體統了。」

……………………

隔了幾天，傷風已經有點好了。

一天早晨，遇到兩個漂亮的女郎，——師頸後的髮根也搽白了的。——迎面走來，有多量的濃郁氣味，向未十分健康的鼻子管裏擁進來。鼻子不禁牽了幾牽。但他不敢說話。

神經中樞喊着道：「鼻老兄，你不說話啦嗎？你爲什麽不再大喊呢？你牽了一牽，作以爲我不知道你的意思嗎？你不是要說你現在很幸福嗎？」鼻子不響。

神經中樞又說：「鼻老兄，我和你說：每一個機關都有幸運的時候和痛苦的時候的。」

此後鼻子時時遇到這種頸後的髮根也搽白了的青年男女，他連牽也不敢牽了。這痛苦實不減於傷風。而擠在青年男女的羣衆中的時候，尤其感到痛苦。

旅館中的早晨(續)

墨 糊

男：墨卿，你不要這樣的酷視人家，刻毒人家，我雖則免不了對你有些不正當的地方，當不致這樣的下流。老實說，我對你的罪過。我自己只承認我在此刻以前不能深刻的了解你的思想，你的見解，但我所祈求於你的，實在是我的赤裸裸的本心。我說你到處都以一個倔強的要我來應付，這恐怕也是你的缺點。你以爲你的理智已經越了一切，一切大千世界中的人們都不放在你的心上！因此你以爲人一有過，就如落了永不可赦陷獄，就不許他再有精誠。妹妹，我以後祈求你的話，你當他作綮子媚關少的話，實在不再加一層理志與感情的混合的觀察。妹妹，我希望你能夠仍然滾到我的懷抱裏來！

(張開了兩隻手臂，等她投入他的懷裏去，忽聽門外有敲門聲，男的連忙放下手臂)那一個？

茶：先生，有客人來看您！(女茶房進來。)

男：那一位？(女茶房拿名片給他，女的同看)

女：呀！是陳先生．(同時男的點點鋪床上搭着的裙子，女的連忙走去將裙子套上了，女茶房看着他們，時男的也到門口，茶房已將門鈕捏着，預備開門，女的連忙跟在他們的後面。

(未完)

夢中夢詞

一曲

一、

夢依稀！
恨寂寞！
華燈影裏人如玉，
澹抹靚裝俱綽約。
淺笑輕顰，

疑眞是假費思索。
更堪愛：
　清塵絕俗傲霜姿，
　新潮怒浪來幽谷。
夜未央，
　歌正樂；
霜角一聲[illegible]夢殘，
　窗前淡日連江白。

二、

恨無盡！
　夢難尋！
片時歡樂片時情；
不隔重簾祇隔心？
　新愁舊恨，
　誰道是假總疑眞。
更[illegible]堪：
　五漏長宵唯伴影，
　半丸冷月擁疏星。
快振作，
　莫呻吟；
寂寞人生原是夢，
　夢中尋夢亦易醒。

三、

夢[illegible]殘！
　恨悠遠！
戈干滾盡長江水，
年少須臾如覆手！
　夢本無聊，
　恨徒淒楚又何有？
何況是：
　[illegible]兒自有棲高枝，
　何惜飄萍長相憶！
雖欲起，
　終難脫；
夢中尋夢太無端，
　一縷遊絲無着處。

社會思想史

蒲迦達（Bogardus）著
蕭明新譯

第四章　希伯萊的社會思想（續）

希伯萊人以爲國家只是神權的一部分。耶和華對於那種爲富不仁，濫用政權，自私狂大的帝王，奢侈生活，和特殊階級，都加以指斥。換句話說，耶和華是同情於被壓迫者，貧苦者，挫敗者和勞動者，簡言之，他是一個仁愛者。

愛國心因之得着積極堅強的意義。在詩篇第一百三十七篇裏，寫那流落外方的希伯萊人對於祖國惓念的深情：

「我們曾在巴比倫的河邊坐下，一追想錫安就哭了。我們把琴掛在那裏柳樹上。……耶路撒冷啊，我若忘記你，情願我的右手忘記技巧；我若不記念你，若不看耶路撒冷過於我所最喜樂的，情願把我的舌頭貼於上膛。」

民國十六年十二月份

杭州民國日報副刊

第十六期

生小孩子的請帖

徐雲波

寒門不幸，不自殞滅，禍延某某，該某某既不知姓甚名誰，又未曾得我們的同意，居然突於本月八日（臣按即宣統十有九年戊月望日午刻也）降生我家，硬要派我做他的父親，力辭不獲，當即宣誓就職，從此我就變爲父的階級了！本來做人已經困難，到如今我還不知道怎樣做才合式，不料馬馬乎乎做了一週年的丈夫，就會加官晉爵，做了老子，眞是受寵若驚，誠惶，誠恐啊？素仰

先生或係眞正老牌的父親或係乾父親，對於我是先進的同志，經驗與學識，當然很豐富，我倒要請教請教，究竟父親是應該怎樣做的，況且我這個兒子，多半還是你們催出來的，數月以來，一見面就問起我，「你的兒子生了沒有？」我說：「沒有」「爲什麼還不生的呢？我們要想吃喜酒哩！」原來你們的目的就在於想吃酒，我想這筆債終歸是逃不了的，正如生兒子，就是替他還債一樣！根據以上兩個理由，定於本月十八日上午十二時，假協順興大菜館請你來一叙，本來吃大菜未免有勾結帝國主義之嫌，凡我同志均應深惡而痛絕之；然而吃中菜，又難免於腐化之誚，予欲兩全殊不可得，無已，只得特備紹興老酒，庶幾與中學爲體，西學爲用之可相脗合，亦聊表提倡歐化與保存國粹之微意耳，耿耿此心，幸祈鑒宥！案據前情，除呈報老母暨分行外，相應函請

先生屆時惠臨，毋任盼禱！查我們都是自命爲新人物者，當然想不用老例來催請，以致誤時失約，況在同人中，或因公事鞅掌，必須趕上一點之車；或因竹林有約，須湊四方之脚；或因軟語叮嚀，邀赴斷橋之會，或因函來信往，早待電影之場，若不按時出席，不但失了先吃爲快之美，亦且令伊人望穿秋水，有損陰隲也！所以我要特別聲明，務祈按時出席爲盼！此請

先生——

中國杭州市尙農里小家庭常務委員徐雲波謹啓

★目錄★

你看，這個相多難看，將來一定是個努力革命的分子，至於忠實不忠實，雖然我做老子的也不敢擔保，好在那時我同你或者早已息蔭於枯木之下，決計不會連累到的，現在只好管他媽的，樂得「遇酒且呵呵」罷！

血紅的廣州城

——新的羅馬火災

大武

十一日晨，我還是循着往常的生活軌道，很平凡地過我平凡的時光，怎知道這時的廣州城，正飛滿紅旗，佈滿紅餤，一片血紅的顏色中，正褭着一片悽慘的生命之呼號！

這樣慘酷的巨變發生在廣州，廣州的同胞們急切逃命時的慘象，眞是令人不忍設想的，而我這時却還在不知不覺中度我平凡的時光；非但是我，在杭州的人都還和我一樣；非但是在杭州的人，在其他各處的人無不如此；如其總理在天之靈能看見下界各地的情況，他看起來我們這班人似乎太忍心了，而我們實在也在無知中犯了忍心的非；他望望血紅的廣州城，再望望各地的同胞，他心頭的難過，眞是我們所想像不到的。

今朝還閱報紙，這麽大的標題，先把我嚇的一大跳，再仔細看了一陣，這纔知道十一日的早晨我正在度我平凡的時光，廣州却發生了這麽大的一個變端。我閉着眼，眼前便佈滿了一吐一吐的火餤舌，又好像四下裏起了轟天震地的號哭之聲，蓋住了槍聲和炮聲，又有幾個哭紅了眼睛的婦孺，沒頭沒腦，手忙脚亂地在奔過來，我不覺打了個寒噤，便急忙把眼睛張了開來。唉！血紅的廣州城，不變成一座現世的煉獄了麽？消息是如此遲緩的，這座煉獄現在已怎麽樣了，又誰能知道？煉獄中的廣州市民又怎麽樣了？——唉！一閉着眼皮，便只見衝天的火和漫地的血，就有許多哭哭啼啼，沒個去處的民衆像熱石版上的螞蟻般在四向奔竄，我不敢再閉着眼了，便又急忙張了開來。

初世紀奈龍 Heron 統治羅馬的時候，他要做詩，須要看了火災求些啓示 Inspiration，便不惜授意他的一班心腹去把個羅馬城付之一炬；他却彈着琴得意地唱起來。『羅馬火災』L' Incendie de Rome 從此便成了歷史上一個著名的名辭。但二十世紀的羅馬火災，講到其慘酷是百倍於前，其厲害更已隨着物質文明的程度不知已增加了多少倍；羅馬的火災中祇有一個暴君奈龍，而廣州的火災中則有一大班奈龍在背後主動。可憐的廣州市民，羅馬的火災雖在歷史上成了有名的事蹟，但羅馬人所受的痛苦比我們的廣州市民要好得多了。可憐的廣州市民！

當羅馬火災的時候，有個耶穌的使徒彼得也是羅馬市民中的一份子；當時他逃出了着火的羅馬城，走在路上；一抬頭却看見他師傅的神靈顯在他面前，在向他問道：

——Quo Vadis？（爾將何往？）

他聽見了這句話，便了解得這這句話的意思，便立刻折了回去，去繼續做他理想中的光明工作。

廣州共產黨暴動的當兒，本黨有許多忠實同志逃出了血紅的廣州城，避難入香港，我想總理之靈也一定要到他們面前來問：Quo Vadis？我希望亡命出廣州的忠實同志，大家和彼得般回到廣州來努力把共產黨撲滅了，好好兒做一番光明的工作！

一一一七慘案之感想

士元

說也奇怪，在革命大本營的黃埔，也發生屠殺革命健兒的慘劇！尤其是屠殺的兇手們，並不是軍閥帝國主義！係手執着青天白日旗幟口唱着打倒列強除軍閥的國民革命歌底革命軍！更尤其是領導屠殺的，並不是那土匪式的長官！係同生死共患難，親愛精勤的同學們(已畢業)！

誰也曉得，這幕慘劇發生的原動力，是買空賣空的共產黨！不過上半年的清黨運動，本係爲打倒共產黨而發生，附帶着肅清黨、其他一切腐化惡化分子，爲什麼在現在黨內還有共產黨參雜共間？這不能不皈罪當局者對清黨太不負責任了！太隨便了！爲了寧漢合作竟然眞的破除一切猜疑，名名額角上刻有共產黨的軍隊，也認爲友軍了！或許當局者的意志太不堅決，不曉得共產黨手段陰謀之兇辣，誠如吳稚暉先生所云！！被他迷到病骨支離，見他回眸一笑，還見愛情十分濃郁，不顧生命的向迆了！……的一樣！故有人說，這次的慘劇，是國民黨自己叫他來殺的！如果抱定意志，誓不與共產黨妥協合作，決不會有這麼一回事！那也怪不得人說！

我相信張發奎黃琪翔始終是一個共產黨的走狗！彼之回粵，就煽動政治分會下令停止討伐葉賀唐生智。並將許多清黨時所拘的CP分子，都一個一個把他放出來，還給以相當工作，這是事實替他證明的！而且在清黨前後，黃埔軍校有許多自行逃走的CP學生，以及武漢分校解散的許多CP學生，張黃都好好地把他們收編起來，改爲第四軍軍官教導團，現又遣來黃埔軍校升學，將校中原有的許多國民黨忠實同志，都先後的壓迫遣散，這更可證明張黃眞正是個共產黨的忠心走狗！

同時我更相信蔣總司令，誠有先見之明！他早已告訴我們說：將來革命成功是黃埔學生，革命失敗也是黃埔學生！你看現在眞的有人去做某個人的走狗了！眞的很忠實地聽反革命者的主使，來屠殺同生死共患難，同胞手足似的同學了！

現在好了，蔣總司令也復職了！關係黨國存亡的第四次執監會議，也要繼續的開下去！甚願當局者消去一切猜疑成見，依法的爲這次黨國共恥的一一一七慘案定個相當的辦法！

十二，十二於浦塘巷黃埔同學會招待所。

旅館中的早晨(續)

墨糊

(門半開茶房出去，客在外面。)

客：正一！你昨晚好——(門開，見後面女的搭訕着，)史墨卿，你也在——這麼早就來了。

女：是的，周先生，我來了也不很久呢。(茶房進來倒茶。客坐沙發上，女坐圓凳上，男的預備穿衣服)

男：丙生，桌上有煙。——你從那裏來的？

客：我從學校來的，昨天非常疲倦，很早的就睡了。你(向男)昨天下午出來，做點什麼消遣？

男：沒有課在校裏悶着很覺無聊；但出來了也不見得有怎樣的好消遣的。無聊的人，到處都覺得無聊。

客：今天打算怎樣的渡過去呢？

男：也沒有預定，你打算怎樣呢。

客：雇只船逛湖去？

男：太膩煩了，湖面的幾個風景。

客：跑山路，你有沒有勇氣？九溪十八澗。

男：好的。

客：（向女）史黑卿，你也同去！

女：（立起來）我不陪了，今天身體很疲倦似的，我要回去啦、周先生陳先生，學校裏再見。

男：再坐坐去。

客：怎麼就要去啦。

——幕閉——

十六，十二，十二。

病中寄『她』

寄厂

（一）

病中唯一的安慰，
　就是枕邊你寄來的信；
苦海中唯一的救主，
　就是你珍重贈予的小影。
無聊惆悵的長夜，
　只希望你像窗外的明星般來照顧！

（二）

我的病，爲的是誰何？
也許是爲了你罷？
千里外的你，
可曾將我夢〻來過？

（三）

秋風只帶了愁來，
却沒有帶將病去。
病榻上孤另另的人兒，
靜數着唧唧的鐘擺聲音，
一聲聲又激起你的影兒來。

社會思想史

蒲迦達（Bogardus）著

蕭明新譯

第四章　古代希伯萊的社會思想（續）

照看何西亞的意思，耶和華叫人民要互相親愛忠誠，擒盡了社會的罪惡，如誑欺，盜竊，姦淫和暴動的行爲。約伯記的著者，以爲一個良好的公民，一定要有濟貧助危，扶寡恤孤的良德。他使盲者明，跛者便於行，而使貧乏之者無所失所。他尋出了社會罪惡的原因，猛力地攻擊不義，使受壓迫於不義的虎口中者得以解救，使無辜罹罪者得受保護。他並不信任黃金，更不肯對於敵人抱着一種幸災樂禍的意念。我們可以老實說，德模克拉西的基本理想，是希伯萊人所造成的。（註十六）

（註十六）見約伯記三十一章。

亞摩司更提倡世界主義。宇宙的理想，在歷史上，以上帝的假定爲最早了，亞摩摩說，上帝不僅是依色列人民的上帝，並且也是其他民族的上帝，耶和華說：「我豈不是領依色列人出埃及地，領非利士人出迦斐托，領亞蘭人出吉珥麼？（註十七）依賽亞和米迦說，等到了裁判的日子，一切人民都要受着耶和華的判决，強暴的國家是要受着嚴重的責罰。耶和華是超出時空的主宰，是一切民族國家的世界領導者。（註十七）

（註十七）見阿摩司書第九章第七節

杭州民國日報副刊

民國十六年十二月份

第十七期

爲方昇事答鄺松臣

章雪琴

我讀了你的大作，感覺到你在作文的時候，眼前先掛着一幅「章雪琴定係洪女士的好友，或者女子總是無理的袒護同性，也可借此來出出風頭……」的幻圖，所以把我這篇文章的意義完全誤解了：

松臣！討論一個問題，是要完全用旁觀的眼光，處在一塵不染的我的地位上，平心靜氣，發公平的議論，不應先存着背景，以感情作用，出這不顧公理而鄙俚的謾罵；我不是說：『這不是方昇個人問題，乃社會上一個大問題………』嗎？我雖不認識方和嚴，然而也沒認識洪，我固沒有超衆的學問和才幹，但是世界上誰也配不上我去「獻媚」，這種輕率的論調，請你自重點，不要掛着一幅幻圖，以小人之心，度君子之腹吧！

方昇死有餘辜，是社會上一般人所公認，我不懂你爲什麼單獨和我打筆墨官司，這想係人禽的心理，以爲中國的女子，向來是懦弱無能，可隨便任人唾罵的，這種非人的作品，着實沒有答辯的價值，不過你這樣自欺欺人的高調，卻使我不得不揭破你的假面具。

洪女士知道了方昇和嚴女士由戀愛而訂的婚約，並非出於『父母之命，媒妁之言，』他見了她比較的好點，他又要移愛，忍心棄嚴女士葬身於人間地獄，受那粉身碎骨的痛苦，她天然腦子裏馬上要想到世界上的女子多得很，他這種戀愛，日子多了我也要做第二個嚴女士的，她有了這樣敏捷的思想，自然要拿出高尚的態度，嚴厲地拒絕他，難道要同流合汚，害人害己並害嚴女士而允許他？結果方昇自行戕殺，這是天理昭彰，咎有應得，怎麼可說洪女士是殺方昇的兇手？

方昇誤解戀愛的眞義，施展他跡近拆白的手腕，而卒至於自殺，現今中國的青年，應否這樣造孽？這一點柏園同志在時評上說得痛快淋漓，我可以不必曉舌，『殉情』是腐化份子的口吻，不應出諸革命青年的口，犧牲也要有代價的。

「……死不自誤，也就是什麼都可犧牲。」唉！你這樣一味橫了心，我把自己說的意義誤解到這步田地，配得上討論什麼『戀愛』問題？試問眞正的戀愛，豈容有三角式的，無定形的？更豈容單方面的厭故喜新？這樣簡單的問句，你總可了解嗎?!你前

☆目錄☆

面明明罵洪女士不應拒絕方昇求婚，後面却又說方昇決不是移愛於洪……哈哈！唱這種論調的人，到配得起評人家的言論矛盾的：這眞是等於『下部放氣』

「……相去路在咫尺，如隔蓬島千里，這是人生斷不能堪的……」這種顯而易見一味袒護的語氣，請問你懂得「戀愛」是什麼？算了，祇可付作一笑！

方昇失戀是痛苦的，不應該的，嚴女士失戀是不痛苦的，應該的，到這田地，你還要責備嚴女士不隨方昇同走自殺的路，這樣看來，你眞比方昇還不如哩！你這樣殘酷的宣傳，不是社會上的蟊賊，也是青年界裏的大罪魁，你將來社會上汚跡，恐要幾倍於方昇。

你自己也知道人家要當你是個患神精病者；的確，我確係拿我醫士原諒患神精病者的態度對付你；否則決不是這樣答你的！

章同志請少安毋躁！鄺同志之同情於方昇，自有個可原的動機在；人孰無情，見人有自殺之慘而不洒一點同情之？不過革命家是絕對不會走上這條路去的，我們只可憐他吧，只是要大聲疾呼，喚起一班沉迷於失戀的苦海中的青年叫，他們望革命的燈塔游泳過來。不過我們爲這一個死人而多費唇舌，在這革命工作緊張的時候，殊不值得。——編者

替大家解決『權利』和『飯碗』二問題

汪道昌

我們用冷靜的眼光，來看社會上一切的人事，總覺得大衆的思想，非常幼稚，大衆的行爲，非常汚穢。結果，弄得社會不成社會，國家不成國家，簡直是大衆的私慾發洩之場，怎不使心有人痛心疾首呢!?其實分析大衆思想和行爲的內容，加以考究，可以作一歸納的斷定：無非是爲了「權利」和「飯碗」兩個問題，在那裏甲起乙仆，乙起甲仆的爭奪。其結果，不是甲亡，就是乙死；而所爭的權利，仍是空空，所奪的飯碗，早無着落。我不禁替大家喊聲「何苦來」！

照上文說來，「權利」和「飯碗」乃是一對害人的東西！我們可以拋棄牠，永遠與牠脫離，絕交。否！否！這是不可能的！何以呢？大凡，一個人生在世上，要是喪了權利：消極方面，不能保持他自身的安寧；積極方面，不能發展他有用的才具。要是失了飯碗，那更不待說，是要餓死的！這樣看起來，「權利」和「飯碗」二者，正是人們生存所需的要物，非但不是殺人的快刀，且是養活人們的滋養料，豈可把牠拋棄，與牠脫離，絕交？

綜觀上述，我們可以用二句話包括之：(一)爭「權利」奪「飯碗」，結果，是受害。(二)喪「權利」失「飯碗」，結果，也是受害。豎不是，橫不是。那末，這二大問題，究竟如何解決呢？

我以爲要解決是不難的，只要剷除私心，切實地把公事幹了；那「權利」好像就會湊進你的掌握中，那「飯碗」好像就會到你的嘴巴裏，那時你想不要牠，還不可能哩！這是什麼緣故？閱者且聽我一言：因爲這二者是做工作的當然結果；我們先把有益於公衆的工作，誠心地去做，使人人都受到我們的利益，這二者是無論如何總要來的。簡單言之：做事是因，得『權利』和飯碗是果。天下事有因，才有果；若是無因，硬要把果亂爭，也毋怪要失敗了。如其不信，我舉一個最明顯有因有果的例來引證：孫總理努力國民革命，凡四十年，積四十年之工作，爲民衆謀幸福。

到了今日，人人還是紀念總理，信仰總理，總理所得到的權利，是很充分的；黨綱中訂有總理專章，使人們永不忘總理偉大的人格，但是，總理在日，何嘗一日爭『權利』，奪『飯碗』！在我也未聞總理喪『權利』，他的『權利』是很充分的；我也未聞辦理失『飯碗』，沒飯吃，他是病死的，不是餓死的。然則，何以有這樣的聲色呢？就是：爲民衆做切實工作共因，得「權利」和「飯碗」其果；——而他却不是爲自已得權利和飯碗而去做工作的。

看了上面所說的理由和實例，我們就知道做工作不能以權利與飯碗爲目的，不能捨本逐末，僅爲爭權利奪飯碗而去工作。我們快起來喊二句重要口號：

剷除自私自利的惡慾！

積極利羣益衆的工作！

解決「權利」和「飯碗」的基礎，盡於此矣。

一隻有姓的蟹

胡則鳴

萬物之中，惟人有姓，怎麼蟹也有姓呢？這不是一個疑問嗎？昨天從鄉縣來了一位同志，他與我抵掌談蟹事，實足使我絕倒，——這所謂蟹者，原來是一個荒謬絕倫，殘暴橫行的老劣紳！茲以語長不及偏載，我來略說幾句就算了事。

有一位周老蟹，他魚肉平民，武斷鄉曲，又殘忍，又厲害，又滑頭，又敏慧，年抵花甲，橫行不懈，他是一個胖子，身才又矮，大面圓圓，而直短橫闊，眼近視而尖兒，走起路來；八字的步子，緩緩如蟹爬；殘暴之性，露於目表，煞似蟹形。又以他與他的第三子，曾爭愛某少婦，結果父吃醋，子得勝，荒謬絕倫；因此大家給他一個相當的名稱，就是『周老蟹』，這不是蟹也有姓嗎？

彷徨

李逸盧

（一）

彷徨，彷徨，

我在深夜中彷徨！

書呀——我已厭看，

酒呀——我已懶嘗；

我墜身於沉悶之淵，

我只在這深夜中彷徨！

（二）

彷徨，彷徨，

我在深夜中彷徨！

友人——何方？

愛人——渺茫；

我離羣而索居，

時翹首兮探望；

我只在這深夜中彷徨！

（三）

彷徨，彷徨，

我在深夜中彷徨！

黑夜——沉沉，

前途——茫茫；

我禁錮於煩冤之獄，
自由早已逃亡；
我只在這深夜中彷徨！

（四）

彷徨，彷徨，
我在深夜中彷徨！
黯淡——燈光，
悽慘——星光；
牠們只在冷眼看我，
何曾賜我一點熱腸？
我也不望牠們垂憐，
我只在這深夜中彷徨！

（五）

彷徨，彷徨，
我在深夜中彷徨！
滔滔兮——狂瀾，
慘慘兮——情塲；
我望狂瀾兮興歎，
我思情塲兮惆悵！
我只在這深夜中彷徨！

（六）

彷徨，彷徨，
我在深夜中彷徨！
淪落兮——他鄉，
漫漫兮——故鄉；
我在他鄉兮
爲誰忙？
我思我故鄉兮，
我只在這深夜中彷徨！

（未完）

社會思想史

蒲迦達(Bogardus)著
蕭明新譯

第四章 古代希伯萊的社會思想（續）

希伯萊人又是世界和平的使者。依賽亞和米迦是首先鼓吹世界和平者，是值得我們尊敬的。他們預言在世界列國共同信奉上帝的時候，利劍要毀做犂頭，長矛要折成刈鉤，而戰爭的方術將永遠不見於世。反對武力主義最激烈的，莫過於舊約的先知依賽亞了，照康德譯依賽亞的話道：

「戰士的長靴響得頗吵，
更將浸在血池裏的戰袍，
一齊架在柴上焚燒。」

（註十八）見依賽亞書第九章第五節又見 Kent, The Social Teachings Of The Frofheta And Gesus P,112,

希伯萊人肯定了法律是社會的動的表示。愛能夠使個人社會化，能夠使個人認識他對於社會和人類的責任，能夠化除惱恨，甚至能夠使惡變善，愛是人類合理生活的基本道德和永久原則。

舊約的教言常以救世爲訓。耶和華以改良社會生活爲其中心問題。他要一切人類關係，都歸於社會化。從先知先哲傳出他的教訓，承認環境的勢力可以影響個人的性格。

杭州民國日報副刊

民國十六年十二月份
第十八期

發了請帖以後

徐雲波

論理，我就不應該有妻，然而居然有了妻，這不能不說是天數所歸，出乎「意表之外」也！那知她對於我又特別巴結，期年之間，就給我生了孩子，彷彿恐怕犯了「七出之條」，立刻拿出保障來，以事抵制，其實這又何必呢？從此我就做了「準駱駝」，正是哭不得，笑不得，於無可奈何之中，聊且與關心於我的孩子的朋友們尋尋開心，所以發了這麼一個請帖，（原文有案，邀免冗叙，）不料到了柏園先進同志的手裏，他把雞毛當令箭，偷偷地把你發表了。這也彷彿孩子們在大人那裏討得一塊糖，就很得意地獻給小朋友們看，肚子裏還在說：「我有糖吃咧，你們有沒有？」使得許多孩子們兩隻黑眼珠都釘着他的糖，他却故意吞吞吐吐地把糖放在嘴唇上，引得孩子們涎水直流，呆若木雞，他於是揚揚得意地跑了，取得朋友們的痛苦增加他自己的快樂！

邀幸他還知趣，不曾把「相應函請先生」之下加上同志或同胞兩字，使讀者們知道我原來是「秀才人情」。不致于枉化車費；不然，屆時讀者們包圍了協順興，不但使我百喙莫辯，亦將引起公安局的誤會，特派軍警來彈壓，說不定還將官裏去，這個罪孽，誰來担當!?

我真的罪孽深重，並不是因爲禍延顯考，實在是爲了生下兒子！當今之所以鬧着革命，根本原因，就是由於人口太多，大家搶飯吃的緣故。而我們的賢明父母，還祇曉得生，不曉得養，更不曉得敎，以致於使兒子……我就是其中的一個。就是曉得敎的，至多也祇能敎出像自已一樣賢明，其結果，兒子像老子，孫子像兒子；祖德宗功，繇繇不斷，聖經賢傳，百世流芳，忽而由大家庭變爲小家庭，由小家庭變爲無家庭；忽而又由無家庭變爲小家庭，由小家庭變爲大家庭。做兒子的靠老子吃飯，做老子的靠兒子吃飯，家裏飯沒有了，到外邊去搶，搶得來，就算本事；搶不來，就怨天尤人，自憐命苦！從南海到北海，從東海到西天，從三皇到五帝，從五帝到現在以至於將來，永遠來這裏變這套把戲！所以始終不失爲中華大國民，可以不用腦筋，不用腕力，時時有沒飯吃之危險，然而終有吃飯的機會，雖然在旁觀者看來

☆目錄★

大都是狗彘所不吃的飯！因此我也覺得略爲放心，他——我的兒子——有了這件傳統的法寶，想來總不至於餓死的。

但是我還得担心我自己，據說既然做了父親，就應該像個樣子，所謂樣子者，彷彿走路要擺開八字步，鼻下要有八字鬍，態度要威而不猛，說話要命而且令，笑不輕發，價值千金，怒有定時，朝三暮四，總而言之，就是減去幾分人性，加上幾分神性，看去要像煞有介事，所以自古至今與天地君師列爲一體，其有以異於常人也可知，小區區入世未深，鍛鍊不足，躁膺鉅任，殞越堪虞，是不能不有望於諸父老伯叔之指教也！

『畢竟是泥做的東西！』

蕙林

寶哥哥眞聰明，他說到「男孩子是泥做的」這句話，已經夠聰明了；他一句話已描摹盡了天底下卑污苟賤的男子。

如其把天下男子的心挖出來解剖一下展覽起來，至少有十分之七八是糞氣藻勃的：因爲他們的身體已是泥做的，而他們的心又是全身的汚穢之府，怎不會齷齪得生臭，臭得其氣藻勃呢？

若把男子的醜態整部描寫出來，那可非請莫柏桑的老師來連寫幾生世不可，而且怕「汗牛充棟」的書本子還不夠寫。——其實弗羅貝爾也不見得有偌大的本領！輪到要寫男子的醜態，舉天下大文豪的如椽巨筆也只好自告不敏。

我看見男子氣燄薰世，像秦皇復生；又看見男子俯首貼耳，像在主人叱責之下的懦犬；我看見男子一忽兒罵女子，愛撥弄是非，而一忽兒自己又到女子跟前去獻媚起來，調諷起來，把不值得顧問的閒事看得比國家大事還要鄭重。男子又妬嫉人家的成功，他們處處不惜用千方百計來做破壞的工作；然而他們臉上却扮得總是很光明，很大方的。你不知道這副光明大方的態度後面，藏有多少齷齪不堪聞問的臭心思！這些男子所以可殺！

寶哥哥「女孩子是水做的」這句話說得也是聰明透頂了。女孩子果然是水做的，但要是與男子混得多了，混得久了，這女孩子雖還是水做的，但這種水是泥水了，這女孩子便變成泥水做的了。到了那樣地步的女孩子，眞已珍珠變成了魚目，已丟盡她本來潔光。可憐清水混了泥的女孩子，還自高自大，自稱爲解放得澈底呢！這些女孩子我只有可憐她們！但我又不得不去恨的男子。

卑污苟賤的男子，畢竟是泥做的東西！

未寄的包裹

凌龍孫

在這初冬時分，天氣還似春日的溫和。午飯後，仍有一種催眠力，令人入睡，如在艷陽天氣裏一樣。

莉華由膳堂歸到她的寢室裏，身體非常疲倦；懶得盥洗，就向她的臥榻上一躺。這時，她同寢室的伴侶，都不在房裏。在這稀沉寂的空氣裏，莉華很感覺到孤獨的煩悶，張目仰望着天空，看到灰白的浮雲。遠遠傳來馬路上無軌電車的輪聲，更引起她單調的情緒。她在想望她的家鄉，她在思念她的爹娘。更想到她前途的茫茫，沒有一個心兒歸宿之場。禁不住熱淚下淌，心頭萬分地悲傷！

淑芳，鳳娥，文珠，是她同室的伴侶。莉華生性好靜，凡事多落落寡歡；確與淑芳，鳳娥，文珠們活潑的性情相反。雖然這樣，而她們四人間的感情，並不生疏。她們仍時時不斷地尋着有趣的事情去告訴莉華；爲的是能使莉華快活。

淑芳，鳳娥，文珠三人，午飯後在校園裏小憩了片刻，也就返到她們寢室裏了。推門進去之後，看見莉華正在假寐。文珠就隨手拿了一床毯子，爲她覆上。淑芳說：「不要講話把她鬧醒；讓他睡一忽罷！」這時，她們三人就各自拿出她們爲情人而結，還未完成的手工，同坐在淑芳的床邊上，一針一針地結起。

她們耐不住靜默。鳳娥扮着鬼臉，引得淑芳和文珠都笑起來了。

『鳳娥眞會淘氣！曉得你昨天接到「他」的 Love Letter 了，開心煞了！』淑芳低低地說，打趣鳳娥。

『你好！不要說啦！眞是難爲情——星期六晚上，雙雙的攜手到 Odean 去看『Kiss Me Again！』的，不知是那一個不要臉的？』鳳娥反譏着淑芳，同時用手掊着面孔。文珠在旁邊格格地笑。淑芳面孔飛紅，抛了手中的絨線，按倒了鳳娥，就伸手搔她的脇下。鳳娥被弄得難受，笑個死去活來！

（未完）

彷徨（續）

李逸廬

（七）

彷徨，彷徨，
　我在深夜中彷徨！
遍地兮——荆棘，
滿目兮——豺狼；
安得長劍兮，
　披荆斬棘？
安得良弓兮，
　刺豺射狼？
我不能如願兮，
　我只在這深夜中彷徨！

（八）

彷徨，彷徨，
　我在深夜中彷徨！
悲歌兮——塞上，
飜血兮——沙塲；
我欲聽歌兮
　來塞上，
我欲飲血兮
　往沙塲；
我不能如願兮，
　我只在這深夜中彷徨！

（九）

彷徨，彷徨，
　我在深夜中彷徨！
我彷徨兮，
　我將何往？
我不知我將何往兮，
　我只在這深夜中彷徨！

十二，十二，晚十二時，秀水。

哀鴻

霄霞

在一個寂寥的冬夜裏，慘淡的月光，悄然地映入簾來，一切一切都浴於她的清輝之中了。當她輕輕地冷冷地將她皎縞般的清霞，籠罩上我的面龐時；我的死一般沉靜，死一般幽默的心海裏。陡然蕩漾起一陣洶湧的波濤，感觸到無限的淒涼。『舉頭望明月，低頭思故鄉。』此時可爲我咏了。呵！素[illegible]於慈母愛翼底下的我，如今已是寄身在鴛湖之濱了？悵望着白雲深處的故鄉，凝神細細地咀嚼着異地的滋味，不禁使我潸然淚下。

我負着一顆飄渺的脆弱的心靈，鼓着生平未有的勇氣；別了至關心的母親，至親愛的弟妹，來到這沙漠似的逆旅中生活着，多麽的蒼茫和枯寂呵！怯弱的可憐的一個孩子，怎樣好久離我母親懷的抱呢？無論是在霏霏細雨的清晨，無論是在淒淒冷冷的黃昏，我的心總是飄忽無定的飛逸着；更深深地深深地眷念着闊別的友人，喲！此身要是化了石去呵！

人生若夢，夢也似的人生。我在這夢境之中徘徊躑躅，終於是徬徨了。茫茫的前途，何處是我的歸程呢？

十二，十五夜寫於禾二中小學。

社會思想史

蒲迦達(Bogardus)著
鬱明新譯

第四章　古代希伯萊的社會思想　（續）

希伯萊的社會思想大半是關於「正義」與「不義」的問題，他們對於社會的罪惡，尤其是那些君王和法官犯的罪惡，大無畏地加以猛烈的攻擊。他們認定家庭是社會上最重要的組織，而愛是萬事萬物的標準。教育是側重在家庭方面，而道德又是教育的鑰匙、由希伯萊的思想，產生了希臘和羅馬的思想。耶和華創造了一個新的社會秩序，而把愛來組織個人和社會的關係。

第五章　柏拉圖及希臘的社會思想

在我們研究希臘文化之中，我們可以看出希臘的社會思想，其在理智方面所成就者，遠出於希伯萊之上，但是在情感方面，則又萬萬不及希伯萊了。希臘的社會思想有許多地方，很可以補充希伯萊思想之不足，這兩種社會思想的聯合，形成了現代社會思想的重要基礎。

希臘思想的高潮，在柏拉圖(紀元前四二七—三四七)的思想主義和亞利士多德(紀元前三八四—三二二)的功利主義裏達於最高的極峯。柏拉圖把他的觀念世界當做理想社會。而亞利士多俄，經過研究了一百五十八種的憲法，才來定出實際社會的原則。柏拉圖的「共和論」Me Refublic 和亞利士多德的「政治學」Che Po-lites 是希臘社會思想的兩大淵源。

（未完）

阿彌陀佛

觀眞唸

站在婦女運動領袖的地位，大聲疾唱着：「放胸，放胸」的高調。一看她們的胸腔，依舊是一塊西伯利亞大平原，並沒有顯出喜馬拉亞山的高峯，來做　個以身作則的模範。阿彌陀佛！阿彌陀佛!!

站在婦女運動領袖的地位，大聲疾呼着：「剪髮，剪髮，中分，偏掠，鬆心，雙鈎，單鈎，童化，男化，平髻，桃髻，甜心，波浪」等新名詞，但是同時又聽得她們悉意討論着：「直愛司與橫愛司的切髮問題。」阿彌陀佛！阿彌陀佛!!

十二，十四。觀眞合十。

杭州民國日報副刊
民國十六年十二月份
第十九期

共產主義與共匪之分別

韓同管

憑着我們常識來觀察「共產主義」與「共匪」這二個名字，我們不能不認爲這是中國民衆在目前最應了解的一回事。

先說共產主義，他們的眞祖師，決不是猶太人的馬克斯，和列甯。却是我們中國的李耳墨翟和孔子。共產主義者所要解決的，是民生問題；共產主義者所希望的目的，是去除人類的階級，使之互相親愛，永遠免除戰爭，以冀達於大同之治。我們的總理，是繼承過往而開來者的大學問大思想家，他想用政治之方法，來解決民生問題，以達到數千年前中國一班思想家所理想的大同世界。所以他領導着一班憂國之士，努力革命，他實是二十世紀的共產主義的領袖，——說他是眞眞研究共產主義的學者，我們常說，如果有人要希望作共產主義者，必須有總理的學識，思想，操守，人格；那樣才配得上研究共產主義，和實行眞的共產理論。

共匪，決不是共產主義者。而且我敢堅決的斷定，共匪決不了解共產主義究竟是什麼東西。老實說，中國共產黨，是最近中國社會上流行的一種新強盜。他們是八卦教白蓮教義和團的繼續者，他們是信奉搗亂，挑撥，罷工，暴動，殺人，放火的匪徒。沒有文化的背景，和科學的根据的。從前我們因爲不稱中國共產黨、共匪，不將共產主義明白清楚的與共匪分開，以致引起社會民衆的誤會。許多人以爲中國共產黨的領袖陳獨秀，可以與中國國民黨黨閥汪精衞共同聯名宣言；以爲中國共產黨，必定有幾個學者在內，在預備三百年三千年後，眞眞的共產主義的實行。那裏知道陳獨秀就是新式八蓮教中的韓山童，新式髮匪中的洪秀全，變相的張作霖。他們信奉的，是搗亂，挑撥，罷工，殺人，放火……種種新式打劫的方法。可是在實際上，中國國民黨自從今年四月清黨以來，已經認定中國共產黨就是共匪，所以要嚴厲的勦捕。但是一般民衆的心目中，還不認識共匪的眞面目。——雖然已經過江西，兩湖的荼毒，和葉賀的叛逆。故而竟把共產主義者和共匪，看作一樣東西。而在私情上，往往予以優容隱忍。不加告發。自從這次廣州十二月十二日的拿手好戲出演以後，我敢正告全國的民衆們，你們要認清共匪的「能爲」了。他們的把戲，老只是暴動，恐怖，殺人，和放火……在一千八百四十二年的法

☆ 目錄 ★

國巴黎，他們是初次搬演過了。又在熱鬧的柏林，羅馬，偷來搬演過數次。只有蠢的斯拉夫農夫，被他一時瞞過，上了大當。最近又在廣州試演了。想騙我們黃色人的性命，作猶太人二次試驗的犧牲品。許久悶在肚內，無從解惑的民衆，本已熱望着要審問共匪的真相，如今共匪已明白地自行表演出來給民衆們來作最後二次的欣賞了。他們的革命，只有暴動，恐怖，殺人和放火是真的方略，其餘什麼，都是假話。但也蠢的可憐。經過了數十年的經驗，還只是一千八百四十二年 造成巴黎極大恐怖的玩意兒，——從此，我們民衆可以徹底地明瞭共匪的真行徑，並且知道共產黨的工具，老是利用工人；手段，老是引誘暴動；策略，老是欺騙良民；目的，只在殺人！放火！搶劫！擄掠！毫無改良，毫無長進，仍是一套老把戲而已。自命爲科學的共匪，難道真已無法改善革命的方法嗎？同胞們！你們也在悔恨過去的差把待遇真共產主義者的禮貌施給了新式强盜的共匪嗎？請你赶速回頭，起來，努力擁護中國國民黨來一致勦滅中國的共匪！你要知道共匪不滅，全國便無生氣，不滅共匪，三民主義就要變成共產的民死主義啊！最後，我要表示分辯共產主義和共匪的條件了，我們認定，全世界如果有「愛」，有「知」，有「仁義」，必定有老子孔子，墨翟，總理等共產主義的思想。共產主義者，是含有建設新的世界的意 的，與三民主義，或者竟毫無分別，只有時間性的不同。所以我們應該尊重他，友親他，並且用學者的態度去研究他。但「共匪」所根據的，完全是墮落的，破壞的思想，是最殘忍的團體。他們的行爲技倆，便是中國一切最舊式的強盜，也都曾三折肱於斯道。共匪，不過是新式的細來強盜應該有 頭銜罷了。如果讓共匪得志。世界只有毀滅。所以是萬無此理的。中國的一切建設，已經是認定了依據三民主義實施，所以共匪便是三民主義的全民革命者的唯 仇敵。非勦滅，無以保安全的社會秩序，非打倒，無以鞏固國民革命的陣線。如果強徒在法律上，終須判死刑，共產匪徒就應該爲全世界所棄。同胞們，我們要認清楚中國共匪的大本營就是中國共產黨。因爲其中份子，千分之九百九十九個半，是共匪，而不是共產主義者，所以共匪和中國共產黨，就是二而一的名稱，應該和共產主義相別。

我們要堅决的貫徹四月裏清黨後的主張消滅共匪，而且要進一步先消滅爲名慾利慾熏迷了心的願以全國國民黨爲贈品的幾個混在國民黨中的共匪首領。

十二，十四，於旅次。

我對於婦女解放的罪言

何志豪

婦女解放，覺悟，奮鬥！社會上高唱了許久，可是始終沒有一個真正解放，覺悟，奮鬥的女子出來；我做這篇論調之先再三考慮其中原因，總覺，這完全是由於女子本身，無冷靜的頭腦及堅强的毅力和獨立生活的結果， 將他分析說一下子。

1，無冷靜的頭腦 所以凡事不求其所以然，只是糊塗過去，這是因爲判斷力薄弱的原故，所以常有反乎理性的盲目行爲，既然失其個性，勢不能不爲人誘惑；如瞽者登山涉水，去的不能說不是本人，可是終要受引導者意志的驅使。

2，沒有堅強的毅力 所以凡事不能全遵良心上認爲對的觀念去做；有時雖明其中原理，可是終無「不顧成敗」「躬行實踐」的勇氣去做；故每易爲習慣及外界的障礙所支配。

3，不能獨立生活　因此，勢不能不依人以生活，既爲人所豢養，則個人的意志、及行動自由，不能不受箝制，和管束，那麼，因爲生活上需要的緣故，勢不能不順從人意，以人的喜怒哀樂爲個人的喜怒哀樂，做人奴隸。

由以上三種原因看來，中國女子的墮落，當不能出了這三個範圍，然而女子本身作了人的奴隸，受了人的玩弄，不惟無充分的覺悟，反而爲遵守聖人的遺訓：『以順爲正者妾婦之道也』作金科玉律，不敢反抗，認爲女子當盡的天職。

可是舊式的女子，其罪猶可恕；因爲：她們普通的都沒受過教育，平日所知道的，不外三從四德，所躬行的，也只有奉人，豐教子弟，兩件大事，其他知識、與技能，可謂絲毫全無；在黑重重的舊環境內討生活，雖欲不爲人奴隸，也是不能的。

現在的女子，與前大不相同了！社會上也專爲女子設有高等學校了！近數年來，女子教育雖不及男子，然而總還算發達。可是竟未見培養出　個擺脫舊環境，和寄生虫的生活，在社會上爲人類謀幸福；因此我深不解女　現在所受教育的原理，究竟是爲促進人類進化而設的呢？還是爲資本家培養高等玩物而設的呢？不然；何以中國十餘年的女子教育，內邊留學西洋的也不乏其人，爲什麼社會上沒有作爲的人呢？而究其結果，學校中多添一個女子，只算是資本家的隊中無形中多添一個高等玩物罷了！

我敢放肆的說一句：『現在的女學是爲資本家培養玩物而設的』可是此學校的費用，何不專取之於資本家，而反取之於平民呢？(因學校之經費全由賦稅撥來的。)唉！女校對於社會公衆造出的幸福，乃是資本家獨占的獸慾，與平民的知識界，社會公共事業不惟無益且無形的損失平民血汗所得的金錢，如此看來女校之設大可不必！

(未完)

奇怪的鏡子

芳逸

一個小小的人兒在路上走，他已消瘦得只剩着一片萎黃的綢皮；他走路的時候，身上幾片薄薄的破布就飛着，飛着，好像套在一個凌空的架上。他一面走，一面目不一瞬地釘着手中的一面鏡子在看。他的臉僅僅是一個蒙着黃皮的骷髏；兩顆網滿血筋的眼球，大半顆都突在外面：這樣的　張臉子，他也會看得如此得意，旁人都在向他好笑。

他一面看着鏡子，一面在走；其實他的兩足自己在走，他何嘗覺到他是在走路！他只是好似御着風一般，飄飄然凌空前進。他的鏡子裏却有個美妙不過的容貌，這世界上原沒有比這個容貌再美妙的東西，除了這個容貌之外，還有什麼東西值得他一顧呢？他是像臨水自戀的阿陀尼 Adoni ，他差不多要變成　朵白蓮花了。

但是冷不防他肚子裏一聲叫，把他驚醒了轉來；使他忘去一切的夢境，全給打破了。他肚子裏叫着飢餓，這叫聲同時把整個的世界喚了回來，把他的自我也喚了回來！他這一個感覺當然是肚子的饑餓，其次是這滿目是行人的街路，再其次便是在他身上飛着飛着的破布，他立刻想到自己走出門來要去做的事，而他的肚子，他身上的破布，滿街的行人，又都逼着他做去，於是他鼓着氣喊了　聲：「賣鏡子！」他這一聲雖是喊出來的，但微弱的像熱水瓶木塞裏的蒸氣叫：站在他身旁的人聽去好像是從數里之外

傳過來的。然而他喊了一聲之後，已突着眼珠喘個不止，他是餓的力氣也沒有了，而他的兩腿又軟軟的只想蹲將下去。（未完）

未寄的包裹（續）

凌龍孫

莉華本來並沒有入睡。當文珠們進來的時候，因爲自己的眼裏，還有淚痕，所以不便起身，就粧假睡了。聽着她們互相說她們的情人。又聽她們吵閙；自己也假做伸了個懶腰，打了個呵欠，揉揉自己的眼睛，坐起來了。

『好了！不要閙吧！』文珠看見莉華起來，向淑芳和鳳娥說，『莉華已被你吵醒了！』

『吵閙的什麼事呢？這樣大的丁頭了！』莉華說時，看了看自己的手表，已是一點半鐘的光景。『大家預備到學校裏去吧；第二個鐘頭，我們不是全有課嗎？』

鳳娥受夠了淑芳的糾纏，終算得着丁莉華解圍。放下手。大家理了理頭髮四個人各携了課本，同到校裏去了！

○　○　○　○

從十月以來，她們各房間裏的自修，差不多無形停止。自修的時間，可以說是談話會的時間，懇親會的時間，也可以說是展覽會的時間。她們各人誇讚自己的愛人，論她們愛情的經歷。有時，捧出東束的情書　交換地讀着，互相評論。更將手裏結的絨衫，比賽似的誰嬌嫩，花樣誰優勝！在這房裏，充滿了愛的空氣；更令人感受到愛的和平。

莉華處於這種環境，心中有說不出的悲哀！她沒有愛她的情人，更沒有一個能了解她心的好友。在她房間裏的三個同伴，雖有時想打破她的寂寥，解散她的煩惱；但是，終覺得非常浮泛，不能眞正把她從煩惱的泉源裏救出。尤其怕的，是十月以來的晚上。她視寢室如魔窟，如牢獄。她的同伴，又好比執刑的差役。她們所談的話，都有一種極尖的鋒鋩，句句能刺入她的深心。她偸看見她們偸聽們續着愛人來的情書，她比是聆着最後的判决。倫看見她們手中所結的絨衫，却正似使她心酸的藥劑。

視爲畏途的寢室，在忍無可忍的情形之下，終要踏進。這時，淑芳，鳳娥，文珠三人同在一張床上，一面說笑，一面結着絨工。還有她們鄰室素娟坐在莉華的椅上。當莉華進門時，淑芳，鳳娥，文珠都喊起來了：『素娟！你等的人兒來了！』（未完）

社會思想史

蒲迴達（Bogardus）著
蕭　明　新　譯

第五章　柏拉圖及希臘的社會思想　（續）

社會生活之有組織的明確分析，在思想家的歷史上，要以柏拉圖和亞利士多德爲最早了。在時代上講，他倆的社會學說，有許多地方是相互抵觸的。可是我們要明白，他們的偉大思想，並不由於他們自己獨創，他們也有他們的淵源。柏拉圖的前身是蘇格拉底和哲人派，而在這許多學者之前，更有許多無名的學者，不斷地努力貢獻很有意義的社會思想。

還在紀元前九世紀的時候，就有來克格斯 Lgcurgus 主張兒童國有，兒童教育的目的，在使爲國育才。後來許多希臘的領導者，都注重這層意思，可是希臘始終不曾得着眞正的民族統一力量。只有在波斯人來襲攻的時候，只有在節慶和公共娛樂的佳節，民族的愛國心，曾經有過一時的高潮。

杭州民國日報副刊

民國十六年十二月份

第二十期

近代歐美婚制的趨勢和學說

方祥海

自盧梭的民約論出，自由平等的聲浪，澎湃震盪於歐洲的思想界，餘波所及，竟演出大革命一種空前絕後的慘劇，其後國家主義勃興，漸次創造現代諸國家的文明，這眞是從近世的終期，入最近的歷史上一大轉迴。其他方面：達爾文的進化論，轟動一時，攻破了宗教的城壁，加以各科學的發達，發現與發明層見迭出，終至點燃產業革命的導火綫，又因科學之應用，機械之發明，忽使經濟界急捷地轉變，生產的組織一新，於是企業的改革資本的集中同時起了；窮的愈窮，富的愈富，釀成劇烈的社會問題。至於其他方面，都有厭舊喜新的趨勢，十九世紀竟成了新時代建設的百年！

現在我們引易家鉞先生所著西洋家族制度研究書裏面一段話：做個楔子，就知道近代歐美婚制的趨勢，和政治潮流，宗教改革，同樣的變遷得很快。但是，我們欲求其果，必先研其因：編者把羅馬古代婚制留待他日討論，本篇恕不多贅。羅馬帝國滅亡後，曰耳曼人把男女同棲的婚制，一變而由基督教主持一切了。

原來基督教對於男女，極其不平，且以禁慾的觀念爲中心，所以視結婚爲罪惡的，不過宗教家同時承認婚姻是神的結合，不能與他們脫離關係，所以基督教教義說：

『婚姻這件事，不是保持和增加種族的一種動物的結合，原來是神的命令，夫婦爲異身同體相依相助偕老百年，父母之養育子女，乃對於神製造的崇拜者。』

還有在婚制上不可缺的要素三：神聖，單一，永續。這三種要素，恰巧可以代表一夫一婦的特徵。他們又以爲婚姻以外，一切性的結合完全是罪惡，信心極深的康士丁帝對於性的犯罪，特設一切刑罰：姦通或與奴隸結婚的女子，皆處死刑，我們從這裏面看來，歐洲的婚制嚴守一夫一婦與終身不能離異，完全受宗教的遺訓。

我們細想教會既巳神聖的威權限制婚姻制度中神聖，專一，永續的條件，人民受嚴格的束縛，比中國舊禮教的儀式何止百十倍呢？

（未完）

總指揮的淚

玄廬

☆目錄★

（記）有老同志說：『這番從前敵回來的何敬之同志，忽然掉下眼淚來，因爲談起在前線與敵死搏的武裝同志，不但缺少襪，連棉衣火食都沒有完備』。設想北風如刀雨如割的戰地上，束緊餓肚，撲上冰層，衝開死線，爲的是什麼？同生死共榮辱的官佐士兵，那個不是主將心頭的肉？爲民衆而革命，爲主義而奮鬥，凜若天神的總指揮，便是管吃管穿的慈母。貧家的母親，東張西羅撫養兒女，到張羅不到的時候，望見鄰村的炊煙，不必眼見兒女們『哭說鄰家午飯香』慈愛的熱淚，早就瞞住兒女，向肚裏倒流了。況且是慈母的主將，這一片熱淚，正是充塞天地的正氣的結晶！ 今天得銑電，我軍已攻克徐州， 我們在血和淚的後方， 該如何努力呵！

（一）

什麼是最純潔熱烈的東西呀：
露珠兒——不是；
火珠也——不是；
人間枯寂，
心田熱極，
怒湧起一片慈雲，
便禁不住淚珠兒奪眶而出！

（二）

眼淚也尋常：
或許是枕畔偷流，
或許是背人暗拭，
瞞了多人只有寸心知，
且算不得沒有價值！

（三）

倘使在羣衆前頭，
倘使是塗抹了如意油，（一）
算睬他披面淋漓，
那是人羣中一等的蟊賊。

（四）

眞性情是不許矯揉造作的呀！
淚呀！
不如對人流，
也不瞞住人流，
只這滴珠兒，
足淘盡千古英雄人物。

（五）

比露珠兒純潔，
比火珠兒熱烈，
掬了來洗盡人心，
更擋得住雪箭風刀的凜烈。

（六）

不單是三民主義是戰士，
不單是中華民族的同胞，
凡是世間人，
都在這淚珠中游泳。

(七)

我們謳歌，
我們讚美，
願人間世革命的眼眶，
都涵有這一滴熱淚！

註(一)康有爲在美洲，騙華僑保皇，演台上用如意油塗抹眼眶。

我對於婦女解放的罪言(續)

何志豪

十六，十二，十八。

自『自由』的聲浪，普遍了時人耳鼓，一知半解的婦女們，莫不長裙革履，厚脂濃粉，終日以其長期賣淫所得的金錢，大肆揮霍，大自由而特自由，這些大半是前數年女校畢業，及曾入過學校的學生返入家庭，轉入社會的；她們既能深體當初所受爲人玩物教育的本旨，『無違夫子的校訓』，我復何言，如今我深解新式婦女的長裙革履，與舊式的婦女纏足穿耳，原理是不變的，完全是時代潮流的關係，而對於人格上，並不發生問題，致於她們起初出了閨閣，入學校的本旨，也可拿這幾句話贈他們，『自由』的本旨，是不受他人節制本人意志之謂，換言之；就是要個人肉體上及精神上，絕對獨立，不受任何人豢養，及利用，中國因爲獨立的女子很少，所以受人豢養的很多，我們讀書，常見資本家豢養的玩物品，約有四種，即僕妾狗馬是了！女子即其中之一，既爲人之玩物，肉體精神，自不能獨立，尙有何自由之可言，所以勢不能不隨人之是非爲是非供人的愉快！

出版物中有個奮鬥旬刊，爲主張自由戀愛，所以出了這個專號，他內容如何，我因爲與本文無關，暫且不去批評他，可是他的原理未嘗不對，然而結果未見得就是道德，我的意思以爲這種學說，對於眞正根本覺悟的人，既不發生問題，然而對於一知半解的婦女們，適足以增其行惡的保障。再說要爲現在不學無術的女子，發生這種論調，她們實在說沒有知識來討論他。結果不是盲從和衝動，一定又是被動的，危險太甚。——昔時男子玩弄女子固然是不對；難道進而戀愛女子，就算對嗎？這種一方面的提倡，實在是危險，因爲知識上不能普遍平等，未見得受了男子的施動戀愛。就可稱爲眞正平等了。

至於家庭婦女，媚人求食，精神上的不自由，與妓女有何分別，那麼就是做了闊太太又有何榮耀？拿妓女的人格，與他們作個比較，有何不平等，有何恥辱呢？既然都是人類爲什麼愛豢養於人？這完全不是男子之過，乃是女子本身不覺悟，才甘心如此的。

我願在靑天白日的旗幟之下；一般有知識的女子赶速覺悟，不要專隨人家的風頭，叫怎樣覺悟方會怎樣覺悟，以前受人家的輕侮，都是自己不長進的罪過，所以此後凡事再勿以習俗上的是非爲是非，再勿拿人家偶像上的是非爲是非，總要拿自己的理性去研究眞理，毅力做去，頭腦還須冷靜，遇事不要先裝滿了他人或社會習慣上的種種成見，畏首畏尾的怯懦出酬，只要原理上對，就是一千萬人不去行，我個人也要去行，要是原理不對，就是一千萬人去行，我因爲良心的不許；就決意不去行，勿懼人的唾罵，不遭無知識人的唾罵，還算人麼？勿惜人的擯棄，不遭無智識人的擯棄，豈不是同他們一樣的蠢愚麼？所以我願意大家眞正的解放，覺悟，奮鬥！勇往直前，永不受勢力的壓迫，和習俗的支配，竭力謀生活經濟上的獨立，求眞正精神上的幸福，並集合羣衆革除種種惡制度，再勿存一絲一絲依賴人的思想，這是最希望於我們女界的。

（完）

奇怪的鏡子（續）

芳逸

他高高舉起了鏡子又竭力喊了一聲，這纔引起了人家的注意；而人家的注意却不是由他的喊聲引起來的，引起人家注意的是他那無力中下個死勁的怪相兒。你以爲人家看了要可憐他吧？否！他們看了他却都要好笑，他們都笑着圍了過來。於是這個賣鏡子的餓鬼便圍在路人的圈子中了。漸漸地有幾個好奇的多事人像調侃小孩子般跟他說起話來，他講了許久，費了他全身所餘剩的力氣，纔把他的意思傳達給衆人，而他那鏡子的妙用也被衆人所賞識了。人家個個都想把這面奇怪的鏡子買了回去！

——多少價錢？

——兩萬兩！

衆人聽了這個價錢，便都把舌尖兒吐了一吐，戀戀不捨地走了開去，因爲路上的人大部是有事在身的，鏡子雖則可愛，沒有錢買的時候，又有事情不容他們領略過屠門而大嚼的風味，也就罷了。餓鬼看了很失望，他回想起來：這鏡子累了他一生，累得他窮得飢寒羞恥一齊來壓迫他，以後還要累他下去，他那網滿血筋的眼球，便濕潤潤亮了起來。

（未完）

未寄的包裹（續）

凌龍孫

莉華被鳳娥拖着坐在懷裏。淑芳告訴莉華：『素娟的笑話眞多！她代她的Lover結的背心還未完工，她的表兄又來要她結了！兩個人都不能得罪！現在她來求你帮忙呢！』

素娟很難爲情的，跑來問莉華：『你有空閒沒有？我看旁人多正在結着，沒有功夫；就是我，也因爲一件還未完成．你也沒有東西結，請你帮帮我吧？』

這時，莉華的心好似刺上了毒箭；滿腹的辛酸。不覺憤憤地說：『對不起，我也很忙！你有兩件要做麼？僅有兩件要做麼？祇告訴你，我現在巳允了人家的，好像是一件背心，兩件襯衫。祇因近來功課很忙，心緒也不大寧靜，所以擱到如今了。你不信，我把證據給你看。』說完就立起身來，在抽屜裏翻出了一樣東西，忽然開門出去了。

（未完）

社會思想史

蒲迦達(Bogardus)著
蕭明新譯

第五章　柏拉圖及希臘的社會思想（續）

約在紀元前七百年左右，希臘有一位道德的詩祖海蕭（Ttes-iad），（註一）細細的描寫那黄金時代及其後來的社會。海蕭對於當時社會上的不義，加以婉轉的諷刺．其後一世紀，有一位哲學家愛納山孟大 Anaximaude．和一位哀歌的詩家底尼斯 Thea-gnics（註二）討論兒童的健全養育和教訓在社會上的價值。這種的問題，在最近的優生學和人種改良學裏，也以此爲根本的觀念。

（註一）見 Ttesiod. Works And Leays．

（註二）見 The W0rks Of Tbesiod, Collimaehus Auel Theognis

杭州民國日報副刊

民國十六年十二月份

第念一期

近代歐美婚制的趨勢和學說(續)

方祥海

所以到馬丁路德 M rtiu Lwthen 提倡改革宗教婚制也是新舊教會戰爭的導火線。當時除了腦筋頑固的教徒以外，自然他的主張都熱烈的贊成。他說結婚爲人間所有者當然委之民法之手，主張所謂「民法的結婚」Ciril Mami ge 主表現，同時對於離婚亦認爲應當的事。

後來英國海利八世康他擺利大僧正托瑪克蘭瑪Thonns Cran Mer 充英國王室法律調查委員，改訂英國之結婚及離婚法，且從教會見解結婚爲神所定神聖者，完全廢除之，所以婚結一變而爲民法契約，現且全然公認。

我們更要大書特書的詩人彌爾敦， Mi'ton 他在十七世紀時代，著「離婚教理與規律D'ctrine Aud Discipline Cf DivorCe 一書公表於世，我們以今日眼光看去，固然不值得注意，可是當時亦獨具慧眼，超人一等，且將此見解於一六五三年通過英國議會，遂成庫勞穆耶爾 C onwe二的民法結婚條令的基礎。是徵此條令非盡宗教性質，而承認爲民法上契約留爲婚制改革上一大紀念。當時因英國政局不定，未見實行，仍脫不了宗教魔力的侵略。但庫勞穆耶爾法律至今尙爲歐美各邦所採用。

我們再引卡爾遜氏 Oarson 所說的話：

『總之歐羅巴之多數文化國，其一般傾向於結婚上不帶何種宗敎的性質，認之爲民事契約之一。且於其契約後舉行宗敎上之儀式者，應無何等妨碍。然此時所謂結婚本來之性質，全然取無交涉之傾向。』

那麼，我們知道十九世紀的歐美婚制，總脫不了宗的色彩，不過同時科學進步，物質文明，個人主義的思潮發達，宗教勢力漸歸淘汰，家庭制度也經過幾次的變更，——成了新時代建設的百年。婚姻隨婦女運動澎湃震盪到自然的趨勢路程上，他們的思潮亦複雜得很，我們爲研究便利起見，舉幾個顯明的例：如易卜生的戲劇傀儡之家，出靈海上夫人暗示自由離婚。人們應享個人主義的快活，說得何等地的透明，何等的痛快。所以他的思想傳于蕭伯納和愛倫凱女士，就大胆地提倡自由戀愛至新性的道德。她最重要的表示說：

「戀愛的結婚，他們的意義就圓滿而鮮明，倘使沒有愛情結

☆目錄★

的婚姻，雖然合成爲夫婦。總是不會有意義。」

又合於倫理的法典說：

「不論什麼的結婚有戀愛的乃合於性道德，設使經過法律上的手續，倘沒有愛情的時候，就會感到無意思與不道德。」但我們研究她們的思想，切不可誤解她的真意。更不能忽略她的精神，她於戀愛與結婚的計劃是：

「一方對於種族改善之要求，與他方欲求戀愛幸福之個人要求間，覓出一適要之平均調和。」(未完)

奇怪的鏡子(續)

芳逸

後來，這件奇聞傳入一個腰纏萬貫的富人耳內，他便走過來接了鏡子照了一照：他自己也嚇了一跳，原來他在平常的鏡子裏照起出，自己的相貌總是十分可怕的，現在他那猪頭似的相兒却變得如此美麗，美麗得一如他平日想像中最美的美男子，他歡喜極了，心裏却在想：「世界上只有這面鏡子是平準的，其餘的鏡子都是粗貨，都是凹凸不平的哈哈鏡，所以才把我這張美麗的臉兒映成猪一般的樣兒。」于是他決定買了這面天下最平最準的鏡子回去。

餓鬼拿到了兩萬兩的銀子，便安安穩穩度日了。沒有這面鏡子，雖覺得有點兒不自在，但他的肚子他身上的破布，和這些在街上來來往往的行人，却不會來壓迫他了。

富人自從得了這面奇怪的鏡子之後，便再也不肯輕易把這面鏡子放下。他一天到晚把他的目光，把他全個的魂靈兒傾注在鏡子裏，他的妻，也不再能引起他的一睬，他最寵愛的小妾也棄置了起來，他只戀着這面鏡子。

他戀着這面鏡子，便任何事情都懶得去顧問：這世界可以毀滅，他只要抱着這面鏡子，什麼都可以由他去。十多年之後，他也到了和這面鏡子的故主同樣的地步：他也被迫得挾着鏡子上街去叫賣。而這叫賣着的人，誰都不知道他就是十多年前腰纏萬貫的富人。

這面奇怪的鏡子在人間流傳轉來。每隔了十多年，却總有個餓鬼在街上持鏡叫賣，這叫賣的聲音微弱的，微弱的好像是從數里之外傳過來的，却充滿了疾病，羞恥與生命的窘迫。

一天，這鏡子又有人在街上叫賣。恰巧有一個仙子從這街上經過，她把這面奇怪的鏡子接在手裏一看，立地豎起了雙眉生了大氣。她憤憤地呼道：

——多作孽的鏡子！害了多少人，還要去害人嗎！她把鏡子高高舉起來向地上一摔，便摔的碎成千百片小塊。她也洩了憤，便飄飄然去了。

這面鏡子雖然碎了，但碎下來的小塊，却被衆人爭着搶個干淨，大家都當作寶物珍藏了起來。從此這世界上雖沒有整片的怪奇鏡子，却有不少這面鏡子的子子孫孫在人間混纏。(完)

未寄的包裹(續)

凌龍孫

她跑到馬路上，吸了幾口冷空氣；仰視一輪皓月，雲淨如水。路旁有時經過一對對携手同行的愛伴。她想她近來滿受了冤氣；即以剛纔素娟的話裏，冷嘲熱笑。瞧不起我，以爲我是個孤獨的人！沒有朋友的人！非但是瞧不起我，簡直是侮辱我！如此，我不得不一雪胸頭之恨！

想到這裏，她跑上了無軌電車，到浙江路去了一躺。在回來的時候，她買了二十元的雜色絨繩。當晚就開始結着一件豆沙色的絨衫。在她同伴已入了好睡的時間，她還不輟地結起。

○ ○ ○ ○

疲倦，是疲倦極了！在朦朧裏，似乎來了一個極秀麗，極偉壯，極英俊，似曾相識的少年。站在她的面前，笑看着她一針一針地撥動。這時，她很怕羞，頭漸漸地低下。少年迷迷地笑着，又向前進了一步。喊一聲『莉華！』

她心頭如小鹿撞着，臉上好比火燒，更抬不起頭兒來了！

『莉華！爲我結的絨衫，還未好嗎？這種顏色我是非常地喜歡。不過，下圍的邊，兩個袖口，一圈領沿，我要綠的吧！肯不肯？』

這時，她立起身來，看了少年一眼。

『綠的邊沿，很容易。祇要你喜歡，我總可以辦到。』

這時，少年又進了一步，握着莉華的手。

『莉華！你近來何以鬱鬱不樂，像有心思一般的？』

『我是爲人家所擯棄的！她們欺我沒有絨衫結——換一句話講，她們笑我是一個沒有朋友的人！沒有愛人的人！再換一句話講，就是笑我是一個孤獨的人！』

『笑你的人，也知道我嗎？也知道你有個我嗎？』

『她們是不知道的！』

『也難怪！實在講，她們的愛人，也不過如你的我一樣。他們是她們的，也正和我是你的一樣。』

『你要永遠地這樣愛我！』

『不要痴，莉華！倘使刹那就是永遠，我可以永遠地愛你。』

『你要眞誠地愛我！』

『好吧，你結吧！………』

『再等一等！請你把你的腰圍給我量一下。』

『好，你用你兩臂圍抱一下，就可知道了。莉華！你試試吧』

莉華擁抱着少年，不期然地跪下。少年俯身抱着她的香頸，吻了又吻：『莉華，吾愛！莉華，吾愛！』

莉華沉醉在甜蜜的吻裏，似乎昏迷過去了！

○ ○ ○ ○

幾日來，莉華過着從來所未曾經過的愉快日子。上課時，自修時，談話時，都不停地結那件豆沙色，綠邊的絨衫。有時，合上了眼，默想那少年雄健身軀，和偉大的精神。她有時想得笑起來了！這時，她傲視着昔日譏笑她的同件，目空着世間的一切！

在一個北風吹得緊的夜裏，嚴冬已經現出眞面目來了！她手中結的絨衫，也快完工了。她想他現在要等着絨衫穿了。她很恨自己早不加緊地赶起來，現在使她的愛人受苦。她想見那少年在冷得縮手縮脚似的，又好似那少年站在他許多同伴中間，各人都着上了他情人的手工，向着那少年表示誇耀和自矜的神態。

唉，只有他沒有！只有他一個人到現在還是沒有！天氣好冷，莫要把他凍壞了。他等得不耐煩，走近她的面前來問她要穿了。她想到這裏，手裏加緊地工作，一針一針地快趕呀。

「怎樣，做，做，做，再不做完？」——她眞代她的愛人性急呀！她不耐了，就把垂成的那件絨衫，提着領抖開來，向電燈光下一照。唉，眞正做得巧妙呀！她滿心歡喜到了不得！

她越想越歡喜了！唉，她手裏的那件絨衫，不久就要到她情人的身上去了。她想到這裏，她觸在絨衫袖管上的那雙手，似乎又感覺到她從前在夢中和那位麗少年握手的情境了。她想到他在迷迷地笑，她面上也不禁現出笑容來了。她想到他倆的擁抱，她不期然而把那件絨衫湊向唇邊，吻了又吻，吻個不已，像在夢中一般。她再默默地對自己說：「我的心完全寄托在這件絨衫上了。但願他把這件絨衫穿在身上，那末我的心也便安貼在他的心上了！」正默默地祈禱着，忽然，閃的，電燈熄了。她方始憶起他的絨衫再有幾十針便可完工了。

她連忙點起洋燭。一口氣使大功告成了。隨即把來摺起，用了一方自已平素極歡喜的手帕包好，再抽出針線，把那一包絨衫，也可說是一包熱情，密密地縫起來。此刻她心中的愉快，眞是飄飄欲仙、更非凡筆所能形容。只覺得燭光比電燈百倍的明亮。靜默中傳來甜蜜的歌聲・空氣裏含着無限的暖意，她好似陶醉在愛人的懷裏了！

縫好了，她已把那包裹密密地縫好了。她想明天要去寄的，趁手把那封面開好了罷。提起筆，蘸滿了墨，她正待要寫——

「那末，怎樣寫法呢？」她不覺狐疑起來

忽然，猛省得——

「啊呀，原來……」

她明白過來了！她昏倒在床上，心如刀割，咽不成聲，終於簌匕地拋下酸淚了！但又不敢驚醒同房間甜蜜的團圓之夢，惹她們的譏笑。只得默默地垂淚，自悲身世，「唉，原來我是一個孤獨者呀！」

（完）

社會思想史

蒲迦達(Bogardus)著　蕭明新譯

第五章　柏拉圖及希臘的社會思想（續）

希臘的著名立法家蘇論Solon(約在紀元前五百年左右)把他的社會改革的理想運用到實際的立法裏去。有了這種社會的實際改革，也就不會發生革命的現象・當時貧苦的人民，每以不能償清債務，因而淪爲奴隸，蘇倫就把這種惡例廢止了。蘇倫看見那時生活的費用很高，他就禁止糧食貨品輸出外境，一般消費者因此得着便宜的售價。他又規定人民的私有土地，要受着一定的限制，不得超過某種額量，這種的規定，在今日看來、似乎帶些革命性了。人民的分類，不以財富爲基礎，而以收入爲標準。他把特拉可法律(Laws Of Draco)的硬性減輕了，而增加了個人的種種自由。在蘇倫之後，不幸專制政治又起來了，然而我們相信蘇倫，在德謨克拉西的基本觀念上，確有不少的貢獻。

經過了若干時期的霸王政治，雅典曾在英明的領袖如克列聖Cleisthenes的統治之下，實現了純粹的德謨克拉西。從前政府分做四個Phylae，(註二)現在他把它分做十個Phylae・因此政治的權力，得着更精善的新的分配。抽籤流刑的處罰方法，是他首先制定的，而他也是第一個被他政府所放逐者。

(註三)古代雅典政治上的最大單位，與羅馬的Tribe相類似。

杭州民國日報副刊

民國十六年十二月份

第念二期

關於「歡迎蔣總司令復職」的話

何志豪

國民革命軍事領袖蔣總司令，誰也知道是個勞苦功高的先進同志，他追隨總理多年，凡赴湯蹈火，在所不辭，革命歷史上的過程當中；無處沒有他的偉大成績，他有功於黨國，更有功於民衆，不愧革命歷史上的偉大人物，也不愧為我們的忠實的領袖。那麼，我們就應當絕對擁護他，永遠的擁護他，我們需要他來領導我們出了苦海，向光明之路去努力，去奮鬥！

不料萬惡的共產黨，在國民黨裏大施其活動搗亂的伎倆，掛羊頭賣狗肉的勾當，他們借國民黨為面具，嘴裏喊著三民主義，而暗地裏仍舊按日領着盧布，死命效忠於共產——共產黨，努力於民死主義之實現——同時；他們對於國民黨的忠實領袖，無異眼中之釘：他們詭計百端，總要把他排擠去了才快心。幾月之前，忠實的革命領袖蔣總司令，竟棄我們而飄然下野了！親愛而熱烈的民衆們，我們以冷靜的靈敏的腦筋，和卓越的精神，來透澈地觀察：這到底是誰的罪惡？我可以堅決地說一句：這完全是萬惡不赦的共產黨搗亂造成的。

我們的國民革命，要是沒有忠實的領袖來領導我們，我們勢必一定要像瞎子走叉路一般亂衝了。這真是黨國的一大危機，所以；我們的國民革命，一定要有忠實的領袖領導我們前進！

今日望明日，明日望後日；望斷秋水！總不見我們忠實的革命領袖蔣總司令復職，這真使我們多麼失望而憔悴呀！本來革命所最不可缺的是一個領袖，尤其是一個忠實的領袖要那樣才能夠號令統一，進展順利，你看國民革命自蔣總司令下野，就好像失了重心，怎麼也得不到充分的發展，我們見這點，便更感到有使蔣總司令復職的需要。現在呢，我們忠實的革命領袖蔣總司令固然復職了！我們要以萬分誠懇的熱忱儘量來「擁護蔣總司令」，同時；更要萬分誠懇的「擁護忠實的革命領袖大團結」。此後；我可以決斷國民革命將有一日千重之概，國民革命能於最短期間促其成功。

但我們於「擁護蔣總司令」、「擁護領袖大團結」，之餘更不要一刻忘記了撲滅共產黨，共產黨與我們是站在勢不兩立的地位，我們說，共產黨成功，則國民黨消滅，而他們的老爺領袖俄人琪琴斯基在幾年之前已經說過：國民黨成功，共產黨消滅。所以；我們要把國民革命做成功，勢不得不撲滅那萬惡不赦的中國共產

☆目錄☆

黨。同時更要具有十分的精細，提防共黨的搗亂，密察共黨的活動，使他無搗亂之餘地，使他無活動之餘地，而把他一個一個的撲滅，一個一個的剷除，更把他撲滅得死灰不能復燃爲止，同時；尤其要誠懇的永遠的擁護革命忠實領袖蔣總司令來領導我們，他的人格，學問，道德，經驗，和一切一切；都足以爲我們的領導者，都足以爲我們的模範。更可說是國民革命的南針，全國民衆的明星。總之；我們要『誠懇的擁護蔣總司令和誠懇的擁護革命忠實的領袖大團結』，國民革命成功萬歲！中國國民黨萬萬歲。

作於店員總會辦公室，十二，十九。

近代歐美婚制的趨勢和學說（續）

方祥海

那麼她的意見何等的純潔和高尚。我們眞要拜服到五體投地。同，歐美各國對於婚姻法上發生大變化，但曲高和寡，一般人民能了解她的眞諦的究竟有多少呢？還是一個大問題！不料掛羊頭賣狗肉的冒牌，急色兒都假借她的金字招牌，提倡所謂道高一尺魔高十丈，那就糟極了。好在極端的自由婚姻，還是稀理想計劃。我們不必去討論。可是舊道德崩潰新道德剛想建設的時候。總不免有恐怖和混亂的現象。不說別的，美國政府對於婚姻制度稍爲放鬆，而離婚的數目就增加到了不得，一般社會學者都認這種現象是社會前途的暗礁，不能不豫防的。現在舉美國社會學者愛爾華德氏所著的社會學裏面說：

「——美國不僅在離婚數最多這一點冠絕世界；且其增加的速度，遠在人口增殖的速度以上。在開始蒐集美國全國的統計的一八六七年．美國的離婚件數是九千九百三十七件。到一九〇六年，每年正式認爲的離婚總數，實達七萬二千另六十一件。從一八六七年到一八八六年這二十年間，美國的離婚數是三十二萬八千七百十六件。其次十年間，從一八八七年到一九〇六年，總數達九十四萬五千六百二十五件。二十年間竟許可約一百萬件。離婚總數實爲可驚呀！——如果依然繼續下去，美國到一九五〇年全結婚數四分之一，到一九九〇年全結婚數約半數，因爲離婚必定都到破壞的命運，我們據這種統計，目擊現在的趨勢，到將來還當繼續下去，我想這種在夫妻死亡的以前，有恆久的結合形式的家庭，不難推測他的消滅時期了。我們若將結婚的半數變爲離婚的，這種國民社會狀態，來與羅馬衰亡時代的社會狀態比較，決不能前者比後者優良。但是如果不想到離婚的普遍，育兒的放棄，及一般社會的墮落，我們就不能想像將來美國的社會狀態。」

他在後文關於離婚惡弊的矯正方法方面，亦說得很多。我們舉他最簡明的話說：

「有時候法制這個東西，差不多沒有矯正這的惡弊的能力，但是我們不可因他沒有能力，對於離婚問題就取一種放任的態度。何況法制有時也能發生很大的効果。

「——例如瑞士一八七六年以前，各郡握離婚的管理權，自從頒布統一的法律並三十八年後的一九〇六年，日內瓦郡七件結婚數僅有一件離婚數的比例。瓦列孳 The Canton Of Valais二百五十二件結婚數僅有一件離婚數的比例。——我們並非說關於結婚和離婚各州制定一定的法律以後。就可以發生莫大的效力，不過是承認制定這種法律有重要的價值罷了。

那麽維持社會現狀，不是完全採用學說作根據可以收效的。同時因國內的狀況和國民程度，正須相當的法律去限制他才行！法律是保護人民的安全籬啊。

最後我們要注意的，我們在上面所討論的話是歐美整個的社會問題，他們的近代婚制趨勢大概似這樣罷了：不過還要附帶說明的，是現在歐洲方面鬧得烏烟瘴氣的社會主義者！——馬克司主義，他們也口口聲聲說：自由戀愛。其實他們是掛羊頭賣狗肉的。——他們只看到唯物史觀，他們的主張，想用共產制度來代替現在社會上一切制度。後來的結果，我們實在不願意說；不過他們最明白的表示，是發展個人自由。造成無產階級的專政，破壞家庭的組織，及私有的財產制。所以婚姻，他們自然很注意的。——他們不但要改革婚制，並主張永遠廢除婚制，那麽他們是實行凱女士的新性的道德嗎？不！决不是！他們的計劃是(communism)。所以他們認離婚的案增加，就是個人主義勃興的表現。再進一步由個人利己主義組織合作的社會。同人個人的社會並重。財產集中、消費合作，戀愛自由，婦人公有都是他們預定的計劃。不過實際上也未必盡然。勞農俄國總算社會主義的國家了。為什麽還有親族法典呢？訂出親族法典不是就承認家族制度的明證嗎？所以以社會主義者攻擊家庭制度一天存在，社會主義就一天不能實現。他們只知家有人格，個人沒有人格一類的話，我真不懂。其實俄國民法上婚姻方面的條文也有詳細的規定。不過他們重雙方當事人的意思，實行男女平權，不像舊民法上完全束縛女性罷了。那麽解放婦女，實行男女平權，就是我們也應該本人道的主張，順人類進化的自然趨勢贊成男女平權，何況社會主義者！平心而論。婚姻問題，任何時期，均有研究的價值呢！（完）

誤會

光增

「蓬鬆的頭髮呀，你披在我的左右耳邊，蓋在我的額前，你在發榮，滋長，天天不斷的長進。既然吃盡我的血色素，又迫使時為經濟俘擄的我，去做理髮店中的顧客，世人稱你是『煩惱絲』，真可說名符其實了。」C君這樣詛咒着頭髮。

C君詛咒頭髮以後，便戴上了一頂新從三友實業社買來的草帽，穿起了一件新開折的夏布長衫，獨個人懶洋洋地步行到W街上，就進了一家比較雅潔的理髮店裏去了。

C君只見兩個年輕的藝徒，捷足登先地趨向前來，替他拿帽的拿帽，脫外衣的脫外衣，彷彿北里中人歡迎周郎，姨太太承奉小白臉一般。C君還沒有坐下那旋轉自如的椅子，一杯清香可口的綠茶，已經擺在他面前的架板上了。

茶還沒有喝了半杯，那白衣人——理髮匠——早已把嫩絨絨的三角牌毛巾，環繞在他的頸項上，又把　塊長方形的白而潔的白布，披在他的胸前了。這樣布置的工作完成以後，隨手便把他的左右十個細瘦手指，一個個依次的牽拉過，又於腕部和肩部，輕輕的摸了一下，手法的靈敏，藝術的到工，就是上海法租界實施按摩術的法國美人，也要退避三舍，這時C君全身受着說不出的快感。

手術施過了，白衣人又開始他的拍背工作。他還未拍到三下，C君禁不住喊了一聲『啊唷！』嚇得許多理髮匠，，以及一班理髮顧客們，個個面如土色，都以爲這個人突然發了痧而肚痛，那理髮匠就低着聲向他問道：

『先生，什麼地方痛呀？天氣這樣熱，莫非是痧了痧吧？』

『我的背上昨天剛打過針，那個針孔，現在還未復原。你剛才拍着那個地方，所以覺得很痛，你還是不要拍了，就即剪我的髮罷。』C君這樣回答：

他們聽了C君的宣言以後，個個笑得嘴都合不攏來，先前那種恐怖景狀，頓時變爲快樂的世界了。

過了幾分鐘，他們又大笑一陣，一唱百和，只聽得咯咯的笑聲，和那剪髮的翦刀聲相呼應。然而C君的好奇心，從此衝動起來，懷疑論也從此開始作用了，所以他就扮起笑臉問他們道：

『你們爲什麼這樣好笑，可告訴我嗎？』

他們儘管繼續着笑，終不肯說出一個所以然，於是C君又對他們說：

『我雖是個學生，但毫無學架子，我很願意同你們說些笑話，快點告訴我罷。』

經過C君這一番勸告，其中有一位膽量比較大一點的理髮匠，忸怩着問他道：

『先生曾經嫖過堂子沒有？』

『哦！哦！我明白了，原來這幾天時疫流行，我們的校醫昨天替我打過防疫針，現在你們以爲我涯過妓院，從窰姐兒那裏染了梅毒，打過六零六的針是不是？』C君反問說：

於是大家又狂笑一陣。這時面已修好了，白衣人問C君道：

「先生油搽點否？」

「好，我的頭髮太乾燥，我要搽點油。」C君不加思索的隨便回答：

笑聲又起了，並且聲浪比從前更大。C君走出門來聽着店裏的人說：

「這位先生喜歡搽油，這位先生喜歡……」

（完）

社會思想史

蒲迦達（Bogardus）著

蕭明新譯

第五章　柏拉圖及希臘的社會思想（續）

在紀元前五世紀的時候，很有幾個學者是柏拉圖和亞利士多德的先驅。愛凱勒 Aeschylus（紀元前五二五—四五六）是雅典悲劇詩家中的最著名者，他把文明社會的進化，用普通的文字，敘述出來。（註四）藝術的歷史家赫洛陶德 Jterodotus，還出了他世界觀念的理想，集合了無數的故事和人種學的資料，寫了一篇文字，從特老城戰爭（Jrojan War）起而以東西文化的衝突爲其最高點。赫洛陶德的社會基本原則，是說強暴的君王，最容易受着打擊而崩壞。他更把他遊歷許多外國的經歷，將各地人民的習慣風俗很詳盡精微地敘述出來，後世稱他爲世界上敘述的社會學家之始祖。（註五）

（註四）見 Botsford And Sihler' Helleuic Civilizat'on P 64,

（註五）見 Seorge Raw'ius'n, Tran'lat'on, Histovy Of He odotu's 4 Vo!s.

杭州民國日報副刊
民國十六年十二月份
第念三期

爲書鴻洋畫展覽會告士君子

常書鴻

過去了！一切都是這樣，可憐地只奔波在煩忙的機械工作中，在那裏，儘這樣徵逐地過去。

『這是慢性的自殺呀！』當那晨興夜寐的前後，我感到我自己生活的無謂，永遠只拿自己的筋肉運轉在規常的輪子上：一日，一月，一年，一生命，一世季…………像這樣，墓田中又長了新土，人事是變換了！我覺得寒心！那盡頭加於我的身上，也不過墓田上長了些新土！那末生命的意味也就太可憐了！

我知道我必須擴大自己的力，恍動在世界的波浪中。然而全地球盡沉淪在一個漩渦中，輪子又只是在心軸的周圍轉動。我不能，我又不能超獨地創造自己的園地，終於因循地，因循地在一樣的生活中做人家的夢，這夢中又多是苦悶與憂患，屢次，屢次我想靠自己的力從惡夢中蘇醒過來，見一見現代的光芒，可恨窮困壓住了心窩，動彈又不能自主。

於是我祇能偷偷地從輪迴的學校生活中抽出一些光陰來尋求自然，在那裏，我感到一些溫暖，心兒就慰貼地擁住了氛氳的垓中。

三四年之後，時序是變換了！生活的一面既在向反對方向背馳，內心的活力又在向現實的路中尋求，總是這樣相反，總是這樣生氣，於今我下了非常的決心，想把自己趕緊從實生活的污泥中超拔出來。我想充實自己，我想讀書，然而像狗一樣除了東跑西走之外，讀書，讀書，從什麼地方去弄得讀書的錢呢？

幸而現在已得到學校及幾個友人中的一部分的帮助，讀書的經常費似乎已有了寸分的把握，然而窮得來連一塊白毛綫的圍巾都買不起的人，對於目前所需要長途——四五百元——的旅費，眞是籌斷了肝臟也籌劃不到。在這個時候，母親見到我每日的愁容，自然同情地加以慰安，然而當我借得五塊錢托友人在上海買了二碼畫布回來時，母親又恨恨的責備我：

『老是化錢在這些東西上，不知爲了什麼，難道這些畫能夠當錢用嗎！』

眞的，我不能回答他，

『那究竟有什麼用場呢？』

這就是我開這次個人圖畫展覽會的動機，雖然當我繪好一張

☆ 目錄 ★

畫的時候，除了學生及幾個知友以外，什麼人都不敢公開給他們看——當然別人向我索取的時候，我也是抱歉地謝絕他們。這原因是我自己知道我自己的淺薄，不敢公然在士君子之前自弄其斧。那末又爲什麼拿了這些畫公開的在這個大都市上給人展覽而肉麻的標上價格呢？

像上面所講，動機是在沒有錢。那末很簡單的，你只叫着那些下跪在馬路行人路上，用粉筆在水門汀上大書求乞的人，爲着什麼他也要展覽自己的窮肚臟在衆才子佳人之前呢？

老實的同諸位說：除了要籌備幾個路費之外，我是沒有別的膽量敢在明亮的士君子之前開展覽會的。假定有一個善男信女肯獨自資助我一點，那末，我即刻要收藏了畫幅，誠懇地鞠躬着：「難生□□頓首百拜謝恩。」因爲我知道在我的生活綫上，一定有一個時候會感到這次展覽會的唐突而生後悔的。

讀總理遺囑的向背問題

顏學冏

昨天我在布廠總工會開執監聯席會，主席是指導員黃維炳同志，他向總理遺像行了禮之後，就回轉身來恭讀總理遺囑。我覺得很奇怪。我同黃同志是初交，本不應冒昧向他問難，但是我認爲在黨的立塲上是不容客氣的，所以就向他質問。『他說：人數多的會，是要向總理遺像讀的。這種人數少的會，爲簡便起見，所以向外讀。』接着又說道：『這種情形。各處都……』他說了之後，不禁引起了我絕大的疑慮和注意。因爲我對於黨的認識，很少很少，而這位黃同志是任過紹興縣黨部執行委員的，我想他對於黨的認識，當然比我深，所以也就沒有同他討論下文。但是我腦筋中仍舊不斷地想，總覺得向外讀的儀式是不對的，我所認爲不對的地方，有下列的幾點：

(一)向外讀，變了代表總理讀給大家聽，完全失了因紀念總理的遺訓，而讀總理遺囑的意義。而且我可以說，誰都勾不上再來代表總理。

(二)在開會的時候，總理的遺囑，論理是人人要讀的。爲減輕喧囂起見，所以用主席來恭讀總理遺囑。那末主席的讀，是代表大家讀，既是代表大家讀，那末應該向總理的遺像讀。

(三)至於黃同志所說，因爲人數少，爲簡便起見而向外讀，還是更無理由。朝裏向外，有何簡便可言，假使因人數少而大家都讀，那末還是大家朝裏呢？還是向外呢？如果說向外，那末又讀給誰聽呢？

我雖然感覺到這幾點，但是總因爲我對於黨的認識太淺，不敢決定。不過我認爲這種儀式是很重要的。而且黃同志說：『這種情形，各處都有，』所以我更以爲有糾正的必要，故就提將出來，向黨中的先輩請教一下。

結婚的儀式

不徹底人

上古的人類本來是亂交的，經過了母系時代的一妻多夫制及父系時代的一夫多妻制後，跳出一個道德和禮教來說，一個女子一個男子，並且制了一個木偶式的儀式，算做婚禮。近世倡平權了，所以不但女子不能多夫，男子也不能多妻，這就是現代社會法律所規定的一夫一妻制，洞房花燭的禮節總算被打破了，却替代上一種新式婚禮。一般自稱新青年的，總贊成這種婚禮的革命

——以爲這是澈底了。

新式婚禮是甚麼呢？說來好笑！她和他的心兒，本來可以證明說：「我愛你」的：却偏偏找個沒有關係的證婚人來做證明，換句話說：就是她和他實行性交了，找個沒關係的人來證明一下。她和他戀愛到了極度，預備同居了，預備做愛慾的表現了，本來雙方願意，自作主見的；却偏偏找兩個不能代表她和他的人來做主婚人。別人同居，別人性交，何必你們來做主呢？她和他本來相識了好久，也許他們是自己認識的；却偏要找兩個不關痛癢的人來介紹一下。更好笑的，就是她和他宣布同居，開始性交，明明可以擁抱着接吻，密談；却偏要找四個不生不熟的儐相來扶着她和他，不能直接表示愛性與愛慾，連交換戒指也不能自己換，却借手於儐相。還是她和他結婚呢！還是女儐相與男儐相結婚呢？最好笑的，就是贊禮人，她和他的一舉一動總受贊禮人的命令如鞠躬蓋印於婚書等，但是他們的同居與性交却又用不着贊禮人伸着頸子，拼命喊了。更滑稽的就是來賓，她和他約了到公園裏去玩，或是吃飯去，人總不注意，今天她和他開始同居，預備性交了，却奔喪似的奔來賀她們，並且揩油一頓飯。同時，新(？)郎穿上大禮服，——和送喪一樣的大禮服；新(？)娘披上粉紅沙——像死屍一般的聽儐相們播弄着，做了一幕一小時的滑稽戲，却成了一件堯舜禹湯文武周公孔子孟子……規定的大禮，從此以後，天經地義(？)，石爛海枯(？)，開始同居和性交了。你看好笑不好笑？滑稽不滑稽？

現在我聽到兩對她和他，打破這舊禮敎與倫理和虛榮心而發生的禮節，A先生與B女士發卡片，請相識的朋友聚攏來談談，開一個茶話會，就算是結婚禮，C先生和D女士發一張很美麗的卡片說：『我們倆於某月某日……舉行共同奮鬥的宣誓典禮……我們衝破了整個的壁壘，從惡習慣中解放出來，……末了；明白地告訴你：我們已經結婚；誠懇地請求你們指示我們愛的大道。…………CD同啓』我看了又好氣，又好笑。你們同居和性交，和我甚麼相干？何必請人去開茶話會？結婚是儀式，茶話會就不是儀式麼？同居就同居，性交就性交，何必宣誓呢？禮節是打破了；可惜還沒有忘了一張卡片和一紙誓詞？唉！你們還沒有『衝破了整個的壁壘，從惡習慣中解放出來』啊！

爲什麼一個她或他祇能與一個他或她發生愛慾？，發生愛慾，又何必發卡片告訴人？E女士和人說，我明天和F結婚了，大家說，好啊，我們來賀；但是E女士決不肯說，我明天和人性交了，就是說了，人總以爲她是瘋子。禮敎是什麼？儀式是什麼？道德又是甚麼？全是壓迫階級壓迫人的工具！吃飯是什麼？性交是什麼？全是人類的本能！還有不少思想澈底的人，天天在外面找愛人，但是家裏已有了一個被儀式宰割了的她，他却天天鬧離婚，不但離婚離不了，還要天天和新她開談判；開談判也罷，却還忘不了第二個新她，或是找了幾個對象，沒法解決，成了三角四角五角六角的戀愛，痛苦得一百二十萬分，：「天下本無事，庸人自擾之！」你們快快學我這不澈底的主張罷——戀愛絕對的自由，性交絕對的自由，意志絕對的自由，要戀愛，要性交，祇要合於衞生，和要吃飯一樣的自由，不要口裏澈底，心裏不澈底啊！笨人說笨話，不澈底的人說不澈底的話，請閱者原諒罷！

『父親，你等着我吧！』

JN

一、

洶湧着的淚，
顫悸着的心。
父親，你的聲容笑貌，
在我苦惱中又一一現到眼前來了。

二、

洶湧着的淚，
顫悸着的心。
你臨終時與叔父的遺囑，
你留給我們三人求學的遺產，
在我淚眼中看得格外親切，
在傷心中想着更加悽感。
我們現在何嘗能使你在地下含笑？
我們又何嘗能把母親的歡欣陳告？
欺負我們的是什麼？
壓迫我們的是什麼？
父親，我問你，你可知道？

三、

洶湧着的淚，
顫悸着的心，
這恐怖的社會，
這被壓迫的家庭，
指導我們的還有誰人？
援助我們的還有誰人？
父親，祇有你到死不忘的媽媽和我們，
相對着涕淚涔涔。

四、

洶湧着的淚，
顫悸着的心，
你一身的義換來的是什麼？
難道是我們自己的罪孽活該遭着？
唉，親愛的父親，你等着我罷！
你從墳墓裏伸出隻手來！
把你至愛的女兒拉了進去吧！

十二月十三日作於故鄉

社會思想史

蒲迦達(Bogardus)著　齋明新譯

第五章　柏拉圖及希臘的社會思想（續）

希臘政治家中最偉大者，要算是白列葛 Kericlus（紀元前四九五(？)—四二九）了。他對於德謨克拉西的政治有更進一步的貢獻。他的德謨克拉西觀念，要使全市民都有參預政治的機位。他的社會計劃，在某方面看來，帶了一些父性。可是他對於社會公衆義務的執行，却允許可以酌量減輕。因此把公共的社會服務縮小了，而把政治的道德虧蝕了。在當時因爲有西蒙 Cimon 其人，對於貧苦者，盡力佈施衣食，得着社會的信仰，白列葛因要和他爭名，結果就走到這個錯路上去。（註六）

（註六）見 Plutarchs' Pericls Revioed By Clough 1：234 Ff

杭州民國日報副刊

民國十六年 十二月份

第念四期

日本又要出兵來華

晴

日本帝國主義，在前年曾經幫助張𤋮匪慘殺了郭松齡，至今年它又出兵山東，助紂爲虐，加入匪軍來阻碍我們的北伐，這些過去的事實，都使我們民衆怒目切齒的，當時我國各地的民衆，也曾發起過極熱烈的反對日本出兵來華的大運動，尤其各級黨部各機關，都是不遺餘力的極力宣傳反對，可是事隔不遠，在最近我們西北軍佔領了徐州濟南，正在猛進的時候，忽傳來日本帝國主義第二次出兵來山東的消息，這是多麼使人泄氣的惡耗呵。

據六日路透電：日政府因華北形勢不穩，陸軍方面，有出兵一旅於天津之說。又電：近數日內日本報紙紛傳政府考慮，魯省大局一時無進步，則有再派兵赴魯之準備，惟當局尚否認此說。北京十日下午九時電：汪榮寶電告：日政府任日(九日)閣議，提出二次出兵來華議決案，又據世界新聞社云：據東京報紙新聞載稱，直魯軍對西北軍之戰勢已無勝望，而徐州於地勢上，形成濟南之前衛地，徐州一帶，致防戰之前途，大有影響於濟南方面之秩序，因此，日政府爲保護濟南方面之日僑生命財產起見，如徐州歸於北伐軍手中時，即將積極考慮派兵至魯作日僑之保護事宜云。

又最近十七日上海報章上，我們又看一個觸目的新聞，就是日本將增駐華艦隊，大略說：日本海軍在長江一帶原派有第一外遣隊，保護僑民，及今春戰事發生後，認警備區域擴大，華北方面亦須添派，已着手編制第二外遣艦隊，東方社十六日東京電：因徐州陷落關係，保護魯省日僑與日本權利當然成爲問題，日本陸軍當局依中國戰況之進展，至朝議認出兵爲必要時，自然立刻出兵云。

我們根據上面各方的消息看來，可知日本第二次出兵山東，已將成爲事實，同時我看到日本所持要出兵的唯一理由，是爲了要保護在華北的僑民，這些可說完全是口頭上的官冕話，我們折穿了說，還不是要維持他們在華北的勢力，所以不得不聊望他們的走狗——軍閥的安全，現在我們把日本所以要出兵的用意和目的來說一說：

在地理的關係，和歷史的現象上已經明白的告訴我們，日本是非寄生在中國身上不可的。因日本自身，缺乏獨立生存的條件，乾脆的說一聲，日本的命脈，完全是寄託在中國，所以日本不

★目錄★

能不侵略中國，要是不這樣，日本就要沒飯吃，因此中國革命運動大發生以前，中國與日本的關係最密切，中國革命發生後，日本所受的影響，也最深刻。這一點可說是日本再出兵來華的最大用意。

同時我們知道日本，中國一切權利之中，除去國際間平等待遇，互惠辦法外，其餘就完全是用壓迫欺詐的手段，剝奪得來的例如：經濟的侵略；在內地的商業勢力；在山東的盤據勢力；在福建特殊的地位；在東三省，南滿的侵略勢力，却可以算是一種不正當的特殊權利，其餘像拿金錢武力壓迫的手段，例如二十一條件的要求，他們強橫奪理的下哀的美敦書來恐嚇；郭松齡反奉。它又直接出兵替張作霖賣力，將郭松齡打敗，所以直到現在，看見了中國革命勢力，膨脹到這樣利害程度，他們知道，已經沒有絲毫妥協的餘地，將眼見得在華的一切特殊權利，及他的走狗，張作霖張宗昌，都要滅亡了。爲要維持他們在華的地位與權利起見，就顧不到國際的公法與公理；不得放出最強暴最下流的手段，再來演一套老把戲—出兵來華，仝時他們假此可以代表一切帝國主義再演一次強者壓迫弱者的公式，因爲他們深知中國如果完成了國民革命，一定要直接給帝國主義一個不利，他們就不得不事先加以摧殘。在另一方面講，日本再出兵山東來華，也想藉此勾結各國帝國主義來賣好於各帝國主義，最大的野心，想聯合各國帝國主義的戰線，來實行共同共瓜分中國的毒計。

關於日本再出兵的驅使與原意既如上述。我們又不得不想到日本再出兵究竟與我們有什麼關係，我想誰都知道，日本出兵是來幫助我們的敵人張鬍匪的，所以實際上日本出兵的舉動實在是爲我們的敵人，添了一批主力軍，進一步的說：他們出兵的意思除了延長我們革命的歷史。給民衆再多受些痛苦，做革命大道上一個直接的障礙物外，還想乘着中國革命紛亂之際，突然派兵深入中國中心，來坐待時機，可以乘着我們無暇他顧的時候，來乘火打刼，希圖飽掠而歸，這些眞是更卑鄙齷齪的手段了。

不過我們既認清日本再出兵來華的目的，及我國必要受到的影響後之當然，　們要想出最好的方法，去反對，去抵抗。庶幾我們錦綉的河山，燦爛的革命之花，不遭區區的倭奴來蹂躪，來摧殘。

但說也可憐，我們這些手無寸鐵的老百姓，除了一股熱烈的民氣，和一張僅能賊說的嘴吧外，實在再沒有什麼法子，可是公理自在人間，我們只要再不存『婦人之仁』，再不犯『五分鐘熱度』之譏，按照我們全盤計劃做去，縱然你日本帝國主義利害，只怕不日也要在我們膝下乞憐，而趨於死路了。

(未完)

天眞失去了以後

——帶論無底三角形——

A，B，

近來重讀本間久雄的婦女問題十講，於婦女們的事件及其附屬的問題，發生了興趣。

不管他有田沒有用，讓我來報告一個現象：

L，M，N，O，P，Q幾位，新近似乎都傳染怔忡症了。

從前她們是一羣小鳥，雖非時時成羣在一起玩耍，但以她們快樂上看來，簡直是一羣小鳥兒。她們一遇什麼事，都是叫着，笑着，跳着，推着，擁着搶拗着，如果她們偶然在一處的話，這地方就彷彿開音樂會了，彷彿開跳舞會了。她們不絕地演奏着樂，不絕地跳着舞，好像要衝破這一個偶然集會，飛上雲漢去一樣。

可是，這環境大變了，如像來了一陣雷電交加的如狂風和驟雨，把這些活潑潑地小鳥兒都嚇住了。現在她們都只是坐着，都只是默默着。有時因爲被動的行動一下，也好像有什麼鉛罩壓着她們的快樂似的。滿面都是沉默，滿身盡是秋霜，笑和跳與她們是絕了緣，離了她們飛向別處去了。

不過，我並沒有感到，最近的過去究竟有沒有起過一陣雷電交加的狂風和驟雨！

這天眞的失去，我們立在戲園子外面的朋友們，既無緣讀一讀戲單，雖則可以聽到裏面的喝彩聲，拍掌聲和鑼鼓聲，但究竟不能明瞭裏面做的到底是什麼戲。

無尾的話，暫且擱起，讓我來說一說無底三角形。

找遍幾何學和三角法，沒曾見過無底三角形這名詞。在幾何和三角上，這個形象只可稱之爲一只角。但是在∧△(不是革命)的立場上講，有一個「三角形」的現成名詞，所以這裏也沿用了。又以∧△立場上所講的三角形看來，我這個事件却如缺了一個底，所以用了無底兩字來限止這個形。

閒言少叙，這究竟是件什麼公案呢？

據說有一位C，和一位D，一位E發生友誼以上的熱情，一位F和一位G，一位H也發生了同樣的事情。D與E，G與H在她們向目的進攻的過程上，雖則她們的利益是絕對衝突的，但相互間並沒有過較普通玩玩兒以上的敵愾，可以說她們間都抱着個向前進的自己的努力，對於彼方(不是對方)的努力，都不曾加以問聞，不曾加以仇視，也不曾從事於澆歇彼方的熱的工作，她們各取了個任之自然的態度：所以她們間的一條線是沒有畫着的。

據說這兩個無底三角形，現在還是個雙重的，圖表應該是這樣：

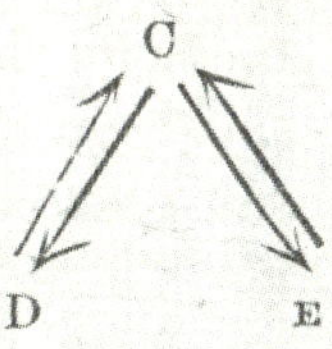

(F，G，H準此)

D至C，和E至C的線之長短和粗細，及G至F和H至F的線之長短和粗細，現在都無從報告。不過這兩個攢集裏如果會成功的話，一個很普通的意義就是必須犧牲一方。這個犧牲者，按之達爾文的物競學識來說，就是所爲劣敗者。

所以這兩個攢集中的劣敗者究竟是那一個。我們看着她們的熱力和用功吧！

一六，一二，二二晨。

恩波橋上

華冕

夜之黑暗籠罩了一切，
街市已漸漸地入了靜寂；
這時的恩波橋上，
有幾個貧民聚着肴會食。

＊　＊

橋畔的電燈發出慘淡的幽光，
照見了他們各人底形色；

都是褻着件襤褸的短衣，
很快慰地啖着鍋中之物。

ㄨ ㄨ ㄨ

——啊啊！兄弟們，你們餓嗎？
你們可是今天苦喊了一日，
纔換得一鍋麪縷，
來此地果腹片刻？

ㄨ ㄨ ㄨ

——啊啊！兄弟們，你們冷嗎？
你們可是今天經過一日的哀求，
纔得到人們所棄的破衣
褁住你們的殘驅？

ㄨ ㄨ ㄨ

——啊！兄弟們，請聽吧！
那不是酒館裏的喧囂聲嗎？
那不是高樓上淫蕩的笑聲嗎？
啊啊！可憐的兄弟們，請聽！請聽！

① ① ①

啊啊！朔風不停地嚎啕悲鳴，
平靜的水面忽起了澎湃之聲，
兄弟們！起來吧！
設法解除你們底苦境。

十六，十二，八日晚於富陽。

（註）恩波橋在吾邑西門口，俗呼為大橋；晚間常有多數乞丐聚餐於其上，散後各擁稿而睡。

社會思想史

薄迦達（Bogardus）著
蕭明新譯

第五章　柏拉圖及希臘的社會思想　（續）

在一般作品裏，其人物大都是想像的，故事的；到了優里披特Eurikides（紀元前四八〇—四〇六），在他的悲劇作品裏，却把雅典社會的實際情形，敘述出來。他是婦女解放運動的鼓吹者，（註七）他把第五世紀時的雅典社會的變化情形反映出來。同樣的，亞利士多分Aristophanes的喜劇也描寫當時社會的變化，而盡情地譏諷社會的罪惡。

（註七）見Botford And Shier, Hellenic Civilization P, 340

所謂醫學鼻祖的赫樸克蘭Hippocrates，有幾種著作，引起了柏拉圖研究的興趣。他以為疾病之起有二個大原因，第一個就是氣候，氣節，温度對於個人所發生的影響。（註八）因此我們稱他為人類學的地理學家。近人塞伯兒Ellen C. Semkle著有「地理環境的影饗」Influences Of Geographic Environment一書，也是受着他的啓迪。

（註八）見Hippocrates, On Air, Water And Places Trans, By Adams, Vol,

杭州民國日報副刊

民國十六年十二月份

第念五期

我對粵變的感想

越

粵變——前後兩次的粵變，事實上已很明顯告訴我們，共產黨和顏上不彫字的準共產黨，正在那裏耍花眼法，變大八套，把國民黨視同無物一般的開闢抗衡，幾位富於妥洽性的領袖分分合合，舉棋不定，可是我們小黨員和小百姓却寃哉枉也，不但碰壁碰得昏天黑地，而且還要嘗嘗紅色恐怖的滋味，黨的威信。因此也就墮落了不知多少，這是很使得我們痛哭的一回事。

一般人很焦急似地的問：共產黨會成功嗎？我們毫不客氣地可以回答，共產黨決不會成功，吳稚暉先生把共產黨的行為看得很清楚，他解釋共產黨的行動，並不是科學，他殺人放火的惡辣手段，不過是中國從前流寇的老方法「以殺服人」，結果還是自掘墳墓，我們如果能殼團結一致，聚精會神的去鏟滅他，這種小毛賊斷不容易變成大強盜，但是，我們果真能團結嗎？，講到團結二字，我們却又要請同志們清清頭腦，團結是國民黨忠實同志的團結，並不是請汪精衛顧孟餘陳公博這一班叛黨禍國的壞蛋，也跟着滾進來搗蛋，（各方面證明，說他們是共產黨，其實他們還不配，不過是野心勃勃想做領袖，不知不覺地被共產黨利用做走狗和工具罷了！）此外若甘乃光何香凝陳樹人這一班東西，或因意志薄弱，或因利慾薰心，盲目地附和胡鬧了不算，竟敢有這張厚臉，來混入忠實同志的隊伍裏面。居然挾張黃以自重，大搖大擺的出席，假使吳稚暉先生未提出彈劾指奸摘伏，各級黨部，恐怕絕少有起來聲討這次粵變的主動人犯汪精衛等吧？這個原因，我想當時大概是不外具有下列二個見解：

（一）以為中央全體執監會議未開會以前，我們不便表示什麼意見。

（二）受了汪精衛等文過飾非巧辯的麻醉，以為汪等，不過受共黨的愚弄，張發奎黃琪翔不過無能力鎮壓共產黨徒罷了！

關於第一點，我們就要問，國民黨黨員，是否在中央全體執監會議未開會以前，都已失了黨員本身判斷活動的能力，和停了的鐘一般，不知道晨昏朝暮，幸而共黨祇在廣州暴動，假使在首都暴動，致中央全體會議不能開成，難道也還要等開會以後才能有所主張嗎？關於第二點，我們試要問：汪精衛騙走了李濟琛同志，黃琪翔張發奎趕走了黃紹雄同志，優容大批共匪跑進了廣州

☆目錄★

，幹出殺人放火的活劇，汪黃張就說他不是共產黨，對於黨對於國，對於人民，能不能彀宣告無罪。這兩點看清楚，那末當時各級黨部的少有表示，不能不謂非本黨黨員能力薄弱的表現。共產黨在中國決不會成功，但本黨若長此中心不穩固，幹部不健全，支離紛紜，結果却確有亡的可能性。本黨的存亡，同時也就關係中國民族的存亡，同志同胞們，我們應如何警惕，努力來鞏固黨的中心，健全黨的幹部？

國內的人才，表面看是已集中於本黨，但實際上還是感覺不敷分配。要黨飯碗的人是很多，但能彀既有能力又能始終如一努力工作理知清楚的同志，却寥寥有幾。黨員的中心思想，絕少確定，並且和民衆站在兩條線上，各級黨部的基礎，飄搖不定，本無足怪！我們現在要希望補救這一種危險，我們祇有虛心努力切實研究總理全部的遺教，用勇敢的精神，正確的思想，來喚起民衆，應付這個困難的環境。再不要平時巍巍然以爲我是一個有能力的黨員，到了緊要關頭，却茫茫然連自己也丈二和尙摸不着頭。

日本又要出兵來華（續）

晴

我們反對日帝國主義再出兵來華的計劃，當然又脫不了以前老法子。不過法子雖老，却從沒有堅持到底完全實行過，所以實際上僅能說是一種空唱的高調，現在我要把反對的辦法，具體寫幾條下來，希望全國的同志們：同胞們：要眞正堅決的執行，

一，發起大規模的反日運動：努力宣傳日本再出兵來華，是損害中國的主權，是障礙國民革命的進展，務要挑起國民的公憤，來團結起來共同反對，才能收效，

二，厲行經濟絕交：上面已說過日本的命脈，完全操在中國手裏，如果把經濟來源一封鎖，就可以制他們於死地，所以這個辦法是有效的，只要我們能堅持到底的實行，只怕不日，日本的國民！尤其是商人！就要向我講和，而自悔不迭，

三，向國際作廣大的呼籲：通電世界各國，宣佈日帝國主義再出兵的種種罪惡，務使挑起世界各國的公憤，斷絕日本國際輿論的同情，

四，警告日本民衆：這個須要透說日政府出兵的不合法，是違反世界的輿論，是破壞中國民間的感情，著力點是要引起日本民衆的猛省與同情，而非議其政府出兵之不對，去和政府掣肘，以達到我們離間他們內部之目的。

五，請武裝同志們團結警備：這是最後的手段，如眞眞不得已而認爲必要時，就要請國內一部分有力的武裝同志，迅速預備，以免發生『臨時抱佛脚』的恐慌，這其間，務要用強硬的態度，外交的手段，來一致對外。

同志們，同胞們，日本第二次出兵來華，可說已成爲事實，即在目前不成事實，但我們可以肯定的變一聲，這些野心倭奴，遲早總有此一舉，如果我們不強有力的起來反對，只怕馬上就要大禍臨頭，不過有一點，我們要注意的，就是我們要單獨反日，要嚴防共產黨搗亂份子從中煽惑或挑撥，而釀成聯合帝國主義的大戰線，向我們夾攻，實行其瓜分中國之目的，這是我們應該十分注意，應謹愼考慮而行的，我個人所能想到反對日再出兵的方法，僅這幾點，希望全國同志們，同胞們，大家共思善策，積極的起來加緊實施吧。

歸鴻

添衣

願借湖風便，　寄語夢裏人：
際茲風霜厲，　愛身須珍攝！

摯愛——我的淵妹！

在「唧唧咯咯春春工工」聲中，由繁華的春申鎟出許多離愁別恨利歛官熱者，我也被牠帶來了。

安謐的市場，潔淨的道路，我由人力車中覩仰着，深慰「不愧爲一個浙江的人」。雖是少頃被一般大老官去棄到小旅館內，但西子湖畔的幽默神秘而爽心的空氣，終究也把我憤懣消去了一半。

我愛！「我算來旅行」吧！

然而「旅行」呦，錢呢？光是昨夜這樣一宿，今早起來吃幾碗荳汁，我已化了你給我二十元，由上海剩餘十五元中的二元了。

我愛！你是深知　的直性，不善諂媚，不工奉承，這次雖然我意料不過一個「辦事員」頭禤，然而也任其而已！在他們能謀我分局長科長之類的意氣洋洋的說：此種人只有此種地位，別人聽了很不高興，在我也知自足。雖是我資格却比他們獸行者老。

因爲現在時勢如此，我還有何話說？錢的問題並不甚憂，如果僅僅用到五元的話，我只有買了一張四等票到上海乘了統艙回來——回來固然無地位無收入，然而終比流落異鄉好一些罷！所以連房子也都志高氣傲的，他們寄寓的公館，我不願去。去了有什麼滋味呢？他們有小官僚出身的分局長，有銀樓錢莊店倌出身的科長股長，有小開出身來運動肥缺的洋裝漂亮口号，見上拍馬見下不起的習慣了，我去了徒遭白眼，雖然因你的關係，他們會略略招呼，然而我何犯着呢？

你現在有覺得什麼嗎？胃口好嗎？衣服千萬要穿得暖，現在要落月快了，切勿撩高携重，還是我由上海寄來的幾本小說消遣消遣吧！省得與他們夾軸淘閒氣。

滿腔話語待與你講，一會兒不知逃跑到那兒去了？豈今天一天沒吃飯的緣故麼？望你健康！順便祝福智小姐的安樂！

十六年除夕前四天。

花魂的墓地

凌龍孫

在鄰人的園裏
我愛上了花一朵。
她那呆滯的容顏，
似乎表示牠的失所！

花呀，這是你的意志，
還是命運的差使？
園裏沒有你需要的養料，
但所有的，祇是些冷酷！

沒有你需要的養料，
生長時誰做你的依靠？
所有的，祇是些冷酷，
不將使你更要頹顚？

※ ※ ※

在溫和的天氣裏，
有誰和你舞蹈？
在寒冷的深夜裏，
有誰和你擁抱？

✕ ✕ ✕

我要和你舞蹈，
深怕引起了你的煩惱；
我要和你擁抱，
又怕你從此不睬我了，

※ ※

如你在這所冷酷的園裏，
竟遭了狂暴風雨底摧殘！
那們，你活潑的青春，
不將從此就被犧牲?!

✕ ✕ ✕

如你竟準備着犧牲，
花呀，在我的心田裏
正留着一穴淨潔的墓地，
將靜待着安葬你清白的靈魂。

十六，十二，十三，大夏，花園宿舍

社會思想史

蒲迦達(Bogardus)著
蕭　明　新　譯

第五章　柏拉圖及希臘的社會思想（續）

在紀元前五百五十年的時候，有一班哲人派(一譯詭辯學派)，鼓吹他們懷疑破壞的言論，引起了蘇格拉底學說的反應。哲人派的領袖如蒲羅太哥 Protagoras 哥格斯 Qorgas 克利克士 Calicless，索謝馬秋 Thrasymachus，他們教會學生，所討論的問題，大都是公民的問題，關於科學的和哲學的問題，占的地位就不很重要了。據柏拉圖說，克利克士以為政府不過是為多數庸弱無能者的工具。索謝馬秋以為正義是為強有力者謀利益的，而此種正義的決定，就是叫做公道。(註九)有一位底布斯 The Ban 的政治家愛伯農達 Epaminoudos 在他的個人性格中，表現出愛國主義的最高概念，這種公正無私的表現，在希臘列國的許多政治家中，是找不到的。

（註九）見 Plato's Qiologues

哲人派以個人的利益為社會的利益的學說，引起了蘇格拉底(紀元前四六九—三九九)的反響。他的學說為柏拉圖和柔諾芬 Xenaphan 所傳述。蘇格拉底是一個希臘雕刻家的兒子。他說正義，智慧，中和，和勇敢是四種基本德性，可以使人增進個人的人格，使人養成社會上良善的分子，而增加了社會的福利。蘇格拉底費了好幾年的工夫在街市上，觀察許多人的行動，和他們討論道德的生活。從這個觀察和討論的結果裏，蘇格拉底演出他的社會哲學來。他的哲學中心，以為道德就是知識，而這種智識，並不是記憶事實的堆積，乃是對於事理的澈底了解。如果一個人能夠把一樁事的善惡方面，認識得非常清楚，那麼他一定會舍惡趨善。譬如一個人知道牙齒腐蝕的害處，他馬上就會去請牙醫來治好。若是他知道不忠實的惡果，他就會努力建設忠實的習慣。他的結論就是社會道德的基礎是在社會的知識。

杭州民國日報副刊

民國十六年十二月份

第念六期

認黨不認人

楊興勤

中國國民黨，有適應中國以至全世界的顚撲不滅的三民主義，有適應世界潮流時代趨勢扼要明瞭的政綱與政策，更有適應革命方策明釐建設程序的建國大綱；牠，負着領導中國全民衆努力國民革命的使命，進而領導世界弱小民族努力世界革命的使命，這些：雖然不能被非中國國民黨員的每個同胞所瞭解，想必爲中國國民黨的每個同志所信任的吧！

然而我們要問：現在中國國民黨把所負的使命究竟進行到什麽個田地呢？說到這點眞令我們國民黨的同志慚愧萬分。老實說一句，就是處在這「四面楚歌」的時候，黨的同志竟起了很大糾紛，這種糾紛就影響到黨的工作不能順利地進行，以致沒有好多成績表現於社會。講到內部的糾紛，這又不能不怪我們的同志。因爲黨內發現了一種不忠實的黨員，這種黨員的內心，發生了一種不可告人的一種卑汚齷齪的思想。明白點說：這種人的心目中，並不知道黨是什麽，主義是什麽，只是打算怎樣可以得着很高的權位。在他們心目中以爲挑撥離間的手段，是能達到這種慾望惟一無二的法門；所以在黨內極盡其挑撥離間的能事。同時這種人在過去也有他們相當的歷史，所以在一般的同志中，竟因他們有了過去的歷史的原故，遂起了一種不可思議的信仰。因爲有了這種信仰埋在心裏作基礎，於是認定他們的一舉一動都是對的，決不至於錯誤：他們的言論與理論都是應該切實執行的，以致養成這一批不忠實的黨員，在黨內成爲一種特權階級。設若有機會奪取黨政重要權位的時候，他們就聯甲以倒乙，或聯乙以倒甲，因之黨內起了循環的內爭以致黨內紛爭不已。我們是國民黨的黨員，忠實的國民黨員，我們不能坐視　總理給我們的遺產——中國國民黨，被幾個不肖的黨員，也可說是冒牌的黨員來毀壞！我雖不敢說我的見解是怎樣；可是我自信是一個很忠於黨的黨員，所以我見着本黨發生這種不幸的事件，不得不以一種很誠懇而親摯的態度來同我們的同志說幾句話：我們是爲全民衆的利益而加入國民黨的，是爲努力實現求全民衆利益的主義而加入國民黨的；決不是爲某一個分子的利益而加入國民黨的。這一點兒起碼的意義，我相信我們每個同志總很明白瞭解了罷。不過最容易明白的事，也是最容易錯誤的事，現在黨內的紛爭，也正就是由這種錯

☆目錄☆

誤所釀成，我們同志所以發現這種矛盾現象，實因過於信仰這些有歷史的份子的原故；固然我們對於在黨內有歷史的同志是應該信仰與崇拜的；可是我們是站在黨的立場上來信仰他，決不能說某個份子有了過去的歷史，不管他的言論與行動是否站在黨的觀點上，也跟着去瞎跑，要知道這是違背了黨紀，也就是違背了黨！所以我們的同志，是要服從黨的命令，而不應該服從個人的命令，明白點說：我們應該認黨不認人！

十二月二十日於工人部

研究文學者應有的覺悟

孫禮成

如果不是喪心病狂的人，總應當注意中國現在的社會。目覩潰紊亂如麻，無以復加的社會，發牢騷嗎？牢騷煩憂，足以消磨壯志。消極嗎？——除非你到天邊去。袖手旁觀嗎？——除非你到極樂國裏去。

『天下多不如意之事，憤憤焉何爲？世間有不能平之情，鬱鬱焉太苦。』當此過渡時期的中國社會，小百姓們走頭無路的辰光，我們生存在這種情形下面的人，不應當麻木到一點不覺得痛苦！尤其是研究文學的人不應當這樣！

但是中國現在一般的文學作品所表演的是些什麼東西呢？除了一些「風花雪月」「高山流水」「雅人韻事」的詩和小說外；能夠眞實的表現社會生活的，實在太少了！

知道了文學家是時代的產兒；中國當此時代，所需要的是革命的文學家，要嘗了實際生活的痛苦，而能走上時代的前面，以很懇摯的呼聲，叫喊着他那可憐的同胞！他的作品，應當是社會的眞實描寫和報告，革命精神的表現。

老實說，中國到了現在，情形可謂一天壞了一天；靑年到了現在，責任可謂一天重了一天；中國諸種重大問題的解決，除了靠靑年還靠誰呢？所以你既是從事於文學研究的靑年，那你就不應僅知道怎樣才算一個文學家，應該去知道怎樣做文學家，這文學家才是爲民衆所有的。你應該像托爾斯泰，屠格涅夫一樣，到民間去，吃一切人吃了的苦，受一切人受了的辱，文學是表現人生的；現在中國社會上這種說不出的痛苦，難堪的人生，眞可從文學中表現出來，使同胞們明白知道。

遨遊高山流水之間，或死板板的埋頭在書本子裏閉着眼睛嘔歌，探索玩味，就行嗎？——要曉得嘔歌者，玩味者是小百姓的仇敵！是平民革命的障礙物！我們要誠心去尋社會實際運動的路徑，腳踏實地一步一步的做下去，中國才有希望啦。

十六，十二，二十於紹興龍山。

星期日

肖霞

一間狹似小衖的寢室內，並排鋪着兩頂白色而幾乎變成灰色的布帳的床，床上零亂地堆着破被和枕頭，靠窗油漆的小長桌子，幾張椅子；桌上也擺了些紅墨水瓶咧，教授書咧，小學生的作文簿咧，算草咧鉛筆咧，這樣亂七八糟的散了一桌子。這就是X小學的張先生和許先生的臥房了，這時候是一個冬天的下午，他們倆都坐在椅上，對着窗外灰黯的天空，呆呆地出神。

張　老許出去玩玩罷，在這裏悶也悶死人了。

許　你老是這樣快活的。你衣袋裏還藏着什麼。哼！人家說：『身邊無銅銅，走路像瘟蟲。』眞眞何苦呢！

老張聽了，果然敲了敲他那不會發出清脆的回音來的衣袋，又到抽屜裏亂翻了一陣，回頭看看含着一支半截香煙的老許，那張愁眉苦眼的臉，只是在白色的煙霧中瞭望，像探求出什麼似的。於是他也現出失望的樣子仍然坐了下來。

張　咳！眞的一文大錢也沒有了，怎樣好呢？我滿望今天總可以發下幾塊錢來維持維持了，所以欠那位洗衣服的女人的十二個銅子，我答應今天叫她來拿的，她已是來討過幾次了，莫非再老着面皮回掉她麼？

老許正把那支香烟尾擲去了，一手撫着他許久未經修剃過的長髮，聽老張在那裏咳聲嘆氣，他也便憤憤然的接着說：

許　誰不是這樣呢！平素貪嘴的老趙，昨夜我親眼看見他向校役阿三處借了四個銅子，到門首去買紅蘿蔔吃。老余呢？方才你正到老趙房裏去的時候，他神氣活現的走出去，一會兒又垂頭喪氣的跑進來了；我問他慌慌張張爲了什麼？他說：『我是出外去望友人的，想不到一脚剛跨出校門，驀地裏那爿裁縫鋪子裏一個戴着銀邊老花眼鏡的裁縫，鬼使神着的叫。他忽然抬起頭來，遠遠地向我睞了一眼，這一眼呵！眞利害！我的身上立刻打了一個寒噤，再也沒有勇氣出去了。你曉得我是在九月裏欠着這鋪子裏的一件竹布長衫的工錢，至今西北風凜凜的十一月底邊，還未付他呢。他這麼有意無意的一眼睞來，我心裏就覺得他是在十分的蔑視我，於是我祇好縮回那隻跨出門檻外的脚，匆匆地進來了，呵呵！』蹩脚到如此了！……老張，我們不要以爲自命爲清高的職業，永遠地拚命似的幹下去，要曉得月薪這樣拖欠，自己受盡了種種窮措大的苦痛，還在罷了；幾乎連得家中的老母妻兒都要枵腹了。別人都是管着自己也來不及，誰又會替我們着想？誰又會替我們呼號一二聲呢？好了！好了！這樣下去，不改呵，還做得成人嗎？

老張祇連連的點頭，表示贊同的意思，霎時他們倆又歸於未談話以前的那樣沉寂。

寫於十二月十八日夜。

丐兒

——訴給我底同運——

和雅典

（一）

踏着黃葉，
將寒風收入襟底；
像這麼地走，
走向何處是了？

（二）

那壯峨地寶塔已偃臥在地上，
丐兒！
何處是歸宿？！
何處是歸宿？！

（三）

在不遠地回首，
可以望着燦爛地寶樹——
美麗地紅花；
是何處的狂徒。
將任牠毀滅了這壯嚴雄氣麼！

（四）

這一息殘燈，
依然是燃燒全球底寶物，
能夠剔灰撥燼，
終不爲凜寒所征服吧。

（五）

父母是那麼哭泣！
姊妹是那麼嗚咽！
夢？
想？
這也是冰冷階台地片斷畫圖呵！

（六）

管牠？
隔岸有美麗底太陽；
隔岸有溫和底輕風；
扯着同伴們跳！
跳過這道泥溝去！

（七）

朋友：
你別笑我這襤褸地衣衫——
這衣衫終日被清風浴着，
勝似久積金櫥地絲葛？

（八）

唱！
「荒圃兮我墾」！
「嘉禾兮我種」！
「獲佳果兮終屬我」！
「不努力兮更待誰」！

一九二七，十一，二五於杭八旗會館。

社會思想史

蒲迦達（Bogardus）著　蕭明新譯

第五章　柏拉圖及希臘的社會思想（續）

蘇格拉底看出雅典社會的基本弊病在於缺乏知識。因爲知識的缺乏，才會跑到罪惡的路上去，只有在機械的和職業的行爲裏，才可以看出正當的行爲，而這種正當行爲就是發生於正確的知識。（註十）

（註十）見 Ade'a M, Adam, Plato, Moral Aud Political Idfale P10,

有了木匠技能的完全知識，然後才可以成爲好的木匠，有了善良行爲的正確了解，然後才可以成爲好的人民。同樣，知道了城市裏的人民之互助發展，才有好的市民。

蘇格拉底想把全民衆都受着知識的訓練。他提出了一個基本的社會問題：怎樣的社會組織才可以使個人得着最高的利益，而這種利益的影響使個人的行爲完全合乎社會的標準？（註十一）可惜蘇格拉底沒有著作遺留下來，所以我們還不能把它明確地解釋。所幸他的人格和生活影響於他的友人很深，尤其是他的聰明有力的學生柏拉圖。

（註十一）見 Will Qwanti Khiloeoph, And Social Kroblemo.Ch,1,

杭州民國日報副刊

民國十六年十二月份

第念七期

怎樣做新時代的農人？

何志豪

我們現在願望，是要建設「中國的新農業」，中國的新農業如何去建設呢？那就要看我們能否受新時代農人應有的訓練而定了。我們是要把神秘的變爲科學的；要把汚濁的，變爲優美的；要把窮蹙的生活，變爲高尚的生活；要把死沈沈的舊村，變爲活潑潑的新村落，不取空談乃尚實踐，不事怠惰乃事奮鬥：要做新農人，須先有這樣精神。我理想中的新時代農人須具有幾個必要的條件：

A要享自然的樂趣　自然景況不是人類所能管轄的，縷縷的微雨，陣陣的和風，上有藹藹的青天，下有澌澌的流水，茂密的植物生長起來，幼稚的動物繁殖起來，鳥語嚶嚶，虫聲唧唧，都是發育的狀況，給人有一種神秘不可思議的無窮希望和愉快。愈是探訪，愈是愉快，拿科學知識應用到農業上去，農業的繁榮就是我們精神上的優美愉快。

B要有經營的能力　在農業自足經濟時代，我們祖先的農人，他們耕種營造，供他們自己的飲食衣服居處，很少他人的需助。所以他們的努力，專求衣食住之供給，對於貿易的事毫無經驗。但是現在這種狀態是維持不下去了，機器的勢力彌漫世界，中國的農人也漸漸的要入漩渦，僅求自給使萬萬做不到了。所以農人的供給與需要，都不能不增加，而土地的價值又日漸昂貴，所以在經濟上不能不創造新組織，如何規劃，如何管理，使農場上的大小，與農業的種類，適宜配置，所以我想新農人有兩項前題要注意的：

1，農業組織的方面　2，農業經濟的方面

對於農業組織的方面，有許多問題應當解決：——

甲，各種農場之利益與其弊害，需要資本之多少，資本之如何分配？

乙，我所投的資本，以我個人的性質應擇何地點？

丙，我要組織何種的農場？

丁，對於工人問題如何處置？

戊，取何種農制？（精農制抑廣農制？）

己，應購何種牲畜與機器？

庚，賣出何種農作物，賣至何處，如何賣法？

☆目錄★

辛，預期收入若干？

壬，此項所預期收入與他項事業收入之比較？

對於農業經濟的方面，我們應當了解以下數點：——

A農場計算與紀載。

B農場事業的經營。

C所有產業之價值。

D所有產業地契簡約賣出之法律的手續。

E如何貸借以借至如何限度爲安全。

F時間的價值。

以上這兩方面必定要預先仔細考慮方能從事新農業。

C要有科學的智識　物質的改造與精神的改造是應當一致的現在機械的複雜，比以前單用牛馬耕田進步的程度又何止幾倍！現在繁殖的方法，比以前純任自然，其進步的程度又何止幾倍！若是我們仍用那籠統的，簡單的，神怪的腦子觀察事物，新農業如何會能實現？所以各種科學的知識很要緊，我且簡單的說一點：——

a物理學如「光」與「熱」之影響。「水」在土壤中之流動，土壤的組織與各種機械的動力及其使用。

b化學包含土壤與肥料之成分與動植物生活歷史之知識是很有關於農業的。

c氣象學研究空氣界自然之現象，如溫度濕度風雨等之變化。

D做精細的勞農　在農業自足經濟時代，日出而作，日入而息，所有犂鋤釘巴之屬，全靠肌肉作用。而農業的成功不是環境的，是個人的，是智的一方面與力的一方面俱進的，所以我勸創造新生活的人，主張新村運動的人，實實在在要能做精細的勞農，否則不能從事新農業。

E要有農業的經驗　新時代的農人呀！我們要在農業上做事，必須得着農事的經驗，因爲農上不是空談所能做到，不是理想所能做到，必須見諸實行，所以有許多的經驗如同氣象病害虫害動植物繁殖物機械等等，他們農人靠他們見解，多有獨到的地方，所以我們當仔細的實學得這一種經驗才好，否則不善用機械致機械損壞，不善牧羊長作物則田場之損失必大，一舉一動求合於書，決少變動書耕 Book Farming 之誚，豈新時代農人所能忍受！我們當做知行合一的工夫，將學理經驗溶爲一爐，使農業改造的動機，得以實現。

F要男女互助　組織新農業的男女應當共同工作，互助生活，精神上的娛樂只有在家庭內，只有男女互助始有優美愉快的家庭。

以上所說種種的性質，皆是新時代的農人所必需的，現在做一個結束；我覺得我們要改造農村生活，必先改造我們個人生活，要解決農村問題，必先解決我們自身的問題，懸一個標準，憑着堅固的信心與意志，一步一步的做去，都可以達到我們所理想的新農業，等我們中國的新農業實現，對於世界的供獻正多着呢！

忘其所以的問題

天　武

「戀愛與革命」

自古以來，中外一律的以英雄與美人的故事爲無上佳話。由這種因襲的思想，我們當代的青年，也從「英雄與美人」這上面轄過來抽象地談這「戀愛與革命」的問題。他們談得津津有味，忘了自己的立場，忘了自己的時代，更把所謂論理學的書籍丟在腦後，他們是忘其所以地大談其戀愛與革命。

他們在大談其「戀愛與革命」，我呢，首先就不懂戀愛爲何物，我連戀愛的ABC也沒有讀過，更說不到經驗，所以就根本沒有插嘴的資格。我只有瞪着眼看他們興高采烈地談論，我只有羨慕他們的份兒。

多謝吳老先生稚暉同志，他前天發表的文章上說起總理把公私劃得清楚的好處！還引個例子，說總理與宋慶齡女士結婚的時候，胡漢民同志曾前　諫阻，總理却叫胡同志專管公事，不要來顧問私事。從此我知道所謂戀愛者是私事，而這裏所謂公事，又指革命而言，那末戀愛與革命明明是兩件公私不同的事，是總理所劃得清清楚楚的兩件事；是絲毫沒有含着「連環性」的兩件事，我們如其說話要顧及一點邏輯，我們就不應把這兩件事混爲一談；我們如其站在黨的立場上以總理的信徒的地位說話，尤應該尊重總理的意見，尤不應把這兩件事混爲一談。我們在還有了總理以後的二十世紀，最不應該從「英雄與美人」的因襲思想上侈談這忘其所以的問題。

我來說幾句過時的話

尹凡

（一）

世界演進，日新月異。一件事在今日是的確對的，在明日或許要當作過時了；你的衣服，飲食，行動雖則是合乎潮流的，就是說話也要離了過時話才好。我們在學校裏上課，因爲今天又上了一課，所以把昨天上的那課也當作過時的了。爲出風頭起見，所以不朝那課看一看的；你要看他，我笑你過時，我要看他，他要罵　過時，因此是維新極新的，不沾毫厘的過時的嫌疑，但是在這寒假將近要攷試的時候，就過時不過時也顧不得了，開夜火車去！所以，過時話也有說之必要了。或許會反轉來，就是新的了。現在所謂新的了。

有人說：「做總理紀念週是徒費時間的，每人每星期要耗費一個鐘頭，中國四萬萬人，不是要耗費四萬萬個鐘　嗎？那末一個月不是要耗費十六萬萬個鐘頭嗎？這種無謂的耗費，未免太可惜了！」有人說：「總理紀念週是宗教式的。把讀總理的遺囑比做唱讚美詩，靜默比做禱告。」還有人說：「總理紀念週是把青年男女做個月老的，竟是一個幽會所。」……等等話。我的記憶力眞不好，所以只記住了三種。我今天來說這幾句話，我是承認講過時話了，但是上面的三種，也未免趨過潮流百里了！而且講的人正多着哩！我們若用百分法記起來，可把兩圈一斜的左邊寫個九十九哩！

革命是進化的，宗教是固守的，這是顯而易見的；讚美詩是人們去讚美歌頌上帝的文字，遺囑是把總理未竟之志願而託諸我後死同志的，性質既是二極，意義那能一致！

『革命尚未成功，同志仍須努力』，難道我們新進的青年，連把這十個字都解不通嗎？硬要強把總理遺囑去比讚美詩，十數個字既不能明白，讚美詩從何知道的呢！又從何比擬的呢？講到靜默比做禱告，尤其放屁；做禱告是帶笑帶哭的去求上帝賜點幸福，靜默是把總理的偉大的事業，偉大的人格，教示我們的三民主義建國大綱：：等等去想想的，我們就皮毛而講，靜默和禱告，已大區其別了！耗費時間，固然的！那末，做別的事，不要時間嗎？再來八圈，不要時間嗎？瞎三話四，不要時間嗎？以時間去做不值得做的事情，你們還不肯說是耗費的！做總理紀念週，不是明明的一件事嗎？像這樣的事尚說耗費時間，那麼，你說，拿這些時間去做甚麼事才值得呢？至於說紀念週是可以作青年男女幽會的話，不過你有嫉妒罷了，也不值得和你細談！（未完）

愛底傷痕

嚴夢

抱琵琶慰問冬之神，
順便伴她迎迓春之　夢；
哽咽的弦絲，
反給海風無情地割斷！

~~~~~~~~

丟不掉閒情，
兩顆心印時，
隱約記得是夏之涼夜；
——微風溫存的啓示憐愛底微笑！

~~~~~~~~

女郎，
唯其這一雙伶俐含情的媚眼，
穿進你的骨髓，透入你的心窩，
滴滌汚腥的血痕！

~~~~~~~~

淬厲著我的你因而蹙額嗟嘆，
如午夜烱烱的貓兒，
正爲着小鼠的悍忤而欷歔；
愛底傷痕！

社會思想史

蒲迦達（Bogardus）著
蕭明新譯

第五章　柏拉圖及希臘的社會思想（續）

『道德即知識』一語，在理論上是不錯的，可是在實際上，就不見盡然了。原來蘇格拉底把本能和確立的習慣的社會潛勢力看得太輕了。殊不知本能和習慣可以強有力地支配神經的動作，而所謂知識者，在個人不甚熟習，往往祇是生活上的假面具而已。幾百年的老本能，因爲知識的獲得，即刻就被征服，這是任何人都不能担保的。

況且，幼年的兒童，大都受着本能的趨向，而發展他的本性，要等到他的智力能夠了解各種生活的形式的眞意義，時間已是很遲了，因爲有許多的知識，爲了能力的限制，不能得着了解的機會。
~~~~~~~~

杭州民國日報副刊

民國十六年十二月份

第念八期

打不平主義

李逸廬

三民主義，就是打不平主義。我們底總理是最能任俠好義的一個人，他專喜打人間底不平。可是他底打不平，決不是像太史公游俠列傳上所說的朱家，郭解，和施耐庵水滸傳上所說的武松，魯達那一流人物底逞一時血氣之勇，途見不平，拔刀相助，殺了幾個壞人，便算了事的。他決不是那樣地粗魯膽闊，他是有主義，有目的，有方法的打不平者。朱家，武松那一流人物是匹夫之勇，是小勇；我們底總理總是文王之勇，　武王之勇，總是大勇。

何以說三民主義就是打不平主義呢？

世界上雖然有許多不同血統，不同生活，不同語言，不同宗教，不同風俗習慣的各種民族，可是民族還是一個民族，圓顱方趾，四肢五官，這民族與那民族還是相同的，上天生人也是一樣地看待；所以各民族間應該一律平等。然而強大的帝國主義者，就應用了達爾文底天演論，——優勝劣敗，弱肉強食的謬說，施行種種侵略方式，來壓迫弱小民族，造成世界上許多殖民地，半殖民地，甚至於造成像我國這樣地印度亡國奴都可以來欺侮的次殖民地。而在辛亥以前，滿洲以一民族宰制於上，同時國內各民族也不能完全平等。這不是世間最不平的事嗎？因此我們底總理就本其任俠好義之心，提倡民族主義來打破這民族間底不平。辛亥一役，就是打破了滿漢民族間底不平。自十三年本黨改組後，提出打倒帝國主義的口號，就是要打破世界各強大民族，對於我國民族間底不平。他又主張於推倒軍閥之後，中國境內各民族一律平等，這就是要打破　國內各民族間底不平。而且他又主張於我國國民革命成功之後，更進而扶助世界各被壓迫民族底獨立，這就是要打破世界各民族間底不平。（我們在這地方可以看得出專以國家為主，而不以民族為主的國家主義，不是打不平主義；因為他只是打他人對於自己底不平，而不打他人與他人間底不平，而且進一步更容易自己對他人也不平起來。）所以民族主義，就是打不平主義之一。

我們再看一看人民在政治地位上是不是平等的。即以我國而論：在昔君主專制時，我們老百姓絕對沒有政權，那是不用說起了；辛亥革命以後，在名義上，總算是民主共和國，可是實際上，我們老百姓可有一點真正的政權沒有呢？不是被一班小皇帝—

☆目錄★

軍閥及其走狗官僚政客完全包辦了去嗎？我們又看一看世界各民權先進國裏底老百姓，可也有多少的眞正民權呢？他們那種間接民權制度，不是太不完全了嗎？不是僅僅代表資產階級底利益的制度嗎？世間不平的事，這也不是最大的一件嗎？因此我們底總理，又本其任俠好義之心，提倡民權主義來打破這人民在政治地位上底不平。他不僅是要打倒滿清專制政府就能休，還主張徹底地實行民權制度；他說國家是要民治的。他底打倒滿清專制政府，不過是破壞工作底第一步，他還要不斷地破壞；不僅是打倒一個大皇帝的專制政府，還要打倒許多小皇帝的軍閥政治；不僅是要打倒許多小皇帝，還要打倒他們底走狗官僚政客。他要將國家底政治大權交給人民去管理，他也不滿於歐美各國底間接民權制度，主張於間接民權之外，更實行直接民權。他把政府底治權，當作一部機器，把人民底政權，當作司機者；要使司機者能把這部機器開出去。又能把它拉回來。他以爲只要是一個人民，不論他是智愚賢不肖，或者是窮人闊老，都得享受這種權利。這不是要打破人民在政治地位上底不平嗎？所以民權主義，就是打不平主義之二。

我們更看一看歐美各國人民在經濟地位上是怎樣的？歐洲自十八世紀工業革命以後，手工業者首先破產，次之小工業家也相繼破產；弄到後來，貧者愈貧，富者愈富，結果造成貧富懸殊的兩大階級。資本家大地主不勞而獲，工人佃農血汗造出來的許多生產，又被資本家大地主搶奪了去，弄得他們終日勤勞而不得一飽；失業的，餓死的不知多多少少！而資本家大地主還是不斷地剝削工人佃農底膏血，直欲餓死所有的一切勞動者。世間不平的事，還更不是最大的一件嗎？因此我們底總理本其任俠好義之心，又提倡民生主義來打破這人民在經濟地位上底不平。他看見我國底貧富階級並沒歐美各國那麼懸殊，不過是大貧小貧的分別；可是我國底經濟權，都被外國底資本家竊奪了去，同時國內底一些經濟野心家也不免效法歐美，想做一個資本家大地主。所以他一面主張製造國家資本，反抗帝國主義者底經濟侵略，以打破國際資本帝國主義者對於我國底不平；一方面又於自己國內定下了平均地權，節制資本二大原則，來打破這人民在經濟地位上底不平。——這是預防將來的不平，要使資本家大地主不會在我國發生；這更是打不平的最妙方法。（我們在此應該知道的。就是民生主義和馬克斯列寧底共產主義是不同方法的；他們鼓吹階級鬥爭，而我們總理則主張階級互助。）照這樣看來，民生主義，不就是打不平主義之三嗎？

所以我敢武斷一句話：「三民主義就是打不平主義！」來！眞正的三民主義信徒大家都來！我們在這青天白日旗幟之下底光明大道上集合起來，組織起來！提起我們鋼鍾般地老拳，打破世間一切的不平！

我來說幾句過時的話（續）

尹凡

（二）

總理費了四十年的工夫，與惡勢力相搏戰，爲的是要實現三民主義，謀民衆之樂利，謀國家之自由平等，謀世界之大同。總理因爲積勞過甚，十四年在北京把未竟之責任，囑付我們後死的同志；所以我們一方面要力行三民主義，一方面要紀念總理偉大的人格，要永久的紀念總理偉大的人格。我們在這一星期有事做，有書讀，有飯吃，安安逸逸，這是誰成全你的？總理雖不是上帝的兒子，能夠補天造物，但是我們居心自問，有許多是總理付諸我們的，我們要感謝總理，要紀念總理，不過不可當做禱告，些思亂想的去向總理訴求自己的幸福！總理不賜你福，所以你把做紀念週強與「宗敎式」的三字放在上面！假使你曉得我有這副心腸，你不知要鄙薄得我怎般地步呢！

有人問我共產黨於中國怎樣？我先要問他共產二字怎樣寫？怎樣呢？中國有沒有資本家？蘇俄行的是否是共產主義，中國這樣的大窮小窮，還要饒舌共產！不會臉紅的？虧你問得出！你沒有錢用，便想人借你些嗎？抑是想居了我來承繼我的香火呢？你也太不値得呢！我通通給你收了，只有三文大錢。就算三文錢你拿去享用，恐怕人家也要如法泡製的和你窮做！中國莫說沒有半個資本家，連個資本家的影兒也沒有哩！勞資對峙的一句話當然在中國是無從說起的了。

武裝的兵士們，給我們在前開路，可是你們還須着他們來抬你呀？你們也該一蹴一變的趕上去纔是！國民革命是先破壞而後建設的，你們想在後邊留着等人不看見的時候，拿些東西塞在腰包裏嗎？革命的五分之四要靠着自己去奮鬥，自己去求實現的呢！前線的兵士們的鎗枝，是築路工人的鋤剷，彈子，是預備毀掉阻擋路途的巖石用的！他們在前方築路，我們在後方吃飯；他們用力的在路上掘一鋤，我們在菜碗裏箝一箸；他們見築十丈路，我們能吃五大碗。吃好了飯，還盼着兵士們背運到前方去，因爲吃得太飽，兩脚負担不起了！這樣纔可成爲反革命者了。

我本來不會作文的，不肯寫字的。說來話去，原來都是些過時話，恐怕不値得你們的咀嚼了！

十二，二十。西大街。

『情書』

鍾協

『阿中的 Love Letter 到了！看他多麼快樂呀！』素來很浪漫的夏君見吳君走進房間來，便這樣對他說。

『那裏！』他嚮笑着含糊的答。

『不要胡賴！剛才你不是有兩封信到嗎？』夏君追緊問。

『是的；不過不是Love Letter。』

『是不是南京寄來？』

『是。』

『哈哈！南京寄來！誰人寄給你？』坐在傍邊的吳君，似乎得了證據一般，起身走近他的身傍，想用強權來搶取信兒來看。

『朋友。』『他緊摟着衣袋，很歡喜，很自驕的說。

『同性，異性？』

『朋友。』

『要他拿出來看，非看不可！公開主義！』夏君也起身來說。

『不行！家信怎可公開！』

『哈哈！剛才說朋友寄來，現在又說是家信……』

『一封是朋友；一封是家信！』他還想掩飾過去。

『拿朋友的來看！』

『不行！』

『信封！』

『不行！』

『哈哈！信封都不能給人看，違背國家法律！打倒！』夏君帶着滑稽的口吻說着，便想動手。

『呀！我給我！我給你！拿……！』他在不得已的時候，即使不自家撿出，終歸被他們搶取的；所以他假裝鎮定着交給他們。

『剛去南京一禮拜就有了呀』吳君在他摸衣袋中取出信來的時候，很羨慕的這樣說。

『看！「學校」兩字一筆一筆很清楚很秀麗的，倘若不是女子所寫，我情願請客！』夏君憑着他的老經驗高聲喊出。他再翻轉信封的背後一看，信口却被水分浸濕了一大部，心中更明白，高舉信封兒向吳君說：

『看！他已經Kiss過千百遍了！還抵賴？成績在這裏！』

他面孔通紅起來。當他交出信封時，本以爲這樣坦坦白白的就可以免他們的懷疑，却忘記了自己拆信時的種種動作。

『不要鬧！讓我將經過情形報告了罷：當我們在南京和CS大學比賽足球時，天氣很是和暖，看的人也狠爲踴躍，——男的，女的，學界的，軍界的，總共有三四千人之多。——正在激烈追逐間，我方守門不慎，忽被對方踢進一球，CS校的拉拉隊，便狂叫起來；全塲的觀客，也都熱烈的拍手。後來我們奮力猛攻，不到十分鐘，就一連勝他們二球；全場掌聲，又雷動起來。那時候，忽有一個六七歲的女孩走入球塲來向我們的球員C君說：我「我的姊姊在外面邀我談話」「誰人？」「我的姊姊。」C君倒狠驚奇起來，因爲他在南京並沒一個親戚，朋友，就是那小孩也是從未認識的。不過他也有幾分明白：他今天球踢得很起勁，那兩個球都是他一人踢進，……』他乘夏吳兩君正聽得人神的時候，冷不防就搶取夏君手上的信封，一溜烟的跑出門外，隨手將門「澎」聲的關上，夏，吳兩君都說不出話來。

十二月二十六夜於之江。

社會思想史

第五章　柏拉圖及希臘的社會思想　（續）

蒲迦達(Bogardus)著

蕭明新譯

關於柏拉圖的早年生活及其教育，我們知道的很少。他一生受着最有力量的影響，就是蘇格拉底的人格和教育。蘇格拉底的強有力的人格，在柏拉圖的思想上，留着一個很深刻不朽的印象。在少年時代柏拉圖對於雅典的社會和公民的生活，覺得有特別的興趣。當他二十三歲的時候，他所謂「正當和善良」的執政來統治雅典。歷史上所謂「三十霸王」政治的失敗，引起了柏拉圖思想上的惡感。蘇格拉底在紀元前三九九年民主政治復活時被殺的印象，尤使柏拉圖對於當時存在的政府制度劇烈的反對。蘇格拉底死了，後，所謂民衆的政治產生了放肆縱弛的社會現象。在這樣的環境裏，柏拉圖便轉過頭去在思想的領域裏去找一個完全的社會。更從他日常生活和政府接觸的結果裏，演出他理想國家來。

『道德就是知識』的蘇格拉底原理，也爲柏拉圖所採取。柏拉圖從這個前提裏，確定了教育爲世上一切的基礎。這種學說，就到了二十世紀，還是適存。

怎樣才是適合於世界的教育呢？柏拉圖在他的知識論裏，有一個詳細的答覆。他說觀念是人類生活的統治者，因爲感覺世界是流動不定的，所以他來建設一個永久不變的觀念世界。「個人」祇是「人」的刹那表現。柏拉圖更在他的觀念裏，創造一個不變的眞理的概念。這些永存不朽的原質，是爲人類所必須知道和了解的。

杭州民國日報副刊

十七年四月份

第一期

一吐

芳逸

幾星期來，胸中積了許多話，悶的慌；現在趁四月份的第一天，向讀者諸君傾吐一下，讓我胸中也難得舒暢一回兒。

本來做人是件難事，現在才知道人而做到編輯，那才是難之又難了。有時候不高興起來，便不由地頓足呼道：編輯不是人做的事！

副刊在包辦的時期，沒有人來罵我包辦，在不包辦的時候，倒有人用這個罪名來窘住我了。罵人是要識一點時務的，至少得有一點微隙可乘，那時候你申申罵起來，才罵的得當，才罵的有效力，才不虛此一罵，在今日副刊正天天在採用外來的稿子而出來罵我包辦，這位罵人的革命少年（？）未免頭腦太不清爽了。考他罵我的原因是因爲我不把他投來的稿子一一發表，其動機之卑劣，不待言而可知，本不値爲他答，但因爲投稿諸君或有因所投的稿子久不發表，雖然沒有這位革命少年那樣卑劣的心理，但或許會發生懷疑的，所以我就不嫌瑣屑地在此一吐。副刊當去年十月間復刊的時候，原以空手起家，我是被迫着包辦了起來，雖幸獲朋新相關AB諸同志的帮忙，但每天自己至少還得包辦起一半。因爲同樣的署名不大雅觀，使隨時在改名換字；綜計前後所用別署，自人權宜君以至天武雲子，不下七八種，連自己也紀不清楚了；這是我的苦心，却不是做文章不負責任。那時的確可謂之包辦，但是不得已的包辦，然而倒也無人來罵我包辦。後來副刊漸爲讀者所注意，便源源以大作見寄，我們便也不惜費長久的時間來爲他們修改，儘量爲他們發表。一二月來，投稿者格外踴躍，而副刊的容量還是這麼大小，那時除自己擱筆不做文章（免佔篇幅）外，只好擇尤按照投來時的先後，陸續發表。某少年的文章，我們却不能因其爲某少年所做而提早發表，或篇篇發表（因爲說來說去是這幾句話，讀者讀了不免要不耐煩的。）這種苦衷我但求大部份的投稿諸君能明白，像某少年者，我也不求他來明白。

某少年的所以罵我，是因爲他浮燥成性，沒有德性上的修養所致；我想了轉來，反要可憐他；但不幸，我一方面在竭力爲投稿諸君着想，竭力求不負他們的願望，一方面却又有許多人在議論我，說我貪懶不動筆，吃飯不做事，有的在背後這樣說我，有的當面來這樣說我，有的明說，有的暗說，我聽了一聲也不響；

★目錄★

副刊

中國將來之不堪設想！

一百年之後，全世界的人口一定要增加好幾倍。……如果將來列强征服中國，是用多數征服少數，他們便不要我們做奴隸，我們

[illegible]

一

中國人到那個時候，[illegible]

——民族主義頁二四——

去分辯有何用呢？每天修改稿子和編輯校對的時間，凡沒有負責編過副刊的人，誰都不能知道要多久，去和他們分辯有什麼用呢？於是我一聲也不響。昨天有一位營業部裏的先生見我在編『咖啡店談話』，蒙他不棄，承他見愛，臉上帶個同情的微笑對我說道：從前單編副刊太『寫意』了，現在這樣也太苦了。我只感謝他的動機，却不能領受他的好意，實在他一點也沒有了解得我，我不是畏難避苦者，Mes jours suffisent a ma tache, et ma tache suffit a mes jours。人生活一日能工作一日，在我是心滿意足的事。『但是，先生，你如其能知道我，我倒要五體投地來向你道謝！』

讓你去吧！

介人

（一）

我愛，我終身的愛，
你今天這一來，
固然給我許多的安慰，
也增加我無限的悲哀。

（二）

回憶最近過去的生活，
我倆是何等的快樂：
你我的形骸雖是兩體，
我倆的心兒却是一個。

（三）

如今呢，你已是把我離棄。
也不能怪你的心意；
實在是我沒福氣，
消受你那種溫柔美麗！

（四）

從那日起，
我的魂兒早已別離，
我的心兒也已死去；
只有淚兒還是流着，
流向我愛的心裏。

（五）

我有許多話要流着淚和你講，
我有許多話要流着血和你說。
我願我的淚兒早日乾，
我願我的血兒早日畢；
還是死了吧，
免得你也在那裏哭泣。

（六）

我活着總不願意你和別人結合。
你既是我的那可以再由你擺脫？
但是你的心兒已是各別，
教我怎樣才能了結！

（七）

我愛你在我的心裏、
愛情永不會消滅，
愛情之神總是鷲來擾你，

要使你不悲愁也不可得！

（八）

我愛你是眞心確實，
卑怯和妒忌時來逆襲。
我愛你這樣誠懇，
這樣甜蜜；
好，讓你去吧，
空留着未灑的熱血。

小詩

非

（一）

昨夜夢魂中——
又悄悄地遇見了伊，
伊人仍是這樣憔悴淒迷。

（二）

鶯兒！
唱吧，儘情地唱吧！
——在你的燦爛的春光中。

（三）

我隨手採了一朵玫瑰！
我又隨手丟了一朵玫瑰。

（四）

微風輕輕地飛過湖面，
湖水就惶恐的——
蕩漾了！蕩漾了！

一位失了勇氣的青年（續）

華冕

——朋友的一封信——

這樣三不像的東西，如今也居然寫出來觸汚你的清目，請勿要笑罷，我不過寫出來，藉以證明我近來心境的傾向。

對我當小學教員我實在不願提及，因爲我無論縣立的私立的，鄉村中的城市間的都已經有一度的嘗試過，所以教員的滋味，以及學校的黑幕，雖不能說完全，但也已探悉了大半。

照我所見的小學，尤其是鄉村間的，設備怕難民所還要有條理一點，校舍怕監獄也還要高敞一點，甚至三尺長二尺闊的一塊黑板，七八張高低不盤齊的桌子，十餘個看了會使人作嘔的小學生，立着一位戴古式眼鏡的騷髭教師，或再添上一個須要將自己的家務操作完了，方能到校的XX兩級小學畢業生，也算是一個學校。你如到各處考察一回，經費不足的學校，果然是令人難堪的不完備，但是經費較足的小學，設備大半也還是同樣的不完備，這是什麼緣故呢？說穿了也不覺奧妙，原來學校當局的人，煞費苦心，把這局面占據之後，便大刮特刮，收入的盡歸私囊。學校的完善與否，絲毫不去顧問。更有些狡猾而乖巧點的，把學校的外形上略加修飾，以敷衍衆人的耳目。

而且尚有一等人，特地創設一不三不四的學校，假使入了你的眼簾，便必定會怪嘔起來，但在一般人看來，竟以爲他們是熱心辦學，有心普及教育者，不果經費無着，無可奈何耳。豈知他們恰恰拿了這種意思，借XX學校的名義，向人們任意拷榨及侵奪，定美名曰捐募，這種情形在在皆是。老實說他們并不是有眞心的辦學，不故借着學校名義，擴張他們的惡勢力，便可肆無忌憚，圖報他們的仇敵，或多進一些于他們的私囊。

唉！表面上看來，學校確乎是巋然的高尚機關，殊不知裏面襯着重重的暗幕，談起來眞是令人髮指，也令人冷齒！我覺得我國的學校之如此不爲一般社會所信仰，而教育又如此幼穉而不能普及者，大半與上述的鎹層也有關係吧！

再說到教員的滋味，是非常苦辣，每日開口閉口，動酸了兩片嘴唇，唾乾了口中涎沫，盡心竭力的講解，假如不錯時，祗不果得了幾聲『尙可』『熱心』的贊詞，如若偶不經心失足的時候，恐怕勿論閭巷也都可以聽到『誤人子弟』的怨聲，你看這是多麼難當而責任重大的教員啊！

旣如此當局爽性有絕對相當的待遇與之，也還可以透氣，但是現在啊不然，當局者之待教員，且如主人們對使役一般，用種種奸詐的手段剝奪教員們的一切自由行動，他們自己可以逞性亂行，而教員連應分的自由也不能享受，他可以將教員當兒玩品，可以任意調弄，而教員似乎應該甘受。從前說教員原替學生們做牛馬的。如說給校長們做僕婢的樣子，藉以去充滿他的慾壑，助長他的惡勢力，是萬不情願的啊！

而且還有一層，也是學校中常有的現象，就是教職員中，每每起有派頭，因爲一分派，則往往引起妬嫉，東西議論各的是非，這我不知道經過了多少次，且礙於教學上是非常的大。

所以對於當小學教員，我心委實不貪，然而被技能限止的我。除了這條路之外。還有什麼路可走呢？給金錢束縛的我。且又無大樹力在背後，旣不能爲商，又不能進軍界。那麼祗定去開墾荒地荒山吧，這雖是我企慕而沈醉的事，但手無握斤之力，肩無挑擔之能，又經不住赤日暴雨的摧殘，所以又成爲懸想。有時想到工廠裏去作工，在從前也曾張望而注意過這條路，可是朋友都極力勸住我說『每天祗少要作十二時以上的工作，』啊！這不消說，又是我所不能的事了。

最近三四思維，爲暫時安插我的生活計，估量着我的能力，還是當小學教員去吧，然而又有什麼學校可容我呢？哀！！！

話是說不完的，但是頭腦巳脊痛得要命。胡亂地寫來，竟這麼長的一大篇，這因爲正打着我的悲處的緣故，啊！恐怕要耗費你一大段有用的時間呵！

（完）

貴族熱的富紳

法國毛利愛著
瀾濟安譯

第五幕

登場者：域敦先生，域敦夫人，道隆德，陀里曼，克來翁德，哥微勒，露西，

域夫人　喲！天啊！可憐得很！到底是怎樣一回事？偌個樣仔的一付神氣！是不是你碰到了一個瘋神？是不是還在化裝舞的當兒？對我說個究覺吧，是什個一件事？什麼人要你穿得如此不像樣的？

域敦先生　看看仔細點，無禮的東西，對『馬馬摩喜』是這樣講法的嗎！

域夫人　什意思呀？

域　咳！現在對我要尊敬點了，剛剛人家封我作『馬馬摩喜』呢。

域夫人　我倒要請教請教你所謂『馬馬摩喜』。

域　是，『馬馬摩喜』我同你說，我就是『馬馬摩喜』。（未完）

杭州民國日報副刊

第二期

輕佻的喜劇

栗三

明媚的西湖，披着青春的靜美；湖畔絲絲楊柳，斷了春光的照拂，也綠翠得迷人游興。黃昏時的飯後，沿湖的公園裏，翩翩對對的愛人，露着愉快的笑容，濃趣的蜜語，祇有那孤寂的曼夫，獨自悒鬱的徘徊。我想他是別後摯愛的友人，甜蜜的家園；羈旅不釋，離緒尙深，才會向湖上的春光，博些愉快的安慰！柳樹，石凳，已成他陪嘆的伴侶；遊人偶經他的身旁，總微微的聽得沉默的呻吟。『她怎麼還不來信呢!?』悵惘的心靈，帶怨的這樣嘆息着！

一天的晚上，夜神披了灰色的衣裳，將湖光輕輕的弄模糊了，此時靜寂的公園裏，更呈一種人散淒涼的景象。還在探思的曼夫，也失神的走上馬路來。躊躇的兩腿，不知往何處去方是慰安的歸宿！

信步走到一個旅社門前，旅客出入的踴躍，方嘈雜了他的沉夢；無意中隨着走進去。瞟着掛在左首的水牌上出神。

十五號　胡倩影　學界

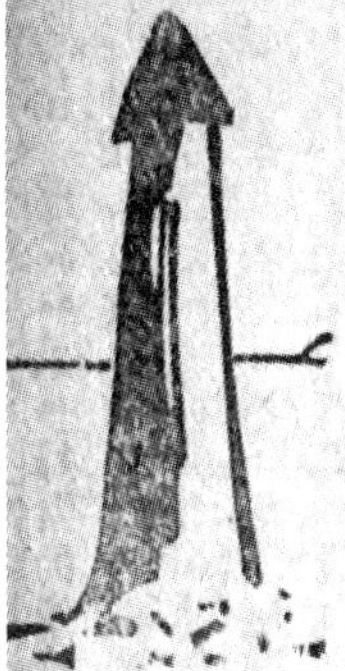

愛[illegible]來到此地。』透徹的當中，誰料他眞會遇到久別的愛友。這叫他是如何的狂喜！

三步變成兩脚的走到帳房前，茶房早已開口啓問了：

『先生！你要房間嗎？』

『不，不是，我是來訪友的。』一種急促的聲音回答着，接着又問：

『十五號房間，不是方從上海來的一位胡女士嗎？』

『不錯！先生要找他，趁時間還早，請給名片我去通報好啦！』

倩影讀過『窮人』後，正雙手托着櫻桃的靨面，很焦灼的沉靜的想念着：『曼夫，不接他的來函，窗外又是絮飛鶯鳴的暮春了！雖然嫣芬的信裏說：『伊已到了杭州，』但不識在何處打住；近況怎樣？而今我找不到他是如何的悒鬱，感傷。』盈眼的淚珠，正要奪眶而去了；猛聽門外的喊聲，才收拾起來，接過小小的名片，頓時予她以不可思議的快慰！連忙囑咐茶房好好領曼夫上來；自己整理了紊亂的書籍，照過微笑的雙靨。

☆目錄★

曼夫等了多久，還不見茶房轉來，實在再忍不住了。才聽得步聲從樓上響來。茶房領他上樓後，左拐右轉，才到了十五號房間，不消說倩影在房外等候了。

久別的愛友，在無意中遇到，當然是說不出的愉快，他倆相顧一笑後，握手走進房裏來，歡樂的情緒，已充滿了心靈的深處，也找不到半句話來慰安，互相吻了一個丹吻！

雖然是歡悅——但倩影還輕聲的說來：『曼夫！自你走後，我是如何的孤寂！嫣芬待我更疏遠，接你抵滬信後，再也未見來函，久不悉你的近況，我的靈魂，久死在記念與悵惘裏。我的心腸，已碎得如銅片片的花瓣。淒涼的精神，不免時起傷感，早星期趁瓊妹來滬，我為尋你的下落忘却了遠涉的辛苦，隨着滔滔的長江，到了滬上，聽嫣芬說：你已到了杭州，前天才趕到此地。曼夫！我乾脆地不要回憶舊傷，今日找到你，一切，一切我都沒有遺憾了！』

曼夫聽過，微微感覺難過，但是她別後的創傷，也向倩影起訴了！『倩影，臘月裏的離開故鄉，在我幼稚的心靈上，不知別離是什麼一回事。同時我與你，更增一層『傷別的情膜』。抵滬之後，我的生活，更覺簡單，如止水的心，也引不起微波；祇別緒離愁的留滯，時予我輕易的蕩漾！倩影！我來杭後，西子湖畔，已深深印了我想念你的跡痕，每看雙雙愛友的談笑，就聯想到天涯的你；雖明媚的湖上春光，也不曾減輕我半分記念你的悵惘！幾番往返的滬，杭，甯，我的靈魂兒如此的流浪，唯一的愛友——你，我也不能時還你渴切的慰望了！』

倩影不待曼夫說完，早已將手搭到他肩上來，帶笑的說道：『已往的煩惱，付與天際微波罷！今宵的愉快，不要讓他輕易的消逝了！』四片嫣紅的嘴唇，互相的吻着，在相接觸的一剎，就是他倆久別重逢裏，輕佻喜劇的表徵。

無情的九句鐘，打斷了他倆的蜜語，倩影輕輕地送曼夫出了旅社，一路的車上，他忘却了兩旁熱鬧商店的點綴。

回家已是九點二刻了，他也不再續完殘稿就寢，久患的失眠症，今宵不來打擾他；祇含着愉快的微笑。悄悄入夢了。

於湖畔小樓

孤墳

阮西震

（一）

夜佔領了深村，
月色昏昏；
土饅兒裏着野草，
那悲鳴的樹頭小鳥，或許驚起你的靈魂。
你為何進這個無生之門，
犧牲美的青春永遠沉淪？
遠遠地一角紅樓。
欄杆還倚着你的愛人！

（二）

我想打破這無情之窟，
宰割頑肉，生你枯骨，
但是——回想未來…………
我們總是同居着寂寞之國！
老友呵，長眠着靜候罷

三，五，於虎林軍次

無聲

瑞本

杭州，除沉醉人們的湖山而外，確是寂然無聲！

上年魯迅先生一到廣州，就說：『革命策源地的廣州，不應這樣寂然無聲。雖然全中國都是寂然無聲。』（大意如此）現在我要說，算爲訓政時期的杭州，不應這樣地寂然無聲，雖然全浙江都寂然無聲。沉悶的杭州，除却醉人的湖山而外，確果寂然無聲啊！

文藝是時代的產兒，是革命的先鋒——文藝是描寫着當時惡劣的環境，喚起民衆，打倒這所遭的惡劣環境，另造光明大道。然而滿杭州的景象，竟都沉溺在這吟風弄月情哥愛妹的大濤中！我疑心：杭州除男女交接還不能十分自由外，其餘都很舒暢了嗎？杭州的民衆，除性慾不解決外，衣食住行都解決了嗎？這樣的看來看去，都是些風花雪月的東西，大概杭州的民衆，都已『飽暖』而思『淫慾』的了。

啓明老人講：文學除伍裏沒有什麼階級可分，但確有帮助貧產階級或無產階級之分的（大意如此）。我想，杭州這些歡喜文藝的人，都表同情於富貴者的嗎？那杭州這班飯吃不飽，目不識丁的人們，叫誰去帮他們喊寃啊！

說也奇怪，全杭州都沒有一種文藝刊物。前幾天，我爲醫病而進城，看見在馬路旁邊墻壁上，貼着很大的廣告。其廣告寫着：純文藝刊物大火出版了。我省下一角藥錢，快去買了一本。將[illegible]，我從這沉悶的杭州廢墟。但不對，一看之後，仍然是些風花雪月逃不出這個巴戲的東西。杭州到什麼時候纔能逃出這沉悶的空氣啊，當時我很慌張的想着。

上年（或許今年都是），我所談的確定逃不出我自己現在所厭談的範圍，並且嚴既澄君還帮我掛過談情妙手的照牌。現在我祇有向食不飽衣不暖的民衆們懺悔，我自己要求痛改！

瓦格奈 Wagner 說：『生活能如意時，藝術可以不要，藝術是到生路將窮處出來的。到了無論如何都不能生活的時候，人纔藉藝術以鳴，以鳴其所欲。』杭州的人們，大概對于目下一切都已經滿意，不必鳴其所欲吧？

卅一，三，一七。

春意

孫禮成

月琴吾友：這裏下了三二天的春雨，微寒中人，窗下只有我自己，無聊極，喝了二杯酒，又喝了幾杯濃茶，看了一本新月。

你寄給我的食物收到了，感謝得很！這時夜風吹着窗簾，似乎代你訴說了你的寂寞和悽苦。現在正是家中夜間教書的時候，你桌子對面的座兒空了；平日坐在你對面的人，正在龍山畔斗室中聽着飂乜的風聲呢！我何曾不寂寞，不悽苦呵！

當我們將要分別的三天以前，你隙說我的不是；沒有眞誠的話語對你說過；就是要說，每每欲吐仍茹，不肯徹底。沒有懇摯的態度對你表示過；就是要表示，也不過吞吞吐吐貓貓虎虎的算了，總不肯把整顆的心獻給出來。啊！月琴！你責備的太苛刻了，我不是懼怕說眞誠的話語，更不是不肯說眞誠的話語。我不是懼怕表示懇摯的態度，更不是不肯表示懇摯的態度。眞誠和俏皮

「懇摯和淡漠，細按下去，實在是一樣的。我覺得真誠也好，俏皮也好，懇摯也好，淡漠也好，因為世界是空虛的，人生是無意識的；人和人，和宇宙，和萬物的聚合，都是偶然的。正好比演劇一般，上了台，是父子母女，親密的了不得；下了台，摘了假面具，便各自離散了；哭一場也是這麼一回事，笑一場也是這麼一回事。

這些話不是用來安慰你，實在是我自己的人生哲學。但這哲學當因人而異的，當因空間時間而異的，告訴你是很自然的了，但我却不敢告訴我底母親。如果這樣告訴了母親，母親便要傷心到了極點了！啊！我底母親：……呵！

我們雖然離別，形質上似乎是間隔，但我敢說精神上決沒有間隔。不但我和你精神上沒有間隔，我們和萬物的精神上，也是沒有間隔的。能作如是想，世界萬物是極其恬淡，同你更是極相關連。

春意十分的足了，蒙泉下的楊柳，已披着滿身翡翠的衣裳，婀娜的，婷婷的，對着那含苞待放的三桃，百般溫存地似乎表示微笑。家裏後園的茶花開了麼？我每每想到你，不知道在茶花開放的光景，你在這時光之中，曾否念到我？

天開朗了，颼颼的風聲停了，沙沙的春雨止了，樹葉兒也漸漸地恢復她的常態了。娥眉似的新月從玻窗的罅隙中微微地發出影光。開窗一望，胸懷曠然，我覺得真享盡了人間的清福。

今夜的印象很深，不能不趁着時光未移，寫來寄給你。——夜已深了，疲倦極了，寫的很無條理，請你原諒！我的朋友！再見罷！

禮成。十七，三，午夜于龍山。

貴族熱的富紳

法國毛利愛著
高濟安譯

第五幕（續）

域夫人　是什個蠢東西呀？

域　『馬馬摩喜』就是我們國裏所謂之『御侍』

域夫人　『舞人』！你的年齡是不是還可以進跳舞塲的嗎？

（譯者按：原文 Paladin 是『御侍』Baladin 是『舞人』二字相差只P和B的分別，聲音又很彷彿，但是譯起來就太沒意思了。）

真是蠢貨！我說『御侍』；就是人家剛剛對我引了一個加官典禮的品級。

域夫人　什個典禮？

域　默罕默得耀亭。

域夫人　什意思呢？

域　『耀亭』就是說『域敦』

域夫人　那末「域敦」什意思呢？

域　Voler Far un……（如便說不可懂的話）

域夫人　怎麼樣？

域　Dar……………（如便說同前）

域夫人　這是什麼意思呢？

域　Per……………（同前）

域夫人　你到底要說什麼？

域　Daru……………（同前）

域夫人　到底你唧哩咕嚕點什物事？

（未完）

杭州民國日報副刊
十七年四月份
第三期

父親墓前的祈禱

——散文——

張天疇

父親！失路的迷羊，斷了羽翼的小鳥，飄流的我，現在，長跪在空山夕照的墓門前，靜默地的向你祈禱：訴說我已往的不幸，訴說我未來的願望；長眠的你呵，可曾聽見!?

此地，五年前的春日，似曾來過。路旁的樹，樹下的矮廟，鵝卵石砌成斜角的小山坡，『丁』字形的板橋，綴補過的破茅屋，牛羊踏成的荒徑；我還依稀恍惚的能夠回憶，可是，半山的一切，也似乎隨着人面的衰老，沒有和我來時的顯嫩了。

那時，澄碧的天空，乳白的雲塊，赭色的山，染翠的樹林，瑪瑙紅的杜鵑花，葱綠的草，錯雜紛披的彌漫了山谷，而今四圍的景物，大概因嚴霜的摧殘，搖落黯澹無力的陽光裏，變作了離離的枯草，飛盡了滿林的黃葉，隨着行人的脚步，發出乾爽的微響。

這裏：只有你墳上的雙槐，還蟠着蛇形似的枯枝，幻成亭蓋似的餘蔭，覆着你敗懷的墳墓——呵，護你墓中的骸骨！

因風雨的剝落，一半爲慣于纏繞的野籐所侵蝕，毀滅了你的「姓名」！認不清我寫的筆跡啦。

然而，遠風吹來澗的水聲，仍綜綜的奏那好像聽過的歌曲：斷續而嗚咽；似乎追悼你已死的悲衷，嘆息我已往的不幸！

父親！我辜負你給與我的生命；浪費了朝日似的青春；未能實現你的期望；反而擲碎了我的靈魂！我也曾受過了命運的鞭撻，並且受過了愛神的蹂躪，做過了不負人生責任的流浪者。我也曾做過酒色和肉慾追逐的狂人，我彷彿是戰敗歸來的騎士，風雨之夜的黃昏，負着沉重的鐵胄；在殘壘古堞之間，無可奈何地的逡巡；我又彷彿旅行於沙漠中的孤客；在一個風雪寒天的早晨，忍着那燃燒的飢火——畏縮於茫無邊際的前程！

恕我！我何嘗不肯努力的掙扎？何嘗不肯勇邁無畏的精進？我何嘗不願自獨於墮落之淵的黑暗中？然而我終於敵不住自然律的支配與肯定！我已經感知到生的疲乏，感知到生的勞困；所以我怕見人與人之間的擠軋；怕見人與人之間的苟營；怕聽人肉筵前的歡笑；我怕看屠夫們砧上的刀聲！十字街頭的荊棘；喧譁市

☆目錄★

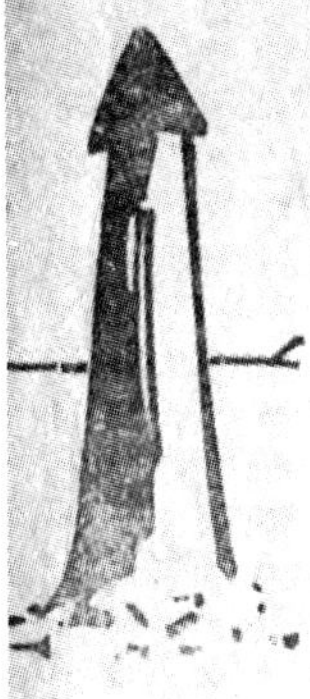

上的冰山；熬不住人間的苦痛；耐不住人間的寒冷；我甯入於狂狷而孤獨；誓不接受人與人之間虛僞而近乎卑劣的同情！

但是，我不自認爲無抵抗的弱者！同時，亦不自信是個卑覩一切的超人！我有我生命中的熱力，能夠燃起我曾經吹熄的光明；我也有懺悔中的情淚，洗滌我陷於泥濘間的自身；雖然，我也在不時的死滅；我總想獲到永久的生存！敢至誠的對你立誓。未來的我呵！或許不至使你如是的失望。可是，請你再給我一顆純潔而眞摯的『童心』。

父親！失路的迷羊，斷了羽翼的小鳥，飄流的我，長跪在晚鴉叫噪的墓門前，靜默的向你祈禱。

十七，三，二八，夜雨中。

夜月

朱中廬

藍穹洗得又清又淨，
銀盤團圞地掛在東方的天際，
數點暗淡的星光，
都是隱現屈服在白茫茫的皓光之下。

月啊！月啊！
你是何等仁慈而愛護的母親！
怎肯放出這副威莊惘嚇的怒容！
你的小孩——可憐的小人兒，
看了已在這冰天雪裏打了不少的寒噤。

慈愛的母親呀！——月兒。
您是孩子們唯一的救主！
您是宙宇間的大慈大悲者啊！

月兒！月兒！
在日暮窮途的境圈裏的孩子們呀！
您也能領略他們苦惱之象徵!?

朱中廬一九二七，十二，八。

雜感

嚴夢

——馬女士之投江——

中國人究竟是順民，所以連做愛的信徒也叛逆起來，但不是轟轟烈烈的反抗的叛逆，而却是馴馴伏伏的去死或守節的叛逆。

有人批評中國很少情殺的事件發生，那便可以證明國民性之懦！這不能算是天經地義的議論，因爲中國的國風是與衆不同的。笑話，誰說中國沒有情殺？自古以來，殊不知中國有更光榮的歷史，如陳復生的與妃同投井以殉難之類的，眞是指不勝屈：君不見乎馬女士與汪先生乎，此其最近之殉情者也，何懦爲？

且夫！馬女士死矣，嗚呼！可憐汪先生『死不去』以隱痛預備將來納妾也，然而無論如何，兩者死其一，總不能不說『野鴛鴦』成單，（俗人以弔膀子而幽會的鳥男女，必以此名稱呼；汪仁兄雖『忠厚』，而弔膀子以『詩』，是誠可謂高尚『忠厚』之弔膀子；惜余未能脫俗，亦暫沿用是名，唐突才子佳人處，幸『人』『鬼』共恕是幸！）但無論如何，馬汪此案發生，想定可光及邦家，一雪可是，「知子者莫若父」，「知妻者莫若夫」！女士之尊人知己女之「死」，實爲「不澈底」！而佳婿之「生」，則誠爲妥當！而汪先生也從自己的懷疑，繼之推伊八字于術者，于是乎證明伊「决非完璧」！伊既非完璧，自然是不貞操的失身女子，既是失身底少女，何妨再來一次？主意已定，故於十五日「口堅决求伊口口口口口口口」云云。

他媽的，不管什麼鳥東西，我的筆尖還樣的寫了：「兩條狗不如的野鴛鴦」！諸位不要生氣，如其他們眞是狗，可不致演成這幕悲劇了。貪歡則如「狗」，存心却是「人」，由是馬與汪「相隔路非遙」——不過地獄（或天堂）與人間罷了，如果馬女士不投江，還水也是止水，撲通跳下了，「平等！」「解放！」「參政！」湧起了幾個波浪。「女子」用阿拉字寫起來，好像是「SLAVE——NBOR」?!

末一段曾誤排在三月份三十期的雜感後面。今更正於此。

——編者——

午夜

磨金銘

涼風在靜悄悄的夜午，

竟把我的甜夢推醒，

抬頭望着天空，

不見什麼，只見片片的浮雲，

※ ※ ※

不知趣的月亮，

照罷，照罷，

照透被窩，再照入我的心腸！

※ ※ ※

與月反射的錢塘江水，

隱着是渡着一葉扁舟，

槳聲答答地作響，

好像悽切，悽切的泣訴。

※ ※ ※

仰首望，月兒似罩，

低頭看，水影清冷；

這都是悽涼的材料，

不知不覺感動了多年遊子的心靈。

貴族熱的富紳

法國毛利愛著

爾濟安譯

第五幕 （續）

域 Nom ……………（同前）

域夫人 這一切的話是怎麼解說？

域 （一邊唱一邊舞）嗚啦彭，彭啦嗚，彭啦彭，彭啦嚨。

域夫人 哎喲！天呀！我的丈夫要變成瘋子了。

域 輕點，無禮的東西！對「馬馬麼喜」是要客氣點的。（域下）

域夫人 他的神魂到底丟在什麼地方去了？快點趕出去把他拉回來。唉！唉！（看見道隆德和陀里曼同來）討厭的東西又適逢其拋她來了。我覺得到處多是使我悲傷得很。（域夫

副刊

人下）

道隆德　是的，夫人，你要看見人們所可以看見的一件滑稽戲，我眞想不到世界上是可能的另外找到了像這個同樣瘋痴的人；并且，夫人，應該要設法促成克萊翁德的愛情，還要幫他們假裝的忙才好。他（指克）是一個很神氣的人，一定很感謝人家對他的好意。

陀里曼　我很看重他的，他是值得擁有寶藏的。（指露西）

道　除此以外，夫人，在這裏我們還有一個跳舞會，我們亦不應該把這個機會錯過，並且要看看我的意見能不能夠實現。

陀　在那邊我已經看到了一切奇勝的籌備，道隆德，這許多東西多不是我所能再當得起的。是的，結果我是希望你再也不要浪費了；為了禁止你不絕地因為我而濫費起見，我毅然地決心要和你結婚。這是我眞正的秘密，只有結婚是可以了却一切的事情。

道　呵！夫人，你對我這樣溫存的決心要是眞的嗎？

陀　這不過是為了你不要破產；假使不是這樣，我一定可以看到在你破產之前，你就連一文也沒有了。

道　夫人，眞使我感激得很，我願意把我的財產完全交給你厚情的保管。這完完全全是你的，等於屬於我的心一樣，從此就可以由你的意見怎樣地去使用吧。

陀　我們兩人好好地此後使用吧。但是你看你的人來了：他的面色是很和靄的。（城上）

道　先生，我和夫人到這裏來是恭喜你新近的高陞，並且和你一樣的快樂，因為你己經要和你的兒女 土耳其太子結婚了。

城　（行過了土耳其式的敬禮）先生，我祝你有毒蛇的勇力和獅子的德智。

陀　先生，我是非常的快樂，最先地來慶祝你高陞的榮耀。

城　夫人，我祝你的全年的玫瑰花開着；我眞是無限地感謝你已經知道了我天外飛來的幸福；並且我更格外快樂地看見了你到我這裏來，使得我可以最誠懇的求你千萬原諒我妻子的放縱無禮。

陀　一點也沒有什麼關係；我很原諒她同樣的舉動，你的心應該尊貴她，擁有一個男子像你一樣的以至於發生許多的誤會，原來不算是希奇的一回事。

城　我心靈的擁有就是你所獲得的東西。

道　你看吧，夫人，域敦先生不是一個聲價自高的人呀，在他的勝利裏，他仍舊是還認識他的朋友。

陀　這就是眞正諧愛神情的表現。

道　土耳其殿下到底在什麼地方呢？我們很願意地以你的朋友的名義去盡我們應有的禮節。

城　你看他在來呢。我已經差人去尋我的女兒來許他握手。（克萊翁德上）

道　先生，我們以尊丈人朋友的資格向殿下致敬禮，以我們最謙謙的本分保證我們的誠懇。

（未完）

—名目繁多，不勝備載。—

杭州民國日報副刊

十七年四月份

第四期

副刊

不要認錯了「總理遺囑」

王保身 王醒魂

讀遺囑的人的確多，懂遺囑的人多却不見得；雖然腐化的惡化的臭化的一些人們也都曾把它一句句的念過。

假如，照上面說的懂的人不多，還沒有說的曲解的人不少的，這一種事實又叫擁護總理遺敎的我們不能不自己唱一聲，說，不要認錯了『總理遺囑』

(一)『遺囑』是什麼：要懂得遺囑是什麼，就先要曉得：遺囑是什麼人遺下來的，爲什麼把它遺下來，遺下來幹什麼的。我們是旣經曉得了的：遺囑是孫總理遺下來的；總理恐怕我們把他的遺敎忘記，所以把遺囑遺下來，遺下來，是要我們遵守着他的遺敎。

遺敎是什麼？總理的遺敎就是孫文主義。　孫文主義是什麼？就是：總理所獨創的精深博大之三民主義，最完備科學的建國大綱，最嚴密最詳細的建國方略，和最週到之第一次全國代表大會宣言底綜合體。故總理遺訓我們：說，這些都是『余所著』。『現在革命尚未成功，凡我同志，務須依照』『繼續努力，以求貫』，叫我們去遵守；所以遺囑就成了孫文主義的具體表現！

總理所推翻的是四千年來的封建統治權威；總理所建設的是中華民國；總理所創造的是三民主義；總理辛苦經營最後交給我們的遺產是中國國民黨。中國國民黨幹什麼，實現三民主義。三民主義是什麼？是解放中國民族以實現大同世界之革命的最高原則。中國國民黨怎的去幹？換句話說，怎樣去實現三民主義？總理說：

『必須喚起民衆及聯合世界上以平等待我之民族，共同奮鬥』。總理恐信仰不堅的人不能遵守，故又切實聲明，這是他『積數十年之經驗，深知欲達到此目的，必須』叫我們用不着懷疑，只管依他所指出的道路走去。所以中國國民黨要做什麼儘可以到遺囑裏去找；要看做得工作對不對也只管去遺囑裏找，就行了；因爲遺囑是總理遺產的總帳簿。

因此，如果有人問我：遺囑是什麼？我們就得回答道：『遺囑是總理遺產的總帳簿，孫文主義的具體表現』。

(二)遺囑之不好懂

總理的一二句話，常使一般天聰天明的人經過若干年的不懂

☆目錄☆

中國人的地位連奴隸也比不上！

『我們的地位比不上安南人，高麗人，安南人高麗人是亡國的人，是做人奴隸的，我們還比不上，就是我們的地位連奴隸也比不

，精深博大的主義自然不用說，而包括孫文主義之一切結晶的遺囑更不用說。看：總理說的『民生主義就是社會主義即是共產主義，又名大同主義』，這麼一句話，經過若干人的解釋就成了若干種的意義，同時造出了若干多的亂子；及亂子造出以後，我們的領袖才知道自己對於總理說話的不懂。因為總理是天聰天明中之天聰天明者，故一般天聰天明之對總理，只好違背也學不着，留下許多不懂。遺囑自然一樣地不叫人好懂，而最難之處，則有三：

一，『喚起民衆』：什麼是『喚起民衆』？為什麼要喚起民衆？用什麼方法去喚起民衆？說起話來自然很簡單，做起事來當真不容易；所以這三個問題弄錯了或做錯了都是很平常的事。因此，留心革命的人們常是說，總理遺一句話怪難懂。

A什麼是喚起民衆？喚起民衆的第一義就是和『取得民衆』不同。民衆是不可以取得的，可以取得的只有流氓與暴亂的民衆，流氓與暴亂的民衆袁世凱曾取得過，然而袁世凱是反革命的，流氓與暴亂的民衆陳炯明也曾取得過，然而陳炯明是背叛總理的。眞正的民衆雖可以壓迫欺騙有一時，然而不要好些時民衆就會把壓迫者送到牠自己掘好的坟墓裏去，因為黎明常存于羣衆心窩裏。孫文主義與共產主義在心理上分出『愛人』與『恨人』來，在手段上分出，協作主義與工具主義來，因之而異道殊途，處處看出孫文主義與共產主義的分野。因此，共產主義者民衆運動的口號是『取得民衆』孫文主義者民衆運動的方法是『喚起民衆』。喚起民衆的第二義就是與『強迫民衆』不同。本來強迫民衆早既不能存在於新世紀，除了反動的封建權威和發狂的紅色恐怖壓迫之下以外的。

，民衆本身的利益與痛苦，都是民衆本身知道得最親切最詳細；所以為民衆奮鬥只可以在前頭領導，萬不能在後頭用機關槍大炮催趕。因此，孫文主義民衆運動的方法不是強迫，更不是壓迫，只是『喚起』。

（未完）

針

張天疇

似乎——在夢中，
她的針，
用着她的手；
深深的，刺了我的心。
血，琥珀紅的血，
幻作了葡萄酒，
顫顫的，送上你的唇，
勸你盡情的飲，
『甜嗎』？忍着痛的問。

不幸的遭遇者

立人

剛從朋友家中出來，已聽見火車嗚嗚……的在叫了。趕忙加緊了幾步，似乎想要追上那火車。其實火車早開出了站，就走得再快一點，也是徒然的；但當時却沒有想到這些。隔着幾幢洋房向那車站方面望去，濃密的黑烟夾着風一陣陣向南捲去。這準是到上海的火車了，一會就會還來的，倒又安心的故意把脚步放慢了；就是走得快，到了車站，一樣是要寂寞無聊地立着等待，走到站外，從半開着的窗口斜望室內的時鐘，長針剛在四點的地方，知道火車不久就要從此站開來，無目的地看看正在待車的朋友們底各種各樣不同的面孔，一時又踱到外面，看火車有沒有來的樣子；一次兩次，可是總不像來。我開始疑惑了：車子是十點二十五分要從上海開來的，已過了有十五分鐘，為什麽售票處的小洞還沒有打開呢？這疑惑終令我再到那半開的窗口去斜望那掛鐘一次。這次真看清楚了：原來長針雖在七點的地方，短針却不在十點之後而在九點與十點之間。眼睛欺我了，因而想到以前看見燒向南去以為是火車向南也是完全錯誤的。這眼睛的錯誤，竟使白白的多立這十五分鐘。在我這終年浸沉在無聊中的人，十五分鐘的短時間，本算不得什麽；但於這次的受欺於眼睛，總像有誰給我不平似的掃興。還須有一小時的久待，那是不能耐的。到k鎮的路程，就是用一雙脚，也不過三十五分鐘就可到的，何必苦苦的一定要等候火車呢。走罷，我決意了。從車站門口的七零八落散列着的洋車前走過時，車夫很殷勤地問我要不要車子，我把手伸進袋裏，摸了摸那僅存的兩毛小洋，不由我不把頭搖了一搖，邁步的走了。

這已是春天了！在暖和的太陽下走着，倒也不覺着吃力。緩緩的拖着脚，低了頭向前去；有時抬起頭來，望望這四圍欣欣向榮的一切，碧油油的青麥，延佈了這大地，看着這一些，心情又興奮又暢快；但一眼看到雜在麥田裏的隆起底土饅頭，衰草環蔽着，又覺爽然若失。這陰慘頹廢的點綴品，隨處都有，真是我們這貴國所特有的國粹！

笛，這準是從吳淞開來的火車了。愈走愈近，火車頭也已依稀可見；但是希奇呀，只不見那火車駛近，「這定是火車壞了，」我心裏想：「這一次的走是很值得的，你看火車還未到K站，已出了毛病，要是我老等在那兒，真不知要到什麽時候，才能趁車…………」

火車確在距K站半里遠的地方停着，烟囪雖仍不住的冒着黑烟，車子總不見動，站上的乘客，，已立滿了很大的一堆，大概自己走得太疲乏的緣故，就這火車出毛病的推測，竟也引不起我的興子去一瞧這熱鬧。過了車站，一徑自己走進校去。

吃過午飯，照例是要散一回步的，一手夾了本剛看了一半的芥川龍之介集，向校外踱去。

「你沒有去看過嗎？那邊軋死了一個人……」一位朋友遠遠地招呼我。

「嘿！沒有……」我忽然想起上半天遠遠見火車不進站而停着的原因了。走出車站一望，固然就是上半天車停着的地方，車已沒有，很多的人立在那裏。不斷地有三三兩兩的人從那邊走來，也不斷的有人三三兩兩地從這面走去，顯然有什麽熱鬧在那兒了。我也就很快的向那方走去，很近的，不過半里光景罷，看去彷彿就在那鐵橋的旁邊，心就很快的跳了起來，這地方我曾好幾次走去過，一半是散步，一半也另有別種原因：有兩個年輕的姑娘，就住在那邊附近，除了星期，每天膳後，她們一定要走過這鐵橋去進她們的學校。為了她們，我曾三五次在橋邊蹀躞着守候她們。這幾天却為了功課忙碌，已好久沒有來走動。我有些心慌

F.Y.

，或者這軋死的不幸者，就是她們中的一個，很留心的聽着看了回來者的談話，總沒有聽到一個『女』字，才稍安心。路越走越近，只差十餘步罷。有人用手帕摀着鼻子，我似乎也因此嗅到一點特異的氣息——大概是神經過敏而不是死人腐爛的臭氣罷，他才死！不滿三小時，而況又不過是一個暖和的春日。假裝咳嗽，把鼻子掩了，從人叢中擠入。死屍已用蘆蓆蓋住，灰藍的布衣的半幅，還露在外面，人類眞是世間最殘酷最自私的動物了：對於他人不幸的遭遇，自然沒有不表同情的；但有時爲了自己要看——或者竟有人要直捷地稱之曰飽眼福——對于這不幸的遭遇者，反嫌他受傷不重，受創不深。就講現在罷，看了這眼前用蘆蓆蓋着的尸骸，也該夠了，人們却偏覺得不滿足起來。誇大一點說，非把這血肉模糊整個的屍體顯露，是不能使他們暢快的。好事的人，就把蘆蓆掀了起來，大概已是個五十左右的人了：頭髮稀疎，下巴地方也疎落落的留着幾根短鬚；紫黑色的面皮，已滿污了血和泥塵，鼻梁壓得陷進，上唇已經裂開，一嘴的血，左面頰上部，有一個長約三寸闊可半寸的創口，倒像誰用劈柴的鈍刀硬砍了的，還有…………我只有一瞥，恐怖與不忍。已把我的頭轉了方向，隨卽退了出來。

橋上的人，正瞧着，笑着，喧着，視着；橋下也有人很努力的在逆流裏死命地把載滿了東西的貨船撐過橋來，嘴裏也不住的哼着，橋上橋下這一切的人，倒像都沒事一般。我惘然地瞟了一下這曾坐過的橋杆，又看了一眼這橋下急湍着的流水，才懶懶地離了那裏…………

三，十九，一九二八。于勞大宿舍

貴族熱的富紳

法國毛利愛著
蜀　濟安譯

第五幕（續）

域　通譯在那裏呀？應該要對他說你是什麽人，並且要使他了解你所說的。你一定可以見到他是怎樣回答的；他說土耳其話眞說得漂亮呀。唉！這個小鬼到那裏去呀？（對克）Stouf, Strif, Strof, Struf，這位先生是一個大的王公，大的「錫堯」Segnore，「葛羅丹錫堯」，是「葛羅丹錫堯」這位夫人是一位有爵位的，大的「達麻」，「葛羅丹達麻」，那末，他是法國的「馬馬摩喜」，夫人呢，是法國的女「馬馬摩喜」。我再也不能說個清楚了。好極了！翻譯來了。（哥微勒上）你到底到什麽地方去的？沒有你我們是眞不知道從何講起。對他說罷，就是這位先生和夫人都是很有身分的人，他們因爲是我的朋友所以特地來恭喜你的，並且要認清是很誠意的。（對道）你們要看到了他是怎樣回答的。

哥　Alabala…………（如使說）

克　Catabgui…………（同前）

域　你看見嗎？

哥　他說幸福的兩點整年地灌溉了你合家的園林。

域　我已經好好同你講過了，他是會說土耳其話的！

道　這眞是可稱讚得很。（露西上）

域　你來吧，我的女兒，走近來吧，拿手來給這位先生，（指克）他要求同你結婚是可以使你榮幸的。（未完）

杭州民國日報副刊

十七年四月份

第五期

不要認錯了「總理遺囑」(續)

王保身
王醒魂

概括起來說：喚起民衆的第一義是宣傳，使他起來；喚起民衆的第二義是領導，使他運動。共產黨人對於第一義只懂一半，對於第二義完全不懂；換句話說，只懂其四分之一，所以失敗。

B爲什麽要喚起民衆？喚起民衆的第一個原因是爲解除民衆的痛苦；換過來說，是爲民衆利益而奮鬥。官僚軍閥根本不承認有民衆利益，共產黨徒根本不知道有民衆利益；前者只知取得自己的利益，後者只知強牽民衆以遷就自己的理想；故官僚對民衆的方法是榨取血汗，共產黨徒對民衆的手段是製造事實。軍閥官僚是封建遺物，到處爲人類之敵；共產黨徒則革命於木斯科而假民之痛苦不除，革命於中國反而增加吾民無限的痛苦。所以孫文主義者民衆運動的第一個動機，是爲解除民衆的痛苦。喚起民衆的第二個動機是爲增加革命的力量。我們記得：民國十三年以前中國的革命都是總理一個人擔當起來的，旁的人雖有贊助，却不賣力；黨基建築於少數的智識分子之上時陷於飄搖的狀態；總理積數十年革命之經驗，深知智識分子靠不住，故決心把黨改組，將黨基建築於一般農工基礎之上，因此才得到三四年來革命力量的發展。

簡單的說，就是：孫文主義者民衆運動的第一種動機是「爲民衆而革命」；第二種動機是「爲革命而求民衆」。共產黨徒只知道第二種動機，而忘記了第一種動機，所以革命的結果，便是違反民衆的利益，腐化分子不懂第二種動機而又忘記了第一種動機，所以會說「國民政府統治之下。不要民衆運動」！傷心啊！惡化，痛心啊！腐化；然而都是由於不懂。

C怎樣去喚起民衆？喚起民衆的方法有積極的，有消極的；消極方面的工作是解除痛苦，積極方面的工作是增進福利。雖然解除痛苦與增進福利是分不開的事，然而階級總不免有先後，痛苦解除了然後才談得到增進福利的事。不但如此，兩種階級中之各個工作程序且適相反：在解除痛苦與壓迫的過程當中必須整個的而後及於各個的解決；在增進福利的過程當中必先各個的而後及於全部的美滿。打個比方，就是：在革命的軍政時期，必先解除全民族所受帝國主義與封建軍閥的壓迫，而後可以解除各個零碎的痛苦；在革命的軍政時期以後，或到了民族社會建設完成之後，就必須各階級的利益都得到美滿而後可以建設整個的民生

☆目錄☆

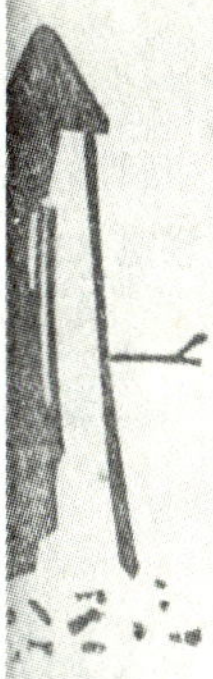

社會。因此，孫文主義者在革命的破壞時期民衆運動的口號是由『解除民族痛苦』，到『解除自身痛苦』；在革命的建設時期民衆運動的口號是由『爲本身利益而奮鬥』。到『爲公同利益而奮鬥』。

共產黨徒對于革命的破懷完全不懂，對於革命的建設又只懂得一半，且利用革命的建設手腕於破壞之時以取得民衆，結果是各爲其本身利益而豪奪巧取，各個的利益不特沒有得到，反而增加了全民族的痛苦。有人爲矯正共產黨徒的錯誤，說，以後我們民衆運動的口號是『爲公同利益而奮鬥』而不是『爲本身利益而奮鬥』，其手段雖與共產黨徒完全相反，而其錯誤之程度正復一樣一樣；因爲他與共產黨人都只看到了一方而否認了他方面。二個月以前一件有趣的故事正與此類：我自已有二位都只到過黨校一次的朋友，一天，我同他們，我們黨校的鐘樓是南面北面的；他們一說向南，一說向北，向南的証據，是在校門看得見，向北的証據是在體育館樓上望見，眞的呀：兩方都證據確鑿，兩方都對；然唯其兩方都對而都否認別一方，所以二方都不對。事情雖小而有時竟還麼不好懂，那就無怪乎民衆運動的根本理論底不好懂。

以上是說明『喚起民衆』一句話之不好懂；再說到

(二)聯合世界上以平等待我之民族

喚起民衆是鞏固本身的營壘，聯合世界上以平等待我之民族是鞏固革命的聯合戰綫；前一種是對內的，後一種是對外的。然而，爲什麼要聯合？怎麼去聯合？這些問題弄不清楚，所以有三年來要『聯合戰線』就要『聯俄』要『聯俄』就要『附俄』底無窮錯誤；因這無窮錯誤犧牲了南中國無限的青年。

1，聯合不是依附：依附就不要什麼地位，更無所謂『平等』；聯合本有多方，而平等的聯合就絕對不是依附。三年來，因總理不在，鮑羅廷替代了總理的地位，一般領袖俱俯首帖耳聽其指揮，把國民政府弄成了一個蘇俄的東方行政部。所以，在一年以前在革命的需要看來，聯俄是必要的；然而將聯俄變成了附俄，就成了革命的最大錯誤！

2.聯的是民族不是階級：民族不是階級是人人曉得的，然而聯民族不一定要聯階級似乎有許多人不承認。固然，我們承認於相當的情況之下聯合階級的革命組織是可以的；然而決沒有絕對的必要，爲什麼？第一，民族性與階級性是相衝突的；第二，民族與階級的革命組織必須有相當的條件才可以聯合的。

1『爲什麼』民族性是與階級性相突衝的呢？就因爲階級是縱的關係；民族是橫的關係。要實現階級的權力不能不打破國家和民族界限，要保存民族的地位不能不鞏階級的聯合。就階級爲中心而言：前者是鬥爭的，後者是妥協的；就民族的中心而言：前者是不要的，後者是擁護的。我們是三民主義的民族主義者，當然不主張階級鬥爭以破壞民族主義；所以我們所聯合的是民族而不是階級。

2『爲什麼』民族革命組織與階級革命組織須有相當條件才可以聯合呢？就因爲『民族國際』尙未着手組織而階級革命旣經有了國際的組織。國際組織是有『最高性』的，『無論對什麼只有指揮』無所謂聯合，我們，孫文主義者的革命組織因種種條件的限制，活動尙不出乎中國；要以平等的地位和『第三國際』聯合，不是吹牛皮就是个白量。因此，在現在的情形之下，兩方都沒有聯台的可能。中國國民黨決不願受第三國際的指揮，而容許共產黨員之入黨又止是『容共』：故本黨根本無所謂『聯共』。聯共是糊塗蟲造來淆混革命。口號。因此革命條件彼此不符，我們對階級的革命組織是聯合不來的。

那麽，我們怎麽才可以和革命的階級組織聯合呢？就要在孫文主義的『民族國際』組織成功之後，一切被壓迫民族的經濟狀況和所受的痛苦都和無產階級二樣的，無產者尙有汽車坐，洋房住，而被壓迫民族大多數人　受着衣單肚皮薄的痛苦。所以，全世界十二萬萬五千萬人的一切被壓迫民族底出路，就根本不能和無產階級相同，不用說，民族國際有組織的必要。組織民族國際的任務只　實現大同世界的孫文主義者才能夠負担起來。待我們的『民族國際』組織成功之後，自然可以和第三國際聯合起來，根本剷除帝國主義，完成世界革命。

（未完）

淚珠

馥寶

朋友，
你要我最誠實的禮物做保證；
那末，將晶瑩的淚珠獻給您吧！
的確，這是最寶貴的禮物呵！
我眞實的生命，
在裏邊跳躍；
我的熱情之心，
在裏邊燃燒；
我的一切，
都赤裸裸地蘊藏在裏邊！

三，二三夜作。

掃墓

嚴夢

Y君又飄回西子湖畔來了。他本來是生在上海的，可是因爲他一嚮吃的是「黨飯」，黨國自從經過這次糾紛之後，他的飯碗便宣告不盛飯——破了，因爲他的家在杭州的緣故，所以落魄也得在嫻美的西子之濱。

他回家的第一天，他的父親因爲他的婚姻問題，引起了極大的恐慌；母親呢，竟哭了起來；

『你的年紀不小了，尙未有錢娶親——噯！你讀的是洋書，因此不能像何秀才一樣，每年坐着有學租收入………』他的爸爸很傷感的嘆息，蒼老的斑白的鬢旁，鼻即上，摺縐着的紋，便疊成疊匕了。隨後他的母親連忙很感喟的道：『是呀！像我們丁裔不旺的家庭，早該替你娶一個福氣的媳婦的了——　如果家裏不遭變故。』

片刻的沉默以後，他去開他正在想念着的以往叫他煩悶的所有底愛人，發怔的望住他的母親悲苦的戀顏，心裏似乎細味出他倆老人家爲他的所謂終身大事也者，已經煞費心神綢繆許久了。其實，他這次行乞疲倦了回家，除了身上的衣裳和髮膚以外，賸下的就是「煩惱」。他的兩老是怎樣的失望啊！

論理，久別重逢的骨肉，是何等愉快呢？而他們却久別猶可，重逢則反爲不美了。

Y君的父親每天和他見面的時候，必定要討論那件懸案一兩會；他的母親也必定這般說：『論年紀早早應該了，哎——好命的，早早就做了「爸爸」啦。』言下不勝感慨，跟着的尾聲，是從鼻孔裏出不大自然而又聽不清楚的『嘻嘻乜』；可是朝商晚量，Y君的終身對象，仍然是兩字「茫茫」。

Y君的父親心中印着一個『三三主義』，這『三三主義』，是有古典的；因爲他們的曾祖父生時，曾經發過三千塊錢的洋財，養活了三個兒子，和他們的曾祖母共同過了三十年『夫唱婦隨』的生活；一時傳爲佳話，鬨動了鄉間一時：竟由此而『光宗耀祖』，族人的『冷眼』，也一變而爲『熱眼』了。一代一代的傳下來，他的父親對他曾祖父說話，依然尚可以保守着他們家門的禮法；開口時必恭且謹的第一句『兒稟父知』云云。但是在他老人家兒時出門，蕭條的行李當中，就要用石甎瓦礫來增加重量，他的祖父雖然恬淡，可就感到今不如昔；直到了他，益發是一代不如一代了。他父親和他談到族人的衆口同聲的讚美他家——『能夠落葉歸根，享受了「三三」的洪福，眞是他家祖宗底餘蔭：「心田先祖種，福地後人耕」』的光榮歷史的當兒，遂有點憮然悵然。

雖然，y君的爸爸也很能夠體貼他攫掠飯碗底力量是很薄弱，說是鄉間的女子比城市的好，『荊釵裙布』也就心滿意足了。——最好還是鄉間的窮女子，蓋取其『木門對木門之義』；但y君却不以爲然，他可并不怕『貴人眼高』，所恐懼的，却是永遠的伴侶，不認識他的『眞我』，不認識他的『眞我』，便不會知道他的偉大離開事實單從口頭談判，這也是障礙底要素：在y君的父親聽到兒子近乎反抗的諸如這類大逆不道的話之後，必要發發老脾氣：睁着沒有充分亮光的眼珠，現起耳上下的青根，咬着透風的門牙道：『你不要强，也用不着强，你就是一生做個鰥夫於我又何干？』y君聞之，也必定這樣致辯：『誰反抗來？爸爸，你要曉得我們的生活是「朝無隔夜粮」的挨過去，自己都養不活，又怎樣去養妻活兒呢？』他的父親總以爲是y君搪塞的話。（未完）

貴族熱的富紳

法國毛利愛著　蜀湘安譯

第五幕（續）

露西　怎的；爸爸，是諾個樣子做嗎！是不是你要和我尋開心？

域　不是的，不是的，這完全不是尋開心，這是眞正很規矩的一件事，尤其是對你是最充量的幸福的求得。哪！我所給你的是這樣一個男子。

露　爸爸，給我嗎？

域　是的，是給你的。去吧，去同他握個手吧，還要謝謝上帝給你的幸福。

露　我死也不結婚的。

域　我我要你結婚，是我，我就是你的父親。

露　我一些也不管。

域　唉，不要這樣吵吧！去吧！我同你說。哪，你的手。

露　不，我的爸爸，我曾經對你說過，這是不可能的事去勉強我嫁了別一個男人除非是克來翁德；我甯可決心地走極端去………（認識到是克來翁德的化裝）。眞的，你是我的父親，我應該完完全全地服從你，並且只有你是可以依照你的心意去支配我。

（未完）

杭州民國日報副刊

十七年四月份

第六期

不要認錯了『總理遺囑』（續）

王保身 王醒魂

在國民革命過程中，我們所聯合的是什麼？是民族，有二種民族，第一，可以共同作民族解放運動的民族；第二，是可以增進民族運動力量的民族。前一種包含着一切的被壓迫民族，後一種是既經得到解放的民族。然而這二種民族就一定可以聯合的麼？也不一定。爲什麼呢？必要雖然必要，還要看可能不可能。怎樣才可能呢？就要建築在『平等』的原則上面。綜括一句：我們是『聯合世界上以平等待我之民族』，

中國共產黨人及左派領袖不懂第一義，故主弄到『聯合世界上以平等待我之民族』就是聯俄，聯俄就是歸附俄國。因爲不懂得第二義的第一個『爲什麼』，故有什麼『聯共』的亂叫，因不懂第二義的第二個『爲什麼』，故現在還有神經錯亂的青年主張趕快聯合第三國際，而二年前我們的領袖却倒過來說『中國國民黨要受第三國際的指揮』。思想的錯誤造成了無限革命的錯誤。革命的錯誤犧牲了無限的青年！傷心往事，凡是參加過革命的人們也許有着同情吧。然而一切傷心的事，都由不懂遺囑造出來的！

（三）『共同奮鬥』之兩種重大意義

共同奮鬥之意義不懂得，當然不知道怎的去奮門。不知道怎的奮門，自然不會革命，不能革命。然而老牌的孫文主義者和許多冒牌的國民黨員却不懂得這些意義，兩種重大意義是什麼？第一，革命之民衆化，第二，三民主義之國際化。

1，革命之民衆化：革命本是爲民衆的，一脫離民衆革命就沒有意義，革命不是少數人負擔得了的，所以必須得到民衆的參加才發生偉大的效力。本黨在民十三改組以前，所有革命都是亡命的革命，把黨基建築在頂少數的智識分子及海外華僑之上。國民因受外力的侵凌壓迫，不斷地作民族反抗和民族復興運動；然而又因沒有革命黨的指導，散漫而無組織的結果便是空無所得，因此，本黨總理儘管創造了偉大的三民主義，却沒人信仰，沒人宣傳，自然更沒人實行以發生效力；社會上所起之各種運動又因不能接受黨底指導，不能繼續地維持下去；故國民革命止成爲少數智識階級的「熱情革命」，而民八『五四』新文化運動也只成功了『新文化的工具運動』。『義和團事件本爲偉大之農民反抗侵掠運動，然而沒有革命黨去指導它，所以變成爲盲目的排外。從三十年來歷史上所得種種的教訓都足以證明，黨脫離民衆即不能革命

★目錄★

打破帝國主義，必須廢除中外一切不平等條約

約。

；民衆脫離黨即不能運動。總理以革命四十年之經驗，臨終乃確定『喚起民衆』的方法以『共同奮鬥』。故『共同奮鬥』之第一義爲革命之民衆化。

2，三民主義之國際化：新世紀的世界文明既經不容許『關門革命』的存在；因爲反革命的帝國主義既在百數十年前國際化了。時至今日，全世界的各民族都旣在要求民族民權民生三個問題作整個解决的時代了。一切弱小民族所受帝國主義與封建權威之雙重壓迫，正如我們一樣地需求解放；一切新從壓迫之下解放出來的民族也如我們一樣地要求革命新社會的建設，三民主義是整個的；全人類的要求是一致的，故總理遺訓我們：聯合世界上以平等待我之民族『共同奮鬥』。共同奮鬥之第二義，就是三民主義之國際化。

革命之必須民衆化，共產黨人得之於列寧之遺教甚深，可算知得十分爲體的，可惜其動機錯誤，手段訛謬，故到處與封建權威同爲人類之敵。至若三民主義之國際化，共產主義者從前是不懂得，現在是不願意，故第一國際無成，第二國際破產，第三國際到處樹民族革命之敵。共產黨不願意三民主義之國際化，致共產革命無所成固屬可憐；而腐化的老朽昏庸分子也不願意三民主義之國際化而據爲家寶，尤其可恨！然而這些可憐可恨的事實都由於不懂。

總理有吾儕不能想像之偉大，故其一切遺敎我們都覺得不容易懂，難懂的不只遺囑，遺囑中難懂也不只上面說過的三項；凡是總理所創造的精深博大的革命學理，無論怎麽，聰明的人都常看到它底一面，半面，背面側面，而難窺見其全體。所以我們只應該努力求知努力想方法去符合遺囑，解釋遺囑，才可以保持總理的遺教；要實施總理遺敎必須誓死遵守着總理的遺囑！

(三)誓遵總理遺囑

不遵守遺囑就不配做孫文主義的信徒，不遵遺囑就不能完成孫文主義的革命。因此，遺囑决不是拿來作文章讀的。

一，遺囑不是拿來讀的：惡化的壞東西𠎀們盤據着漢口的時候，雖曾把遺囑天天在讀，可是讀時候沒有信心，讀完了就在發笑，眞把遺囑弄糟了。一般假革命不革命的老朽官僚雖口裏念着總理遺囑，而心裏所想手裏所做無處不違反總理的遺教。這樣眞把遺囑失掉了！眞正的孫文主義者啊，您得知道：遺囑不是拿來讀的，但是拿來作我們指路的。

二，遺囑是孫文主義的大道：我們也經分析過了；遺囑是總理遺產的總帳薄，遺囑又是孫文主義的具體表現。故遺囑的後半段叫我們遵照他底遺著指示了我們幹什麽；前半段叫我們接受總理革命的經驗指示了我們怎的幹。所以我們只要遵奉着遺囑做去，就可以成功國民革命和我們理想之大同世界，遵奉遺囑是完成孫文主義的大道；不遵遺囑就不能走孫文主義的路。

三，不遵遺囑不配做總理的信徒：不走孫文主義的路，當然不配做孫文主義的信徒；不遵遺囑當然不能實施總理的遺教。

○　○　○

『結論』總理遺囑有很多難懂的地方是眞的，然而眞正的孫文主義者就得努力去求他懂。無論他是老朽昏庸也好，壯朽昏庸也好，少朽昏庸也好，誰懷疑遺囑批評遺囑誰不遵奉遺囑誰就是總理的叛徒！無論您是老黨員，大黨員，小黨員，您要實施總理遺教就得遵奉總理遺囑！孫文主義者站攏來啊！誓遵總理遺囑！

一九二八，二，一七於黨校圖書館

我不需要——

曼非

我不需要——
那朵美麗的玫瑰；
縱然，它是這樣地芬芳而華貴。

那朵美麗的玫瑰：
紅得這樣陶然欲醉，
可是，沉靜的心弦只感到妖艷而虛僞。

那朵美麗的玫瑰：
香得這樣濃郁而泛濫，
可是，我只感到是滿蕩的凄哀。

我袖起我潔白的手來，
不願去按撫那朵美麗的玫瑰，
深怕那尖利的花刺，會刺傷我的心懷。

我不願犧牲寶貴的血淚！
我不肯蹂躪潔白的心懷！
無謂地——去換取那朵妖艷有刺的玫瑰。

我將悄悄地離！玫瑰，
我要到幽谷中去徘徊！
那兒我有心愛的蘭與蕙。

我不需要——
那朵美麗的玫瑰，
縱然，它是這樣地芬芳而華貴。

三，一八夜。

副刊

掃墓（續）

農夢

Y君的父親，在年輕少壯的時候，也曾經飛黃騰達過來的，爲了這個緣故，他老人家所以常常告誡他：『立身處世能夠忠厚寬恕，失敗也不過是「天命」！』這也許是他看見自己的兒子，憔悴朱顏的慰語吧，飄流倦了的Y君，在煩惱無聊的當日，也只得拿來自解——『天命！天命！』

Y君今晨起來，看見日歷很顯目的印着「廿八日」；他回來差不多一星期了。他的父母已經決定於今天下午動身返故鄉掃墓去，此行的動機，一則因爲清明在即，先人的墓許久沒有祭掃過；然而這也不是主因，實則因爲y君連年『時運不齊』，他的兩位共同過了三十年「夫唱婦隨」生活的父母，大家都不約而同的肯定這是「家山風水」變了，要恢復往日的榮華，須得回故鄉整理先人的墳墓去。

Y君的骨肉是分袂慣的，他現在的心已不似初次別離的惆悵如有所失的不快，心中所怔忡的，只是些無聊的幻想：『我所敬愛的曼殊，他愛遊孤山的放鶴亭，而他那裏夢想得到他自己會罪

二三

訂）出書，實售大洋二角五分。

在孤山的放鶴亭畔呢？我的可憐的父母要回到千里遙遙的「血地」——廣東——去了；他們是掃墓去了。接着，掃他們墓的便是自己！」——責任！可怕的重任，壓着他的肩膀了，幸而現在還沒有感着十分的楚痛，如殺人還未見血——暫不致使他驚號，恐怖；但這可怕的一日，是總會降臨的啊！「別時容易見時難………」y君又痴痴的在想。

『你在想什麼』？他的繼母問：

y君沒有答，因爲這是不祥之兆，老人家是不要聽的。

『三叔想老婆，格格，阿婆。』y君伶俐聰慧的姪兒，今年方六歲，他裝起正經模樣笑說。

『格格格』大衆都笑了。

『三叔想老婆，你想不想？』y君的母親打趣向他的姪兒說：

『想，要好看的，比我小一歲。』

『給你老婆，你怎樣養活她？』y君笑着問：

『我天天吃四碗飯的，她來了，便少吃兩碗留下來喂她；好不好？』

又逗起大衆不自然的苦笑起來。

『唉，九表嫂的姪女兒眞好看，一個小獅子的鼻；兩隻烏黑的圓眼；緋紅嫩白的兩頰，幾梳纖纖的玉指襯藕般的臂………不湊巧，我前年回去的時候，伊剛剛許了周三爺的兒子，否則我早就替你訂了。』

『嘻！天下多美婦人，我不相信我們鄉下除了她便找不出好貨色了！』y君的父親有點忿了。

『那個說過找不出？不過要找她這樣的人物，身材，着實是不容易——哼！如過給她好的衣服裝飾起來，眞是天上有地下無！』y君的母親艷羨之中，又攙雜了些惋惜似的。

『阿婆？我的老婆也要「獅子鼻」的。』y君的姪兒也像是艷羨起來；y君也模糊地感到「獅子鼻」的可愛，自己的「偉大」轉爲「渺小」，雖則嘴裏幷沒有說出來。

『叔叔　個，你一個………』y君的母親笑了。

「別離」的酸味毀滅了。　十七，三，二七。

貴族熱的富紳

（續）

法國毛利愛著　獨清安譯

第五幕

城　嗳！眞叫我開心得很，你竟會很急速地回復到你本分裏來，這樣一個很服從的女兒眞是我所最喜歡的。（城夫人上）

城夫人　到底怎的？這是什麼意思？人家以爲你要把你的女兒嫁給一個歡狂節的綵舞者？

城　不要多吵吧，放肆的東西！隨便什麼事體，你總要插進來嚕哩嚕囌的，眞是沒有辦法叫你靜默兒的。

城夫人　只有你是沒有辦法叫你安分點的，你眞一步一步地愈加瘋痴了。似這樣的集會了許多人，你是什麼的意思呢？

城　我要把我的女兒嫁給土耳其太子就是了。

城夫人　嫁給土耳其的太子？

城　一點也不錯，恭維他幾句客氣話吧，通譯的會代你轉述的。

城夫人　我用不着通譯的，我自己能夠直接面對面的說，就是他如便怎的也不能得我的女兒。

（未完）

杭州民國日報副刊

十七年四月份　第七期

馬寅初先生口中之新浙江

謙如

——三月念七日馬先生在閘口之江大學都克堂演講『浙江省之希望』——

無論什麼計劃，希望，假使你要實現他，再要緊的一件東西，就是錢。有了錢，方可以實現你的希望。

一省錢的來源是賦稅，賦稅是收自人民的，要是人民不明白賦稅的重要，那末他們就要發生欠稅的舉動，如果大家欠稅，那末省政務從何辦起呢？因此目前最重要的一件事就是要使人民個個有智識。懂得納稅。

在國民政府統治下的各省，最富的當推江浙兩省，然而江蘇的財政是不統一的，浙江却是集中的。統計田賦，鹽稅，印花稅，烟酒捐等每年不下三千五六百萬元，省政府自己用的不到一千五百萬圓，其餘的二千多萬，統是解入中央的。

等到將來軍政時期一過，我們就可以把這一二千萬塊錢，拿來建築一個新浙江。

現在分建設，民政，教育，軍政，四段對諸位略說一說：

(一)建設的　甲，汽車路，預備造二千五百里。自嚴衢而金，而溫，而台，紹而杭，成一大圓形。

汽車路的資本，預備發公債，汽車路告成後，農工商都可以得到很大的利益。

乙，輕便鐵道。　目下府庫空空，財政困難，無造大鐵道（如滬杭甬線）的可能，本省政府擬造三大輕便鐵道。

一，浙皖線。　二，浙閩線。　三，浙贛線。

(二)民政的　甲縣長，縣長爲一縣之首，上行省令下爲民式，所以有父母官之稱。一家人家要是父母好了，敎訓出來的子女，一定是好的。俗語說賢父母生賢子女就是這個意思。

這次考試縣長，就是爲這挑選賢人父母的目的。

乙，警官，　維持地方治安，改正地方風氣，都是警官的大責任。以前軍閥時代的警官，大半是專爲敲詐的虎狼，本省政府爲保全本省人民利益起見，特地辦了兩個警官學校。——就是警官學校和警官養成所。現在已經請定一位德國人作教練，月薪一千元。

(三)教育的。　我們最注意農業科。其中最緊要的是米，麥，棉，茶，絲五種。

★目錄★

中國眼前一時不能統一，是暫時的亂象，是

從前是四百斤繭子產一擔絲，現在要六百斤才可產一擔絲，這是什麼道理呢？因為世風日下，無知農民，貪圖厚利，很早的採繭，早採的繭子中的蠶是很濕的，所以分量很重，假使一經烘後，那末不好了，斤量反而吃虧。因為蠶有一種特性，假使在做繭時候，你一動了牠，牠就停止工作。所以早產繭是不能得充量的繭子的。

現日意尊國，人民和政府互相提倡。故其輸出之絲額，有蒸蒸日上之勢。吾國為世界著名產絲的國家，祇因近來土法不求改良，政府不予提倡，所以反為幾個後進國所追上，實在可嘆。

本省的絲，是很有名的，應該精益求精，加以改良，奪回這把蠶絲先進國的交椅。

現在本省勞農學院已有很好的計劃來改良了！

(四)軍政的。　軍事廳裁撤了，伯誠廳長已改任省防軍司令了，我們省政府預定辦二萬省防軍幫助警察，維持秩序。

末了還有一件要緊的事情告訴諸位，就是目下的烟賭問題，別個委員都兼廳的，我是沒有，所以煙賭問題，就歸我管理。我的主張就是『嚴禁煙賭』。

諸位在學校裏，要特別用功。預備充分的知識為國家出力。我在耶魯大學，紐約大學的時候，也刻刻以此為勗，請諸君不要忘記！

重來 Bonjorn ! Lac d'Ouest

濟安

三個禮拜的小別，使我便感到十二萬分的惆悵，百二十萬分的憶念。這真連我自己也莫明其妙！

往時，我天天住在西湖，天天望着西湖；省問西湖，歌詠西湖；在曉色朦朧中看她晨妝，在晚霞迷茫中看她就睡；烟雨中見她的愁容，夕陽裏見她的醉態。但是我從來不曾覺到她是會使我依戀的，也想不到她可以值得我顛倒的，更夢不着她會佔住我的心靈的禁地。我之所以稱許她的秀麗，還不是和庸人俗子一樣的稱許；我之所以愛喜她的潔靜，依舊是和販走夫卒一樣的愛喜。然而相隔曾幾何時，她竟會惹我這樣的變態？

記得小別之初，我曾匆匆地來告辭。還挾着寒威的春風，刺刺地似欲拒人；未曾吐綠的楊柳，羞羞地不肯見我。只有處士墳前的梅夫人，昂首放了滿樹的香雪；更只有初陽台下的空谷，依樣答了我幾聲回應。但是，當我走過梅樹下時，繽紛地落下來無數的殘片，在我身上飛舞着送行；當我經過錦帶橋時，最後的聲聲『再會』一樣隨我口吻的顫聲來道別。終於我離開了她——西湖——并且還要離開了我生命的故鄉——杭州——而走了。

別後，時時念着她，頻頻夢見她。三竺的茂林修竹，六橋的晚烟曉翠，似乎現在別饒境界了。數聲晚鐘中的南屏，一椀湖水滿的春雨，便覺得回憶時的滋味了。那時真深悔從前未曾對她和好地表示，更可惜往時不能切實地留連。

如今，我的身已似鳥般飛回她的懷裏來了，我的心更像脫弦的箭兒般射回生命的故鄉來了。我可愛的西湖又在我跳躍的快樂裏捉住了，我夢寐在念的西子終於在大自然的搖籃裏被我吻着了。這真使我愉快，使我興奮，以至於忘記了其他的一切，並且也忘記了我自己的存在。

不錯，誰都要承認的，承認『不多時別與尤濃』的話。到過了

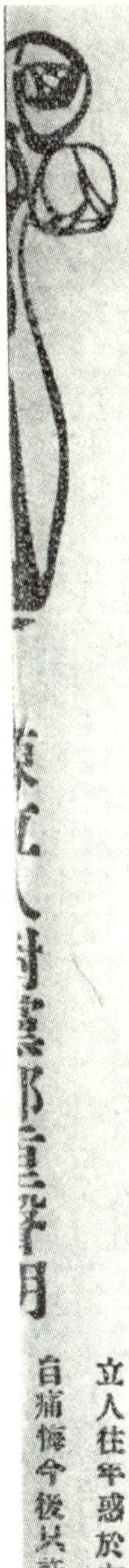

西湖的人，是永遠痛愛西湖的，永遠想再來的；曾經受過西湖濱染的人，是死也不會忘記西湖的，連死也還是想來重遊的。西湖！西湖！遣愁，怡情，享樂，生命之花啊！

剛剛只二十餘日的不相見，便覺得西湖分外嫵媚，分外動人。綠絳綃的新衣，紅杜鵑的時冠；柳條輕飄的眉黛，波光艷漾的秋波，黃鶯是她的歌童，澗水是她的舞女，聲聲款乃，恍疑擊節，處處紅紫，盡是詩情，她盡情地把春的消息洩漏了，把自然的偉大吐發了。她儘管允許了愛人兒緊緊地什她心坎裏擁抱，狂吻，密語緩步；她總是接受了詩人放誕地在她的懷抱裏狂着，酣着，歌着，舞着；她更願意畫家在她的芳容上描寫，刻畫，竊取，侵犯。春的西湖是真不可思議的，西湖的春是更不可思議的。春的西湖是真個美麗，真個偉大！西湖的春是尤其美麗，尤其偉大！

喲！我又來得遲了！辜負了西湖！辜負了春光！桃花也只殘紅了，李花已經玉碎了，無心地落在我的衣上時，打在我的心頭時，便引起了我一腔的熱淚，無數的愴懷。可是垂楊默默地在笑我呢，輕輕地對我一掠，惹醒了我的癡心；杜宇也在嘔我呢，聲聲兒催送了春光，喚起了我的依戀。

Bonjour！Eac d'Ouest。我知道你是年年依舊的綽約，年年照樣的嫣娜。你的波影惹起了多少愁人的淚！你的翠色消磨了幾何英雄的氣！你的晴嵐又不知傷害了如許離人的心！微笑的湖光，一直笑人從青絲以至白髮；凝眸的山色，一直看人從紅粉而到骷髏。啊！這樣的西湖，那能不令人對之悃悵，徨徬呢？

唉，我不知不覺地起了一個寒噤：何處是少年之春？那裏是春的少年？

歸途，彩雲一簇的夕照裏，金光萬道的微波上，晚風送來了一湖暖香，薰得來滿船醉意。遠山啣着須臾即逝的紅霞，羞答答地漸漸被魚白的輕紗幔罩住了；蒼茫的夜幕把西湖的一切都鎖住了。只有湖光上的幢幢舟影，繼續地在無力的月光下搖向輝煌的波岸。寂靜了，沉醉了，剩得有遠天疏星和幾處火星在水裏跳躍。

十七，四，二〇于杭州。

酒的伴侶

李花白

每天，酒的芳香裏，
有我這個浪人的靈魂；
我的姑娘呵！去年，
奔向那個荒涼的墓墳。
可是而今我又歸來了，
再舉起你寥過的酒杯，
喝呵！喝呵！放情地——
連你的影子也吞入了心。

我不知什麽是人生的哀痛，
只有你，姑娘呵！
偏偏地忘了我這個苦人，
還有什麽祈求呢？
換一個境况，
再沉醉在不同的酒杯裏，

立人往年惑於左右派之說深
自痛悔今後只許身於藝術的

二七

陝工人對黨……

中國國民黨不知其他特此鄭重聲明

喝呵，喝呵！放情地——
姑娘，記住，我這浪人。

二，十七，杭州。

貴族熱的富紳

法國毛利愛著　調濟安譯

第五幕　（續）

城　好啦，不要吵吧，你還要來一次嗎？

道　怎的！城敦夫人，你是反對這樣的幸福嗎？你眞個拒絕了一個土耳其殿下作女婿嗎？

城夫人　啊，天呀！先生，把你自己的事弄弄好點吧。

陀　這是一回很大的勝利，不應該拒絕的。

城夫人　夫人，我亦是同樣的請你不要干涉同你不相干的事。

道　我們盡我們的友誼扶助你們的利益，並沒有別的意思。

城夫人　用不着你的友誼。

道　但是，你看，你的女兒已經表示同意於她父親的主張了。

城夫人　我的女兒同意和土耳其人結婚？

道　恐怕不會錯的吧。

城夫人　她能夠忘記了克來翁得嗎？

道　爲什麼有大品級的夫人作而不作呢！

城夫人　假使她作出這麼樣子的一回事，我便要兩雙手把她擠個死。

城　噯！再不要多言吧。我先要同你說，這個婚禮無論如何是要舉行的。

城夫人　我要同你說，是我說，這個婚禮是如便怎樣舉行不了的。

城　啊！吵得要死！

露西　媽媽！

城夫人　把我走開，你這個壞坯子。

城　怎的呀！你是不是因爲她服從我而罵她嗎？

城夫人　自然啦，她亦一樣地是屬於我的。

哥微勒　太太呀！

城夫人　你要同我說什麼東西，你？

哥　只有一句話。

城夫人　我用不着你的話。

哥　（對城說）先生，假使能夠讓我出去特別地解釋一句，我可以擔保的說，她是會同意於你所願望的。

城夫人　我隨便怎的也不同意的。

哥　只要聽我講吧。

城夫人　不！

城　聽他說吧。

城夫人　不，我不聽。

城　他會對你解釋的…………

城夫人　我一些也不要他解釋。

城　你看，眞是一個最扭執的婦人！只要你聽聽就會把你弄死嗎？

哥　只須你聽一句吧，以後你就可以由你的意所欲爲吧。

城夫人　那末，怎的？

（未完）

杭州民國日報副刊

十七年四月份 第八期

瘋狂的象徵（上）

尹庚

黎明即起，吱吱咯咯的床板聲中，聽到隔壁老朋友差不多每天總要送過來尖銳的問訊顆子『樓！還早哩？再睏一忽兒吧！』這是誠心教我再養一回神，抑是惡意的教我不自知的流於墮落，我不曾質問他，自己又不敢武斷其究竟是怎樣。

○○○

『起來呀！阿炘。』

『上午沒有課，且慢。』

『不勝春寒！是的，上午又沒有課，正好再睏一忽兒！』隔壁老朋友又送過尖銳的顆子來。

我洗漱已完，第二次招呼同榻的阿炘：

『掀翻你的被頭吧，八點十五分鐘了！』

『親愛的，請饒恕我！』同性的朋友也慣用這般肉麻的調頭，我愈聽得清楚我愈覺得孤零。

○○○

『報！』

可感謝的不要錢作代價的報又送到了，讀完牠，盜劫和離婚案，在這區區彈丸的一埠每天決不會沒有的，可嘆！

想看看書，期待做個藝術家或者偉大的革命者。袋裏一摸只剩四隻銅板，買新出版的書籍既不能，仰求圖書館借閱去保証金又不夠。朋友們也可憐，所有的只是紅樓夢，西廂記，玉梨魂和講義；看到黛玉，鶯鶯，梨娘輩眼前就浮動着蓮脚，蹈得一扭一扭的醜態，掛鼻涕流眼淚的賤相，孀婦哭夫般的言辭同寶玉，張生，夢霞輩的文質彬彬的鴨子步，崇拜女傀儡的男傀儡，一般使我嘔吐；那扳起面孔的講義，將之展在眼前，不啻自招頭痛。我雖則有許多書，堆在枕畔的創造，語絲，洪水，新評論，灰色馬，血痕苦悶的象徵，出了象牙之塔，綏惠拉夫，贛第德，彷徨，寒灰……都是看而又看的，再看也太無聊了。

那一冊碎破的分明是吶喊，我的喉嚨驟然奇癢，音帶驀然波動了，『啊啊！』

○○○

『十號裏的樓先生和趙先生吃飯！』

★目錄★

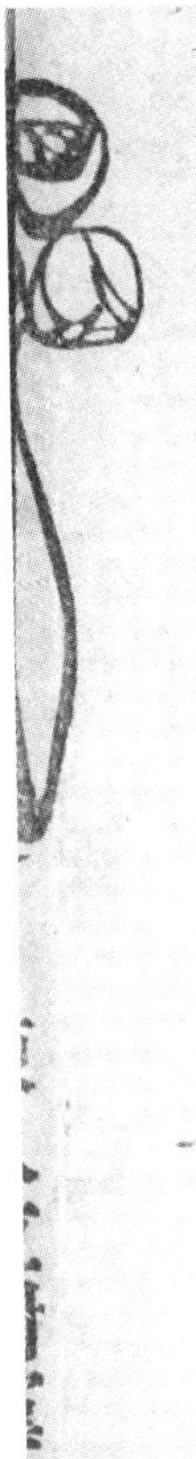

副刊

立人往年惑於左右派之說深

自廟悔今後只許身於整個的

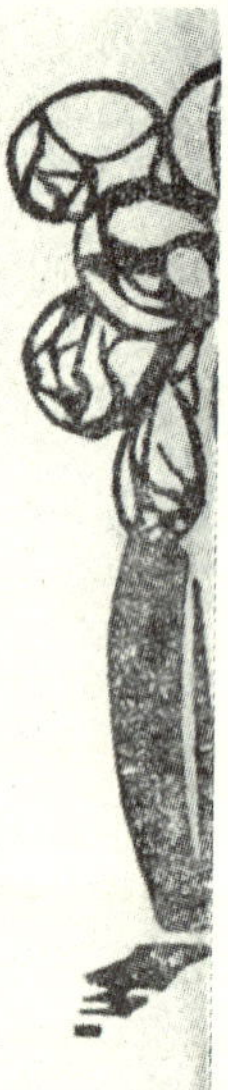

陳人立對黨鄭重聲明

中國國民黨不知其他特此鄭重聲明

三〇

「呵，來了！」

「眞討厭，眞繁忙，眞不得已，一天二餐，天天這般，我要改良習俗了，最近一月一年或者數年吃一餐，至短歸定一週。飽的時候再吃飽些，餓的時候再餓長些，今天預備吃飽些至短要餓一週。」

很很的吃了九碗，裝滿了一肚子，再擬努力加膳，那牢牢守在飯桶旁烏鴉般尖凸的嘴巴的帳房，冷酷的眼釘着我的碗，眞是難爲情，丟了碗就逃。

（未完）

遭際

夢湘

他們倆是已經從中學而升入大學了。究竟還能說是一對幸福者吧！由初等教育而中等教育，由中等教育而現在已經趨入高等教育的階梯了。許多眼光中自然很羨慕他們的造成，尤其是他們倆家鄉的一般鄰居。

原來Y與Z是雙生下來的兄弟，臉兒當然是相像的，更其是穿着一般的服色，要是生人看見了，一定不能立卽辯別那個是Y，那個是Z的。Y是今夏從S城P校畢了業；Z亦是S城，不過是F中學畢業的就是了。不要說，在中國任何一處的鄉間的風尙，是很頑固的，尤其是Y與Z倆生長的臨海的一個地方，C鎭，鎭是在荒僻的鄉間，已算是較大的了。也有專敲竹槓的警察所；也有專事剝削貧民的典當，並一切雜貨店等，y和的父親原是C鎭較西的鄉下的一位紳董，大概那時清末時候土匪的刦擾，因此，也搬在C鎭上住着，y和z就在這裏長大的，距今差不多是十四五年了吧，y和z的父親竟患溢汗便秘症死了，那時y和z還不上八歲，自然還不曉得十分的苦楚，幸虧他們的母親忍苦的撫愛着，靠了祖上遺下來的一些不動產。

這樣他母親在眼淚洗臉中，過了幾年，苦心孤詣地敎養螟蛉二個兒子，時間過的很快，y和z從初級小學高級小學也畢了業了，固然天資很聰慧，只因在這樣生活高漲的情形下中產階級的一般人家，更其是難以支持。因爲經濟困難的緣故，y和z的母親，很想把他們停學，因爲一進中學，開支越見擴大，更難支持。可是結果，還是不願曠掉他們的天才，y就考入C城的P中學，z起先入了E城的E校，後來也轉到C城的F中學，是後家中的開支，的確受了他們倆求學的影響，漸漸的不寬裕，而終於是負，債，今年是他們倆都從中學畢業了。整理經濟還沒有辦法，又要添了一筆上大學的費用。

「應該做事呢」？他們底母親這樣說呀！

頗困的家境，一天不是一天，又是連年的兵災，C鎭受了影響，以後的支持更其困難了。但是光陰過去的很快，一刹那的暑期，又將終了了，更是當時距C鎭六七十里的一座城市中，又起了一些軍事的變動，可憐y和z倆所籌得的入學費，因時局的變化，而債主宣告不借了。怎麼辦呢？他們的確起了恐慌了，無可奈何之中，還是他母親向親戚中告貸些，又把些貴重的東西典質了，才湊足了二人的入學費，因爲已經距離C大學的考期是急促了，于是他們就另雇一只船兒，連夜駛到距C鎭五十里的L城去搭早班車，同行的還有一和和y一同畢業的F君。

黑的威嚴，已經籠照着大地，鄰人也有來送別的，其中一位年紀最高的是隣居k家的k老太，k老太是平常最信任y和z的

，因此也來送他們下船。

『太太！你眞有福氣，二位少爺有志氣，一心讀書，將來一定有出息有成就的，况且家境又這樣寬裕。』k老太很誠懇的祝頌y和z的母親。

其實眞所謂一家不知一家，入學費還是借貸得來的，他們底母親一面這樣想，一面點點頭，無限的悲痛，從她底心頭直湧到額上。

盞盞的星光悠爍着，大地完全給黑暗屈服了，雖然還映着孱弱的星光，只起了一層烏烏的白霧，鄰居差不多完全入了夢鄉了。究竟一般遊子戀鄉心切，時鐘的確已敲了十下，舟子也說是動身的時候了。哎！那時各人的心靈，都浮起了一層波動，舟子催促着，y和z不得不與他親愛的母親甜蜜的故鄉離別了。

『兒呀！你們的身體要保重，免得吾盼望！』他們的母親這樣叮嚀。

其實這個時候，y和z的心房，已經被分離的波浪震動的不能說話了，只一腔青年的熱淚，在街燈光下眼圈中起了白色的掀動。『媽！你進去吧！我們曉得保重的；到校後，立卽有信來』

黃色月牙的暗淡，在一條夾小的河中，二邊的水被震盪得呼呼的發聲，水被白色織貼着縐紋，一只中等階級的船，載着三個遊子的心靈，兩岸的叢草，爲微風吹動在擺盪，一切的樹，屋。退往後邊告別，犬吠聲，微光，故鄉隱隱地在黑暗中消滅了。

明日的淸晨，船已靠着L埠，各個游子都懷着悲哀的離別，分捨舟子，搭車往H城進發，一切的景色都起了酸楚的印象，一站一站地前進，無情的火車使人類添了無限悲離愴痛。

F君是另外一個大學讀書所以在H東站便分別下車了。

三天以後，C大學的告白板上，貼着錄取的新生名單，Y和z居然如願了，一腔無限的欣慰，呈着他們倆的內心，於是把事實情形，告訴了他遙隔數百里的母親。

光陰過去得眞快，v和z進校已經二月了，是一個深秋的晚上，月兒高掛天空，淡色的雲兒慢慢在推動着，遠處山峯趨入沉默，他們倆在正靠着C大學旁邊的江畔慢步着，那時微風輕輕拂過，波光反映得更見淸澈，江水並不怒吼，隔岸的滄茫，人生的愁思，越由心頭湧上，慢步着兩個離鄉背井的客子。

『以後這世界已不是我們的世界了，弟，我們可以說是被世界擯棄了的人世間的一切都給了我們的冷過，我們在二月前出門時候的情况是怎樣？我們到處受了許多世道的白眼，』y這樣對z訴說着，眼眶中銀色的淚珠，在月光的澹泊中，源源的下流，聲音很微輕。

（未完）

雨夜

霞　寶

是誰在喚呼我呵？
寒顫地，凄切地；
風在狂飄，
雨在微語。

~~~~~~~~~~~~~~~~~~~~~~~~

黯淡的油燈搖晃着；
凄寂的杜鵑悲泣着；
『孩子，不要失望呀！』
~~~~~~~~~~~~~~~~~~~~~~~~

訂）出書，實售大洋二角五分。

鄰家的孩子正在睡眠；
戰士倒傷了的靈魂，靜候着和死神的結合；
「疲乏」，這樣寂然的肅然的深沉下去；

「不要失望呀！」
是誰呵？
這樣寒顫地淸切地喚呼着！

作於三，廿四夜。

貴族熱的富紳

法國毛利愛著
濶　洴　安譯

第五幕（續）

哥　（遠離域，對域夫人說）太太呀，已經差不多一個鐘頭了，我們在對你示意。你有沒有看到凡此種切多是爲了迎合你丈夫的幻想而做的？就是在這樣的化裝之下，我們做出來欺騙他的，土耳其的太子就是克來翁德呀。

域夫人　啊！啊！

哥　我呢？就是哥黴勒，就是做通譯的人。

域夫人　噯！這樣我懂了。

哥　一點不要裝出來被他看穿。

域夫人　（按須回復原位來）對了，一切多做了，我也只有同意這個婚事罷了。

域　嗄！你看大家都很洽意了。你本來不願意的，我很曉得他會好好他講解明白土耳其太子是怎樣的一個人。

域夫人　他把一切所應該曉得的多告訴我了，我是很滿意的，叫人去請個律師（Notaire）來吧。

（註Notajre 是專管產業和訂契約的律師，和普通所謂律師Arocat）是兩樣的。）

道　說得好極了，那末，域敦夫人，你的心神一定很愈快的。幷且從今天起，你對域敦先生所誤會的醋意也可以消滅了，就是我們，夫人（指陀）和我，我們倆人想趁同樣一個律師的便也要結作百年夫婦了。

域夫人　這樣我亦很同意。

域　（低聲對道說）這是騙騙她的嗎？

道　（回答）應該假裝起來同她尋尋開心。

域　好，，好！快點差人去請律師來呀。

道　等他來了之後一直到婚約寫好了，一塊兒去看我們的跳舞會吧。並且要使土耳其殿下多快樂點。

域　這個意思好極了。我們去坐一會罷。

域夫人　娓加拉呢？

域　我把她送給通譯吧，那末我的老婆呢，什麼人要她（？呀）先生，我多謝你。（對其餘的人說）假使你們要想看看還要瘋痴的人，我可到羅馬去找一個來。　（幕閉）

（全劇終後，還有一個小小的跳舞會，作爲拆台戲的點綴。）

譯者附告：本來幕末跳舞會是有特別的說明的，實在因爲各種方言的詩句難以下筆，所以又同四幕末的土耳其歌舞一樣地删去了，希望讀者原諒

（全劇完）

杭州民國日報副刊

十七年四月份　第九期

『貴族熱的富紳』譯完之後

獨濟安

兩個月來，天天妨礙「副刊」篇幅的「貴族熱的富紳」，現在總算完結了。從此後再也不會在「副刊」上來攪亂讀者們的眼花了。這眞是一回痛快的事：非但讀者們此後再找不到討厭的東西，就是自封爲『譯者』的我，也『阿彌陀佛』對自己拜了兩拜。

我過去雖曾有過零零碎碎的繙譯，可是從來沒有完全的：有時隨譯隨丟，有時譯了一半，或三分之一，甚而至於二分之二，便就意興闌姍地中止了；所以一向沒有發表過。這篇「貴族熱的富紳」之所以能夠完稿，實在完全是讀者們的督促和幾個同居的朋友的鼓勵。因爲一方既不好意思撒『副刊』的爛汚，一方又承我的朋友勸我不要偷懶，這是應該對讀者們和我的朋友們表示一個很誠懇的謝意的！

譯事本來是不容易的，譯劇本似乎更要難點(？)第一，兩國語調的不同，容易失眞；第二，劇中人個性的各異而發生語氣的分別，如域敦的神氣總是　副「阿木林」的相道，所說的話是很坦白而直爽的；道陸德便處處可以見他狡猾欺詐的樣子；妮加拉以下女的身分，說話完全是『洋涇浜』式的，原文活龍活現的神氣，譯本上不能達其萬一；第三，原文的第二身有多少數之別，而且在外國文裏多是很重要的，雖然現在我們貴國也有『你』『您』和『你們』的分別，但是也只在書本上表出一點價值，而在排演起來的時候便分別不出了，尤其是花馬馬虎虎沒有分別寫的；第四，有些句子和音韻，在原文多是很有趣味而可發笑的，一經譯出便一點意思也沒有了；第五，再加以這個疏忽成性本來連說話也不清爽的我，每日要繼續作『還債式』的生澀的筆墨，眞自覺慚愧得很。這多是很抱歉的，希望讀者的指教。

這篇本來是五幕的歌舞喜劇的「連環戲」，Comedie—Ballet。每幕均分開作好幾「場」或「局」Scene，譯時多把牠删了歸入全幕內，或者到排演的時候要把牠重行恢復起來也未可必。

毛利愛是古典派的正宗，這篇『貴族熱的富紳』是他最著名的作品之一，在法國的文學選本裏，這篇總是不會落下的，——有時全劇，有時一部分——總拿這篇劇本來代表毛利愛的。

第一幕中的牧人歌詞，是張人權同志代譯的，附謝於此。

十七，四，二，於杭州。

★目錄★

經濟力的壓迫，比較帝國主義——就是政治力的壓迫——還要利害。

遭際（續）

夢湘

『哥！是的，我們從前的希冀是什麼？我們只知道青年的血是可貴的，我們不曉得世道給我們許多艱難，當在中學校的時候，你看多少自負，我們希望將來是爲國家的爭光而生存的；我們希望將來是爲家族榮耀而生存的；我們希望將來是爲社會改造而生存的；我們覺得頭可斷而志不屈是我們青年的箴言，但是如今是淸楚了。尤其當兩月前籌款來學的遭遇，覺得我們的希望，都是青年的夢幻，不合世道的，甚至給社會痛駡我們是離經叛道的罪囚。哥！你何必如是悲傷，我們只讓事實來支配我們。我們做一個世界的傀儡吧！』z望着他哥哥這樣的解答，同時面部現了無限的失望，聲音愈說愈低。

Y接着又說：『雖然我們負！我們多少的希望，我們只有做社會的支配者，而沒有力去支配社會，我們承認是個弱者了；不過你曉得，我們更已經被剝奪了社會的支配者的資格了，我們將永久………永久………不過我們決不可這樣苟且，時間告訴吾們不是偷安的時候。』聲息漸漸的沉弱下去。

『…………』z仍是呆呆的望着，淡淡的月色下，江心的沉寂中，頓參入櫓板的聲音，只是一隻孤獨的行船，在波平若鏡中駛着，遠眺的影兒，慢慢在移動。

『我們是永久被擯棄了。但是………你知道我今天由家中收到的信麼？這裏………』Y接着說了幾句，順手在腰袋裏掏出了一封信，慢慢的將信肉抽了出來，信箋平鋪在手掌中。黑影憧憧中，兩人合着在月中下細看，信紙反射出一種慘白的光芒，也就是江心中的平波，秋風略略地拂過，沉寂了片刻之後，接着便『我們鼓舞着勇氣去吧：這便是給了我們的機會呵！改造………』一片嚴厲的聲息，脚步聲躅躅地漸漸離動。

自Y和z離開二月後的C鎭，風聲鶴唳的恐怖，滿佈着全部，某軍閥的兵士滿駐在C鎭左近，國民革命軍的步隊已在右近一個H鎭駐紮，這樣C鎭便是兩軍交鋒的戰線，可是C鎭還完全是軍閥淫威下的領土，不知是什麼軍事的關係，國民軍都駐着一月多不動，於是可憐這小小的C鎭在這一月的擾亂中，那一個不要惶恐呢？大概全鎭的居民，泰半已遷逃入青天白日的L鎭上居多數了：一種蕭條的景象到處感覺得凄苦悲涼，於是搶掠奸淫，在所不免。

『弟兄們！沒有糧了，趕快叫他們備就，如誤軍事，立即拿下。』

『弟兄們！要稻草了，趕快送來！』

『弟兄們！好久沒餉了！赶緊籌措，好敎我們開拔。』

C鎭的淸貧，這樣軍事的急迫，起初尙能免強應付，末後軍隊愈聚愈多，今天來一千，明天來三千，再沒有法子供給他們了，於是不用說，千多住戶的C鎭成了軍隊的魚肉了。

殺！殺！殺！媽的！搶！只聽見連珠的槍殺怒號，火光充滿着C鎭，哭聲，喊聲，暗無天日的酷虐，自然y和z的家裏，那能倖免。

y和z接得了家中如此遭際的信件，母親着了傷，滿腔的憤怒那能安慰他底慈母，于是他們決定重回故鄉，冒着險去找求一個從被支配的將來中，尋求得一個社會的改造者，他們底熱血；

（完）

一九二八，三，二八，改於之江大學

磨金銘

天賜的愛

誰說牠是細雨，
這分明是天賜給的情絲；
牠想把世界蕩漾着愛潮，
不住地，下個滋滋。

✻ ✻ ✻

誰說牠是雪片，
這分明是最純潔的情花；
牠想把世界變成一個愛園，
不住地，向宇宙種下。

✻ ✻ ✻

誰說牠是暴風，
這分明是極仁慈的愛神；
牠常常把愛在空中飄送，
使人間得到一種神祕的神明。

十七年春於二龍頭

張天疇

酣夢

春，盪人的，
何况——是江南岸。
臨水的小桃花，
正如少女的風姿
那淺窄的眉，
那半開的唇；
醉臥在天鵝絨的柔波裏。
風，輕浮的你呵，
偷偷的向她狂吻，
但是：莫吹醒了她的酣夢。

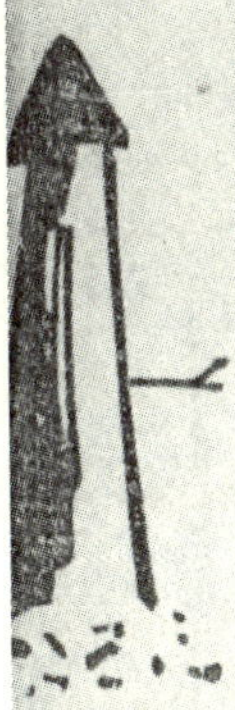

瘋狂的象徵（續）

尹庚

『九碗飯想來總可以消化一禮拜，或能支持更長久亦未可知。』

同席的人噪起一陣笑，阿炘也在內，小人均以小人之腹度君子，他們懂得什麼，他們笑得沒有道理。

○ ○ ○

宿舍與牢獄一般，阿炘上課去了，我又唏噓慨嘆在沈沈死氣中，頭顱漲大的不得了！

『悶已極矣，無復加矣！悶哉，悶哉！』我撩起帽子扣到頭上向外就走。

『唉！沈沈的死氣！』這時已經到了十字街頭。

『啊啊！抹脂的，塗粉的，搽膏的，錦繡包裹的統統都是傀儡！啊啊！長的短的，肥的瘦的，老的幼的統統都是骷髏！啊啊！舉手投脚的，閃眼掀唇的，搖搖擺擺的統統都是動的屍體！啊啊！豺狼般的，狐狸般的，蛙鼓般的怪叫淫聲…………這般豈獨令人肌膚起慄，簡直毛骨悚然！

『啊啊！只有讓了，躲了，逃了！還該更快的讓的，躲的，逃的吧！』奮鬥是不可能的，因為拳頭握不緊舉步也極踉蹌，「

讓「躱「逃！」不知逃到什麼所在了，苦我不敢明目張胆的向四圍望望，脚下灰白色的路走不盡，路上微塵小沙大石塊都跳舞起來，『我在做夢嗎？爲什麼有這樣一個惡夢呀！醜陋的恐怖的十字街頭，不止，簡直到處這樣！』正作尋思，無端撞到什麼東西，『讓，躱，逃，』轉而稍左些，又是一撞，再左些又是一撞，再再左些又是一撞『阿唷』電杆攔着我的去路，泥墻做牠的後盾。

『樓，往那裏撞！』

『呵。』是同榻的阿圻，隔壁的老朋友，認識的嘯風，勵人，和不認識的……大概，不，一定是我朋友的要好朋友，『救救我！』

阿圻說：「什麼呢？跟我回去罷。」我拖住阿圻的臂膀走，阿圻一定盡其能力救我的，他同我是同榻睡的是叫我叫親愛的所以我相信。

『是……十字街頭所見所聞的不是夢嗎？像煞有介事呀！』

『什麼呢？跟我回去罷，樓。』

○　○　○

「漿兒！二碗甜的，一碗鹽的，鹽的葱兒不要放，馬上要！」我僅剩的四隻銅版，依然在衣袋中叫着，阿圻的夜飯已經吃過，時候已經下午十一點半鐘。阿圻知道我午餐後沒有吃東西，防恐我餓傷，二碗甜的漿兒給我吃，鹽的他自己用。

情不可却，吃了再餓，至短餓一禮拜。宿舍中的空氣，依然死氣沈沈，頭顱又漲大的不得了！

『默然苦悶者，活而已矣。』

『夜已深！睡罷！』阿圻催促我。

『睡也太討厭，太繁忙，真不得已……啊啊……　……』

（下）

黎明即起，吱吱咯咯的床板聲中聽到隔壁老朋友差不多每天總要送過來尖銳的問訊額子，『樓，還早哩，再睡一忽兒吧！』管他媽媽的我寫起昨日的日記。

○　○　○

阿圻看到了我所寫的，他說：『樓！允許我替你取個題目嗎？瘋狂的象徵好不好？』

「呵，允許你。」其實我不願意，日記就是日記，何必別出心裁名之曰『瘋狂的象徵』。

今天不敢出門，寧可在死氣沉沉的宿舍中，在我未想到一處清潔，幽靜！有詩意的富情韻的所在之先。

亦不敢寫了，寫的時候胸中要燒起無名火四向迷漫焦灼了全身，再燒幾回，一定燒死了我，可是，我莫明其妙的總想繼續活下去。

再寫二個字收梢罷，腦袋滿是椏椏杈杈的棘刺找不出二個字來；眼網不論撤在那裏却浮着一對，不，千萬對，那裏，數不清的兆兆……！……對大大小小的字——啊啊。

寫的時候不會燒起胸中的無名火四向迷漫全身焦灼我，燒死我，我期望着。

一九二八，三，二五，寫於武林。

（聲明）朋友，你自已不覺得不像那十字街頭的傀儡，骷髏和動的屍體塊……則我所說的就不是你，請你小安毋操，雙方可以避免打筆墨官司。我退一萬步言，也許我當時的眼睛花了。

杭州民國日報副刊

十七年四月份

第十期

你是應該的

樓尹庚

啊，右腿丟在那裏，自己都沒有知道，左肩留着槍彈抉剔的的劍痕，耳膜已經轟碎，除却想像特異的哭嘆聲一般都不能聽到了；只有這隻右手，這隻半麻木的右手，覺得真實應該愛惜，我現在撮起筆錐，將寫我所要寫的願望我能夠，所以覺得這半麻木的右手，真真實實應該十二萬分愛惜！

受六個月非人的訓練，開拔到打反革命的火線上去——怪寒冷的天氣，不自由主的顫抖；那來得突兀的狂飆，把緊緊扣到眼瞼上的軍帽，都帶蕩半空飛了，接着就是陣陣兒險的泥沙，我和同志們曾疊了滚幾個筋斗，久久的漸漸的平靜些了，那虎虎的餘勢中，當我們撩拂衣袴時，撕破的布條，紛粉飄着；啊！在昨夜吃了二塊和淚吃的麥餅到這慘淡的夕陽時節，空虛的肚子更是空虛的。我們的身體誰都很瘦癯，我們的膚色誰都很灰黃，僅有，僅有我們的精神誰都不會慄息的！

奇暑和大雨，我們都曾苦悶過來，我們終是前進；有的同志打成粉碎，有的同志壓個稀爛，我們終是前進，踏着腦漿，鮮血，頭顱，四肢，死透死不透的屍體堆……一直前進，我們之所以冒險前進撲殺反革命的仇敵！

震宇宙的奇響，振奮我們的心魂，我們爭先恐後的前進，地面上忽兒堆起小丘，有時炸成窟竅，婆娑的樹都禿了，巍峨的建築物多倒了，紅燄蒔烟處處……今天是否是自己最後的一天？不會作這般的思索，只顧追擊反革命的仇敵！

人們將來是規定的我素來知道，病院老翁最後就是披棺擁的骷髏。為何而生，怎樣而死！僅是人生於世遊戲云耳的草草遊士戲一回嗎？草草的遊戲一回後死去也值得嗎？啊啊！肯定各個負有改革舊社會創造新世界的人生觀成立嗎？真的，我的人生觀是這般，實在不甚費解。我現在作病院中的陳列品了，能夠再活三十年不過是個老頭兒，最後的披棺擁土，不，可憐或者塞壙溝壑吧，草草遊戲而已矣的死了。怎的值得呢？是，改革舊社會創造新世界的使命肩負起來，得了代價，犧牲才算值得！啊啊！誰都不免披棺擁土或者塞壙溝壑，死了不得相當的代價，殊不值得。我雖未竟一直奮鬥下去，受傷了，殘廢了，我還得到「值得」的安慰。

我大姨的來信說，我的未婚妻反抗反革命的仇敵，肚子開了

★ 目錄 ★

中國現在受外國政治經濟的壓迫，一年之內

損失十二萬萬元。

——民權主義頁八六——

刀，抱着我母親的頭顱一對兒死了。啊啊！死了！死了！……我的未婚妻和母親一對兒被反革命的仇敵殺死了！啊啊！自己也傷了！還有那成爲骨灰肉醬暴露戰場的同志，復仇！革命的，死的死，傷的傷了，復仇，撲殺那反革命者！……

我沒有哥哥，姊姊，也沒有妹妹，弟弟，愛人和母親都死了，剩個大姨我懷疑她，她教我莫自悲痛，且謀快樂呵，誰都在尋快樂，誰都沒有得着呢，至少據我的觀察是如此的。她教我尋快樂喲，快樂何處有?!現在可是尋快樂的時候!?但她說此身祇許爲黨國奮鬥，再追溯她過去直前奮鬥的歷史，我終是相信她的。

要是我原先那般健全，有號令，判斷，指揮的可能時，我更將——這派對那派鬧，機關對機關鬧，有錢的對窮困的鬧，同姨太太鬧的，同窰姊們鬧的……這無盡的胡鬧者，這不革命的假革命的胡鬧者，不領會到腦和墨汁的喊叫，爲什麼都怕到銅和硫的結晶?!就以銅和硫的結晶給他總結胡鬧的生活吧！但是一班人或許有覺悟懺悔的，我願我自已這樣的相信。

固然未得盡量寫我所寫的，可是半麻木的右手酸痛了，就暫時做個結束，其實我也不想寫的太多。腦和墨汁的喊叫會能有幾人知道!?

革命尙未成功，仍須繼續努力奮鬥！不革命假革命的認淸革命的目的來革命！無盡的胡鬧者，有覺悟懺悔的動機，我願我能夠相信！人生於世草菅遊戲一回就披棺擁土或者塞塡溝壑，殊不値得！是你應該的，努力奮鬥！

一九二八，三，二一，寫於後方杭州。

張天曉

飄渺的春風

久已死寂的枯弦索，如何能夠彈得出靡曼的聲調，但，飄渺的春風，無端又溫熱了冷灰般的情感。何況是春日的江南，少女的衣裾，桃花的紅暈；陡然的，回復了我青春時期的狂熱。浸沉於『香天翠海』中的靈魂呵！朋友，任你如何鼓不起興奮，總覺得有些蕩人的醉意，然而，從現實生活裏偷來的閒暇，猶如眼淚間擠出來的歡笑；快樂中羼雜了苦悶，誰都捉不住飛越而忐忑的『心』?

頹廢的我與檬，在閑闊的湖畔，偏偏又遇到了w和C。

『遊湖去，好嗎?』我搭訕似的問，她們倆——含笑不答的微點着頭。

悠悠的水，細細的波；習習的風；鴨尾形的小划子，鳥翼似的雙槳，濺起露珠般的水花，幽幽的，載入我們到平滑如鏡的湖中去，迎面的峯巒，岸上的遊人；似乎笑我們今日的伴侶太嫵媚，往日的蹤跡太枯燥。

哦，這何嘗是尋覓得來的被戀者，不過偶然拾着的『零碎愛』，『似曾相識的梁間燕』，算不得什麼『寵幸』的一回事。無須珍重那此日的相逢，也不必叮嚀牢記那日的相見；恐怕不待明日呵，各自走着各人的路，各自分着各人的手；如雨後的櫻花狼籍於泥滓。還不如說一個夢吧——短匆的夢，至於夢境的苦澀或甜蜜，好像晚潮退後的沙灘，無非是遺留了些模糊的水漬，中酒似的我，每到『歡場歷盡皆愁地』的時候，老是這樣顚顚的想。

天上的雲，半遮了湖面，假傍了輕盈的小舟，迷戀了起落的雙槳，這時：瘋狂了的檬，頹廢的我，浪漫的她倆，似乎默契了

『唱歌吧，太寂寞了。』檬感着沉悶的說。

『我們不會唱，你來吧。』從她們嫣然微笑的口角間，給了一個羞澀的拒絕，然而熱情的她倆，終於敵不住檬的糾纏，低低的唱完了半闋的『毛毛雨』，唉！又是膩人的詞句，何况清脆的歌喉；細弱的音韵。

在她倆歌殘煞尾的一瞬間。遠處的小船上，吹出了廣東音的笛聲，流浪的檬，大概聽到了久別的鄉音，依着那湖風吹來的拍奏，不自知地的也唱着凄艷動人的粵調，幾乎濕潤了他的眸子，反而引起了她倆的痴笑，同時的我，也感到了「萬里關山曾作客」的惘然。

多情的湖水，慣送遊人，也送我們上了公園。閏二月的西湖，自然嘍，比往常喧嘈，一羣羣的遊人，黑越越的車輛；壓滿了垂楊岸。在這裏，我們遇到了許多朝山進香的村婦，看見了許多踏青的男女；看見了些纖巧的眉目；看見了些勻淨的粉靨；淡紅慘綠的春衣，襯出了無數婀娜的曲綫。有時走過了少女的叢團，飄渺的春風，還故意的吹來了幾陣飽含着粉香的人氣息。

仄窄的山路，雖然走軟了她倆的腿，但終於爬上了西冷印社的小山巔。捫過了小盤谷，穿過了龍泓洞；冲散了我們的小隊，踏碎了歷亂的人影，如細樂的星辰，在雲隙間不定的出沒，這時狂突的檬，好像已經忘了身世的崎嶇，追尋着往來的「桃色」。而我呢，無聊地仰望着界立於天空的藏經塔，默數着塔上的銅鈴——默數層層的塔級。

我想：如果人間沒有憂患，天上沒有冬日；黃鶯鳥不停歌唱；玫瑰花永不會彫謝；詩人們也不用咀咒這現實的人世。但是，成住的反面含着了破壞，喜悅的對面躲藏了悵恨；我相信融融的春日，終究不能溶解北極圈以內的冰海。

熱鬧中體味出來的凄哀呵，又茫然的感知了莫可形容的寂寞。

朋友！你說以「愛」來替代「光明」，我也想用「血」和「淚」來「淨化」了這世界；可是偉大的宏願，總戰不勝空虛的饑餓，時間的長蛇，又將要吞噬了我們的青春!?

適意的盤桓，却不管春光的短促，數聲清越的鳳林鐘，提醒了迷惘，催動遊人的歸念。在暮煙斜藹的晚風裏，我們也幾次回望了曼殊大師的墓！

旁晚的途中，體弱的她倆，怎禁得湖風的侵犯，已經感着那『羅衣不耐早春寒』了。於是脫卸了我倆的外套，披上了她倆的肩頭，雖然冷了我倆的心，總算順便的送了些熱意。

去時還是歸時速，踉蹌的行來，已回到了萬家燈火市聲浮動的湖畔。這時，遙望北高峯上的暮色，祇賸一線的殘陣，幾絲噴血的霞光。

『回去了，改日見。』從她倆的握別中，遞還了我們的外套，似乎還深受了她倆輕鬆而帶着柔暖的體溫。

『吃塊糖罷，甜甜別後的滋味。』我們這樣取笑着的說，而且，毫不戀惜的分散了，匆匆的。

可是，久已枯寂的心弦，因為春風的飄渺，無端的，留住了逝水般的斷片的情緒。

十七，四，六。

小詩

(一)

栗三

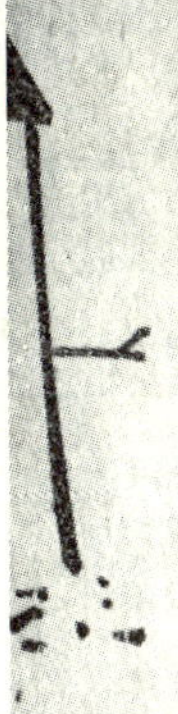

訂）出書，實售大洋二角五分。

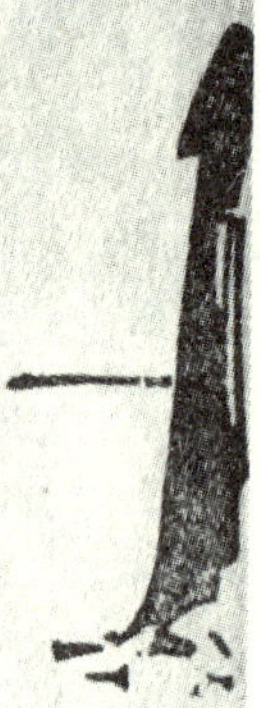

副刊

紅嫣的蓓蕾——西子湖——
開放在青春的微笑裏，
伊——洩盡了宇宙間的靜美。

（二）

春！
你不要回去吧！
詩人正跪在你的歸途
歌着留戀的情調祈禱！

（三）

薰風拂着湖水；
春意透過詩心，
同樣的起了輕易的微波！

（四）

碧綠的葉中，
匿着嬌羞嫵媚的桃花，
我和牠——互相地嫣然微笑了！

（五）

我要死在處女的脚前；
我要葬在愛情的懷裏，
如此！才能微笑的入夢！

未婚妻

法國 Marie Clarie 著
程右平譯

過了幾天假期以後，我要回到巴黎去。走到火車站時，人已

四〇

位，不過有兩大籃子啾七叫的鷄鴨佔據了坐位。我猶預一刻，決定進了來。我道歉打擾乘客，但是有個穿輕外衣的人說：

『等一刻，小姐。我把籃子拿下來。』

我替他拿着他膝上的水果籃子，他拉雞鴨籃子到坐位底下。鴨子不喜歡對我們叫喚，母雞低下頭來，好似受了侮辱，鄉人之妻叫他們的名字安慰他們。

我坐下來時，鴨子巳安靜了。對面乘客問鄉人是不是帶飛禽到市上去賣。

『不，先生』這個人說：『我帶給兒子去，他後天要結婚。』

他面上發光，周圍看看，好似要各人都知道他是如何的快樂啊。有個老婦人，忽然閒倚在椅枕上，佔了雙倍的位置，怨誹鄉人在車中佔這樣一塊地位。車開了，問飛禽的乘客，展開報紙看着，鄉人向他說：

『我的兒子在巴黎，他在廠裏作工，要同一個也在廠裏的年輕女子結婚。』

這位乘客放下他的報紙，落到膝上，還一手拿着，向前稍微欠了欠身問道：

『未婚妻漂亮嗎？』

『我們不知道，』他回答了：『我們還沒有見過她』

『如果？』乘客說：『假如她醜，你不歡喜她吧？』

『那是常有的事，』鄉人回答：『但是我想我們歡喜她，因爲我們兒子愛我們，不會娶一個醜媳婦。』

『再者：』我旁邊的小婦人說，『假如她能使我們緋利歡心，

杭州民國日報副刊

十七年四月份

第十一期

婦女運動還給婦女

李AB

本文是每週婦女編者要AB君做的，雖則只是七八百字的一篇短文，但頗能道出現刻杭州——或許也是全國——婦女界的所謂一般領袖者的毛病。

大約本文是從每週婦女裏碰了壁來的，但我們決意替他發表了。

再本文所稱的本刊，係指每週婦女而言。 編者。

本刊編者向來是一班男子，供給稿子的也大多是一班男子。一方面可見男子熱心於婦女運動，想使被壓迫的婦女們解放出來，以贖數千年來男性社會的罪惡；一方面也未始不可見婦女界的人材的缺乏或惰性的太豐富，不然，何以連省黨部婦女部暨省婦女協會之大，而僅僅編了這麼一張週刊尚須假手男子的？不是說我的腦子頑固——男女不應該互助——我實在覺得浙江的婦女們太富於太太，少奶奶小姐的，飯來伸手，茶來開口的嬌貴性了！

凡百一個運動，如過運動者自己發生急迫的要求而努力做去的，雖則成功與否不能預定，而還運動的本身就有了重大的意義；如過運動者本身尚處在醉生夢死的境地中，不曾想自作振拔，或自已須要振拔，而局外的一班『自作多情』者，反而搖旗吶喊，大運動而特運動。固然一種運動都須要友軍的幫助，但這種以客體易主體的事情，只是一個笑話而已，於事實本身非但無何種影響，反會使運動者變成被運動者而日趨於墮落的！

現在婦女運動的現象，也不過是在演說上面的一齣把戲，一班漂亮的所謂婦女界的領導的婦女却反坐在汽車，包車上，褒在綺羅錦緞中揚揚地得意，——得意她們自已婦女運動的成功！

大阿侵的為婦女運動搖旗吶喊的男子們，你們在越俎代謀的事情，如過你自己別無企圖，我望你且稍息三分鐘，不然，你恐怕可以進瘋人院了。

『婦女運動要從婦女運動做起。』這是一句現代人的名言，即使男子肯幫忙，也不過只能夠幫忙而已，我們只看見為父母兄姊者用繩索牽着小孩子學步的；我們沒有看到過抱着小孩子替他學步的。

如過有一幀圖畫，畫着一個大人抱着一個小孩在走路，而題的是『學步』兩字，恐怕我們看了大家都要乏灣腰了吧。

本刊編者要我做些文章，他說這是他對我為本刊最後的一個

☆目錄☆

中國的關稅，中國人不能自收自用，所以我

要求了。他說這一期之後要還給她們婦女去編了，他還說我們傻子不再做了。『阿彌陀佛』，我聽了這幾句話跳了起來，因為本刊第一期第一篇我也曾瞎謅過幾句的，現在既然男子編輯要滾蛋了，這當然是一個本週刊可紀念的段落，我當然也樂於再來謅幾句。所以我立卽答應了編者的要求。

不過，於編者離開我後，我忽發生一個問題：這個編輯權還是還給的？還是討還的？

未婚妻（續）

法國Marie Clarie著
程右平譯

她轉身向我，她清析的目眼，充滿了笑意。她的圓小活潑的面龐，使我不能相信他是一個能夠結婚的兒子的母親，她問我也要到巴黎去嗎？我說是的的時候，對面的乘客開玩笑了：

「我歡喜賭東道，」他說：『這位青年女子是未婚妻罷，她來會她的公婆，而不宣布自已的名字。』

各人看我，我紅了臉，鄉人和他妻子一齊說：

「我們很歡喜，如果這是椿實在的事實。」

我對他們說不是的，但是這位乘客重對他們說，我上下了兩次，似乎要找人；並且我有長時間的猶預，才決定進這個車去。其餘的乘客都笑了，我盡量的解釋說，我所找到的只有這個地方。

『不要緊，』鄉人之婦說了，『我很快樂，如果我們的媳婦像你是的。』

『是，』她的丈夫說：『我希望她能像你。』

這位乘客不絕的玩笑着，並且逼視着我對鄉人說：

『你到了巴黎，你就知道我不錯了。你的兒子要對你說：『這是我的未婚妻。』

停了一忽，鄉人之婦轉向着我，在籃裏翻來翻去的拿出一塊餅說，這是今早她自已做的，我不知道如何地拒絕她，但是我對他說，受了凉，發了熱，這塊餅又回到籃裏去了，然後她給我一把葡萄乾，我不得已的接受了。車停了，我又過了個很大的困難，——拒絕她的丈夫要找熱湯給我喝。

我看這良善的人，懇切地愛他們的兒子的配偶。我怨恨我不是他們的媳婦，他們對我的感情如何的甜蜜。我沒有見過我的父母，生活在生人中。

有時重複領會了他們的注視。

到巴黎站後，我幫助他們拿籃子，並且指點他們出路。我離他們稍遠的走着，我看見一個身長的青年，跑向他們，抱住他們。他再二再三的一個一個的親吻。他們笑着，看是很快樂的樣子，連挑夫擲行李給他們的聲音也沒有聽見。

我跟他們走到大門，這個兒子一支膀臂翹雞籃子的把子，一支手抱他母親的腰，他像他父親一樣，有喜樂的眼睛和笑意。

外面幾已昏黑了，我提起領子，仍然在老夫婦以後幾步。他們的兒子尋車子去了。鄉人拍拍一隻有花點的大母鷄的頭，對他的妻子說：

『假如我們不知道她不是我們的媳婦，我們該送她這有花點的雞。』

他的妻子也拍拍這花點的母雞說：『如果我們知道——』

她轉身向那些出車站的羣衆看去，遠遠地看着說：

『她同那些人走去了。』

他們的兒子帶了一把車子囘來，他讓他的母親進去。他自已坐在赶車子的框上。他斜欹地坐着，免得看不見他們，他是一個強壯和藹的青年，我想：『他的未婚妻是個快樂的女子。』

等到車子看不見了，我慢慢地走上街來，不能决定囘到我的寂寞的房間去。我是二十歲了，而沒有人對我說過愛情。

三，二十一，二八，之江。

遊桃花塢

——的一斷片——

唐寅

這時

柳色，

借映着輕烟，

瘦怯地——與東風

舞倦。

※　※　※

黃色的荽苔，

軟弱的

麥苗，

細草，

纖藤，

遠遠地襯着黃沙，

都入着烟深處，

藏着微渺地宇宙

的靜默。

※　※　※

嬌嫩的桃腮，

朵朵都帶着催詩的

春意，

紅艷了碧草的芳菲，

豐妍的靨兒，

幽閒的魂兒，

賜給了人們，

不期然的，

發現了一顆心靈。

與魏頌唐討論稅制

張九如

頌唐先生足下：近十年來，吾浙理財家推公爲泰斗，僕耳聞熟矣。顧以奔走四方，未獲一親雅教，至爲憾事！今年暮春，以老朽倦游，歸休西子湖畔，甫抵省門，親友間訊畢集，寒暄外，輒道公盛名，且有以公所主張兩稅制之原文娓娓誦之不絕者，足見人心之向慕，僕以是饗聞足下理財政策，並得讀足下改正田賦建議及營業稅法全書。知足下抱大無畏之精神，欲於財政界開革命紀元，志大而心亦純，至可欽佩！但僕仍有不能已於言者：

足下所主張之劃一田賦是已，而所訂辦法，僕不能無疑。吾浙田賦就地而論，等則極不一致。大抵規定之時，係以生產力強弱而判等則之高低，辦法至爲允當；但惜所分等則過多，未免複雜，且閱時數百年，蒼桑改變，田地肥磽，並非一成不易，此時

（未完）

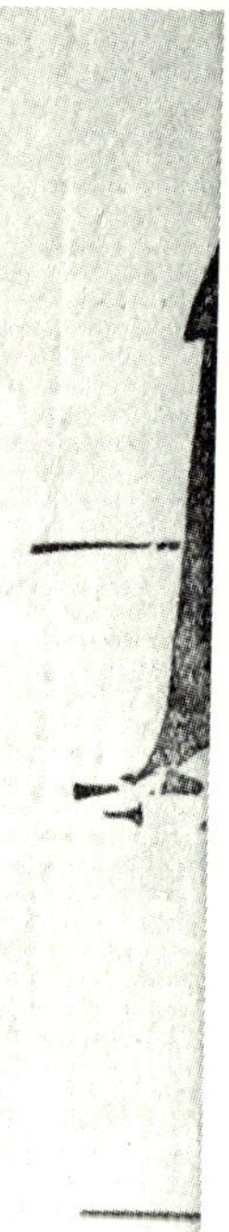

賦則，大率不合實情。足下不於此加意，一仍舊貫，是爲不澈底改革，此應商榷者一也：

按上所述田賦等則，既以土地肥磽異其輕重，使果確當，則彼此負擔，已得其平，何以於地丁外又有漕糧之征？謂爲此項田地肥之又肥乎？則加高等則可耳，不應別立名色，以相苛擾，是可認爲不正當之收入。故光復之初，吾浙臨時省議會毅然決然建議能免。其後因格於時事，不得不忍痛規復，已不能不認爲前事之失。所幸當時變更名目爲漕南抵補金以示。目下財政困難，不得已徵收，以爲抵補之計，則將來財政有辦法至不須抵補時，當然可以免去，足下創兩稅制，財政有辦法矣。亟足下預算營業稅每年有兩千萬以上之收入，財政固裕矣。縱使因創辦之始，收入尙無把握，雖免除漕南抵補金之時期已至，尙未敢貿然提議，以示愼重。亦應保留漕南抵補金名目，另列一款，以留日後免除地步，足下不此之圖，竟將漕南抵補金名目一筆抹煞，不分丁漕，統名田賦，將永久徵收之，且不使留此名目，以爲後人爭議，藉此改革以銷滅此名目，令人易於遺忘，未知足下是何用意？抑以此漕南抵補金爲正當收入乎？此應商榷者二也。

營業稅比較釐金，其法當然優美，但照足下所訂辦法，仍不免有重稅之弊，在足下用意以爲營業稅係對商人課稅，不對貨物課稅，絕無重徵之弊，不知對商課稅，仍不外對物課稅。不過多一轉嫁而已，重稅之弊；例如大商直接向出產地購物，小商則間接向大商轉購，大商售貨物於小商，或售物貨於消費者，同爲營業，自不能不一律課稅，此項課稅之貨物，入於小商之手，以之轉售於消費者，亦爲營業，亦應課稅。豈非重稅？此項重稅，流弊影響至大。譬如大商購物於出產地，需成本百元，轉售於小商、即須零加百分之二之營業稅，爲一百另二元，小商以之轉售於消費者，又須加百分之二之營業稅爲一百零四元零四分，方能勉敷血本。而因營業上之一切消費。卽須折耗，如大商售於消費者，因少一次營業稅，倘百元成本，售至一百零四元零四分，便可得四分之純收益，大商與小商營業競爭之結果，小商當歸天然失敗。其失敗之原理，照上所述，以稅法之不良，爲絕大原因。足下始願當不以利大商病小商爲然，有結果趨勢如此，可以擺乎？此應商榷者三也。

統上三述當然均有救濟之道，未知足下曾計及之否？尙希明以敎我，僕不敏，居財政界亦歷數十年矣，同爲浙人，艱危與共，故不得不有所建白，足下虛心聽之，當商榷者或不止此，若固執己見，不受人言，則願各行其是，僕雖老且朽，尙能別樹一幟，以與足下戰，最後當取決於吾浙二千數百萬同胞，以定其是非焉！僕疏嬾慵拙，怠於走訪，聊藉紙筆，一伸情素，幸足下有以敎之，機緣過合，晤敎有期，不責疏狂當圖復會。專布肅請時安。

張九如百拜上書，

張九如先生以此函投寄本刊，編者讀後，頗爲欣躍，本文尤以論營業稅一節最爲吾人所注目，誠如張先生言，如實行兩稅制，則無力直接進貨之小商店，必將受兩重營業稅之壓迫而失其立足之地餘，如此不平等之制度，必非吾國民黨治下之政府所應有，質之頌唐先生，以爲善否？ 編者。

杭州民國日報副刊

十七年四月份　第十二期

失望

嚴夢

在斗室之中，靜到沒有一點聲息，眞是不常有的事情；况且又是在熱鬧的旅館，又是舊歲的除夕，住的旅客又是兩位翩翩的少年！那讀者恐怕要疑心這兩位少年是外出或是熟睡了，不然，何以會這般岑寂呢？這是猜錯了，原來這兩個少年都飽身經滄桑過的，此時正又因爲得不到同情的援助而椎心痛哭後，便如死的寂寞，更鬧人靜，他們却楚囚對泣的枯坐着。

「人會變得這樣快的，我眞夢想不到，姊姊也不認識我了？」一鳴驚人的，衝破了塚中的寂寥，使室內恢復了不少的生氣的一句話，是發自一個美孩子的口中；畢竟是心魂尙未能鎭靜，所以在溫度七十度左右溫暖房間，音調好像是雪上的鳥兒啼的一樣抖顫。他說完了話，便將那雙淚眼移去看旁邊倒在床上蓋着被露出頭來啜泣着的Y君，y君却不大注意他在算想什麼似的，他益覺憮然了。說話的那孩子到了明天，才滿足了的十六歲；而他可閱歷了許些人情世務了，他的淸秀的眉目，很逗人的憐愛；尤其是說話時的和藹的聲浪，更叫人歡喜，他的乳名喚做T

y君是個富於情感的人，和T是在N市認識的。在初相識的時候，他們並沒有同衔過杯酒之歡；論到結交的歷史，也不過短的半載而已。以半載的相知少年，忽而融成莫逆的同性愛，然也有另外的原因可尋的；仔細的檢查起來，唯一的蛛絲馬跡實在是美的誘惑：這是眞的，y君消瘦的臉上，總不會褪去滿的紅潮；微笑的時候，差不多夢裏也可以尋求，說起年齡，也過只僅長了T的四五年罷了，他們第一次見面，好像是在Y父子房。

他們來到A城已經四天了。從N市出發的當兒，他們是抱很遠大的希望的：錦繡的神州，他們是勇敢的犧牲者；他們自也並不承認是病的少年。因爲上戰場去與魔鬼以血肉相搏，無如何也不能算「心死」的儒夫的——前途是如何悲壯啊？

『你爭氣的做人！……』這刺激的話，是Y君的母親被族的冷眼射出來的；在N市的小旅館的一夜，y君忽然很誠摯的來轉送慈母的愛給T。T正是聰明偏被聰明誤的陷於不能自拔墮落環境：數年來跟着白相人做豪放的鄭公子，揮金如土的在大少爺；韶華作甫揚州夢，猝然度去了，便博得嚴肅的父親的段脫離父子關係的廣告。

N市是中國名勝之區，水媚山明，眞教人眷戀徘徊而不能

★目錄★

中國不獨沒有保護稅法，並且是加重土貨的稅去保護洋貨。

y君之來，是爲了商業失敗而痒勞致病，藉欲優遊湖山以享些清淨閑福的，但是人算不如天算，他在在都感受物質慾的痛苦，一天一天的落魄下來，他的膩友補助他的生活費是斷絕了，斷絕的緣因，他至今也不明白。在此隻身飄流，孤獨無依的時期，他還要負起T的生活底責任。

如勾的月亮，自然不十分明亮的，但在畫樓之旁掛住，倒也覺得清艷可愛。只惜愛湖山戀風月的y君，爲了別離的催促，已無心領略了。

「我以後知道稼穡艱難了，如果再不自愛時，y君，你就讓我自已浮沉吧。」T經過y君嚴詞訓導之後，一面絮絮的說着，一面捏住y君的手，似是要剖開自已的肚皮，趁鮮血淋淋的拿肺肝給y君看；熱情的淚珠，茂不覺拋下好幾滴來。

y君漸漸覺得有點難受，這樣勇於改過的小孩子，自已何以還要扳起面孔來訓責他呢？如其是個英雄，爲什麼不去責備衣冠禽獸的鳥人？何況自已的墮落，較之T更不止百十倍！y君這纔將他慈母說的『爭氣做人』苦笑着說了安慰他落了的鼠胆。

「你眞是個好人，你救了我，我到A城後，我可以介紹我的姊姊給你做朋友：伊的英文很有根底，我們家裏雖有錢，可是伊却沒有絲毫貴族習氣」……T此刻是個無家可歸的孩子，以爲非這麼誠懇，就不會博到y君的信任，博不到y君的信任，那就是一生絕望了。

y君新近又遭了一次失戀，確乎感到性的苦悶，找對象的心雖不十分切，但是細細的打量T一會，正恨他不是個異性，不能長佔覇這孩子的愛；而今聽了這番話。更由他的美，而推想到同父同母的他姊的美，任是聖人吧，也不能不動意馬心猿了。

「你不是說過你姊姊嫁人了嗎？」y君突然的問，隨後頰上紅了又熱，熱了又紅，這絕對不是急於要知道他的姊姊的是否嫁的表示；而實是受急劇的良心制裁的表現。

你眞是衣冠禽獸的鳥人！你想定有把握拯起這位可憐無告少年麼？你想引誘良家女子嗎？

「嫁的是大姊姊，我一共有三個姊姊，要介紹你的是第三那個。」T的話，截斷了，y君的思緒——「我們到了A城，一可以向伊多借點錢，住旅館太貴，叫姊姊替我們賃間房子比較些開銷，沒有被，也可以問姊姊借——」

「哦——溫柔的被！香！甜！果眞有這樣的幸福？」y君不到T以後的話了，宇宙浮動了，他似乎坐在飛機上而——「人——美人！」

「——我們未出發之前，工作完了，或者去望望姊姊，或姊姊來看看我們，看愛情名片，逛外國公園，多麼的快樂啊！」T諂諂的說完了，只引起y君怪獸的的笑。

「被，最好是伊貼肉的那張！」y君想的笑了。

T見他不回答他的話，不知是否爲了自己的問題出神，又由的恐怖起來，怯怯的問道：「y君，好不好？」

「什麼」又是非人的獰笑。

T很細心拘謹的又把剛才的話起勁的重溫一遍。而Y君依是『被，最好是貼肉那張』的想着，時辰鐘報告兩點了，似乎說：「痴人，睡吧，今夜有溫存的好夢……！……。」

（未完）

遊桃花塢（續）

唐寅

詩人的讚美，
畫着的輕描，
　差不多
　也像蟻一般，
雖在人間
却也如嬌在春天。

※ ※ ※

有多少的青年，
　不顧作個英雄，
　甘心化了詩翁，
將這桃花的付與
去頂禮！
　皈依！
而歌頌！

※ ※ ※

但是呀！
　鮮艷的桃花，
須記得，
　切不可輕輕地放過
　那相笑着的
　東風！

※ ※ ※

我坐在那軟柔的細草坪上，
　靜靜的思，
　默默的想；
悠揚的神韻，
淡泊的心胸；
赤裸裸的人生，
體味得詩人的命運！

※ ※ ※

江煙白，
江波碧，
　二岸蒙羞的青山，
　掩罩着
　行雲淡淡；
江面上起了春寒陣陣，
　江波絲絲地
　嫣然微笑，
多情的清波啊！
你能容許我嗎？
　趁着花兒，
　任你飄流！
江水啊，
　悠悠！
微風啊，
　颺乜！

（未完）

羅羅蒂（獨幕劇）

John Pollock著
王師韞女士譯

劇中人物

羅羅蒂
費德罕公爵
費德罕夫人
屋格斯脫・配脫先生
男僕
女僕

（倫敦一間客廳。中央，台後左右邊都有門。左邊一個火爐，爐前是沙發和軟椅。右邊一個窗口，桌子，幾張椅子。）

費　（把門半開着）很好；不，我不願意出去。

費夫人　哦！

費　（關門）你所要求的事體是沒有理由的。

費夫人　（溫柔地）我愛的孩子，如果這是有理由的事體，我亦無須要求你；你自己應該願意去做了。

費　（走向前來）你坦然地要求我於兩點鐘出去，並在五點以前不要回來。

費夫人　（立起來）四點半，如果你喜歡——你可以在四點半回來，（她好像不在意地聽着，後來微笑。）

費　當我問你爲什麼的時候，你的回答只是，從現在到五點——好，好，四點半——你要做某種事情。你不肯告訴我，那究竟是什麼事情——你絕對不肯！你還要怪我猶豫不去！

費夫人　猶豫，你說？

費　你要我告訴你，你爲什麼要我出去嗎？（費夫人給他一個溫柔的盤問的秋波。）因爲有一個人要到這裏來，你不要我遇見他。

費夫人　啊，眞的！

費　並且你要我說出這是誰嗎？（她又給他一個盤問的秋波）這是配脫！配脫那個傢伙！這就是那個人了！屋格斯脫・配脫（她忽大笑）啊，讓你笑，但我告訴你，我可是很認眞的。

費夫人　不要胡說！

費　我前此已經同你說過，我不願意這樣！你不能把我當作獃子看待。我曉得你們兩個人正在進行中！現在我好好兒給你一個警告。我會發作的，你以爲我不會，並且[illegible]如果抓到証據，你不要討饒。我會同你離異——不，我不願意這樣。我會赶出你！是的，是這樣，我會赶出你！

費夫人　（走向他）你這可愛的老孩子！不要那樣，不要丟掉你這幾根僅剩的頭毛！離婚的證據，眞的！滑稽！你曉得的，谷斯（配脫的小字）對於我是一隻馴良的獵狗——谷斯!!

費　我不能沒有他，是這樣的！但你曉得，我從來沒有私自會過他，不使你曉得什麼時候，什麼地方以及其他的一切。現在去罷，（她吻他）再不要煩惱了。今天下午谷斯不來。那邊——Diddums, Wasums（她再吻他）五點回來——好，四點半。現在說，我是一個安琪兒，Ta—Ta,

杭州民國日報副刊

十七年四月份　第十三期

失望（續）

嚴夢

他們到A城的第一天，因為恐怕戒嚴，所以在N市乘午車動身，下了車站，那大鐘的長短針，恰是頂天立地的動也不動。他們忙了半天，便找到這間比較相宜一點的一家旅館的念八號房間住下，大約為了車中的疲累，他們都同意明天才去訪他姊姊，為的是暮色已罩住了繁華的街市，萬家齊放燈火了。

他們叫了兩客頭等飯，T吃了揩了一揩面便睡了，可是y君對於舊地重臨，很有點悵惘，老是睡不着，想三想四的想到他老父揮淚送別的兩句話：「親戚是要往來的，現在的世界艱難，萬一有起三朝二日來，也得有人照料照料。」他遂有意無意地踱出旅館，折東轉西的走去探一家本家族人去，

門口又高狗又大，他開始有點踧踖了，看看自己穿着舊駱駝絨長衫，怎好意思進他們家去？無何。門口的狗吠了，這一吠，幾乎吠出他的淚來，他想如果再不硬着頭皮敲門時，在這歲暮旁晚，人家不要當我是賊嗎？於是他迫不得已忍痛敲開門進去。啊！這是如何的難堪呵！當他被門房引進去的當口，眼前展着一座

[illegible]家宮[illegible]的[illegible]光[illegible]的「人」[illegible]

「人」——正喝的紙醉金迷燈紅酒綠的歡祝財運亨通的一年。——闔闔的人家多麼欣慶？而我却遠遠的離開家庭在外漂泊——

「y君！什麼時候來的？」發自席間不知誰何的先生或女士「是的——來了。」y君糊裏糊塗的不知向那個答；說話時，却狠狠的望着裏面的「人」。

「吃飯沒有？沒有，便在這兒吃罷。」不知何自而來的先生，或女士的慈悲。

但是y君更狠狠了，他堅決的認定這是侮辱——他媽的，我有沒有吃飯干他們什麼鳥事？我吃的自然及不來你們的佳饌；然而你們是不顧羞恥搶來的，有什麼希奇？

——「我走了，你們慢慢吃慢慢喝吧。」他氣惱之餘，實再不能耐了，便同進來時一樣的亂點了幾下頭，向後轉，就開步走，後面送來幾聲似罵似笑的「不送！不送！」

他跑到馬路上來，眼睛看見一二百燭光的電燈都是黃黃灰灰的，幸而他還曾行路邊，不然那會不白白送進汽車的虎口呢？天色微寒，沒有月亮，也沒有下雨，他折南又北的亂走，他本來生在A城的，居然也會鬧迷途的笑話，可知他這時候心意的紊亂

副刊

☆目錄☆

現在中國號稱民國，要名符其實必要這個國家真是以人民為主，要人民都能夠講話的。確是有發言權。

——過日本言論頁六六——

丁。

他回到逆旅來，倒在民國紀元紀念的那張沙發椅上想：

——我母親之所謂『爭氣做人』者，其斯之謂歟？在無聊之中，電燈的光復原了，他偶然從燈下瞥去床的T君桃色臉上，又使他的慾火中燒起來了。

——他的姊姊——

——被！最好是貼肉的那張！——

——幸福——！我果眞有這樣的幸福？唉！失戀多次的人，還配戀愛嗎？失了童貞的人，還配愛處女嗎？

——神經過敏的他的心，無時不在交戰着。

他是個浪漫派的少年無名作家，感情流動底剎那，六步便可以吟些天啊地啊的歪詩的；那時他的心緒，時緊時張，他於是輕輕的握起一管禿筆，塗了一首幸福的降臨之後，纔如痴如醉的躺下床上，心裏仍然迴味着那篇散文中的最後一句——『假使「他」是「伊」………』他終於想到和第八個愛人作蝶舞時的輕盈，想到在軍隊裏當秘書長的威風………入睡了。

第二天自從T早晨八點鐘出去訪他的姊姊之後，已經整整的六個鐘頭了。他不時聽見遠近的朧鼓和爆竹聲，心裏一陣歎慰一陣難過，呆呆的望到壁上掛着的什麼『行李蕭條，先交按櫃』………

………他便楞怔怔的把那雙好像死魚似的眼睛移到自已的蕭條行李去。唉，不望猶可，一望果然感到幾分身世飄零啊。他的舊皮篋的正面側面，都貼滿了膝下半張的旅館或汽船的字號，這篋的隨他，有如走江湖的猴子之隨玩把戲的術士。

他等的不耐煩了，革鞋的步一響，又是一次失望；意想中的美人，終於無緣一瞻豐姿。好事的眼珠，沒有受到腦子的命令，便在房內無聊的像探海燈的四射，一似當頭棒的消瘦的日歷，敏捷的告訴他，『一年容易又一年了』！他又興奮的想了：

——在中國我可以算是個健全的青年了，何以落魄一至於斯？爲什麼命運叫我破了產，還要失業？又失戀?!——

他還有認定自已仍然是偉大的勇氣，所以一溜溜去舞場，麻醉的纏綿舞女歸來，只見T一個人在燈下啜泣着，他明明知道是失望了，一坐下來，便聽到這句：

『人會變得這樣快的，我眞夢想不到，姊姊也不認我了』！

三月廿三日，西湖完稿

遊桃花塢（續）

唐　寅

在碧空之下，
　映着的是
鮮紅的
釀着芳醇似地
　她的心，
多麼
　香甜，
　清洌，
迷醉了我的心靈！

※　※　※

蝴蝶兒展開霓裳，
黃鶯兒跳着歡唱，

高高的飛着，
唱入了雲霄！
飛入了雲霄！
在芳草，
碧波，
——點綴偎傍。

※　※

在這無恨的
春情緒裏；
我羨慕她，
我幽怨她，
誰？
就是渡過那
香濕溪雲
細草
平沙
斷橋邊
溫柔鮮麗的桃心！

四，五，於七中。

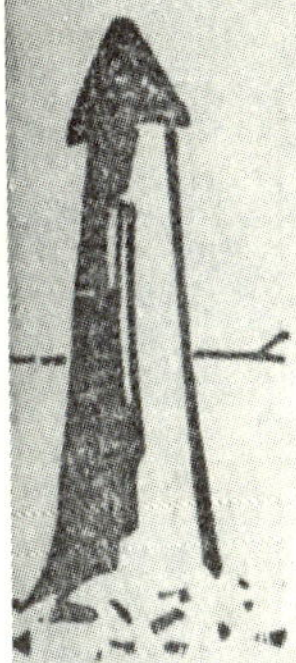

羅羅蒂（獨幕劇）（續）

John Pollock著
王師韞女士譯

費　安琪兒！（她在門邊同他分別，走向前來。費在門口——背語）安琪兒，——哈！這是配脫，還是一樣。我將早

費夫人　Ta.（費下台，費夫人發出微笑的小聲，跑向門邊，開門，向窗外望，看她的丈夫橫跨街道，然後走到邊門，叫）谷斯！谷斯！進來！（配脫很小心地走入）

配　（在門邊）他已經去了嗎？

費夫人　眞已去了。

配　（走近她）我愛，我寵——

費夫人　（離開他）什麼，什麼，什麼？這是什麼，請問你？

配　（退回）這是——這什麼？

費夫人　我知道了！你這個可憐虫！你以爲我帶你到那房子裏去並且差遣我的丈夫出去，這樣可以只剩下了我們兩人。

配　並——並——你可曾？

費夫人　全不是這麼一回事。你亦可以出去，如果你喜歡——但我還要先告訴你，今天下午爲什麼要我獨自一個人住在家裏。

配　那麼，告訴我罷。

費夫人　（柔情地）你還須先同我說，你愛我。

配　我愛你！

費夫人　同我說，你只愛我，從今以後再不愛別個婦人。

配　我愛你，只愛你，從今以後我不愛別個婦人。

費夫人　你說得這樣好聽。

配　因爲我感到這樣深切。

費夫人　同我說，你雖愛我，你却很曉得，我這裏沒有別的希望，除却不時吻我指尖的快樂。

配　我定須那樣說？

費夫人　一定的。

配　但——

費夫人　說出來，否則我即刻遣你出去。

配　是的。我雖愛你，但我很曉得，我沒有什麼希望——

費夫人　（打斷他坐在靠近小桌的圓椅上面，並叫配坐在小桌的對面）現在我將告訴你，為什麼我要獨自一個人在這裏。四天以前，在靡夫人家裏決定，為一種慈善事業，再演鏗萊公爵曾經演過的那一本戲，你曉得——

配　我曉得。那些男人都是客串的，婦人却請女戲子來扮演。

費夫人　是的，現在我一個人要去扮演那法國的紳士和法國的女子，我要扮演那個——那邊！

配　啊！

費夫人　對了，我已經有一個很好的計較。我曉得，在鏗萊的那裏，這兩個人都是羅羅蒂女士扮演的。

配　羅羅蒂！

費夫人　是的，羅羅蒂，法國音樂會裏的明星，這幾天正在倫敦奏技，你曉得。同你有什麼關係？

配　同我？一點沒有。

費夫人　當我說出羅羅蒂女士這個名字的時候，你跳起來。

配　我？一點都不曾。

費夫人　無論如何，我已寫信給羅羅蒂女士。

配　你曾寫信給羅羅蒂？

費夫人　是的，我請她今天二點半後到這裏來。並且她在一封寫得非常停當的信裏回答我說，她會來的。

配　羅羅蒂要到這兒來？

費夫人　是的，我將給她四十個金磅，請她教我試演一下。這就是我不能同費德罕說明的什麼事體。他永不會應許我。

配　（跳起來並且走過去）可是我，我亦將不應許你。

費夫人　（立起來）我請你原諒！

配　你不能接受——

費夫人　（走向他）不能！為什麼？

配　因為——因為——

費太人　我愛的孩子，你不要嘗試阻止我已決心要做的什麼事體，那是沒有用的，羅羅蒂女士二點半就來。（她走到左邊去看火爐架上的鐘。聽到一輛汽車的笛聲。）嗄，正有一輛汽車停在那裏。

配　（走去向窗口望）這是她的。

費夫人　（亦在那裏看）怎麼可愛的一輛汽車！這樣好的樣子，黑色的鐵爐——穿號衣的汽車夫，樣子非常好。

配　啊，好的，是然。

費夫人　（走向前來）你曉得羅羅蒂女士？

配　（隨她走來）我？不。那就是說，我曾經遇到她，並且同她談過天。

費夫人　好，你可以向她道好，並請她給我一種好的教訓，然後你自己可以離開這裏。

配　門鈴響了，那是她。

（未完）

杭州民國日報副刊

十七年四月份　第十四期

幻境

金桂蓀

我偶然到湖濱公園的草地上小坐片刻，和暖的春風呀，蕩漾的湖光呀，照得我眼花撩亂；吹得我栩栩入夢。

長衫馬褂的先生們過去了；武裝皮帶的先生們過來了；洋裝而革履的；短褐而穿結的；學堂裏的少爺們；商場中的紳士們；一陣一陣；一個一個；沿着那湖邊的欄杆，欄杆邊的走道上，來往的蹤着。

○　○　○

呀！我居然到靈隱寺了！什麼時候來的呢？連我也忘却了，看哪！看哪！大大小小的魚兒，紅黃青黑的動物，噏吐的水聲，求餌的渴望；搖着頭；擺着尾；一陣一陣，一個一個；在我面前來往的游着！

快樂的魚啊！

可憐的魚啊！

沒腦經的蠢物啊！

○　○　○

潑辣的鶯聲，衝破了我的幻境；定神一看，那有什麼魚兒？不仍在公園的草地上坐着麼？

呵呵！仍在公園的草地上坐着喲！看哪！看哪！多麼快樂的女人哪！紅的綠的，長的矮的，肥的瘦的，富的貧的，穿旗袍的，穿西服的，戴洋帽的，着高跟皮鞋的；太太們；奶奶們；姑娘們；小姐們；多麼活潑而玲瓏喲！

○　○　○

我怎樣又到了動物園啦？看哪！看哪！多麼可愛的鳥兒？百靈兒咧；黃鶯兒咧；錦鷄咧；孔雀咧；能說能講的鸚鵡咧；會飛會跳的麻雀咧！好美麗啊！好活潑啊！

美麗的鳥啊！

快樂的鳥啊！

準備鑽進籠裏供人玩賞的鳥啊！

○　○　○

惱了！惱了！我決不耐久坐——！去罷！去罷！回家去睡罷

咦！我的妻兒呢？我的犬子呢？——他們那裏去了！

嚇！好大的母鷄！在我床上孵蛋？

☆目錄☆

現在世界上的國家，實行民權，改革政治，那些改革的責任，應該是人人都有分的。

爸爸！

噯！

定神一看，我那可愛的妻兒，正在床上哺犬子的乳。

一七，四，一三，在清波。

羅羅蒂（獨幕劇）（續）

John Pollock著

王師韞女士譯

費夫人　我實在覺得很慌。

配　（背語）我亦這樣，天呀！如果她吻我！她很可以這樣，或者揭示她的訂婚戒指！

僕人　（走入）夫人，有一位女士，她——

費夫人　請她進來。

僕人　可是夫人，她要我稱呼羅羅蒂女士。

費夫人　好，那麼，稱呼羅羅蒂女士。

僕人　（出去又來，稱呼）羅羅蒂女士。

羅　（走入）你好？（僕人下台）

費夫人　（背語）那是她？

配　（低聲）正是。

費夫人　（大聲）你好，羅羅蒂女士？（她們握手）我必須謝謝你，你竟惠然肯來。

羅　我以為拜望費德罕公爵夫人是我捨不到的一個好機會。

費夫人　（背語）啊，啊！（大聲）我總無須介紹屋格斯脫先生了。——他同我說，他曉得你。

羅　吓，他同你說？

費夫人　正是。

羅　啊，是的，我已遇見屋格斯脫先生好幾次了。（她向他鞠躬。）

費夫人　我將吩咐他們，在試演的時候，誰都不許來攪擾我們。（她按鈴，走到門口，並同那聽到鈴聲上來的僕人談話。）

羅　（走近配脫，低聲）你怎麼會到這兒來？

配　（低聲）我曉得你正要來——所以我想法到這兒來。

羅　嗄，那是你的好意，她曉得我們訂婚了嗎？

配　不，不！

羅　同我說，你愛我。

配　（指向費德罕公爵夫人）啊！

羅　（低聲）輕輕地說。

配　（低聲）我愛你。

羅　（低聲）我亦愛你，今天晚上我可以在戲場裏看到你嗎？

配　是的，今天晚上。

羅　從前天以後，我沒有在前排看到你了。

費夫人　（走向前來，同時僕人離開那間房子）現在可以確定，誰都不會攪擾我們了；並且當屋格斯脫先生離開我們——啊，再會！

配　（很高貴的樣子）再會。

羅　（在羅羅蒂身後走過，並很快地同費德罕公爵夫人說話，當他們在台後會在一處的時候）你為什麼忽然要我出去？讓我留在你的私房裏面，等到試演了。那麼，當她去後——

費夫人　眞的？

配　請，請。

費夫人　很好。快去——等在私房裏面，（配脫下台，她轉向羅羅蒂。請坐，）女士，請坐。（羅羅蒂坐近小桌，靜了片刻，費德罕公爵夫人忽又說話。）你要吃點什麼東西嗎？或者一點黑葡萄酒？一杯黑葡萄酒和一塊餅乾？

羅　不，謝謝你。

費夫人　你喜歡白葡萄酒？

羅　一點東西不要，謝謝你。

費夫人　啊，香檳！我覺這樣愚笨，會想不到牠，自然，你要一點香檳。（她去，像煞要按鈴。）

羅　不，謝謝你，一點不要——一點不要。

費夫人　（大驚訝）什麼都不要？

羅　什麼都不要。

費夫人　（走向前來）你或者覺得，同我住在一處是很拘束的——可是我老實同你說——請你十分隨便。你同我一處可以十分隨便。

羅　不過我是十分隨便的。

費　眞的？

羅　眞的。

費夫人　你不是在那裏裝假？

羅　不，眞的。

費夫人　你不要一點香檳？

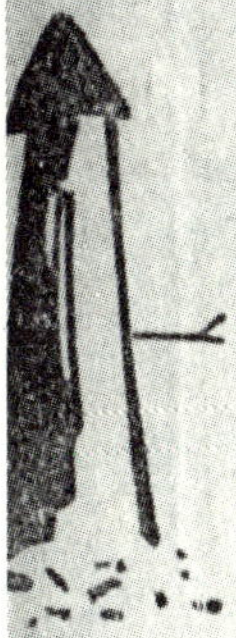

羅　我不要一點香檳。

費夫人　（背語）異乎尋常的！（她把軟椅移上前來。大聲）我請你到這兒來教我試演你前此鏗萊公爵那裏扮演過的法國侯爵和小姑娘兩個脚色。

羅　吓！原諒我，你從前可曾扮演過？

費夫人　向來不曾。

羅　向來不曾！

費夫人　這樣會更困難嗎？

羅　（抑住不笑）更容易些！你要扮演誰？

費夫人　就是你扮演過的那兩個人。

羅　（裝鬼臉）啊，我的天！

費夫人　另外兩個婦人將由愛賽女公爵和亞旭夫人扮演——你曉得她們的罷。

羅　非常熟悉。

費夫人　請你原諒？

羅　（作疑問狀）噯？

費夫人　我問你可曾曉得愛賽女公爵和亞旭夫人，你回答說：「非常熟悉的。」

羅　是這樣。從我到倫敦來奏技以後，這兩位女士時常同到戲館裏來。我們彼此向來沒有談過天，不過在戲館裏面，台上的人同台下的人逐漸親熟起來。我們常要看看那些特別喜歡我們扮演的人可在那裏。我們稱那些人爲我們的觀象。

費夫人　你可曉得，不管我曾說過什麼話，我總不能不覺得，你訂）出書，實價大洋二角五分。

不是絕對自然的。

羅　不過我老實同你說，我的確是的。

費夫人　並不是因爲我看到你這種高貴的態度覺得奇怪，不過現在的你同我前天在 戲館裏看到的你，全是兩個不同的人。

羅　前天？喫，是的！那麼我演得好。那天我有一個朋友坐在前排。

費夫人　你的覩象—可是、同我說，我那次看到的可真是你？

羅　自然。

費夫人　不，實在不，要使我相信，我必須聽你說幾句話，你在扮演的時候說過的幾句話。

羅　要我唱幾句？

費夫人　是的，請你。

羅　好，什麼話呢？

費夫人　我曉得！你正在發怒，當你的父親捉到你同那青年的時候。

羅　那一句？

費夫人　正是。

蠍　很好，『弔起來，如果你這樣一個土偶還要帶了一個禿頭來干涉我，我會在瘡疤上打他。』

費夫人　（立起來）啊，那正是了！多麼圓朗！我可能做到那樣？（試模仿）『我會在瘡疤上打他！』

羅　圓朗！！很好！現在我們動手罷。你可有那本書？

費夫人　我會背誦不論那一句話。

羅　那麼，讓我們動手罷。（她拿掉她的帽子，放在桌上）。你扮演那侯爵。請你做出走進來的神氣。（羅羅蒂坐在軟椅上。）

費夫人　做出走進來的神氣？

羅　是的，你說誰要扮演賽利娜？

費夫人　愛賽女公爵。

羅　愛賽女公爵現在這裏，現在進來。

費夫人　我曉得，她坐在一個草墩上面。我進來，我繞她走，並且向她鞠躬。

羅　對了。（費德罕夫人走向台前，快樂得着慌。）

費夫人　現在我進來，（走向台後去）我繞你走（她繞羅羅蒂走）並且我鞠躬。（她走在羅羅蒂身後，行屈膝禮，並且發出滿意的哄聲）吓！

羅　（笑）哈！哈！我知道這位紳士曉得怎樣行一個完全的屈膝禮。

費夫人　（忽慘沮）是的，那是眞的，我應該像一個男人那樣鞠躬，你教我。

羅　（立起來）自然！不過在你鞠躬之前，你還須走路。現在，你走幾步看。

費夫人　走路？

（未完）

通訊

張九如先生鑒：魏君頌堂兩度來館詢問先生住址擬與晤談請即示知俾轉知走訪

編者

杭州民國日報副刊
十七年四月份　第十五期

農忙時節的窘迫問題

瞻稔

暫且不管吾浙實業問題的統盤計劃，雖然或許當道已有大規模的方略，但在大計劃之前，確認有一樁事是急切需要厲行的，而且或可蘇吾浙民之困頓於萬一吧！

浙民惟一工作，及惟一生產，誰都知道是農作和養蠶。社會經濟之高低，不曉說完全可以在這個上面立論，大家知道日意等國的絲業逐漸由提倡獎勵而成爲我國所賴以維持生計之出產品，作了極大的抵抗力，抵抗力是一天一天底增强，反之，內地的出產品，不要說有質之進步與量之增加，其實我們實地考察起來，量的方面，是有減無增的，小康之家，固然還可以照常養育，但日趨貧困的農家，當然是今年不如去年，呵！一年不如一年的蠶絲的出息，又加手工業逐漸趨於陶汰，貧民之不得維持生計，致日就於枯涸之途，社會當然造成了不安的現象，是毫無疑意的了。所以培植養蠶專門人才，及聘請專員巡鄉指導等等，在鄙見還是第二步的話。量的復原及增加，實爲當務之急，貧農們因爲自己沒有桑葉，當然不能做空台戲，就是勉強做起來了，因爲小蠶之食量有限，但是到了後來，終不免發生無力繼續以底於成的情事，娘子們往往有功虧一簣的時候，因爲不能購買大綜桑葉繼續飼養，遂忍心把如心如肉的玉蠶棄了，那是事實上所慣見的事。一方面地主有大綜的桑葉的剩餘，因人手與能力的關係，也把桑葉棄之於地，兩下裏正是各抱遺憾，但斷不能逾越經濟的條件，互相通融，苟政府肯以最低之利率，借給貧農，使家家戶戶各能如願以償，社會上不發生剩餘的葉與蠶，則將來絲繭出產之數量上，必可得到現數以上的成績。政府於出產時節，收回本利，也是無損有益的一回事呵！

復次，社會上貧富之不均，而且富者愈富，貧者愈貧的原委，雖然理由多端，然而照現在的局面看來，實在因爲貧者自已沒田可耕，於是不得不爲富者做牛馬，而富者得了貧民勞力的供給，於是每年可以有豐潤的收入，年復如斯，富者固然年增其財產，貧者却不堪問聞了呵！

我們常聽到貧民的呼聲：「唉！沒有租田本錢，奈何!?」沒有租田的資本，固然可憐，但是就使於千辛萬苦中租得一畝地，他們對於肥料的施用，還是仍付闕如，以我過去耳濡目染之所得，貧農們惟一之肥料，祇有多所耕芸而已，簡直可說肥料之量額等於零，連最低廉之石灰肥料都無力購買，還講什麼肥田粉，以

☆目錄☆

中華民國。

——建國大綱第一條——

及去研究肥料的好壞呢！雖然這是還僅是關於貧農方面的話，農業之不能進步，固然是農人墨守成規，智識低微，不能有所研究，然而僅就原有之老法而論收入，貧農們之取獲，大概還要比照老法所應得的出息差一層，其故當然在於無力施用肥料了！政府苟能借貧農以租田的資本，再能借貧農以施肥料的小款，則在實業之大計劃未施行前，已可蘇我貧農大半的生計了！

總之，切莫以為大問題解決了，小問題自然不成問題，救急的辦法，當然也可以行之無礙的，所謂農業銀行或專為農民借貸而設之財政機關，不知何時可以實現。政府當局何勿先行試辦呢？我想縣黨部，縣政府及鄉村自治機關都不能卸其責呀！

一九二八，四，十二。

過去的創傷

尼貞

過去的創傷，
還在心頭上隱隱地作痛，
愛的火焰喲！
別再焦灼我了。

○　○　○

過去的創傷，
還在心兒上深深地刻着，
玫瑰花的刺喲！
別再鈎陷我了。

○　○　○

還在心坎上流着鮮血，
生命的刀喲！
別再宰割我了。

○　○　○

我底軀殼將要毀滅，
我底心靈將成碎屑，
我底呼吸將快斷絕，
上帝呵；
在這短促微弱的剎那間的生命裏，
可否給我作最後懺悔的一刻？

一九二八，三，十五晚於明遠學舍。

羅羅蒂（獨幕劇）（續）

John Pollock著　王師韞女士譯

羅　是的，（費德罕公爵夫人走向台前並且橫走過去）哈！哈！哈！從來沒有一個男人像那樣走路的，從來沒有，從來沒有！你走起來好像一匹老馬。

費夫人　（嘆）呃！

羅　（橫過台去并且模仿費德罕公爵夫人的走法）你塞進你兩隻手臂，縮着兩肩，兩手那樣放在前面，兩膝互相摩擦着——

費夫人　啊！

羅　我並沒有看見牠們，不過我相信，當你走路的時候，費德罕公爵夫人，你的兩膝互相摩擦着。

羅　爲什麼，牠們確是那樣！對於一個婦人還是很好看的，因爲這樣走法，衣裳的縐紋非常好看，可是沒有一個男人是這樣走路的。你看我

（她過分地模仿一個男人走路）

費夫人　啊！多麼奇怪！

羅　走路的時候，請你用脚跟，不要用脚指。

費夫人　（試試看，幾乎跌倒）我不能，我不能！

羅　自然你能夠的，我們將使你變成一個好看的紳士。不過先讓我們想想服裝看，你情願按鈴召女僕來嗎？（費德罕公爵夫人按鈴）你有一個大帽？

費夫人　怎麼，自然，我有二三十個。

羅　只拿一個來，請你。（男僕走入）

費夫人　請你叫我的女僕來。

僕人　是的，夫人（下台）

費夫人　（轉向羅羅蒂牠正在提起並且弔住她的裙子）你在那兒做什麼？

羅　這樣比較得容易扮演那一齣戲，你亦應該這樣。

費夫人　（試試看）可是我不曉得怎樣弄法。

羅　（不耐煩）什麼，你甚至於不能——啊，請你原諒。

費夫人　不，不，請你！罵我！

羅　（替費德罕公爵夫人提起並且弔住她的裙子）對了。現在看，這將是多麼容易。（女僕從右邊走入，看到費德罕公爵夫人的裙子提起而覺得驚疑。）

費夫人　好，什麼事？

女僕　沒有什麼，夫人。

費夫人　拿我的甘士波羅帽來。不，等一下。（向羅羅蒂）或者是哈連金帽好一點？

羅　隨你的便。

費夫人　要否叫帽店裏特別送一頂帽子來？

羅　未免太費時間了。

費夫人　（向女僕）拿一頂不論什麼帽來。（女僕裝做要下去的樣子。）

羅　（向女僕）再等一下。（向費德罕公爵夫人）費德罕公爵用一根籐杖，我想。

費夫人　自然。

羅　（向女僕）請拿兩根籐杖來。

費夫人　（想模仿羅羅蒂前回的運動，翹足旋轉，不覺同女僕打了一個照面，女僕發出小小的喊聲）好，你在那兒做什麼？拿籐杖和帽子來。

女僕　（着慌）是的，夫人，是的，夫夫！（她很快地跑出去）

費夫人　（看看羅羅蒂的足脛）啊，但——

羅　好？

費夫人　我的脚脛露出來了。

羅　這是分明的，當你要扮演一個男人——

費夫人　不過，當別人看我的時候，我要着慌。

羅　有一個很簡單的方法可以使你不會着慌。我們的前面是什麼東西？

費夫人　我們的前面？（她指向大衆。）

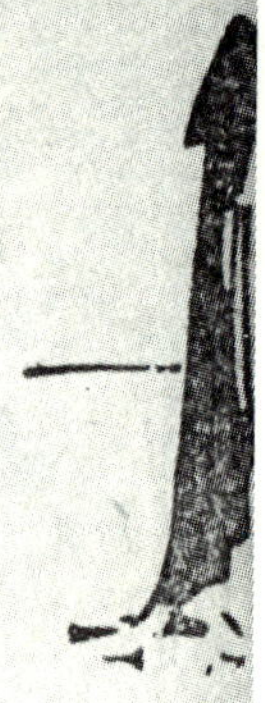

羅　是的。

費夫人　那是一重墻——客廳的墻。

羅　好！那麼，只要設想，當你扮演的時候，那重墻還在那裏？

費夫人　啊，這是那樣容易的嗎？

女僕　（拿了一頂帽子和兩根籐杖進來）這裏是帽子，夫人。（她把帽子遞給費德罕公爵夫人，把籐杖遞給羅羅蒂，離開房間。）

羅　好！現在看我，（她把帽子戴上，像煞是一頂男子的帽子。）把牠壓到你的耳朵，像那個樣子。（裝出一種粗暴的樣子。）

費夫人　（亦把她的戴上）多麼滑稽！

羅　偏一邊，再偏些！（她安排費德罕公爵夫人的帽子。）現在那把劍。（她放她的籐杖，像煞是一把劍。費德罕公爵夫人亦那樣做。）把你的手按着劍把現在讓我們一同走一個轉身，像煞兩個俠客！這樣！噫，先生！啊，先生！（羅羅蒂挽着費德罕公爵夫人的手臂，並且同她昂首闊步，走過台去，又走回來。）

費夫人　對了，現在你的底態度是自然的了。（忽停）你要喝點香檳嗎？

羅　絕對不要。走過來。走！走！

費夫人　走！走！（她們走向台前，背朝台下，轉過來。）

羅　頭仰起來！脚伸出來！裝個樣子！裝個樣子！嗄——賽利娜在那邊。（她移一張椅子到中央來，並叫費德罕公爵夫人坐。）繞她走——只不要像你剛才那樣。（費德罕公爵夫人坐在椅上，羅羅蒂繞她走，像費德罕公爵夫人前此做過的那樣。）轉過來，望着她，使她看出你心裏以為她很好看。Damme！一個活潑的小妖怪，哈！再打一個轉身——很動人心，不過是一個可怕的妖精。一個好看的小妖精，不過，還是一個妖精！然後走得很近。賽利娜走開去，你捉到她。你為什麼要走開去，我的美人兒？不，不，不要轉過去；還是走過來走過來！——那裏。你跳舞。她們跳舞一下。

費夫人　你可曉得，我以為誰都從來沒有跳舞得比你更好？

羅　不，不，不，我不許你這樣說。

費夫人　那麼，誰跳舞得更好呢？

羅　吓，我認識一個藝術家，一個大藝術家——她跳舞——吓！（她吻她的手神妙極！好像一根纖毛，或是一個安琪兒！我還須說她活在另外一個時代：她曾有許多美麗的跳舞。

費夫人　啊，跳給我看！

羅　真的？

費夫人　啊，是的，請求你！（羅羅蒂試作幾步法國淫蕩的跳舞。）啊，多麼好看！多麼可愛！我實在要說牠神妙！

羅　吓，可是現在又通行另外一派——現在大家不要這些絕好的姿態。如果這是你要扮演的一齣現代的戲劇，這就是要做的跳舞。（她試做最近跳舞場裏通行的幾種偏心舞蹈。）

（未完）

杭州民國日報副刊

十七年四月份　第十六期

別有一番滋味在心頭

——給冰成——

賈景曾

冰成：

經過了一番深長的波折的我倆，雖則幾千年來的禮教要縛牢了我們，雖則你是被一切的壓迫而脫離了這汚濁的故鄉。然而儒弱而無能的我，却無時不在這裏很熱烈的戀慕你，思念你！

故鄉的河山無恙嗎？故鄉的舊友無恙嗎？故鄉無恙嗎？……還或許都使你天天在思念着，關懷着的吧！當這萬物爭榮草木發芽的時代，小孩子的活潑，農人們的歡悅，小鳥們的歌唱，都能給我們以無窮的快慰的。這就是他鄉遊子思鄉的動機，這就是尋求安逸生活的目的，我們都是青年，都是不是斯文所束縛得牢的青年，當然的要承認這就是太上的生活啊！

冰成！但這總是虛幻的情境啊！只在詩人的園裏纔找得到的：我們的故鄉，終竟不是安樂的花園吧，惡魔張牙舞爪的看着我們，兇惡地要想吞噬我們，我們是小孩子，我們不過才離開母親懷抱而嘗試他初學走路的小孩子，我們的脚還是軟軟的，我們的手雖是舉起了拳頭，但是打人却不能沉重的，我們只知道叫喊，只知道哭訴我們的母親，欺負的人多了，一張小嘴還不夠叫喊哭訴呢！怎不覺着可憐！

可是我們又都是些無母的孤兒，被人家打了幾下罵了幾句，又向何處去哭訴呢？向誰去哭訴呢？沒有地方去哭訴，那我們又有什麼法子呢？儘你這樣地哭喊吧，有誰來理會你？唉！冰成我友，這多麼的悲哀而殘酷呀！無母的孤兒啊！母親的愛是如何的偉大呀！

你被逼到H城後，我孤單單地度這滿地荊棘的生活，實在太厭煩了；但是除了哭喊以外，又有什麼法子呢？舊禮教的鎖鎖住我的咽喉萬惡社會的枷枷住了我的身子，使我一動也不能動地直躺躺像死尸一樣的過這牢獄的生活。哦！哦！說起了還是眼淚往肚子裏流呢！

我們交識了只有半年，這半年來的事實，那能使我一刻兒會忘記呢？我是不知道人情世故的少年，在這半年中，承你多方的指導，我覺得對你終有說不出的感動，雖然你的年紀並不比我大，但你的見解却高超得多了！當我到K城去求學時，我們總是通着信，提起筆來寫了，總是洋洋大篇的，你曾經說起那第一次頭款的社戲，在脂粉陣中尋求生活，什麼調查鄉貨啊！——許多新

☆目錄★

莫忘「國人的天職」！

我們今日要把中國失去了的民族主義恢復起來，用此四萬萬人的

花樣弄出來了。多麼有趣呢？！你自己還笑自己是個油炸鬼，整天的祇是在人叢中亂鑽亂擠。還記得我們想發憤地做一個清白的青年，將我們的已經上癮的吸紙烟的壞習慣戒除掉，當時一唱百和的戒了將近兩個禮拜了，終於要破戒的大吸而特吸的吸了起來，自己打自己的嘴巴，你不是說小狗對糞缸發誓嗎？糞缸裏的香味，實在使小狗的喉嚨癢得難堪了，饞涎流了許多，沒法子，祇得又用舌頭去舐了，一點一點的舐了，還是不過癮，索性張開了嘴巴，儘量地吃他一個飽，橫豎不過被別人笑笑吧了！

許多的舊事，偶然在無聊賴的時候想起，倒很覺得可笑！想起了我們的生活史上也還有這樣値得回憶的一頁，多麼榮幸啊！你走後我的心頭鹿撞似的總覺得不安定，不知道此後的情況如何！吉呢？兇呢？祇是暗暗地在替你祈禱罷了！別後的半年，我的身體和精神，便大不如從前了，生了一場幾乎和你此生不相見了的大病，睡在床上已是昏昏地不省人事了，家裏的人沒有一個不是惶急萬狀；而尤其是母親，她的眼淚也流了許多了，求醫問卜，幸虧天老爺有眼，還不致使她的愛子和她永別，漸漸地能夠起床了，能夠走路了。這一塊懸空懸在她心頭的石塊，纔砰然丟了開去。啊！老友，這怎不覺得危險呢？我的生活由煩悶而跑進病魔的陣中，你想精神身體，要不要兩受損失？

因着病了三四個月，所以永遠地沒有給你寫信，我雖然是從人家口裏傳來知道你是到H城了，但你的情況我却完全不知道啊！你的足跡果在莊嚴的馬路上呢？還是在優美的湖山上！馬路上的繁華，恐怕要十倍於革命之前吧！來來去去的人，恐怕都是熱中功利者吧！你看到這些會不會厭惡起來呢？春日的湖山，當是別饒風味吧！春雨中的湖山，或許更覺着可愛吧！你在這樣的境遇中，又覺得怎樣呢？之江之水滔滔地流着，失意者的心也跟着這樣地振動着。飄流的生命，也是這樣地飄流着！老友啊！只有飄泊者底悲哀，是永久地不能消滅的吧！擯棄者底眼淚，是長長流着不會乾涸的吧！要想消滅悲哀，這長流的眼淚能洗滌嗎？越是洗滌，悲哀恐怕更加深刻啊！

一七，三，四日雨夜寫成。你的愛友蔭子。

失却

夢湘

你是一道清流，混雜在灰黃的波中，顚簸！

你是一盞洞照着黑夜的明燈，那個黑夜是人與人不相揣摩的。

你是曙光初曉時，大江的水瀾一樣作銀色。

你還是航途中的指南，指導着前駛，兩岸起了巨大的浪花。

呀！今天是失了指南；今朝清流攙濁；今夜滅了明燈；今晨太陽不升。

恐怖呀！危險！陷落！呀！一切一切。

回頭也是一定沉寂。

掙脫吧！你爲了你自己

滿塗着血淚！

四，十，改於之江大學。

羅羅蒂（獨幕劇）續

John Pollock著
王師韞女士譯

費夫人　哈，哈，哈！好看——啊，什麼事體都還須你來敎我？

羅　現在我已同你試演過男人的一部分。讓我們來試演那小

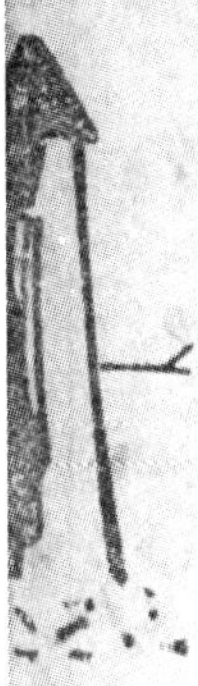

姑娘的一部分。（她們脫了帽子，拉下裙子羅羅蒂把帽子放在沙發上面。）這裏，我定要那本書；我沒有記得

費夫人 怎麼清楚。

羅 那裏是，在桌子上。（羅羅蒂拿起那本書，看牠驚起。）你尋不到嗎？（她靠近火爐，在鏡子前面整理她的頭髮，背朝羅羅蒂。）

費夫人 是的，不過我正在這兒看——看書皮上畫着的幾個臉孔。

羅 （有點窘迫）啊，嗳，是的——屋格斯脫，配脫先生畫在那裏好白相。

費夫人 （背語）正同他在我的書上畫着的一樣！

羅 好，那小姑娘？

費夫人 （還在沈思）那小姑娘？

羅 正是。

費夫人 （背語）我看來多麼滑稽！牠表明什麼，那畫在書皮上的小臉孔？（大聲）是的，那小姑娘——我們要怎樣做法——

羅 噢，我曉得了，像這個樣子，（她坐在軟椅上，吹她的大姆指，並且背誦）

Maman, Les petits Bateux Qui vont sur L,eau,
Ont ils des Zambes?
Tu, Vois Dieu, Grand Beta,Qu, Sils Nen Aaiaient
Pas, ils ne marcheraient pas?（每第二行末，羅羅蒂搖她的脚，很重地踢那靠近她並坐在那裏看她的費德罕公爵夫人的脚脛。）

費夫人 （擦她的脚脛）啊！啊！（然後恢復原來的神情）啊，是的，像那樣。（她模仿她。）

羅 很好。

費夫人 是的嗎？

羅 （笑）是的，那樣對於那個小姑娘是很對時。

費夫人 那是谷斯教我的。

羅 谷斯！

費夫人 是的，那是我的丈夫的愛友『Pett』的名字（女僕走入。費德罕公爵夫人向台後同她說話。）

羅 （背語）來，來，Ca C,est nu peu trop！那是太親密了。谷斯——我的配脫『Pett』的名字是谷斯！

女僕 （低聲）屋格斯脫，配脫先生叫我交給你，夫人。（她給費德罕公爵夫人一封信，然後下台，羅羅蒂恰好看到配脫的名字。）

費夫人 （背讀）『我看見你的丈夫橫過走來，如果你不喜歡他——』

羅 （背語）他等在這裏，那麼！他等在這裏！啊！啊！

費夫人 （來向羅羅蒂）多謝你，羅羅蒂女士。我們扮演的日子，我將好好兒做，不致辜負你的教訓。

羅 （背語）遣我出去——那貓！（羅羅蒂正戴上帽子，費德罕公爵夫人走到桌邊，拿來許多鈔票。）

費夫人 （回向羅羅蒂）我想，我只要——

羅 你只要——

費夫人 我聽別人說，請你到私人的會社裏來的酬資是四十磅。

羅　是的。

費夫人　這裏就是那一筆款。

羅　（不拿那些鈔票）我想，我曾聽到你說，這次演劇，這次大演，是爲慈善事業的。

費夫人　是的。

羅　（從她自己的袋裏拿出四張十磅的鈔票）那麼費德罕公爵夫人，你肯替我把這一筆款同你的一起交給收款的人嗎？

費夫人　啊，羅羅蒂女士！

羅　請，請。

費夫人　（拿那幾張鈔票）啊！我並不驚奇——全不！我記得有一次我在一本書裏讀到，說有兩種高尙的人物，被人做成的高尙的人和上帝自己做成的高尙的人，就是藝術家。

羅　（稍弱）再會。

費夫人　再會。（羅羅蒂從中門出去。恰當她的影子不見的時候，屋格斯脫，配脫先生的頭巳在左門出現。）

配　她巳經去了嗎？

費夫人　（正在重復默記她剛才試演的舉動）是的。

配　並且——她沒有同你說什麼話嗎？

費夫人　（走來又走去）你是什麼意思，她沒有同我說什麼話？她實在同我說了許多話——好好兒伸出足來！裝個樣子！嗯，先生！啊，先生！並且謝謝她，我將演得很好。

配　你肯演給我看嗎？

費夫人　是的，不過我將不看你，那裏是一重墻。

配　一重墻？

費夫人　是的，在扮演那一天，我們中間是一重墻。可是現在並沒有墻！——現在我們兩人中間一點東西都沒有隔着。（他捏着她的手，他們兩人靠得很近。）

羅　（驟從中門出現）我得到什麼價値？

配　羅羅蒂！

羅　我要使你們曉得，你同這位夫人的中間確隔着一點東西——那是我！

費夫人　羅羅蒂女士！

羅　啊，你！

配　（向羅羅蒂）來同我去，去！

費夫人　這是什麼意思？我不懂。

羅　我看這是一種很好的滑稽的事體。這位先生是我的未婚夫。是的，這位先生——我的未婚夫，就要同我結婚，你的感想怎樣？你要從我這裏把他奪去？好，你不行！

費夫人　啊！

羅　你竟到這個地步，我愛！

費夫人　你這個人竟會這樣，羅羅蒂女士？你，剛才做出那樣高貴的態度的你？

羅　高貴的態底！我！哈！哈！哈！怎麼，我只笑你！我的高貴的態度從那裏來？父親是一個廚子，母親是在唱歌隊裏。他們只有一種很好的性質：當他們兩人中間有一個人要責備其他一個人的時候，他們總訴之於拳頭——或火杖！這是在我血管裏流着的血液！（費德罕公爵悄悄地進來，立在背後。）並且我同你說，這是一種不好的思想，等到我到倫敦來，同我的愛人進行！

訂）出售，實售大洋二角五分。

杭州民國日報副刊
十七年四月份
第十七期

狂醉的一夜

幻杯

(一)

大火已燒紅了我的心坎，
我猜想到我的雙頰如蓓蕾；
我便對着我自己的黑影狂舞，
口裏還唱着亡國的哀歌。
的確，我的聲音慘厲得像杜鵑，而且又在夜半，我以為中國沉了；
雖然還懸着自己的旗。

(二)

摔手把綠色的玻璃杯子打得滿地，
我恨他盛着虛幻的一切；
飲的都是生命之淚；
何嘗有一點甜蜜的滋味？

(三)

桃花在高瓶裏點頭；
我把她拿來撕得粉碎，
一片片的殘紅，我又放在我的嘴裏；
我也憐她同病，
不如葬在我心坎的烈火裏！

(四)

那東風帶來了一陣嗚咽的琴聲，
一絲絲一縷縷，彈撥在我的心裏，
火上加油的琴聲呀，
我要吐出一口血來：——
還血成了大海
便把你葬在海底！

我的家鄉

王啓緈

自從黨軍到了我們浙江之後，一般山鄉僻地的百姓，很表示些歡迎意思，為什麼呢？希望將來；政治清明，實業發達，同時地方秩序安寧，不受恐怖，不受痛苦。那時，同志們的宣傳，已很會在紙上和口裏，說得天花亂墜，到現在，還是不中用，鄉村裏不安的現象，百姓們失望的情緒「日甚一日」這是什麼緣故呢？我不喜歡說話的，尤其不喜歡說誇張的話，近來有點鄉村間

☆目錄☆

「使中國永久適存於世界」！

三民主義係促進中國之國際地位平等，政治地位平等，經濟地位平等，使中國永久適存於世界，

——民族主義頁一——

題，想和同志們討論討論，如果能夠各人把自已的鄉村之過去或現在情況，不管「三七念一，」信口直筆形容出來，並貢獻些意見，給他們當局預備鄉村建設的參考，那末，不是很容易而且有實驗的宣傳嗎？這就是我們的下層工作了，我先把自己這個鄉村，說給你們聽聽。

我的家鄉，村名大路。離靑田縣城三十五里，村中生活是很簡單的，除了和中山先生所說一二家『小貧』之外，其餘都是『大貧』人家了，實在配不上說有資產階級。現在先把該村的現況分述一下，再貢獻點如何建設改良的意見。

（甲）現在的狀況

一。人口　食灶　住屋　人數和灶數，一向沒有登記的，但在每年燈節時光，村裏賽神演劇，向例按照幾人幾灶，分派開銷，因此得知到大數，統計男女八百餘口，食灶一百八十餘個。住屋都是洪楊亂後，重新建築起來的，那時工料便宜，所以都造樓房，現在已狠貴哩！統計大小四十餘座，除了一二座比較寬爽點，餘者都很粗陋破舊，有的風雨不蔽，有的擁擠不堪，這個『住』字，本來是很要緊的。誰勿想住洋房子呢！經濟壓迫，沒法奈何而已。

二。民情　風俗　住戶十分之七是姓王的，老輩說：『本村開山起，是舒毛兩姓。』我看他們兩姓，現在一丁都沒有了！可見丁口很容易減少的，有周姓黃姓，新從別地移居過來，有葉姓羅姓，也是老住，我國民的心理，向重家族主義，其次村落主義，有了這個觀念，民風怎會不梟悍起來呢！所以丁壯喜習拳棒，

里，農業更加腐敗了，至於俗尙，本來儉樸，近日稍涉浮華；信教，有的佛，有的天主，有的耶穌；手工業，有的木匠，有的石匠，有的竹匠等等；婦女無職業，每天造飯喂猪和養兒子，是他們應該做的份內事，別說剪髮，連足還是纏的，讀書那裏談得到！自由結婚，更是夢裏也沒想見過的事。一般的食料，都很粗陋，除一二家有點飯吃之外、餘多把番薯干苞蘿（卽玉蜀黍）芋等作爲常糧，還有些是三餐兩餐空的，多可憐呵！『天下無如吃飯難。』不由我們不聯想到民生主義裏去！

三。土地　出產　這裏山多田少，總共不過一千餘石（四石算一畝，）泥土磽薄，，收獲所以不豐。田產可以分他做三季，稻一季，荳和苞蘿等一季，麥一季，山地沒有水利，那好開墾成田呢！旁近的山塲，現已禁樑起來，所出產的松木和莎草等，爲農戶柴料肥料所必需，還有些窮戶，就整年以砍柴剷草爲業；其餘如桐子，搡子，桕子等樹，每年也有點出息。民國八九年的時光，甬人胡愛棠到這裏，組織一個永昌林業公司，把山場開種，以後因爲土性不對，而ㄇ種不得法，折了一大筆本錢，現該公司已讓給別人管了。又田地所納的租，原來是不甚重的，因爲了佃主和種戶等有盜賣和盜買的流弊，田租便慢慢兒加重起來。最不好的習慣，就是田主之外有佃主，佃主之外有種戶，一賣的田還有找，再找之後始有斷，既斷之後，更有借，一借不了，有再再借，田主佃主同樣收租，有的田主兼了佃主，有的種戶就是田主，有的佃主就是種戶也就是田主；收租不用秤而用構（卽桶）的，每構二斗五升（比較官斗略小）而且構的大小是很不一律的。至於[illegible]，生產率的[illegible]差，都和收租很有關係，

所以減租問題，雖以公平解決，一般無知識的農戶，又受了流氓地痞的唆弄挑撥，恐怕糾紛正未有艾呢。

四．教育 公益 古人說，「富而後可以言教」像我們這個窮僻的村落，那裏談得到教育呢，近數年來，雖比較開通點，總因爲經濟的關係，父兄送他們子弟去求學，還是三家村裏讀千字文的老樣子，有時叫他去砍柴，有時叫他去管牛，一年到頭讀不得十天的書，他們說，「讀書還是在科舉時代好呀！貧苦的還有點希望，現在呢？『非富不貴。』村裏早辦有國民小學一所，近由全都商議，改了辦個求是高小學校，內容還算得可以，不過經費不多，除他項常費一百餘元外，有徵收寺租平餘一項，計二百餘元，去年又被鄉村土劣和地痞流氓等，借減租的題目，將該租完全抗了不納，因之得不到平餘的款項，挪來辦學，只得關起了校門，負全縣教育責任的機關，豈可對他馬馬虎虎的嗎!?再把公益來講，在前有個鄉自治，保衛團，和賑款的積穀，山場的聯禁，那曉得現在，自治已取消了，積穀的半數被窮戶欠去了，保衛團，又於去年被省防軍過境，將存團董家裏的鎗彈，無故搜搶而去，幾乎坡壞了，惟有山場的聯禁，還在這裏保存着，因爲當初這個辦法，已很嚴密的．而且人人認此爲村中最有利益的。(未完)

雜感

——答溫凌波——

張天疇

百無聊賴的我，偶而的寫了幾篇歪詩，承你的盛情，不嫌我詩中的「猪肝臭」，也算我的不幸吧，大概對了你的脾胃，硬要派我做詩人，好在不是硬派我做反革命，無須乎登報自首；任你硬派我做詩人也好，詩棍也好，……也好，乾脆的說，我做我的歪詩，無損於別人的事，即使充其極，無非給人們罵了一句「失掉靈魂的活屍」。但目前的社會上，如我這樣的人正多着哩！不過在他們「外表之外」，至少總能夠擺得出幾副不同的「正人君子」的「道貌」(?)談些「國計民生」的大事情(?)而我，則自愧不如遠矣哉，所以我寧可捨飯碗而不敢搶，只好喝着我的西北風，跑到湖上去練練腿勁；成日的做我的歪詩。

至於你硬派我做詩人以後，恐怕我要和你發生什麼「政潮」，於是你又在你原信上說了些「不是恭維你，不是譏諷你，我能了解你的志趣。」的這一類特別提出鄭重聲明的話，朋友！那你儘可不必躭憂，放心，如果要和你打官司呢，我也尋不到爲我盡義務的大律師，老實說，要錢的，其奈我囊中痖然何！

我有時痒痒的也想說幾句正經話，學學「紳縉大夫」的調調兒，博些社會上盲目的讚美，順便嚇七魯迅先生吶喊中的阿Q！但一拿起筆的時候，恐怕要觸犯了「時下」的「新貴」們!?在這種年頭上說忠實話，總覺得有點「意想不到」的危險，於是：飽嘗世故的我，說也可憐，有時連呼吸的聲音都不敢十分的提高，爲避免「忌諱」起見，所以改做了花呀月呀戀人呀這「無病之呻」的歪詩，自己也曉得爲「士林」所不齒，但尚能平安地「黏」活着。

託福，現在的我，非但平安地的「黏」活着，而且承你的盛情，居然「恩諡」了我一個「詩人」的稱謂，在我可謂獲於處世了。不過給一班「正經」的朋友聽到了，他定要操起了石像似的沒表情的「雷公嘴」，或者又要在我的背後，朋友的面前，似乎「求全責備」的譏諷着我，說我不肯努力的向上，老是做這種無聊的文字，但是，『正經』的朋友，現在的確是『正經』了，所謂時勢造英雄，萬想不到狸猫也會變太子，『管他媽』的，笑他的，但人們亦有笑他們的在。

說到考試縣長，這種『不勞而獲』的『生意』，我也看得眼紅，朋友！那時我也想去應考，我倒不嫌憎縣長的『官位』小，也想去揣揣未來的『官運』，我想，假使在前清的時候，也是『七品皇堂』的正印『官』，出來也鳴鑼喝道的有些『官架子』，不要說旁的，朋友！大概你總看過戲的，就是『提放曹』裏的陳公，台上的縣官，雖然做做而已的，只要他扮相好，烏帽藍袍的穿戴着，似乎也有些名角兒的風韻，何況是正式的縣長呢？只要能夠攷取，馬上放我一任『衙繁簡要，』的優缺，那時也可以吐一口『烏氣』給『正經』的朋友看點『顏色』！究竟比做歪詩覺得近於實際些。但是倒霉的我，現在還沒有交着「華蓋運」，終于不敢去做「攷相公」，寧可看『正經』朋友的「雷公嘴」，仍就喝着西北風，跑到湖上去辣𦖫腿𨂻，做我的歪詩，管他呢，考他的。

幸而得那時不曾去應攷，聽說考試縣長的『舉子』們很踴躍，來考的大牛是『學貫中西』的『舶來品』！我又沒有戴過「方帽子」，「道地的」的『土貨』，自然嘍，比不上『洋教授』敎育出來的完美（？）萬一當場交白卷，豈不是要笑歪了毛彥文女士的嘴。（聽說毛女士那時也在那裏監考。）有此種種，朋友！所以我很慷慨的放棄了考試的權利，但我也曾打算過這次『生意』的『得失』，可是沒有和你信上寫我如此這般的淸高，然而考縣長究竟比寫歪詩近於『正經』些，不長進的我，總鼓不起「偉大」的勇氣，祇十分與一之比例的考取者，我不自知的替四百餘位的「考先生」！捏了一把手汗，代他深深的躭憂，但同時也感到做「官」之不容易？不過在我們的「官國」裏，「官」又豈可一日不做哉！

「禮尙往來」，因爲要覆你一封信，又開罪了許多朋友，如果你以後再寫信給我，我只可不覆而覆了。烏老鴉一開嘴，總說不出「吉祥話」的，恐伯又要遭「正經」朋友的唾駡了，不談罷。

一七，四，十二。

羅羅蒂（獨幕劇）（續）

John Pollock 著

王師韞女士譯

配　羅羅蒂！

羅　（發怒）塞住你的嘴巴，你！

配　（叱聲）留心！她的丈夫？

羅　她的丈夫？

配　正是，在你背後。

羅　好，他在那兒我管他什麼？在我還是一樣。他該更留心看管他的妻子！我一點不管他或他的妻子！我會打斷不論什麼東西，我會打碎不論什麼東西！我會——（她直銜向費德罕公爵夫人，然後停止，再換一種語調。）好，費德罕公爵夫人，這就是你應該演的那齣戲。

費　（從上面走到她們中間）什麼？

羅　是的，費德罕公爵夫人要扮演一齣戲，惠然請我來指教她。

費　那麼，你剛才所說的什麼——？

羅　——那是那齣戲裏的情節。

杭州民國日報副刊

十七年四月份 第十八期

我的家鄉（續）

王啓紵

五。公共建築物 交通 公共的，有禪寺一座，名叫慈善寺計兩進，求是小學就辦在裏面，寺僧早已沒有了。觀音閣一座，在村的末尾鯉魚山之脚，建築是好的，登樓一望，青山，綠水，和那穰穰的田疇，眞是好看啊！有一廟，奉敬什麼項公神，凡關係於農事的祈禱，都在這裏，廟在鯉魚山的對角，那邊有小小的坡嶺突起，又有數千年的古木，幾乎抓上雲霄！外有清泉一窟，夏天村人都來避個午暑，村的前面，有石頭疊的硬礪一條，延長數里，工程比較是大的，靠他汲引水利和防禦水患、不過要費點修理而已。更有公共的不動產，就是山塲和租田，每年也有點出息的，說到交通，是很不便的，從水路走溫州，順風趁了船，兩天可以達到，否則，四五天也沒有數的，縱使有了小火輪，那就不怕啦，村前的澗溝，原可以通通輪，但是在旱冬的時候，便不成功了。四圍山村不少，往來的行人頗多，所以也有人在此開設幾爿雜貨店和藥舖，這種小商人也沒有多大資本，山村所在，原談不到商業兩個字。

一。設立區黨部 我們中華民國的百姓，同時該去做個中國國民黨的黨員，受點黨化，總有志去尋求自由平等的幸福，總能夠得到自由平等的幸福，但是黨的組織，和主義的宣傳等等，尤其要切實慎重而努力做去，要向民間去散播這幸福的種子。

二。整頓學校 學校為教育所在的地方，村裏現成的求是小學，應該把他擴充整頓起來，籌足了經費，扶助貧苦子弟入學，並勸導婦女都要識字，添辦夜課，及附設半日學校，使大家都得些普通的知識。

三。擴充林業 四處的荒山極多，把原有的聯禁私約，擴充做個大規模的團體，呈請政府備個案，并且將那永昌林業公司接來改組，請有充分種植知識的人實地來試驗，『因地制宜，』日後那怕沒有好效果呢！

四。強迫婦女職業 我們鄉下的婦女，生活雖然是苦，但懶惰的習性已養成了。現叫他們放足，剪髮還不夠，並且還得強迫她們有相當的職業：如養蠶，織布，裁衣，以及他種力所能迨的工作，要分工去做，負點責任，那末，生活自己能夠獨立了，將

★目錄★

軍閥本身與人民利害相反，不足以自存，故凡為軍閥者，莫不與列强之帝國主義發生關係。

來便可談到男女地位平等的問題上去。

五。設立醫院　這是極要緊的一件事情，因爲疾病是人都免不掉的，平時鄉下醫生，多不負責任，尤其可惡是故意延誤，任性須索病人的酬報，不問自已手術的好歹和人家的死活，總是糊糊塗塗開張方子，塞責了事。倘使有了醫院，可以有一定的醫生，劃一的診價，并且還有極貧戶的施診，多少總可減少幾個枉死鬼。

六。整頓保衛團　農民的自衛，在現時是很要緊的，況且我的鄉村，地近溫台等界，山匪常來騷擾，非把從前的保衛團重新整頓，團丁的津貼，要竭力設法，平時加點訓練，什麼土銃木棒刀槍等器械，積極整理添備務使有恃無恐；盜匪便無猖獗的餘地，非但安寧可以保全，挺而走險的人可以減少，一方面還可養成了我們國民眞正尚武的精神。

七。創設農民銀行　在國民經濟未均等充裕的時期，欲整頓農產，擴充實業，非設立借貸機關不可，現在貧民走頭無路，一任富戶之剝削魚肉。我村剩餘的積穀，(係賑濟款)和公有不動產的出息存款，正可以撥做了基金，慢慢籌備完成起來，這個和宋朝王安石的青苗辦法不同，大家不要害怕呵！

八。整理灌田水利　我們農民素來沒有聯絡，缺乏公德心，所以有人說：『不管人田火燒，只要自已水滿，』這句話，簡直說農民的不好，灌田水利既然不平均，收成也不平均起來，每歲分秧下種的時候，田間屢起紛爭，眞眞不成體統，要知我們同村，都是農友，容易聯絡，把水利整理，比方，每處田分做幾段，每段雇幾個人，專管其事，訂定了辦法，平均放水，大家都可以去做做別的生活，不用死等着灌田，每年還可增加了數倍穀的生產。

九。組織公衆俱樂部　農友們的工作，是很辛苦了！至少得有個俱樂的地方娛樂娛樂，恢復恢復一日的疲勞，又可藉以聯絡他們的感情，統一他們的意志，省得在那街頭巷口，談些糊七八糟的俚話，裏面須附設閱報室，通俗講演室，使他們有吸收知識的機會。婦女也可加入，那樣辦起來，鄉村的生活，也慢慢有興味起來了，便不會個個都想跑跑城市，把正經農業拋了不做。這關係何等重大呢！

十。擬立義務仲裁會　這個會以三個人以上組織之，並沒有形式和權限，定爲可有可無的，但激點國民自治互治的精神，盡點勸善解紛的義務，因爲鄉村的人們，平時多有個感情較好，和很被信仰的人，一旦有了事，片言可以和解，或可從中下個結論，豈非簡便而允洽?!但是經過了仲裁，難保他們不提起反案，官廳要認爲有必須向該會仲裁人調查的手續，補助他們耳目所不及，同時不辜負了仲裁人仗義的興味，這種辦法，與瑞士當年鄉村裁判所的辦法相彷彿。

結論　上述各節，略而未詳，不過隨便談談而已，關於建設方案十條，恐怕受了經濟的影響，在鄉村一時還是辦不到。不過人都歡喜說大題目，我却把自己極小的鄉村講一下，並希望和我同脾氣的人們，也學着我不顧羞諱地貢獻一點。如果能夠把全浙七十五縣鄉村的形形色色，一篇篇彙集攏來，成了一個整個的比較，再把中山先生主義政綱方略挪來，參斟最後建設鄉村的具體辦法，那就不怕鄉村如何頑固，不患無改良爲簇簇新的新鄉村的日子了。大凡事實和理想，總先隔開幾千百米突，比方，俄國現行新經濟政策，其去共產，還是很遠，我國欲行三民主義，也應該這樣着想，祗要揶定了宗旨，努方地做去，慢慢兒自會由隔遠而漸近而混同，登高自卑，成功要自理想！

十七，三，二五，於杭垣旅舍。

音樂會中

卜引萬

美麗的天氣又是美麗的境地，
不期望在這兒更又遇見了你；
我的眼睛跟着你的臞兒。
可愛呀，你給了我幻想，給了我希冀。

※　※

我同你，還可算是多麽徼幸，
椅子邊，有了幾小時的相親。
我已深印了你的臉兒，牢牢在心上。
雖然，我是還沒有知道你的芳名。

※　※　※

醉人呀，我已聞飽了你臉上的香粉，
我也聽得出你玩皮的說笑的聲音；
謝謝天呀，這眞是希有的福分，
雖然，我是還得不着你一點的溫存。

※　※　※

月光水一樣的冷，時候已是深夜；
匆匆的，我們相聚了又分離。
可愛的境地永遠不重來，

副刊

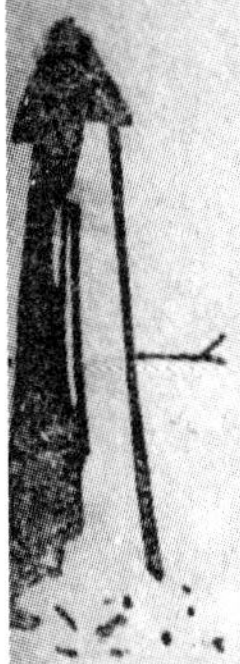

但是我心上可永不忘了个可愛的你。

傾酒的生涯

卜引萬

一切，我冷淡了家鄉，也冷淡了你：
傾酒的生涯送着了白日黃昏。
這兒村落的姑娘已儘殼有無限的溫存，
我再也不要記起你的腰身和你的芳名。
你的名兒使我惱怒，尤其是你的明眸，
唉，不用說了，我定要忘盡了從前無限的溫柔。
忘記了吧，來，大家不用再憂愁，
來，這酒味兒眞美，來，朋友，再一杯；

今朝

盧浣渭

剛打過了落班鐘，許多同學從講堂裏跑回寢室來，嘻嘻哈哈，大家都在一處鬧些笑話，只有羅妹妹這幾天大不高興，總好像有說不出的心事担在肚裏，常常一個人靜悄悄底坐着，有時還把箱子裏的舊信，一封一封拿出來檢點，檢點過了，便拿起鋼筆，拖過一張五色箋，斷斷續續的寫個一張或半張，待我們跑過去看她，她又藏過了信紙，對我們勉強說笑幾句，但是她那種慌忙不安的態度，確實使同學們都要懷疑起來，其實她平素的性情，也何嘗如次呢！

星期六的晚上，我們同寢室的幾個同學，都跑到外面去了，只剩了我和羅妹二個；全校的聲息，也比往日幽靜得天差地，在這沉寂的當兒，我倆就開始親密的談話：

『羅妹，這幾天恩哥有信嗎？』我這樣問他。

出書，實售大洋二角五分。

『沒有！他……他沒有信來了：』她答復我。

『這是怎麼說，他不是那天有一封信叫張先生轉給你的嗎？還說沒有？』

『是的，因爲他有這封信，所以我曉得他是沒有信來了！』

『那有這個道理，莫非你和他有旁的問題不成？』

『沒有什麼問題，不過他的信裏是這樣說：——以後沒有寫信的能力了——！』

『呵！是了，你這幾天牢不高興，或者就爲了這點，那末你可否把恩哥的信賜給我一看，無論甚事，我總給你守秘密的！』

『浣姊呀，秘密不秘密，到沒有什麼，橫豎張先生也經明白，不過我自己想想看，很有對不起他的地方，尤其是他那種非常的誤會，我總覺得沒有能力可去辯護，簡直是不能辯護！』

『這樣說來，你將永遠不和他通信了，那也怪不得他要始終誤會你到底，不過我想你總有別的意思，何妨對我說個明白？』

『意思果然是有，實在不好說得，我也只好抱恨自己，悔不當初！』

『莫非你恩哥有了別的………愛嗎？』

『浣姊，人生那可沒有愛……他當然是有了而且不免的呀！』

『眞的？他莫非竟有這個忍心來負你嗎？那沒你又怎麼這樣忍氣，還說對不起他呢？』

『浣姊！你實在沒有曉得，他那裏忍心負我？他：他那裏肯來負我？』

『那末他的愛還有誰呢？』

『咳！他——他不過是……』

她說不出成句的話來，秋水似的眼睛，已含着兩顆熱的淚珠，在電燈光下映得格外的清楚，我剛要再問下去，門外一陣雜亂的脚步聲，跑進幾個同學來，重復把我倆的話頭打斷了。

羅羅蒂 （獨幕劇）續

John Pollock 著
王師韞女士譯

配 是的，費德罕，那是一齣戲。

費 我可以恭賀你，羅羅蒂女士。你像煞眞果感到——你自己表現得這樣起勁——

羅 那是藝術的秘訣——做得起勁，做得出神，到後來我們還是很恬靜，——並且當我們心裏確有感觸，當我們正要發怒——那秘訣就是裝做恬靜，並且微笑，如果要微笑。

費 （向費德罕公爵夫人）這是你的秘密！—羅羅蒂女士到這裏來？

費夫人 是的，我愛。

費 怎麼，我很喜歡！——我早就應該留在這裏。但我很快樂，來得恰好，可以謝謝你，惠然給我的妻一種教訓——

羅 一種教訓，是的。屋格斯脫先生，我既在這裏遇到你——偶然遇到你——你肯惠然看我上車嗎？

配 極願意，快活。

羅 再會，費德罕公爵夫人——再會。

費和費夫人 （同聲）再會。

（羅羅蒂提着配德的手臂，很勝利似地帶他到門口，然後轉身，鞠躬）

（完）

這本戲劇見 12 One-Actors, by john jollOck, at the Cayme Press, kensington, 1926.

杭州民國日報副刊

十七年四月份　第十九期

教育革命

金桂蓀

儘夠了！流行病式的野人頭，使我們氣都悶住了！教育的意義在那兒？連他們自已都不知道，教育的價值在那兒？連他們自己都不明瞭！吹吹吹，唱唱唱，簡直到如今尙莫名其妙！

一　掃除虛僞的障礙！

幹教育的人和玩教育的人，絕對的要分開來說：什麼叫幹呢？幹就是本着他已往的閱歷和最近的發現，誠誠懇懇，實事求是，精勤地只是做，不是說；只求無愧於心；不求風頭十足。

玩教育的人們呢，我並不知他另有什麼用意，但和上面所說的大相逕庭罷了！一方面使他榮譽加大；一方面使他地位增高；好在世界上的人類本是泥做的，一大半是聾啞，一小半是盲瞎！聾啞的不聞不問；盲瞎的追蹤附迹；

玩的人于是乎起勁了；什麼方案；什麼策略；只要小試其端：便亦大名鼎鼎，——噂！你們這些區區！——於是乎睥睨一切了！

但他們採的是什麼策略呢？這我們不得不細細底分析一下：一，憑藉；二，金錢；三，宣傳；四，圖表；五，崇拜；六，放論。

現在我們來叙述一下罷！

一。在小學教師寒假講習會的時候，有一位熱誠的小學教員提出『現今教育之目的』一件討論案；紛論多時，惹惱了一位教育界的前輩，毅然的指導我們說：

『教育的目的，只是適應！』

呀！適應是不是『順民？』滿洲人來了，適應皇帝；革命軍來了，適應民國；帝國主義侵入了，適應帝國主義；軍閥官僚來了，適應軍閥官僚；『共……』來了，適應『共……？』

如說不能適應，那便是不懂教育；如說適應，那便變成『拍馬屁』之教育了！

所以儘有國家主義的教育者，在往昔憑藉軍閥官僚之威福而强佔民地；强分民贓；以達到自己地位之興隆；在今日站不住了，又適應革命偉人，以放論；以睥睨；而增高自己的地位。

在這樣所憑藉而玩教育的，自已去玩則聽之；叫人聯合去玩則不可！自已所憑藉，使人不敢發言則可，使人『心悅而誠服之』

☆ 目錄 ★

請看今日之中國，是在何等的地位？

> 中國現在是做十幾國的殖民地，不是一個獨立國家。中國的地位，比較殖民地還要抵一級，可以叫做『次殖民地。』
>
> ——過日本言論頁二八——

副刊

則不可！

二，惟其有所憑藉，則有求必應；惟其強分民賦，則無往不遂；什麼廳啊；什麼院啊；只要有錢，誰會造不了？什麼桌啊；什麼椅啊；只要有錢，誰會辦不了？

於是乎廈屋渠匕了！遠道來訪的寒士驚駭了！於是乎花樣百出了！於是乎自慚形穢的五體投地拜倒下去了！

因爲他有所憑藉，誰敢不自量地側目？因爲他所憑藉，有誰敢在背後腹誹？

生不逢辰的我輩啊！既不能順應一切；又不願憑藉何人；在不能辦教育的時候硬辦教育；在不配談教育的時候，硬談教育；背時了！背時了呵！

三，有了印刷費，誰不會將自巳的謬論出版？但出版的時候，得注意三事：

一•三分事吹做十分，那七分便『查無實據！』

二•七分事吹做十分，那三分便『貽害無窮！』

三•謬種流傳，卽使回頭，巳『誤盡蒼生不少！』

查無實據的『分團』啊！倘未成熟的『逃而遁之』啊！僞態百出的『什麼量表』啊！莫名其妙的『薰化教法』啊！雖則是各書局出得『汗牛充棟，』有幾本能博得人們喝采？

聾者以目聽之；盲者以手捫之；大聲[illegible]的雜着，大堆大堆的廢話，無非向一班可憐人示威罷了！

然而盲聾之人，也是上帝所手創的；他們竟贊美了！

四，圖表問題呢，那更引起了我的興味；我現在有一個簡單的問題試問：

七四

先有事實而後有圖表呢？抑是先有圖表而後有事實？先有事實而後有圖表吧，那麼竟可在沒有事實之前不掛圖表；如說先有圖表而後可發生事實——卽所謂預定之計劃——如果確依目標去做，那麼掛掛也可，否則我將引敝同事陳飛霞先生的『圖表觀』來解釋一下：

陳先生說：我們那邊有一爿新開的祥與理髮店，他的店主人，在開張之前，請秀州中學的英文敎員，擀了祥與兩字的英文名目；日後旁的地方也開了一爿理髮店，玻璃窗上也大書兩個祥與的英文字；陳先生就問他們爲什麼寫祥與兩個字？他們說，我們照祥與的窗子上抄來的！

五，人本無須他人崇拜，便是詛咒，也許有詛咒之價値；但憑藉某種勢力，分得某種金錢；宣傳一己的詐僞；製作廣告式的圖表；以博得聾啞盲瞎之崇拜，這便有創造「崇拜環境」之罪惡；而儼然自大；而目空一切；這也許是敎育界中之翻戲；斯文塲中之靑棍！

我們知道翻戲和會棍之不足齒，那麼斯文塲中之敗類更何足拜？

然而人們竟下拜了，竟以他的譃語爲綸音了，何足道哉？何足道哉？

六，這也許是聾啞盲瞎之罪惡吧！自己不聞，聞他人之聞；自己不看，看他人之看，拜喲！拜喲！拜得他儼然自大。

大了！大了！大他自己的大！小了！小了！小我自己的小！大與小本來是相對而非絕對，以大凌小，不若創更大以壓大；以小事大，不若勸更小以事小；若以自己爲最大，切不可以他人爲最小；所謂大者，大其所大，非倨傲之謂也；所謂小者，小其所小，若攻訐則豈敢。

本了以上幾種現象，沉悶的教育界，非革命不可，革命的根本要素，非革除自誤誤人「虛僞的障礙」不可！

決別

卜引萬

好了，我高高的豎起了外套，
掩住了一個愁慘的容貌、
我在燈光裏迅速走過，
好像逃出了萬惡的囚牢。

＊　＊

再會吧，母親的坟塋！
再會吧，貧困的家庭！
再會了呀：一切的，美麗的，
可愛的；和希望與光明！

寂寞的春遊

嚴夢

『碧桃還有幾分留，惟我一春湖上不曾遊。』今天他是始游，沒有伴侶寂寞的始游，但是春光是不會寂寞的；湖上的風，湖裏的水，都含着些微可人的春寒；泛輕舟去訪湖山間春之神祕的士女們，闌珊了似的蘊着說不出的快感。飲了醇醪的他，可就含糊而麻醉了。

他走到了龍井寺前，已經覺得有點疲倦了，隨便坐在一位不知誰何的大師的坟旁，寂如幽夢的遐思着：哦！他冷了，清的水，高的山，教他知道這兒是清高的淨地。

『大師！可以收容我做徒弟嗎？』來了一個老和尚，他問：

『說得好，你們年輕人，恐怕靠不住吧——俗緣未了?!』

那禿頭先生，露出了勻齊的牙，許久沒有闔上嘴。

鳥啼了，驚醒了愛春的人兒，重灌溉了些熱的寸心，促他走到更陰森的九溪十八澗去。那裏更寂寞，稻麥不分的他，呆呆的望住，映的滿山紅的野卉，香如芝蘭的流螢似的小花；聽流水嗚咽的歌：像奔馳的萬馬？像私語的琴弦；偉大——這不朽的詩聲，將代了萬物之靈！

他羨鳥，自由，無畏！但他流淚了，鳥的食慾未償，小小的生命，掛在獵人的槍口，也不由牠無畏！他狂了，澄清的澗水，他只濯他的足；呵！他懺悔，汚了魚蝦的舊居；流溪，似蜿蜒的游龍。牠的生命在不息的噓氣！他又微微的笑了。

危橋，香客，是畫？是詩？

彷彿，彷彿是『山間方七日，世上幾千年，』他是個原始時代的遺民。他看了朝代的變遷；看了山嶽的崩頹；看了雲霞的交歡；一切的一切……他是個長春不老的少年，然而，又幻成了鷄皮鶴髮的仙佛。

他迷途了，他喝了一口甘泉，醒來，他恐怖起來了，他決不是恐怖毒蛇猛虎；爲了這時代不是昇平，深怕兇暴的盜賊，要掠去了他的永生！

他感傷的歌，如古寺斜陽裏的晚鐘！

但是，月兒從魚鱗當中鑽了出來，這新月於他，是如何的蒼老？古月，一個遺留在他永不毀滅的古月！他，他回憶了：回憶訂）出書，實售大洋二角五分。

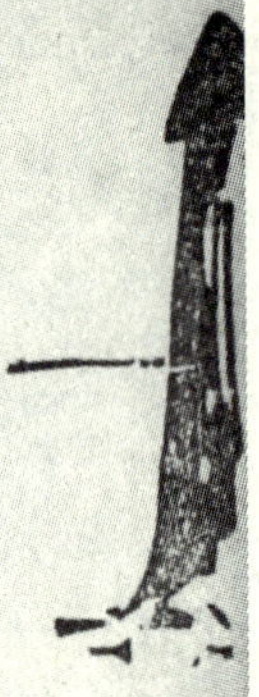

副刊

「黃昏飲馬傍官河」，同樣的古月。

歸途

孫仁山

風雨凄凄，
世道崎嶇！
悲哀痛苦的人生，
煩惱枯燥的人生，
何處是歸宿之所？
誰是你知心之人？！

寂靜的郊間，羅列着幾座荒凉的山阜和幾畝碧綠的麥田，點綴這殘冬的幕景；一陣寒風號號地向他獻威着。以前的幾株老樹不用說，早已葉落歸根了！隴坂間祗有辭仰着的枯黃雜草，還在慘淡薄暮的當中，像煞告訴世人說，牠們的軀體還存在！這眞是久年飄流在他鄉的文行的一片寫照，他——文行——是一個旣無奮鬥精神，又無退步餘地的一個弱者！當他父親活着的時候，眞闊綽呀！出門不是坐車便是坐轎，鄉里人那個不羨慕他是個有福氣的人呢！

誰知事出意料之外，他十四歲的那年五月裏，待他獨厚的親愛的父親竟因病長逝了！文行爲了父親已故而無倚靠，自己一些不懂人情世故，又想到未來的前途的一切眞痛哭得——！——！哭！哭得脣焦口裂，眼簷起了兩個紅紅的暈輪，腫如小燈籠的一樣！才停止他悲哀的哭聲！

大概在十二月裏吧，這天因爲行了三四十里的旱路，脚上像上過[illegible]一樣的痠痛，走近到一道長長底圍牆邊，看那圍牆上面散映着死灰色的光采，便使他追憶先父亡後的種種悲切的情景正似電影的一幕一幕地在他眼前演着，歸家去嗎？——！——！啊啊！我如果是個工人，是個農民，那怕今天這短短的路程？呵！爲什麼從前叩頭懇拜，向親戚借錢升學呢？……家庭旣不答應你何苦硬要自尋死路呢？這樣做了一個小學教職，還說什麼提高薪俸，優待教職員，何嘗做到呢！不過空談而已，現在甚至固有的月俸因某種關係扣留不發，不然也可以坐車或坐轎代步，也不致墮落到如此田地！矛盾的思想愈想身體愈覺得疲倦？愈疲憊愁悶的思想也愈多！這個萬難的時候，想立刻倒在路上，行人看見或許帮他扛擡到家裏去，但是墮落的文行又怕太陽往西下墜，黑暗的夜裏那個曉得呢，恐怕毫沒有同情的人們當他是乞丐，或是狗呢！非但不肯幫忙這可憐的他，反而受痛罵和呵斥呢！——或要說：

『叫化子（乞丐）什麼躲在路裏嚇人？不寄宿到凉亭廟宇裏去？去！快去！混帳的東西亂睏的？快去！』

——或者說：

『瘋狗當路睏着做什麼？嘿！嘿嘿！……』——他怕如果受了以金錢勢力轉移情義的人們這樣無人情的咒詛，呵斥！又沒有力量和他們反抗！於是自言自語地嘆了口氣說，啊！慢慢地走罷！走罷！

（未完）

杭州民國日報副刊

十七年四月份
第二十期

教育革命(續)

金桂蓀

二　創造眞實的環境！

什麼叫眞實？蓬頭亂服的西子是眞實！什麼叫虛僞？塗脂抹粉的無鹽是虛僞！眞實與虛僞之辨既明，我們就可談步驟了：

一，不做不講；

二，做而不講；

三，既做而講；

不做不講云者，並不是因不講而不做；是做不到的不講！可以做的儘做！

例如一張圖表，到底是不是貴校的實況？有沒有從甲校搬到貴處來？有沒有從乙校搬到甲校去？同是一張標語；是從外面搬進來裝飾門面的呢？還是貴校內心的需要？什麼主義，什麼方法；貴校有沒有試驗過？閣下沒有眞知灼見？

例如一本冊子：是貴校所創造的呢？抑是模仿？到底適用不適用呢？抑是趨時？

做得到的，只管去做；做不到的，寧可不講！

○○○

做而不講云者，並不是賣關子，獨得其秘之謂；是：在沒有把握之前，儘着做，且慢講。

即如分團教學法，自己并沒做到，便大本大本的印了出來；慕名來訪了，却又十室九關地『斷絕參觀』；又如『道爾頓制，』自已沒有眞知灼見，硬要大吹大擂；學步的跌翻了便詛咒『道爾頓制』之失敗。

這根本是人格主義的尊重人格論，一方面尊重自己人格；他方面尊重他人人格；賣野人頭而掠奪名譽，則以他人之失敗爲自已之成功，掠他人之名譽，爲自已之名譽；做學說上之罪人；爲社會中之巨憝。

我記得在從前學醫的時候，看見一本醫書的序文，大旨說：醫者意也，只醫病；不醫命！」我從此不學醫。

我以爲讓你意好的便是病，意料之外的便是命，病好則歸功於醫；病不好就歸咎於命；天下那有這麼便宜的事？

教育界介紹學說的人，却也大師其意；自己沒有把握，硬要替牠搬家；搬了來，水土不服，却又不負介紹之責；強顏說『你們不配！』還完成事體嗎？

☆目錄★

全國人至今還知道是列强的半殖民地，這半殖民地的名詞，是自

[illegible]，其實中國所受列強經濟力的壓迫，不只是半殖民地，比較全殖民地還要利害。

——民族主義頁五三——

〇　〇　〇

既做而講者：便是實事求是；一方面甘苦備嘗；一方面非獨得其秘；從實驗之結果，一樁樁介紹到普遍，從實際的；普遍的；經濟上；人材上；效能上；通盤籌算。

做一篇負一篇的責任；講一句偏一句的木梢；脚踏實地，一步一步走去；一樁一樁試着；上顧王陽明所說的知行合一；近遵總理所謂知而後行；那纔不愧負教育上之使命！

同志們！

站攏來罷！

我們赤裸裸地幹他一下！

教育界萬歲！

兒童教育者萬歲！

（完）

十年來在國際偵探機關內之經歷與見聞

生　賢

我服務于廣濟，已近十年了。每每想到這十幾年內受帝國主義侵略先鋒底侮辱壓迫，就不覺全身血脈緊張起來。呵！天啊！奴僕底下的奴僕生活，眞是非人所能受的，唉！我眞不忍說，而且也無法可以形容出來，可憐極了。

梅藤根以一英國遊民，兩袖清風，一錢莫名的到杭州來，因爲有帝國主義作靠山，人又來得奸滑，所以無法無天，什麼事體都做得出來。起初呢，還只用開辦醫院做幌子，七募八捐，招謠撞騙，弄許多錢飽飽私囊吧了；等到庚子拳亂，聯軍進京以後，官廳見洋人如猛虎，梅氏遂一躍爲『洋豪』，勾結軍閥，窩藏頑劣，誰還敢去說他半句歹話？不到幾年，除滿載而歸以外，在杭州也置了不少的私產，儼然是一個大地主，條約上明明載着外人在內地無置產權，而他竟在例外，豈非咄咄怪事？

以梅氏的聲勢，法警見了他都要立正行禮，其他就可想而知了。他們待我們工人的惡毒兇狠眞要令人髮指，我還記得有一次某工友替英人蘇某洗刷馬桶，略爲欠揩得乾燥一點，在嚴辦之後，立刻開除，連開除這個月的二十八天工資也沒得拿，請想：多麼刻毒？我們無路可走的工人，還能活着嗎？

在那個時候，我們並不可以算是中國人，中國的法律在我們是無福可享受的，什麼打罵都只好由他們的心願，我們的自由權，一槪剝削盡淨，尤其是對我們的文字補習，言論，行動，來得特別注意！假定偶然冒犯，眞是大不了的不恕之罪。（談耶穌，做禱告，讀聖經是例外，不特不來禁止，而且要獎勵你哩！）我們不僅祗受一重水深火熱的活地獄之苦而已；而且要受賣國洋奴小買辦階級——工頭——（工頭陸某庶務陸某，一方面極力設法，向外人拍馬討好；一方面盡量壓迫工友，幫同搜括金錢，庶務不用去說他，僅僅做一個工頭，幾年工夫，掙到兩萬多。）的無量數的苦，眞是寃無處伸，哭煞也不相干！可憐我們一經進了這重地獄以後，竟是賣身！非經他們開除，連要銷差都辦不到，呵！不堪回憶！

說到梅氏的慈善事業，眞是『一手掩盡天下目，』欺煞世人。老實說，他們除掉在內地刺探情形，爲帝國主義者發展勢力，哄騙世人，以償個人私願外，找不出什麼成績來，難道造成全浙瘋瘋恐慌，還不夠嗎？

最傷心的是在江浙戰爭的時候，梅氏藉帝國主義的招牌，欺騙一般紳富們，說是只要在廣濟內，什麼軍隊都不敢去犯他一根毛，儘可特別保險！這樣一來，在驚濤駭浪的富翁們，就像潮水似的湧進廣濟來，從未做房間過的空舊房子，都擠得滿滿的，連走欄裏也睡起人來，每人每星期須繳房飯費五十元至八十元不等。我們只好立在露天底下過夜，後來竟至於把垂死的病人，抬到馬路上去，讓避難的來挨擠。這些！請吾浙人不要忘記！算是洋大人的慈善事業遺留給我們的功績！

五卅慘案發生，吾華志士憤不欲生，廣濟學生也作正義的奮鬥！不料梅氏喪心病狂，不顧公理，不顧一切，惟以恃勢壓迫為能事，阻止無效，顯見得帝國主義在杭的侵略機關要破壞了，於是痛哭流涕！不惜用最毒辣的「全體開除，」由恐嚇而實行，六六同學會，遂因此而產生。總之，梅氏因感情惡劣，不願再站下去(?)然而他已經是如願以償了。繼梅氏來華的是譚姆生，傷心！一輩不如一輩，反要變本加厲，簡直是英帝國派來的廣濟之王!?

眞料不到洋大人也會有壽終正寢的日子，去年國軍到杭的時候，英人自信罪貫惡盈，强權敵不過公理，不得不垂頭喪氣地滾蛋了事。我們不顧自頌政府收回自辦後的成績多麼優良，讓中外人士來平心公論好了。

英帝國主義者深感到一年來在吞華內地如火如荼的勢力，漸漸地冷淡下去，損失了不少的侵略機會！於是拚命向吾當局運動。近日各報喧騰，他們——英人——所希望的目的——發還侵略機關廣濟醫院——居然有些眉目了。我們却又怎樣好呢？任其重行陷入萬惡地獄，預先去做亡國奴嗎？實在心有不甘；聲嘶力疾的去呼救嗎？又恐怕微弱的呼聲，沒有人聽見。唉！以後的境地，我眞怕去想像，將來的呼痛哼苦的活劇！只好用我的兩行血淚來表現了。

一九二八，四，一八，生賢於廣濟

墓中人

梅子

——獻給我的H——

輕輕地黃沙一層層籠罩着，籠罩着這座空虛的墳墓，
微弱的殘風一息息，無時刻，無時刻不襲擊着在墳墓中的我。——

我生來就困守在窄小底墓中，而今沉默在墓中，
石上苔，草綠草黃……………，眼望着這些過了十九個春秋。

…………………………

我沉默在墓中，經曾嘆息地向着墓外人乞求：
「救救我呵，脫你的一件熱之衣給我，
因為我的心已是被冷酷壓着…………」
但呵，誰能脫一件熱之衣給我，我這經已沉默墓中的人兒呵？

…………………………

黑的夜，星無光，月不明，呵，我用不着牠們之照臨，
——縱然照臨呵也只能使我倍覺凄凄，
一切與我淡淡呵，只有準備着，永遠
準備着長臥墓中…………。

…………………………

你，我的白鴿子呵，你要從我墓上飛過，
我乞求你，唱一个「生還生」之歌，——

沈爾喬編的
一部「幾種現行的重要法例」出版了

——並一顧我墓門前已枯萎之花朵，

洒一顆同情珠淚罷——給我。

一九二八，四，三。在西湖

歸途（續）

孫仁山

他呆了半晌，仍舊繞着墻走着，轉了一個灣便見二十多年的一扇舊門，兩邊有幾堆黃草和枯柴，東首陰暗的一叢竹林，這就是文行自己家裏大門旁邊的境况。多年未曾相會的家鄉，他看了又想，想了又看，結果心鷩戰慄罷了！飄泊的文行自與他哥哥爭執後分別差不多已六七年了，在這幾年裏他時常寫信給他的哥哥，探詢故里的情形和請請老祖母的安，以及報告在外的安逸，但固執不堪的哥，非但一信不覆，甚至一書不答，現在到了如此窮逼的時候，進去怎樣？不進去便怎樣？一棵赤條條的梧桐，垂頭喪氣異常悲怨似的對他凝視！晚霞散了，周圍的烏雲不住起緊遮起來，啊啊！天又黑了！氣候又怪冷得很！站不住！正在心境上徘徊疑慮的時候，一盞暗暗的燈一步二步地越走越近，這是誰？怎樣對答呢！？頓時覺得冷水潑過一般，神經錯雜似的，不知不覺的跨了進去。——

——這是年近八十的老祖母，對他看了許久便說：

「……文行……你……你回來了，文行——……我將將想要鎖門，……——哦！你，你身上爲什麼穿的這…………棣薄呢？！不……不怕冷嗎？風又這麼大………快快！進去，就去弄件衣裳披披！……」——

——迎面一望「憔悴得不堪言喻的老祖母門牙已脫落盡了「骨也顯現得格外顯明。就是她的舉動很穩慢。言語也斷斷續續地不成系統，想進內室去？又不忍進去，恐怕他哥哥的斥罵；可恨殺滅窮人的嚴冬甚至淅淅瀝瀝下起雪珠來了，那末就了一個進退兩難的定理！回出去嗎？又不能！硬着頭皮紅了臉走過一條小弄便是他在家時自修的房間，頭部隱隱微痛！啊啊！多難的文行，前世做了什麼殺人放火的壞事？！何以如今所感觸的盡是催人下淚的資料呢！多愁多感的文行既沒有物質上的安慰，更沒有精神的安慰，在這個斗室裏，除了戶外風雪聲外，一切都沉靜着，尤其漂搖的深夜，他獨自對着殘燈發呆，又聯想到他父親生時的幸福顧念現在如此的情景！一個個湧泅在他苦悶之腦海裏！同時眼淚不期然而然地直滾下來，啊！親愛的父親！父親，你有靈嗎？……把你已墮落的兒子帶到死之鄉！那社會裏可少個敗類，家庭可少個怨恨者！豈不一舉兩得嗎？父親，文行墮落了！

文行痛哭了一陣，依然睡不着，間壁隱隱約約地聽見幾聲噪聲想來總是窮人們正在那叩頭跪拜向多錢的富豪們借錢，責產業，啊啊！金錢的魔力的確比什麼都厲害幾倍哩！祇有金錢，踩躪人們！唉！金錢！世界多少人受你的恩惠而擴張他們的勢力！擅自壓迫貧民！世界上多少人受了你的引誘而死戰役！而死病魔！而死情坑！他怒憤的樣子摸出六個銅元，拿了一方石硯很用力的舂着，嘴裏還說：——「我不要你這東西，世界上由你作福作威！我們窮的人難道沒有和你親近的資格嗎！不要！不要！舂你的死……」

他一壁念着無意識的話　壁還竭力地舂着，過了一刻的光景，他頭痛得格外劇烈！祇好懶洋洋躺了下去！

作於宗文南園一九二八，四，一四。

學基弟：

你在甚麼地方念書？就請告訴我（通信處：嘉興縣黨部。）

林超四，十七。

杭州民國日報副刊

十七年四月份

第二十一期

人性與社會生活

介人

知道人的習慣的人很多，知道人性的很少；知道地球的行轉，是知道地球的習慣，不是地球的天性。何謂天性？史高德(Sᵹart)研究鳥鳴，他把小鳥放籠中，不使牠聽到同類的鳴聲，那小鳥長大了，鳴聲就和同類不同：所以鳥的鳴聲，不是鳥的本能。Spauding試驗鳥的飛翔：把小鳥久放籠中，釋之仍飛去：所以飛翔是鳥的本能，天性也是本能。

各家說本能的很不相同。嬰孩生出來就會吸乳，也可以說他在腹中已經受了教育，那就是習慣了。飛是本能，但必有兩翼。實則，本能是有而很少的。性也是本能，但必至發育之時，始能表現。

Freud 拿「性」來解釋社會學和心理學：Thomas 也是如此。Tabde 等到用模仿(Imitati0n)。最能效法的是猿和猫。把一隻猫放在迷盒(Puzzle box)，不把牠食物吃，在箱的口外放着食物，猫想出來得食充飢，久之即能。假使叫別一貓看了，也須許久才能出來，所以動物之間，很少模仿性的，又說同情：甲童哭，乙童聽了也哭，說是同情，實在是錯的。本性實在是習慣的大部份，人是一束的習慣(Mɑn is a hnndleof habits)。習慣的勢力很大，因爲習慣是最便利的行爲。個人的謂之習慣，社會的謂之風俗，也就是社會的習慣，小孩初生，自己有言語，要吃就哭，哭了大人就給他乳吃，所以哭是小孩子的言語，但是社會上已有了言語，所以小孩大了，就聽從社會的習慣，把牠自己的言語捨去了。所以個人先有自己的習慣，社會上人人有自己的習慣，但是社會有了習慣，所以個人就學了社會的習慣，生在那一種社會，就有那一種習慣。

社會有警戒和報償，跟從社會的習慣，就得報償，反抗社會的習慣，就得警戒。Swnmer 說人有「我團體」的成見，(We Group)我團體的就是好的：人團體的就是不好的，所以各種社會都有了主觀好惡也就不同，澳洲的女子嫁了英人；生了兒子和英人一樣白皙，就很不快樂，把藥給她兒子吃了，要他變棕色。立溫斯頓在非洲，見了非洲婦人，以爲很美麗；還到倫敦，看見本國人白皙得好像病人了。這是受習慣的影響，違反社會的習慣，就是罪逆，非婦歡喜嫁給多妻的男子，日本學者，進了博物院，看見裸體的女像，謂美人的不道德，但在自己國裏，男女同浴，說是道德的。所以道德和好惡美醜，都是相對，不是絕對的。智識

★目錄★

從判斷而來，判斷乃自比較而來。這是什麼？「什麼」常改變；「道」也因之而改變了。

見了日食，或者發炮，或者照相，雖則兩者有文明野蠻的不同，但為反應到同，不過所發的反應不同罷了。非洲年老的人，因為自己不能工作，告訴他的朋友，叫他朋友殺而食之。朋友都聽他的話。還有兒子殺父親的，所謂良心，所謂孝道，也因習慣而太不相同了！

（未完）

失題

引萬

又是一年了，秋風裏堆着枯草，
你的影兒漸漸在我心上潛消；
好呀，今天你從我身邊擦過，
不由我的心又跟你的髮辮飄搖。
哦，又跟你的髮辮飄搖！

○　○　○

啊，你的眼兒不改你的澄清，
餘的芳息又仍是那麼迷人。
我的心，我真是驚魂不定；
默默的，又仔細描畫你的腰身。
哦，又仔細描畫你的腰身！

○　○　○

直等到瞧不見你遠去的後影，
我還疑近邊有你衣裳綷縩的聲音。
我心上，又劃上了一層深刻的傷痕。
哦，又劃上了一層深刻的傷痕！

○　○　○

啊，我這個流浪的人才有這樣的遭逢：
嫩寒的天氣裏，又須向北國迎憂傷的秋風。
薄霧朦朧的早上，雪色手巾的揮送裏，
終于忘不去的，又是你圓圓的臉龐。
哦，又是你圓圓的臉龐！

春夜的躑躅

季庵

春是值得歌詠的，值得親暱的；但是在A的心目中是可咒的，可恨的，可痛的，可泣的。

春光是他們的；是他們那些狂歌酣舞得意爽心的伴侶的，是他們那些形影不離，憨笑似醉的戀人的，西湖也是他們的！是他們那些挽臂相親並肩密語的愛人的、是他們那些馳怒馬，暢遊目，蕩瓜艇，放中流的遊客的。但斷斷不是踽踽涼涼的A的，更斷斷不是形單影隻落拓寒酸的A的。

在這般春色迷人，湖光撩心的當兒，A自量是沒福消受的，並以為不必去消受，更以為不應該去消受的。他所怕的是心絃的挑撥，和回憶的不堪；他所感到的，是孤獨，惆悵，煩悶，嘆息。他再也不希冀別人的睛光，愉快，，幸福，以及春和西湖所賜予的一切；所以他只有死沉沉地兀坐着，凝想着，流淚着以過他春日湖畔的生活。

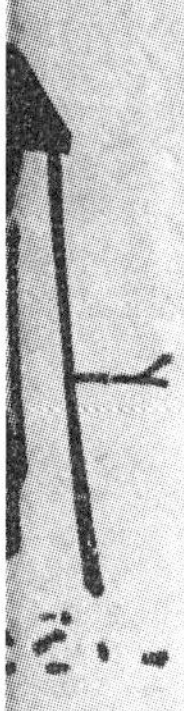

風和日耀的夢裏，把潛伏在心款裏經過了一個冬季的舊歡和積痛盡情發洩出來；十巷九空而來的遊展，把西湖擠得氣悶悶的，把春跃躑得懶洋洋的。這裏晝舫輕升，幢幢地在柔波上追逐；那邊肥馬雙輪，在綠蔭下出沒。黃鶯啦，百舌啦，信口唱牠們婉轉的歌兒；短笛啦，麥螺啦，盡腔吹鼓了遊客的興致。釵的光，鬢的影，，在夕陽裏零亂地爭耀；短的袖，輕的裙，在暖風裏暢快地飄揚。然而A總管沒分的，他老是像入定的沙彌，盡日皺着眉頭檢默他的方寸，，鎮靜他的心靈。

——日裏，我是怕的，怕的要出去；那末，『夜』至少許我可憐人訴訴苦，吐吐〻的。A這樣想。……是的，對的，當夜幕扯起來的時候，春是在睡覺呢！西湖也是朦朧了呢！夜色蒼茫裏的春，白紵籠罩裏的西湖，我們俗眼是看不到什麼的；尤其是快樂的人們擁了疲倦的神一齊在打鼾的時候。那………那正是我散悶解煩的機會………

「嘀乜乜………」青年會的大鐘鎬準地敲了十二下，向這位漂泊的靈魂悄悄地報告夜的半途。A眞似乎找到了已失的神魂一樣，在沙發上狂跳起來，眉舒舒地展開，氣暢暢地呼着，面龐上換了一副樣仔，一副忍着痛苦含着悲哀的笑容，一副勉強要忘記了一切而偏偏忘記不了的神氣，鴨舌頭的帽一直覆到額上連眼睛也蓋住了，挾了一根祖鬚莖的『司的克』，含了一滿斗的烟，『噓噓』地一邊吸着，一邊輕輕地掩上了房門，無聲無嗅地獨自出去了。

——然而我不是秉燭夜遊呢！不過借借夜的寂靜來安慰安慰……罷了！

淡白的月光，把人影兒倒縮在足底連他自己也找不到。街上的店家已經重門深鎖了，只剩了無力的街燈和幾處樓頭射出的黃色燈光相掩映。鷄狗也無聲地睡着了，雖然遠遠可以模糊地看見寥寥的幾個人影，聽見獨寂的幾聲賣漿的梆聲。

春夜的神秘，隨着一步一步的『悉率』聲在他的前面引誘；深宵的寂莫，在這安步緩行的四面空氣中，一段一段地顯明起來，口裏的烟斗只是一縷一縷地噴出，一縷一縷地騰起，吐出了生命的疑問，湧出了身世的渺茫。

他再也不敢而且不願到公園裏去，雖然明知午夜已過的湖濱是不會有人的，但是輝煌如晝的燈光是可以使他發抖的，可以使他心寒胆碎的。無精打采地他只得轉到湧金門那邊去，一直還要望濟波門那邊走。

老是噴烟，老是『悉率悉率』地走。陰歷十六夜的皓魄頂着他的頭照着，耀着，把整個湖山寫得像淡水墨般的慘淡，像陰雨般的幽默，恍恍惚惚迷迷離離似現非現地蕩着；但是A只是低着頭走着，含着煙想着，並沒有覺到一身以外的春夜和月色呢！

——這就是人生的大道嗎？這樣的深夜躑躅，這樣的無所往而往，有什麼意思呢？時間在奔着笑我呢！空間在頓住嘔我呢！啊！………

想到這裏，他不自覺地打個寒噤，足也停住了，煙也吸完了一聲懷疑的冷笑之後。接着就是生命的恐怖的狀態：兩旁的墟墓裏似乎鑽出來一羣獰鬼，錢王祠畔的樹林像煞吃人一樣的惡魔。最後他噓了一聲大氣，再也沒有繼續前進的勇氣了，終於悄悄地反轉身來走。

——公園，無論如何我是不去的，公共運動場倒不妨，雖則

張九如君鑒：

也是一樣的傍着湖，貼緊地靠接公園，但到底不是公園呀。A在在回來的路上想。

他坐在湖邊的石級上，他只要靜氣息念的享一點春夜的寂靜，他只顧把呼吸脈息都停止了嘗一回月夜的溫柔；可是烟斗裏又繞繞地透出了回憶之神，幾年以前的印象，不絕地似夢般跳躍起來：

——哪！那邊湖濱排列的燈光，在水裏一道一道的倒影不是像煞在什麼地方看見過麼？不錯，很像凡爾塞宮園裏的噴水！啊！凡爾塞！眞不堪回憶呀！……記得前年五月的一日，天氣也很像近兩日來的柔和暖爽，是她約我到凡爾塞去特爲看噴水的。當水沫濺射在她的衣上時，她隨手掬些水來潑我，說『我很願意你亦分到一點水的美意』。我只笑了一笑，『當然我是很妬水的』往後我倆就買些野食的材料在 Temple d, amour(白雲菴) 的旁邊「辟克匿克」，她含笑問我『你看這許多默默無語的大理石像，眼巴巴地望着我們也要妬忌我們野食的快樂不是？』……然而，這是第一回的共遊呢，也就是最後一次的見面了。………

『Vient ! le soir descend ………』 怎的？眞有這樣怪的事！回處飛來了異國的歌聲打斷他欲甜欲苦的回憶？他的幻想裏怎的會湧出異的夢境？怎的這枝南歐名曲會在這隔了兩三年離開數萬里的春夜月下的西子湖邊聽到？回憶的淚眞不自知其所以然而涔涔地流，舊事的印板也只是莫明其妙地一頁一頁地翻開，一頁一頁地溫習。烟斗的火也冷了，灰了，他仍舊是含着不放。他的頭棒在靠在膝上的雙手裏，淚珠兒成平行綫的一直墮到石級上，『孟陀林』的奏聲，又和着同樣的曲調來鼓動這岸上的獨坐者，聽到了『Desmots d, amour Qu,on ecoute a genoux ……』一句，他便瘋狂般跳躍起來放聲大哭了。不知道是同情之淚呢？還是自悲之淚呢？連A自己也莫明其所以然。

月下的柔波上，隱隱約約地可以辨出紅燈三五下一葉輕泛，一槳一槳的水聲帶着歌韻和月色，打動了這深夜的寂寥，攪亂了這春宵的波光。

——畢竟我不是孤獨的，深宵湖上，還有這同病相憐(？)的人，那是可以自慰的；久未入耳的曲子，又在這春風月色之下聽到，也可算是很痛快的事，雖然回憶的心弦驚湧了不冷不熱的淚，但到底可以減少我一時的愁恨。………

………我是配流淚的嗎？尤其是我們這些俗物不應該哭的。陳迹多是甜蜜的，往事也最有趣的，姑妄在這裏甜蜜地有趣地再夢一場吧，何必………

槳影遠了，歌聲漸漸地低了，月華下寂靜的湖山擁住了夜的奧妙摟住了A的心靈，他在悠忽間竟忘記了一切，呆呆地很自得地出神。

——究竟春夜的春和春夜的西湖不是他們的。他再撚了一斗紅星星的煙，一邊抽一邊想。

倘是沒有春寒的威逼，他就是露坐了一夜也不自覺呢！但是似有睡態的月兒也畏畏縮縮地躲在比棉還軟的雲姊姊懷裏去了。

十七，四，十二，於湖畔。

請速將住址示知。——編者

杭州民國日報副刊
十七年四月份
第二十二期

人性與社會生活（續）

介人

社會學上說，行爲一定有個團體，一個團體中，不過大同小異罷了，人是社會的產物，社會有很大的力量，就是習慣，要新創習慣是很難的，人生於社會，每每跟從社會已有的習慣，人生初無言語，只有面部的表情，做言語的代表，但是面部的表情，不是自己所能看見，又很難節制；才用手的動作以表心意，但是手的動作在黑暗中不能看見，而且手的用度很多，乃用喉，喉有聲帶，組織複雜，能夠發聲，聲音就是無光也能聽到。但是聲音不能傳之永久，就用文字，文字的來源：有學各物的聲音而成，如猫，鐘等字，但一大半字是無聲的，見一物而發一聲，物是刺激，聲爲反應，聲用之久而成習慣，就成一字，所以也是習慣而成的。

人在社會，有新行爲的發現，但不得社會的許可，就不能成立。蘇格拉底貌醜，希拉人以爲心好的人貌一定很正，所以把蘇格拉底當做惡人，在死前他的徒弟請他出獄，蘇格拉底說「我聽得希拉人向我說：「蘇格拉底聽着，你是靠着我們生長的」這句話的勢力是很偉大的，風俗習慣制度各處都不相同，而且常常改變，在我團體中爲好，在你團體中爲惡，就是普通的感情，我人應知社會時時改變，且當助其改變，習慣的影響很大，有哲學家成爲歷史家，先寫哲學史而不着歷史哲學，也是受了習慣的影響的關係，近有人種學一門科學，研究各處的習慣風俗，分他的文明野蠻，所用的標準，就是己國的習慣風俗，一團體與他團體不接觸，即不生變化，不會進步。

家庭在社會上的地位，好似竹在植物學中一樣，家庭的制度改變得很多，現在仍舊在改變中，男女成爲婚姻，說是性的關係，爲時不久，這不是創立家庭的道理，因爲家庭是長久的組織，有的說婚姻是競爭的結果，但是人有自私的天性，婚姻却是衝突的結合，古時婚姻重女性，聖經中載着：男子娶妻，必須男子先到女家，所以女權比男權大，此後男子住在女家幾年，爲女家服務，然後歸家，男子待有經濟能力，就歸女子，女子才算于歸。因此，男子求妻難，女子嫁夫易，但是男子在外遊獵，身體強壯，技術精嫻，其境常改，其智日進，女子在家工作很輕，見聞很少，所學不精，智識返退，久而久之，身體漸弱，腦力亦薄，非服從男子不爲可。女子又想出種種法子來束縛男子，如同婚姻

目錄

的禮物，都是束縛男子的，男子沒有經濟的力量，就不能有室。但是男子的力量究屬很大，不但不爲女子所困，而且不止一妻，今而後，經濟的力量有限，男子無力瞻養女子，女子就自已謀生，婚姻的情形，也就大大改變了。

社會的組織，都由意志而成，就是功用。一個社會多有一個社會的功用。但是最早時候，所謂功用，必是少數人的，社會小時，這少數人的力量還小；一到社會大了，這少數人的力量也就很大了，但是這少數人，不過是社會的代表，是代表全社會的意志的，一個政府目的很多，婚姻自由的事，教育私人的人，政府多負起責來辦，因爲事多，才有各種機關的設立，基爾特社會主義主張一個機關管理一事，共產主義主張一切歸於國有，今日之世，實在是個人主義和社會主義衝突的時代，基爾特的學說，實在是一種調和的方法、目前資本家惟利是圖，不知工人的苦痛。工人也不明白工作的主義，種種情形，眞是可憐得很，窮到學無道衰，我人當研究如何使之改進，白頭宮女說玄宗，往事固當知曉，將來的福利，更宜留心將來的希望，實在比已往的追憶爲重要，一切制度形式，都可改變，即使戰爭是人的天性，但是也有改變的可能，一切制度的成立，都和習慣有關，要明瞭成立原因，才能改良，所以要改良政治經濟，必須要從人性着手，社會生活，是受人性的支配的。

（完）

處女的心

引　萬

處女的心憧憬在青色的夢境，
看熱烈的愛情都沒做飄渺的烟雲，
斷沒有我這個可憐的人會在你的心上。
在你心上的，想必是你的小弟弟，或者你溫善的雙親？

○　○　○

只是你的影兒佔住我的鄉心，
苦了我的相思，困了我的夢魂；
忍心的妹妹，你準知道呀，
在這古城的一角，有一個愛你的人。

○　○　○

請了，從今我收拾了這顆心。
祝福你；妹妹，消磨個美滿的青春！
我呀，我將流浪到天涯安頓，
獨自一個人，獨自一個人。

新柳

叔　理

『天氣是這般的溫和，的確不能辜負了這大好的春光。』星期的這天，大家當然都不在校。有的看電影，有的去遊湖，各行其樂，而他們這幾個，自然是商量着他們遊玩的目的地。

『去看電影吧？』S問着E說。

『這種毫無藝術價值的中國影片，眞叫我作嘔！』E恨恨的說，他作個手式，像恨煞了中國影片。

『那麼去遊湖吧』C說：同時大家都不覺同聲的說：

『贊成！』

『我們是坐船，還是步行？』W說：

虎跑吧！」E說了他的主張。他們自然都願意到虎跑去。

於是他們趕快吃了飯，先坐火車到閘口。

閘口是滬杭鐵路的終點，軌道是交織着的幾道，是爲調動火車的，走在地上，砂礫軋乜的響着，汽油的味，也充滿了宇宙，這大約是普通車站上的特點了。

他們站在停機車的圍墻上，許久許久，似乎要研究牠的構造。其實是白費時光，一點沒有意思的，反而耗費了他們游玩的時間。E是性急的人，他再等的不耐煩了，就催他們快些去。

『慢慢的，不忙！』和E性情相反的S，終是慢慢的。

『六和塔在這里？我們去玩玩吧！』W驚奇看見了六和塔上面的幾層，因爲他沒有到過這里。

六和塔很有點意思，聽說詩文上也有不少，其中自然少不了有趣味而發笑的話。這剛合了E的脾胃，因爲他很喜歡文學，這當然也是 點好材料。

然他們的思想都不一致，他們一定要上塔，E却不願意上去。後來他只得隨着他們上了塔塔，一片的黑暗，在墻壁上只掛着一盞半明半暗的在閃鑠着的豆油燈，走盡了黑暗、又恢復了原來的明亮。

一層層上去，已是第五層了，他們的確再上不去了，而且大腿上隱隱有些麻木，又似乎有點痛，只得停止了上去，休息一刻兒。

他們臨着木欄望去，只見浩浩蕩蕩的錢塘江上，幾葉帆船浮邊，在近處的江水，又灣了一個大灣，好像江水是有無盡的深意那明媚的西子湖，似乎隱藏在這深山之中。啊，這處女似的春湖，是有無限的美麗！

E只是凝望山景，水景，在想着，結構出他的詩材。

C是年紀最小，他說話的時候，是含了處女似的紅暈，嬌憨的神氣，婀娜的身段，已使E迷醉了。他一雙手搭在C的肩上，又不覺顫動的握了他的手，他的臉上頓時加上了兩片紅霞，這更顯得嫵媚了。

他們都催他下了塔，于是又向虎跑走去，而他們的腿都軟而無力了，只慢慢的一步步的移着脚步。

前面是巍巍的紅色的寺門，從寺裏望去，只一條石子舖成的小路，一邊靠着山，一邊臨着湧出的泉水。幾株新柳和桃花正在盛長着，那山上的紅色的映山紅，嫩綠了的草，都在溫風裏蕩漾。

「咦，虎跑到了，這樣近啊？」C奇異的說。

「是的，……」E說着，一面去握他的手。

「那邊有桃花，給我折一點吧？」C要求着E說道。

於是他上了山，向上一跳，拿着樹枝，於是又折了許多枝的桃花，C是說不出的愉快，時時顯於他的臉上。

「啊，E這樣爲他費心？」W笑着詰着他。

「哈哈……因爲E是……」S也笑了說。

「你呀！……」C拍了S一掌，紅了臉說。而E只是微笑瞧了他的臉上，

虎跑的勝名，遍傳了西子湖上，他們既到了這裏。細細的遊

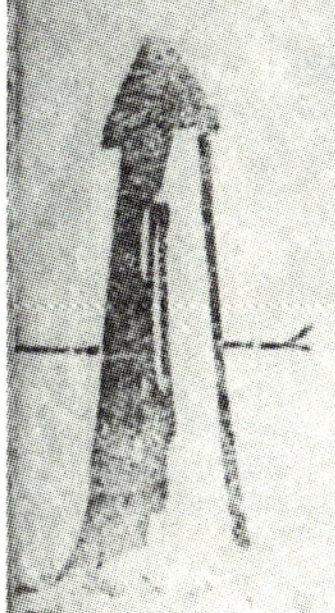

張九如君鑒：

請速將尊址示知。——編者

覽，除了一點泉水，究竟牠的美處在那裏？於是他們很不滿意的走出寺門。

「往那里回去」S看看左右的兩條路，一條是他們來的路，一條是走向西湖的。

「往蘇堤去吧!?」W走到前面，向他們說。

「還許多路……我眞走不動了!」C笑着縐了縐眉，表示他不能再走了。

「我來扶你!」E說着伸着手扶了他的手臂，慢慢的一步步的走着。

在前面斜着的蘇堤，又恢復了他從前的美麗。看啊，那桃花已是正開，那髠禿的烟柳，也發生綠黃的新柳了。

『你們喜歡桃花，還是喜歡柳枝?』W向着他們。

C指着說：

『我喜歡桃花!』

『我以爲桃花像是一個華麗的貴族的女子，而柳樹，尤其是現在綠黃的新柳，像是一個儉樸的雅潔的女子，當然是柳枝比較的淸新!』E說出新柳的好處。他停了停，又說道：

『可惜西湖上從找不到幾株，一排排的齊整的櫻樹，狂放着綉球似的艷麗的櫻花，這眞是個缺憾啦!』

『在我的故鄉，——南京的地方，櫻樹倒很多!』S說他的故鄉的好處。於是W又說他的故鄉了!

『我們紹興，野山上很多的杜鵑花，這雖然是不很美麗的花，也自有一點風韻。』

E跑到前面折了一枝綠黃的柳枝，編了一個圈兒，好像一個美麗的王冠。他輕輕地帶到C的頭上。

『哈哈……皇帝給皇后加冕了!』W頂喜歡和C開玩笑的，這當然是一件很好的題目。

『瞎說……』

『我瞎說?叫S看，這曲戲像不像皇帝給皇后加冕」?W大笑的拍的S一下，睜大了眼睛，瞧瞧C暈紅的臉上，這的確太使他難爲情了。

E只是不語，忽然他注想到昔日的悲事。

大約他在八九歲的時候，他同娟姐，携着手向花園裏玩去了。一道小溪，溪邊栽了些綠柳，一絲絲的柳枝垂到溪上。娟姊給他折了許多柳枝，給他編了一個花冠，他帶到頭上，洋洋得意的跑到家裏。他的母親見了他笑迷迷的問他道：

「那個給你編的?」

「娟姊!」他微笑的說。

「眞的!娟眞會哄弟弟去玩!」

「娟比他大兩歲，多安分，多靈敏；而且知道疼愛人?……

……」

「他倆也眞是一對呢!?」他的父親嘴裏吸着旱烟，指着他倆微笑的說。

「不過算命先生說他倆的八字不合!……」

他委實不願意聽那套話。他這次聽了這話，歡笑的臉上頓時變了哭臉了；而且他小小的心弦上，深着了一刀!（未完）

杭州民國日報副刊

第二十三期

啞的初戀

引萬

風過來輕輕把香吹開，還是五月的時候。村裏，同平常一樣記斜陽裏家家擧起了烟堆。可是我，我是發狂的忘記了白日，忘了黑夜；因爲我們鄰舍的女孩兒的名字，她的頭髮，眼睛，都一古腦兒葬在我的心頭。

* * *

可是我們永不曾交談過一句兒，在我們的中間，只是深沉的靜悄。

偶或，我們在小徑上匆促的遇見了，你卽忙的低了頭；紅紅的兩頰邊漏出了一點我看去最溫柔的微笑。

我們雖然不言語，可是你懂了我，我懂了你，我們在心裏深深的相愛，雖然從不曾言語。呀！如今又是五月了，玫瑰花仍在園裏紅，可是這往事，一一都如雲散煙消。

寄——

張天晴

昨日的長虹不在，

其奈酒邊的印象，鮮明。

* * *

「往事已隨流水去」，
空餘了未萎之柔心，
無端傷感與吁嘆，
何處是高樓！

* * *

雨後的櫻花洗濟，
林間的初月又生寒；
夜深追悔失戀時，
切莫拋開我已封的古壙。

* * *

請讓我無聲息的睡去，
好埋葬了哀樂之殘骸，
此身於我已僵化，

副 刊

☆目錄★

中國民族之命運如此！

此後中國民族，如果單受天然力的淘汰，還可以支持一百年，如果兼受了政治力和經濟力的壓迫，就很難度過十年。

——民族主義頁三〇——

來！給我以一杯甜蜜的毒液。

一七，四，二一。作於望湖樓。

新柳（續）

叔理

因爲這樣，娟姊也跑回家哭了一場。啊，爲了一枝柳條，鬧出這樣事來，這給了他一個深刻的印象。但是那柳條編成的花冠，他像王冠那樣的貴重的保存起來。

……………………

「天不早了，回去吧！」

「呀，E！你在想什麼？」

「他在想他的……………」

他爲他們的笑語而驚醒了，他的臉上紅了，幸而沒有被他們看見。

「好了，我並沒有想什麼！」

「唉，我不信！………」

「的確，我是在想着一篇小說。」

「哦，到底是小說家！………」

這時太陽已將西下，一片殷紅的霞光，射滿了樹林裏。豐綠的樹葉，都渲染成了黃金之色，深山中也顯出紫褐的顏色來了。

輕軟的晚風吹縐了滿湖春水，而且綠黃的新柳是密密的栽在堤邊，像披着長髮的美人，在那嬝嬝婷婷的微風裏飄拂，桃花是在結着球，一枝枝好像是紮着綢絨的彩桿，輕輕彈動，桃花堆着的緋艷，和那天空西邊的晚霞，相互輝映。

一些年青的男的，女的，老的，少的遊人，都立在那柳樹下，浸浴在這新柳的光靄裏了。

年青的女郎，舉起她們嫩白的纖手，理那被風吹亂的散在額上的青雲，微笑的笑臉襯在那綠黃的嫩柳下，傲慢她們的春光！衰弱的老翁埋着頭，蹙着額，微微的苦笑着他們的春光已逝！

他們也感到了無限的情懷，走過了蘇堤，向湖濱走來。

一九二八，三，二十四日脫稿于西子湖畔

變相

秋聲

她曾心裏表示滿意過的那灣而像菱弓般的小足，現在似乎很鏟挫她壓抑她命運迸飛的火焰，當她猛烈地思潮激動她脆弱的心坎的時候，似乎入了危險的滅絕的運神幻滅的漩渦！

她很頹喪地昂起了頭，哀感結成的淚珠，從已滾出眼眶的邊緣又重新咽下肚去，喉端有什麼東西酸酸 地塞住她順適好的呼吸！

她身邊那黑而胖的孩子，張大了口不住地叫喊，她似乎也絲毫沒有聽到。

——有什麼難過，只嘆你自己的命運！

她的婆婆說了，仍舊繼續不停的理着破布，塡鞋底。

——這畜生怎變到這般地步！也不知道他心理怎樣盤算，响又不响，吵得家裏六神不安！

她深七地抽了兩個噎，用一塊手帕揩一揩眼淚。

——現在弄得家裏一天也不住了，天天鬧什麼蟹會啦蚪會啦，鬧得和老成相（鄉土稱呼）打起架來，傷了兩個！………

他在那說什麼土豪不土豪，我連懂都不懂………天下是變過了。你看現在的字紙，一點也都不愛惜，還吃得空高興，些幾點，他們還要懼守紳，同他們說：呀，他們還說揩屁股也不妨的，你看！……

他說，把哨一操，在沈寂空氣裏，只有她那悽顫的泣嗁聲，流汰着週遭。

金色的陽光，慵慵地透進大門的斜面，映着那墻角堆着的酒壜，慢慢地淡白下去，溫柔的春風，從門口進來，在屋裏轉了一個身，她似乎失了什麼一般，在孩兒的身旁立了起來。

哭不出什麼意義的孩子，看見他立了起來便抱了她的脚昂起頭嚷着：

——我要抱，抱！

——小麼？要燒飯了，死鬼來要罵的。

她俯下頭把他的小手掙脫，自顧自走了去，小孩好像感到委曲他了，便撲在那老年婦的身上哭，老年婦人也就放了生活抱在胸口，用嘴吻他的小下吧。

——心肝肉，要抱了，怎委曲，肉肉。

他果然不哭了，她又在他的小巴掌上吻了一下。

——叫我一聲，阿七！

她打起了火，火焰從竈孔閃出，鍋子裏的水上了氣，她把淘好的米倒下去。

她還不住吻他的小嘴，不住地叫：

——心肝，寶寶。

他也表示十分快樂，在她的懷裏跳了兩跳！

——噂，這個土豪，他竟敢強做麼？他還記着在從前軍閥時

天也夠了！哈哈！哈哈！

暗紅的幽陰的煤油燈的波光中，映着一個彪巨的黑漢，張開兩着銅鈴般的眼，伸着粗大的手：

——土豪！土豪！哈哈！哈哈！

陣陣的酒氣，從他的鼻翼扇出，她們倆感得要冒了出來，她們畏懼得都退到板壁的後面！

他拿起煤油燈，露出了緋紅的臉。

——有氣沒有？打死沒有？作惡的東西，哈哈，哈哈！吃酒！管縣不縣，土豪！土豪！土豪！

——我的妹妹！今天是我勝利的了。我把這强盜殺死了！哈哈！哈哈！你的老頭兒曉得沒有！

——你鵝蛋般的臉粉白的龐兒，翦短的頭髮，一雙天然脚，新式的打扮，好個肥大的臀部！妹妹！

——吃酒！

他響亮地說着，拿起桌上一口菜碗昂起頭向口中直倒！這時煤油燈爍着幽閒而神秘的笑——畏縮在那板壁後的她們相合抱着不住的發抖。

——咳！真變相了，這畜生！

——哈哈！妹妹，我來討你！你不要進工廠去了！

——咳！真變相了！這畜生！

分贓

瞻稔

一個黝暗的夜裏，站崗警察孤獨地靠住電桿下默念：

「警察生活真枯燥，單調，呆版，法律何勿規定像我警察模

館，代銷處各大書坊。

樣的，該與以女人們的歌唱跳舞……等等的調濟，而富人們的王孫公子偏不准進娛樂場，唉，不公，不公，上帝也不公，偏做就這個偏枯的世界！

遠遠送來一層高樓上男女的嘻笑聲與跳舞的琴音。

『青年女郎的印象，總該有成千成萬底碎片閃過我的眼裏，她們和雲霓般的幻象，終於散失了，因爲不能和我發生一縷關係。

汽車裏坐着一對相依相偎的情侶。嗚嗚地又飛過去了。

『唉！社會不肯給我以安慰，祇得自已奮點勇來動手了，我佇立着等候一個孤侶的女郎。

悉悉悉悉，風吹樹葉，夜寂人靜。

※ ※ ※

「噯！一個幢幢底影兒？」警察定睛睜視。

「唔！一個嗎？唔——」失望後俯視衣扣，木棍從手左取到右手，左足伸出去，右脚立直。

二個影兒匆匆地走得很快，一忽跑過他面前。

「咩！你是誰家的女兒，貪夜這樣張口地底奔跑？你們不是私奔，定是偷物在逃！」警察捉住女人的臂膀威嚇，

『站住！』他禁止男的走開。

『現在我要執行我的職權，帶回署裏去看押。』警察覺得女人的臂膀如同軟棉，雖然隔着衣服。

「警察先生——」纖微的尖細顫音裏含着女郎懇求饒恕的祈禱，與探聽有無商量的餘地。警察把這四個字刺入腦袋的深處，覺得女人的音眞是天仙的幽歌。

男的趁着警察在打量她，一溜烟便跑開去。

『你趁早說實話，我定要把你帶去了，現在孫悟空都莫想逃出我的手掌！』

女郎囁嚅不能成話。

『姑娘，你老實說，我饒恕你，』警察不見了男的，嘻皮笑臉底聲音裏便和軟些了。

『……』

『快說呀！姑娘，』警察扶摸她的肩背，同慈母的安慰女兒的受屈。

『……』女郎轉過頭去。

『姑娘——』警察進上一步，右足似乎想跪下去求愛，可惜電杆上的燈還有未滅的細光。

「好先生，放了我罷，我不是竊賊——」女郎這下才敢張大了胆，很清亮底說出話來。

「但是——但是——，我要酬報！」

『酬報？

『好先生，我沒有錢！』女郎表示爲難。

「我這裏有十元，你可以拿去，姑娘，你拿去，」警察把一張紙票塞在女郎的手裏。

這使女郎反而愕然起來了，然而幾次退讓之後，終于錢到她袋裏了，女郎即轉恐怖之念而爲含羞之面，警察附在她耳朵邊說了些別的話，誰都沒有聽到，可是女郎愈覺羞澁，俯下頭去，倒在警察的懷裏，男的遠遠守着一對影兒不移一步，於是他蹣跚地走了過來，女郎一見，便倒在他的懷裏，抱住他的腰，不則一聲。

『現在這位姑娘我也有一半份！』警察得意地對男的說。

※ ※ ※

「待証」作者。

杭州民國日報副刊
十七年四月份　第二十四期

過去的中國國民黨與黨員及民衆

VP

閱讀的同志們呀，我做這篇文章的動機，當然是根據本報沈太素同志的徵求，才不能自己迂腐層層底發了這些可隱不可對人講的話，現在我們小黨員也可以大胆●播嘴，自動講幾句黨話，在此不得不要特別謝謝沈太素先生的美意。不過我要預先聲明一句：我不是西披，西壞害，或什麼系什麼派的………諸位不要懷疑。下面所謂過去的黨員，　當然不是指全數而言，　大多數吧了。

諸位：我們大家知道：「黨」不過是一個具體的名詞 Abstcact Noun。換句話說，就是羣衆集合起來，有組織，有系統的一個團體；牠的基本分子，——每單位的細胞，——是集合起來的羣衆，——黨員。——至於單獨的「黨」底本身；是無形無色。所以執單獨的「黨」去革命，百年之後，依然如故，仍是單獨底「黨」。革命永世不會成功，不會達到成功的目的。中國國民黨當然是同樣的「黨」。假使中國國民黨；照例的單獨去努力國民革命，非但無從着手，簡直無門可入，這是什麼原因呢？諸位：這是很容易解決的疑問。因爲「黨」；單獨的「黨」；「黨」底本身是沒有耳目口鼻的，牠的運動知覺管；還是在於我們黨員，假使黨員不負責任去爲黨努力工作，那麼就表現不出我們實際的「黨」。過去的「黨」，——已往底中國國民黨與中國國民黨底黨員，差不多不發生什麼關係。「黨」管「黨」去革命，「黨員」管「黨員」去革命，「黨」與「黨員」兩者之間，隔了一大鴻溝，雖然黨不完全是黨員的「黨」。所有中國國民黨黨治下底任何民衆；都有分的，都是一份子，不過黨員是民衆的工具，應該犧牲一切，身先士卒，爲多數的民衆求幸福，爲多數的民衆謀利益，爲多數的民衆而革命，爲多數的民衆求幸福謀利益———的指導者。過去底中國國民黨員與中國國民黨有過這種精神嗎？不！不！不！黨員不來搗亂，已經是黨底婆婆萬福了。非但莫想黨員對於黨發生　點關係。你想過去的黨員，嘴裏喊着：『中國國民黨是救國救民的黨，黨外無黨，黨內無派』他自己有時還免不了爲着盧布問題再去加入黨外之黨——共產黨。——用共產主義來藥死中國底國民，他自已有時爲了個人的利害關係，飯碗問題，還免不了在黨內組織小派擴張勢力。或加入某組，鞏固其地位。嘴裏喊着：『投機份子滾出去

☆目錄☆

副刊

中國民族如何才能眞個自由？

能夠把四萬萬人都用革命主義集合起來，成一個大團體，這一個大團體，能夠自由，中國國家當然是自由，中國民族才眞是自由

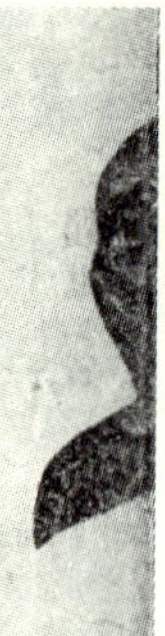

。」自己還免不了跨黨式的把兩足一分，顯出他混身本領，挨進甲乙之間，趣近親近，奉承奉承，嘴裏喊着：「爲民衆謀利益謀幸福。」他自己做了黨官，在他的治屬範圍，他還不過一切民衆的痛苦；剝削民衆，魚肉鄉里，滿足他個人的私慾，爲他個人一家的幸福，享榮華富貴，耀爵揚名，作威作浪，你若有所抗，就老實不客氣用反革命頭銜解到官裏去監禁起來，嘴裏喊着「打倒帝國主義，」他自已還要用帝國主義的手段來壓迫民衆，欺詐民衆，嘴裏喊着：「努力工作」他自己照規定辦公等閒還沒有到辦公室去辦公，依然抽着烟，伴他的妻妾，嘴裏喊着：「實行三民主義，」他自己只曉得除他自已家小之外•眼睛看不見旁邊，還有人活着•他自巳只曉得保存他的地位，照宗法社會的專制制度來治理民衆，使民衆在淫威脅迫之下，有口難說，有理難訴，他自已只曉得嚴行保管着他自已的田地財產，永遠獨富於世。唉！過去的黨，分裂得太不像樣了•黨與黨員不發生關係，同時黨員裏面分出大黨員，小黨員，老黨員，新黨員，同時民衆亦分出甲黨員的民衆，或乙黨員的民衆，…弄得我們整個底黨，變成搖當當•黨的建全與否，民衆底滿足解放的慾望與否！完全是我們黨員的責任，所以黨員是民衆的工具，是黨的中堅份子，諸位：過去的黨員，是中國國民黨的忠實同志嗎？殺，殺，殺死那總理的叛徒！

創痕

馬增祜

他愛那一朶薔薇，
伸手便去摘牠；
牠的刺，
深深地，深深地給他一創•

✲　✲　✲

他有了薔薇——
他只有嬌艷而芬芳的薔薇；
忘了他的一切，
更記不起他手上的創痕•

✲　✲　✲

一刹那：
薔薇褪去牠嬌艷的顏色，
失掉牠芬芳的香味•
現在，他似乎失去了一切，
除去他手上的創痕•

四，十四，于杭州

她的一封信

磨金銘

她是在H女學讀書，因爲她的家離學校狠近，而且她太過用功，弄得身子很弱，母親祗好叫她做個通學生；一來每天行行路也可以增加身體的康強，二來家裏吃飯和服侍也比學校好一點，所以她雖入H女校幾個學期，住在學校的只不過一個學期罷了。

近來天氣漸漸暖了，用不着再穿棉的旗袍，她所穿的淺藍色的上衣，黑色的裙子，脚踏黃色生皮的皮鞋，比從前穿棉旗袍和踏黑絨長統鞋子那時總風緻得多了•

今天下午當她由學校回來的時候，剛剛入自己的房間把書放好，很活潑而好淘氣的小弟弟，就很快的上樓來跑了進來，笑嘻嘻地向他的姊姊說：「姊姊，你有一件東西。」

「什麼東西？」

「寶貴的東西。」

「我有什麼寶貴的東西？」她不知她的弟弟說的是什麼東西，然而心總放不開，總急急地想曉得。

「有……」她的弟弟兩手收在後背，面帶着笑容，吞吞吐吐的過意把這話不完全說出。

「有什麼？快點說出來！不要鬼鬼祟祟。」她說了之後就想拉她弟弟過來，但弟弟見他姊姊想拉他，他就笑嘻嘻地跑到房門口去了。

「有一封由口口大學寄來的信。」她的弟弟說了，表出很得意而有嘲笑的樣子。

「不要亂造，當時總去對媽媽說人家的閒話，有信就快點拿出來！」她假莊嚴罵她的弟弟。

「姊姊，信呦。」他一面這樣說，一面連後背拿出一封信來示他的姊姊，他姊姊一見了信，雖未知是真信呢，還是她弟弟騙她，然心中到有幾分暗喜而跳躍，馬上就過去搶取，可是活潑無比的弟弟，又拿他和他姊姊本來的距離做比例，又退開幾步了。

「快點拿來！不然今晚我不陪你睡了。」她假怒的罵她的弟弟。

「你不陪我睡，我不給你了。」

「陪的，陪的，快點拿來！」

「你織手套給我麼？我叫你織你總不織，時時刻刻總在寫信」。她弟弟很天眞的有怨她的樣。

「織的，這次一定織給你，好弟弟，快點拿來罷！」她看見信封的樣式，雖未見上面所寫的字書怎樣，然心中暗暗就有幾分猜得出這信是那個寄來的了。所以心焦急了，而反軟化起來順從她弟弟任便的要求，但她心中總有個疑問；從前「他」的來信都是寄到學校，現在爲什麼寄到這裏？實在使她不明白，她心愈覺得焦急起來了。

「不，我要先拿去給媽媽看。」她越心急，弟弟越好淘氣，總嘻嘻的笑着和她爲難，

「你這樣　以後房間我都不准你近了。」

「不方不要緊，我拿去給媽媽看。」

「准准准，好弟弟，乖一點，快快拿來！」

「好好，給你了，你要陪我睡，明早又要織手套給我的！」弟弟看他姊姊又急又不耐煩的樣子，不再爲難了。於是走到姊姊的面前，笑看用黑洞洞的眼光望在她的面上，同時就遞　封左角印有藍色英文字的信給他的姊姊了。

（未完）

兩個相的愛

朱司晨

男　（一面含着企求的微笑；右手搭在女的左肩上，左手扯着女的揷在旗袍袋裏的那隻左手的袖角，頻頻拉頓。）請拿給我看，這是誰寫的信？

女　（故意把身子一扭，滑脫了男的左右手；跑開幾步，然後嫵媚的瞪了他一眼。）誰寫的，沒有你的事！

男　（一壁走近她，一壁又陪笑臉。）珊妹，當眞的，社交公開，看看怕什麼呢。

戲　劇

沈爾喬編的

一部「幾種現行的重要法例」出版了

本書係[illegible]

女　（做着不滿意他的神氣，說時插在袋裏的左手還用力往裏一塞。）什麼社交不社交，愈這樣說來，愈沒把你看。

男　（向女的行一個敬禮。）馬馬虎虎吧，珊妹，不要專門鬧玩笑！

女　（跳了兩跳，表示得意，）用不着，如果眞的要看，也得再過一星期。

男　（把頭略低，掃興，）何必如此呢！

女　（也把頭略低，收了笑容，作轉身欲走之勢。）那末，我們日後再談了！

男　（立卽抬頭；把兩手交互的執着，兩眼直射到女的面頰上。）珊妹，作什麼怎樣急呢？

女　（面露笑容，足是慢慢一步一步的跨着，並不作聲。）

男　（態度陡然自如起來；跑過去與女的並肩行着。）珊妹，這信到底是誰的？

女　（想走開去；不過被男的一把扯住，依舊並肩行着。）又來了！

男　（看看女的面色，一回，不語，再看看女的面色。）珊妹，既然不把我看，總該有個理由吧！

女　（坦然，）那自然！

男　（把頭稍側，作問詢狀。）怎麼說呢？

女　（似乎討厭他，假意立住；伸出右手來撫弄她的秀髮。）眞麻煩，掘根搗底的問不完了！

男　（索性也立住了，很有勇氣似的，兩手反背着。）今天你非說不可，否則…………

女　（很隨意的蹈着脚。）否則怎樣？

男　（擺動雙手，笑了。）否則——珊妹，給我看看末算了囉！

女　（有意炫人的把淡綠色的信封從衣袋裏掏了出來，拿着！加緊踏脚。）噢，好容易！

男　（當仁不讓，劈手把信奪來，一種神秘的愉快充溢在他的面龐上，順手把信塞進右邊的制褲袋裏。）好容易，也會有到手的一天！

女　（意思想奪還，却早被男的用左手擋住，嘻嘻地笑見沒奪還的希望了，於是懶洋洋地踱了開去。）你好…………

男　（目送女的走進花叢，一屁股坐在草地上；抽出信來讀。）嘿！到底逃不出我的手心。

女　（隱在花叢裏偷看；驚得蜜蜂們亂嚷亂飛。）毅，你也對珍表同情嗎？

男　（信看完了，摺好；放進信封，又瞧了一回。）珊妹，來，我問你。

女　（像煞已掩面在泣，低聲微嘆。）毅，我沒有勇氣走出花叢來了，我…………

男　（立起，三脚兩步的跑進花叢去，面色好似帶點慞惶的樣子。）珊…………

（不許久的岑寂。）

女　（半語半嗚咽，音極低。）毅，我告訴你，珍是一個…………已經離過婚的女子，現在…………我何嘗不是…………同她…………一樣的狼狽呢，唉唉…………

男　（顫顫地）珊，我愛你…………

杭州民國日報副刊

十七年四月份

第二十五期

今日之學校

金桂蓀

清大早起，
站在人家屋角裏；
人家不歡喜；
嫌我不吉利；
我不能呢呢喃喃討人歡喜！

——節錄胡適之老鴉詩——

今日之學校，可謂複雜之至了！上焉者因為觀瞻所繫，鎮日價什麼方法，什麼主義，吹得震天價響；其次者跟跟學學，學學跟跟，玩得個莫名其妙！下焉者不聞不問，不學不吹，竟不知今是何世；今世何年；長夜漫漫底做他中古時代之迷夢！

因為他不用眼睛看；所以不明白為甚要這樣做？因為他不用耳朵聽；，所以不知道為甚要這樣講？人家說吃飯主義，他便大吹其吃飯方法，人家說避免傷風，他便大擂其包頭主義！什麼圖啊；什麼表啊；也無非從西方搬到東方來；從甲校抄到乙校去；像這樣談談改改，改改談談，所以從戊戌以來，名義上維新了幾十年，到現在還講不到有教育。

「一個實例」

在某市某區某街某弄的弄底，有一所小小的學校，校的前面，便是走道；校舍旁邊，造着尿坑。

校舍總面積只一間一廂房的樓屋，樓的上方租給別人，下面一堂便是會客室。

旁邊一間極長的統廂房，前半間做辦公室，後半間掛塊黑板，排着十來付桌椅；算是課室。

這時候有一位身長玉立的教育家，正躬自操勞，在墻壁上掛那完備的圖表和成績；據說預備在招生之前，開一次成績展覽會咧！

「虛偽之發現」

試問：在創辦之初，開學之前；學生尚未招到；開什麼展覽會？而他竟能開展覽會了！——而我便是那校首先展覽之人——一方面只能自慚形穢底說我愧不如；一方面不能不承認他是熱心辦事；然而天天在報上看見他高級是葛雷制咧；初級是設計班咧；今天是游藝會咧；明天是單人舞咧。一班以耳代目的人，終不能不承認他是優良之小學；而我們終究發現他虛偽之弱點。

一，虛偽的！

☆目錄☆

副刊

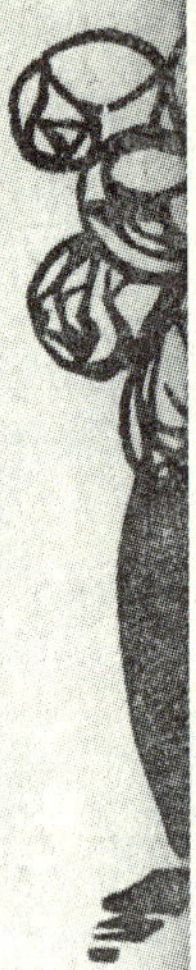

二，廣告主義的！

三，是玩教育以欺人的！

「盲從附和」

盲從的從之唯恐不及；附和的和之唯恐不速；崇拜了！贊美了！志同而道合了！從一級擴充到十級；從小學一變爲大學；教育萬能之說，歎觀止矣！然而[illegible]之實際，是不是和某校一樣？

而做的儘着做；看的儘着[illegible]；盲從附和的儘着盲從附和，崇拜贊美的，儘着崇拜和贊美。

初作俑者，色然喜矣！生意興隆矣；[illegible]名浩大矣；前程無量矣；飛黃騰達矣。

羨慕的去模仿矣；弗如者望洋而興嘆矣！

「因循與墮落」

因此便有一班：

仕焉而奔走無門的；

農焉而耕種無[illegible]的；

工焉而勞作無能的；

商焉而經營無財的；

借着這純潔的場所，做一個臨時客厲；一方面不用會鈔旅食之費；一方面可以進帳一筆意外之錢，公事來了，造一個「等因」；調查來了，虛擬個「報告」，用「表册」不必明表册的用處；掛「圖表」不必明圖表的來源；茶坊酒肆，是他們寄興之地；撲克麻雀，是他們寄興之具；倘不如此，便不行了。

「自拔和自振」

他們豈不想自拔和自振麼？但老的說：

「老夫老矣！無能爲矣！不過借此混混罷了！」

少年說：

「誰願幹這個？不過借此吃碗飯罷了！」

志於混混，所以混過便能；志於吃飯，所以除吃飯以外便不問；一方面還大吹其吹；大播其播；什麼主義；什麼方法；以愚弄人哩。

一九二八，四，一六，在清波

朋友我勸你——

飴　父

朋友！我勸你，
有愛莫戀小姑娘。
她喲——！
嬌小的身材，
靈活的姿態，
左一扭，右一灣，
活潑得如金魚一樣。
但是，你要捉她時，
宛在池中央。

※　※　※

你說我愛你，
她扭轉頸子不作響。
你說我吻你，
她羞答答的在思量。
等你雙手放在她身上，
她早跑得烟消雲散。
等你噘了嘴，

她又回轉頭來送你一媚眼．
使你又疼，又愛；
又惱，又恨；
又膩，又癢．
等你歇了手，
她又作刁撒嬌來勾引．
等你又動手，
她又飄蕩到不知何方．
保管你；希望變成失望，
妄想變成空想。
朋友！我勸你，
有愛莫戀小姑娘。

——四，一五，作車行於滬杭道上——

她的一封信

磨令銘

她接了信，一看見信封上的筆畫和發信的地址，已經曉得這信是『他』寄來而無疑，小小的心靈，總關不住又驚又喜．弟弟看見她這種的自然表出來的神色，就笑着說：「姊姊寄來的是嗎？」

「不要亂造，你總愛這樣，人家聽見好聽麼？」她給她弟弟講對幾分秘密了，含羞地面上立刻起一陣桃紅，這樣帶着快感的罵她的弟弟．弟弟被罵了就一跳一跳的走向樓下去了．

她一個人關上房門，坐在書檯旁邊的沙發上將這信拆開，慢慢的很用神讀下去：

「淑華妹妹：

你的來信收到了，感謝你，感謝你時時用着熱情來安慰我，並且代我解决一切的煩惱，然而我感謝你的心情，總不能表出萬一，簡直沒一個可能形容的字，也沒有那國的文字能夠爲我表得出，不過我雖表不出，我相信在平日的時候，你老早就領會我的心情，了解我的一切了呵．

我們的認識雖說是未幾久，精神上却已得了不少的安慰，命運也可算得了一個安樂的歸宿。當我們未認識以前，我覺得人生非常的枯燥，毫無一點意義；命運也是虛無的，飄浮的，毫無一點可以做牠的寄托，這我已經對你說過．不論坐在房間，散步野外，心中總好像亂麻似的，沒有一個統系，就是上課時，也是「心不在焉，視而不見，聽而不聞，」同學們常常笑我，我只好報他們一個冷笑，有時也博得他們的同情了。

來信中你責備我，說我用的字太過客氣了，什麼「拜讀………」，「請你………」這「拜」字「請」字是極用不着的，你很不高興我用這種字，下次要禁止我再用這一類的字，如果再用時就要………呵，妹妹呵，你責備我禁止我，這種諫勸的命令是多麼難得，多麼親切喲！我服從你，我甘心服從你，我最親愛的華妹喲。

你總肯常常來責備我的錯處，藉慰我的心情，我這一生一世滿足了，不再去想什麼．我不知是什麼運得和你相識，實在要感謝上帝，感謝天地呵．

我曾記得有一次當夕陽西下，倦鳥歸巢的時候，我們攜

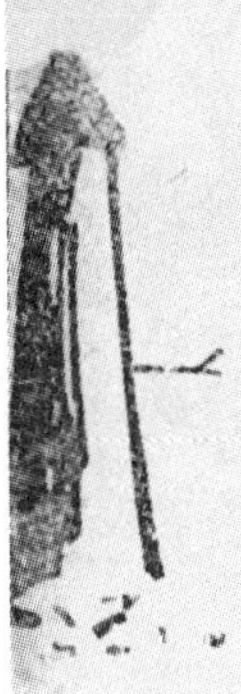

張人權啓事

權已脫離民國日報館，以後親友函

手入S埠F公園在西北角的草地上，坐着慢慢談心，後來又講了一講笑，你被講腦了，面紅起來用手掌在我面打了兩巴，最後又笑起來向我賠罪，問我痛嗎？呵，你明明不過輕輕地打我，便怕我受痛而立刻來安慰我，可是我不獨不覺得痛，反覺得爽快咧！妹妹呵，這是多麼使人易得的深刻的印像，而多麼令人難以忘懷的事呵！

我朝夕思想只有你一個人，無論在什麼時候腦海裏只有你的影像，思慮及你的起居，掛念及你的身子，如果看見你的相片及你我關係的物件時，眼前更立刻看見活潑而可愛的你，就是在晚間睡覺，在夢中也常常和你相會，有時忽然被惡夢驚醒了，就爬起身來向窗外盼望；天上掛着皎潔的月兒，錢塘江水更顯得晶瑩•四處寂寞無聲，那時候愈能引起我千絲萬縷的思想。總之無時無地我不在思念及你，我實在不能把你忘掉，華妹喲，你好嗎？

你是我的生命，你是我的靈魂；假使沒有你時我就不能生存。沒有你時我就同失了魂似的了，莫說你的本身；就是你給我的信也同救命藥一樣，也同仙丹一樣；就能把我的悲哀轉入歡喜，牠能把我的皺眉變作開眉•所以我接到你的信，最少把牠放在身上一個禮拜呵。

你又怎說出那種話？難道你不了解我嗎？我曾經對你說過：現代多數的青少男女，最卑鄙的就是以金錢和相貌來做戀愛的基礎，做選擇對偶的標準，這類的人，是真正穩固的戀愛嗎？不過他們想實行自己暗中的計策能•要知真正的戀愛是以學問人格性情這幾方面相合意爲根本的，那種金錢相貌的輕薄思想，我是極端的反對，這是我的真心，是我肺腑的話•妹妹，你相信嗎？倘若信不過時，我要拿刀來破取我這個紅紅熱烈的心兒出來給你看了。

我的腦海同開影戲院一樣，時時把你可愛的影像和一舉一動一幅一幅地影着•同時我也覺得世界上更沒有什麼給我影，世界上除了你之外，我不知道有什麼了•妹妹，我祈禱你對我也有同樣的感覺！

這封信我把牠寄到家裏，因爲前次你對我說過：每逢我給你的信寄到學校時，好淘氣而慣玩的同學，總先收起來過意和你爲難，並說出那種敎人難以爲情的話，甚至上課時在黑板上也寫有那種話，這雖然是玩耍，但總覺得我們這種舉動是討厭的•現在我爲避免這樣起見，所以把牠寄到家裏，以後的也寄到家裏，不知妥當嗎？至於你自那次起，所給我的信均署假名和信封上不寫「由口口女校寄」等字後，同學一點也不知道，信也沒有失了，這個方法總算你聰明了•

前時我們到你們學校參觀，看見你貼堂的圖文•手工的成績，優等的試卷，因此我便想起你太用功了，自己的身子也不知保養，弄得這樣軟弱，我總放不過心，身子不好，就是做到博士又怎樣？以後我希望你時常運動一點，打隊球也好，網球也好，籃球也好，隨你的興趣，使身體得壯一點！

你要看那幾本書，禮拜六我就送去，或者你來取也好，千祈先行示知！

糊裏糊塗寫了幾篇就•拉拉雜雜，有句寫句，沒一個統系，沒一點次序，這總是腦筋太亂了罷，也可是近來太沒修養了•

同學來到了，不寫了，祝你

安好！

你的哥哥君慎一

她看完了信，好像得了無窮的快感，粉紅的面上，帶着欣欣自喜的笑容。她把信摺好，收在最內一件衫的袋子裏，于是又到床頭關了一個小小的皮箱，從箱底取出一張四寸的照片，仍倚着坐在沙發上，很纖嬌地用着媚觸的目光，對這相片凝視，最後終於和相片作一個長久的 Kiss 了。

「小姐，太太叫你。」女僕在樓下大聲的叫着。

「做什麼？」

「叫你下來吃年糕。」

「姐姐，吃年糕！」弟弟也在樓下叫起來。

「就下去了•」她一答應了，就起身順手扯扯衣服，便向樓下下去了。

於之江大學

杭州民國日報副刊
十七年四月份
第二十六期

進香之意義與價值

王越女

什麽是「進香」？進香就是燒香，是那些凡夫俗婦，鄉曲村姑，化錢禮佛，求福免禍的玩意兒。當然愛幹這種玩意兒，決不止那幾種人，富商大賈，貪官汚吏，土豪劣紳，也認爲這是不可少的工作。平時儘可作威作福，魚肉鄉民，進香却不可不進；進了香，上帝就可以赦免他們的一切罪惡，而且可以爲未來禱福。他們深信了「小財去，大財來」的那道話，所以隨你是一錢如命的吝嗇鬼，在進香上化幾個錢，他們的千萬分的願意。並且大多數的人，還沐浴茹素地，愼重其事地做去。進香的地點，就上海而論。除了本地的各廟宇外，近的龍華寺，遠些大茅山，杭州，普陀，……——那些大叢林所在的地方。進香的時令，除了幾個特殊的日期外，普通的都在陰歷的春三月。春三月正是春光明媚的時候，所以大部分的進香者，也免不了「借佛遊春」的嫌疑了。

進香的意義 「進香終久是迷信的事」，這句話是誰都肯定承認的。可是我以爲進香的意義，並不是那樣的單一；除了朝佛，還有「借佛遊佛」的話。可見多少還有些旁意味；這種意味，也可說是意義，可分爲三層說來：

（一）第一種意義 這是無庸諱言的，顧名思義，進香這兩個字，帶了很濃的宗教和迷信色彩。這是佛教徒（？）的一種崇拜佛的表示，和耶教徒進謁耶路撒冷聖地的意義，完全相同。這樣看來，進香的第一種意義，是宗教的。而進香者的目的，是在晴求佛，或者可以說向佛行個賄，那末佛可以赦免他已往的一切的罪惡；或者他們是爲未來禱福，那就是希望蒼天賜給他們一筆橫財；還有好些女子，因爲今世命苦，所以修修來世，或者可以投個好八字（？）。總之，進香的第一種意義，完全是迷信方面，實在可以說是一種無意識的工作。

（二）第二種意義 罪過，罪過，我竟這樣地汚蔑了神明，把尊嚴的佛地，和上海的法國公園，相提而幷論了。然而確乎有這一種事實，小說上記載的，特別來得多，西廂記上的張生，要不是寓在普救寺，怎能見到崔鶯鶯，而搆成這樣一段香艶的情史，給後人傳詠。況且在宗法社會的中國，舊俗沒有事故，年青女子，不許隨便外出，在街上拋頭露面的走着；惟有進香入廟是 個例外。所以廟裏看嬌娘，便成爲不可掩之事實了。還有好些戀愛故事，也是因廟宇的介紹，而發生了。例如一個青年，因在廟宇裏看見了一個年青的美貌的小姐，由愛而慕地，情不自禁地，使他

本日目錄

發生了單戀。有的就儘力的探聽她的姓氏住址，然後轉轉設法、請三姑六婆們通款，最後是請求媒妁，替他向女家說婚請帖了。還有如一對青年男女，經了媒人的說合之後，兩方還覺得門當戶對(?)；可是男的或男家的那位未來婆太太，恐怕受了媒人花言巧語的欺騙，而請求相親。這種相親的舉行地點，大致也在廟宇裏舉行，假借一個進香或游廟的機會，將被做女媒的女子，騙了出來，使他在不知不覺間，被人家相了去，這種例子，更是舉不勝舉。那末廟宇還不是變了婚姻的媒介所嗎？

(三)第三種意義　進香還有一種意義，就是前面所謂的「借佛遊春」了。「借佛遊春」這一種呼聲，在中國各處，實在普遍得很，就習慣而論，中國的民族性多少帶一些儉德的美風。不開通的人們，每以為旅行，不論杭州，普陀，或者別種地方，是一種沒意思的浪費。如果我們是那樣的每年旅行一次，而並不進香，那末一定被他們在背後攻擊我們，說我們太浪費；其實是他們沒有了解旅行的意義。可是這班把旅行認為浪費的人，他們並不是沒有旅行的機會，一年一度或幾年一度的進香，在他們認為是人生不可少的事。而且進香必須每年換一個地方，今年杭州，明年普陀，後年……！至少也要走三個地方。照這樣看來，所謂進香，實在是「借佛遊春」的旅行，不過多化幾個錢在迷信方面罷了。如果進香者，反對我這種話，那末進香何時不可進，為什麼以春三月為最適當的時令呢？即使說進香的善男信女，個個都是目不邪視(?)的正人君子；那末「飽餐美色」，果然是進香時所勿許；難道享受大自然的美景，也是佛法所禁的嗎？這麼一說，進香是舊人物的旅行，多少還有些意義。

進香的價值　現今在新舊思潮衝突中的中國，新派人每每因進香是迷信的，而加以攻擊，和反對。不錯，不錯，反對進香，我是萬分的贊成，可是我以為進香到了現在，既到了衰落期，他的黃金時代，這不過是歷史上的陳跡了。要是在這個時候，我們再從於反宣傳，那末，將使無數的不開通的男女，喪失了旅行的機會。雖然這種愛進香的男女們，在他們的思想裏，決不會有「旅行」這二個字的存在；不像「蜜月旅行」這一會事，在舊禮教下結婚的青年男女，在蜜月裏，被舊習慣已鬧得個頭昏腦漲，做夢也想不到有這樣的一個名字。所以在種情形之下，我們對於那些不明白旅行的意義與價值的可憐蟲，惟有讓他們繼續進香，也可以使好些終年勤勞的人們，得一接觸大自然的機會，同時我們用了那種開導的方法，一方面使他們明白進香的無謂，他方面申說旅行重要，使那些善男信女，個個對於旅行，有了相當的了解，使旅行這回事，在人們的腦海裏，卻有了一些印象，而且並不以為這是一種賭化有用金錢的浪費。到那個時候，進香才真到了他的末路窮途，自然地絕跡於中國了。

一七，四，二十一。

不要再苛責汪世昌了

張　璉

老實說，處於這種卑鄙齷齪的社會環境之中，那裏找得出半個能夠秉承真摯的純潔的戀愛的人來！有的，不過是些自欺欺人自騙騙人，互相利用罷了！在男的方面，是要在這長夜綿綿的孤寂寒衾中得個安慰者，在女的方面，是要在這身世茫茫的漂泊零落中找個依賴者；一個慕她的美俏的臉兒，一個愛他闊綽的家世，好像是小孩子做兒戲的一般胡亂橫爲，一點沒有什麼意識價值可說可講的。照這樣看來，本來是無所謂戀愛了，那裏還有什麼失戀不失戀呢！我和她要好的時候，感着　腔的烏熱的狂情，可以和她興奮發洩一回；和她有些不滿意的時候，或是察覺着她醜惡的時候，儘可各自播散，各走其路，各懷其抱，倒是一件快人快事，何必定要戴着面具假仁假道的做作蹬脚捶胸一番，去自殺，或者是遁跡人世去賦閒他的餘生來眩人耳目呢！我曉得，如果這人有了眞摯純潔戀愛的程度時，他對她或她對他一切的言行動作雖有粗鹵的有所缺陷的地方，也都能互相恩諒，因爲已無所謂甚麼是你甚麼是我了。毋之愛子，雖兒之糞矢，亦堪芬香，兒身奇醜，亦覺俊艷的！

近來，街頭巷尾茶館酒肆紛紛議論着馬振華女士的失戀而自殺的新聞，有的說汪世昌的不好，有的說馬振華女士自己不好，而有的，說他們兩人都不好，有的，說是社會制度的不好，一片紛紜，各有所見。我每日蟄伏在我的斗室中，做我自己所喜歡做的事，從來不去於聞些誰與誰的戀愛，誰與誰的失愛的事情，所以那種小小普例事，從來沒有在我的腦海裏有浮泛的時候。這次馬女士失戀的事，實在鬧得太大，把我這從不問聞些事的人也提了出來。我今天在此看見梁烈威君的一篇『汪世昌的罪狀，』雖然稱不得洋洋十萬言，但是也可說罵得汪世昌無顏立足於人世了；後來，我看到下面的一個編者的附識，才曉得這位梁君是馬振華女士的幼年同學，舉梁君自說，「爲已死同學洩一點怨氣，」若使泉下人有知，那得不銘感於九京呢！

一個人之所以會走上自殺的道路上去，一定是處於很悲楚沉痛悽慘黯淡的社會環境之中，不只祇對於她的愛人的摒棄家庭的不幸而輕易使行的，那末，馬女士自然有馬女士的不可對人言的隱痛而致自殺的，我們何必再要去指摘她的不是，或者是呵責汪世昌的罪狀呢？若是眞的如梁君所言：『……像汪世昌這個人，本是一個放蕩的敗類少年，根本就不知道何爲戀愛，他完全是慘無人道的騙子，一個殺人的劊子手……』的話，我們依據了『像汪世昌這個人，本是一個放蕩的敗類少年』，再來推測『像馬女士這個人，本是一個……』一下，我恐怕泉下人未免也要帶三分愧色了。我偶爾在路上聽見人說：『汪世昌是強姦馬女士的……』這也未免太不近人情了。我記得去年上半年因英兵强姦華婦的事情，引起了國人非常的憤怒，尤其是各省各區的婦女協會。當時巧詞的英審官說：『人只有同人和姦的事情，並沒有人可以去强姦人的事情，或者是人被人强姦的事情。』並且拿狗來作比例，引女子若不願意承受男子的使命時，可以使她的生殖器閉得尿泄不通來做証據。所以有人說！『這種戀愛是相互間的性慾的衝動。』男子固然可以默認的，而女子胡獨不可低首弗言哩！若馬女士如與汪世昌發生眞摯的愛情，當然不以區區的妻妾問題而使她因此中傷的；如汪世昌與馬女士發生眞摯愛情時，當然也不以無謂又無謂的貞節問題——傳聞馬女士與汪世昌未結婚之前，已失身於汪世昌了。——來摒棄她的。雖然是兩相毫無眞摯的愛情而作苟且的偷樂，在她氣憤懊怒的自殺以後，要幼年的同學，來替已死同學洩一點兒怨氣，昔訴汪世昌的罪惡，致累已死的她，在泉下因而被蒙，未免太不值得了。若是汪世昌眞是一個放蕩的敗類少年，那能使他對此文而生愧呢！則未免也太

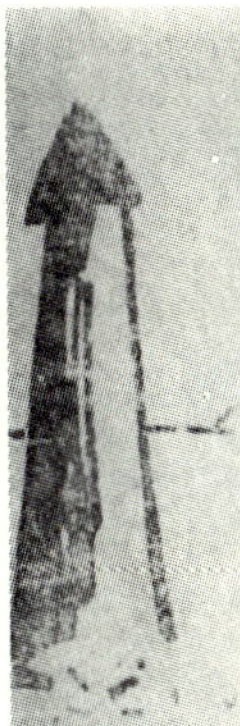

張人權啓事

權已脫離民國日報館，以後親友函

不合算了！

況且，現在的社會上比汪世昌還要可惡可惡的登徒子正多着呢！

我並不是和汪世昌有親有戚，也並不是和梁君有怨有讐來寫這篇好似代人出首的文字的；我感覺着這樣的人們，是配不上梁君的嚴厲的責備吧了！

倦

張天疇

哦，
倦了，
我的心！
窒息！
沉悶！
斷的弦，
殘缺的明月，
破碎的靈魂！

~~~~~~

哦，
倦了
我的心！
枯燥，
焦灼，
酸的酒，
褪色的玫瑰，
病態的人生！

~~~~~~

哦，
倦了，
我的心！
顛倒，
忡怔，
死的夜！
恐怖的夢魘！
脆薄的生命！

~~~~~~

哦，
倦了，
我的心！
悲哀，
潛默，
苦的笑！
埋葬的情苗！
已死的青春！

本刊徵文

本刊歡迎投稿，凡有關於革命理論，學術思想，文學，藝等類之稿件見寄者，俱所歡迎；唯本刊因限於篇幅，不能登載過於冗長的文章，投稿諸君如能以千字左右之精幹文字見寄，則尤所望也。此後決定略具薄酬，以報投稿諸君之盛情。
~~~~~~

杭州民國日報副刊

十七年四月份

第二十七期

關於浙江黨務及民運實際計劃的貢獻

蔡見凡

本黨唯一的使命，是要以黨的力量，去完成國民革命。黨的力量，從什麼地方得來？當然是組織！中國國民黨並不是沒有組織，但就過去的觀點，因爲受了種種的影響，故實際上有時好似沒有組織一樣，那裏還能夠發生偉大的力量去領導國民革命？自四次全會告成以後，中央有鑒及此，對於今後黨務的進行，所以有澈底改組的決議。是要嚴密黨的組織和訓練，使黨的份子一致地站在黨的指導之下行動。浙江省黨部的指導委員已經發表了，關於今後浙江黨務的進展，我們是十二分相信必能得到堅强的組織。但是，推進和擴大黨的力量，凡是一個黨員，都應該負有多少責任，我們現在所要貢獻——就是：

(甲)黨務的實際計劃

我們檢查浙江過去黨務的工作，初起時固不必追論，即在清黨運動實現以後，其缺點不全在各縣的組織不健全，而大缺點還是在省黨部的力量沒有集中。我們要知道要發展黨的力量和推進黨務，一個省黨部有鋼鐵的紀律不可，沒有鋼鐵的紀律，不獨不能提高黨的權威，結果還要使最高黨部失其信仰，總而使到各地的民衆都不認識黨的力量和主義，隨而使到革命幹部也隨時有發生崩潰的危險了。

要維持革命的力量，至少有三種方法。第一是武力，第二是信仰，第三是紀律，第一，過去的浙江，我們不能說是沒有武力，可是武力是分散的。無論那一個黨部的黨員，不是意見不一致，就是拿着國民黨的招牌作護符，都可以隨隨便便做其官，發其財了，(口裏縱不是如此說，心裏總是這樣肯定)隨而使到一般民衆團體，不知服從黨的指導和指揮，也可以隨隨便便逮捕和處罰人民。這樣一來，使到各地皆有多政府的現象，多政府的危險，與無政府的危險是一樣的。因爲武力不集中，隨而使到革命政府的正當武力不能實施，并且更使到分散的武力，互相衝突。這種衝突的武力，不管是含有怎樣的革命性，最低限度，使到黨與政府分離，黨與政府又與民衆分離，不止分離而且衝突，這種革命的方式，一定是崩壞的。第二，信仰一半是歷史做成，一半是力量做成。過去浙江的黨部既因不能統禦武力，而使信仰減少了一半，更因歷史不很久長，又減少了一半，不但各縣的黨部，對于省黨部不絕對服從，甚至省黨部的同志們，也因歷史不大長遠，

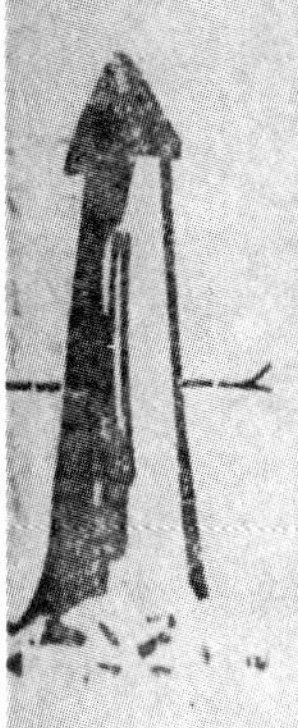

副刊

目錄 ★

而不敢自信其力量，這個觀念，就是造成浙江過去的散沙似的現象。我們要知黨部的成立，是根據於國民黨的主義和政策，並不是根據於個人的歷史。我們既負了省黨部的責任，即當確定我們的信念。我們能堅固省黨部的組織，當能連帶鞏固了省黨部的信仰的。第三，執行紀律，是革命黨能夠成功的最大條件。我們往往發覺過去的許多縣黨部的執委，除開了他們能夠維恭經謹，取得了黨務工作地位以後，便算完成其能事，對於省黨部的決議不大努力執行，此外又有人民團體，如農民協會商民協會工會等等，亦往往置黨部的決議於不顧。我們要十二分明瞭在今日國民革命當中，能夠領導革命的只有國民黨。如果以後下級黨部，還有發覺不能受省黨部的指導和執行省黨部的決議的，我們就應該立即改組，並且在該團體負責或活動的本黨同志，同時也應該受本黨的處分。如果還有本黨的同志利用各種團體來反抗本黨決議的，這是明白的叛黨，我們非加以懲辦不可。

以上三點，是省黨部應該注意而要加緊糾正的。再其次各縣下級黨部也有許多錯誤的地方：

一，各縣從前的青年同志，太誤解了「以黨治國」的意義。總理所謂以黨治國，是以黨義治國，並不是要把國民黨的黨員通做了官，謂之以黨治國，各縣同志把以黨治國擴大了解釋，他們遂去隨便干涉政府的行政司法，甚至有些包攬詞訟的，縣長用人，要經過縣黨部的通過的，執行委員要自己做科長或保荐親屬來做科長科員的。這種行為，幷不是根據黨的主義和政策，或根據人民的利益，而只是根據幾個人的意思，以為幾個人的私意便是黨。我們試問這與以前土豪劣紳靠着局所做招牌去糊亂管理訟事有什麼分別？

二，各縣同志誤解黨是與政府對抗的。我們要明白政府是黨的政府，黨與政府是整個的，不是分離，更不是對抗的。政府是執行黨的決議機關，而許多同志還是以為黨是像以前縣議會和縣知事的關係一樣。各人心目中並不以縣長是一個黨員，以為凡縣長都是貪官汚吏，縣議會是對抗縣長的，所以縣黨部也是對抗縣長的。這樣錯誤的觀點和幼稚的舉動，不但破壞了行政的系統，而且把國民黨的基本也破壞了。

三，各縣黨部沒有注意到本身的工作，也是一個絕大的錯點。擴大黨的力量，本來是各個黨部和各個黨員都應負有這種責任。但是我們要擴大組織，必須使每個黨員能夠了解黨的主義政策。能夠嚴守黨的紀律才行。如果單是取得了國民黨籍，與黨的工作無關。更或拿了國民黨的黨籍來做營私的行為，是又損失了國民黨的信用。

四，無論那一縣的黨部，其活動力最少能夠在每一個民衆團體中活動，並且足以指導訓練當地的民衆。但我們以前發覺許多縣的黨部都是適得其反。所以我們最要緊是一縣的黨部，比任何農會工會的組織，都要健全，而且確有力量。

五，以前各縣的同志所犯通性的錯點，每每拿着黨部的招牌或利用一時民衆偶當集合的努力來破壞本黨的信用。譬如某一縣的行政長官是不良的，或是良好而非與黨部的同志事事一致的，各同志並不上訴於上級機關，每每張貼標語或利用一個羣衆大會來推倒他。這類事實，在過去的浙江也有不少成例。但是我們要知道這是欺騙民衆的，縱或個人一時成功，已把本黨的力量已減少了，而且把黨的信仰也推翻了。

六，還有　些同志，一在農工團體活動，便忘其爲國民黨員。時常拿着團體的名義和黨對抗。不但不能拿黨的主義和政策在人民團體去運用，反而憑着團體的勢力來反抗黨部。我們要知道，這樣行動，眞是把黨和人民團體作了自巳的工具。這種行爲，和土豪劣紳有什麽分別？

以上各點，都是黨的前途最不好的現象，至少能令最高幹部一時無暇糾正並無從整理。現在正當根本改造的時候，我們爲防止過去的錯誤再有發生，我們要肯定下列的幾種具體辦法：

（未完）

給A先生底信

S，F，

A先生：

我那天的叫您不要來，其實是眞的不要您來麽？呀！我實在很希望您來，或許就是末次了，但是，我不好意思累您這樣遠的路來，而且那時天氣很好，我想您一定有許多事要幹，所以便說了聲「不要來」唉！其實我很想您來哩！不過我想您或許明天還會來的。那天是復活節，所以我只得隨着母親去做禮拜，臨行關照阿媽，若是您來了，叫她來喊我。我在禮拜堂裏，不住底回顧，可是——————好，不講了，我現在已知道您沒有來的原因，不要緊的，或許我們再有機會可以聚晤，那天我便很平安的到了校裏，第二天同學告訴我，恐怕星期一起要舉行半學期考試了，這一嚇可把我的淚兒都湧了上來，後來總算壓了下去，朝餐後，教務長果然報告下星期一起舉行半學期考驗了。呀！我書脫了許許多多，因爲脫了兩星期課，各課一定要減一等，——甲減爲乙——乙減爲丙，您想如何是好呢？我眞急死了。前幾天有一個同班的，因身體軟弱，到北京去養病了，還有一個也因身體不十分好，又是這樣多的書，來不及讀，所以也回家了；有的呢？急，有的呢？恨，我向着書哭了好多時，書還不曾補好，而星期一轉瞬到了，卽使考得還好，還要扣各課分數，我愈想愈傷心，不禁又哭了一陣，可是一想；現在那是我哭的時候呢！快儘讀書呀！只要盡我的本分，就對得住父母同自己，哭也沒用，誰來安慰你呢？此後我就不哭了，逢着淚兒來了，我只是向着肚子裏藏起來罷了，「現在不努力，將來怎能有良好的結果？」唉！您們叫我不要忒用功，身子要緊，喝！難道我會不知道不懂麽？但是處於我這樣的環境，我怎能馬虎了事呢？爸爸是不管我的，至於媽呢？她是爲着我而生着，她現在還這樣的受人家閒氣，多吃力的作事，賺了錢給我讀書，我怎能輕易的辜負媽血汗換來的金錢她所希冀的代價呢！要是我功課成績不好，我知道媽是怎樣的傷心呀！而且我將來不知可能再求高深的學問呢？現在既然有機會求學，還不好好的讀書，其實我的責任不比您輕呢！我現在因功課非課忙而身體又軟弱了媽又是很悲傷的，所以處於我的地位，實在很難應付，成績不好是對不起父母，身體不好了又是對不起父母，您也可能替我解決麽？

您的立志，我很贊成，但不知你的身子可夠强壯？吃得下麽？這是個問題呢！和農人親近是非常好的，現在我國的農業，一點沒有進步，正在需要人才，我也很喜歡做這種工作，不過我的身體忒軟弱，我又想習法學，不過發生了兩個問題。一怕道德上有損害，二怕將來經濟上要發生問題，所以我現在很担憂我將來

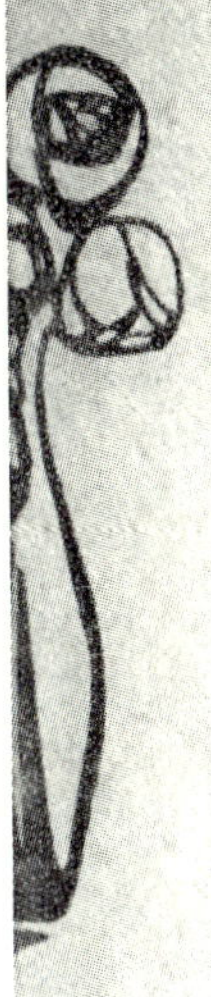

作些什麼事•我級裏一個同班生是朝鮮人，常常在課餘後偷偷底看她本國的文字，我看到她眞慚愧，我們現在有得讀本國文，還要雜呀！苦呀！此後我對國文當更潛心研求，望你時時幫助引導我，附上的詩，雜詩是我新近作的，又要煩你替我改改了，我現在考試已畢，只有明天國文一課•這幾天精神很疲乏，每天早晨五點多鐘就醒了，前幾天平均每天寫一千多墨筆字，三四張鋼筆字，被考試纏住了，腦子也空了，我覺得這次考試沒有去年好，然我已盡我的本能了，所以我很快活•

媽可曾告訴你暑假裏究竟在那裏？西子湖眞可愛呀！這次分離了不知幾時再能望她了，不過若是我杭州不來了，請你依舊時常和我通信，好麼？我覺得你現在的新計劃很好，而且你空暇的時候也可以研究研究美術。老實說一個中學的畢業生，對於社會有多大的供獻呢！其實現在許多大學畢業生連教授法都不懂，什麼學問，我見他們眞嚇，授課一點也不淸楚，平時馬馬虎虎的敎書，考試時可苦了學生了，誤人子弟，我見他們眞害怕，我希望中國這些人物少些纔好•你對於家庭負重大的責任，正在需你，要是你再讀起書來等中學畢業，再求深造的學問，那末免忒遲了，但你身體可强麼？一個兒不怕寂寞嗎？最好有幾個同志大家一起做•

聽說我們校長的姊姊是出過洋的，一切衣服動作都有點歐化，英文也非常好，可是她中國文字，却不十分佳妙，別人寫給她的中文信，她瞧也不瞧，要是英文信就讀了，她說我見了中文信最恨。你想這樣的人可憐麼？中國人見了中國文也不願瞧，出了洋竟將祖國都丟掉了。聽說開年或許她來做校長•如果她眞的是這樣的人物，我眞不願做她的學生。

還有許多話留着下次談吧！好麼？我常常是遲覆你的信或是沒有好好底覆你，想你不致見怪吧！這兒課堂裏鬧得很很，許多話都被她們鬧忘了。祝

你前途光明！

SF

戀別

張天疇

分明是有輪廓隨實體，
如今會變成模糊的幻境？
待想拽住短夢之邊緣，
哦！遠了，如舞旋的飛絮。

☆　☆　☆

戀別以前的情味亦如此。
說悲哀吧？似乎過分，
惆悵呢；還須斟酌，
誰能解剖你當時的心曲。

☆　☆　☆

也曾嘲笑的催她歸去，
也曾瘋狂似的留她休走；
但是擁抱於秋風中的落葉呵！
終於脫離了寒冷的枯枝。

☆　☆　☆

現在，一切都淡忘了——
淡忘得如水流般的消逝。
偶而寄我數行書，
叩應了深鎖的心門。

杭州民國日報副刊

十七年四月份

第二十八期

關於浙江黨務及民運實際計劃的貢獻(續)

蔡見凡

一，以後應集中力量於省黨部，一切省內的各級黨部和民衆團體，絕對受其指導和指揮。

二，省黨部應即提高其權威，嚴密其紀律，有不聽指導的，應不猶疑的執行革命的紀律，寧可使省黨部因執行紀律而推，不可使省黨部無紀律能力而存在。

三，各地黨部非經省黨部承認者，不得成立。如果無當地相當之同志組織，由省黨部派人主持，萬不可狃於地方選舉的習慣，設置一個等於告朔餼羊的黨部。

四，注重監察委員會的權力。由監察委員會派員，隨時分赴各縣考查各地黨部同志的工作，有違背黨的紀律的，或不大執行黨的決議的，除改組之外，更須科以黨的懲罰。

五，重行嚴令各地同志不得干涉行政司法。如有政治上之意見或控訴地方長官，應提議于省黨部。省黨部應立即切實調查准許或拒駁之，不可遲緩，致墮一省最高幹部的力量和信仰。

六，各地黨部每月至少報告其工作於省黨部一次或二次，否則應停止其工作。若爲虛僞報告者，應立卽停止負責人之職權。

七，黨的機關報和黨員所辦的刊物，應絕對受宣傳部的指揮，爲統一的宣傳。

八，一切民衆運動，省黨部最少能發揮其指導的能力，並活躍於運動的中心。

(乙)民衆運動的實際計劃

在過去民衆運動當中，就我們浙江而論，自從厲行了清黨運動以後，並沒有什麼歷史可以檢閱。但以一般從事民衆運動的人的心理上觀察起來，至少總有下列兩種通性的弊病是：

一，沒有實現國民黨的理論。國民黨的方法，是要建設國家資本以至於實現民生主義，並不是採取無例外的階級鬥爭。因爲在中國的國家，因歷史和經濟的環境，純粹鬥爭是失敗的。孫先生解決民生問題，提出「耕者有其田」的主張，同時還提出這主張的實行方法，說是「用政治和法律來解決，」不是叫農民起來，搶去地主的田，便算解決。孫先生還恐怕這種原則的話，聽者不能了解，所以民國十三年八月二十日在廣州農民運動講習裏，有一篇詳細的訓詞，要從事農民運動的人，懸着「耕者有其田」的目的，一步一步的，向前做去，不可躐等，反致欲速不達。其最緊要的話，

目錄

權已脫離民國日報館，以後親友函

件，請暫由與武路民聲日報館轉。

是「你們更要聯合全體的農民來同政府合作，漫慢商量來解決農民同地主的辦法，農民可以得到利益，地主不致受損失。這種方法，可以說是和平解決。我們要能夠這樣和平解決，根本上還是要全體的農民來同政府合作。」這幾句話，揭示從事農民運動的人，要把農民和政府的關係，親密結合起來，共同達到農民運動的目的，何等深切！由此看來，我們要曉得農民運動，應該受黨和政府的指導，絕對不能自由行動。況且農民當中，又有自耕農，半自耕農，佃農，雇農，貧農的分別，其各個利害的觀念也不相同。往往在鬥爭當中，使到其階級發生極不良的變化。鬥爭還沒有得到結果，大部分的農民已脫離了我們。所以今後從事民衆運動的同志，應該深切的了解黨義，切不可作超過革命需要的運動。

二，最錯誤的就是誤解了「擁護農工利益。」我們所謂農工利益是整個的利益，在革命當中應當以農工利益作革命利益的中心。並不是每一個農民和工人，加入了農會工會的組織，在國家內便有了特殊的權力。過去的工農，雖然是沒有這樣的舉動，但其心目中裏總不免有這樣的肯定。我們要消滅這個錯誤的觀念，應該照廣東以前的辦法，使人民團體，一方面受黨的指導，一方面地方政府能夠照着革命法律來嚴重監督。以後對於各生的民衆運動，應當注重的辦法是：

（甲）關於農民運動的

一，各地農民運動須絕對受當地黨部的指導。

二，各地農民協會須登記於當地行政長官，請求備案；（子）該會名稱及所在地。（丑）成立日期。（寅）負責人之姓名年歲籍貫。（卯）人數及其成分。（如地主，佃農。自耕農，半自耕農，雇農，貧農幾人或百分之幾等。）（辰）每一個月須作報告於當地行政長官。

三，非經省黨部或縣黨部之核准，當地行政長官不得許其登記。

四，農民協會不得干涉行政司法，或私擅逮捕沒收封閉罰鍰等事。

五，減租減息應呈報於當地行政長官，請求查照中央最近的決議辦理，不得自由執行。

六，該地有土豪劣紳，應列舉事實，呈報於地方長官懲辦，不得自由處辦。

（乙）關於工商運動的

一，各地工人和商人運動須絕對受當地黨部的指導。

二，各地工會商民協會須登記於當地行政長官請求備案：

（子）各該會名稱及所在地。

（丑）成立日期。

（寅）負責人之姓名年歲籍貫。

（卯）人數及最高最低薪資。

（辰）每一個月須作報告於當地行政長官。

三，非經省黨部或縣黨部之核准，當地行政長官，不得許其登記。

四，工會商會不得干涉行政司法，或私擅逮捕沒收封禁店戶等事。

五，工商糾紛須經仲裁解決。（不論為官廳單獨仲裁或勞資仲裁委員會合議仲裁）以上為今後恢復民衆運動的最低限度辦法，但黨和政府必須執行者尙有以下的原則：

一，認農工商人都是革命的基本力量，對於三者之利益不畸輕畸重。

二，厲行黨及政府的革命警察權，不問何人，有違反革命紀律者，速行裁制。

李士特論「漢撒同盟」的經濟狀況 （未完）

N，N，

——譯李士特國家經濟學第二章——

工商業和自由的精神，既在意大利得到美滿的影響，乃更越阿爾卑斯山，侵入德國，在北海沿岸建立了牠自己的新區域，主宰者亨利第一，是意大利市政自由論者之祖，他促進了新城市的設立，并且把建設在古代羅馬殖民地以及帝國領土之上的舊城市加以擴張。

他及他的子孫，都和近代英法的帝王似的，知道把城市看做貴族政治的最强有力的平衡錘，國家收入方面最好的富源，和國家防衛的新基礎。這些城市和意大利的城市既有了商業上的關係，工業上的競爭，而她們自己又各有了自由的組織，自然能達於文明興盛的最高境界。一般的公民生活中，去創造出藝術和工業的進步精神，正好比熱誠的要去分別財富與企業之不同似的；而在另一方面，物質財富的獲得，可以鼓勵奮發她們的政治狀況高尙而進步。

新興的自由論和工業茂盛的權力固强，但仍有陸盜或海盜來襲擊的危險，德國北部瀕海各地遂感覺得有共同結合，以保護防衛的必要。因爲這個緣故，漢堡和盧卑克便在一二四一年成立了一個同盟，還沒等到十三世紀告終，那沿巴爾的克海，北海，或是沿阿特河，愛爾伯河，威塞河，萊茵河的大小八十五邦，都先後加入了。這一個邦聯，叫做「漢撒」，便是德國普通一般人稱做同盟的意思。

從她們的勢力聯合中，鼓勵得起個人工業所包含的那些利益，所以，漢撒同盟日無暇晷的只是開拓建立商業政策，而那些政策，竟使商業上的發展，達到「前無古人」的地位。她們並且感覺到一定先要有了防禦外侮的方法，而後才能有能力去建設大規模的海上商業，所以她們設立了强有力的海軍；而更可信任的，便是任何國家的海軍力量之强弱，是和她的海上商業與漁業成比例的，她們更決定了一種法律，規定漢撒同盟的貨品，一律只能在漢撒的海岸可以輸運，並且開發了海上的漁業。英國的航海條例，便是照抄漢撒同盟的法律的，正如漢撒同盟的又是從凡里斯的脫胎而來似的。

英國在這一方面，只是模倣着她海上霸權的先驅者，長期議會裏屢次要通過規定航海條例，好似一部小說。亞丹斯密對於此事的討論，現在無從曉得，或者是相戒不言吧！但是在他那個時節以前，各方面提出相似的限制辦法，已經有了好幾百年。一四六一年議會中所提出的，被亨利第六所否決，而詹姆斯第一所提出的，則又被議會所否決了；是的，在這兩件提議之前（即一三八一年），雖則這種限制辦法不久就証明了無甚效力而漸爲大衆所忘却，而里嘉圖第二却也着實的反對過。政府也不能証實這種法案的成熟。航海條例，也好像保護本國工業的其他方法一般，都是基於國家的性質上的，而那些國家，是自己覺得能適合前途偉大的工商業的，北美合衆國在獨立戰爭未完全勝利以前，詹姆

斯馬迪遜已經介紹了抵制外國船舶的政策，而且所發生的結果，絲毫不比英國在一百五十年前從他們所得的來得小，也是毫無疑義的。

北方的主宰者，深記着與漢撒同盟貿易所得的利益——因之，他們所獲的方法，不但單是爲了安置本國領土內的剩餘產品及爲了能去交換比本國的出產來得優美的製造品，而且還是用了徵收進出口稅的方法以寬裕其收入，以及改變她們國民對於工業的懶惰，騷擾，不安分的習慣——當漢撒在她們自己的領土上設立工廠的時候，並且保護她們任何東西的利益，鼓勵她們發展，便可以看得出這種改變實在是一件大好的幸運。在這一方面，英國的君主，是較任何國家的爲卓越的了。

休姆說：英國的商業，在以前是完全操在外國人的手裏，尤其是在漢撒的手裏，亨利第二和她們相約合作，保證她們的利益，並且准她們不受其餘商人須一律遵守的限制與進口稅的拘束。從愛德華第七時起，英國在那個時代，的確毫無商業的經驗，漢撒用了『天秤式的商人』名義，壟斷了全英國的國外貿易，而且她們管理自己的船舶既如此之窮，所以英國航行上利益，實在是處有十分可憐的境界。

那些在可羅它的許多德國的商人，既在英國得了長久的貿易，卒於一二五〇年，應英王之請，在倫敦設立了工廠，名曰『天秤』，聲震遐邇——這一種組織，最先是影響了英國文化和工業上的促進，但是後來，却惹起了許多國家性的嫉妬，直等到這工廠完全消滅了，那經過三百七十五年的嫉妬心，便是如此長時期猛烈衝突的原因。

從前英國和漢撒的關係，與後來波蘭和荷蘭的，德國和英國的相似，她供給她們羊毛，錫，皮革，牛油，和其餘的些礦產品或農產品，而向她們輸入製造品以爲交換。漢撒從英國及北部諸邦運得原料，於一二五二年在不魯其斯又設立了一個工廠，並且在那兒以之和比國交換衣料和其他製造品，與從意大利來的東方生產品與製造品，而運回到沿北海的諸國。

她們的第三個工廠，在俄國的娜可羅特，於一二七二年設立，供給她們的歐皮，麻，苧，以及其他的原料品，而以製造品爲交換。第四個工廠，在那威的比耳根，也是這一年設立的，主要的事業是漁業和漁油漁產品的交易。

所有的國家，總是這樣的告訴我們：一個國家，長久不開化的，能從自由而毫無限制的貿易中得着大大的益處，因爲用了這種貿易，她可以安頓她的佃獵畜牧的生產品——甚至一切的原料產品；去交換更好的衣料，機器，耕種用具，以致於貴重的金屬——最好的易中——因之，他們起先總覺得自由貿易是最稱心合意的。但是經驗也告訴我們，這許多國家爲了自己文化和工業上迅速進步的努力，對於這一種貿易制度，便要用次一等的順利眼光去看她了；而到了最後，她們便更看得出這種制度，對於她們進步的前途，實在是有損害有阻礙的。這種便是英國和漢撒間貿易的情形。愛德華第三既然覺悟到政府應該比之輸出羊毛原料而輸入羊毛衣料，多做些更有用更有利的事，『天秤』廠的基礎，便僅僅只能經過一世紀而不墮。他於是努力的去勸誘弗利密須的織造工人到英國來，並且擔保他們各項的利益，織造工人來做工的愈聚愈多，他便立刻宣布禁止他國任何織造品入口。（未完）

杭州民國日報副刊
十七年四月份 第二十九期

關於浙江黨務及民運實際計劃的貢獻（續）

蔡見凡

(丙)關於各縣長官對於黨務及民衆運動所應持的態度

過去一年當中，各縣長官對於黨務及民衆運動的觀念，可分兩個時期。清黨以前爲第一個時期，各縣長官大概沒有了解得黨義，對於各地的人民團體，所做超過革命需要的行動，如任意干涉行政司法，任意逮捕處罰等等，以爲人民起來應有的現象，不敢加以干涉。其第二個時期，以爲人民團體總是有害於黨及政府，對有任何人民團體，不管他是含有什麼革命性，不是指爲暴民，就是目爲共黨。這樣一來，是使地方政府與人民團體愈趨隔膜，隨而使到黨的信仰也減少了！

現在最低限度有兩點，爲各縣政務同志所必須知道的：

第一 革命黨是爲多數人民謀利益，若人民不得利益，革命永不能成功，縱使偶能成功，也是沒有意義。如果人民沒有利益，只是人的成功，而非黨的成功，這種成功，很容易崩壞。而且革命是人民的需要，而非革命黨幾個人的需要。我們要曉得政府是執行黨的決議機關，總以人民得到利益，爲革命的安慰。

第二 現在我們要革命成功，對外要打倒帝國主義，對內要打倒殘餘軍閥以及一切反動勢力。然而這班軍閥並不是偶然起來，實是農村封建制度的反影，張作霖孫傳芳以前有袁世凱段祺瑞，以後當能還有類於張孫的後繼者。農民的問題不解決，即封建制度不能掃除，從而軍閥當然不斷的興起。所以我們必須在農村間極力推進自治，使根本掃除封建制，革命才能得到一個堅確的保障。

各地長官過去的錯誤，除了上述兩個時期的觀念以外還有：

一，各縣長官始終與黨沒有深切關係，各縣長官既是黨員，然實際上就很少參加黨部和人民團體的。行政長官既與黨和民衆生了隔膜，其結果不是反抗黨部，便是懼怕黨部。反抗固然離黨，懼怕更不是黨員應有的態度。

二，各縣長官多數以爲自已是服務政府，與黨無關，這也是錯誤的。我們雖然服務政府，但政府與黨是整個的，政府是實施黨義的機關，如果以爲政府的工作與黨的工作不同，是無異把黨和政府分離，這是根本破壞了國民黨。

三，各縣的政務同志大多數對於如何建設三民主義國家，實在是沒有研究。不但不研究，而且還是染着一些陳的，腐的，官

副刊

目錄

僚式的習尚，不肯拿出一副革命的勇氣來盡量剷除，往往使到民衆不能了解政府，不能了解個人，生了許多的隔膜。所以從事於各縣政務的同志，無論政務如何勞頓，應該振起革命精神，時常與民衆接近，使其了解政府的地位及政治的情形。

四，各縣的長官多數忘記了政府是黨施行力量的機關，往往祗估量本身的利害，絕不估量黨的利益。對於土豪劣紳地痞流氓的不法行爲，還是熟視無睹，其不良的，更與沆瀣一氣，這樣一來，非特減少革命黨的信仰，並且促成反動勢力之擴大。以後應該本着黨的意旨，切實執行革命紀律。

五，各縣長官對於城鎮鄉自治都無準備的工作，譬如各地的自治委員和圖董鄉警等，還是任其無例外的執行職務，這班舊式腐化的人，不但不懂得民衆的組織和訓練，連民權初步這一點，也不懂得，反而去做妨礙民衆發展的運動。我們要知城鎮鄉自治不實現，封建的制度斷不會打破，民主的制度斷不會建設，非爲土豪劣紳所把持，卽容易爲流氓階級所佔領，這兩種情形，都不是革命的利益！

目前我們對于各地長官對於黨務及農工所應持的態度，至少須執行下列的幾種辦法：

一，對於城鎮鄉自治在國民政府未頒佈明令以前，須卽遵照建國大綱的程序爲種種準備的工作。

二，有著名的土豪劣紳，須卽檢舉事實從嚴懲辦，不可使民衆敢怒而不敢言，致墮政府的威信。

三，嚴行黨及政府所頒布的決議及法令，有違背卽切實嚴辦。

四，須卽執行黨所決議之減租減息規定，不可待民衆自由執行，致惹起無限止的糾紛。

五，各地長官應卽移轉其黨籍於該地黨部，並應列席於縣黨部之黨員會議。

六，每星期須集合黨部及人民團體爲政治報告，並將其報告頒布於民衆及分呈於省黨部省政府備查。

七，須尊重該地黨部之意見，有不能接受時，應卽報告於省黨部及省政府請求裁決。

八，對於農工商人，須時時扶助其發展，不致減少革命期中之生產力。

（完了）

李士特論『漢撒同盟』的經濟狀況（續）

NN

——譯李士特國家經濟學第二章——

使得漢撒同盟覆滅的，除去後面要說的那些內部的原因而外，還有許多外部的關係。丹麥和瑞典，謀報復同盟長久掌握了去的她們獨立的地位，幷且對於她的商業，盡力的設法破壞。俄國的君主也對於英國的公司，贈予利益。條頓民族的貴族武士，一向都是同盟中的份子，而起先又是同盟中的子孫的，都又風流雲散。荷蘭和英國把她們趕出於所有的市場之外，並且處處設法坑陷她們。最後，經過好望角到東印度航線的發明，更增加了她們的不幸。

這些同盟中的份子，在他們有權有勢的時候，很少決定要與德意志帝國結一同盟，好似邦聯一樣的有價值；而到了現在，不惜委身於德國國會，而向他們鼓吹，說什麼英國每年輸出二十萬匹衣料，大多數都是流入德國呢，又說什麼同盟要恢復從前在英國的利益只有禁止英國衣料在德國進口呢。按照安德生的意見，國會對於這件事體的決定如何，難以預料：假使是否決了，作者可以斷言駐德的英國大使季爾平，總一定是設計運動不通過的一位大將。漢撒同盟形式上分離了一百五十年之後，她以前的偉大，在漢撒的城市中完全消滅了痕跡，及斯的斯母塞爾在他的書中，有幾處說到他遊歷漢撒城市的時候，對他們的商人，敘述他們的祖先權勢偉大，他們很不大相信。漢堡，在以前是各處海盜所畏懼的地方，而且素以克服海盜，創造文明，聞名于克里斯特登全境，竟也愈趨愈下，每年送歲費給阿爾基斯的海盜，以求其船舶的安甯。後來，海上的領權到了荷蘭人的手裏，居然用了別種的方法，也能戰勝了海盜。漢撒同盟在海上有霸權的時候，把海盜當作文明世界的敵人看，務使之滅絕以為快。而荷蘭，却剛剛相反，把巴巴來的海盜，當做有用的黨徒，可以利用他們在和平的時候，搗亂他國的商業，而有利於荷蘭。安德生看了德維特的情形，很贊成這種政策，自欺着說了些含混的話道：「Fes eet et rb ho te doeri」，這大概是對於這種政策的短促所發的一種忠告，他的故鄉人士都很曉得跟從英國人，以之為基督教所不歡，一直忍耐至今，直等到現在北美沿岸海盜的可惡行動，被法國為文明努力而完全撲滅了止。

漢撒同盟各城市的商業，不是一個『國家的』，既不基於本地生產力的權能和進步，又不維護着適當的政治權力。同盟中所聯合起來的份子，範圍太寬泛了，她們自己中間力爭優越的權力和各自的利益（或者瑞士人和美國人會說這是各邦的精神，各邦權利的精神），便也就很烈了，於是這個就替代了漢撒的愛國主義，而且單是這個，也就已經很足以使得大家把同盟的公共福利看做不及各單獨城市的利益要緊。因之，遂發生了嫉妬心，而且時時互以奸詐出之。於是哥羅弋為了她自己的私利，從英國的公敵地位轉變而對付同盟；漢堡只知顧及她自己的私利，遂引起了丹麥和盧卑克的齟齬。

漢撒的城市沒有把她們的商業基於生產，消費，農工業，以及商人所居住的土地各方面。她們忽略了任何方面去贊助本土的農業的工業；，而在他國却已經被她們的商業所激刺起來了。她們以為到比國去買製造品比在自己國內設立工廠來得便宜。她們只是鼓勵促進波蘭的農業，英國的畜牧業，瑞士的鐵工，以及比國的製造業。她們把我們今日的玄想派經濟學家所要各國來實行的格言實施了好幾百年——她們『購物惟向最賤之市場』。但是當從之買進或向之賣出的那些國家，把她們排擠於她們的市場之時外的候，不間她自己本國的農業也好，工業也好，都不能使得剩餘的商業資本盡得其用，十分有利。這便是流行於荷蘭和英國之上的結局，並且因之增長了她們敵人的工業，財富，與權力；最強有力的證明便是私人工業僅僅由牠跟着自己的路走，常常不足以促進國家的興盛和權威。在她們獲得物質財富的獨占勢力中，這些城市，完全忽略了她們政治興味的促進。在她們的權威時代裏，完全屬於德意志帝國的時候不久。這便助成了這些自私自傲的公民，自以為在他們的有限領土中，得着帝王君主的歡心，並掌握了在海上的那一部份主權。她們有海上霸權的時候，要是和德國北部諸城聯合起來，設立一個很有力的下議院，以維帝國貴族政治的均衡，是多麼容易的一回事；并且利用了帝國的威權

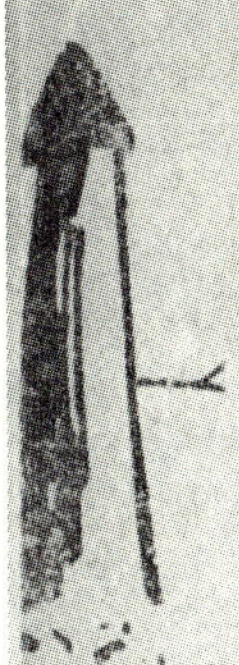

張人權啓事

權已脫離民國日報館，以後親友函

件，請暫由與武路民聲日報館轉・

，可以有國家統一的產生——從鄧寇克到雷峽全海岸都可以聯合隸屬於一個國家之下——用了這些方法，於是德國可以勝利，可以獲有工，商，海權的最高權力。但是，在事實上，海上的威權既已太阿倒持，自不能十分影響到德國國會，把她們的商業當做國家的事業看。反過來說，德國的貴族却也盡量的利用他們的權力，凌虐這些順適的公民。她們內地的城市，漸漸在各主宰者之下傾覆了，於是她們的近海城市，遂被割斷了與內地城市的聯絡。

（英國過去的情形，雖則多和漢撒的相似），但是這些謬誤，却都為英國所避免掉。她的商船和她的國外貿易，都基於她本國農工業根深蒂固的基礎上；她的國內貿易，改進得正可應付她的國外貿易；而個人的自由生長起來，却也絕不妨害到國家的統一或其權力；在她這個情形裏，君主的，貴族的，和人民的利益，固結於一種很愉快的情形之中。

倘使這種史事，認為是當然的，有誰能有英國所有的這樣宏大發達之製造力？有這樣興盛的海軍權力，而為其所決定所應用之商業政策上的方法所維護的？不；這答案是英國所以能有今日這樣宏大商業和威權，並不是用了她商業政策的方法，而在我們看來，乃是近代所昭示的大大豈有此理的事情之一。

英國對於任何東西，都讓他『自由，放任』，如司現行學派所
常中述的——『天秤式』的商人直到現在，還是在倫敦繼續管業着
，英國也還是繼續着做漢撒的商牧場・好似葡萄牙會做了英國的
衞衞團，直到現在，還是成為足智多謀的外[illegible]家所籌劃到的、實
任講起來，這也不是偶然的，英國倘使沒有他的商業政策，却也
決不能得到如同她現在所有的這樣宏大的市政上的以及個人的自由
，因為這些自由，純是工業和財富的嬌兒啊！
從這種歷史的眼光看起來，亞丹斯密對於漢撒同盟和英國間

的工商關係的歷史，從沒有甚原究末過，其所發生的影響應當怎
樣？而他在自已做的書中，卻還時時很明白的說他對於同盟的覆
滅和其結果，并不會不注意，他說：「商無[illegible]爲，此更事之論也
・番長既厚，則其人趨利遷徙，如遊牧者之爲居，徒則向之養功
勸業者與供・故財積而不被於地者，非其地之財也。必小之若宮
室廠肄，大之若嚼溝流，既國且關，夫而後其地為有此財也。歐
洲中古之世，有所謂漢撒同盟者，連十數地之商業而為之、其隱
振勵一時・即今過其故都，求前跡之少留、杳不復見，知者徒以
十三十四兩紀之中，同時紀載所傳而已・」（原富第三部第四章）

亞丹斯密對於漢撒同盟的覆滅之次要原因，倒有這樣清斷的
眼光，而再不力求主要的原因何在，豈不是一件多麼可怪的事。
因爲他所逆並不是主要的原因，所以對於這些已經覆滅的城市會
在什麼地方・或是在信史上，那幾個城市，是屬於拉丁同盟，都
不是最先徹底要問的事・他其實假若要作最緊要的說明，他自己
國裏的人，如同安德生・麥克弗生，君主，休姆，都是很可以幫
助他的・

這位很熱誠研究的學者，爲什麼不肯再進一步探討這些趣味
豐富的論斷呢？除去下面所述的，更沒有什麼理由——便是因爲
那些論術，對於他的純粹自由貿易的原則，不是得有多少利益的
緣故・那些很正確的事實；他未始不曾看到，譬如英國從與漢撒
的互易中，把她倘在未開化時代的農業提高了，英國用了保護商
業政策對付漢撒，而後生利時，荷蘭便因之幫助了英國，而使其於
製造優美之城；而優美的製造，更以航海條例約施行，使其商業
乃亦達於優越的境界・
不過，他對於這些事實，他佯爲不知，而且似好像不顧意曉
得似的・這使是賽氏所說，因爲這些對於他的制度之絕嗜無利而
有害的緣故。

編輯先生：
上面這一篇舊日的翻譯，希望你能大量地在副刊中容納
了他。說來慚愧，我已整整一年沒福再從事於世界經濟名著
的劉覽；外我文也很我疎。其實在這一切提倡中國固有的情
形之下，外國文本已先帝國上義而爲一般青年人所吐棄的了
聽說李士特的全書已由商務印書館翻譯出版，我這片段的繙
譯，在我個人，不知怎的總還覺得有點留戀。不揣冒昧的寄
來發表，不僅笑脫了牙齒而已吧！